Jürgen Schröder

Deutschland als Gedicht

Über berühmte und berüchtigte Deutschland-Gedichte
aus fünf Jahrhunderten in fünfzehn Lektionen

ROMBACH WISSENSCHAFTEN · REIHE LITTERAE

herausgegeben von Gerhard Neumann und Günter Schnitzler

Band 74

Jürgen Schröder

Deutschland als Gedicht

Über berühmte und berüchtigte Deutschland-Gedichte
aus fünf Jahrhunderten in fünfzehn Lektionen

Umschlagbild: Hermann Hendrich (1856–1931): *Der Walkürensturm*
(1909, Ausschnitt)

Die Deutsche Bibliothek - CIP-Einheitsaufnahme

Schröder, Jürgen:
Deutschland als Gedicht : Über berühmte und berüchtigte
Deutschland-Gedichte aus fünf Jahrhunderten in fünfzehn
Lektionen / Jürgen Schröder. – 1. Aufl. –
Freiburg im Breisgau : Rombach, 2000
   (Rombach Wissenschaften : Reihe Litterae ; Bd. 74)
   ISBN 3-7930-9230-5

© 2000. Rombach Druck- und Verlagshaus GmbH & Co. KG,
Freiburg im Breisgau
1. Auflage. Alle Rechte vorbehalten
Lektorin: Dr. Edelgard Spaude
Umschlaggestaltung: Barbara Müller-Wiesinger
Satz: post scriptum, Freiburg im Breisgau
Herstellung: Rombach Druck- und Verlagshaus GmbH & Co. KG,
Freiburg im Breisgau
Printed in Germany
ISBN 3-7930-9230-5

Inhalt

Danksagung

Bei der Entstehung dieses Buches hatte ich viele Helferinnen und Helfer. Ich danke sehr herzlich Elisabeth Eisert-Rost, Nikolaus Frei, Malte Henk, Silke Seebohm, Corinna Viergutz und Tobias Weller. Besonderen Dank schulde ich Sigrid Rösler, Ute Kleiber, Cornelia Blasberg und Franz-Josef Deiters.

Meiner Mutter

Annemarie Schröder

1908–1999

I

Über Deutschland reden

Über Deutschland zu reden ist schwer. Wer über Deutschland redet, sagt als erstes, daß es schwer sei, über Deutschland zu reden. Und dann sagt er, daß trotzdem über Deutschland geredet werden muß. Und dann, daß leider viel zu viel über Deutschland geredet wird, daß aber, obwohl es schwer und schmerzhaft ist und viel zu viel über Deutschland geredet wird, unbedingt über Deutschland geredet werden muß. Und dann sagt er, daß niemals so viel über Deutschland geredet wurde und daß es noch niemals so schwer und schmerzhaft war, über Deutschland zu reden, wie gerade jetzt, daß aber trotzdem und gerade deshalb darüber geredet werden muß. Und dann sagt er, daß natürlich immer schon viel über Deutschland geredet wurde und daß es einfach zu den Deutschen und Deutschland gehört, viel über Deutschland zu reden, obwohl es schwer sei, über Deutschland zu reden und gerade jetzt viel zu viel darüber geredet werde. Und dann sagt er noch, daß das meiste, was jetzt über Deutschland geredet werde, aus lauter Mißverständnissen, Vorwürfen und Gerede bestehe, und daß er am liebsten gar nicht über Deutschland reden würde, um sich nicht auch noch in dieses unvermeidliche Knäuel von Gerede und Mißverständnissen zu verstricken …

Und dann redet er endlich über Deutschland.

Das ist die Lage, in der wir uns befinden – seit 1989/90 mehr als je. Denn Deutschland ist seit langem auch ein Sprachproblem. Die Frage ist, wie reden wir uns da heraus, ohne uns weiter hineinzureden.

Mein Vorschlag heißt, wir lassen einmal andere über Deutschland reden, die Verfasser von Deutschland-Gedichten aus fünf Jahrhunderten zum Beispiel, und hören genau zu und untersuchen, wie sie und warum sie gerade *so* über Deutschland reden und geredet haben. Und da schon immer viel über Deutschland geredet wurde, müssen wir danach fragen, wann und warum man damit angefangen hat, und wie sich die besondere Sprache, darüber zu reden, allmählich gebildet und entwickelt hat, denn die heutige Art und Weise, über Deutschland zu reden, hängt eng damit zusammen, wie schon seit langem über Deutschland geredet wird, ja, sie ist auch das Resultat einer fünf Jahrhunderte alten Sprach- und Gesprächsgeschichte. (Ich bleibe bei diesen altmodischen Worten, obwohl man heute, wer wüßte es nicht, von einer Geschichte des ›Deutschland-Diskurses‹ sprechen müßte, um auf der Höhe des ›Zeitgeistes‹ zu sein.)

Wer spricht, zitiert – dieser Grundsatz gilt in besonderem Maße für jeden, der über Deutschland redet, ob er es nun weiß oder nicht. Wer heute »Heil Hitler!« sagt, zum Beispiel, oder »Deutschland, Deutschland über alles«, der weiß es noch (obwohl er wahrlich nicht weiß, was er sagt.) Wer davon spricht oder daran denkt, daß am deutschen Wesen die Welt genesen soll, weiß es meistens schon nicht mehr so genau, wen er zitiert (Emanuel Geibels Gedicht *Deutschlands Beruf:* »und es mag am deutschen Wesen / einmal noch die Welt genesen«, 1861). Und die wenigsten, die vom »deutschen Wald« sprechen, sei es rühmend, sei es ironisch, wissen noch, daß sie damit ursprünglich aus der *Germania* des Tacitus zitieren, einer Quelle, aus der sich das Reden über Deutschland bis heute speist.

Das kleine Sprachspiel meiner Einleitung hat von diesem Zitatbewußtsein gelebt und es gleichzeitig kenntlich gemacht. Schon die Wendung »Über Deutschland reden« ist ein Zitat. Sie ist der Titel einer Rede, die Martin Walser am 30. 10. 1988 in München gehalten hat, im Rahmen einer Reihe *Reden über unser Land,* und zugleich der Titel eines Bändchens, in dem Walser noch im gleichen Jahr sein Reden über Deutschland zusammengefaßt und veröffentlicht hat.[1] Denn er war der erste der linksliberalen Schriftsteller, der es schon Ende der siebziger Jahre wagte, wieder öffentlich über Deutschland zu reden. Damals war Deutschland noch ein Tabu-Wort und das Reden darüber gänzlich aus der Mode gekommen. Aber auch nach zehn Jahren fühlte sich Walser bei dem Versuch, »ein Wort wie Deutschland« zu retten, noch nicht recht weitergekommen. Er sagte 1988:

> Wenn sich das Gespräch um Deutschland dreht, weiß man aus Erfahrung, daß es ungut verlaufen wird. Egal ob ich mich allein in das Deutschland-Gespräch schicke, ins Selbstgespräch also, ob ich es schreibend oder diskutierend versuche – es verläuft jedesmal ungut: ich gerate in Streit mit mir und anderen. Das Ende ist Trostlosigkeit. Sogar das Selbstgespräch über Deutschland ist peinlich, weil man ja nicht wirklich allein ist dabei, man reagiert auf Argumente, die einem die anderen aufgedrängt haben, die man, obwohl sie einem nicht genehm sind, nicht mehr los wird. Gerade beim Deutschland-Gespräch erlebt man, daß jeder recht hat. Gibt es etwas, was man über Deutschland sagen kann, was nicht auch noch zutrifft?[2]

Das war und bleibt ein prophetisches Wort. Ein zweites Beispiel für das Thema Deutschland als Sprachproblem: Am 27. Februar 1994 hat Christa Wolf, an der sich seit dem Herbst 1989 so manches Reden und Gerede über Deutschland entzündet hat, in Dresden eine Rede gehalten unter dem Titel *Abschied von Phantomen. Zur Sache: Deutschland.*[3] Auch sie betont gleich am Anfang, daß Deutschland ein Sprachproblem für sie geworden sei:

> Über Deutschland ist alles gesagt. Das will ich behaupten, nachdem ich Stapel kürzlich erschienener Bücher, Haufen von Zeitungsartikeln jüngeren Datums – gelesen, überflogen, ungelesen – entmutigt beiseite geschoben habe. Zu welchem Unmaß ist das Reden und Schreiben und Analysieren und Argumentieren und Polemisieren und Dozieren und Lamentieren, sogar das Satirisieren der Deutschen über sich selbst und über Deutschland in den letzten vier Jahren angeschwollen. Aber wir selbst haben uns diesen Brei doch eingerührt, haben das Töpfchen aufs Feuer gerückt, haben zugesehen, wie es zu köcheln anfing, blubberte, zischte, überkochte, haben von ihm gekostet, brav gelöffelt, aber er ist nicht zu vertilgen, der Brei, auch nicht mehr zu bändigen, er ergießt sich über Herd und Küche, aus dem verunreinigten Haus hinaus auf die Gasse, in alle Straßen unserer deutschen Städte, unbekömmlich anscheinend für die deutschen Obdachlosen, die dort hocken, und wenn wir gut behausten Deutschen ehrlich sein wollen – und was wollen wir Deutschen heutzutage dringlicher als: ehrlich sein! –, müssen wir zugeben: Er schmeckt uns nicht mehr, dieser deutsche Hirsebrei. Wir sind seiner überdrüssig. Wir haben ihn satt.[4]

Christa Wolf zitiert ein bekanntes Grimmsches Märchen, das Märchen *Der süße Brei.* Es handelt von einem Wundertopf, der sich auf Wunsch mit Brei füllt. Die Mutter setzt ihn in Gang, weiß ihn nicht zu stoppen und Stadt und Land füllen sich mit Brei. Erst ganz am Ende, als die Katastrophe schon fast perfekt ist, erscheint das fromme Mädchen, ihre Tochter, wieder und sagt »Töpfchen steh«, und »da steht es und hört auf zu kochen; und wer wieder in die Stadt wollte, der mußte sich durchessen«. Und auch Christa Wolf gibt uns nach ihrer Einleitung von dem unbekömmlichen »deutschen Hirsebrei« zu essen, indem sie über Deutschland redet, und erst ganz am Ende sagt sie »Töpfchen steh« und bewirtet uns nicht mehr mit Brei, sondern mit deutscher Suppe (es ist natürlich die Suppe des deutschen Suppenkaspars!) und mit gutem deutschen Brot:

> Das würde mir gefallen, und auch das gibt es ja: Deutsche aus verschiedenen Himmelsrichtungen, die miteinander arbeiten, Projekte entwickeln, die sich dann um den Tisch setzen, miteinander reden, auch streiten, essen, gemeinsam die Suppe auslöffeln, die sie sich eingebrockt haben. Das Brot auf den Tisch legen, das sie aus ihren verschiedenen Landschaften mitgebracht haben, es einander zu kosten geben und es gerne und großzügig mit anderen teilen.[5]

Was Christa Wolf hier beschwört und mitzitiert, ist die Vision eines wiedervereinigten toleranten Deutschland im Zeichen des christlichen Abendmahls und in der Tradition Heinrich Bölls. So will *sie* uns von dem Horror des deutschen Hirsebreis, dem anschwellenden Reden und Gerede über Deutschland erlösen.

Mein drittes Beispiel stammt aus dem »Spiegel« (Nr. 16) vom 18.4.1994. Dort weist Botho Strauß vehement den Vorwurf zurück, der ihm und anderen deutschen Schriftstellern (z. B. Hans Magnus Enzensberger) von Ignatz Bubis, dem Vorsitzenden des Zentralrats der Juden in Deutschland, nach dem Brandanschlag auf die Lübecker Synagoge gemacht wurde: daß er nämlich zu dem »Phänomen des intellektuellen Rechtsradikalismus« gehöre, der für die veränderte »Stimmung im Lande« mitverantwortlich sei und den Brandstiftern den Weg bereitet habe.

Damit befinden wir uns mitten in dem brisanten Deutschland-Gespräch[6], das sich seit 1989 periodisch wiederholt, und das durch die Ortsnamen Hoyerswerda, Rostock, Mölln, Solingen und Lübeck und neuerdings durch Daniel Goldhagens Holocaust-Buch und die anschließende Diskussion, durch die Wehrmachts-Ausstellung des Hamburger Instituts für Sozialforschung, durch die Berliner Ausstellung über »Deutschland-Bilder«, durch die Diskussion um ein Holocaust-Denkmal und durch Martin Walsers Friedenspreisrede vom Oktober 1998 bezeichnet wird. Daß alle Deutschen darin verstrickt sind, hebt auch Botho Strauß in seiner Erwiderung auf Ignatz Bubis sofort hervor:

> Es ist so gut wie unmöglich, Anmerkungen zur Psychopathologie deutscher politischer Befangenheiten zu machen, ohne selbst in sie verstrickt zu werden. Hier ist niemand Arzt, sondern alle sind Leidende, Befallene. Hier gibt es keine *freie* Rede und Gegenrede, sondern in erster Linie Probleme krankhafter Reizbarkeit – offenbar der letzte Lebensnerv eines im übrigen eiskalten und indifferenten Öffentlichkeitsbetriebs.
>
> Wer den Autor jenes Beitrags »Anschwellender Bocksgesang«, den Autor etlicher Theaterstücke und Prosabücher auch nur in entfernte Verbindung zu Antisemitismus und neonazistischen Schandtaten bringt, ist jemand, der keine Differenz mehr erträgt. Folglich ist er entweder ein Idiot oder ein Barbar oder ein politischer Denunziant. Oder eben jemand, der beinahe willenlos öffentliches Gerede durch den eigenen Mund rauschen läßt, ganz so wie es in jenem inkriminierten Artikel als eine der gespenstischen Entwicklungen einer aufgeklärten Gesellschaft benannt wurde.[7]

Bubis hat in der gleichen »Spiegel«-Ausgabe seine Vorwürfe gegen Strauß und Enzensberger revidiert, aber die »krankhafte Reizbarkeit« und die Sprachverstörungen, wo und wann immer es um Deutschland und die Deutschen geht, haben angehalten und werden anhalten. Wir werden sie aushalten müssen. Der Streit um Martin Walsers Friedenspreisrede mitsamt der anschließenden fragwürdigen Versöhnung wird nicht das letzte Beispiel bleiben.

Bodo Morshäuser, ein junger Schriftsteller der dritten Nachkriegsgeneration (Jg. 1953), der sich so intensiv, engagiert und unorthodox mit den Phänomenen der Skinheads, des Rechtsradikalismus und der rechtsradikalen Gewalt beschäftigt hat wie kein anderer, spricht, um diese deutsche Sprachstörung zu beschreiben, schon vor Martin Walser von den »einschnappende[n] Reflexe[n]«[8], wann immer über Deutschland und die Deutschen zwischen »Linken« und »Rechten« und zwischen den drei Nachkriegsgenerationen gesprochen wird. Genau das, was auf der hohen intellektuellen Ebene eines Walser, einer Christa Wolf und eines Botho Strauß beklagt wird, findet sich auch auf allen Ebenen darunter wieder, nur in gröberem Schrot und Korn. Morshäuser stellt fest:

> Worüber wird dann »verhandelt«, wenn »Rechte« und »Linke« sich die Köpfe einschlagen? Übers Deutsche. Die einen erinnern an *Adolf Hitler,* weil sie damit gehört werden. Die anderen erinnern an *Auschwitz,* weil sie damit gehört werden. Hauptsache Deutsch.

Und dann erläutert er den Mechanismus der »einschnappenden Reflexe« an einem typischen Beispiel:

> Jede Diskussion wird absurd, wenn der Name *Auschwitz* fällt. Nur in diesem Land sind die Nachgeborenen mit dem Zwangsmuster geschlagen, entweder die Opfer der größten systematischen Ausrottung dieses Jahrhunderts zu leugnen oder sich anzumaßen, im Namen dieser Opfer zu sprechen, die sich gegen solche Indienstnahme nicht mehr wehren können. Die Sache ist besetzt von sich verabsolutierenden Wahrheitszumutungen, die im Dialog nicht angeglichen, sondern im Vorwurf immer neu aufgetürmt werden, und jede Seite findet Selbstbestätigung, in einer symmetrischen Eskalation ohne Ende. Mit *Auschwitz* als moralischem Zentrum ist ein deutscher Dialog nur noch als extremer denkbar. Das Gespräch weicht einem Glaubenskampf. [9]

In einem zweiten Bändchen[10] hat er diese Erfahrung noch einmal bestätigt. Martin Walser hat sie in seiner Friedenspreisrede aufgegriffen und zugespitzt. Nachdem er zwei »schmerzhafte Sätze« intellektueller Deutschlandkritik zitiert hat, folgert er:

> Denn das ist schon klar: in keiner anderen Sprache könne im letzten Viertel des 20. Jahrhunderts so von einem Volk, von einer Bevölkerung, einer Gesellschaft gesprochen werden. Das kann man nur von Deutschen sagen. Allenfalls noch, soweit ich sehe von Österreichern.[11]

Im übrigen hat sich im Anschluß an seine Rede alles wiederholt, was sich schon 1993 bei der erbitterten Diskussion um Botho Strauß zugetragen hatte. Doch schon daran hat sich die gedächtnislose Medien-Öffentlichkeit, von »Erinnerung« sprechend, nicht mehr erinnert.[12]

An und in unserem »Vaterland« – ein weiteres Wort, das viele nur noch mit gekrümmter Zunge benutzen können – ist eben alles, um mit dem Alt-bundespräsidenten Gustav Heinemann zu sprechen, etwas »schwieriger«, vor allem, seitdem Deutschland zum Auschwitz-Land geworden ist und seit-dem seine Schriftsteller, wie Rolf Hochhuth, nach 1945 feststellen mussten: »Mein Vater heißt Hitler!«[13] Eine gemeinsame Sprache, in der wir selbst-verständlich und unbefangen über Deutschland reden könnten, eine intakte Grammatik des Deutschen gibt es deshalb weniger als je zuvor. Sie zu finden, wird eine langwierige und schwierige Aufgabe sein, denn diesmal sollte es eine Sprache werden, die auch von den Nicht-Deutschen, den anderen Völkern und Nationen, verstanden werden kann. In der Vergangenheit – man denke nur an das so mißverständliche »Deutschland, Deutschland über alles« – haben wir allzu oft eine Sprache gesprochen, die den anderen Menschen die Sprache verschlagen hat.

Diesem Zweck will dieses Buch dienen. Es will über Deutschland mitreden, indem es kritisch untersucht, wie in den letzten fünf Jahrhunderten ›poe-tisch‹ darüber geredet wurde. Denn die Zeit der repräsentativen Deutsch-land-Gedichte ist mit diesem Jahrhundert endgültig abgelaufen.

Aber war die Situation jemals besser als heute? Gab es jemals eine Sprache, in der man gemeinverständlich und friedlich über Deutschland sprechen konnte, eine unbefangene Grammatik und Semantik des Deutschen? Es ist nicht nur der notorische Deutschen-Verächter Friedrich Nietzsche, der das bezweifelt: »Es kennzeichnet die Deutschen, daß bei ihnen die Frage, was ist deutsch?, niemals ausstirbt.« Denn: »Man kommt beim Deutschen, beinahe wie beim Weibe, niemals auf den Grund, *er hat keinen: das ist alles.*«[14] Die sechs Seiten *Der Fall Wagner* aus dem *Ecce homo* Nietzsches sind wohl das schärfste Pamphlet gegen alles, was sich ›deutsch‹ nennt. Eine kleine Probe:

> Es gehört selbst zu meinem Ehrgeiz, als Verächter der Deutschen *par excellence* zu gelten. Mein *Mißtrauen* gegen den deutschen Charakter habe ich schon mit sechsundzwanzig Jahren ausgedrückt (dritte Unzeitgemäße S. 335) – die Deut-schen sind für mich unmöglich. Wenn ich mir eine Art Mensch ausdenke, die allen meinen Instinkten zuwiderläuft, so wird immer ein Deutscher daraus. […] Ich halte diese Rasse nicht aus, mit der man immer in schlechter Gesellschaft ist,

die keine Finger für *nuances* hat – wehe mir! Ich bin eine *nuance* –, die keinen *esprit* in den Füßen hat und nicht einmal gehen kann […] Die Deutschen haben zuletzt gar keine Füße, sie haben bloß Beine […] Den Deutschen geht jeder Begriff davon ab, wie gemein sie sind, aber das ist der Superlativ der Gemeinheit – sie *schämen* sich nicht einmal, bloß Deutsche zu sein […] Sie reden über alles mit, sie halten sich selbst für entscheidend, ich fürchte, sie haben selbst über mich entschieden […][15]

Schon Lessing urteilte über den »sittlichen Charakter« der Deutschen: »Fast sollte man sagen, dieser sei: keinen eigenen haben zu wollen«.[16] Und um noch einmal die Stimme Martin Walsers zu berufen, so bestätigt auch er: »Wir haben alles immer besser gekonnt, als wir selbst zu sein. Wer sind wir?«[17]

»Wer sind wir?« Diese Rätselfrage ist es, diese Unsicherheit über die eigene Identität, die schon seit jeher die unversieglichsten und seltsamsten Antwortversuche und Kompensationsanstrengungen hervorgerufen hat. Ein extremes, aber typisches Zeugnis dafür ist ein parodistisches Gedicht von Friedrich Rückert, der von 1788 bis 1866 lebte und Professor für orientalische Philologie und ein angesehener virtuoser Lyriker war. Sein Gedicht heißt *Grammatische Deutschheit* und ist im Jahre 1819 veröffentlicht worden:

> Neulich deutschten auf deutsch vier deutsche Deutschlinge deutschend,
> Sich überdeutschend am Deutsch, welcher der Deutscheste sey.
> Vier deutschnamig benannt: Deutsch, Deutscherich, Deutscherling,
> Deutschdich;
> Selbst so hatten zu deutsch sie sich die Namen gedeutscht.
> Jetzt wettdeutschen sie, deutschend in grammatikalischer Deutschheit,
> Deutscheren Comparativ, deutschesten Superlativ.
> »Ich bin deutscher als deutsch.«
> »Ich deutscherer.«
> »Deutschester bin ich.«
> »Ich bin der Deutschereste, oder der Deutschestere.«
> Drauf durch Comparativ und Superlativ fortdeutschend,
> Deutschten sie auf bis zum – Deutschesteresteresten;
> Bis sie vor comparativisch- und superlativischer
> Deutschung
> Den Positiv von deutsch hatten vergessen zuletzt.[18]

Es ist ein satirisches Warn- und Spottgedicht. Rückert, der durch seine deutschnationale Lyrik während der Befreiungskriege gegen Napoleon 1813–1815 bekannt geworden war (durch seine *Deutschen Gedichte* mit den *Geharnischten Sonetten*[19]) und einen Nationalstaat auf konstitutionell-liberaler Ebene anstrebte, macht sich hier lustig über blinden Patriotismus und eine

15

Deutschtümelei, die nach 1815, nach der großen Enttäuschung der verfassungs- und freiheitsdurstigen Deutschen, besonders bei den studentischen Burschenschaften, den fanatischen Teutomanen, anzutreffen waren. Sie hatten noch 1817 unter großem Aufsehen das Wartburgfest gefeiert und die Freiheit und Einheit des deutschen Vaterlands gefordert. Nur zwei Jahre später, mit dem Mord an Kotzebue und den Karlsbader Beschlüssen, kam die endgültige Wende in eine strenge Restaurationszeit, mit dem Verbot der Burschenschaften, der sog. Demagogenverfolgung und Verschärfung der Zensurmaßnahmen gegen alle freiheitlichen und patriotischen Bestrebungen.

Das ›typisch Deutsche‹, das das Gedicht durch satirische Übertreibung demaskiert und geißelt, kommt auf diesem Hintergrund noch stärker zum Ausdruck: es ist die Tatsache, daß der übertriebene deutsche Patriotismus und Nationalismus immer aus einem Bewußtsein des Mangels und des Verlustes entsteht, daß er ein fiktives Kompensationsphänomen ist. Weil es ein einiges und freies Deutschland nicht gab (es gab damals nur einen lockeren »Deutschen Bund« mit 41 souveränen Einzelstaaten!), mußte es herbeigeredet werden. Diesen Verbalradikalismus, der eine solide Basis, nämlich den »Positiv von Deutsch« verloren hat, stellt das Gedicht bloß.

Man muß freilich auch sehen, daß das deutsche Nationalgefühl von Anfang an mit diesem *Geburtsschaden* behaftet und geschlagen war. Im Vergleich mit anderen europäischen Völkern sehr spät, nämlich erst während der Napoleonischen Fremdherrschaft entstanden, wurden seine Hoffnungen durch den Wiener Kongreß und die folgenden Jahrzehnte grausam enttäuscht. Dieser Geburtsschaden, diese frühe Traumatisierung des deutschen Nationalbewußtseins ist auch durch die weitere deutsche Geschichte im 19. und 20. Jahrhundert nicht nur nicht behoben, sondern stets noch verschärft worden.

Glücklicher Rückert, der immerhin noch einen »Positiv von deutsch« voraussetzen konnte. Nach 1945 gab es als gemeinsamen Nenner nur noch einen ›Negativ von deutsch‹. Er machte es für Jahrzehnte hinaus unmöglich, ernsthaft und öffentlich nach einem »Positiv für deutsch« zu fragen und zu suchen. Hinzu kam die deutsche Teilung, die aus einem zunächst vielbeklagten Provisorium in den siebziger und achtziger Jahren immer mehr zu einem dauerhaften und akzeptierten Zustand wurde. Zuletzt bedurfte es kaum noch der Tabuisierung und der moralischen und politischen Ächtung, um die sog. »deutsche Frage« und das Wortfeld »deutsch« aus dem öffentlichen Verkehr zu ziehen.

Trotzdem ist die Rätsel-Frage »Wer sind wir?«, die Frage nach einer »deutschen Identität« und nach Deutschland nicht erst seit dem Herbst 1989 und der sog. Wiedervereinigung wieder gestellt worden. Freilich nicht mehr im Gedicht, sondern in der Regel in nüchterner, selbstkritischer Prosa. Im Rückblick läßt sich erkennen, daß die »deutsche Frage« schon die achtziger Jahre umgetrieben und zur »Institutionalisierung des Deutschland-Diskurses« geführt hat.[20] Sie wurde keinesfalls nur von der CDU/CSU-Regierung lanciert und von neokonservativen Historikern in Umlauf gebracht, sondern sie bewegte auch so verschiedene Schriftsteller wie Martin Walser, Günter Grass, Stephan Hermlin und Peter Schneider, sie ließ die Filmemacher Syberberg, Kluge, Herzog und viele andere in ihren *Reden über das eigene Land: Deutschland*[21] nach der Nation suchen, sie stand hinter der aufgeregten »Historikerdebatte« des Jahres 1986[22], sie wurde vom Bundespräsidenten Richard von Weizsäcker thematisiert und sie beschäftigte zunehmend die Medien und die politische und kulturelle Öffentlichkeit.

Aber erst seit dem Herbst 1989, als die Leipziger Demonstranten den Vers »Deutschland, einig Vaterland« aus ihrer Becher-Nationalhymne skandierten, ist das Wort »Deutschland« – nach vier Jahrzehnten, in denen es vor allem Verlegenheiten und Peinlichkeiten auslöste – wieder zu einem allseits zugelassenen Hauptwort geworden. Seitdem ist es das Wort aus unserer Sprache, das den höchsten Erklärungsbedarf besitzt, und das Wortfeld, das gegenwärtig am meisten Worte produziert und das sich auch wieder gut verkaufen läßt. Und es ist auch schon wieder ein Wort geworden, das vielen anderen die Sprache verschlagen hat.

II

Deutschland als vieldimensionales Sprachproblem! 1774 war es einem Hain-Bündler und Freund des jungen Goethe, Friedrich Leopold Graf zu Stolberg, noch möglich, den verehrten Vater Klopstock mit den Worten anzudichten:

> Ich bin ein Deutscher! (Stürzet herab
> Der Freude Thränen, daß ich es bin!)[23]

Für einen Deutschen nach 1945 und zumal für die deutschen Schriftsteller und Intellektuellen, sofern sie ihre Geschichtslektionen gelernt haben, war und wird es auf unabsehbare Zeit und in welcher Situation auch immer ganz und gar unmöglich sein, in die vaterländische Fanfare zu blasen, patriotische Trommelwirbel zu schlagen oder panegyrische Lobgesänge auf Deutschland anzustimmen. Wann immer sie das in der Vergangenheit getan haben, in der Zeit der Befreiungskriege gegen Napoleon (zwischen 1806 und 1815), in der Phase der Reichsgründung 1870/71, beim Ausbruch des Ersten Weltkriegs 1914 oder während des sogenannten »Tausendjährigen Reiches«, hat sie die Geschichte sofort oder in der Folge unbarmherzig blamiert.

Deshalb ist es kein beklagenswertes, sondern ein gutes Zeichen, daß die West- und Ostdeutschen mit wachsendem Unbehagen, skeptischer Zurückhaltung und einem fast instinktiven Bremsreflex auf die rasante Wiedervereinigungsgeschichte reagiert haben, daß die Auguren von einer »Nation, die keine sein will« sprechen (Christian Meier)[24] und davon, daß Deutschland »zwar nicht mehr geteilt, aber immer noch zerrissen und unversöhnt« sei (der Kunsthistoriker Günter Metken[25]), daß sie über unseren »pausbäckigen DM-Nationalismus« spotten[26] oder einer pragmatischen »Vernunftehe« den Vorzug vor einer stürmischen »Liebesheirat« geben (I. Hanke[27]). Einem blinden Hurra-Patriotismus ist in Deutschland oft genug gefrönt worden, und wohin ein Rückfall in den borniertem Nationalismus des 19. Jahrhunderts führt, bringen uns die Nachrichten aus dem Balkan und der ehemaligen Sowjetunion tagtäglich vor Augen. Auf dem Wege in eine multikulturelle Gesellschaft nach innen und in eine europäische Staatengemeinschaft nach außen und im Bewußtsein einer sich allmählich formierenden Weltgesellschaft, in der die Vokabeln »Menschheit« und »globale Verantwortung« keine Leerformeln mehr sind, wäre es ein Widersinn und ein gefährlicher Rückschritt, in dem Begriff der »Nation« etwas anderes als ein historisch-politisches, in der Französischen Revolution durchgesetztes Phänomen zu sehen. Wir brauchen keinen Regreß in eine irrationale Volks- und Schicksalsgemeinschaft, sondern allenfalls einen gesamtdeutschen »Verfassungspatriotismus« (Sternberger, Habermas[28]), der nicht auf der »Gleichheit der Herkunft«, sondern auf der »Gleichheit der Staatsbürger« gründet (I. Hanke).[29] So wie es der Franzose Ernest Renan 1882 definiert hat: »L'éxistence d'une nation est […] un plébiscite de tous les jours.«[30]

Wir leben in vieler Hinsicht in einer »Übergangsgesellschaft« und sind unterwegs zu einem Land und einem Europa, für die wir noch keine zulängliche Sprache und Grammatik gefunden haben. Auch um diesen Weg in die Zukunft nicht zu gefährden, um ihn möglichst freizuhalten von den Schatten und Hypotheken der Vergangenheit, ist es notwendig zu wissen, wie man vor uns über Deutschland und die Deutschen im Kontext Europas geschrieben und geredet hat. Dieses riesige historische Sprachfeld ist aufgeladen mit Spannungen, Vorurteilen, Ressentiments, Mißverständnissen, Verletzungen, Narben und Allergien. Weite Teile sind bis heute noch vermint und nur mit äußerster Vorsicht zu betreten. Aber potentiell reden alle seine Stimmen mit, wann immer und wie immer wir auf ihm stehend den Mund öffnen, auch wenn wir diese Stimmen nicht mehr hören oder wenn nur unsere mißtrauischen Nachbarn sie noch vernehmen.

Ich gebe vorweg ein paar Beispiele.

Daß sich viele Stereotypen unseres nationalen Selbstverständnisses in einem polemischen Freund-Feind-Verhältnis zu Frankreich herausgebildet haben, ist den meisten Deutschen seit der Aussöhnung mit dem westlichen Nachbarn und vormaligen »Erbfeind« nicht mehr unbekannt. Auf diese Weise sind viele dieser Stereotypen entschärft und außer Kurs gesetzt worden, z. B. die grobschlächtige Antithese deutsche Tugend vs. welsche Lasterhaftigkeit.[31]

Daß man die Rede vom »deutschen Wesen« nicht ahnungslos im Munde führen kann, ist einer deutschen Mehrheit in Erinnerung an die nazistische Rasseideologie wohl auch noch bewußt. Aber schon die wenigsten werden Emanuel Geibels Gedicht *Deutschlands Beruf* von 1861 kennen, dessen letzte Strophe – nachdem die ersten sechs die Restitution des alten deutschen Kaisertums beschworen haben – folgendermaßen lautet:

> Macht und Freiheit, Recht und Sitte,
> Klarer Geist und scharfer Hieb
> Zügeln dann aus starker Mitte
> Jeder Selbstsucht wilden Trieb,
> Und es mag am deutschen Wesen
> Einmal noch die Welt genesen.[32]

Max Schneckenburgers militantes Lied *Die Wacht am Rhein*[33] (»Es braust ein Ruf wie Donnerhall, / wie Schwertgeklirr und Wogenprall«), das während des Kaiserreichs und des Ersten Weltkriegs eine Art inoffizieller Nationalhymne war und das dann Hitlers SA annektierte, verliert an Schrecken und chauvinistischer Lautstärke, wenn man die historisch-politischen Zusammenhänge kennt, aus denen heraus es entstanden ist: die sog. Rheinkrise des Jahres 1840, als Frankreich, nach einer diplomatischen Niederlage in seiner Orientpolitik, plötzlich wieder Ansprüche auf linksrheinische Gebiete stellte und dieser Strom so zum Symbol der »Erbfeindschaft« wurde.

Ein letztes Beispiel: Dietrich Eckarts präfaschistisches Gedicht *Deutschland erwache!*[34] von 1919 (»Sturm, Sturm, Sturm!, Sturm, Sturm, Sturm! / Läutet die Glocken von Turm zu Turm!«) wird von einem Leser, der weiß, daß es sich bei diesem nationalen Schlaf-Erwachen-Komplex um ein altes und zentrales Motiv des Genres »Deutschland-Gedicht« und des Deutschland-

Bildes, um einen Topos also handelt – es taucht schon in einem religiösen Lied von Johannes Walther *Wach auf, wach auf, du deutsches Land* von 1561 auf, ist also christlichen Ursprungs –, anders gelesen und eingeschätzt als von einem Leser, dem diese Zusammenhänge unbekannt sind. Und wenn er gar aus diesen beiden Gedichten Schneckenburgers und Eckarts den altgermanischen Sturmgott Wotan herauszuhören vermag, von dem schon Tacitus in der *Germania* sagte, daß ihn die Germanen von allen Göttern am meisten verehrten, dann gehen ihm die Augen und die Ohren für ein besonders heikles Leitmotiv der Deutschland-Gedichte auf. Dann wird er hellhörig für einen *Wotan*-Essay, mit dem kein Geringerer als C. G. Jung (dem man freilich in den dreißiger Jahren faschistische Sympathien nachsagte) im Jahre 1936 das rätselhafte Phänomen des Nationalsozialismus zu erklären versuchte.[35] Dort liest man den Satz: »Ich wage sogar die ketzerische Behauptung, daß der alte Wotan mit seinem abgründigen und niemals ausgeschöpften Charakter mehr vom Nationalsozialismus erklärt als alle drei vorgenannten vernünftigen Faktoren zusammen« (d. h. der ökonomische, politische und psychologische Faktor).[36] Wenig später nennt er Wotan eine »Grundeigenschaft der deutschen Seele« und bekräftigt: »Wotan ist – und das hat man offenbar völlig vergessen – eine germanische Urgegebenheit, ein wahrster Ausdruck und eine unübertroffene Personifikation einer grundlegenden Eigentümlichkeit insbesondere des deutschen Volkes.«[37] Wie schlimm, wenn C. G. Jung mit dieser seltsamen Hypothese recht hätte. Wie sollten wir uns dann jemals von dem berüchtigten »furor teutonicus« befreien können, der durch diesen Gott hervorgerufen wird?[38] Ein Grund mehr jedenfalls, das Wort »Deutschland« nicht als ein Feststellungs- und Ausrufungswort, sondern als ein Wort in Anführungszeichen, als ein Fremd-, Frage- und Zweifelswort zu betrachten.

Nun gibt es viele Arten (»Diskurse«!), über Deutschland zu reden. Wenn ich mich für die Untersuchung der Deutschland-Gedichte (früher hießen sie noch Vaterlandslieder[39]) und ihrer Geschichte entschieden habe – und nicht für Deutschland-Dramen, Deutschland-Romane, Deutschland-Essays und -Reden oder Deutschland-Filme –, dann deshalb, weil mehrere Vorteile bei dieser lyrischen Gattung auf der Hand liegen.
1. ist es ebenso praktikabel wie ergiebig, mit kurzen, überschaubaren und konzentrierten Texten umzugehen.
2. erleichtert es die Verständigung.
3. steht uns hier ein großes Quellen- und Vergleichsmaterial, ein beachtliches Textcorpus aus mehreren Jahrhunderten zur Verfügung. Sieht man

einmal von dem obligaten Walther von der Vogelweide ab (»Ir sult sprechen willekomen«), so beginnt es im 16. Jahrhundert zu tröpfeln und wächst dann mit jedem Jahrhundert an, wobei das 19. die markanteste Zeit der Deutschland-Gedichte ist.

4. sind Deutschland-Gedichte in der Regel sprachliche Konzentrate des nationalen Selbstverständnisses, nationaler Kommunikation und Selbstauseinandersetzung, aber auch nationaler Verblendung und Verblödung. In ihnen treten die »extremen, totalen Stimmungen« auf, während z. B. die Deutschland-Prosa mehr auf Differenzierung angelegt ist.[40] Sie sind spezifische Verdichtungen der »vox populi« und tendieren per se zur Übertreibung und Vereinfachung.

5. Dafür spricht schon ihre weite Verbreitung und Breitenwirkung, die in den meisten Fällen nicht umständlich nachgewiesen werden muß. Seit Hölderlins *Vaterländischem Gesang* ist die immense Wirkungsgeschichte der meistens bekannten Deutschland-Gedichte mühelos nachvollziehbar. Sie wurde durch zahllose Sammlungen, Liederbücher, studentische Commersbücher usw. getragen und vervielfältigt. Und was vor dem Ende des 18. Jahrhunderts entstand, ist im 19. Jahrhundert ganz bewußt aufgelesen·und tradiert worden, so z. B. durch Hoffmann von Fallersleben im 2. Teil seiner *Unpolitischen Lieder* (1841). Unter den Überschriften *Stimmen der Vergangenheit* und *Deutschlands Ehre* sind dort repräsentative Deutschland-Gedichte seit Walther von der Vogelweide versammelt.

6. Daß die meisten der bekannten Deutschland-Gedichte als Lied-Texte konzipiert oder bald zu populären Liedern geworden sind, hat entscheidend zu ihrer Verbreitung, Verinnerlichung und Interpretation beigetragen. Die Partitur der Worte und Sätze wurde in eine musikalische Sprache übersetzt, durch die der Text, man denke an die Nationalhymne, die *Wacht am Rhein* oder Walter Flex' *Wildgänse rauschen durch die Nacht,* erst seine wirkungsmächtige Prägung erhielt. Auf diesen Aspekt, der überall stillschweigend vorausgesetzt wird, kann die vorliegende Studie, die den Wortschatz, die Metaphorik, die Topoi und Motive, die Syntax und Semantik der Deutschland-Sprache befragt, leider nicht eingehen – nicht nur aus Raumgründen, sondern auch aus mangelnder musik- und kulturwissenschaftlicher Kompetenz.

7. entstehen die Deutschland-Gedichte zwar jeweils in ganz bestimmten einmaligen historisch-politischen Situationen, entfalten ihr beträchtliches Wirkungspotential aber erst im Laufe einer langen Rezeptionsgeschichte und spiegeln und konservieren so auf exemplarische Weise deutsche Geschichte. So ist Hoffmann von Fallerslebens vormärzliches *Lied der Deutschen* (1841) z. B. erst im Jahre 1922 von dem sozialdemokratischen Reichspräsidenten

Ebert zur Nationalhymne erklärt worden, nach dem Zweiten Weltkrieg von den Alliierten zunächst verboten, dann in der BRD auf die dritte Strophe reduziert und in der DDR von einer neuen Hymne ersetzt worden, bevor die dritte Strophe nach der Wiedervereinigung erneut für das ganze Deutschland abgesegnet wurde.

8. gehört es zur spezifischen Wirkungsgeschichte der Deutschland-Gedichte (wie des Deutschland-Themas und -problems überhaupt), daß sie ständig und vielfach Bezug aufeinander nehmen, daß sie in einem unüberhörbaren Austausch miteinander stehen. Auf diese Weise bilden sie alle zusammen ein großes Textgewebe mit wiederkehrenden Mustern, Motiven, Strukturen, Themen, Formeln, Stereotypen, Bildern, Farben usw. Intertextualität als Befund und Verstehensmethode ist bei diesem Genre eine Selbstverständlichkeit. Besonders dicht ist dieses Verweisungsgewebe innerhalb der Vormärzlyrik. Aber genauso stehen der Deutschland-Liedermacher Biermann im Dialog mit Hölderlin und Heine, Ingeborg Bachmann mit dem deutschen Volkslied, Johannes R. Becher mit Andreas Gryphius, und unzählige Deutschland-Gedichte weisen zurück auf die *Germania* des Tacitus, die primäre Quelle der Deutschland-Sprache überhaupt.[41]

Zur Deutschland-Sprache, zur Art und Weise, über Deutschland zu reden, gehören deshalb schon seit langem viele Stereotypen: dieses Land, so pflegt man zu klagen, habe statt der Freiheit nur Freiheitslieder hervorgebracht (z. B. Maurice Reinhold von Stern in seinem Gedicht *Ein Wunsch* von 1888 mit dem Refrain: »Die Freiheitslieder haben sie, / jedoch die Freiheit nicht«[42]) und anstelle von Revolutionen habe es Revolutionsdramen produziert (Jost Hermand/Reinhold Grimm[43]). In Hölderlins Ode *An die Deutschen* heißt die entsprechende, oft zitierte Formel: »[…] wir sind / Tatenarm und gedankenvoll!«[44] Ebenso bekannt sind zwei Strophen aus Heines *Deutschland. Ein Wintermärchen:*

> Franzosen und Russen gehört das Land,
> Das Meer gehört den Briten,
> Wir aber besitzen im Luftreich des Traums
> Die Herrschaft unbestritten.
>
> Hier üben wir die Hegemonie,
> Hier sind wir unzerstückelt;
> Die andern Völker haben sich
> Auf platter Erde entwickelt. – – (Caput VII)[45]

Wir stoßen erneut auf das Kompensationsphänomen: die Deutschen hätten vermutlich niemals so viele Deutschland-Gedichte und -Lieder geschrieben, wenn es Deutschland tatsächlich gegeben hätte, wenn die Einheit von Staat und Nation, wie bei unseren westlichen Nachbarn, eine selbstverständliche, alltägliche, seit Jahrhunderten gelebte Gegebenheit gewesen wäre. Unsere Deutschland-Gedichte sind in der Regel Zeichen und Symptome für einen akuten Mangel. Sie bringen ein real Abwesendes zur sprachlich-fiktiven Anwesenheit. Sie beschwören z. B. oft ein Nicht-mehr, das Heilige Römische Reich deutscher Nation, oder ein Noch-nicht, das mythische und utopische »Dritte Reich«. Aber gerade weil sie ein Vakuum ausfüllten, waren sie so wirksam.

Gegenüber den langen historischen Perioden des deutschen Partikularismus und staatlicher Zerrissenheit nimmt sich nämlich die einzige Epoche staatlicher Einheit, als es Deutschland »gab«, die von 1871 bis 1945, nicht nur recht kurz und übergänglich aus, sondern diese 74 Jahre sind auch in sich äußerst instabil, krisenhaft und disparat gewesen. Sie wurden ausgefüllt von drei sehr verschiedenen, aber gleichermaßen prekären Staatsgebilden: dem deutschen Kaiserreich, das den Deutschen von oben geschenkt, besser ›verpaßt‹ wurde und das in einem unversöhnlichen Zwiespalt mit den Arbeitern (und der Sozialdemokratie) lebte; von der von allzu wenigen Bürgern bejahten und krisengeschüttelten Weimarer Republik; und von dem hybriden »Tausendjährigen Reich«, das nur zwölf Jahre brauchte, um die Welt vor allem, was deutsch ist, das Fürchten zu lehren und das Land in die Katastrophe und die anschließende Teilung zu stürzen.

Und diese wenigen Jahrzehnte wurden, nachdem schon drei Kriege in den sechziger Jahren des 19. Jahrhunderts die deutsche Einheit vorbereitet und erzwungen hatten, ausgefüllt von zwei schrecklichen Weltkriegen, an denen Deutschland und die Deutschen ein gerüttelt Maß an Schuld trugen und tragen. Also: je realer Deutschland wurde, desto mehr entstellte es sich zu einem factum brutum, desto ungreifbarer wurde sein »Positiv«. Sein Fiktionscharakter wurde dadurch nicht aufgehoben, sondern noch verstärkt.

Kein Wunder nach allem, daß sich in den letzten fünfzig Jahren nicht nur bei unseren ausländischen Nachbarn, allesamt gebrannten Kindern, sondern auch in nachdenklichen und verantwortlichen deutschen Köpfen die Ansicht verbreitete, daß Wiedervereinigung und staatliche Einheit nicht mehr die allerhöchste politische und moralische Priorität besäßen, daß es statt »Deutschland, Deutschland über alles« besser »Deutschland, Deutschland unter anderm« heißen sollte und daß es uns überhaupt nicht schlecht anstünde, das Weiterleben in zwei Staaten als eine gemeinsame »Kulturnation« zu akzeptieren.

Dieser Begriff, eine Art Oberbegriff von »Deutschland als Gedicht«, hatte sich am Ende des 18. Jahrhunderts herausgebildet und wurde vor allem von Goethe, Herder und Schiller vorgelebt und vertreten. Er besitzt also eine ehrwürdige deutsche Tradition, hatte aber von Anfang an eben auch einen kompensatorischen und fiktiven Charakter. Fast zum geflügelten Wort ist ein Distichon Schillers aus den *Zahmen Xenien* geworden:

> Zur *Nation* euch zu bilden, ihr hoffet es, Deutsche, vergebens:
> Bildet, ihr könnt es, dafür freyer zu Menschen euch aus.[46]

Und als Schiller um 1797, in einem Augenblick der militärischen Niederlage (Frankreich mit Napoleon hatte Österreich besiegt), über die »Deutsche Größe« nachdachte, schrieb er u. a. folgende Verse:

> Das ist nicht des Deutschen Größe
> Obzusiegen mit dem Schwert,
> In das Geisterreich zu dringen
> Vorurtheile zu besiegen, ringen
> Männlich mit dem Wahn zu kriegen
> Das ist s. [seines] Eifers werth.[47]

Gleichzeitig notierte er in Prosa:

> Sie ist eine sittliche Größe, sie wohnt in der Kultur und im Charakter der Nation, die von ihren politischen Schicksalen unabhängig ist.[48]

Unter diesen Notaten findet man freilich auch schon den riskanten Satz: »Unsere Sprache wird die Welt beherrschen.«[49] Aber was bei Schiller noch idealistisch und kosmopolitisch, als eine zwanglose Herrschaft des Geistes gemeint ist, nimmt in der Rezeptionsgeschichte der zweiten Hälfte des 19. Jahrhunderts – kompensatorische Akte tendieren zur Übertreibung – eine kulturimperialistische Wendung. Zu ihr gehört Geibels bereits zitiertes Wort von dem »deutschen Wesen«, an dem »einmal noch« die Welt genesen möge. Die anschließende Militarisierung des Geistes gipfelt dann am Beginn des Ersten Weltkriegs.[50] Die Idee einer deutschen »Kulturnation« wird restlos korrumpiert. Schiller z. B. wird in einem Gedicht von Friedrich Lienhard, einem bekannten Blut- und Bodendichter, zum »Kriegspropagandisten« des Ersten Weltkriegs entstellt.[51] Die letzte Strophe seines Poems mit dem geliehenen Titel *Deutsche Größe* lautet:

> Das ist nicht des Deutschen Größe,
> Nur in äußerm Kampfgetöse
> Obzusiegen mit dem Schwert:

In das Geisterreich zu dringen,
Männlich mit dem Wahn zu ringen,
Das ist seines Eifers wert.[52]

Schillers Text wird »durch den Einschub eines unscheinbaren ›nur‹ in der letzten Strophe auf skandalöse Weise verfälscht. Was Schiller gerade geleugnet hat, nämlich, daß es Deutschlands Aufgabe sei, mit dem Schwert zu siegen, wird nun zum Gebot.«[53]

Trotzdem hatte diese ramponierte Idee einer deutschen Kulturnation, also die Vorstellung, daß die Einheit des geteilten Landes in der gemeinsamen Sprache und in der gemeinsamen Literatur und Kultur zu finden sei, in dem letzten Jahrzehnt vor der plötzlichen Herbstwende 1989 eine auffällige und ahnungslose Renaissance erfahren. Namentlich die westdeutschen Schriftsteller, an ihrer Spitze Günter Grass, haben sie aufgegriffen und propagiert. Und sie wäre zweifellos auch heute noch lebendig und dominant, wären wir nicht alle, in Ost wie in West, von der deutschen »Wiedervereinigung« überrascht und überrumpelt worden. Denn dieses säkulare Ereignis verdankt sich bekanntlich weniger einem unzerstörbaren und substantiellen deutschen Gemeinschafts- und Zusammengehörigkeitsgefühl, dem oft beschworenen Brüder- und Schwesternkomplex, als dem kläglichen Scheitern des real existierenden Sozialismus. Die peinliche Disproportion zwischen äußerer und innerer deutscher Einheit wurde dadurch erst ganz sichtbar.

Diese Überlegung und viele weitere Erfahrungen sprechen nicht eben dafür, daß es so etwas wie »Deutschland« seit dem Oktober 1990, als die fünf »neuen Länder« den alten Ländern der Bundesrepublik zugeschlagen wurden, plötzlich wieder gibt. Im Gegenteil, Deutschland ist zu einer Art Niemandsland geworden, eine imaginäre Größe, ein Vakuum und Suchbild – Peter Rühmkorf nennt es sogar »ein Lügenmärchen«[54] –, von dem deshalb so viele reden – die Schriftsteller ebenso wie die Politiker –, weil es noch immer keine selbstverständliche Präsenz besitzt. Heiner Müller, einer unserer Deutschland-Auguren, hat in einem Interview vom Frühjahr 1994 auf die obligate Frage mit der schlichten Feststellung geantwortet:

»Deutschland gibt es nicht« und dann erläutert: »Im DDR-Illusionsraum dachte man: ›Eines Tages kriegen wir die andere Hälfte auch noch.‹ Im Westen dachte man genauso. Jetzt findet die Vereinigung als das Verschwinden beider Teile statt. Zuerst sah es so aus, als ob dieses Stück DDR einfach einverleibt würde. Das scheint aber nicht zu funktionieren. Jetzt verschwinden beide Teile, und es entsteht ein unbenennbares Vakuum, das von der D-Mark zusammengehalten wird. Auf jeden Fall ist dies Gebilde keine Nation und kein Nationalstaat, denn niemand weiß, was das eigentlich sein soll.«[55]

Für die Geschichte und das Schicksal der Deutschland-Gedichte hätte sich demnach wenig verändert. Solange Deutschland eine Fiktion bleibt, werden sie weiterhin geschrieben werden, freilich mit dem fundamentalen Unterschied, daß es eine kollektive Deutschland-Sprache, daß es »Deutschland als Gedicht« nicht mehr gibt und auch nicht mehr geben wird.[56] Die wenigen namhaften Deutschland-Gedichte, die nach 1989/90 entstanden sind, dokumentieren eher einen kritischen Auflösungsprozeß der Deutschland-Sprache und der »deutschen Frage« als eine Suche nach dem unbekannten neuen Deutschland und möglichen neuen Namen und Definitionen.

Und das ist gut so. Die schlechtesten und schrecklichsten Deutschland-Gedichte wurden immer dann geschrieben, wenn es Deutschland »gab«, wenn es seine reale Existenz durch Machtgebärden und Kriege zu beweisen versuchte. Daß diese fatale Konstellation in Zukunft nie mehr wiederkehrt, könnte ein kleiner Fortschritt sein, den uns dieses blutige Jahrhundert gebracht hat. Viele Anzeichen sprechen dafür, und auch dafür, daß das Reden und Dichten über Deutschland in seinen alten Formen und Inhalten allmählich historisch geworden ist.[57] Auch deshalb ist es an der Zeit zurückzublicken.

II

Zum Auftakt:
Vier deutsche Nationalhymnen

>»Deutschland, Deutschland über alles« – ist vielleicht die
>blödsinnigste Parole, die je gegeben worden ist. **Warum**
>überhaupt Deutschland – frage ich: wenn es nicht Etwas
>**will, vertritt, darstellt**, das mehr Wert hat, als irgendeine
>andere bisherige Macht vertritt.
>
> Friedrich Nietzsche

Es gab im Nachkriegsdeutschland einen Zeitraum – es waren die Jahre 1949
bis 1952 –, in dem nicht weniger als vier Nationalhymnen zur Diskussion
standen. Denn sowohl in der DDR wie in der Bundesrepublik wurde der
Versuch gemacht, das Deutschlandlied des Hoffmann von Fallersleben, das
von den Alliierten sofort nach Kriegsende verboten worden war, durch eine
neue Hymne zu ersetzen. In der DDR gelang dieser Versuch – zeitweilig,
wie sich kürzlich gezeigt hat –, in der Bundesrepublik scheiterte er. Daß die
SED, die ihren Staat als revolutionäre Neugründung, als ersten Arbeiter-
und Bauernstaat auf deutschem Boden propagierte, die alte, von den Nazis
korrumpierte Hymne nicht übernehmen würde, verstand sich von selbst.
Sie gab zwei höchst verschiedenen Dichtern, Johannes R. Becher und Bertolt Brecht kurz nach der Gründung der DDR im Jahr 1949 den Auftrag,
neue Vorschläge zu unterbreiten. Der schlechtere, die Hymne von Becher,
wurde ausgewählt; Brechts *Kinderhymne* kam als Alternative des Deutsch-
landlieds erst nach 1989 wieder ins Gespräch[1]. In der BRD versuchte der
erste Bundespräsident, Theodor Heuß, vergeblich, das *Lied der Deutschen*
durch eine Auftrags-Hymne seines Freundes Rudolf Alexander Schröder
zu verdrängen (1950). In einem Briefwechsel vom Frühjahr 1952 mit dem
Kanzler Konrad Adenauer mußte er konzedieren, die alte Hymne in Geltung zu lassen, mit dem Vorbehalt allerdings, sich bei staatlichen Anlässen
mit der dritten Strophe zu begnügen. Ein ähnlicher Vorgang hat sich schließlich im August 1991 wiederholt, nachdem die Wahl einer gesamtdeutschen
Nationalhymne erneut und kontrovers diskutiert worden war. Der Bundes-

präsident von Weizsäcker erklärte in einem Brief an den Bundeskanzler Kohl, daß das alte Lied zwar »als ein Dokument deutscher Geschichte in allen seinen Strophen eine Einheit bildet«, daß aber »die dritte Strophe«, die »sich als Symbol bewährt« habe, »die Nationalhymne für das deutsche Volk« sei. Der Bundeskanzler stimmte dem in seiner brieflichen Antwort vorbehaltlos zu.[2]

Was kurz nach Kriegsende als die unwahrscheinlichste aller Möglichkeiten erschien, ist eingetreten. Zwar unter Verlust zweier Strophen, hat sich das Hoffmann-Lied doch gegen die gesamte Konkurrenz erneut behauptet. Das erste Mal dauerte dieser Durchsetzungsprozeß einundachtzig Jahre (1841–1922), das zweite Mal sechsundvierzig Jahre (1945–1991). Diese Tatsache – wohl in keinem europäischen Land hat es etwas Vergleichbares gegeben – spricht zweifellos für die Vitalität der umstrittenen Hymne. Sie ist ein historisch-politisches Dokument geworden, in dessen Gestalt und Geschichte sich über hundertfünfzig Jahre deutscher Geschichte abgelagert haben. Man sollte den Verzicht auf die ersten beiden Strophen deshalb nicht eine »Verstümmelung« nennen. Er ist ebenso ein Akt selbstkritischer kollektiver Katharsis wie es das Festhalten an der dritten Strophe ist. Denn auch wenn sie bei feierlichen Anlässen nicht mehr gesungen werden, verschwunden sind die beiden ersten Strophen damit nicht. Sie leben weiter im gesellschaftlichen Bewußtsein. Im Wissen von ihrem Verzicht werden sie abwesend anwesend bleiben. So enthält und bewahrt die heutige Gestalt der deutschen Hymne ein wichtiges Stück deutscher Selbstauseinandersetzung.

Ein Fortschritt wäre es auch, wenn das *Lied der Deutschen,* das wie jegliche Nationalhymne die Tendenz hat, das Gepräge mythischer Absolutheit anzunehmen, noch stärker historisiert und subjektiviert würde, wenn die Gestalt seines Autors und die Umstände seiner Entstehung noch bekannter würden als bisher. Die Mehrheit der Deutschen weiß ja nicht einmal, daß der Verfasser so bekannter Kinderlieder wie *Morgen kommt der Weihnachtsmann, Summ, summ, summ, Bienchen summ herum, Alle Vögel sind schon da, alle Vögel, alle, Wer hat die schönsten Schäfchen* und *Ein Männlein steht im Walde* identisch ist mit dem Verfasser ihrer Nationalhymne.

Wer war dieser Hoffmann von Fallersleben, der sowohl die deutschen Kinder wie die deutschen Chauvinisten hat singen und jubilieren lassen?

Kein Adliger, wie der Name vielleicht vermuten läßt; die Adligen hat er gehaßt und in vielen Gedichten verspottet. Er wurde in dem *Dorfe* Fallersleben, im Hannoverschen, 1798 geboren, studierte Theologie und klassische Philologie und wollte ein zweiter Winckelmann werden. Aber dann, im Herbst 1818, begegnete er Jakob Grimm, der ihn mit der Frage »Liegt

Ihnen Ihr Vaterland nicht näher?« auf den breiten patriotisch-romantischen Weg führte. Er studierte fortan in Bonn mit Enthusiasmus germanische Philologie; Bruchstücke von Otfrieds Evangelienbuch waren dort schon 1821 sein erster bedeutender Fund. Er wurde ein beachtlicher Sammler, Herausgeber und Bibliothekar, der im preußischen Breslau Karriere machte. 1823 wurde er dort Bibliothekar, 1830 außerordentlicher und 1835, gegen den Widerstand der Fakultät, ordentlicher Professor für deutsche Sprache und Literatur an der Universität Breslau. Er stand in Verbindung mit allen bedeutenden Germanisten seiner Zeit und gehört zu den Stammvätern der germanistischen Wissenschaft.

Gedichte hat er schon frühzeitig und en masse geschrieben, in der epigonalen Nachfolge einer volkstümlichen, liedhaften Romantik, die seit etwa 1820 in die gemütliche Phase der Biedermeierzeit eintrat. Entsprechend klingen die Titel seiner zahlreichen Zyklen – Dichterleben, Dichters Familienleben, Liebesleben (eines ständig, aber zumeist erfolglos Verliebten!), Liebe und Leid, Im Neckartale, Kinderleben, Volksleben, Wein und Gesang, Vaterland und Heimat (in dieser Sparte ist das *Lied der Deutschen* untergebracht!). Hoffmann war ein begabter Reime- und Verseschmied, nicht mehr. Bekannt wurde er erst im Vormärz, durch seine Wendung in das vormärzliche Zeitgeschehen, die er selber folgendermaßen bedichtet hat:

> Ich sang nach alter Sitt' und Brauch
> Von Mond und Sternen und Sonne,
> Von Wein und Nachtigallen auch,
> Von Liebeslust und Wonne.
> Da rief mir zu das Vaterland:
> Du sollst das Alte lassen,
> Den alten verbrauchten Leiertand,
> Du sollst die Zeit erfassen![3]

Diese Aufgabe suchte er durch seine *Zeitgedichte* zu erfüllen. Sie erschienen in zwei Teilen 1840 und 1841 bei Hoffmann und Campe in Hamburg unter dem ironischen Titel *Unpolitische Lieder*. Es war der erste, noch bescheidene Trompetenstoß der reichen und lauten politischen Vormärzlyrik. Aber er genügte, um diesen biederen liberalen Patrioten und Monarchisten, den preußischen Staatsbeamten und Professor aus Amt und Würden zu vertreiben, hinein in ein unruhiges und sorgenvolles Wanderleben (1843–1849). Noch während der Entstehung seines berühmten Deutschlandliedes im August 1841 wurden in Breslau die staatlichen Ermittlungen gegen ihn eingeleitet und Ende dieses Jahres der zweite Teil der *Unpolitischen Lieder* in Preußen und anschließend auch in den anderen Bundesstaaten verboten. Im Frühjahr 1842 wurde ihm die Ausübung der Professur untersagt, Anfang 1843 die Absetzung ohne Pensionsansprüche verkündet. Und das alles nur, weil er u. a. den patriotischen Refrain gereimt hatte:

> Kein Österreich, kein Preußen mehr,
> ein einzig Deutschland hoch und hehr,
> ein freies Deutschland Gott bescher![4]

Diese poetische Aufkündigung ihrer souveränen Existenz wollte sich die preußische Obrigkeit nicht bieten lassen. Sie fand in seinen Liedern »Gesinnungen und Ansichten« ausgedrückt, die bei den »Lesern der Lieder, besonders von jugendlichem Alter, Mißvergnügen über die bestehende Ordnung der Dinge, Verachtung und Haß gegen die Landesherrn und Obrigkeiten hervorzurufen und einen Geist zu erwecken geeignet sind, der zunächst für die Jugend, aber auch im allgemeinen nur verderblich wirken kann«.[5]

Uns Heutige führen dieselben Verse zu einem ersten historischen Verständnis der vor allem im Ausland berüchtigten Verszeile »Deutschland, Deutschland über alles«. So chauvinistisch und imperialistisch sie klingt, ursprünglich war sie es nicht. Hoffmann meinte damit, daß die Einheit Deutschlands über Österreich und Preußen stehen sollte, das heißt, er wendete sich damit gegen die Kleinstaaterei, den jahrhundertealten deutschen Partikularismus. Sein imperativischer Appell war eindeutig nach innen gerichtet, nicht nach außen. Aber die nachfolgende deutsche Geschichte brachte es mit sich, daß sich im Ausland die bedrohliche Lesart durchsetzte, erstmals öffentlich im Jahre 1867, als Bismarcks militante Vereinigungspolitik schon erkennbar wurde, bei einer Militärdebatte des französischen Parlaments durch den Abgeordneten Liégeard. Ungenaue Übersetzungen taten ein übriges, so die amerikanische: »Deutschland, Deutschland, first of nations«, oder die französische Version von »zum Schutz und Trutze« als »pour se défendre et attaquer«. Prinzipiell unterscheidet sich das Deutschlandlied damit nicht vom Schicksal aller literarischen Werke und Texte. Vom Zeitpunkt ihres Erscheinens an beginnen sie ein wirkungsgeschichtliches Eigenleben zu führen. Aber im Falle politischer Literatur kann dieses Eigenleben besonders exzessiv werden. Deshalb ist der historische Rückblick auf die Ausgangssituation, auf die Geburtsszene des Liedes, hier besonders angebracht und aufschlußreich.

Wie lasen und sangen die Zeitgenossen Hoffmanns *Lied der Deutschen?* Wie hat er es selber gemeint?

Deutschland, Deutschland über alles,
über alles in der Welt,
wenn es stets zum Schutz und Trutze
brüderlich zusammenhält,
von der Maas bis an die Memel,
von der Etsch bis an den Belt –
Deutschland, Deutschland über alles,
über alles in der Welt!

Deutsche Frauen, deutsche Treue,
deutscher Wein und deutscher Sang
sollen in der Welt behalten
ihren alten schönen Klang,
uns zu edler Tat begeistern
unser ganzes Leben lang –
deutsche Frauen, deutsche Treue,
deutscher Wein und deutscher Sang!

Einigkeit und Recht und Freiheit
für das deutsche Vaterland!
Danach laßt uns alle streben
brüderlich mit Herz und Hand!
Einigkeit und Recht und Freiheit
sind des Glückes Unterpfand –
blüh im Glanze dieses Glückes,
blühe, deutsches Vaterland![6]

Man sollte nicht zu viel von dem Lied erwarten: ein Germanist hat es gemacht und noch dazu in den Semesterferien. Hoffmann hat die Entstehung
in seiner Autobiographie *Mein Leben*[7] recht genau geschildert. Vom 11. August bis zum 5. September 1841 machte er, zum zweiten Male, Badeurlaub
auf der Insel Helgoland, die damals noch britischer Besitz, also Ausland
war. Schon bei der Überfahrt sind einige Hannoveraner an Bord, »lauter
Oppositionsmänner«, die quer zu ihrem englischen König Ernst August
von Cumberland stehen. Dessen Regierungsantritt in Hannover hatte 1837
bekanntlich mit einem monarchischen Staatsstreich begonnen; er erklärte
die Verfassung für ungültig. Es gab einen großen Aufruhr; sieben Göttinger
Professoren, darunter die Brüder Grimm, erklärten, daß sie sich weiterhin
an die alte Verfassung gebunden fühlten; sie wurden fristlos entlassen und
des Landes verwiesen. »Das alles«, schreibt der Historiker Thomas Nipperdey, »erregte […] ungeheures Aufsehen in der gesamtdeutschen Öffentlichkeit. Es wurde eine nationale Erfahrung. Die Sieben wurden die Märtyrer
und die Helden des Liberalismus.«[8] Das ist der Hintergrund des Helgolän-
der Badeaufenthaltes. Versteht sich, daß die Hannoverschen Oppositions-

männer Hoffmanns *Unpolitische Lieder* bei sich führten, versteht sich, daß sie abends im »Konversationshause« zu freisinnigen und sangesfrohen Banketten zusammenkamen. Nur die Marseillaise, die in der Französischen Revolution geboren wurde, durften die Musikanten nicht spielen.

Jetzt lasse ich Hoffmann selber sprechen:

> Nach wechselseitigen Begrüßungen nahmen wir Platz an einer langen Tafel und speisten zu Nacht. Es folgte eine Reihe von Trinksprüchen, die alle mit lautem Jubel aufgenommen wurden. Dr. Freudentheil: »Die gute Sache!« Ein anderer: »Stüve« [ein altliberaler Osnabrücker Abgeordneter und Reformer] Ich: »Die deutschen Frauen!« dann: »Die Unfähigen!« Darauf las ich mein Gedicht auf den Hamburger Korrspondenten, der als »Unparteiischer Korrespondent« nicht nur Partei für Ernst August nahm, sondern auch schamlos die hannoverschen Verfassungsfreunde besudelte.[9]

Nach der Abfahrt der Hannoveraner meldete sich in der Einsamkeit der Insel die Muse zu Wort:

> Wenn ich dann so wandelte einsam auf der Klippe, nichts als Meer und Himmel um mich sah, so ward mir so eigen zumute, ich mußte dichten, und wenn ich es auch nicht gewollt hätte. So entstand am 26. August das Lied: »Deutschland, Deutschland über alles!«[10]

Der junge Georg Büchner hatte den deutschen Bankett-Patriotismus schon in den dreißiger Jahren verspottet: »Gestern war ich bei dem Bankett zu Ehren der zurückgekehrten Deputierten. [...] Einige loyale Toaste, bis man sich Courage getrunken, und dann das Polenlied, die Marseillaise gesungen u. den in Friedberg Verhafteten ein Vivat gebracht! Die Leute gehen ins Feuer, wenn's von einer brennenden Punschbowle kommt!« (19.11.1833 aus Gießen)[11] Heinrich Heine nahm Hoffmann von Fallersleben nach dem Erscheinen seiner *Unpolitischen Lieder* direkt aufs Korn. Die beiden letzten Strophen seines Gedichts *An einen politischen Dichter* höhnen:

> Sie pflegen auch beim Glase Wein
> Ein Vivat dir zu bringen,
> Und manchen Schlachtgesang von dir
> Lautbrüllend nachzusingen.

> Der Knecht singt gern ein Freiheitslied
> Des Abends in der Schenke:
> Das fördert die Verdauuungskraft
> Und würzet die Getränke.[12]

Und Frank Wedekind sollte später ähnlich spotten:

Den vollen Maßkrug in der Heldenhand,
wie liebst du, Deutscher, da dein Vaterland.[13]

Leider ist etwas Wahres daran. Es läßt sich nicht leugnen, daß auch unser Deutschlandlied aus dem kompensatorischen Geist solcher Freiheitsbankette, dem Sangesmut deutscher Männervereine und einem gemütlichen Ferienpatriotismus hervorgegangen ist. Die schwache Mittelstrophe ist ganz von diesem sangesseligen Weingeist durchtränkt:

Deutche Frauen, deutsche Treue,
deutscher Wein und deutscher Sang
sollen in der Welt behalten
ihren alten schönen Klang,

In dieser Strophe ist alles, nicht nur der Preis der »deutschen Frauen«, auf eine Männergesellschaft bezogen. Eine seltsame Nationalhymne ist das, die nicht nur in dieser Strophe die weibliche Hälfte der Nation eigentlich vom Mitsingen ausschließt. Denn angeredet und angesungen wird ja ein *Vater*land von einer Gesellschaft, die »brüderlich« zusammenhalten soll.[14] Diese maskuline Lob- und Preisperspektive wird durch einen bewußten Traditionsbezug des gelehrten Germanisten verstärkt. Hoffmann bezieht sich auf ein berühmtes Deutschland-Lied Walthers von der Vogelweide, das im 19. Jahrhundert fast die Geltung einer nationalen Hymne besaß, sein »Preislied« »Ir sult sprechen willekomen«. Von seinen sechs Strophen gelten vier dem nationalen Frauenpreis aus der Perspektive des weltläufigen Minnesängers. Ich zitiere nur die vierte und fünfte Strophe:

Von der Elbe unz an den Rin
und der wider unz an Ungerlant
mugen wol die besten sin,
die ich in der werlte han erkant.
Kan ich rehte schouwen
guot gelaz unt lip,
sem mir got, so swüere ich wol daz hie diu wip
bezzer sint danne ander frouwen.

Tiusche man sint wol gezogen,
rehte als engel sint diu wip getan.
swer sie schildet, derst betrogen,
ich enkan sin anders niht verstan.
Tugent und reine minne,
swer die suochen wil,
der sol komen in unser lant, da ist wünne vil.
lange müeze ich leben dar inne![15]

Hoffmann hat dieses Lied Walthers im Anhang des 2. Teils seiner *Unpolitischen Lieder* (Hamburg 1841) unter der Überschrift »Deutschlands Ehre« aufgenommen. Dieser Anhang versammelt als »Stimmen aus der Vergangenheit« mehrere Deutschland-Gedichte Walthers, Luthers und aus dem 17. Jahrhundert Gedichte von Weckherlin, Opitz, Gryphius und Rist. Hoffmann hat sich mit seinem *Lied der Deutschen* also ganz bewußt in eine jahrhundertealte Tradition der Deutschland-Gedichte gestellt. Er hat es deshalb nicht in den Kontext seiner aktuellen *Unpolitischen Lieder* eingereiht, sondern in die Rubrik »Vaterland und Heimat«. Es besaß wohl schon damals eine gewisse altväterliche Patina.

Durch intertextuelle Bezüge entschärfen läßt sich erneut die kompensatorische, antipartikularistisch gemeinte Formel »Deutschland, Deutschland über alles«. Auch sie ist weder originell noch typisch deutsch. Sie führt bis ins 17. Jahrhundert nach Österreich zurück, zu Philipp Wilhelm v. Hörnigks Werk *Österreich über alles, wenn es nur will* (1684); 1798 übertrug ein Philipp von Gemmingen diese Formel auf Deutschland; 1809 nahm der österreichische Dichter H. J. Collin (1771–1811) den ersten Teil als Titel eines patriotischen Liedes auf, das der Mobilisierung gegen Napoleon dienen sollte; 1813 tauchte die Liedformel »Deutschland über alles« in Hamburg auf (bei J. D. Runge, in einer Adaption des Collin'schen Liedes); 1817 erschien eine anonyme Schrift *Preußen über Alles, wenn es nur will* von einem Breslauer liberalen Schulmann, den Hoffmann wahrscheinlich kannte, und von ihm wanderte diese Formel 1844 zu Ferdinand Freiligrath (»Deutschland und Freiheit über alles«). Diese Ausprägung läßt deutlich erkennen, daß zunächst das *Maß der Wertschätzung* und nicht die Plazierung des eigenen Landes vor und über allen anderen Ländern gemeint ist. Sie ist eine Liebeserklärung und nicht der Ausdruck nationalen Größenwahns.[16] Nicht leugnen läßt sich allerdings, daß die nachfolgende Konjunktion »wenn« wiederum für eine gewisse Zweideutigkeit sorgt.[17]

Auch die scheinbar eroberungssüchtige Grenzziehung des Liedes – »von der Maas bis an die Memel, von der Etsch bis an den Belt« –, die heutzutage so revanchistisch klingt, bezeichnete damals sehr genau das Gebiet das Deutschen Bundes, den die souveränen Einzelstaaten seit dem Wiener Kongreß bildeten.

Schließlich büßt diese Hymne noch einiges von ihrem patriotischen Überschwang und Schrecken ein, wenn man zur Kenntnis nimmt, daß sie für Autor und Verlag sofort auch ein Gegenstand finanzieller Spekulation war. Beide wollten ein gutes Geschäft machen. Drei Tage nach ihrer Entstehung traf der Verleger Campe auf Helgoland ein:

Am 29. August spaziere ich mit Campe am Strande. »Ich habe ein Lied gemacht, das kostet aber 4 Louisdor.« Wir gehen in das Erholungszimmer. Ich lese ihm: »Deutschland, Deutschland über alles«, und noch ehe ich damit zu Ende bin, legt er mir die vier Louisdor auf meine Brieftasche. Wir beratschlagen, in welcher Art das Lied am besten zu veröffentlichen. Campe schmunzelt: »Wenn es einschlägt, so kann es ein Rheinlied werden. Erhalten Sie drei Becher, muß mir einer zukommen.«[18]

Schon am 4. September ist das Lied separat gedruckt, zusammen mit der Melodie der Kaiserhymne von Joseph Haydn (»Gott erhalte Franz den Kaiser, Unsern guten Kaiser Franz«, 1797) und mit einem Bildnis des Verfassers versehen. Einen Monat später, am 5. Oktober, ist es bereits in den patriotischen Liedschatz einer Hamburger »Liedertafel« und der »Turner« eingegangen. Sie singen es dem süddeutschen Liberalen Karl Welcker, der gerade nach Hamburg gekommen ist, als Ständchen und überreichen es ihm feierlich.[19] Daß die Bedeutung der Turner-und Sängervereine für die Entstehung eines einheitlichen deutschen Nationalbewußtseins nicht zu unterschätzen ist, haben die Historiker längst erkannt.[20]

Ein genialer Schachzug war zweifellos die Wahl der wunderbaren Melodie von Haydn. Sie ist bis heute das Beste an unserer Hymne. Ohne diese österreichische Amtshilfe wäre das *Lied der Deutschen* vermutlich schon längst vergessen, spätestens nach seinem Verbot im Jahre 1945. Wie stark seine musikalische Suggestion wirkt, läßt sich an den drei anderen konkurrierenden Hymnen ablesen. Sie lehnen sich alle mehr oder weniger an die alte Melodie an, besonders eng die Becher-Hymne der DDR, die sich erst durch einen zusätzlichen Strophenvers, den vorletzten, fast gewaltsam von dem musikalischen Vorbild zu befreien sucht.

Andererseits wäre das Hoffmann-Lied wahrscheinlich schon 1848/49 zur deutschen Nationalhymne geworden, wenn die Revolution geglückt wäre und zur Einheit in Freiheit geführt hätte. Er selber hat eine Wahl ins Paulskirchenparlament bezeichnenderweise abgelehnt. Denn im Grunde war er ein unpolitischer Mensch, bewegt von einer recht einseitigen, zu biedermeierlicher Deutschtümelei neigenden Vaterlands-Begeisterung, auf Kosten seiner Sympathien für das Ausland oder gar für die Französische Revolution. Daß sein Lied auch 1871 nicht zur Nationalhymne wurde, hat ihn gekränkt. Im wilhelminischen Kaiserreich gab es gar keine offizielle Nationalhymne. Erst im letzten Jahrzehnt des 19. Jahrhunderts setzte sich das Deutschlandlied von Hoffmann allmählich gegen die Konkurrenz von Schneckenburgers *Wacht am Rhein*, Massmanns *Ich hab' mich ergeben* und Schwarzkopffs *Kaiserlied* (»Heil dir im Siegerkranz«) durch, nicht zuletzt durch seine Tradierung in den Kommersbüchern studentischer Verbindungen. Im Ersten Weltkrieg stürmten die jungen Freiwilligen von Langemarck, so will es die nationale Legende, mit diesem Lied auf den Lippen in den Tod.[21] Am 12. Mai 1919 sang es die gesamte Weimarer Nationalversammlung und am 18.8.1922 wurde es von dem Reichspräsidenten Friedrich Ebert zur Nationalhymne ausgerufen, nicht gerade zur Erbauung der damaligen Siegermächte und der deutschen Linken. Denn auch schon zur Weimarer Republik paßte eigentlich nur die dritte Strophe.

Das Hitler-Regime setzte durch seine skrupellose Eroberungspolitik nachträglich alle diejenigen ins Recht, die Hoffmanns Deutschlandlied als nationalistisch und annexionistisch angeprangert hatten. Es ließ nur die erste Strophe singen und verband sie, seit 1940[22], automatisch mit dem Absingen des sogenannten Horst-Wessel-Liedes der SA, das als »Lied der Bewegung« galt: »Die Fahne hoch! Die Reihen dicht geschlossen! / SA marschiert mit mutig festem Schritt […]«. Der Nazi-Barde Heinrich Anacker hat Hoffmann von Fallersleben in einem vierstrophigen Gedicht, das 1943 erschien,[23] angedichtet. Die letzte Strophe lautet:

> Ins Meer der Zeit versanken hundert Jahr' –
> Nun wird dein Traum durch Adolf Hitler wahr:
> Im Schlachtendonner schmiedet er ein Reich,
> Dem keins an Macht und Glanz und Ehre gleich –
> »Deutschland, Deutschland über alles!«

So war es nur konsequent, daß die Nationalhymne, deren Text sich gegen die chauvinistische Wirkungsgeschichte nicht wehren konnte, nach dem Ende des »Dritten Reiches« erst einmal verboten wurde.

Auch über die Entstehung der zweiten, jemals in Geltung gesetzten deutschen Nationalhymne, die Nationalhymne der Deutschen Demokratischen Republik, sind wir recht gut informiert.[24] Der Präsident Wilhelm Pieck hat persönlich daran mitgewirkt; wir kennen sogar eine Vorfassung aus dem Jahre 1942. Der »Dichterwettstreit« mit Brecht liegt allerdings noch im Dunkel.[25] Vermutlich hat Becher, der Favorit Walter Ulbrichts, durch die Eisler-Melodie, mit der er die ursprüngliche Vorgabe der Haydn-Melodie ersetzte, obsiegt. Wegen der Eisler-Vertonung gab es allerdings noch einen grotesken Plagiatsstreit mit dem bekannten westdeutschen Schlagerkomponisten Peter Kreuder, der sein Lied *Good bye, Jonny!* aus dem Hans-Albers-Film *Wasser für Canitoga* (1938) in ihr wiedererkennen wollte.

Auferstanden aus Ruinen
und der Zukunft zugewandt,
laß uns dir zum Guten dienen,
Deutschland, einig Vaterland.
Alte Not gilt es zu zwingen,
und wir zwingen sie vereint,
denn es muß uns doch gelingen,
daß die Sonne, schön wie nie,
über Deutschland scheint.

Glück und Friede sei beschieden
Deutschland, unserm Vaterland.
Alle Welt sehnt sich nach Frieden,
reicht den Völkern eure Hand.
Wenn wir brüderlich uns einen,
schlagen wir des Volkes Feind.
Laßt das Licht des Friedens scheinen,
daß nie eine Mutter mehr
ihren Sohn beweint.

Laßt uns pflügen, laßt uns bauen,
lernt und schafft wie nie zuvor,
und der eignen Kraft vertrauend
steigt ein frei Geschlecht empor.
Deutsche Jugend, bestes Streben
unsres Volks in dir vereint,
wirst du Deutschlands neues Leben,
und die Sonne, schön wie nie,
über Deutschland scheint.[26]

Wichtiger ist die Frage nach dem poetischen und literarischen Wert dieser ehemaligen Hymne. H. M. Enzensberger hat kurzen Prozeß mit Bechers und Schröders Versuchen gemacht. Er behauptet, eine Nationalhymne, »die ein legitimes Gedicht wäre«, könne im 20. Jahrhundert nicht mehr geschrieben werden. »Der Versuch ist strafbar, durch Lächerlichkeit.« Und dann kommentiert er:

Ungeachtet der ideologischen Differenz zwischen den beiden Verfassern sind ihre Werke austauschbar. Phrasierung, Prosodie und Sprachvorrat sind identisch. Von politischen Gedichten wird man in beiden Fällen kaum sprechen können, da diese Hymnen mit Poesie nicht mehr gemein haben als jeder beliebige Reklamespruch der Margarineindustrie. Ihren politischen Auftrag erfüllen sie: durch Lügen.[27]

Die Kommentare zweier ehemaliger Mitbürger Bechers fallen nicht freundlicher aus. Heiner Müller spricht von einem »Idiotentext«[28] und Hans Mayer von einer »Hoffnungsstärke, die beim eiligen Verfasser der Verszeilen bis an die Grenze der Absurdität geraten ist«.[29] Am auffälligsten an Bechers Hymne, die doch immerhin für einen Staat mit revolutionärem Selbstverständnis geschrieben wurde, ist ihre antiquierte, altdeutsch-patriotische Formelhaftigkeit. Daß sie für eine *sozialistische* Gesellschaft spricht, merkt man allenfalls an der Zeile: »schlagen wir des Volkes Feind«. Ein ehemaliger DDR-Bürger, Friedrich Dieckmann, hat sie dennoch auf die damalige Situation bezogen:

> Bechers Text zeigt sich als eine Versifikation der politischen Leitbegriffe, auf denen die Gründung des Ein-Zonen-Staates, der der Formierung des Drei-Zonen-Staates entgegnete, ruhte: nationale Einheit (das war der Kampf gegen die Zerreißung Deutschlands an der Frontlinie der beiden Großmächte), Friedenspolitik (das hieß Aussöhnung mit allen von Hitlers Armeen überfallenen Völkern, insbesondere die Anerkennung der aus dem Krieg hervorgegangenen deutschen Ostgrenze), Antifaschismus.[30]

Noch aufschlußreicher als eine Einzelbetrachtung ist es, die vier Hymnen als ein einheitliches Textcorpus, als ein zusammengehöriges Textgewebe zu erkennen. Denn in diese Textur hat sich ganz bewußt auch Brechts kritische *Kinderhymne* gestellt. Sie ist nicht nur die Alternative zu Bechers *Auferstanden aus Ruinen,* sondern auch eine Kontrafaktur, eine Gegen-Hymne zu Hoffmanns *Lied der Deutschen*. Sie versucht sie in sich aufzuheben und bleibt ihr so im Widerspruch noch eng verbunden.

Wie läßt sich nun die Position jedes dieser Gedichte innerhalb des Quartetts bestimmen?
Hoffmanns *Lied der Deutschen* ist nur scheinbar das Original. Kein Wort und keine Wendung, die seine Erfindung wären. Die Melodie und mit ihr die rhythmische Anlage ist ohnehin geborgt, das Ganze also eine republikanische Kontrafaktur zur österreichischen Kaiserhymne. Man hat ausgerechnet, daß es eigentlich nur 43 verschiedene Wörter und vor allem 26 Substantive sind, die hier in Wiederholung und Variation umgewälzt werden.[31] Daher rührt das Eingängige und Volksliedhafte des Gedichts. Seine ideologische Substanz (wobei manches schon von Tacitus herkommt) ist politisches Allgemeingut seiner Zeit. Es ist »Ausdruck jener alten Patrioten der ›Befreiungskriege‹, politischen Romantiker, Burschenschaftler, Vertreter der großdeutschen Lösung (die im Vergleich zu den preußenhörigen Kleindeutschen meist ›liberaler‹ waren) wie auch großer Teile der Nationalliberalen, aus denen sich dann die Hauptvertreter der 48er Revolution rekrutierten.«[32]

Die zweite Strophe kommt mitten aus der bürgerlichen Sanges- und Gesang-vereins-Geselligkeit, die ein wesentlicher Bestandteil der politischen Vor-märz-Kultur war, ein wichtiger Binnenraum der sonst so behinderten politischen Öffentlichkeit.[33] Hoffmann selber wurde in seinen Berufsver-bots-Jahren 1842–49 zum fahrenden Sänger und Matador von patriotisch-demokratischen Banketten und Sangesfeiern. Der deutsche Sang und Klang mußte in dieser Zeit noch die »edle Tat« ersetzen, und wie viele andere ist Hoffmann niemals aus dem Kreislauf von »Tat-Klang und Klang-Tat« herausgekommen.[34]

Erst die dritte Strophe bringt ein politisches Programm und eine wegwei-sende Zukunftsperspektive, die bis heute, trotz der altfränkischen Sprache, ihre Gültigkeit behalten hat. Sie beinhaltet »in nuce das gesamte Programm des zeitgenössischen Liberalismus«[35] und steht, obwohl Hoffmann kein Freund Frankreichs gewesen ist, in der Tradition der Französischen Revo-lution und der Aufklärung. Trotz ihres einseitigen Patriotismus und der unzeitgemäßen Metapher des »Blühens« können die Deutschen sie auch künftig singen, zumal sie als Ein-Strophen-Hymne das demonstrative Resul-tat eines politisch-moralischen Läuterungsprozesses ist.

Die Becher-Hymne hat sich nicht *gegen* die Hoffmann-Hymne gerichtet – wie diejenige Brechts –, sondern sie wollte sich offensichtlich an deren Stelle setzen und sie verdrängen. Sie ahmt ihre drei Strophen in einem Maße nach, das nicht ohne Peinlichkeit und unfreiwillige Komik ist. Das betrifft sowohl Metrik und Rhythmus wie die Aufwärtsbewegung des Beginns (durch die religiöse Phönix-Metapher), die gedankliche Führung (die Not, die man vereint/brüderlich bezwingen kann!), die Häufung bestimmter Idol-Worte wie Deutschland und Vaterland, direkte Wortkorrespondenzen (›über‹ je-weils im Schlußvers der ersten Strophe, ›Welt‹ im dritten Vers der zweiten Strophe) und Wortwiederholungen (Glück, Hand, brüderlich, Streben, laßt uns, schön, Leben). Der alte suggestive Leierton ist so stark, daß man Mühe hat, neue Inhalte zu entdecken: so die Nullpunkt-Situation von 1945, die Betonung des Friedens (dreimal) und der Völkerversöhnung, die Erwäh-nung eines Volksfeindes (Faschismus und Kapitalismus?) und der deutschen Jugend (in Gestalt der FDJ, auf deren Emblem die Sonne ebenfalls scheint!). Aber dieser gesamtdeutsche Sonnenschein, der als Refrain der ersten und letzten Strophe wohl das »Deutschland, Deutschland über alles« ersetzen und verdrängen sollte, nimmt sich besonders naiv und hilflos aus – wie ein Wunsch an den europäischen Wetterdienst.

Becher hat den konservativen Zuschnitt seiner Hymne in seinem *Tagebuch 1950* gesehen und verteidigt:

> [...] von einer siegreichen Revolution, wohin wir auch blicken in unserer Geschichte, der gegenwärtigen und der vergangenen, keine Spur, und auch von einem ernsthaften Willen zu einer revolutionären, das heißt gründlichen, menschenwürdigen Umgestaltung der Verhältnisse nur bei einer verhältnismäßig sehr geringen Minderheit die Rede – aber – : eine revolutionäre Nationalhymne wollen wir haben, in einer rrrevolutionären Musik wollen wir ausleben, was wir – in der Praxis – nicht erreicht haben, rrrevolutionäre Phrasen sollen uns über unsere geschichtliche Misere hinwegtäuschen [...].
>
> Nein, sagt da der Dichter, ein solches Verlangen kann ich euch nicht erfüllen, da spielen wir nicht mit [...].[36]

Goldene Worte, wenn sie Becher schon zu Lebzeiten hätte veröffentlichen können. Es waren andere Gründe, weswegen seine Hymne schon lange vor dem Ende der DDR stillschweigend aus dem Verkehr gezogen wurde. Als die Staats- und Parteispitze nach dem Mauerbau vom August 1961 ihre gesamtdeutschen Ambitionen aufgab, mußte die Verszeile »Deutschland, einig Vaterland« deplaziert und störend wirken. Sie kehrte erst wieder, als das »Volk« im Herbst 1989 auf die Straße ging und mit ihr die deutsche Wiedervereinigung forderte. Das war vielleicht der einzige lebendige Augenblick dieser Retorten-Hymne.

Das schwächste, ja, das miserabelste Stück in diesem Quartett ist dennoch der Versuch Rudolf Alexander Schröders, der 1950, mit seinen 72 Jahren, noch aus dem alten Kaiserreich in die junge Bundesrepublik hineinragte. Der Bundespräsident hatte wohl auf Schröders Altersautorität und seine antinazistische Haltung vertraut, als er ihn um die Abfassung einer neuen Nationalhymne bat. Trotzdem ist es schwer begreiflich, daß der Liberale Heuß das Resultat akzeptierte: »Es ist in der Strukturierung, in dem verhaltenen Pathos, in der Architektur der einzelnen Strophen und in der Steigerung, wie in der Thematik der Geschichtssituation angemessen«, schrieb er in einem Brief vom 9. 5. 1950 an den Verfasser.[37] Dieses Fehlurteil läßt sich allenfalls mit einer tiefen Abneigung gegen das Hoffmann-Lied erklären.

Hymne

Land des Glaubens, deutsches Land,
Land der Väter und der Erben,
Uns im Leben und im Sterben
Haus und Herberg, Trost und Pfand,

Sei den Toten zum Gedächtnis,
Den Lebend'gen zum Vermächtnis.
Freudig vor der Welt bekannt,
Land des Glaubens, deutsches Land!

Land der Hoffnung, Heimatland,
Ob die Wetter, ob die Wogen
Über dich hinweggezogen,
Ob die Feuer dich verbrannt,
Du hast Hände, die da bauen,
Du hast Herzen, die vertrauen:
Lieb und Treue halten Stand,
Land der Hoffnung, Heimatland!

Land der Liebe, Vaterland,
Heilger Grund, auf den sich gründet,
Was in Lieb und Leid verbündet
Herz mit Herzen, Hand mit Hand:
Frei wie wir dir angehören
Und uns dir zu eigen schwören,
Schling um uns dein Friedensband,
Land der Liebe, Vaterland!

Auf die Hymne von Schröder trifft das Verdikt Enzensbergers in aller
Schärfe zu. Es ist eine einzige Ansammlung substantivistischer Phrasen,
eine anachronistische Synthese von Pietismus und Patriotismus, die im 18.
Jahrhundert noch zündend war, nach 1945 aber, nach allem, was in und
mit dem »deutschen Land« geschehen war, schrecklich verharmlosend und
geschmacklos wirken mußte. Eine religiöse Verklärung des Vaterlands –
auch wenn hier ein Laienprediger und Erneuerer des Kirchenliedes spricht
– lag jenseits aller poetischen Möglichkeiten. Die Paulus-Formel (1. Kor. 13,
13), die hier strophenbildend wirkt – Glaube, Hoffnung, Liebe –, war ja nirgendwo so geschändet und verraten worden wie in Deutschland. Aber die fatalste Verblendung und Lüge des Gedichts besteht darin, daß seine pseudo-
religiöse »Vergötzung« des Vaterlands darauf abzielt, es der vergangenen
und gegenwärtigen Geschichte zu entrücken in einen zugleich metaphysischen und naturhaften Raum. Da wird denn der Boden zum »heiligen
Grund« und das braune Unheil, an dem doch so viele deutsche Hände
und Herzen voll Glaube, Hoffnung, Liebe und Treue mitgewirkt haben, zu
einem pathetischen Naturschauspiel: »Ob die Wetter, ob die Wogen / Über
dich hinweggezogen.« Wo ist hier die Angemessenheit gegenüber der »Geschichtssituation«? Der Kommentar Gottfried Benns: »Und nun die neue

Nationalhymne. Der Text ganz ansprechend, vielleicht etwas marklos. Der nächste Schritt wäre dann ein Kaninchenfell als Reichsflagge.«[38]

Noch abgeschmackter wirkt dieses Elaborat, wenn man sich erinnert – und die älteren Deutschen mußten sich daran erinnern –, daß R. A. Schröder schon einmal, im denkwürdigen Jahre 1914, ein *Deutsches Lied* gedichtet hatte; es stand bei der Hitlerjugend in hohem Ansehen und fehlte bei kaum einer nationalsozialistischen Feierstunde:

> Heilig Vaterland
> in Gefahren,
> deine Söhne stehen,
> dich zu wahren.
> Von Gefahr umringt,
> heilig Vaterland,
> schau, von Waffen blinkt
> jede Hand.
>
> Ob sie dir ins Herz
> grimmig zielen,
> ob dein Erbe sie
> dreist beschielen,
> schwören wir bei Gott
> vor dem Weltgericht:
> Deiner Feinde Spott
> wird zunicht.[39]

So geht es noch drei Strophen weiter. Die religiöse Weihe wird blindlings in den Dienst militärischer Aufrüstung gestellt und einer masochistische Lust am Untergang gefrönt, die wir noch in vielen nationalistischen Deutschland-Gedichten antreffen werden:

> Du sollst bleiben, Land!
> Wir vergehn.

Dieses Gedicht erschien 1914 in einer Anthologie des Insel-Verlags zu Leipzig unter dem Titel *Deutsche Vaterlandslieder*. Noch im gleichen Jahr wurde dort ein ganzes Bändchen mit Kriegsgedichten R. A. Schröders publiziert. Er hatte gut reden und dichten – als Zensor in der Etappe in Brüssel.

1914 sind freilich viele Deutsche, denen man es nicht zugetraut hätte, für einen Augenblick in den »furor teutonicus« geraten. Unverzeihlich ist es erst, daß Schröder trotz dieser ›deutschen‹ Vergangenheit und trotz der zwölfjährigen Hitler-Herrschaft noch einmal von Deutschland als »heiligem Grund« faselte.

Einzig und allein Brecht ist es gelungen, mit seinem Versuch – nach Heiner Müller wurde er nicht akzeptiert, weil er »einfach zu vernünftig« ist[40] – aus der Tradition, Konvention und feierlichen Präsentation der Nationalhymnen auszubrechen. Und das, obwohl er sich getreu an die Vorgabe der Haydn-Melodie gehalten hat, obwohl er gewisse Vorschläge von Wilhelm Pieck genauer befolgte als Becher[41], und obwohl er dem Hoffmann-Lied und seiner fatalen Wirkungsgeschichte sehr detailliert und sensibel mit einem Gegenentwurf, einer Kontrafraktur antwortete:

> Anmut sparet nicht noch Mühe,
> Leidenschaft nicht noch Verstand,
> Daß ein gutes Deutschland blühe
> Wie ein andres gutes Land.
>
> Daß die Völker nicht erbleichen
> Wie vor einer Räuberin,
> Sondern ihre Hände reichen
> Uns wie andern Völkern hin.
>
> Und nicht über und nicht unter
> Andern Völkern wolln wir sein
> Von der See bis zu den Alpen
> Von der Oder bis zum Rhein.
>
> Und weil wir dies Land verbessern,
> Lieben und beschirmen wir's
> Und das liebste mag's uns scheinen
> So wie andern Völkern ihrs.[42]

Das ganze hohle und klotzige Pathos der anderen Hymnen ist mit einem Schlage verschwunden, wenn Brecht mit der leichtfüssigen Zeile anhebt:

> Anmut sparet nicht noch Mühe

Das ist ein Schiller-Zitat[43], aber nur ein halbes, herabgestimmtes, weil dessen Formel »Anmut und Würde« nicht vollendet, sondern »Würde« durch das schlichtere »Mühe« ersetzt wird. Brecht holt den pathetisch-heroischen Begriff Schillers auf die Erde zurück, indem er ihn gegen den Begriff der Arbeit austauscht. Ebenso ist die anspruchsvollere achtzeilige Strophe durch die schlichte vierzeilige Volksliedstrophe ersetzt, die obstinate Wiederholung von »Deutsch« und »Deutschland« (bei Hoffmann vierzehnmal, bei Becher sechsmal, bei Schröder zweimal, bei Brecht einmal) durch den demonstrativen Hinweis auf die anderen Länder und Völker abgelöst. Dieser Hinweis bildet die eigentliche Achse des Gedichts, die Antwort auf Hoffmanns Hymne und die jüngste deutsche Geschichte. In allen vier Strophen werden Deutschland und die Deutschen, die sich so oft, nicht nur bei Hoffmann, als einzigartig und unvergleichlich hingestellt und gefühlt haben, *verglichen,* das heißt relativiert und eingereiht in die Gemeinschaft der anderen Völker. Sie und nicht das »deutsche Wesen« bilden den Maßstab des Vergleichs, den Index einer zivilisierten Normalität, die Deutschland auf seinen »Sonderwegen« oft genug verlassen hat. Es soll endlich so werden wie die anderen Völker schon sind.[44]

Die dritte Strophe korrigiert sowohl die Hybris eines mißverstandenen »Deutschland, Deutschland über alles«, wie die großdeutsche Grenzziehung von 1841. Auch der Augsburger Brecht hat für ein *ganzes* Deutschland geschrieben, aber unter Anerkennung der Oder-Neiße-Grenze, die von dem wiedervereinigten Deutschland im Vertrag mit Polen endgültig akzeptiert worden ist.

Die zweite Strophe läßt einen fundamentalen Unterschied zu den anderen drei Hymnen erkennen, einen Unterschied, der die Deutschland-Gedichte aller Jahrhunderte geradezu in zwei verschiedene Lager teilt, und der uns deshalb noch oft begegnen und beschäftigen wird. Hoffmann, Becher und Schröder stimmen darin überein, daß Deutschland für sie das *»Vater*land« ist, das »Land der Väter«, wie es bei Schröder explizit heißt. Die Frauen und Mütter sind davon ausgeschlossen und werden, wie bei Hoffmann und Becher, allenfalls angedichtet. Brechts Deutschland dagegen ist weiblich, eine Mutterfigur. Die zweite Strophe seiner *Kinderhymne* steht im Dialog mit seinem berühmten *Deutschland*-Gedicht von 1933, dessen erste Strophe lautet:

> O Deutschland, bleiche Mutter!
> Wie sitzest du besudelt
> Unter den Völkern.
> Unter den Befleckten
> Fällst du auf.[45]

Schon in diesem Gedicht, in der vorletzten Strophe, wird sie mit einer »Räuberin« verglichen. Diese negative Metaphorik kulminiert dann in dem atemberaubend bitteren Gedicht *DEUTSCHLAND 1945:*

> Im Haus ist der Pesttod
> Im Frei'n ist der Kältetod.
> Wohin gehen wir dann?

Die Sau macht ins Futter
Die Sau ist meine Mutter
O Mutter mein, o Mutter mein
Was tuest du mir an?[46]

Auf diesem Hintergrund wird erst erkennbar, daß die *Kinderhymne* versucht, die besudelte »Räuberin« aus der Bestialität und Kriminalität der Hitler-Zeit wieder zurückzuführen in die Gemeinschaft der anderen Völker. Sie heißt nicht nur deshalb so, weil nur »geschulte Kinderstimmen […] es mit der synkopisch vertrackten Weise« der Eisler'schen Vertonung aufnehmen können[47], sondern auch deshalb, weil es Kinder sind, die sich eine gute Deutschland-Mutter herbeiwünschen und, auch mit diesem belehrenden Lied, wieder erarbeiten wollen. Es ist ein Lied für die »Nachgeborenen«.
Während Schröders Hymne einseitig einer antiquierten Vergangenheit frönt und Bechers Nationalhymne ebenso einseitig »der Zukunft zugewandt« ist (in einer für die DDR, die sich allzu schnell auf die Seite der Sieger geschlagen hat, sehr typischen Weise!), stellt sich Brechts Gedicht in den ersten drei Strophen ganz unpathetisch der jüngsten deutschen Vergangenheit. »Eine leise Hymne, dieses Lied, das für ein Land steht, das gelernt hat, seine Geschichte im Sinne künftiger Präambeln aus der Perspektive von unten und nicht aus der Sicht der Sieger zu sehen.«[48] Seine Zukunftsperspektive erscheint deshalb in der Form eines bescheidenen, fast therapeutischen Wunsches: Deutschland möge blühen, es möge den anderen Völkern gefällig werden, es möge sich ohne Größenwahn und Minderwertigkeitskomplex in die Völkerfamilie einreihen. Besonders ungewöhnlich, aber typisch für Brecht, ist die Begründung der obligaten Vaterlandsliebe und Landesverteidigung in der letzten Strophe. Sie ist dem Geiste der Aufklärung und Lessings Ringparabel verpflichtet. Erst die ständige Verbesserung und Vervollkommnung des Mutterlandes macht es der Liebe wert – in einer friedlichen Konkurrenz mit den anderen Ländern, so wie es Nathans »Märchen« von den drei Ringen/Religionen lehrt. Erst dann läßt sich die Liebe zum eigenen Land als ein möglicher *Schein* tolerieren: »Und das liebste mag's uns scheinen / So wie andern Völkern ihrs«.
»Wäre es mit rechten Dingen zugegangen im Nachkriegsdeutschland, so hätte dies das neue Nationallied werden müssen«, schreibt Friedrich Dieckmann.[49] Wäre es mit rechten Dingen zugegangen, dann hätte es keinen Ersten und Zweiten Weltkrieg gegeben, dann wäre Deutschland nicht geteilt worden, dann hätte es keinen Kalten Krieg gegeben, dann wäre die Welt schon befriedet … Es geht aber nicht mit rechten Dingen zu in der Geschichte. Deshalb ist es ein Glück, daß Brechts *Kinderhymne* nicht zum

45

Nationallied geworden ist. Wer weiß, ob sie den Untergang der DDR unbeschadet überstanden hätte. So aber kann sie uns Deutsche weiterhin begleiten als das – vielleicht allzu vernünftige – Beispiel für eine ›andere‹ humane Möglichkeit einer Nationalhymne, als ein entspanntes, anmutiges, nationale Krämpfe lösendes Versgebilde, das fast ein wenig zu schade für die deutschen Erwachsenen ist. »Silberschmiedekunst« hat sie Brecht genannt.[50]

III

Die Entstehung des »Germania«-Mythos
Deutschland-Gedichte des 16. Jahrhunderts

> Nescio quinam homines
> Theutones sumus?

»Ich weiß gar nicht, was für Leute wir Deutsche eigentlich sind?«, so fragte ein Fränkischer Rittersmann auf dem Regensburger Reichstag von 1454.[1] Die Antworten sollten nicht mehr lange auf sich warten lassen, denn gerade um diese Zeit wurde die *Germania* des römischen Historikers Publius Cornelius Tacitus (ca. 55–125 n. Chr.) wiederentdeckt und aus einem deutschen Kloster (Fulda oder Hersfeld) nach Italien gebracht (1455). Italienische Humanisten waren es, die ihren Text druckten (1470 in Venedig, 1473 in Nürnberg erschienen), politisch verwerteten und den Deutschen bekanntmachten. Es dauerte allerdings fast noch ein halbes Jahrhundert, bis sie selber auf diese Schrift reagierten. Dann jedoch mit Vehemenz und Ausdauer. Als erster der Schlettstädter Humanist Jakob Wimpheling (1450–1528), der in seiner Kampfschrift *Germania. Ad Rempublicam Argentinesem* (1501)[2] das linksrheinische Elsaß gegen Gallien/Frankreich als deutsches Land reklamierte und sich für diese patriotische Grenzziehung auf Passagen aus Tacitus' *Germania* berief. Damit war der Damm gebrochen, und es erschien eine Flut von Schriften, die um dieses einmalige römische Zeugnis von ca. 100 n. Chr. kreisten, das den Deutschen plötzlich eine Vorgeschichte, eine nachträgliche Geburtsurkunde zu bescheren schien.

Die *Germania* übernahm sofort die Rolle und Funktion eines identitätsstiftenden Ursprungsmythos – etwa wie der Rütli-Schwur und die Tell-Legende in der Schweiz. Fortan glaubten die Deutschen zu wissen, wer sie gewesen waren, wer sie seien und wer sie sein würden. Denn die *Germania* des Tacitus, so schmal sie ist, enthält fast das gesamte Reservoir von Eigenschaften und Merkmalen, die Deutschland und den Deutschen seitdem zugeschrieben wurden, unbekümmert um die heiklen Kontinuitäts- und Stammbaumfragen in einem Zeitraum von anderthalb Jahrtausenden. Die Deutschen von 1500 setzten sich den Germanen des ersten nachchristlichen Jahrhunderts einfach gleich oder erklärten sich zu ihren legitimen Nachfahren. Die Kongruenz des Lebensraumes sollte die fragwürdige Verwandtschaft der Stämme und des Volkes beglaubigen.[3]

Die *Germania* des Tacitus wurde auf diese Weise zu der unversieglichen Quelle eines schon frühzeitig stereotyp gewordenen deutsch-germanischen Tugendkatalogs, der bis in unsere Tage, in freier Auslegung und Variation, bewußt oder unbewußt zitiert wird und nachwirkt. Demgemäß sind die Germanen/Deutschen ein eingeborenes und unvermischtes Volk, von großer Gestalt, mit blauen Augen und rötlich-blonden Haaren, kampfkräftig, mutig und tapfer, die Freiheit über alles liebend, treu, redlich, ohne Falsch und Hinterhalt, gastfreundlich, zuverlässig, dem Luxus abhold, natürlich lebend (den Hainen, den Wäldern und dem Gott Wotan zugetan), kinderlieb, voll Ehrfurcht für die Frauen und – das vor allem im Gegensatz zu den dekadenten römischen Zeitgenossen des Tacitus – außerordentlich sittenstreng und moralisch. Darauf beziehen sich die vielleicht berühmtesten Abschnitte der *Germania* (der 18. und 19.), in denen es unter anderem heißt:

> Gleichwohl [sc. trotz ihrer freizügigen Kleidung] halten die Germanen auf strenge Ehezucht, und in keinem Punkte verdienen ihre Sitten größeres Lob. Denn sie sind fast die einzigen unter den Barbaren, die sich mit *einer* Gattin begnügen […].
> So leben die Frauen in wohlbehüteter Sittsamkeit, nicht durch lüsterne Schauspiele, nicht durch aufreizende Gelage verführt. Heimliche Briefe sind den Männern ebenso unbekannt wie den Frauen. Überaus selten ist trotz der so zahlreichen Bevölkerung ein Ehebruch. […]
> Dort lacht nämlich niemand über Ausschweifungen, und verführen und sich verführen lassen nennt man nicht ›modern‹. […]
> Die Zahl der Kinder zu beschränken oder ein Nachgeborenes zu töten, gilt für schändlich, und mehr vermögen dort gute Sitten als anderswo gute Gesetze.[4]

Hinter diesem Tugendkatalog trat die kleine Mängelliste, die bei Tacitus ebenfalls zu finden ist, vor allem in den ersten Jahrzehnten einer stürmischen und polemischen Aneignung und Identifikation durch die kleine humanistische Elite weit zurück. Von der Trunksucht und der maßlosen Spielleidenschaft der Germanen, von ihrer Schläfrigkeit und Trägheit in Friedenszeiten, ihrer Kulturlosigkeit und ihren religiösen Menschenopfern war nur selten und apologetisch die Rede. Denn diese erste und grundlegende Ausbildung einer deutschen Nationalmythologie – und auch das sollte sich bis in unsere Tage auswirken – erfolgte in einer Situation der politischen Schwäche, der kulturellen Selbstverteidigung und der Kompensation von Mängeln und Minderwertigkeitsgefühlen. Das »Heilige Römische Reich deutscher

Nation« lag darnieder, die tonangebenden italienischen und französischen Humanisten schauten auf ihre zurückgebliebenen nördlichen und östlichen Nachbarn herab, die ökonomische und politische Abhängigkeit von der römischen Kirche und dem Papst drückte immer schwerer, der Begriff einer »Nation« im modernen Sinne bildete sich erst eben heraus und ein spezifisch deutsches Nationalgefühl oder Nationalbewußtsein, das auf einer eigenen Geschichte gründen konnte, gab es noch nicht.[5]

In dieser Situation kam die *Germania* des Tacitus wie ein Geschenk des Himmels und eröffnete alle Möglichkeiten für eine kompensatorische Flucht in die Vergangenheit und einen hypertrophen Nationalismus. Die in ihrem Selbstgefühl verletzten deutschen Humanisten – denn es handelte sich ja nur um die kleine Schicht der Intelligenz – reagierte darauf mit einer »Absolutsetzung ihres Wertes«.[6] Aus ihren zuweilen skurrilen Übertreibungen, so hat man gesagt, sprach die »tiefverwurzelte Angst vor einem drohend sich ankündigenden Machtzerfall des Imperiums, den diese Humanisten des näheren und weiteren Maximiliankreises nur eschatologisch als Weltzerfall verstehen konnten«.[7] Vor allem der Tübinger Humanist und Poetikprofessor Heinrich Bebel (1472–1516) tat sich chauvinistisch hervor. Er behauptete z. B., daß »schon zur Römerzeit die Germanen das zweite Weltreich zwischen Rhein und Donau besessen und dies auch gegen jeden Angriff zu behaupten gewußt, da sie alle anderen Völker an Tapferkeit, Treue und körperlichen Vorzügen weit übertreffen«.[8] Bei ihm und anderen Frühhumanisten stößt man schon auf das spätere, imperialistisch gedeutete »Deutschland, Deutschland über alles«. Manfred Fuhrmann geht noch einen Schritt weiter: »Humanistischer Dünkel scheute sich nicht vor Ausschließlichkeitsansprüchen: aller Adel Europas stamme aus Deutschland, meinte der bayerische Chronist Aventinus; ohne die Germanen sei nichts Großes auf der Erde geleistet worden, behauptete Bebel, hiermit dem Wahne Hitlers vorgreifend.«[9] Freilich waren diese Ansprüche und Hyperbeln noch eingebettet in einen humanistischen Internationalismus, in eine europäische *res publica litteraria,* die man ganz selbstverständlich voraussetzte und lebte.[10]

Es ist alles schon da am Beginn des 16. Jahrhunderts. Das ganze Ensemble der nationalen Eigenschaften, Urteile und Vorurteile, Vorstellungen und Bilder, Defekte und Übertreibungen, alle Mosaiksteine des nationalen Kaleidoskops werden bereitgestellt, bevor ihre fünfhundertjährige Wirkungsgeschichte beginnt, und auch die typischen Strukturen, in denen sie sich inszenieren, sind bereits ausgeprägt. So das Bewußtsein der Verspätung und Minderwertigkeit, die politische Ohnmacht und ihre Kompensationsversuche, die aggressive Selbstverteidigung und Abgrenzung nach außen, der

Umschlag des Patriotismus in krassen Chauvinismus und die Klage über innere Zwietracht und Bruderzwist. Und auch die lapidare Feststellung des Tacitus: »Von den Göttern verehren sie am meisten den Merkur (Wodan)«[11] – in Skandinavien Odin genannt – sollte langfristige und schließlich fatale Folgen haben.[12]

Ulrich von Hutten, der im 19. Jahrhundert selber in die nationale Mythologie eingehen sollte, entwarf in seinem Dialog *Die Anschauenden* (1521) ein leuchtendes Bild von den Deutschen, ein ebenso finsteres von den Italienern[13] und stiftete mit einem Totengespräch den Heldenkult um *Arminius* (1519, publiziert 1529).[14] Er interpretierte damit die deutsche Geschichte »nicht mehr nur als einen Machtkampf um das römische Imperium«, »sondern als Selbstbehauptung und Verteidigung nationaler Würde gegen fremde Eindringlinge.«[15] So wird das Wort »deutsch« sofort zu einem Abgrenzungsbegriff. Hermann der Cherusker ist seitdem der eigentliche Stammvater der Deutschen, ein unerbittlicher Krieger, der sich in der Schlacht gegen einen überlegenen römischen Feind bewährt und mit seinem Sieg die Einheit der germanisch-deutschen Stämme gestiftet hat.[16] Auch diese militante Konstellation sollte eine nachhaltige Wirkung auf das Selbstverständnis der Deutschen und ihre künftige Geschichte haben. Es ist kein Zufall, daß ein zweiter Stammvater der Deutschen, der deutsche Michel, auf den kriegerischen Erzengel Michael zurückführt, der seinerseits den germanischen Wotangott ersetzen sollte.

Selbst scheinbar moderne Einzelmotive lassen sich bis in den Anfang des 16. Jahrhunderts zurückverfolgen. So z. B. Brechts bekanntes poetisches Deutschland-Bild einer bleichen, besudelten Mutter, die von ihren Söhnen übel zugerichtet worden ist. Es findet sich mehrfach bei Heinrich Bebel. In seiner Innsbrucker Rede vor Kaiser Maximilian (1501) schildert er die »Germania als eine alte Frau von übermenschlicher Größe, das Haupt mit einem Lorbeerkranz umwunden, wenn auch in zerrissenen und verwahrlosten Gewändern und so durch Magerkeit und Schmutz entstellt, daß sie jedem Schrecken und Mitleid einflößen mußte. Diese habe ihm unter Tränen ihr trauriges Los geklagt und ihn zu Maximilian als […] ihre einzige Zuflucht gesandt, um diesem ihren Zorn über den Ungehorsam der Fürsten zu verkünden.«[17] In einer Elegie Bebels an die deutschen Fürsten (1504) erscheint dieses Motiv erneut. Auch im 17. Jahrhundert, bei Georg Philipp Harsdörffer und Johannes Klaj zum Beispiel, ist es anzutreffen[18]; in Johann Rists Drama *Das Friedewünschende Teutschland* (1647) tritt »Teutschland« »in der Gestalt eines armen elenden Bettelweibes / mit alten zerrissenen Lumpen bekleidet« auf.[19] Wir werden diesem Motiv, in einer zugespitzten poetischen

Form, unter dem Titel »Germania degenerans« gleich noch ausführlicher begegnen.

Doch bevor wir auf diesem Hintergrund vier exemplarische Deutschland-Gedichte des 16. Jahrhunderts sprechen lassen – zwei neulateinische und zwei deutschsprachige –, müssen noch zwei fundamentale Tatsachen samt ihrer ironischen Aura festgehalten werden:

1. Es waren ein Römer und seine italienischen Nachfahren, denen wir den deutschen Nationalmythos verdanken. Ohne die Hilfe dieser Ausländer und der lateinischen Sprache wüßten wir Deutschen vielleicht noch heute nicht, wer wir ›eigentlich‹ sind und mit welchen Eigenschaften wir uns schmücken können. Unser Nationales hat seinen Ursprung im Internationalen.
2. Es war die erste geschlossene Gruppe deutscher »Intellektueller« im weitesten Sinne, die unseren Nationalmythos gestiftet hat. Und es sind auch nach ihr intellektuelle Eliten geblieben, die daran weitergearbeitet haben. Selbst die Kritik am deutschen Nationalmythos und Nationalbewußtsein ist also eine zirkuläre Kritik von Intellektuellen an Intellektuellen. Wir haben uns selber eingebrockt, was wir bis heute auszulöffeln haben. Das wurde und wird von den deutschen Intellektuellen gerne vergessen.

Am Anfang soll ein neulateinisches Gedicht stehen, das den deutschen Lesern die Lektüre der *Germania* und eines Germania-Kommentars ans Herz legt – ein für diese Zeit höchst typischer Vorgang. Es stammt von dem bedeutenden neulateinischen Dichter und Universitätsprofessor Helius Eobanus Hessus (1488–1540) und bezieht sich auf einen berühmt gewordenen Kommentar, den der Humanist und Theologe Andreas Althamer (1498–1564) im Jahre 1529 veröffentlichte:

> Helius Eobanus Hessus
> *Eobanus Hessus Lectori.*
>
> Qui noua Teutonidos famæ studiose requiris
> Hic ueteris patriæ iam noua facta uides.
> Cur noua, mille retro Tacitus quæ scripsit ab annis?
> Quod splendore nouo scripta uetusta nitent.
> Hic patriæ agnosces mutata uocabula linguæ
> Mores, ingenium, res, loca, regna, situs.
> Althamere tibi debet Germania quicquid
> De prisco Taciti tempore lucis habet.
> Perlege Germane noua facta Encomia famæ
> Quæ sua tam fructus, quam bona floris habent.

Zwar werden hier die alten Germanen (Teutonidos famæ) von den zeitgenössischen Deutschen (Germane) unterschieden – unter Vertauschung der heute geläufigen Begriffe –, aber ihre Vaterländer werden selbstverständlich gleichgesetzt. Man spürt förmlich die Aufbruchstimmung, die Lust an den Studien und Wissenschaften, die aus diesem Gedicht sprechen. Ebenso deutlich wird, daß eine kleine Elite miteinander kommuniziert. Angesprochen wird der gelehrte Leser, der ein wissenschaftliches Interesse an der Geschichte seines Vaterlandes mitbringt und selbstverständlich des Lateinischen mächtig ist.[21]

Die Wissenschaften sind es, von der Sprachgeschichte bis zur Geographie, auf die sich das entstehende Nationalbewußtsein ausrichtet und gründet. Nur sie konnten damals das große Vakuum der fehlenden Vorgeschichte mit Hilfe der neu entdeckten Zeugnisse füllen. Nationalstolz und humanistischer Wissenschaftsstolz gehen deshalb Hand in Hand. Genau so wichtig wie die vaterländische Überlieferung ist die Beherrschung der rhetorischen und poetischen Künste, mit denen man sie zu erschließen und auszuwerten vermag. Beides trägt zum Ruhme Deutschlands bei. Unausgesprochen befindet man sich in Konkurrenz zu den Humanisten der romanischen Länder, deren nationales Selbstbewußtsein schon ungleich ausgebildeter und fundierter ist. So plante Konrad Celtis (1459–1508) ein großes Werk, das unter dem Titel *Germania illustrata* – angeregt durch Flavio Biondos *Italia illustrata* (1474) – eine umfassende historisch-geographische Beschreibung Deutschlands bieten sollte. Außer einer versifizierten *Germania generalis* ist leider nichts davon überliefert.[22]

In der zweiten Jahrhunderthälfe war diese optimistische Aufbruchsstimmung – für die Ulrich von Huttens Ausruf in seinem Brief vom 25. Oktober 1518 an Willibald Pirckheimer exemplarisch geworden ist: »O Jahrhundert, o Wissenschaften! Es ist eine Lust zu leben, wenn auch noch nicht in der Stille. Die Studien blühen, die Geister regen sich. Barbarei, nimm dir einen Strick und mach dich auf Verbannung gefaßt!«[23] –, in der zweiten Jahrhunderthälfte war diese optimistische Aufbruchsstimmung geschwunden und machte einer pessimistischen Stimmung Platz. Die von den meisten Humanisten zunächst begrüßte Reformation hatte zu der konfessionellen Spaltung Deutschlands und Europas geführt, die partikulare Fürstenherrschaft hatte sich gegen die kaiserliche Reichseinheit durchgesetzt und die Religionskonflikte, die in den Dreißigjährigen Krieg führen sollten, machten sich allenthalben, auch gegen die Humanisten, bemerkbar. Der patriotische Traum, den weniger Kaiser Maximilian als die ihn umgebenden und feiernden Humanisten geträumt hatten, war endgültig ausgeträumt.

Diese tiefe Enttäuschung spricht aus dem Germania-Bild, das ein Gedicht des Nathan Chytraeus (1543–1598), der selber in Rostock ein Opfer religiöser Zwiste wurde, mit grellen Zügen ausmalt:

Germania degenerans.
(1579)

Quid sibi uult quam cernis anus macilenta tremensque,
Coeca oculos, vultum pallida, cana comas,
Ferali ingluuie ptisanam quæ sorbet, vt ægrum,
Quod Libitina vocat postuma, corpus alat.
Hæc illa est veteri amißo Germania flore,
Elumbis macie, turpis, inermis, iners.
Nulla pericla videns, quamuis sint proxima, quamuis
Omnia perniciem mox ruitura trahant.
Luxuriæ interea indulget Bacchoque gulæque,
Fortiter vt reliquæ dilapidentur opes.
O miseram patriæ faciem! ô miseranda, veternum
Aufferet ex oculis quæ medicina tuis?

Deutschland entartet.

Was hat die abgemagerte und zitternde Greisin, die du siehst, im Sinn? Ihre Augen sind blind, ihr Gesicht ist bleich und grau ihre Haare. Sie schlingt mit tierischer Gefräßigkeit ihre Gerstengrütze in sich hinein, um ihren kranken Körper zu ernähren, den schon die letzte Bahre ruft. Dies ist Deutschland, das die alte Blüte verloren hat. Lendenlahm, mager, häßlich, waffenlos und träge ist es und erkennt keine Gefahren, obwohl sie ganz nahe sind, obwohl alles kurz vor der Zerstörung steht und ins Verderben stürzt. Indessen widmet es sich der Ausschweifung, dem Bacchus *[dem Saufen]* und Fressen, um sein restliches Vermögen nur so zu verschleudern. O erbärmliche Gestalt des Vaterlandes! Wie bemitleidenswert ist es! Welche Medizin könnte die Schläfrigkeit aus deinen Augen entfernen?[24]

Das Gedicht entwirft ein krasses Gegenbild zu der ursprünglich vorherr-
schenden und vorausgesetzten Ansicht einer »Germania triumphans«. Beide
Bilder stammen aus der römischen Tradition[25], aus Claudians Darstellung
der vergreisten Roma. Dort heißt es (ich gebe die eigene Übersetzung aus
dem Englischen): »Die Göttin Rom, aus Furcht vor der Zerstörung ihrer
Stadt und geschwächt durch ausgebliebene Kornlieferungen, eilte zu der
Schwelle des zürnenden Olymps, mit ganz verändertem Aussehen […]
Schwach ihre Stimme, langsam ihr Gang, ihre Augen tief eingesunken. Ihre
Wangen waren eingefallen und ihre Glieder durch Hunger abgemagert.
Kaum können ihre schwachen Schultern ihren schmutzigen Schild tragen.
Aus dem schlechtsitzenden Helm quellen ihre grauen Haare und der Speer,
den sie trägt, ist rostig.«[26]
Wir finden die »Germania triumphans« z. B. auf einem emblematischen Bild
unter dem Titel »Germania Domitrix Gentium«. Es zeigt eine geflügelte, mit
einer Aureole und den kaiserlichen Herrschaftsinsignien versehene weibliche Gestalt, die ihren Fuß auf den Erdball setzt. Die Subscriptio lautet:
»Salve, sancta parens, terrarum gloria summa, / Tum non suppressa, nescia
tumq; doli.«[27] Johann Fischart (1546–1590) hat es zum Anlaß eines längeren
Gedichtes genommen: »Ernstliche Ermanung an die lieben Teutschen auß
anlaß dises beigesetzten Bilds des Teutschlands angebracht«, das 1581 in
einem Band voll »Gemälpoesy« erschien. Auch er arbeitet darin mit dem
Gegensatz von vergangener Herrlichkeit und gegenwärtigem Verfall: »Vnd
für Alt Teutsch Standhafftigkeyt / Reißt ein Weibisch Leichtfertigkeyt.«[28]
Germania als glänzende Beherrscherin der Welt und Germania als alte verkommene Vettel, dies sind die beiden extremen Pole, zwischen denen sich
die Deutschland-Erfahrung schon in diesem Jahrhundert ausspannt und
variantenreich formuliert.

Mit diesem Kontrast arbeitet unausgesprochen auch das Gedicht von Chytraeus. Seine »Ermanung« und Provokation liegt darin, daß es die Schönheit der »einstigen Blüte« mit einer Fülle häßlicher und abstoßender Bilder
konterkariert. Zwei Eigenschaften schreiben sich direkt aus der *Germania*
des Tacitus her: der Vorwurf der Trägheit und das Laster des Saufens, die
Trunksucht. Sie werden in der Zukunft immer wiederkehren, zusammen mit
der bohrenden Frage, welche »Medizin« es wohl dagegen gäbe. Gegen Trägheit und Schläfrigkeit, gegen die Blindheit gegenüber den ringsum drohenden Gefahren wird es immer wieder ein aufrüttelnder Weckruf sein, gegen
die Trunksucht, wenn sie nicht mutig verteidigt wird wie von Martin Opitz
und Georg Philipp Harsdörffer[29], werden alle Mittel der Satire zwischen

lachendem und bitterem Spott aufgerufen. Für beide poetische Kuren gebe ich noch ein Beispiel aus dem 16. Jahrhundert.

Zuerst ein Rügelied von Bartholomäus Ringwaldt (1530/31–1599), einem Schulmeister und Pfarrer, der bei seinen »Warnungen vor Sittenverderbnis und moralischer Verwahrlosung […] mit großem Geschick die Elemente des Grobianismus und der Teufelsliteratur« benützte.[30] Außerdem beklagte er, z. B. in seinem Lehrgedicht *Die Lauter Wahrheit, Darinnen angezeiget, wie sich ein Weltlicher und geistlicher Kriegsman in seinem Beruff vorhalten soll* (1586), immer wieder die »Zerrissenheit des Reichs« und mahnte die Fürsten zur Einigkeit.[31] Beides trifft man auch in seiner deftig-komischen *Klage vber der Teutschen Geseuffe* (1585) an:

> *Klage vber der Teutschen Geseuffe.*
> (1585)
>
> Ach wenn die Teutschen Knecht vnnd Herrn
> Nicht leider so versoffen wern /
> So wer kein schöner Nation /
> Vnter des weiten Himmels Thron.
>
> Aber das sauffen macht sie gar /
> Zu Narren / das sie Gott bewar /
> Das sie nicht können jhre Krafft /
> Nach angeborner Eigenschafft /
> Beweisen / noch mit jhrem Degn /
> (Als wol vor zeiten) Ehr einlegn.
>
> Sondern das sauffen (wie man hört)
> Sie offt im Kopffe so bethört /
> Das sie einander selber schwechn /
> Verlehmen vnd zu tode stechn.
>
> Vnd weil das sauffen (wie jhr wist)
> Ein Mutter aller Laster ist /
> Daraus viel Hertzenleid entspringt /
> Wie die Erfahrung mit sich bringt.
> Als rath ich einem jederman /
> Von solcher Sünden abzulan /
>
> Eh dann jhm eins in voller weiß /
> Der Teuffel einen possen reiß.[32]

Das Gedicht ist ein poetisch-satirisches Beispiel der für diese Zeit typischen »Trunkenheitsliteratur«[33]; in ihr erscheint der Teufel stets als Anstifter und schließlicher Verderber des Seelenheils. Ringwaldt deutet diese für einen Christen und Deutschen fatalste Konsequenz nur an, indem er, der satirischen Stillage entsprechend, den Teufel am Schluß als »Possenreißer« auftreten läßt. Im übrigen arbeitet er mit dem üblichen Kontrast zwischen guter alter (»Als wol vor zeiten«) und schlechter neuer Zeit, zwischen einer vormals »schönen Nation« und einer nun häßlichen (wobei der »Nationen«-Begriff hier schon ganz selbstverständlich auf das deutsche Volk bezogen wird). Zum Kernbestand der Motive gehört ferner der Verweis auf die frühere deutsche Kampfkraft, die sich in der Gegenwart in einen verderblichen Bruderzwist und Bürgerkrieg pervertiert hat (»Das sie einander selber schwechn / Verlehmen [i. e. lähmen, verstümmeln] und zu tode stechn«). Das in Verbindung mit Deutschland und den Deutschen auftretende Narren-Motiv enthält potentiell immer zwei Möglichkeiten: sie machen sich erstens selber zum Narren und lassen sich zweitens von anderen (vom Ausland z. B.) zum Narren halten. So ist es auch hier, nur daß der »Fremde« in diesem Falle der Teufel ist und das beklagenswerte Possenspiel noch auf einer Welttheaterbühne stattfindet.

Diese christliche Bühne wird noch sichtbarer in einem vielstrophigen Lied von Johannes Walther (oder Johann Walter, einem Anhänger und Vertrauten Luthers, der von 1496 bis 1571 lebte und u. a. das erste lutherische *Geystlich Gesangk-Büchleyn* herausgab), ein Lied, das den für die gesamte lyrische Deutschland-Dichtung exemplarischen Titel trägt: *Wach auf, wach auf, du deutsches Land* (1561). Es steht rückhaltlos im Dienste der Reformation und der konfessionellen Auseinandersetzung. Von seinen 26 Strophen kann ich nur einige, besonders charakteristische zitieren:

Wach auf, wach auf, du deutsches Land (1561)

Wach auff, wach auff, du Deudsches land!
du hast genug geschlaffen.
Bedenck was Gott an dich gewand,
wozu er dich erschaffen.
   Bedenck was Gott dir hat gesand
vnd dir vertrawt, sein höchstes pfand,
drumb magstu wol auffwachen.

Gott hat dich, Deudschland, hoch geehrt
mit seinem Wort der Gnaden,
Ein großes Liecht dir auch beschert,
vnd hat dich lassen laden
   Zu seinem reich, welchs Ewig ist,
darzu du denn geladen bist,
wil heilen deinen schaden.

Gott hat dir Christum seinen Son,
die Warheit vnd das Leben,
Sein liebes Euangelion
aus lauter gnad gegeben:
  Denn Christus ist allein der Man,
der für der Welt Sündn gnug gethan,
kein Werck hilfft sunst darneben.

Du lagst zuuor im finstern gar,
mit blindheit hart gekrencket,
Bey dir kein liecht der Warheit war,
dein hertz war gar gelencket
  Zur lügen vnd Abgötterey
falsch Gottesdiensts vnd heucheley,
ins Teuffels Reich versencket.

Du hast zuuor den Antichrist,
sein Teuffels ler gehöret
Vnd seine lügen, stanck vnd mist
als Göttlich ding geehret,
  Du gabst jm noch als deinem Herrn
dein leib vnd gut auch willig gern,
der keins dich nicht beschweret.

Von solcher lügen falschem schein
hat Gott dein hertz getrennet
Durch Luther den Propheten dein,
gantz Deudschland solchs bekennet,
  Hat dich gezogen gnediglich
zu seinem reich gar Veterlich:
wol dem, ders recht erkennet!
(1.-6. Strophe)[34]

Deutschland wird als das auserwählte Land und Volk Gottes beschrieben,
das Er von der katholischen Irrlehre durch den Propheten Martin Luther
und seine Reformation gnädig errettet und zur Wahrheit Christi zurückge-
führt hat. Deutschland aber habe sich dieser Fürsorge und Güte nicht als
würdig erwiesen und treibe es ärger als je:

Es ist nicht auszusprechen mehr
die bosheit, Sünd vnd schande,
Die grausam Gottes lestrung schwer,
so itzt in Deudschem Lande:
  solch Sünde ist so hoch gebracht,
das auch dafür der Himmel kracht,
erschuttert seine bande.

Gott hat sein Wort gegeben drumb,
das wir vns zu jm wenden:
So kert Deutschland das bletlein vmb,
thut seinen namen schenden.
    Ist erger worden denn zuuor,
all Sünde schwebt jtzt hoch empor,
drumb wird Gott straffen senden.
(10. u. 11. Strophe)

Danach wird in vielen Strophen der greuliche Sündenstand Deutschlands
nach allen Richtungen ausgemalt und mit dem kurz bevorstehenden Strafgericht Gottes gedroht, bevor noch einmal der Weckruf »Wach auff, Deudschland! ist hohe Zeit« ertönt (22. Str.) und zur Buße und Umkehr aufgerufen
wird.

In unserem Zusammenhang interessieren zwei höchst aufschlußreiche Fest-
stellungen und Kontexte. Die *eine* besagt, daß zwischen der alten religiösen
Vorstellung eines auserwählten Volkes und Landes Gottes und der in der
Neuzeit aufkommenden Vorstellung, daß einem bestimmten Land und Volk
der erste Platz auf der Welt gebührt, eine enge Verbindung besteht. Der Nationalismus und Chauvinismus leiten sich in der Regel von einer religiösen
Grundlage ab, sie sind Phänomene neuzeitlicher Säkularisation.[35]

Ein gleiches trifft auch für die *zweite,* noch konkretere Feststellung zu. Das
für die lyrische Deutschland-Dichtung zentrale und konstante Motiv »Wach
auf, wach auf, du deutsches Land«, das sich über den Kaiser Rotbart-Mythos, Michels berühmte Schlafmütze und Schlafmützigkeit im Vormärz bis
zu Dietrich Eckarts nationalsozialistischem Kampflied *Deutschland erwache!*
(1919) verfolgen läßt, führt direkt in die Bibel und ihre Parabeln zurück.[36]
Das Motiv und Gebot des Wachens und Wachsamseins trifft man an zahlreichen Stellen des Alten und des Neuen Testaments an. Hervorragend
Matthäus, Kapitel 24 über »Das Kommen Christi«, das für das Warten auf
ihn die Anweisung gibt: »Darum wachet; denn ihr wisset nicht, welchen Tag
euer Herr kommen wird.« (Vers 42). Das nächste Kapitel 25 zieht die gleiche
Lehre und Ermahnung aus dem Beispiel der fünf törichten und fünf klugen
Jungfrauen, die beim Warten auf den Bräutigam, weil er lange ausbleibt,
schläfrig werden und einschlafen (25, 5) und dann »zur Mitternacht« durch
sein Kommen geweckt werden: »Darum wachet! Denn ihr wisset weder Tag
noch Stunde, [in welcher des Menschen Sohn kommen wird].« (Vers 13).
Der Schlußteil dieses Kapitels handelt »Vom Weltgericht«, von den Schafen
zur Rechten, die das Himmelreich erben werden, und von den Böcken zur
Linken, die in das »ewige Feuer« des Teufels müssen.

Es geht also bei dem Motivkomplex des Schlafens/Aufwachens/Wachens und Weckens um nichts Geringeres als um das Seelenheil, um Verdammung oder Erlösung. Auch ein für die Deutschland-Dichtung nicht unbedeutendes Nebenmotiv könnte man schon aus der Geschichte der Jungfrauen herauslesen: nämlich die Verspätung der fünf törichten Jungfrauen, die die Ankunft des Herrn verpassen, und ihr Ausgeschlossensein von der Hochzeit mit dem Bräutigam. Deutschland und die Deutschen haben sich nicht erst seit dem Schlagwort von Helmuth Plessner als »verspätete Nation« erfahren und gefühlt. Dieses Bewußtsein und diese Stimmung gab es schon bei den deutschen Frühhumanisten am Anfang des 16. Jahrhunderts, freilich noch von der Hoffnung beflügelt, die Rückstände bald einzuholen.

Auf diesem bedeutsamen biblischen und religiösen Hintergrund konturieren sich jedenfalls die zahllosen Weckrufe der Deutschland-Gedichte oder ihre ironischen Aufforderungen zum Weiterschlafen – z. B. in Georg Herweghs *Wiegenlied* für Deutschland (1843) mit dem Refrain »Schlafe, was willst du mehr?«[37] – samt allen nur denkbaren Variationen dieses Motivfeldes, auch dort, wo dieser Hintergrund kaum noch sichtbar ist. Er schärft den Blick für die beunruhigende Tatsache, welche zu Zeiten ungeheuren Mobilisierungskräfte, konstruktive und destruktive, in diesem Motivfeld schlummern. Es geht – wie bei den religiösen Erweckungsbewegungen – potentiell immer um Gedeih und Verderb Deutschlands, so als hinge das Seelenheil jedes einzelnen Deutschen davon ab. Zusätzlich und sozusagen realgeschichtlich aufgeladen hat dieses Feld Tacitus mit seinem Bericht über die seltsame Lethargie und Schlafsucht der Germanen. »Wenn sie nicht zu Felde ziehen«, heißt es im 15. Abschnitt der *Germania,* »verbringen sie viel Zeit mit Jagen, mehr noch mit Nichtstun, dem Schlafen und Essen ergeben. Gerade die Tapfersten und Kriegslustigsten rühren sich nicht. Die Sorge für Haus, Hof und Feld bleibt den Frauen, den alten Leuten und allen Schwachen im Hauswesen überlassen; sie selber faulenzen. Ein seltsamer Widerspruch ihres Wesens: dieselben Menschen lieben so sehr das Nichtstun und hassen zugleich die Ruhe.«[38]

Von den künftigen historisch-politischen Umständen und Konstellationen sollte es abhängen, wann und wie sich die christlich-germanische Doppelspannung dieses Motivkomplexes äußern und entladen konnte. Seit dem Beginn des 19. Jahrhunderts wurden die Entladungen immer heftiger und gewaltsamer, das »Erwachen« Deutschlands immer bedrohlicher, bis es dann im 20. Jahrhundert den Charakter von katastrophalen, welterschütternden Explosionen annahm.

IV

Der deutsche Wotan-Komplex oder
Die Lust am Untergang

Ein Präludium

Im März 1936 erschien in der »Neuen Schweizer Rundschau« ein Aufsatz mit dem schlichten Titel *Wotan*[1]. Sein Verfasser war weder ein Germanist noch ein germanischer Altertumskundler, sondern der damals schon berühmte Schweizer Psychologe C. G. Jung. Und ihn bewegte kein historisches Interesse an der germanischen Vorzeit und ihrer Mythologie, sondern er berief sich auf den Mythos des rätselhaften Gottes und »Allvaters« Wotan, um damit die beunruhigenden und rätselhaften Ereignisse im benachbarten Hitler-Reich zu erklären und zu deuten.

Jung war sich des Ungewöhnlichen seiner Behauptung bewußt, daß »in einem eigentlichen Kulturlande, das schon geraume Zeit jenseits des Mittelalters gewähnt wurde, ein alter Sturm- und Rauschgott, nämlich der längst im Ruhestand befindliche Wotan wieder, wie ein erstorbener Vulkan, zu neuer Tätigkeit erwachen könnte«, ein Gott zudem, den »das Christentum in einen Teufel verwandelt« und verketzert hatte und der »nur noch wie ein Irrlicht durch stürmische Nächte, als ein gespenstischer Jäger mit seinem Jagdgefolge« flackerte.[2]

Jung sicherte seine Wotan-These mit einem Hinweis auf den Zarathustra-Nietzsche, dem schon als Fünfzehnjähriger der wilde Jäger in einem Angsttraum begegnet sein soll und der ihm später den Namen »Dionysos« gegeben habe. In der *Geburt der Tragödie* wird in der Tat, im Zeichen Richard Wagners, der germanische Mythos als die »mythische Heimat« der Deutschen beschworen: »Glaube niemand, daß der deutsche Geist seine mythische Heimat auf ewig verloren habe, wenn er so deutlich noch die Vogelstimmen versteht, die von jener Heimat erzählen. Eines Tages wird er sich wach finden, in aller Morgenfrische eines ungeheuren Schlafes: dann wird er Drachen töten, die tückischen Zwerge vernichten und Brünnhilde erwecken – und Wotans Speer selbst wird seinen Weg nicht hemmen können!«[3] Erst nach dieser Absicherung in der deutschen Tradition rückte Jung mit seiner »ketzerischen Behauptung« heraus:

Wenn wir für einen Augenblick vergessen dürfen, daß wir im Jahre des Herrn 1936 stehen und diesem Datum entsprechend glauben, die Welt vernünftig zu erklären, wofern die Basis unserer Erklärung aus dem ökonomischen, dem politischen und dem psychologischen Faktor besteht, und wenn wir diese wohlgemeinte, menschlich-allzumenschliche Vernünftigkeit etwas beiseite schieben und statt des Menschen Gott oder Götter mit der Verantwortlichkeit für das heutige Geschehen belasten dürfen – dann würde wohl Wotan als kausale Hypothese gar nicht übel passen. Ich wage sogar die ketzerische Behauptung, daß der alte Wotan mit seinem abgründigen und niemals ausgeschöpften Charakter mehr vom Nationalsozialismus erklärt als alle drei vorgenannten vernünftigen Faktoren zusammen.[4]

Denn Deutschland sei wie in einem Sturm, einem »Unwetter« von diesem »Ergreifer der Männer« ergriffen worden, von dem berüchtigten »furor teutonicus«, der nur eine »Psychologisierung Wotans« sei, dessen Name sich bekanntlich von dem Wort »Wut« ableitet (»Wotan id est furor«, hatte schon Adalbert von Bremen im Jahre 1076 definiert).[5] Und dann geht der Stifter der archetypischen Psychologie aufs Ganze: »Wotan, eine Grundeigenschaft der deutschen Seele, ein seelischer ›Faktor‹ irrationaler Natur, eine Zyklone, welche den kulturellen Hochdruck abbaut und wegreißt. [...] Wotan ist [...] eine germanische Urgegebenheit, ein wahrer Ausdruck und eine unübertroffene Personifikation einer grundlegenden Eigentümlichkeit insbesondere des deutschen Volkes«. »Man kann daher von einem Archetypus ›Wotan‹ sprechen, der als autonomer seelischer Faktor kollektive Wirkungen erzeugt und dadurch ein Bild seiner eigenen Natur entwirft«. Während seiner mehr als tausendjährigen Unsichtbarkeit habe er »anonym und indirekt« gewirkt. »Archetypen sind eben wie Flußbetten, die das Wasser verlassen hat, die es aber nach unbestimmt langer Zeit wieder auffinden kann.«

Daß dieser »nationale Gott« Wotan neuerdings »das Christentum auf breiter Front angegriffen« und zersetzt habe, demonstriert Jung schließlich an der »Deutschen Glaubensbewegung« des ihm nahestehenden Jakob Wilhelm Hauers, der er den dringlichen Rat erteilt, »nicht bloß zu *glauben,* sondern auch zu *wissen,* daß der Gott der *Deutschen* Wotan ist und nicht der universale Christengott. Dies ist keine Schande, sondern ein tragisches Erlebnis.«[6]

War der Schweizer C. G. Jung in den dreißiger Jahren selber ein »Ergriffener«?

Als er sich im Jahre 1945, *Nach der Katastrophe* (so der Titel), in der gleichen »Schweizer Rundschau« »in Sachen Deutschland« wieder zu Wort meldete[7], begann er zwar mit der Behauptung: »Der Mythus hat sich erfüllt, und ein großes Stück Europa liegt in Trümmern«, dann aber liest sich dieser lange und gewundene Beitrag wie ein einziger emotionaler Versuch, seinen alten *Wotan*-Aufsatz zu verdrängen und vergessen zu machen. Vor Tische las man's jedenfalls anders!

Jung ist nun entschieden vom Germanentum zum Christentum und seiner Moral zurückgekehrt, Wotan (kaum genannt!) ist wieder ein Teufel und Verbrecher, der die Deutschen zum Bösen verführt habe, Hitler ein »Hysteriker« der Spielart »Pseudologia phantastica«, eine »psychologische Vogelscheuche« und ein »Popanz«, »die Geschichte der letzten zwölf Jahre […] die Krankengeschichte eines Hysterischen.« Kurzum: Deutschland hat »den Teufelspakt und dessen unvermeidliche Folgen erlitten, die Geisteskrankheit erfahren, ist zerrissen wie Zagreus, geschändet von den Berserkern seines Wotan, betrogen um Gold [!] und Weltherrschaft, besudelt vom Auswurf des untersten Abgrundes.«[8] Also Wotans Rache statt Wotans Wiederkehr! Und ohne sich selber in diese Schuld einzubeziehen, rät Jung den Nachkriegsdeutschen deshalb, ihre »Kollektivschuld« reuig anzunehmen.

Eine Mitschuld hat er erst einbekannt, als man ihm seine peinlichen antisemitischen und antidemokratischen Äußerungen aus den dreißiger Jahren wieder vor Augen rückte. Kein Geringerer als Leo Baeck war es, vor dem er sich 1945 zu dem eher abwiegelnden Eingeständnis durchrang: »Jawohl, ich bin ausgerutscht‹, was die Stellung zu den Nazis und seine Erwartung, daß vielleicht hier etwas Großes aufbräche, beträfe.«[9]

Ist deshalb auch Jungs *Wotan*-Aufsatz und Wotan-These ein ›Ausrutscher‹ gewesen? Ich denke, nein – wenn man seine verdächtig engagierte Anteilnahme einmal in Abzug bringt. Jung hatte schon am Ende des Ersten Weltkriegs, in seinem Aufsatz *Über das Unbewußte* (1918), auf die latente Gefahr hingewiesen, die von der geteilten Psyche des niemals ganz unterdrückten »germanischen Barbaren« ausgehen könne:

> Das Christentum zerteilte den germanischen Barbaren in seine untere und obere Hälfte, und so gelang es ihm – nämlich durch Verdrängung der dunklen Seite – die helle Seite zu domestizieren und für die Kultur geschickt zu machen. Die untere Hälfte aber harrt der Erlösung und einer zweiten Domestikation. Bis dahin bleibt sie assoziiert mit den Resten der Vorzeit, mit dem kollektiven Unbewußten, was eine eigentümliche und steigernde Belebung des kollektiven Unbewußten bedeuten muß. Je mehr die unbedingte Autorität der christlichen Weltanschauung sich verliert, desto vernehmlicher wird sich die ›blonde Bestie‹ in ihrem unterirdischen Gefängnis umdrehen und uns mit einem Ausbruch mit verheerenden Folgen bedrohen. Diese Erscheinung findet als psychologische Revolution beim Einzelnen statt, wie sie auch als soziales Phänomen auftreten kann.[10]

Auch hier schon gibt es heikle Abgrenzungen zum »Juden«, der die »antike Kultur« und »obendrein noch die Kultur seines Wirtsvolkes erworben« hat.

»Er ist domestiziert in höherem Maße, aber in arger Verlegenheit um jenes Etwas im Menschen, das die Erde berührt, das von unten neue Kraft empfängt, um jenes Erdhafte, das der germanische Mensch in gefährlicher Konzentration in sich birgt.« Dann kommen zwei Sätze, die uns später noch beschäftigen werden: »Jeder Boden hat so sein Geheimnis. Davon besitzen wir ein unbewußtes Bild in der Seele: eine Beziehung des Geistes zum Körper wie dieser zu seiner Erde.« Und Jung benutzt dieses »Geheimnis der Erde« sogar, um sich von den »jüdischen Doktrinen« Freuds und Adlers abzugrenzen: »Für die germanische Mentalität sind aber diese spezifisch jüdischen Doktrinen durchaus unbefriedigend, denn wir Germanen haben noch einen echten Barbaren in uns, der nicht mit sich spassen läßt und dessen Erscheinen für uns keinen angenehmen Zeitvertreib bedeutet.«[11] Das sollte sich fünfzehn Jahre später erweisen!

Etwas distanzierter hat Jung seine Wotan-Hypothese nochmals in einem Interview vom Oktober 1938 mit dem amerikanischen Journalisten H. R. Knickerbocker präzisiert: Der braune Diktator sei »eine Art von Medizinmann oder Schamane […], der für sich genommen eine recht bedeutungslose Figur mache. Er spiegele aber das Unbewußte der Deutschen. Er spreche (über)laut aus, was das deutsche Volk unbewußt von ihm erwartet. […] Da verlaufen unbewußte Projektionsvorgänge zwischen dem kollektiven Unbewußten des Volkes, von dem der Brausegott Wotan Besitz ergriffen hat, und diesem an sich belanglosen Menschen, der zu einer Art deutschen Messias hochstilisiert worden ist.«[12]

Es ist ersichtlich ein traditionelles mythisches Erfahrungs- und Deutungsmuster, auf das C. G. Jung seine tiefenpsychologische Deutung stützt. Seit der gewaltsamen Christianisierung der Germanen/Deutschen hat es eine zunächst untergründige, seit dem 16. Jahrhundert – mit der Wiederentdeckung der *Germania* des Tacitus –, aber auch eine sichtbare Rolle gespielt. Es basiert auf der Vorstellung und der Erfahrung, daß die heidnisch-germanischen Mythen aus dem »kollektiven Unbewußten« der Deutschen niemals gänzlich getilgt werden konnten.

Heinrich Heine ist, unter vielen anderen, ein vielleicht besonders unverdächtiger Zeuge für diese Annahme, daß die Christianisierung der Deutschen nicht vollständig gelungen sei und daß es im Dunkel ihrer Seele noch heidnische, antike und germanische ›Restpotentiale‹ gebe. Am Anfang seiner *Elementargeister*-Schrift steht der Satz: »In Westfalen, dem ehemaligen Sachsen ist nicht alles tot was begraben ist. Wenn man dort durch die alten Eichenhaine wandelt, hört man noch die Stimmen der Vorzeit […]«[13], und in ihrer Mitte wird beschrieben, »wie das Christentum die altgermanische

Religion entweder zu vertilgen, oder in sich aufzunehmen suchte und wie sich die Spuren derselben im Volksglauben erhalten haben.« Daß aber der »germanische Barbar« nicht mit sich spaßen läßt und daß er »uns mit einem Ausbruch mit verheerenden Folgen bedrohen« könnte (C. G. Jung), prophezeit bereits Heine am Ende seines Deutschland-Essays *Zur Geschichte der Religion und Philosophie in Deutschland* in grellen Tönen und Farben:

> Das Christentum – und das ist sein schönstes Verdienst – hat jene brutale, germanische Kampflust einigermaßen besänftigt, konnte sie jedoch nicht zerstören, und wenn einst der zähmende Talisman, das Kreuz, zerbricht, dann rasselt wieder empor die Wildheit der alten Kämpfer, die unsinnige Berserkerwut, wovon die nordischen Dichter so viel singen und sagen. Jener Talisman ist morsch, und kommen wird der Tag, wo er kläglich zusammenbricht. Die alten steinernen Götter erheben sich dann aus dem verschollenen Schutt, und reiben sich den tausendjährigen Staub aus den Augen, und Thor mit dem Riesenhammer springt endlich empor und zerschlägt die gotischen Dome. […] Der Gedanke geht der Tat voraus, wie der Blitz dem Donner. Der deutsche Donner ist freilich auch ein Deutscher […] und wenn Ihr es einst krachen hört, wie es noch niemals in der Weltgeschichte gekracht hat, so wißt, der deutsche Donner hat endlich sein Ziel erreicht. […] Es wird ein Stück aufgeführt werden in Deutschland, wogegen die französische Revolution nur wie eine harmlose Idylle erscheinen möchte.[14]

Selbst ein Theodor W. Adorno hat sich, ohne Wotan zu nennen, auf dieses irrationale Deutungsmuster berufen, um auf ein generelles zivilisatorisches Defizit der Deutschen hinzuweisen. »Auf die Frage: Was ist deutsch« antwortete er nach dem Zweiten Weltkrieg im Jahre 1965 mit einer vergleichbaren Beschreibung dieses gefährlichen Phänomens, eines Ineinanders des »Großartigen« mit dem »Monströsen«:

> Das Absolute schlug um ins absolute Entsetzen. Waren tatsächlich über lange Zeiträume der früheren bürgerlichen Geschichte hinweg die Maschen des zivilisatorischen Netzes – der Verbürgerlichung – in Deutschland nicht so eng gesponnen wie in den westlichen Ländern, so erhielt sich ein Vorrat unerfaßt naturhafter Kräfte. Er erzeugte ebenso den unbeirrten Radikalismus des Geistes wie die permanente Möglichkeit des Rückfalls.[15]

»Der Terror von dem ich schreibe kommt aus Deutschland«, sollte Heiner Müller zehn Jahre später sagen.[16] Wotan und Thor erscheinen in diesem Deutungs- und Erfahrungsmuster als die deutschen Terror-Götter, als die Urväter eines niemals überwundenen untergründigen Barbarentums. Darum vereinigte schon Heine die »unsinnige Berserkerwut« Wotans mit dem »deutschen Donner« Thors, um die Welt das Fürchten vor einem künftigen Deutschland zu lehren.[17] Karl Wolfskehl, der Wotan-Kenner und

Wotan-Sympathisant aus dem George-Kreis (er hatte eine Dissertation über *Germanische Werbungssagen* geschrieben), hat in einem Brief an Edgar Salin vom 18. 5. 1936 diese Heine-Passage zusammen mit dem *Wotan*-Aufsatz von C. G. Jung kritisch kommentiert:

> Die Heinesche Vision hab ich inzwischen gelesen und wie Sie mit Staunen und sehr ergriffen! Das Unheimlichste ist die Wendung gegen West und die Ahnung wotanischen Losstürmens, der prächristianischen – freilich, das konnte man im 19. [Jahrhundert] nicht ahnen, der bloß gespenstischen sehr kehraushaften – Krustensprengung. Vor zwei Monaten stand in der Schweizer Rundschau ein hinreißend vorgetragner Aufsatz C. G. Jungs über Wotan. Irrend im Letzten, wie sich's gebührt, auch nur Spukstufe, aber voller Blicke und Blitze. Es ist nicht so, aber es könnte so sein, und Träumer und Bestauner haben jetzt viel Scheinrecht.[18]

Das Hitler-Regime als die Spuk- und Endstufe des deutschen Wotan-Komplexes! Hellsichtiger konnte man die Hypothese des »Träumers und Bestauners« C. G. Jungs nicht aufnehmen und korrigieren. Auch Wolfskehl glaubte an das untergründige Weiterleben der germanischen Mythen, aber sein Wotan ist ein anderer als der barbarische Brause- und Terror-Gott kat exochen.

In seinem Gedicht *An die Deutschen,* das im Exil zwischen 1934 und 1944 vollendet wurde, hat er das fruchtbare mythische Germanen- und Wotan-Erbe auf seine Weise reklamiert:

> Eure Mär ist auch die meine.
> Vom helldüstern Brüderpaar,
> Blindem, der den Blanken töte,
> Hoeder-Vult, von Speer und Flöte
> Flüstert' ich euch, mir in Reine
> Rauschte Schwangotts Flügelschar.
> Nun im Mantel, nun als Rüde
> Lockte, grollte lärmumwogt
> Zweimal Wer: ich sah, mich lüde
> Ursturm, Einaug, Runenvogt![19]

Die letzten vier Verse, nach einem Hinweis auf die Söhne Baldur und Hoeder, beschwören den wandlungsfähigen, elementaren, opferbereiten, schriftkundigen und weisen Gott Wotan, der sich neun qualvolle Nächte an die Weltesche Yggdrasil hängte und dadurch zum Herren des Runenzaubers wurde, der ein Auge opferte, um aus dem Mimirsbrunnen, dem »Quell der Weisheit« zu trinken.[20]

C. G. Jung stand in den dreißiger Jahren keineswegs allein mit seiner Wotan-Hypothese. Sie lag in der Luft und wurde, polemisch, selbst im deutschen Exil aufgegriffen, so von Hermann Rauschning in seinem Buch *Die Revolution des Nihilismus*.[21] Jung selber bezieht sich auf zwei zeitgenössische Gewährsmänner. Der eine von ihnen, Martin Ninck, ein Schweizer Landsmann, hatte 1935 eine umfangreiche und gründliche Wodan-Monographie veröffentlicht.[22] Obwohl Ninck (1895–1954) kein Skandinavist, sondern promovierter Altphilologe gewesen ist, hat er sich als Privatgelehrter durch Schriften zur germanischen Religionsgeschichte und Mythologie einen Namen gemacht (1937 erschien ebenfalls in Jena sein Buch *Götter und Jenseitsglauben der Germanen*). Jung verdankt ihm viel; er schreibt: »Ninck entwirft ein großartiges Gemälde des deutschen Archetypus Wotan. In zehn Kapiteln beschreibt er ihn an Hand der Quellen als den Berserker, den Sturmgott und Wanderer, den Kämpfer, den Wunsch- und Minnegott, den Herrn der Toten, den Herrn der Einherjer [der tapferen Krieger in Walhalla], den um Geheimes Wissenden, den Zauberer und Gott der Dichter.«[23] Das Buch Nincks erschien zwar in Deutschland, ist aber, obwohl die »Saite Wotan« spürbar in ihm vibriert, nicht eigentlich von der Nazi-Ideologie infiziert worden. Es zeigt noch das ganze Spektrum dieses universalen germanischen Gottes.

Jungs zweiter Zeuge ist der Schriftsteller Bruno Goetz, 1885 in Riga geboren, in den dreißiger Jahren am Bodensee lebend, seit 1946 in Zürich ansässig. Er veröffentlichte ebenfalls 1935 eine in ihrer idealistischen Emphase geradezu bodenlose Schrift über *Deutsche Dichtung. Ursprung und Sendung*.[24] Jung steht er durch seine Dichtungsauffassung nahe: »die dichterische Sprache [...] ist auf das göttliche Bewusstsein der Menschen bezogen, das ein Bewusstsein von Ursprung und Sendung, ein Bilder- und Urbilderbewusstsein ist.«[25] Die Deutschen sieht er extrem polarisiert, sie seien sowohl »das Volk des Wanderers Odin« wie das »Volk des heiligen christlichen Reiches«. Auf der einen Seite bedrohten sie mit ihrer todessüchtigen Dichtung »die geistige Sicherheit der Welt«, denn der Geist Odins könne jederzeit »ins Masslose und Zerstörerische umschlagen«, auf der anderen Seite sei ihnen »die hohe und gefährliche Aufgabe zugefallen, das *heilige Reich Europa* zu vollenden [...]«.[26] »Odin, die Gottheit dieses Ursprungs, taucht als eine der Grundgewalten des Deutschtums in immer wieder anderer, immer wieder eine neue Seite seines Wesens offenbarender Erscheinungsform in allen Gebilden unserer Dichtung auf«, mit ihr durchwanderten die Deutschen »die Tiefen der menschlichen Seele«, aber alle Wege sollen zuletzt, so der schwärmende Verfasser, in die Verwirklichung eines rettenden Christus-Reiches münden.[27]

Man müßte ihn blind nennen, könnte man ausschließen, daß er mit seiner Reichsvision, dem Sieg des Christlichen über das Heidnisch-Germanische, unausgesprochen dem »Dritten Reich« entgegenwirken wollte.[28]

Weder Jung noch seinen beiden Gewährsmännern war offensichtlich bekannt, daß die deutsche Skandinavistik in den dreißiger Jahren schon einen Bund mit dem Nationalsozialismus geschlossen hatte. Zwei Arbeiten aus der Wiener Schule des Germanisten Rudolf Much bildeten die Brücke zu einer Zusammenarbeit mit der SS und dem von Himmler eingerichteten und geförderten Forschungsinstitut »Ahnenerbe«: die Dissertation von Lily Weiser über *Altgermanische Jünglingsweihen und Männerbünde* (1927) und vor allem die Habilitationsschrift von Otto Höfler über *Kultische Geheimbünde der Germanen* mit ihrer neuen militanten Wotan-Deutung.[29] Schon im Vorwort nennt Höfler seine beiden Ziele: eine Bekräftigung der These, daß bei den Germanen »neben der Sippe als zweiter sozialer Grundtypus die Vereinigung der wehrhaften Männer stehe, und daß hier der Ursprung der eigentlich *staatlichen* Kräfte und Gemeinschaftsformen zu suchen sei«, und zweitens: »Wo die rationalistisch-ästhetisierende Mythologie eine ›poetische‹ Ausschmückung von Naturvorgängen zu erkennen meinte [Wotan als Sturm-Gott], soll hier die heroisch-ekstatische, ethisch streng verpflichtende Verbundenheit der Lebendigen mit ihren verehrten Toten sichtbar gemacht und als ein Grundpfeiler unserer volkshaften Kultur erwiesen werden«[30] – alles im Namen Wotans. Aus der Sicht der heutigen Skandinavistik wird die Essenz seines Buches folgendermaßen zusammengefaßt:

> Inspiriert von ethnologischen Forschungen zu Männerbünden in primitiven Gesellschaften und von der Schrift Lily Weisers zu *Altgermanischen Jünglingsweihen und Männerbünden,* glaubte Höfler, im gesamten germanischen Raum die Existenz von geheimen Kriegerbünden nachweisen zu können. Laut Höfler bildeten diese eine Art Weihekriegertum, das, dem Gott Odin oder Wotan geweiht, einen ekstatischen Toten- und Ahnenkult pflegte. [...] Höflers Thesen, die wissenschaftlich bis heute umstritten und wohl nicht belegbar sind, waren sicherlich von seiner Begeisterung über das beginnende »Dritte Reich« geprägt. Zugleich fanden sie bei vielen Nationalsozialisten, insbesondere in der SS, großen Anklang, waren sie doch geeignet, deren männerbündische, hierarchische Struktur durch eine angeblich urgermanische Tradition zu legitimieren.[31]

Hitler selbst war zwar am ›Nordischen‹ nicht sonderlich interessiert – die Wagnersche Untergangs-Mythologie des *Ring des Nibelungen* und vor allem den Trauermarsch aus der *Götterdämmerung*[32] ausgenommen –, näherte sich aber mit der Besetzung Dänemarks und Norwegens der Idee einer »nordisch-germanischen Völkergemeinschaft«.[33] Das politische und kulturelle

Leben zwischen 1933 und 1945 war jedenfalls ganz auf die Re-Germanisierung der Deutschen und eines künftigen Großdeutschen Reiches abgestellt.

Was wir bei Jung, Ninck und Goetz angetroffen haben, findet man in kruder Form davor und danach deshalb auch in Alfred Rosenbergs *Der Mythus des 20. Jahrhunderts – Eine Wertung der seelisch-geistigen Gestaltungskämpfe unserer Zeit.* So das Fortleben des germanischen Ursprungs: »das erste rassisch-volkische Erwachen durch Helden, Götter und Dichter ist bereits ein *Höhepunkt* für immer«; angewandt auf den Wotan-Mythos: »Eine Form Odins ist gestorben, d. h. Odin, der oberste der vielen Götter als Verkörperung eines der Natursymbolik noch unbefangen hingegebenen Geschlechts. Aber Odin als das ewige Spiegelbild der seelischen Urkräfte des nordischen Menschen lebt heute wie vor 5000 Jahren.«[34] »Als ewiger Wanderer ist er ein Symbol der nordischen, ewig suchenden und werdenden Seele« und sei deshalb wiedergeboren worden in allen großen deutschen Gestalten wie Meister Eckehart, Friedrich dem Großen, Bach, Goethe und Bismarck.[35] Und Rosenberg glaubt aus dem bevorstehenden Ende des Christentums schon die Geburt eines »Alldeutschland« im Zeichen Odins und Baldurs herauslesen zu können. Bei Wilhelm Schäfer, ein weiteres Beispiel für viele, findet sich 1922 der raunende Satz: »Wodan, die wehende Unrast lag in Sankt Peter begraben, aber der Spuk seines Daseins sank in die nordischen Seelen wie Heimweh.«[36] Richard Wagner hatte diesem »Heimweh« mit seiner Tetralogie *Der Ring des Nibelungen* und ihrer beherrschenden düsteren Wotan-Figur auf ganz eigene und äußerst wirkungsvolle Weise Ausdruck verliehen.

Über das beträchtliche Anwachsen der Rasse- und Germanen-Ideologie seit dem Ende des 19. Jahrhunderts, die auf dem Fundament der zwischen den Jahren 1835 und 1875 ständig erweiterten *Deutschen Mythologie* Jacob Grimms aufbauen konnte, sind wir gut informiert. Neben dem schon erwähnten Buch und Einzelstudien von Klaus von See gibt es neuerdings einen zum Standardwerk gewordenen Beitrag eines englischen Gelehrten, Nicholas Goodrick-Clarke, über die okkulten (und obskuren) Wurzeln des Nationalsozialismus.[37] Das 4. Kapitel trägt den Titel »Wotanismus und germanische Theosophie«.[38] Es beschreibt die gnostische, von den alten Germanen abgeleitete Weltanschauung, der Guido von List den Namen »Wotanismus« gab und die über Jörg Lanz-Liebenfels direkt in den frühen Kreis um Hitler hineinwirkte.[39]

So befand sich C. G. Jung 1936 zwar nicht allein mit seiner tiefenpsychologischen Wotan-Hypothese, aber zugleich in einer höchst fragwürdigen, kompromittierenden Nachbarschaft und vor der unmittelbaren Heraufkunft einer »bloß gespenstischen sehr kehraushaften – Krustensprengung« (Wolfskehl) des Wotan-Rumors durch das Terror-Regime der Nazis.

Dennoch: daß Odin/Wotan aus dem Denken, Fühlen und Dichten der Deutschen über sich selbst spätestens seit dem 16. Jahrhundert niemals ganz verschwinden konnte, ja, daß er unterirdisch stets präsent blieb, dafür sorgte noch ein anderer Umstand und Zusammenhang. Er blitzt bei C. G. Jung nur an einer einzigen Stelle auf: »Er […] scheint wirklich nur geschlafen zu haben im Kyffhäuser bis die Raben ihm Morgenluft meldeten.«[40] Es ist die auffällige und wiederholt nachgewiesene Familienverwandtschaft unter den bedeutendsten mythischen Nationalfiguren der Deutschen. Sie, der deutsche Michel, der Kaiser Barbarossa, der Erzengel Michael und Wotan, gehören in den gleichen Stammbaum, und in seinen nächsten Verzweigungen – sie bilden zugleich ein untergründiges Wurzelgeflecht – findet man Figuren wie Siegfried, Hermann den Cherusker (beide als Wotan-Krieger), Karl den Großen und Kaiser Friedrich II.

Alle einschlägigen pseudowissenschaftlichen und wissenschaftlichen Beiträge, ob sie sich nun mit dem Wotan-, dem Barbarossa- oder dem Michel-Mythos beschäftigen, kommen auf diese wechselseitigen Filiationen zu sprechen. Von Jakob Grimm (1844), Karl Simrock (1855) und H. F. Maßmann (1850) in der Mitte des 19. Jahrhunderts über Franz Kampers (1896), Adolf Hauffen (1918), Carl Rademacher (1934) bis zu Bernd Grote (1967) und Karl Riha (1980/90), trifft man auf die gleichen Begründungen und Ableitungen dieser urdeutschen Wahlverwandtschaften.[41]

Ich fasse sie für unsere Zwecke in Kürze zusammen. Ein um 600 entstandenes Schreiben des Papstes Gregor I., in dem es um die Bekehrung der Angelsachsen ging, enthielt die weise Mahnung und Anweisung, die heidnischen Tempel und Opferstätten (außer den Götzenbildern!) nicht zu zerstören, sondern sie, mit Weihwasser besprengt, durch Altäre und Reliquien in christliche Kirchen umzuwandeln. So verfuhr auch Bonifatius mit den Deutschen, und der Erzengel Michael wurde der ideale Nachfolger und Erbe Wotans. Dessen zahlreiche »Wodensberge« wurden zu Michelsbergen mit St. Michaelskapellen und -kirchen und der Wodanstag (29. September) zum Michaelstag. Denn dieser Erzengel brachte alles mit, was ihn für eine solche Beerbung prädestinierte: er war Drachenkämpfer, Führer der himmlischen Heerscharen, Schutzengel Israels und der Kirche, Seelenbegleiter und Totenrichter. Wotan konnte in dieser christlichen Verwandlung fast zwanglos weiterleben. Sogar zum deutschesten aller Helden, zu Jung-Siegfried, führt vom Erzengel ein direkter Weg: »Als Drachentöter ist Michael auch

Siegfried verwandt, der nach dem nordischen Mythos aus dem Geschlecht der Wölsungen entsprossen, also ein Abkömmling Odins ist.«[42]
Die Verbindung zwischen dem Wotan- und dem Barbarossa-Mythos, auf die auch Jung anspielt, wird gestiftet und bekundet durch die »Wodensberge« (auch »Untersberge«)[43], durch die gemeinsamen Raben und vor allem durch die bei vielen Völkern vorhandenen Sagen, die sog. Kaisersagen, daß beliebte Herrscher in Bergen entrückt schlafen, um in Zeiten der Not als Retter und Erlöser wiederzuerscheinen. Mit den Worten Nincks:

> Mit den Sagen von bergentrückten Heldenkönigen kommen wir zu einem neuen Mythenkreis, der den unterweltlichen Charakter Wodans deutlich macht. Als Wodansagen läßt sich ein großer Teil derselben erweisen. Das gilt zumal dann, wenn der entrückte Held als ein König gezeichnet ist und das schlafende Heer von Zeit zu Zeit erwacht und zu einer gespenstischen Ausfahrt aufbricht. Der Name des Gottes selber fehlt, weil er im Mittelalter verfemt und geächtet war, und der Führergott ist zu einem alten Vorzeitkönig (bald Karl der Große, bald Karl V., Friedrich Barbarossa oder Friedrich II.) geworden: noch immer mit Sinn und Bedeutung, da ja Ahnenseelen das Gefolge des Gottes bilden.[44]

Vor allem im weitverbreiteten deutschen Barbarossa-Mythos lebte der Wotan-Komplex fort. Seine andauernde Existenz und sein unterirdisches Weiterrumoren waren also dreifach gesichert: durch eine himmlische und eine irdische Herrscherfigur und durch seine verketzerte dämonische Erscheinung als Unhold, Teufel, Zauberer und wilder Jäger im Volksglauben.

Am schillerndsten und in ihrer Genese bis heute am umstrittensten ist die Figur des deutschen Michel. Ein Kenner hat die Problematik folgendermaßen zusammengefaßt:

> Der deutsche Michel als ungefüger Riese, als verarmter Deutschritter oder als Reiterführer des Dreißigjährigen Krieges [Johann Michael Obentraut, 1574–1625], der deutsche Michel als Zwillingsbruder des Ewigen Juden, als Bauer, als Landsknecht, als Grenadier Friedrichs des Großen oder als Normandie-Wallfahrer, der deutsche Michel als Erzengel oder Germanengott: so komplex ist der Katalog seiner Entstehungs- und Entwicklungstheorien.[45]

Aber gerade diese historische Verwandlungsfähigkeit – eine Spottgeburt im deutschen Humanismus des 16. Jahrhunderts, ein redlicher, urdeutscher Typus und Held im 17. Jahrhundert, eine philiströse Schlafmütze im deutschen Vormärz – hat die Figur bereichert und attraktiv gemacht. Und daß auch im tumben und schläfrigen deutschen Michel jederzeit der »furor teutonicus« zu erwachen und einen »Berserker« hervorzubringen vermag, wurde schon im

19. Jahrhundert oft genug angedroht und im 20. Jahrhundert, zum Schrek-ken anderer Völker und Nationen, blutig bewiesen.[46]

So führt ein weiter und doch recht sichtbarer Weg zur letzten und furcht-barsten »Wiederkehr Wotans« unter der Nazi-Diktatur, als dieses obstinate deutsche Phantasma geschichtsmächtig wurde. Es rumorte die Jahrhunderte hindurch nicht nur im deutschen Untergrund, im kollektiven Unbewuß-ten, sondern es blieb auch an der Oberfläche der deutschen politischen Geschichte wie der Kultur- und Literaturgeschichte in vielen Phänomenen präsent. In den ersten beiden Jahrzehnten des 19. Jahrhunderts, vorbereitet von Klopstock und dem Hain-Bund, wurde es zu einem festen Bestandteil der deutschen Nationalmythologie. Sein katastrophaler Ausbruch im sog. »Dritten Reich« war nur der Kulminations- und (hoffentlich) Endpunkt ei-ner jahrhundertelangen, unterschiedlich sichtbaren Wühlarbeit und Wirk-samkeit, die letzte und äußerste Realisation einer latenten Untergangs- und Todessüchtigkeit der Deutschen.

Sind wir deshalb – nicht mehr in ihn verstrickt – endlich in der Lage, die-sen seltsamen, irrationalen, vielverzweigten und zuletzt fatalen deutschen Wotan-Komplex, auffälligstes Indiz und suggestive Metapher einer zivilisa-torischen Rückständigkeit der Deutschen, im Rückblick einigermaßen ob-jektiv durchschauen und beurteilen zu können? Um was handelt es sich da-bei? Um ein besonders unerschütterliches mythisches Selbstverständigungs-muster oder um eine substantielle historische und sozialpsychologische Gegebenheit, die immer wieder geschichtsmächtige Phantasmen aus sich entlassen hat? Oder ist der Wotan-Komplex beides, ein zugleich substan-tieller wie psychologischer Begriff im Sinne C. G. Jungs oder Sigmund Freuds?

Dafür sprechen zweifellos die vielzähligen und vielfältigen Zeugnisse, die hier nur in einer kleinen Auswahl angeführt werden konnten. Sie machen es wahrscheinlich, daß die z. T. gewaltsame Christianisierung der germa-nischen und der alten deutschen Stämme nur um den Preis gelungen ist, daß zentrale heidnische Mythen und Vorstellungen ins kollektive Unbe-wußte abgedrängt wurden, dort weiter rumorten und sich in Phänomene des Volksglaubens, der Volkssage und der Volksgebräuche projiziert und ausphantasiert haben.

Die latente Gewalttätigkeit dieser unterdrückten Bestände, die Drohung eines gewaltsamen Ausbruchs ist in dieser Konstellation immer schon an-gelegt. Daß sie sich in der deutschen Geschichte auffällig zuspitzte, daß, konkret gesagt, der universale, vielschichtige und vielgesichtige Wotan-Gott auf einen militanten Sturm-, Schlachten- und Toten-Gott reduziert wurde, ist aber erst das Resultat der besonderen Gegebenheiten und Bedingungen dieser deutschen Geschichte, vor allem seit dem 16. Jahrhundert. Denn seit dieser Zeit hatten die Deutschen Gründe genug, sich im Vergleich mit anderen europäischen Nationen rückständig und minderwertig zu fühlen, politisch, militärisch und kulturell. Seit dieser Zeit begannen sie zunehmend, ihre objektiven Schwächen und Nachteile durch Macht- und Vereinigungs-phantasien zu kompensieren. Die andauernde und anwachsende Berufung auf Gestalten wie Wotan, Siegfried, Hermann d. Cherusker und Kaiser Bar-barossa bildete zweifellos das Zentrum dieser kompensatorischen Akte. Der Beschwörung des Sturm-, Kampf- und Todes-Gottes Wotan kam dabei die besondere Funktion zu, eine sich bedroht fühlende, militärisch ohnmächtige und partikularistische Nation wenigstens in der Fiktion schlagartig zu einer mächtigen, einheitlichen und abschreckenden Kampfgemeinschaft zusam-menzuschmelzen. Eine Gemeinschaft, die man im Leben vermißte, wollte man wenigstens im Tode stiften und imaginieren.

Der Ort nun, an dem diese Beschwörung seit jeher mit Vorliebe vorgenom-men wurde, sind die hier in Rede stehenden Deutschland-Gedichte. Sie bestätigen und ergänzen das diskursive, identitätsstiftende Erfahrungs- und Deutungsmuster der Deutschen durch zahlreiche Zeugnisse seines poeti-schen Vollzugs.

Denn Wotan erscheint in vielen von ihnen nicht nur direkt, mit Namens-nennung und in unmißverständlichem Aufzug, sondern in einer noch weit-aus größeren Zahl indirekt, maskiert und subversiv und gibt sich dort nur durch ein Ensemble gewisser Zeichen zu erkennen. Dieses Ensemble von Zeichen, diese versteckte Wotans-Schrift muß lesen lernen, wer, durch die Jahrhunderte hindurch, seinen ganzen »Rumor« hören und seine überra gende Bedeutung für das deutsche Selbstverständnis entziffern und verste-hen möchte. Denn unter den vielen Motiven und Topoi der Deutschland-Gedichte ist der Wotan-Komplex, im wörtlichen wie im übertragenen Sinne, der fundamentalste, elementarste und folgenreichste. Seine vielfältigen poe-tischen Bezeugungen sind es, die C.G. Jungs riskante Hypothese von der Wiederkehr des »Brausegotts« Wotan aus dem Jahre 1936 in einen weite-ren Kontext setzen, als ihm selber bewußt sein konnte. Denn in diesen Gedichten kommt es noch deutlicher als anderswo zu der typisch deutschen Reduktion des vielgestaltigen und vielgesichtigen Gottes: er erscheint fast ausschließlich als Sturm-, Schlachten- und Totengott.

Aus dem Ensemble seiner Zeichensprache greife ich, zur ersten Charakteri-sierung und weil wir ihm in den folgenden Kapiteln wieder und wieder begegnen werden, das markanteste militante Merkmal heraus. Es ist das Verb »brausen«. Wo immer es in Deutschland- und ihnen verwandten Gedichten »braust«, kann man sicher sein, daß Wotan anwesend oder im Anzug ist. Es ist das intensivste Erkennungs- und Identifikationssignal dieses Sturm-, Brause- und Schlachtengottes, weitaus dynamischer und beschwörender als die bloße Nennung seines Namens. Das Brausen soll das stiften, was schon Tacitus in seiner *Germania* so intensiv beschrieben hat: die Verschmelzung der einzelnen Germanen/Deutschen zu einem einzigen, schlagkräftigen Kampfverband, die Aufhebung der unseligen inneren Zerrissenheit der Stämme und der Länder. Bei Tacitus heißt es (Abschnitt 3):

> Außerdem haben sie noch eine Art von Liedern, durch deren Vortrag, Barditus geheißen, sie sich Mut machen und aus deren bloßem Klang sie auf den Ausgang der bevorstehenden Schlacht schließen; sie verbreiten nämlich Schrecken oder sind selbst in Furcht, je nachdem es durch ihre Reihen tönt, und sie halten den Gesang weniger für Stimmenschall als für den Zusammenklang ihrer Kampfeskraft. Es kommt ihnen vor allem auf die Rauheit des Tones und ein dumpfes Dröhnen an: sie halten die Schilde vor den Mund; so prallt die Stimme zurück und schwillt zu größerer Wucht und Fülle an.[47]

Das Stammesheer der Harier (im Abschnitt 43) wird geradezu als ein furchtbares Wotansheer beschrieben:

> Ohnehin von schrecklichem Aussehen, kommen sie der angeborenen Wildheit durch Kunst und Ausnutzung der Zeit zu Hilfe. Schwarz sind die Schilde, gefärbt die Leiber; dunkle Nächte wählen sie zum Kampf, und schon das Grauenvolle und Schattenhafte ihres Totenheeres jagt Schrecken ein: kein Feind hält dem ungewohnten und gleichsam höllischen Anblick stand.[48]

Schon die Brüder Grimm, als profunde Kenner der deutschen Sprache, haben auf dieses Wotan-Merkmal aufmerksam gemacht. Für das Stichwort »brausen« verzeichnen sie in ihrem Wörterbuch als dritte Bedeutung: »vom sturm: ›Wotans wilde jagd brauset vorüber‹; ein gewitter braust heran.«[49] In Karl Simrocks *Handbuch der deutschen Mythologie mit Einschluß der nordischen* heißt es entsprechend: »Auf Odin als Kriegsgott ist auch die unter dem Namen des *wüthenden Heeres* bekannte Lufterscheinung streitender oder zum Kampf ausziehender Krieger bezogen, obgleich ihr sowohl als der verwandten *wilden Jagd* der dahinbrausende Sturmwind ursprünglich zu Grunde lag.«[50] Dabei versteht sich von selbst, daß das gesamte Wortfeld des Sturms, wenn es an den entsprechenden Stellen auftaucht – also stürmen, sausen, rauschen usw. – Wotan-verdächtig ist, zumal dann, wenn es auch die Elemente Feuer, Wasser und Erde einbezieht. Allerdings: im Grenzbereich und den sich überschneidenden Zonen des Heidnischen und des Christlichen, des deutschen und des christlichen Gottes evoziert das »Brausen« manchmal noch deutlicher das Pfingstwunder als Wotans wildes Heer – »Und es geschah plötzlich ein Brausen vom Himmel wie eines gewaltigen Windes und erfüllte das ganze Haus, da sie saßen«.[51] Eine ironische Absage Nietzsches an Richard Wagner und den deutschen Wettergott Wotan findet sich in seiner Schrift *Der Fall Wagner:* »Sie [die deutschen Jünglinge] hören mit Zittern, wie in seiner Kunst die *großen Symbole* aus vernebelter Ferne mit sanftem Donner laut werden; sie sind ungehalten, wenn es zeitweilig grau, gräßlich und kalt in ihr zugeht. Sind sie doch samt und sonders, gleich Wagner selbst, *verwandt* mit dem schlechten Wetter, dem deutschen Wetter! Wotan ist ihr Gott: aber Wotan ist der Gott des schlechten Wetters ...«[52]

Für das zentrale Stichwort »brausen« gebe ich vorweg einige anschauliche Beispiele. In Ernst Moritz Arndts *Vaterlandslied* von 1812 wird Wotan nicht genannt. Daß aber »Der Gott, der Eisen wachsen ließ« – mit diesem Vers beginnt das Kriegs-Lied – an seiner Stelle steht, geht aus der vierten Strophe unverkennbar hervor. Sie beginnt mit den einigermaßen dunklen Versen:

> Laßt brausen, was nur brausen kann,
> In hellen, lichten Flammen!
> Ihr Deutsche alle, Mann für Mann,
> Fürs Vaterland zusammen!

Ein zweites bekanntes Beispiel ist Max Schneckenburgers *Die Wacht am Rhein* von 1840. Mit einem stärkeren Wotan-Crescendo setzt kein anderes Deutschland-Gedicht ein:

> Es braust ein Ruf wie Donnerhall,
> Wie Schwertgeklirr und Wogenprall:
> Zum Rhein, zum Rhein, zum deutschen Rhein,
> wer will des Stromes Hüter sein?
> Lieb Vaterland, magst ruhig sein,
> fest steht und treu die Wacht am Rhein.

Auch in diesem Gedicht wird Wotan nicht genannt, aber im brausenden Donnerruf seines »wilden Heeres« ist er machtvoll gegenwärtig. Denn es geht bei solchen Evokationen fast immer darum, die uneinigen zersplitterten Deutschen mit einem Schlag zu einem einzigen altgermanischen Heeresverband zusammenzuschweißen.

Eine kleine Statistik kann weiteren Aufschluß geben. Zum Kriegsbeginn

1914 erschien im Insel-Verlag zu Leipzig ein Bändchen mit repräsentativen *Deutschen Vaterlandsliedern* von Walther von der Vogelweide bis zu Albrecht Schaeffer. In vierzehn von den insgesamt dreiundsechzig Gedichten taucht das Kennwort »brausen« auf, in vier weiteren benachbarte sprachliche Wotan-Anspielungen. Ich greife einige prägnante Beispiele heraus.

In Christoph August Tiedges Gedicht *An die Deutschen* von 1809, die von der Napoleonischen Fremdherrschaft bedrückt waren, »braust« es gleich dreimal. Zuerst »braust« der »Rhein«, schon damals eine Verkörperung Deutschlands, »unwillig […] durch seine Reben«; dann ertönt der unmißverständliche Aufruf an die deutschen Männer: »Brecht stürmend auf, gleich brausenden Gewittern!«, ein Appell, der in der letzten Strophe schließlich noch einmal bekräftigt wird: »Wie Wasserfluten brauset durch die Auen!«[53]

Die erste Strophe von Max von Schenkendorfs *Frühlingsgruß an das Vaterland* (1814) definiert das von Napoleon befreite Deutschland unverkennbar als Wotans-Land:

> Wo die hohen Eichen sausen,
> Himmelan das Haupt gewandt,
> Wo die starken Ströme brausen,
> Alles das ist deutsches Land.[54]

Besonders vielsagend ist ein Barbarossa-Gedicht von Emanuel Geibel, weil es schon im Titel – *Lied des Alten im Bart* (1848) – den Kaiser mit der Wotans-Figur (dem mythischen alten »Graubart«) überblendet und amalgamiert. Mehr noch in den ersten beiden Strophen:

> Durch tiefe Nacht ein Brausen zieht
> Und biegt die knospenden Reiser,
> Im Winde klingt ein altes Lied,
> Das Lied vom deutschen Kaiser.
>
> Mein Sinn ist wild, mein Sinn ist schwer,
> Ich kann nicht lassen vom Lauschen;
> Es klingt, als zög in den Wolken ein Heer,
> Es klingt wie Adlers Rauschen.

Hier spricht zweifellos einer, der vom »Ergreifer der Männer« ergriffen worden ist. Die Palimpsest-Figur Wotan überschwemmt den Barbarossa-Mythos.

Die merkwürdige Tatsache, daß sich Theodor Storms friedliches Gedicht *Die Stadt* (1852) in diese patriotische Kriegs-Anthologie von 1914 ›verirrt‹ hat, läßt sich gar nicht anders als mit dem nordischen Wotan-Komplex erklären und rechtfertigen. In seinen vier Strophen befindet sich nämlich ein ganzes Ensemble halbverdeckter Wotan-Zeichen: viermal die Farbe grau (»Am grauen Strand, am grauen Meer«, »Du graue Stadt am Meer« zweimal – grau ist die Farbe von Wotans/Odins Bart und seinem Pferd Sleipnir), je einmal »brausen« und »rauschen« (»Und durch die Stille braust das Meer«, »Es rauscht kein Wald«), vor allem aber verdichtet sich in der dritten Strophe eine sinnliche Signatur des Wanderers und Windgottes Wotan:

> Die Wandergans mit hartem Schrei
> Nur fliegt in Herbstesnacht vorbei,
> Am Strande weht das Gras.[55]

Walter Flex' weltkriegs- und jugendbewegtes Gedicht *Wildgänse rauschen durch die Nacht* (1916) wird uns Anlaß geben (in Kapitel XI), auf diesen seltsamen Sachverhalt zurückzukommen.

Zuletzt ein besonders eindrucksvolles Beispiel. Es sind die beiden Schluß-strophen des Gedichts *An die Deutschen* (1914) von Albrecht Schaeffer, mit dem die Anthologie der *Vaterlandslieder* endet und in den Ersten Weltkrieg mündet:

> Denn deine Heimat war von Alters her
> Der Wahrheit und der Treue goldner Sitz.
> Nun flammte wild dein Schild, nun flog dein Speer,
> Nun fiel dein Blitz,
> Und Trug und Tücke ward ein Feuermeer.
>
> Die Flamme tritt dein Fuß, dein heiliger, aus,
> Genius des Deutschen, der uns göttlich heißt.
> Dann schweifen wir durch Land- und Meergebraus,
> Wir, deutscher Geist,
> Wir alterslos, im Ewigen zuhaus.[56]

Ich gehe an dieser Stelle nicht auf die kulturimperialistische Vision der ersten sieben Strophen ein, der die gesamte Nachkriegswelt zu einem einzigen Deutsch-Land wird, sondern nur auf die Begründungen dieses hybriden deutschen Weltherrschaftsanspruchs in den zitierten Schlußstrophen. Sie fächern sich vierfach auf:

Die erste beruft sich auf den durch Tacitus' *Germania* verbürgten reinen moralischen Ursprung, der die deutsche Geschichte und Gesinnung, so wird impliziert, bis in die Gegenwart prägt und auszeichnet (»Der Wahrheit und der Treue goldner Sitz«).

Die zweite evoziert den »Deutschen« als unüberwindlichen Wotan-Krieger und Berserker, der durch seine Zeichen (Schild, Speer, Blitz) schon mit seinem Gott identisch wird, denn: »Als Wettergott hält er [Wotan] den Blitz in der rechten Hand, der in dichterischer Ausschmückung zum Speer und zum Sinnbild des Schlachtengottes wird.«[57] In der Edda heißt es: »Odin schleuderte das Geschoß in das Heer: / Da wurde Kampf in der Welt zuerst.«[58] Auf den wenigen überlieferten Bildern wird Wotan/Odin auf dem Pferd reitend mit Schild und Speer gezeigt.

Die dritte Begründung setzt die angebahnte Vergöttlichung des »Deutschen« fort. Er besitzt die »heilige« Kraft, das apokalyptische »Feuermeer« mit einem Fußtritt (Anspielung auf den Drachentöter) auszulöschen. Der zweideutige Vers »Genius des Deutschen, der uns göttlich heißt«, kann einerseits meinen, daß die Deutschen ihren »Genius« göttlich nennen, andererseits, daß sie selber von ihm so genannt werden.

Viertens: In den letzten drei Versen werden die Deutschen, vorbereitet durch die drei ersten Schritte, vollends mit ihrem Wandergott identisch, um sich schweifend die ganze Welt anzueignen. Es entsteht die Gleichung Gott=Wotan=deutscher Geist, eine megalomane Ineinssetzung, die wir noch expliziter in einem gleichzeitigen Gedicht von Will Vesper, *Der deutsche Gott. 23. September 1914,* antreffen werden (Kapitel XI). Die deutsche Geschichte, die als andauernde Ursprungsgeschichte immer schon mehr als bloße Historie gewesen sein soll, betritt endgültig den Raum der »Ewigkeit« – offenbar eine Vision des utopischen »Dritten Reiches« der Deutschen.

Bei Schaeffer wird die im 18. Jahrhundert entstandene Idee einer deutschen Kulturnation, »die von ihren politischen Schicksalen unabhängig ist« (Schiller), mit poetischem Anspruch in einen militanten Kulturimperialismus gewendet. Mythos und Geschichte, Krieg und Kunst, Macht und Geist sind eins in seinem Gedicht.

Mit noch höherem poetischem Anspruch erscheint der Wotan-Komplex in Stefan Georges berühmtem und nicht unberüchtigtem Gedicht *Geheimes Deutschland,* am sichtbarsten in den Versen:

> Dann aus der friedfertigen ordnung bezirk
> Brach aus den fosfor-wolken der nacht
> Wie rauchende erden im untergang
> Volltoniges brausen des schlachtengetobs.
> Es stürmten durch dust und bröcklig geröll
> Die silberhufigen rosse.[59]

Das Ensemble der Zeichen, gemeint ist der Ausbruch des Ersten Weltkriegs, beschwört sowohl eine apokalyptische Wotans-Schlacht wie die nächtliche

Jagd seines wilden Heeres. Ernst Morwitz, der beste Kenner des Werks aus dem George-Kreis, schreibt dazu in seinem Kommentar:

> Die silberhufigen Rosse des letzten Verses der dreizehnten Strophe, die durch das bröcklige, das heisst bereits brüchig gewordene Geröll und den Staub stürmen, sind eine Anspielung auf die Walküren, die bereits als ›Fuchtelschwinger‹ auf ›Leichenschwaden‹ in der vierten Strophe von ›Der Krieg‹ genannt worden waren. [...] Der Dichter verbindet hier zwei Auffassungen über die Walküren, nämlich die ältere der Iren, bei denen die Walküren den Krieg ankündende Dämonen, und die spätere nordgermanische, nach der sie Botinnen des Odin, des rheinischen Wotan, des ›Wote‹ des ›Kindlichen Kalenders‹, sind, die Sieg und Tod bringen, die Helden in die Walhalla geleiten und dort bedienen.[60]

Die hier genannte autobiographische Aufzeichnung Georges, *Der kindliche Kalender,* findet sich in der Schrift *Tage und Taten.* Sie berichtet von einem Erntelied der Schnitter: »Dort hörten wir einmal wie die schnitter ein lied vom Wote sangen und konnten uns unser grauen und unsere verwunderung nicht erklären. Erst viel später fiel uns der grund ein: dass ein seit jahrtausenden entthronter Gott noch in erinnerung sein sollte während ein heutiger schon in vergessenheit geriet.«[61] Zweifellose Anspielungen auf Wotan finden sich, von allen Kennern bestätigt, in zwei weiteren Gedichten aus dem Band *Das neue Reich* (1928), und zwar einmal in dem Gedicht *Der Krieg.* In seiner Schlußstrophe heißt es:

> Die jugend ruft die Götter auf .. Erstandne
> Wie Ewige nach der Tages fülle .. Lenker
> Im sturmgewölk gibt Dem des heitren himmels
> Das zepter und verschiebt den Längsten Winter.
> Der an dem Baum des Heiles hing warf ab
> Die blässe blasser seelen. dem Zerstuckten
> Im glut-rausch gleich .. Apollo lehnt geheim
> an Baldur: [...][62]

Das Gedicht *Der Gehenkte* wird nicht nur von Ernst Morwitz insgesamt auf den Wotan-Mythos bezogen, und zwar auf seinen Bericht, wie er »neun eisige Nächte« an der Weltenesche hing und dadurch zum Herrn der Runenschrift, des Zaubers und des Rausches wurde.[63]

Daß in dem schwierigen Gedicht *Geheimes Deutschland* bei aller Sublimierung und bei allem Mythensynkretismus dennoch das gleiche Erfahrungs- und Deutungsmuster am Werk ist, das wir bei C. G. Jung und anderen kennengelernt haben – ein psychologisches, religiöses und räumliches Schichtenmodell, das in Oben und Unten, Tag und Nacht, helle Oberfläche und dunkle Tiefe, Bewußtes und Unbewußtes, Christliches und Heidnisches einteilt –, läßt sich an seiner Metaphorik des »bodens«, des »schachts« und der »erde« ablesen. Sie prägt den Beginn der panischen Prophetie in der siebten Strophe:

> ›Kehr in die heilige heimat
> Findst ursprünglichen boden
> Mit dem geschärfteren aug
> Schlummernder fülle schooss
> Und so unbetretnes gebiet
> Wie den finstersten urwald‹ …

Diese tellurische Bildlichkeit wird dann von der letzten Strophe wieder aufgenommen:

> Nur was im schützenden schlaf
> Wo noch kein taster es spürt
> Lang in tiefinnerstem schacht
> Weihlicher erde noch ruht –
> Wunder undeutbar für heut
> Geschick wird des kommenden tages.

Wahrlich eine aparte poetische Verrätselung des Kyffhäuser- und Wotan-Mythos.[64] Schon Jung hatte in seiner Arbeit von 1918 die dunkle untere Hälfte des Menschen mit dem »Boden« und der »Erde« analogisiert, von ihrem Einfluß auf die Psyche gesprochen und dem »deutschen Menschen« einen stärkeren »Erdkontakt« zugesprochen als dem »jüdischen«.[65] Gleichzeitig sprach er vom »Geheimnis des Bodens« und der »Erde«. Von diesem Geheimnis und Gedächtnis des Bodens und seiner Tiefe raunt und kündet auch Georges Gedicht. Im heimatlichen Erdboden ist die vergangene und die künftige Geschichte Deutschlands aufbewahrt, um eines »kommenden tages« ans Licht zu treten. Hier geht der Barbarossa/Wotan-Komplex offensichtlich in einem noch umfassenderen Erfahrungs- und Deutungsmodell auf, mit dem die Deutschen sich selbst und ihre Geschichte immer wieder interpretiert haben.[66] Leonhard Schmeiser hat es in einem aufschlußreichen Essay unter dem Titel *Das Gedächtnis des Bodens* skizziert.[67] Er schreibt:

> Den griechischen gegeneis, den autóchthones, Erdgeborenen, stehen die deutschen Erd-Entrückten gegenüber, die auf ihre Wiedergeburt warten, jene, die auf der Erde nicht zur Ruhe kommen, als Begrabene gegenwärtig bleiben: Barbarossa, Karl der Große oder auch der Fünfte, Wotan, Siegfried, Frau Venus, Frau Holda, Widukind [irrtümlich steht: »Wedekind«!] und andere. Der Boden, in dem

sie weilen, ist nicht Geburtsstätte und nicht Ende, zu dem das Leben zurückkehrt, sondern Übergang, Gedächtnis, das bewahrt und das, wenn die Zeit gekommen ist, an den Tag entläßt als ursprüngliche Wiedergeburt, die das Ende der Zeiten und somit des Gedächtnisses markiert. Deutsche Geschichte aber verläuft entlang von Zeichen der Oberfläche, die auf Tiefe verweisen und deren Tiefe zu deuten bleibt.[68]

Kurz darauf zitiert Schmeiser Alexander Kluge: »Deutsche Geschichte [...] sei Geschichte der Toten, die nie eigentlich gestorben seien und nie eigentlich sterben könnten.«[69]

Und in einem weiteren Satz beschreibt er dann sehr genau das Schema, nach dem auch viele Deutschland-Gedichte strukturiert sind und gelesen und gedeutet werden wollen:

So stehen die therapeutischen Versuche eines Zu-sich-Bringens der selbstvergessenen deutschen Geschichte in einem wehmütigen Verhältnis zu ihrer eigenen Tiefe, von der ›ungewordenen Nation‹ Herders bis zur ›verspäteten‹ Plessners.[70]

Da die gedächtnislöschende Schrift aber vom Boden entfernt und entfremdet[71], streben so viele Deutschland-Gedichte danach, wieder zum gesprochenen und gesungenen Lied zu werden. Eine eigene sinnliche Schrift der deutschen Tiefe, eine komplementäre Sprache zu den Deutschland-Gedichten bilden die nationalen Denkmäler, die im 19. Jahrhundert geradezu wie Pilze aus dem Boden schießen.[72] Ihre Aufgabe ist es, die deutsche Tiefe an der Oberfläche sichtbar zu machen.

Nun muß man freilich sagen, daß die meisten Deutschland-Gedichte, vor allem die Unzahl der trivialen, diese berüchtigte »deutsche Tiefe« mehr prätendieren als wirklich besitzen. Und so verfahren sie auch mit dem Wotan-Komplex weitaus simpler und stereotyper als das Gedicht von Schaeffer oder gar das von George. Dafür mögen vier Verse des Prinzen Emil von Schoenaich-Carolath stehen, die aus seinem strophenreichen Gedicht *Gruß an Deutschland* (1893) stammen:

Um unsere Münstertürme saust
Der Freiheit Geist in heilgem Grimme,
Durch unsre Eichenwälder braust
Des Schlachtengottes Donnerstimme.[73]

Hier spukt ein aufgeblasener Wotan nur noch in den ausgetretenen Pantoffeln seiner Klischees herum.[74] Das muß uns zu der letzten Frage weiterführen, ob der deutsche Wotan-Mythos und Wotan-Komplex denn jemals mehr als ein abstruses Phantasma und Phantom der neueren Zeit gewesen ist.

Gab es diesen germanischen Haupt- und Obergott überhaupt als eine religiöse und mythische Realität der germanischen Vorzeit? Was *wissen* wir von ihm? Welche Auskünfte über ihn gibt uns die heutige skandinavistische und religionswissenschaftliche Forschung?

Von der Kritik an Jacob Grimms *Deutscher Mythologie* war schon die Rede. Wer sich nicht auf den Experten Jan de Vries und dessen zweibändige *Germanische Religionsgeschichte* verlassen möchte, weil der Niederländer nicht unanfällig für die NS-Ideologie gewesen ist, holt sich Antwort auf solche Fragen am besten bei unverdächtigen Forschern, immer eingedenk der Warnung Klaus von Sees:

> »Germanenforschung ist deshalb« – weil »die Edda und die Sagas nicht Zeugnisse des germanischen Altertums sind, sondern des skandinavischen Früh- und Hochmittelalters, aufgezeichnet erst lange nach der Christianisierung« – »ein schwieriges Terrain für die Geschichtswissenschaft, zugleich aber auch und aus denselben Gründen ein fruchtbarer Nährboden für nationale Vorurteile, politische Heilslehren und pseudoreligiöse Weltanschauungen.«[75]

Entsprechend vorsichtig sind die Auskünfte eines heutigen Religionswissenschaftlers über *Die religiöse Welt der Germanen*.[76] »Wir wissen kaum, wer ›die Germanen‹ waren«, und wenn »diejenigen, die zu wissen meinten, was ›germanisches Wesen‹ sei, über ihrem angemaßten ›Wissen‹ gescheitert« sind, »so können wir immerhin *eines*: ›Germanisch‹ im Bereich von *Sprache* definieren, nämlich als diejenige Sprachgruppe, die sich von andern indogermanischen Sprachen durch die Lautverschiebung unterscheidet, die man als ›germanische‹ bezeichnet. Germane wäre dann: Sprecher einer germanischen Sprache.«[77] Die gleiche Vorsicht kennzeichnet seine Darstellung der »germanischen Religion«: »nur in den wenigsten Fällen vermag sie [die Darstellung] zu zeigen, ›wie‹ germanische Religion ›wirklich war‹, oft einfach, wie verschiedene Quellen sie darstellen und deren (christliche) Verfasser sie (in ihrer Zeit) sahen. Bleibt wirklich nur der ›Versuch einer Annäherung‹.«[78] Und ähnlich distanzierte und kritische Bemerkungen gelten der angeblichen Zwangsbekehrung der Germanen, den »männerbündischen« Strukturen und dem »windigen« Charakter Odins.[79] Die Studien Otto Höflers werden nicht genannt.

Denn für behutsame und nüchterne Wissenschaftler gehören zu viele seiner Behauptungen offenbar ins Reich der ideologischen Spekulationen, die sich immer wieder in die weiten Lücken und das auffällige Schweigen des späten und interpretationsbedürftigen Quellenmaterials einnisten konnten. Als das grellste Symptom einer deutschen Besessenheit durch den Wotan-Komplex werden sie in die Forschungsgeschichte eingehen.[80]

Aber gerade diese letzten Ausbrüche des »furor teutonicus« geben auch Grund für die Annahme, daß die Deutschen ihren Wotan-Komplex nicht nur politisch, sondern auch seelisch, sprachlich und literarisch endgültig ausagiert und abgelegt haben.[81] »Wotans Wiederkehr« ist wohl, falls er sich nicht in unsere Stabreime eingenistet hat, auf unabsehbare Zeit nicht mehr zu befürchten, die »Domestikation« auch der »unteren Hälfte« der Deutschen (C. G. Jung) scheint endlich gelungen.

Postscriptum: Eine Warnung an meine ausländischen Freunde und Leser: Dieses Kapitel zeigt zweifellos Spuren eines Wotan-Komplexes, in den auch der deutsche Verfasser noch verwickelt ist.

V

»Tränen des Vaterlandes«
Deutschland-Gedichte des 17. Jahrhunderts

Die deutsche Geschichte des 17. Jahrhunderts ist mehr als je eine Leidensgeschichte. Der Machtzerfall des kaiserlichen Reiches setzte sich fort, die
partikulare Fürstenherrschaft etablierte sich endgültig, die konfessionelle
Spaltung Deutschlands und Europas war durch den Augsburger Religionsfrieden (1555) besiegelt worden, ohne daß sich die damit verbundenen religiösen und politischen Spannungen vermindert hatten; die ungelösten sozialen Konflikte schwelten weiter und führten zu Bauernunruhen und Bauern-
aufständen. Die aufgestauten Spannungen aller Art entluden sich schließlich
in den Dreißigjährigen Krieg, der die deutschen Lande zum Schauplatz und
Opfer erbitterter Kämpfe und unbeschreiblicher Verwüstung machte und
das ohnehin schon ›verspätete‹ Land in seiner historischen Entwicklung
nochmals um ein Jahrhundert zurückwarf. Denn auch in der zweiten Hälfte
des 17. Jahrhunderts hielt der Niedergang des deutschen Reiches, dieses
»monströsen Staatsgebildes«, wie es der Staatsrechtler Samuel Pufendorf
1667 nannte[1], ungebremst an. Die westdeutschen Fürsten paktierten offen
mit Frankreich; permanente nationale Zwietracht und politische Ohnmacht
waren die Folge. Der europäische Religionskrieg ist auch ein deutscher
Bürger- und Bruderkrieg gewesen.
Dementsprechend sind die Deutschland-Gedichte in diesem Jahrhundert
vorwiegend Klage-Gedichte, über die Schrecken des Krieges, über die verlorene Freiheit, über die innere Zerrissenheit, über die religiöse Intoleranz,
über den allgemeinen Niedergang. Der Schlesier Wencel Scherffer von
Scherffenstein (1603–1670) beklagt in einem Vierzeiler z. B. die unselige
deutsche Neigung zur Selbstzerstörung und zum Bruderzwist:

Teutschland

Wer hett' ô Teutschland dich erlegt und überwunden
wenn Du zum meisten Dich nicht selbst dabey befunden
so lange man gewürgt so lange man gesiegt /
so hast Du stets durch Dich / Dich selber auch bekriegt.[2]

In dem *Pegnesischen Schäfergedicht. 1644–1645* von Georg Philipp Harsdörffer, Sigmund von Birken und Johannes Klaj redet eine melancholische Schäferin im Namen des »Arme[n] und in letzte[n] Zügen liegende[n] Teutschland« seine zerstrittenen Söhne folgendermaßen an:

> Meine Söhne / jhr seyd Brüder /
> Leget eure Degen nieder!
> Schauet doch mein Mutterherz
> Threnen / ob dem Heldenscherz!
>
> Last ihr euch nicht erbitten erbitterte Brüder:
> Sind das dann Freundesitten vereinigter Glieder:
> Mein Bitten ist umsunst /
> Umsunst ist alles Bitten /
> Die hohe Kriegesbrunst
> Läst sich nicht so entschütten.
> Sie flammet liechterloh /
> Geschwinder als das Stroh /
> Die Zehren fliesset ab
> Und gräbt der Städte Grab.
>
> Soll dann mich / mich Mutterland / meiner Söhne Schand beflekken?
> Und als eine Mördergrub mit verruchten Greul bedekken?
> Muß ich dann zum Raube werden / als des Krieges Jammerbeute /
> Und zwar nicht durch fremde Waffen, sondern meiner Landesleute.
> Ihr nicht so meine Söhn', erweichet euren Sinn /
> Bedenket wer ihr seyd und wer ich Arme bin.[3]

Sigmund von Birken (1626–1681) spricht nach dem Westfälischen Frieden von 1648 für viele, wenn er in einem *Lied* (1652) der Hoffnung Ausdruck gibt:

> Teutschland ist nun lange Zeit
> Schnöder Zweytracht Haus gewesen,
> Jetzt wird man in Ewigkeit
> Von der Teutschen Eintracht lesen.
> Recht und Friede küssen sich.
> Teutschland ist nach langem Morden
> Mit ihm selber eins geworden,
> Wirds auch bleiben ewiglich.[4]

Ein Spruchgedicht, das wir auch noch ins nächste Jahrhundert mitnehmen können.

Friedrich von Logau (1604–1655) dagegen, im Kampf gegen die kriegerische Überfremdung und das französische Alamode-Wesen, betonte den verderblichen Einfluß des Auslands:

DEUTSCHLAND

Deutschland bey der alten Zeit
War ein Stand der Redligkeit;
Ist ietzt worden ein Gemach,
Drinnen Laster, Schand und Schmach,
Was auch sonsten auß-man fegt,
Andre Völcker abgelegt.[5]

Hans Assmann Freiherr von Abschatz (1646–1699) datierte am Jahrhundertende die deutsche Zwietracht, den *Annalen* des Tacitus folgend, bis in die germanischen Zeiten Hermann des Cheruskers zurück. In seinem »Ehren-Gedicht« *Alrunens Warnung an Deutschland* klagt er:

Dein Unfall spinnet sich aus deiner eigenen Brust.
Daß du durch Einigkeit gesiegt / ist dir bewust.
Die Zwietracht wetzet schon auff dich ihr gifftigs Schwerdt /
Und läst nicht eher ab biß dirs ins Hertze fährt.
Man neidet Hermans Mutt / verkleinert seinen Ruhm /
Gibt für / er achte dich sein dienstbars Eigenthum:
Es will jedweder Fürst bey dir ein König seyn /
Und fragt nicht / ob dazu die Mittel treffen ein;
Drauff folget Neyd und Haß / samt Zwietracht / Mord und List
Biß du der Tummelplatz auch fremder Waffen bist.

Dann folgt eine poetische Kurzgeschichte des deutschen Verfalls, »Biß sich ein Großer Carl zur Francken Krone schwingt / Und den zertheilten Leib zusammen wieder bringt«, und darauf die kritische Feststellung, daß bis auf den »goldnen Kayser-Stuhl« die ganze alte Herrlichkeit gegenwärtig verschwunden sei:

Dein eigen Eingeweyd ist deine liebste Kost:
Offt bistu allzufaul / die Waffen frißt der Rost /
Wenn Fremde sie / auf dich zu schmeissen / ziehen aus /
Offt bistu allzu gach und stürmst dein eigen Hauß.
Man streitet nicht um Ehr und Freyheit / wie vorhin /
Der Deutsche dienet Freund und Fremden um Gewinn /
Die Nachbarn äffen dich / dein Einfalt wird verlacht /
Dein treu= und redlich seyn giebt leider! gutte Nacht /
Dein junges Volck ersäufft in Pfützen geiler Lust /

Bedeckt an Eisen statt mit Golde seine Brust /
Will sonder Ungemach vollführen Krieg und Streit:
Diß ist der rechte Weg zu schwerer Dienstbarkeit.
Alrune hat mir diß / als künfftig / offenbahrt /
Und ich / auff ihr Geheiß / in diesem Stamm verwahrt.
Ach / daß wenn diese Schrifft wird kommen an den Tag /
Sie für manch deutsches Hertz ein Wecker werden mag!
Wacht / Helden=Kinder / auff / scheut Müh und Arbeit nicht;[6]

Nach diesem typischen Weckruf an die verschlafenen und degenerierten deutschen Zeitgenossen schließt das Gedicht mit der Mahnung, sich der ruhmreichen Ahnen künftig als würdiger zu erweisen. Alrune ist offensichtlich eine weise prophetische Frau, das Gewissen und das Gedächtnis der germanisch-deutschen Nation. Die Sage kennt sie als Alraunen- oder Alrunwurzel, durch deren Ausziehen das Wissen der Tiefe, die Sprache des Bodens Stimme erhält.

»Wortgeschichtlich ist Alraun soviel wie Alb-Rune, Geraune, Geheimnis. Rat der Alben, Elfen, jener Geister, die in den Boden, die Wurzel gebannt sind.«[7] In Kleists *Hermannsschlacht* erscheint eine cheruskische Alraune dem rettungslos verirrten Varus und prophezeit ihm den Untergang: »Sie hat des Lebens Fittich mir / Mit ihrer Zunge scharfem Stahl gelähmt!« (V, 4 u. 5); klagt er anschließend.

Den Fremden ist sie tödlich, den Einheimischen freundlich gesinnt. Vielleicht will Assmann mit seiner »Alrune« zudem auf die weise prophetische Frau anspielen, die Tacitus im achten Abschnitt der *Germania* unter dem Namen »Albruna« erwähnt.[8]

Aber es bedarf gar nicht dieses Indizes, um zu erkennen, daß sich die traditionelle kritische Konfrontation von guter alter und schlimmer neuer Zeit an dem altgermanischen Tugendkatalog des Tacitus ausrichtet. Durch die raffinierte Fiktion, daß der Autor offenbar eine prophetische Schrift entdeckt hat, die ein germanischer Kollege nach dem Diktat der allwissenden Alrune aufgeschrieben (nach welchem Alphabet wohl?) und in einem »Stamm« verwahrt hat, wird nicht nur die Authentizität der Warnung verbürgt, sondern auch der riesige Zeitraum zwischen der Herrmannsschlacht und dem Ende des 17. Jahrhunderts zu einer einzigen identitätsstiftenden deutschen Geschichtseinheit zusammengefaßt. Die deutsche Zukunft ist noch immer die deutsch-germanische Vergangenheit.[9] Sie liegt in der Tiefe des Bodens aufbewahrt. Auch im 17. Jahrhundert rumort die germanische Mythologie im Untergrund und tritt dann und wann zutage.[10]

Von Abschatz stammt auch das erste antifranzösische *Wacht am Rhein*-Gedicht, das sich vermutlich auf den Krieg Frankreichs gegen die Pfalz bezieht (1688–1697); es trägt den militanten Titel *Eisen-Hüttel:*

> Nun ist es Zeit zu wachen
> Eh Deutschlands Freyheit stirbt /
> Und in dem weiten Rachen
> Des Crocodils verdirbt.
> Herbey / daß man die Krötten /
> Die unsern Rhein betretten /
> Mit aller Macht zurücke
> Zur Son und Seine schicke.
>
> Der Feind braucht Gold und Eisen
> Wendt Stahl und Silber an /
> Der deutschen Welt zu weisen /
> Was List und Hochmut kan;
> Last euch das Geld in Händen
> Die Augen nicht verblenden /
> Damit euch hinterm Rücken
> Die Fässel nicht bestricken.
>
> Lasst Lerch und Falcken fliegen /
> Sezt alle Kräffte bey /
> Mit ihnen zu besiegen
> Des Hahnes Pralerey.
> Er prangt mit euren Federn /
> Drum müsst ihr ihn entädern /
> Und ieder sich bemühen
> Das Seine weg zu ziehen.
>
> Wollt ihr euch unterwinden
> Zu thun was sich gebührt /
> Ein Hermann wird sich finden /
> Der euch an Reihen führt.
> Lasst euch verstellten Frieden
> Zum Schlaffe nicht ermüden:
> Mit *Wachen* und mit *Wagen*
> Muß man die Ruh erjagen.[11]

Hier wird erneut die Tendenz greifbar, das deutsche Selbstgefühl und Selbstverständnis aus dem Kontrast zu einem Feind, dem späteren französischen ›Erbfeind‹ zu profilieren, der aus dem Bereich des Menschlichen ausgegrenzt und mit dem Stempel des Tierischen und Bestialischen gebrandmarkt wird. Auch Kleists *Kriegslied der Deutschen* hat seine Vorgänger.

Der »Rückgriff auf die Germanen« – »Hört / Helden-Söhne / Mein Barden-Gethöne« beginnt Assmanns Gedicht *Deutscher Ehren-Preiß* – dauert also auch noch im 17. Jahrhundert an.[12] »Dabei ist auffällig«, schreibt Klaus Garber anläßlich Martin Opitz' und seines *Aristarchus* (1617), »daß die Germanen-Panegyrik weniger um die physische Tapferkeit des den Römern widerstehenden Volkes gruppiert ist, als vielmehr um dessen sittliche und religiöse Integrität. In den Programmschriften der deutschen Sprachgesellschaften pflegt dieser Komplex unter dem Stichwort der ›alten teutschen Treu und Redlichkeit‹ (so oder ähnlich) zitiert zu werden, auf die die Sozietäten ihre Mitglieder verpflichten. Unter dieser Chiffre vollzieht sich im Umkreis des deutschen Humanismus die Bildung politischer und kultureller Identität gegenüber den geschichtlich weiter fortgeschrittenen National- bzw. Territorial-Staaten. Wenn Tugend und Sittlichkeit die Bewahrung der Freiheit der Germanen garantierte, der militärischen Tapferkeit und Vaterlandsliebe Sinn und Ziel verlieh, dann ist darin auch ein Moment gegenwärtiger Selbstbehauptung der Deutschen im Bildungsprozeß der Nationen angesprochen.«[13]

Der Kompensationscharakter dieser »kulturellen Praxis« liegt auf der Hand. Die Deutschen, d. h. die deutschen Eliten haben sich von Anfang an im fiktiven Raum des Moralischen und Ästhetischen konstituiert, in Ermangelung einer politischen Nation, und dieses Merkmal und diese Tendenz sollten sie jahrhundertelang bis in unsere Tage prägen. Auch das gehört zum deutschen »Sonderweg«. »Während sich die kulturelle Blüte Englands, Spaniens, Frankreichs und Hollands im Aufgang nationaler Macht und nationaler Identität spiegelte, war in Deutschland die von einer kleinen humanistischen Elite suggerierte kulturelle Einheit und Größe nichts anderes als ein ästhetisches Kompensativ gegen den Niedergang der politischen Nation.«[14]

In den Beginn des 17. Jahrhunderts fällt die Entstehung einer selbstbewußten deutschsprachigen Literatur. Dieser Prozeß wird von Anfang an als eine patriotische Einheit stiftende Aufgabe verstanden. Im Wissen um die eigene Verspätung, Rückständigkeit und nationale Zerrissenheit bemühen sich die Schriftsteller, die Sprachgesellschaften, verschiedene Universitäten, Städte und Höfe, die deutsche Sprache und Literatur und damit die deutsche Bildung und Kultur aus der Abhängigkeit vom Ausland (vor allem Italiens und Frankreichs) zu befreien, sie zielstrebig zu verbessern und so allmählich auf das Niveau der bewunderten westlichen Staaten zu bringen. Sie wollen die glücklicheren Nachbarn nicht übertrumpfen, sondern einholen. Ihrem Patriotismus und Nationalismus haftet, wie im 16. Jahrhundert, trotz aller Übertreibungen und kuriosen Exzesse – etwa der Behauptung, daß schon

Adam deutsch gesprochen habe! – noch nichts Aggressives an, auch dort noch nicht, wo das »Deutschland über alles«-Motiv bereits anklingt, etwa in einem Gedicht von Johann Matthias Schneüber: »Edele Deutschen, ihr habet empfangen / Träffliche gaben und himmlischen Preis, / Meyster zu bleiben und herrlich zu prangen / Uber die völker auf mancherley weis«[15], oder in den phantastischen Exzessen von Lohensteins *Arminius*-Roman (1689/90). Ein Beispiel für viele: Georg Rudolf Weckherlins fünfstrophiges Gedicht *Von den vorbeschriebnen Ritterspihlen* (1618) setzt dreimal mit den Worten ein »Nein, es ist nicht mehr noth«, nämlich, das Ausland in verschiedener Hinsicht nachzuahmen. Die dritte Strophe faßt zusammen:

> Nein, es ist nicht mehr noht, der frembden Kunst und Witz,
> Erfindungen und Spihl unnachthunlich zuachten:
> Teutschland welches wol ist der Erfindungen Sitz,
> Theilet den frembden mit viel mehr Kunst zu betrachten.[16]

In diesem weiten Sinne einer programmatischen kulturellen Kompensation und Aufholbewegung ist die Dichtung und Deutschland-Dichtung des Barock-Jahrhunderts in allen ihren Gattungen eine politische Dichtung; in unserem modernen Sinne ist sie es eher ausnahmsweise, in den Bereichen unterhalb der »Kunstpoesie«, in der reichen Flugschriftenliteratur und Liedpublizistik z. B., die vehement Stellung beziehen in den religiösen und politischen Auseinandersetzungen der Zeit.

Eine bemerkenswerte Ausnahme bildet der kurpfälzische Hof um Kurfürst Friedrich V. in Heidelberg. Hier sammelte sich, im Gegenzug zu der katholischen Liga, am Anfang des 17. Jahrhunderts die protestantische Union, die, einen anderen Geschichtsverlauf vorausgesetzt, eine deutsche kulturpolitische Identität gegen den imperialen Katholizismus spanischer und römischer Prägung hätte ausbilden können. Denn hier waren zugleich bedeutende Vertreter der späthumanistischen europäischen Intelligenz (darunter Opitz) versammelt, die, im regen Austausch mit Westeuropa, ihre nationalen Hoffnungen auf den 1619 zum König von Böhmen gewählten Friedrich V. setzten. Aber dieser »Winterkönig« verlor die entscheidende Schlacht am Weißen Berg bei Prag am 8. November 1620 gegen die vereinigten Österreicher und Bayern. Er floh ins Ausland, wurde in die Reichsacht getan und mußte das Feld der katholischen Liga überlassen. Damit nahm nicht nur der für Deutschland so katastrophale Dreißigjährige Krieg seinen Lauf – der potentielle Verlust war noch größer. Man hat mit guten Gründen spekuliert, daß bei einem Sieg Friedrichs schon am Anfang des 17. Jahrhunderts ein einheitliches protestantisches Deutschland hätte entstehen und die bekannte deutsche Geschichtsmisere – einschließlich des Nationalsozialismus – hätte vermieden werden können. Nicht geschrieben worden wären sicherlich eine Reihe berüchtigter Deutschland-Gedichte und Deutschland-Lieder. Aber das ist Geschichte im Konjunktiv und Optativ. Bis heute sind es die Sieger, die die Geschichte machen und schreiben.[17]

Die Deutschen im 17. Jahrhundert gehörten, im europäischen Kontext gesehen, zu den Verlierern. Die Schriftsteller mußten sich mit provinziellen Wirkungsräumen und Verhältnissen begnügen, sie waren in der Regel treue Untertanen, abhängig von der jeweiligen Obrigkeit, dem Adel, den Fürsten, dem Hof, denen sie dienten und von denen sie lebten, und sie waren gläubige Christen, die neben der weltlichen mindestens gleichrangig auch die geistliche Dichtung pflegten. Die politische Welt wurde »als etwas Schicksalhaftes« erlebt und akzeptiert.[18] Das Ziel der Poesie war es nicht, sie zu verändern und zu verbessern, sondern sie in christlicher Gesinnung, tugendhaft und stoisch ertragen zu lernen. Zur Aufgabe des Dichters gehörte es nicht, seine eigensten Erlebnisse und Erfahrungen möglichst originell auszusprechen und zu gestalten, sondern den vorbildlichen Kanon der dichterischen Werke und Formen nach den in ganz Europa gültigen poetischen und rhetorischen Regeln nachzuahmen und gelehrt, kunstvoll und variantenreich zu erweitern. In Deutschland hieß dieses Gebot auch, ebenso gelehrt, kunstvoll und einfallsreich zu schreiben wie die ausländischen Vorbilder und Konkurrenten.

Das alles sollte man bedenken, wenn man sich Beispielen der deutschen Barockdichtung nähert. Daß sie nicht mehr zum lebendigen kulturellen Erbe gehört, kann bei ihren ungünstigen Entstehungsbedingungen nicht verwundern. Sieht man von den zahlreichen, noch heute gesungenen Kirchenliedern aus dieser Zeit ab, sind nur wenige Dichter und Gedichte bekannt geblieben.

Zu ihnen zählt *Andreas Gryphius,* wohl der namhafteste deutsche Barockdichter überhaupt, wegen seiner Gedichte (Sonette, Oden, Epigramme) ebenso wie wegen seiner Dramen. Er lebte 1616 bis 1664, das heißt: Zwei Drittel seines Lebens fielen in die Zeit des Dreißigjährigen Krieges, für ihn wie für viele Zeitgenossen das prägende Erlebnis. Sein Weg führte ihn von der schlesischen Geburtsstadt Glogau über ein Gymnasium in Fraustadt (1632) in das Akademische Gymnasium zu Danzig (1634–1636), wo er eine gründliche Ausbildung erhielt, die Opitzschen Reformbestrebungen kennenlernte und die ersten Sonette in deutscher Sprache schrieb. Zurückgekehrt, wurde er Hauslehrer bei einem hochgebildeten Adligen und Mäzen, Georg von

Schönborner, der ihn alsbald zum »poeta laureatus« krönte. Nach dessen Tod bezog er mit den Söhnen Schönborners die bedeutende niederländische Universität Leiden (1638) und kehrte erst zehn Jahre später, am Ende des Krieges, nach Deutschland und Schlesien zurück. Es war eine grundlegende Zeit für seine breite wissenschaftliche Ausbildung und seine poetische Produktivität. 1644 trat er eine damals übliche ausgedehnte Bildungsreise an, die ihn über Paris, Rom, Venedig nach Straßburg führte. Ende 1647 war er wieder in der schlesischen Heimat, heiratete und übernahm 1650 das eminent politische Amt eines Glogauer Landes-Syndikus. Dieses Amt, in dem er die Rechte und Interessen der Landstände gegen diejenigen der Fürsten und des Reiches zu vertreten hatte, verwaltete er gewissenhaft und erfolgreich bis zu seinem Tode. Es war dies eine schwierige Aufgabe für einen gläubigen Lutheraner im Verkehr mit einer kaiserlichen Obrigkeit, die offen die Rekatholisierung ihrer Länder betrieb. Sie brachte ihn in Gewissenskonflikte, die er schon von seinem väterlichen Freund und Förderer Schönborner kannte.

Gryphius gilt als der große Lyriker der Existenzangst, der Melancholie, der christlichen Weltklage und Welttrauer. Seine Themen sind die Vergänglichkeit, die Gebrechlichkeit und Eitelkeit alles Irdischen und des menschlichen Lebens. Aber diese Klage ist eingebettet in ein heilsgeschichtliches Bezugssystem, in dem es um das Seelenheil jedes einzelnen Menschen geht. Deshalb besitzen seine Gedichte eine Tendenz zur Allegorie und Emblematik, einen Verweischarakter, der die einzelnen Worte und Metaphern zu typischen »Sinnbildern« macht, oft mit einem typologischen Bezug zur Bibel. Zugleich aber wird Gryphius gefeiert als ein Meister der Form und einer rhetorischen Poetik.

Beides, den Verweischarakter und die Formvollendung, treffen wir auch in seinem Gedicht *Threnen des Vatterlandes / Anno 1636* an, dem bekanntesten und erschütterndsten barocken Kriegsgedicht, vergleichbar nur mit Opitzens *Trostgedichte[n] in Widerwertigkeit deß Krieges,* einem groß angelegten Werk, das 1633 anonym erschienen war. Wir lesen es in der zweiten Fassung von 1643, nachdem es erstmals in den *Lissaer Sonetten* 1637 unter dem Titel *Trawrklage des verwüsteten Deutschlandes* erschienen war. Ich wähle die spätere Fassung, weil sie die im Gedicht angelegte Form erst vollendet hat. Es handelt sich um ein Sonett in dem üblichen Versmaß des Alexandriners, den die Deutschen aus Frankreich übernommen haben und der durch Opitz aus einem silbenzählenden zu einem akzentzählenden, dem Sprechakzent folgenden Versmaß geworden ist, dem beliebtesten bis in die Mitte des 18. Jahrhunderts:

Threnen des Vatterlandes / Anno 1636.

Wir sindt doch nuhmer gantz / ja mehr den gantz verheret!
Der frechen völcker schaar / die rasende posaun
Das vom blutt fette schwerdt / die donnernde Carthaun
Hatt aller schweis / und fleis / und vorrath auff gezehret.
Die türme stehn in glutt / die Kirch ist umbgekehret.
Das Rahthaus ligt im graus / die starcken sind zerhawn.
Die Jungfrawn sindt geschändt / und wo wir hin nur schawn
Ist fewer / pest / und todt der hertz undt geist durchfehret.
Hier durch die schantz und Stadt / rint alzeit frisches blutt.
Dreymall sind schon sechs jahr als unser ströme flutt
Von so viel leichen schwer / sich langsam fortgedrungen.
Doch schweig ich noch von dem was ärger als der todt.
Was grimmer den die pest / undt glutt undt hungers noth
Das nun der Selen schatz / so vielen abgezwungen.[19]

Das Gedicht schildert die Schrecken des Krieges – Gryphius' Familie und Heimat haben sie zur Genüge erfahren – mit realistischer Eindringlichkeit und atemberaubender Steigerung, und doch spricht es so allgemein, abstrakt und rhetorisch durchstilisiert, daß es zu einer allegorischen, sinnbildlichen Darstellung des Krieges und seiner Schrecken überhaupt zu werden scheint. Diese Allegorisierung beginnt schon mit den beiden Titeln: die im ersten Titel *Trawrklage des verwüsteten Deutschlandes* enthaltene Personifikation ist im zweiten noch weiter metaphorisiert und versinnlicht worden. Die Trauersprache Deutschlands ist zu einer Sprache der Tränen geworden, das Gedicht zu einem unmittelbaren Leidensausdruck. Auch in dieser »Tränen«-Metapher treffen wir auf die typische Doppelung von Sinnlichkeit und Abstraktion. Für den Zeitgenossen und den Kenner enthielt und enthält sie einen versteckten Hinweis auf die Passionsgeschichte Christi. Ein Jahr vor diesem Sonett schrieb Gryphius die Gedichte *Thränen über das Leiden Jesu Christi*[20], die ausdrücklich an die Passionserzählungen des Reformators und Luther-Freundes Bugenhagen (1485–1558) anschlossen. Das Wort »Träne«, so merkt ein Kenner der barocken Dichtung an, »stellte ein Affekt-Korrelat im Bereich der Sprache dar, das im Laufe der Zeit so sehr zum Allgemeinbesitz und zum Ausdruck gemeinsamen Selbstverständnisses des Lebens unter dem Kreuz wurde, daß man Gedichtsammlungen unter Titeln wie *Tränen* oder *Lacrimae* als eigene Gattung zusammenfaßte.«[21] »Ja, wenn man *Thränen* schreiben könnte – «, diese Klage Heinrich von Kleists im Jahre 1806 hat den Barockdichter Gryphius noch nicht bedrängt.[22]
So schildert das Gedicht die Leidensgeschichte des Vaterlandes, auf dem fernen Hintergrund der Kreuzespassion. Es folgt einer »Poetik der Klage«,

denn niemand wird angeklagt. Und es geht ihm weniger um den Hinweis auf Deutschland und einen spezifischen Krieg (so fehlt der Name Straßburg in der zweiten Fassung), als um den allgemeinen Beispielfall einer extremen irdischen Leidens- und Vergänglichkeitserfahrung, deren äußerste Stufe nicht Tod und Untergang, sondern – so die religiöse Pointe des Gedichts – der mögliche Verlust des Seelenheils ist. Es ist kein politisches Gedicht, vielmehr ein christliches. Deshalb werden die Schrecken des Krieges wie in einer apokalyptischen Vision zusammengeballt[23]; seine Greuel nehmen den Weltuntergang schon vorweg und wollen mit dieser Vorerinnerung aufrütteln. Höchste aufrüttelnde Anschaulichkeit soll sich verbinden mit höchster geistiger Verallgemeinerungsfähigkeit.

Deshalb die Vorliebe des Gedichtes für die rhetorische Figur der Synekdoche, die etwas Ganzes, Umfassendes durch einen Teil oder ein Einzelmerkmal ausdrückt. So wird, in der ersten Strophe, der Krieg durch die (ebenfalls personifizierte) »rasende posaun«, das »fette schwerdt« und die »donnernde Carthaun« beschworen. Es setzt sich fort in der zweiten Strophe: die »türme«, die »Kirch« und das »rahthaus« meinen die Wehrhaftigkeit, die geistliche und die weltliche Ordnung; die »starcken« und die »jungfrawn« (d.h. die Schwachen) sagen auch »alle«. Und diese Steigerung und Totalisierung (gantz, mehr denn gantz, aller) durch die Mittel der Wiederholung, der Anapher, der Reihung und des Parallelismus gipfelt in dem Schlußbild der beiden Quartette:

> […] und wo wir hin nur schawn,
> Ist fewer, pest und todt, der hertz undt geist durchfehret.

In diese apokalyptische Vision hat uns der Dichter mit allen Mitteln seiner Kunst hineingesteigert. Die gehäuften Vernichtungs- und Untergangsbilder durchfahren »hertz undt geist« dessen, der hier im Namen eines kollektiven »wir«, seiner deutschen Landsleute, schaut und spricht, der seinerseits (die Dopplung von Sinnlichkeit und Abstraktion gilt auch hier) tief betroffen und stoisch gelassen wirkt, der das Ganze wie ein gräßliches Schauspiel, wie ein unabwendbares Schicksal schildert und doch mitleidend in seinem Zentrum steht – dem das Geschaute sofort zum Gedanken und Sinnbild wird.

Was nach den beiden Quartetten schon wie abgeschlossen anmutet, vergegenwärtigt das erste Terzett noch einmal in seiner fortdauernden Präsenz: das blutige Schlachten geht weiter, das Wasser der deutschen Ströme wird durch Blut und Leichen weggeschwemmt, ein Bild, das sich schon bei Opitz findet (*Gebet, daß Gott die Spanier widerumb vom Rheinstrom wolle treiben, 1620*).[24]

Der rhetorische Ausdruck »Dreymall sindt schon sechs jahr« veranschaulicht nicht nur die ungewöhnliche Länge des Krieges; er verschlüsselt auch eine für Gryphius typische Zahlensymbolik. Die 6 ist für ihn eine Teufelszahl gewesen, eng mit dem Vanitas-Motiv verbunden.[25] Der Krieg – woran schon der Ausdruck »Der frechen völcker schaar« erinnert – ist ein Werk der Hölle.

Auf diese Weise wird die epigrammatische Zuspitzung und Pointe des letzten Terzetts vorbereitet. Der Sprecher (»ich«) tritt hervor und überbietet das bisherige Schreckens- und Leidenspanorama noch einmal: mit dem schon eingetretenen oder drohenden Verlust des Seelenheils und der Jenseitshoffnung. Der Verlust von Leib und Leben und die Zerstörung des Vaterlandes wären noch zu verschmerzen – die Erde war den meisten Barockpoeten ohnehin nur ein »Jammertal« und ein Ort der »Tränen« –, der Verlust des Himmels nicht. Denn er ist die wahre Heimat, das eigentliche Vaterland des Menschen und der archimedische Ort, durch den noch die furchtbarste irdische Katastrophe erträglich wird. So erscheint der Dreißigjährige Krieg in diesem Gedicht noch einmal als das, was er in der historischen Realität spätestens seit 1635, als Frankreich offen in den Krieg eingriff, nicht mehr war, nämlich als Glaubenskrieg, als ein Kampf zwischen Himmel und Hölle.

Es wird angespielt auf die Tatsache, daß seit dem Augsburger Religionsfrieden viele Untertanen nach der herrschenden Devise »cuius regio eius religio« zum Konfessionswechsel gezwungen und viele wohl auch an ihrem Glauben irre wurden. Hier liegt der tiefste Leidensgrund für die *Threnen des Vatterlandes:* daß seine Kinder der Hölle anheimfallen könnten. Die Mahnung, den einzigartigen »Selen schatz«, der allein alles irdische Unheil auszugleichen vermag, trotz aller Bedrängnisse und Qualen zu bewahren, wird angesichts des namenlosen Elends nicht mehr ausgesprochen.

Dreihundert Jahre später, 1937, hat sich Johannes R. Becher im Moskauer Exil in die Nachfolge des barocken Dichters Gryphius begeben und zwei klassizistische Sonette unter dem gleichen Titel *Tränen des Vaterlandes Anno 1937* geschrieben. Der materielle und spirituelle Verlust des Vaterlandes ist durch die Vertreibung ganz konkret geworden, die Tränen *des* Vaterlandes haben sich in Tränen *um* das Vaterland verwandelt. Aber im Unterschied zu Gryphius gibt es bei Becher – deshalb das 2. Sonett – eine Erlösungshoffnung. Mit der deutschen Kunst des 16., 17. und 18. Jahrhunderts, mit den Namen Grünewalds, Bachs und Hölderlins wird das geschändete und verratene Erbe der deutschen »Kulturnation« aufgerufen, um in seinem Namen das verführte, mißhandelte und verkommene Deutschland zu befreien:

Du mächtig deutscher Klang: Bachs Fugen und Kantaten!
Du zartes Himmelsblau, von Grünewald gemalt:
Du Hymne Hölderlins, die feierlich uns strahlt:
O Farbe, Klang und Wort: geschändet und verraten!

Gelang es euch noch nicht, auch die Natur zu morden?
Ziehn Neckar und der Rhein noch immer ihren Lauf?
Du Spielplatz meiner Kindheit: wer spielt wohl heut darauf?
Schwarzwald und Bodensee, was ist auch euch geworden?

Das vierte Jahr bricht an. Um Deutschland zu beweinen,
stehn uns der Tränen nicht genügend zu Gebot,
da sich der Tränen Lauf in so viel Blut verliert.

Drum, Tränen, haltet still! Laßt uns den Haß vereinen,
bis stark wir sind zu künden: ›Zu Ende mit der Not!‹
Dann: Farbe, Klang und Wort! Glänzt, dröhnt und jubiliert![26]

Das ersehnte Ende des barbarischen »Dritten Reiches« wird als Wiedergeburt der deutschen klassischen Kunst gefeiert. Mit ihrer Hilfe wollte Becher
denn auch nach 1945 in der SBZ und in der DDR die moralische und
demokratische »Erneuerung Deutschlands« bewirken. Eine naive Illusion,
wie sich bald erweisen sollte. Trotz seiner kommunistischen Parteinahme
gehörte Becher zu denen, die den Kompensations- und Alibicharakter der
»deutschen Kultur« niemals durchschaut haben.[27]

Eine ganz andere Sprache als Gryphius spricht ein Sonett, das Georg Rudolf
Weckherlin (1584–1653) im Jahre 1641 An das Teutschland richtete.[28]
Weckherlin, bedeutend älter als Opitz und Gryphius, steht wie diese am
Anfang der neuen deutschsprachigen Poesie und vertritt das gleiche kulturpolitische Programm. Dennoch ist er in mancher Beziehung eine Ausnahme-
erscheinung, und auch sein Gedicht mit seinem dezidiert patriotischen und
politischen Gestus stellt innerhalb der Barocklyrik und ihrer Deutschland-
Gedichte eine berühmte Ausnahme dar. Der Grund dafür liegt in Weckherlins Lebenslauf. Der geborene Stuttgarter studierte in Tübingen am
Collegium illustre zur Vorbereitung seines Hofdienstes, war dem württem-
bergischen Hof (ab 1616 Hofdichter) und anschließend dem pfälzischen
Hof Friedrichs V. und seinen protestantisch-patriotischen Bestrebungen eng
verbunden, wurde weltläufig durch verschiedene diplomatische Auslands-
reisen, heiratete eine Engländerin und ging 1619 zunächst in württember-
gischen, dann in pfälzischen Diensten nach London. Er trat dort 1626 in
den englischen diplomatischen Dienst und brachte es trotz der Bürgerkriegs-

wirren (1649 wurde Karl I. hingerichtet) zum englischen Staatsmann, der in Westminster Abbey bestattet wurde. Im Ausland wurde er zu einem »aggressiven politischen Dichter und Kommentator« der unseligen deutschen Verhältnisse, zu einem »Patriot[en] ohne Vaterland«.[29] Die britische Luft befreite ihn offensichtlich von der Last der »deutschen Misere« und ließ ihn offener sprechen als die anderen deutschen Barockdichter. Bis zuletzt war er ein vehementer Anwalt der protestantischen Partei in Deutschland und ihrer Idee eines geeinten protestantischen Vaterlandes.

Davon handelt auch sein Sonett; wir lesen es in der Fassung, die 1648 erschien:

Sonnet. An das Teutschland

> Zerbrich das schwere Joch, darunder du gebunden,
> O Teutschland, wach doch auff, faß wider einen muht,
> Gebrauch dein altes hertz, vnd widersteh der wuht
> Die dich, und die Freyheit durch dich selbs überwunden.
>
> Straff nu die Tyranney, die dich schier gar geschunden,
> Vnd lösch doch endlich auß die (dich verzöhrend) glut,
> Nicht mit dein aignem schwaiß, sondern dem bösen blut
> Fliessend auß deiner feind vnnd falschen brüder wunden.
>
> Verlassend dich auff Got, folg denen Fürsten nach,
> Die sein gerechte hand will (so du wilt) bewahren,
> Zu der getrewen trost, zu der trewlosen raach:
>
> So laß nu alle forcht, und nicht die zeit hinfahren,
> Und Got wird aller welt, daß nichts dan schand und schmach
> Des feinds meynaid und stoltz gezeuget, offenbahren.[30]

Trotz seines kunstvollen Reimschemas bleibt dieses Sonett in seiner Verskunst hinter dem von Gryphius zurück. Denn es hat die Opitzsche Versreform (Vers- und Wortakzent müssen zusammenfallen) nur teilweise vollzogen, und die Möglichkeiten des zweiteiligen Alexandriners und seiner Mittelzäsur werden längst nicht so virtuos und wuchtig genutzt wie von Gryphius.

Aber im Unterschied zu dessen apokalyptischen Abbreviaturen wird von Weckherlin ein spezifisches Deutschland-Bild entworfen, das viele vertraute und weiterwirkende Züge trägt. Es richtet sich sowohl gegen äußere Knechtschaft und Unfreiheit wie gegen die innere Zwietracht und Zerrissenheit und enthält einen eindringlichen Freiheits- und Einheitsappell.

Schon die erste Strophe bringt drei vertraute Motive: den aufrüttelnden Weckruf, den Hinweis auf einen vergangenen Idealzustand (»Gebrauch dein altes hertz«) und auf die gegenwärtige Zwietracht und Selbstzerstörung. Daß Deutschland sich selbst stets der ärgste Feind sei, – seit den Tagen der Reformation und den anschließenden Glaubenskriegen im 16. und 17. Jahrhundert entsprangen diese Klage und dieser Vorwurf einer blutigen historisch-politischen Wirklichkeit.

Weckherlin geht von dieser inneren Spaltung Deutschlands aus und ergreift Partei gegen die »falschen Brüder«, d. h. *gegen* die katholischen deutschen Fürsten und den mit ihnen verbündeten katholischen Kaiser und *für* die protestantischen Fürsten im Südwesten und Norden. Denn sie verteidigen in seinen Augen auch die Freiheit des deutschen Reiches, die Freiheit der protestantischen Reichsstände und ihrer Religionsausübung gegen die »tyrannische« Zentralgewalt des Kaisers, der man vorwarf, daß sie sich in den Netzen des bösen Auslands, der römischen Pfaffen, der Jesuiten und Spaniens befinde.[31] So ist es ein parteiliches Gedicht, das Freund und Feind, gut und böse einfach und polemisch unterscheidet, obwohl sie nicht direkt beim Namen genannt werden. Die alten deutschen Tugenden, Treu und Redlichkeit, Mut, Tapferkeit und Freiheitsdurst werden der protestantischen, die Laster (Tyranney, Falschheit, Treulosigkeit, »meynaid und stoltz«) der katholisch-kaiserlichen Seite zugeschrieben. Daß der Krieg längst in seine europäische Phase getreten war – das katholische Frankreich (!) und Schweden waren die bestimmenden Mächte auf der protestantischen deutschen Seite! –, nehmen die abstrakten Handlungsaufrufe der beiden Quartette nicht zur Kenntnis.

Auch die Wendung zu Gott in den beiden Terzetten erfolgt anders als bei Gryphius. Es ist kein Rückzug aus dem irdischen Jammertal in die innerste Zitadelle des Glaubens und des Seelenheils, sondern die Hereinholung Gottes in die Kriegsgeschichte. Seine Macht und Gerechtigkeit soll sich, freilich mit menschlicher Unterstützung, schon in ihr offenbaren; schon auf Erden soll der Meineid und Stolz der Bösen gestraft werden. Das christliche Gottvertrauen wird von diesem Gedicht bereits politisch funktionalisiert (und auf lange Sicht unterminiert). Das entsprach durchaus dem Charakter des Dreißigjährigen Krieges; nur seine Fassade vermittelte noch den Eindruck, daß es sich um einen Glaubenskrieg handelte. Trotzdem hat sich dieser Topos – daß Gott auf Seiten der eigenen Bataillone steht – bis in unser Jahrhundert hartnäckig gehalten, nicht nur in der politischen und nationalen Lyrik.

Daß der politische Kampf, der subliterarisch in Flugschriften und simpler Liedpublizistik ausgetragen wurde, in den Bereich der »hohen« Kunstdichtung eindrang, war, wie gesagt, eine große Ausnahme. Der Kompensations-charakter des Gedichts hat sich dadurch noch verstärkt. Die Interpreten Weckherlins, dieses exilierten »Patrioten ohne Vaterland«, sind sich einig, daß »Teutschland« für ihn zu einer »imaginären Bezugsgröße« wurde, zur »irrealen Beschwörung einer übergreifenden, auch den Emigranten geistig einbeziehenden Zielsetzung«.[32] Er wird nicht der einzige Exilpoet bleiben, der beschwörende Deutschland-Gedichte geschrieben hat.

VI

Kulturnation statt Staatsnation?

Das 18. Jahrhundert

Der Westfälische Friede von 1648, der den Dreißigjährigen Krieg beendete, besiegelte auch das Schicksal des »Heiligen römischen Reiches deutscher Nation«. Der Kaiser mußte sich den Fürsten beugen, das Reichsregiment der nahezu souveränen Landesherrschaft. Die zentrifugalen politischen Kräfte hatten endgültig über die zentripetalen gesiegt. Deutschland, das der berühmte Staatsrechtler Samuel Pufendorf 1667 »einen irregulären und einem Monstrum ähnlichen Körper« nannte[1], bestand fortan aus über dreihundert souveränen Territorien und Gebilden. Genau ein Jahrhundert nach Pufendorf, 1766, stellte der nicht weniger berühmte württembergische Staatsrechtler Friedrich Carl von Moser in einem Aufsatz *Von dem deutschen Nationalgeist* fest:

> Wir sind *Ein Volk,* von einem Nahmen und Sprache, unter einem gemeinsamen Oberhaupt, unter Einerley unsere Verfassung, Recht und Pflichten bestimmenden Gesezen, zu Einem gemeinschaftlichen grossen Interesse der Freyheit verbunden, auf Einer mehr als hundertjährigen Nationalversammlung zu diesem wichtigen Zweck vereint, an innerer Macht und Stärke das erste Reich in Europa, dessen Königscronen auf deutschen Häuptern glänzen, und so, wie wir sind, sind wir schon Jahrhunderte hindurch ein *Räthsel* politischer Verfassung, ein Raub der Nachbarn, ein Gegenstand ihrer Spöttereyen, ausgezeichnet in der Geschichte der Welt, uneinig unter uns selbst, kraftlos durch unsere Trennungen, stark genug, uns selbst zu schaden, ohnmächtig, uns zu retten, unempfindlich gegen die Ehre unseres Namens, gleichgültig gegen die Würde der Geseze, eifersüchtig gegen unser Oberhaupt, mißtrauisch untereinander, zusammenhangend in Grundsäzen, gewalthätig in deren Ausführung, ein grosses und gleichwohl verachtetes, ein in der Möglichkeit glückliches, in der That selbst aber sehr bedauernswürdiges Volk.[2]

Ein fast erschöpfender deutscher Tugend- und Mängelkatalog.
Es waren nach wie vor und mehr als je die bürgerlichen Intellektuellen, die Schriftsteller und Künstler, die auch in diesem Jahrhundert über Deutschland nachdachten und schrieben. Sie bildeten eine res publica litteraria, die einem deutschen Nationalbewußtsein allmählich den Boden bereitete. Sie

waren, wie Wieland es 1792 formulierte, die »eigentlichen Männer der Nation«.[3] Daß es mit einem allgemeinen »deutschen Patriotismus« noch nicht weit her war, kann man in seinen Schriften zur Französischen Revolution nachlesen. Was die Barockdichter begannen und vergeblich ersehnten, die Bildung einer einheitlichen »Kulturnation« avant la lettre durch die Pflege und Vervollkommnung von Sprache und Dichtung, haben diese Männer programmatisch fortgesetzt und in der zweiten Hälfte des 18. Jahrhunderts so vollendet, daß Madame de Stael, als sie anfangs des 19. Jahrhunderts Deutschland bereiste und beschrieb, in ihrem Buch *De l'Allemagne* ein fast schwärmerisches Bild von Deutschland als dem »Land der Dichter und Denker« entwarf, als einer »nation métaphysique par excellence«[4] und eines Reiches, in dem sogar die alten Tugenden noch galten.[5] Der kulturelle Rückstand und die literarische Verspätung Deutschlands gegenüber den westlichen (Frankreich, Niederlande, England) und südlichen (Italien) Nachbarn schienen endlich mehr als wettgemacht.

Das Deutschland-Bild und Deutschland-Verhältnis der deutschen Schriftsteller selber blieb weitaus widersprüchlicher und zwiespältiger. Mosers paradoxes Porträt, das mit lauter Widersprüchen und Gegensätzen arbeitet, ist typisch dafür und erfaßt zugleich etwas Wesentliches: nämlich die gefährliche Verbindung von Macht und Ohnmacht, Stärke und Schwäche, Großmannssucht und Kleinmütigkeit, Sendungsbewußtsein und Minderwertigkeitsgefühl, Stolz und Duckmäusertum im deutschen Volk. Als gefährlich wird sich diese Konstellation erst in der Zukunft erweisen durch ihren irrationalen Umschlagcharakter, durch die Möglichkeit, daß ein Extrem blitzschnell vom anderen abgelöst wird. Die neueste Geschichts- und Literaturwissenschaft spricht allerdings schon für das 18. Jahrhundert von der »Januskopfigkeit« des deutschen Patriotismus/Nationalismus:

> Wir meinen, daß es historisch falsch und sachlich ungenügend ist, den modernen Nationalismus in Deutschland erst mit den Befreiungskriegen beginnen zu lassen. Schon seit der Mitte des 18. Jahrhunderts haben deutsche Schriftsteller an der Ausformung eines aggressiven und fremdenfeindlichen Vaterlandsdiskurses gearbeitet; bereits 1740, 1760 und 1770 wurde in literarischen Texten Haß auf die Feinde des eigenen Volkes gepredigt und für Deutschland gestorben und gemordet.[6]

Das 18. Jahrhundert, zumal es sich dabei um die nationalistischen »Phantasien Einzelner«, um »einen kleinen Kreis von Intellektuellen, von Literaten, Beamten und Kaufleuten« handelte[7], war gegen diese irrationale Umschlaggefahr noch weitgehend gefeit – durch seine Synthese von Patriotismus und

Kosmopolitismus (Kant), von Nationalismus und Humanität (Herder), von Einheits- und Freiheitssehnsucht (Klopstock) und vor allem durch die alle und alles leitende Idee der »Kulturnation«.[8] Ich erinnere noch einmal an Schillers Reflexionen über die »Deutsche Größe« am Ende des Jahrhunderts und zitiere ihn erweitert:

> Deutsches Reich und deutsche Nation sind zweierlei Dinge. Die Majestät des Deutschen ruhte nie auf dem Haupt s. Fürsten. Abgesondert von dem politischen hat der Deutsche sich seinen eigenen Wert gegründet, und wenn auch das Imperium unterginge, so bliebe die deutsche Würde unangefochten.
> Sie ist eine sittliche Größe, sie wohnt in der Kultur u. im Charakter der Nation, die von ihren politischen Schicksalen unabhhängig ist.[9]

Als »Männer der Nation« nahmen sich die Schriftsteller wie Lessing, Klopstock, Herder, Wieland, Schiller, Goethe, Hölderlin und Jean Paul aber auch das Recht zu unnachsichtiger Kritik an allem, was sich »deutsch« nannte, namentlich an der gesellschaftlichen, politischen und charakterlichen Verfassung der Deutschen.[10] Ein zahmes Xenion von Schiller wurde bereits zitiert. Ein verwandtes zweites lautet:

> Deutschland? aber wo liegt es? Ich weiß das Land nicht zu finden.
> Wo das gelehrte beginnt, hört das politische auf.[11]

Hier wird das grenzüberschreitende gelehrte Deutschland, die res publica litteraria, dem politischen zwar übergeordnet, aber ein Ganzes und Auffindbares ist es ebenfalls nicht; der nationale Mangelzustand bleibt bewußt.
Die schärfste Kritik an den Deutschen des endenden 18. Jahrhunderts stammt von Friedrich Hölderlin. Seine berühmte Deutschen-Schelte aus dem Roman *Hyperion* (1797–99) – »[…] ich kann kein Volk mir denken, das zerrißner wäre, wie die Deutschen. *Handwerker* siehst du, aber keine Menschen, *Denker,* aber keine Menschen, Priester, aber keine Menschen, Herrn und Knechte, Jungen und gesetzte Leute, aber keine Menschen […]«[12] –, diese Schelte wird noch ausführlich erörtert, wenn wir uns im nächsten Kapitel seinem »vaterländischen Gesang« zuwenden.[13]
Insgesamt jedoch ist das 18. Jahrhundert und vor allem seine zweite Hälfte eine Zeit der geistigen und kulturellen Wiederentdeckung und Wiedererweckung Deutschlands. Lob und Preis des Vaterlandes, über den jeweiligen Lokal-Patriotismus hinaus, sind deshalb häufiger zu hören als Kritik und Tadel. Nicht selten steigert sich der Preisgesang ins Hymnische, in die Gefilde einer »schwärmerischen Nationalreligion« (Herder), die vor allem durch die wechselseitige Durchdringung von Pietismus und Patriotismus

entstand.[14] Die religiöse Gesinnung, das Vokabular, die Motivik, die Anschauungsformen und Wertsetzungen des Pietismus wurden auf den Patriotismus und seine Gegenstände übertragen, ein Prozeß, den wir unter dem Begriff der »Säkularisation« verstehen. So wird z.B. das Vaterland heiliggesprochen, der Blut- und Wundenkult des Kirchenliedes auf seinen »Körper« übertragen, und der Krieger, der sich für sein Vaterland opfert, tut es gleich Christus für die Menschheit.

Klopstock, der Dichter des *Messias,* ist der Vater und das Schulhaupt dieser ersten patriotisch-dichterischen Bewegung gewesen.[15] In seinem Namen und Geiste entstand der sog. »Göttinger Hain«, ein Bund junger Dichter und Klopstock-Verehrer, der im September 1772 gegründet wurde. Der Begriff des »Hains« bezieht sich auf ein programmatisches Gedicht Klopstocks, *Der Hügel und der Hain* (1767), in dem er den antiken Zeus-Hügel gegen den germanischen Wotan-Hain als Quelle der dichterischen Inspiration eintauscht. Der Hain bezeichnete den Kultort der alten Germanen und ihrer Sänger, für die man einfach und irrtümlich den keltisch-irischen Ausdruck der »Barden« übernahm. (Unter einem »Barditus« verstand man einen von Harfenspiel begleiteten Götter- und Heldengesang, auch unter Bezug auf die *Germania* des Tacitus, der den Schildgesang und das Schlachtgeschrei der Germanen beschreibt). Die Hainbündler fühlten sich also als direkte Erben der germanisch-altdeutschen Barden und verstanden ihre vaterländischen Werke als eine neue »Bardendichtung«. Dieses forcierte Traditionsbewußtsein (eher eine tradierte Selbstprojektion) sollte Folgen haben: Den angestrengten Spagat zwischen der Gegenwart und einer sagenhaft-fernen Vergangenheit, den schon die deutschen Vaterlandssucher seit den Frühhumanisten auf der Suche nach ihrer nationalen Identität machten, wurden die »Männer der Nation« auch künftig nicht mehr los. Er sollte mit jedem weiteren Jahrhundert skurriler und gefährlicher werden. Denn obwohl die Bardendichtung bald verstummte, hat sie doch weitergewirkt, über Hölderlin bis in die Klopstock-begeisterte Generation von 1813 und ihre patriotischen und nationalistischen Befreiungslieder und dadurch weit hinein ins 19. Jahrhundert. Vor allem im Brausen Wotans, das aus überraschend vielen Deutschland-Gedichten laut oder leise ertönt, werden wir diesem Bardengesang immer wieder begegnen. *Lützow's wilde Jagd* von Theodor Körner, in der es gleich dreimal »braust«, ist nur ein besonders markantes Beispiel dafür.

I

Doch zunächst zurück an den Anfang des 18. Jahrhunderts, zu *Johann Christian Günther* (1695–1723; geb. in Striegau, gestorben in Jena), einem schlesischen Dichter, der sein Vaterland, wie viele Zeitgenossen des 18. Jahrhunderts, weitaus mehr mit seinem Heimatland Schlesien als mit dem deutschen Reich identifizierte. Man hat ihn immer wieder als einen Unzeitgemäßen bezeichnet und bedauert, als einen Vorläufer der deutschen Anakreontiker und der Aufklärung, ja, sogar der Liebeslyrik Goethes und des deutschen Expressionismus. Er gehört zu unserer langen Reihe der Dichter-Jünglinge, der Frühverstorbenen, der Unglücklichen und Mißverstandenen. Vielleicht ist er sogar der erste Außenseiter in der neueren deutschen Literatur, ein Unbehauster im eigenen schlesischen Vaterland, eine ruhelose emigrantische Existenz, der verlorene Sohn eines unversöhnlichen und unbarmherzigen Vaters ebenso wie eines abweisenden, alle Türen immer wieder verschließenden Vater-Landes. Jedenfalls war er der erste, der allen persönlichen Grund fühlte, sein »Vaterland« zu schelten, und er hat es in dem Gedicht *An sein Vaterland* auch vehement getan.

All das hat dazu beigetragen, daß Günther einer der bekanntesten Unbekannten – irrtümlich gerühmt und irrtümlich getadelt – in der deutschen Literaturgeschichte geblieben ist.

Er hat das typische Schicksal einer Übergangsgestalt gehabt, eines Mannes zwischen den Zeiten und Epochen. Man konnte ihn niemals recht klassifizieren, obwohl er doch noch einer Zeit zugehörte, in der der Einzelne als Einzelner nichts galt, in der er erst etwas war und darstellte als Mitglied und Vertreter einer Zunft, einer Schule, einer Gesellschaft und eines Standes. Johann Christian Günther aber wollte schon vor dem Zeitalter des Individualismus ein Einzelner und Unverwechselbarer sein, und er mußte diesen Vorwitz mit Vereinsamung und Verelendung (Entfremdung würden wir heute sagen) büßen. Er wollte schon als freier Schriftsteller und Poet leben, als die historischen Umstände, die gesellschaftlichen und literarischen Verhältnisse es noch gar nicht erlaubten. Er nahm sich die Freiheit, seine Liebeserlebnisse und Liebesgefühle (und dazu gehörten auch die Freuden der Sexualität) durch die traditionellen Versformen hindurch mit einer Unmittelbarkeit und Natürlichkeit auszudrücken, die ihm viele Zeitgenossen als ›unmoralisch‹ verübelten und mit einem bösen Leumund und übler Nachrede bestraften. In ihren und seines eigenen Vaters Augen blieb er ein gescheiterter Medizinstudent, eine verkrachte Existenz, ein Saufaus und Bruder Liederlich. Als sein Versuch, am Dresdner Hofe August des Starken eine Anstellung zu finden, wie so viele andere Versuche scheiterte, sagte man ihm sofort nach, daß er dem sächsischen König betrunken entgegengetreten sei – während ihm vermutlich ein Intrigant ein Schlafmittel in den Begrüßungstrunk gemischt hatte! Seit 1719 wanderte er ruhelos zwischen Schlesien und Sachsen hin und her; sechsmal traf er auf die verschlossenen Türen des Vaters; mit den wenigen Freunden und Mäcenen geriet der Empfindliche und Unbequeme rasch in Streit; Mißgeschick reihte sich an Mißgeschick, und so ließ ein jämmerliches Ende nicht lange auf sich warten.

Erst nach seinem Tode machten die Verleger Geschäfte mit seinen Gedichten und erst den Toten begann man zu rühmen. Goethe hat ihn, sicherlich aus einer gewissen Wahlverwandtschaft heraus, im 7. Buch von *Dichtung und Wahrheit* über den Klee gelobt, aber auch die nachhallende Mahnung hinzugefügt: »Er wußte sich nicht zu zähmen, und so zerrann ihm sein Leben wie sein Dichten.«[16] Heute sieht man ihn weniger als Vaganten und Rebellen, vielmehr als einen »durch seine Epoche und sein Leben verhinderten Bürger«[17] und als einen Vorläufer der freien Schriftsteller, die in Deutschland erst in der zweiten Jahrhunderthälfte mühsam existieren konnten.

Unter Günthers Liebesgedichten gibt es viele Abschiedslieder. Eine »Abschiedsaria« ist auch das Gedicht *An sein Vaterland,* aber eine so radikale – sie zerreißt alle familiären und gesellschaftlichen Verbindungen mit seinem geliebten Heimatland, daß keine Rückkehr, keine Versöhnung mehr denkbar scheint:

An sein Vaterland
(um 1720)

So lebe wohl mit allen Spöttern,
Du ehmahls werthes Vaterland.
Du trotzest bey so nahen Wettern,
Ich wüntsche dir nur auch Bestand.

Was hat dir wohl mein Geist zu dancken?
Verfolgung, Schande, Neid und Zancken
Und Freunde, die kein Flehn gewinnt.
Ja, müst ich heute bey den Drachen
Gefährliche Gesellschaft machen,
Sie wären gütiger gesinnt.

Ich komme durch dein scheinbar Lügen
Um Gönner, Glauben, Ehr und Freund.
Mein Seufzen kann dich nicht vergnügen,
Solang es auch erbermlich weint.
Ha, unbarmherzige Leäne,
Belohnstu so den Fleiß der Söhne?
Ist dieses die Erkäntligkeit
Vor soviel Wachen und Studiren,
Nur dich mit Nuz und Ruhm zu zieren?
O falsche Welt, o grobe Zeit!

Gesetzt, ich hätte mich vergangen;
Wo läst die Mutter so ein Kind,
Das endlich mit bethränten Wangen
Die rechte Straße wiederfindt?
Es sei dein Irrthum oder Tücke:
Gnug, daß dein Zorn mein künftig Glücke
Durch solchen Grund zu Schanden macht.
Du schmähst mich nicht allein im Staube
Du hast auch gar von meinem Raube
Den Frevlern Vorschub zugebracht.

Wohlan, so reize selbst die Wafen,
Die Warheit und Verdruß regiert!
Wer sind die meisten deiner Pfafen,
Von welchen all mein Unglück rührt?
Wer sind sie? Lästrer, faule Bäuche,
Tartufen, Zänker, böse Schläuche
Und Schwezer, so die Warheit fliehn,
Beruf und Gott im Beuthel tragen,
Sich täglich um die Kappe schlagen
Und Weib und Pöbel an sich ziehn.

Du hegst Betrug und Aberglauben,
Den aller Weisen Freyheit hast;
Der Rabe jauchzt, man würgt die Tauben,
Der Reiche spott't der Armen Last.
Was tun die unbeschnidtnen Juden?
Sie brüsten sich in theuren Buden
Und schielen höhnisch in die Quer,
Als wenn, Gott geb, ein Pursch ihr Diener,
Der Mauerpfefer aber grüner
Als unser Musenlorbeer wär.

Die Klügsten sizen an dem Zolle,
Verrechnen Leben und Vernunft;
Was kost't das Heu? Was gilt die Wolle?
So spricht man in Zusammenkunft.
Was sag ich von dem Frauenzimmer?
Ihr Schönseyn ist nur Farbenschimmer;
Sie heißen keusch, sie sind nur tumm,
Und die noch etwas Grüze führen,
Die kehren stets vor fremden Thüren
Und nehmen alles blind herum.

Dies seh ich vor gewiße Zeichen
Vom Greuel der Verwüstung an:
Wo Kunst und Weißheit einmahl weichen,
Da ist's um aller Heil gethan.
Ja, steckten nur nicht hin und wieder
Noch wenig treu- und kluge Brüder,
So spräch ich: Land, du bist nicht werth,
Daß so ein Karl dein Glück erhebet
Und daß du einen Kopf erlebet,
Der dich durch unsre Kunst verklärt.

Ich fürcht, ich fürcht, es blizt von Westen,
Und Norden droht schon über dich.
Du pflügst vielleicht nur fremden Gästen.
Ich wüntsch es nicht. Gedenck an mich.
Du magst mich jagen und verdammen,
Ich steh wie Bias bey den Flammen
Und geh, wohin die Schickung ruft.
Hier fliegt dein Staub von meinen Füßen,
Ich mag von dir nichts mehr genießen,
Sogar nicht diesen Mund voll Luft.[18]

Wie hier ein selbstbewußter Sprecher seinem Land poetisch-satirisch die Gemeinschaft aufkündigt, das ist bis dahin unerhört gewesen. In einer Grenz-
situation im buchstäblichen und im übertragenen Sinne formuliert er eine
Gesellschaftskritik, die sicherlich auch vieles Verschwiegene und Verdrängte
seiner Zeit zum Ausdruck bringt. Es spricht nicht nur ein Opfer und Ver-
folgter, sondern ein Mensch, der sich durch seine poetische Berufung zum
Richteramt bestellt weiß (Günthers Satiren haben sich am Beispiel Ovids
geschult).
Datieren läßt sich das Gedicht nicht ganz genau, denn verlassen mußte der
Dichter sein Land häufig genug. Im Sommer 1721 war er schon auf dem

Wege, ihm endgültig den Rücken zu kehren. Im Herbst 1722, ein halbes Jahr vor seinem Tode, zog er dann definitiv fort. Eine autobiographische Substanz der Verse steht jedenfalls außer Zweifel.

»Was ist des Deutschen Vaterland« in dieser Zeit des beginnenden 18. Jahrhunderts? Sicherlich nicht das »Heilige Römische Reich deutscher Nation«. Im 18. Jahrhundert, so schreiben die Historiker, »hatte sich ein Lokal-Territorialpatriotismus ausgebildet, während man sich mit dem Reich kaum mehr identifizierte«.[19] Schlesien war für Günther das Vaterland; Sachsen, dessen Grenze er immer wieder überschritt, Ausland. Aber er stellt sein lokales Vaterland so vor, daß sich seine Schelte unschwer auch auf andere deutsche Staaten seiner Zeit übertragen läßt. Hier spricht einer, der stellvertretend an der kleinstaatlichen, kleinbürgerlichen und muffigen »deutschen Misere« leidet, und zwar im Namen der Söhne, der Künstler und Weisen (Bias, ein Staatslenker und Richter, gehörte zu den sieben Weisen Griechenlands). Deshalb ist es nicht verwunderlich, daß dieser Sprecher, anders als die Mehrheit der Deutschen zu dieser Zeit, auch eine gewisse Sympathie für das Reich verrät. Günther hatte 1718 ein vielbeachtetes nationales Preis- und Heldengedicht auf Kaiser Karl VI. (1711–1740) und den Prinzen Eugen, seinen Feldherrn in den Türkenkriegen, geschrieben, aus Anlaß des Friedens von Passarowitz. Schlesien war zudem, bis in die bevorstehenden Erbfolgekriege mit Preußen (1742/48), ein österreichisches Land, die Schlesier also unmittelbare Untertanen des Habsburger Kaisers in Wien. Es gab bei ihnen keine Höfe, keinen regierenden Adel, sondern nur »Landstände«, die unmittelbar zum Kaiser waren. Darin lag ein gravierender Unterschied zu den meisten deutschen Staaten.

Daher erklärt sich die Art und Weise, wie dieses Gedicht den Begriff des »Vaterlandes« mit konkretem Inhalt füllt. Angesprochen und attackiert wird eine durchaus bürgerliche Schicht. Es sind die Pfaffen, die Pfarrer und Priester, die neureichen Kaufleute und Händler, die klatschsüchtigen Frauen (der satirische Stil verführt den Frauenfreund und Frauenverteidiger Günther ausnahmsweise auch zur Frauenschelte!), die Spötter und Rufmörder in allen bürgerlichen Schichten, die Günther das Leben schwer gemacht haben, aber auch die falschen Freunde, die ihn immer wieder im Stich ließen.

Noch aufschlußreicher ist wiederum die nähere Geschlechtsbestimmung des »Vaterlandes«, sei es die Wahl zwischen Vater- und Mutterland, sei es ein Konfliktaustrag zwischen diesen beiden Zuordnungen und Rollen oder sei es ein bestimmter Ausgleich zwischen den beiden Polen. Denn mit jedem Deutschland-Gedicht wird auch eine familiale Dreieckskonstellation vorgegeben, ein Dreieck zwischen Vater, Mutter und Sohn (mit wenigen

Ausnahmen, z. B. Louise Ottos *Lied eines deutschen Mädchens* vom März 1848 gibt es erst im 20. Jahrhundert auch Deutschland-Gedichte von ›Töchtern‹!). Die männliche Vaterdefinition des Heimatlandes stammt aus der römischen Tradition: ›Vaterland‹ ist die Übersetzung des lateinischen ›patria‹. Die weibliche Mutterzuordnung ergibt sich aus der Personifikation des ›Germania‹-Namens. Und gegenüber diesem nationalen Elternpaar rückt der Sprecher eines Deutschland-Gedichtes zwangsläufig in die Position und Rolle eines Kindes und Sohnes ein. Diese Position aber im familialen/nationalen Dreieck wird entscheidend davon geprägt, welche Beziehung jeweils dominant ist: das Vater-Sohn-Verhältnis oder das Mutter-Sohn-Verhältnis, die patriotische oder die mütterliche Komponente. Sie möglichst genau zu bestimmen, in allen Varianten und Nuancen, ist deshalb eine kardinale Aufgabe bei der Interpretation von Deutschland-Gedichten.

Ich folge dabei einer aus zahlreichen Beispielen gewonnenen These: ein maskulin geprägtes Deutschland-Bild, das heißt eine Konstellation, in der die Vater-Sohn-Beziehung zulasten der weiblich-mütterlichen Komponente dominant ist, weist tendenziell konservative, affirmative, militante und unterwerfungsbereite Züge auf (gipfelnd in der rückhaltlosen Devise: »Dulce et decorum est pro patria mori«); diese Konstellation ist in einer von der patriarchalischen Familie geprägten Gesellschaft die Regel.[20] Ein überwiegend feminin geprägtes Deutschland-Bild, das heißt eine Konstellation, in der die Mutter-Sohn-Beziehung zulasten der männlich-väterlichen Komponente dominant ist, weist tendenziell progressive, kritische, pazifistische und rebellische Merkmale auf. Diese Konstellation besitzt aber Ausnahmecharakter in deutschen Landen. Entsprechend verschieden ist auch die mehr oder weniger verborgene erotische Aufladung, die in dem familial-nationalen Dreieck enthalten ist. Ich gebe, vorauseilend, drei Beispiele dafür, aus der humanistischen, demokratischen und nationalistischen Tradition der Deutschland-Gedichte.

Bei Herder, in seinem vielstrophigen, in Klopstockschen Bardenton gehaltenen Gedicht *An den Genius von Deutschland* (1770), findet sich ein geradezu frappantes Zeugnis für die bewußte Verweiblichung des Vaterlandes. Er spricht darin zwar nur von seinen Heldenvätern und Heldensöhnen, aber das Vaterland nennt er in einer überraschenden und harten Fügung mehrmals preisend »Die Mutter Vaterland«, »Du Adelsgöttin Vaterland!«, »O Mutter Deutschland!«. Diese paradoxe familiale Geschlechtsbestimmung des Vaterlandes kulminiert in der neunten und zehnten Strophe:

> Du, mehr als Weiberlieb' und Mann- und Vaterherz
> Und Brudertreu' und Freundeschmerz,
> Bist Kind- und Weib- und Mutterschall
> Und Freundesstimme! Bist ein All
> Der süßen Tön' und Tugendnamen,
> Bist großer Mutter, *Menschlichkeit,*
> Der erstgeborene Samen,
> Bist Erdeseligkeit,
> Die höchst'! O Selige! o ferne deinem Schoos
> War Wüstenei mein Jugendloos![21]

Die Große Mutter »Menschlichkeit« thront über allem und hat dem »Waisen« (übernächster Vers), dem Waisenkind erst »Die Mutter Vaterland«, Familie und Wohnung geschenkt. Herder hat trotz seines patriotischen Überschwangs den deutschen und europäischen Nationalismus in seiner militanten Form ganz gewiß nicht mitverschuldet. Die Urmutter »Menschlichkeit« hat ihn davor bewahrt.[22] Trotzdem bleibt der Text in sich widersprüchlich. Herder übernimmt die »von Klopstock entworfene Autorrolle«, macht sich aber »frei von zentralen Inhalten des Klopstockschen Vaterlandsbegriffs« und nimmt »eine Humanisierung und Konkretisierung der Vaterlandsvorstellung vor, die ihm *innerhalb* des Vaterlandsdiskurses des 18. Jahrhunderts eine durchaus *eigenständige* Position« gibt.[23]

In Heinrich Heines Deutschland-Gedichten überlagert die feminine Komponente ganz eindeutig und bewußt die maskuline. Sein Deutschland-Bild steht im Zeichen der Mutter und der Geliebten, seine Deutschland-Kritik ist eine Kritik am Vater-Land, an den verschiedenen Vater-Figuren Deutschlands. Seine berühmten *Nachtgedanken* (1843) – »Denk ich an Deutschland in der Nacht, / Dann bin ich um den Schlaf gebracht« – kreisen um die Gestalt der Mutter und enden mit der Strophe:

> Gottlob! durch meine Fenster bricht
> Französisch heit'res Tageslicht;
> Es kommt mein Weib, schön wie der Morgen,
> Und lächelt fort die deutschen Sorgen.[24]

Seine Deutschland-kritischen Gedichte zielen auf die Tyrannen, die Herren, die Fürsten, die Monarchen, die Landesväter, den »Vater Jahn«, auf Gott-Vater und den Kaiser Barbarossa, während er sie zugleich ironisch beruhigt, weil man in Deutschland vergeblich nach einem Vater- und Tyrannenmörder Brutus Ausschau hielte:

Wenn unser Vater spatzieren geht,
Zieh'n wir den Hut mit Pietät;
Deutschland, die fromme Kinderstube,
Ist keine römische Mördergrube.[25]

In einem präfaschistischen Gedicht von Heinrich Anacker dagegen, *Stein und Steinmetz* betitelt (ersch. 1931), ist die herrische Vater-Figur des »Führers« Hitler so dominant, so absolut maskulinisiert, daß alle weiblichen Komponenten zugunsten einer homophilen Beziehung zwischen Führer und Volk aus den Versen verbannt sind:

Wir werdend Volk, wir sind der rohe Stein –
Du, unser Führer, sollst der Steinmetz sein;
[…]
Schlag immer zu! wir halten duldend still,
da deine strenge Hand uns formen will.
[…]
Wie Michelangelo das Bild des Herrn,
schaffst du aus uns, was heut noch blaß und fern;

schaffst du aus uns, aus rohem Element,
des neuen Deutschlands ewig Monument![26]

Die masochistische Unterwerfungsbereitschaft der Sohnes-Figur ist so total, daß sie sich als passives, rohes und totes Material blindlings in die Hand des Führers gibt. Die aus dem nationalen Dreieck verdrängte weibliche Komponente und Position kehrt wieder in einer auffälligen Effiminierung der Sohnes- und Volkes-Figur. Ganz wider Willen spricht das Gedicht die tödliche Sterilität dieser Beziehung aus. Der pathetisch verherrlichte Schöpfungs- und Erlösungsvorgang vermag nichts anderes als ein totes steinernes Monument hervorzubringen.

Die faschistischen Gedichte bemächtigen sich auch des Germania-Mythos und vermännlichen ihn. In Hermann Burtes *An Deutschland* (1938) erscheint die Germania als eine so übermenschliche und überdimensionierte Riesenfigur, daß sie alle Maße des Weiblichen und Fraulichen sprengt.

Du lagerst laß inmitten fremder Frauen,
an einen Hühnensteig gelehnt die Stirn,
die Hände kühlen sich im Alpenfirn,
die Füße im Germanenmeer, im grauen.[27]

Auch andere konservative und nationalistische Autoren, wie z. B. Emanuel Geibel, knüpften an die Germania-Figur an. Aber sie unterwirft sich dann entweder ihrem angestammten König und Kaiser oder sie wird zur waffen-starrenden Walküre aufgerüstet.

Ich kehre zurück zu dem Gedicht von Günther, um auf dem skizzierten Hintergrund sein maskulin-feminines Spannungsfeld genauer zu bestimmen. Obwohl es sich an »sein Vaterland« richtet und obwohl es in seiner autobiographischen Substanz zweifellos auf den Vater, den bürgerlichen Arzt (Physikus) zielt, der nicht das geringste Verständnis für die Begabung und das Naturell des Sohnes aufbrachte und dessen Verfluchung und Verstoßung seit 1717, als Günther im Schuldgefängnis von Wittenberg saß, schwer auf dem Sohn lastete, entwirft es doch eine weibliche Personifikation des Vaterlandes. Könnte man seine Charakterisierung als »Löwin« (Leäne) noch mit dem Reimzwang begründen (»Ha, unbarmherzige Leäne, / Belohnst du so den Fleiß der Söhne?«), so ist die nächste Anrede eindeutig:

> Gesetzt, ich hätte mich vergangen;
> Wo läßt die Mutter so ein Kind,
> Das endlich mit betränkten Wangen
> Die rechte Straße widerfindt?

Die Auseinandersetzung mit dem Vater und dem Vaterland wird überlagert von einer Sohnes- und Kindesbeziehung zum Mutter-Land. Dafür gibt es mehrere Erklärungen. Zum einen tarnt (»verschiebt«, um mit Sigmund Freud zu sprechen) Günther so den latenten Vaterkonflikt. Denn er, der verlorene Sohn, hat bis zuletzt auf Verzeihung und Segen gehofft und noch im März 1722 ein großes Bittgedicht an den Vater gerichtet: *Den Unwillen eines redlichen und getreuen Vaters suchte durch diese Vorstellungen bei dem Abschiede aus seinem Vaterlande zu besänftigen ein gehorsamer Sohn.* Zum andern hat er den offenen Konflikt vermieden, weil in dieser Zeit und weit bis ins 18. Jahrhundert hinein sich im leiblichen Vater immer auch Gott-Vater und dessen unantastbare Autorität verkörperte. Erst durch diese Tarnung und Vermeidung aber wird das eigentliche Skandalon des Gedichts manifest: daß nämlich ein Sohn hier dem Vater und dem Vaterland den Gehorsam aufkündigt. Nicht Vater und Vaterland entziehen dem Sohn ihr Wohlwollen und ihren Segen, sondern der Sohn dem Vater und Vaterland. Das traditionelle, christlich und gesellschaftlich sanktionierte Rollenverhältnis wird umgekehrt. Nicht der Vater tadelt, droht und richtet, sondern der Sohn. Dieser Umschwung und Rollentausch vollzieht sich nach der dritten Strophe. In den ersten drei Strophen spricht und klagt noch der Sohn und das Kind, allerdings eines, das kritische Bilanz zieht und das traditionelle patriarchalische Familienverhältnis aufkündigt, weil es vollkommen pervertiert und denaturiert worden ist. Die »Drachen« bilden eine »gütigere« Gemeinschaft als die Menschen in Familie und Gesellschaft.

Mit der vierten Strophe ergreift der gedemütigte und mißhandelte Sohn die aufgezwungenen »Waffen« der Satire und Polemik und kündigt damit das Sohnschaftsverhältnis auf. Er macht sich zum Anwalt der Wahrheit, der Weisen und der Künstler, zum Sprecher sogar der übergeordneten Vater-Instanz des Kaisers Karl, aus dessen Perspektive das Vaterland Schlesien nun selber in die Position und Rolle eines verdorbenen und verlorenen Kindes einrückt, dem im Konjunktiv angedroht wird:

> Ja, steckten nur nicht hin und wieder
> Noch wenig treu- und kluge Brüder,
> So spräch ich: Land, du bist nicht wert,
> Daß so ein Karl dein Glück erhebet
> Und daß du einen Kopf erlebet,
> Der dich durch unsre Kunst verklärt.

Hier werden Kaiser und Künstler schon in einem Atem genannt. Das eminente Selbstbewußtsein, das daraus spricht, bestätigt sich in der letzten Strophe. Der ehedem verlorene Sohn rückt an die Seite des antiken Weisen, Staatenlenkers und Richters Bias, und in prophetischer Manier kündigt er seinem verdorbenen Land ein mögliches Strafgericht an. Die letzten sechs Verse sind von einem großartigen Trotz und Selbstbehauptungswillen erfüllt. Die Verstoßung wird mit einer energischen Abgrenzung und Absage an das Vaterland beantwortet:

> Hier fliegt dein Staub von meinen Füßen,
> Ich mag von dir nichts mehr genießen,
> Sogar nicht diesen Mund voll Luft.

Das Verb »genießen« ist noch in der weiteren Bedeutung des 18. Jahrhunderts zu verstehen, als nutzen, gebrauchen, mit Leib und Seele Lebensnahrung aufnehmen. Hier schimmert ein letztes Mal die Überlagerung des Vater-Landes durch ein weibliches Bildfeld durch. Die letzten beiden Verse enthalten eine Absage an die nährenden, mütterlichen Kräfte des Heimatlandes, an seine Lebensluft. Sie lassen erraten, daß auch die Luft des heillosen Landes schon verpestet und vergiftet ist.

Diese rebellische Absage an Vater und Vaterland, die dem Bruch eines strengen Tabus gleichkommt, bestätigt zugleich unsere These. Die Absage ist nur möglich, weil Günthers Beziehung zum Heimatland, über die mögliche Tarnungsabsicht hinaus, eine männlich-weibliche, kindlich-mütterliche Konstellation darstellt, und weil aus dem Gedicht auch die Enttäuschung und Verzweiflung eines Liebenden spricht, der sich gekränkt und verlassen fühlt und nun von der falschen Geliebten abwendet. Erst diese männlich-weibliche erotische Grundbeziehung ermöglicht die Sprengung der sonst so dominierenden Vater-Autorität. Nur diejenigen Söhne, denen das *Mutter*-Land Deutschland mehr bedeutete als das Vater-Land Deutschland, haben seit jeher die Kraft zum Aufstand gegen die Väter aufgebracht.

Die Modernität des Gedichts, die sich ankündigende Freisetzung des bürgerlichen Individuums, läßt sich in vieler Hinsicht präzisieren. Erstens ist es ein frühes Zeugnis für die »innere Auflösung des Hauses als sozialer Einheit und die damit verbundene Problematisierung der väterlichen Gewalt.«[28] Zweitens ist es ein frühes Zeugnis für den Konflikt zwischen provinzieller Bürger-/Philisterwelt und der grenzensprengenden Welt der Künstler. Drittens kündigt sich in ihm schon jene fundamentale Auseinandersetzung zwischen dem Vaterland und seinen Intellektuellen/Dichtern an, die erst im Gefolge der Französischen Revolution zu einer historischen Konstanten wird. Und viertens schlägt dieses Gedicht (freilich auch in der Nachfolge des verbannten Ovid) schon einen Ton an, den wir erst wieder von der deutschen Exildichtung hören werden, sei es von Heinrich Heine oder von Bertolt Brecht. Aus der Distanz des Exils sind die bittersten und hellsichtigsten Deutschland-Gedichte geschrieben worden.

II

Bevor wir uns dem patriotischen Bardengesang Klopstocks und seiner Hainbündler zuwenden, noch ein kurzer Blick auf die Jahrhundertmitte und ihre Repräsentanten. Einer von ihnen ist Johann Peter Uz, ein bekannter Vertreter der deutschen Anakreontik (1720–1796, ins Ansbach geb. u. gest.), dem aber auch das deutsche Vaterland schon poetisch am Herzen lag. Eines seiner vaterländischen Gedichte trägt den Titel *Das bedrängte Deutschland* und erschien 1749, kurz nach dem Ende des schlesischen Erbfolgekrieges zwischen Österreich und Preußen. So wenig originell wie der topische Titel ist das zwölfstrophige Gedicht. Es ist ein frühes Beispiel für die Stereotypisierung des Deutschland-Bildes und der Deutschland-Gedichte. Es lebt und reimt aus dem Arsenal ständig rekurrierender Motive, Themen und Konstellationen, die sich wie in einem Kaleidoskop allenfalls neu und überraschend zusammenfügen:

Das bedrängte Deutschland
(1749)

Wie lang zerfleischt mit schwerer Hand
Germanien sein Eingeweide?
Besiegt ein unbesiegtes Land
Sich selbst und seinen Ruhm, zu schlauer Feinde Freude.

Sind, wo die Donau, wo der Mayn,
Voll fauler Leichen langsam fließet;
Wo um den rebenreichen Rhein
Sonst Bacchus fröhlich ging, und sich die Elb' ergießet;

Sind nicht die Spuren unsrer Wuth
Auf ieder Flur, an iedem Strande?
Wo strömte nicht das deutsche Blut?
Und nicht zu Deutschlands Ruhm: Nein!
meistens ihm zur Schande!

Wem ist nicht Deutschland unterthan!
Es wimmelt stets von zwanzig Heeren:
Verwüstung zeichnet ihre Bahn;
Und was die Armuth spart, hilft Uebermuth verzehren.

Vor ihnen her entflieht die Lust,
Und in den Büschen öder Auen,
Wo vormals an geliebter Brust
Der satte Landmann sang, herrscht Einsamkeit und Grauen.

Der Adler sieht entschlafen zu,
Und bleibt bey ganzer Länder Schreyen
Stets unerzürnt in träger Ruh,
Entwaffnet und gezähmt von falschen Schmeicheleyen.

O Schande! Sind wir euch verwandt,
Ihr Deutschen jener bessern Zeiten,
Die feiger Knechtschaft eisern Band
Mehr als den härtsten Tod im Arm der Freyheit scheuten?

Wir, die uns kranker Wollust weihn,
Geschwächt vom Gifte weicher Sitten;
Wir wollen deren Enkel seyn,
Die rauh, doch furchtbarfrey, für ihre Wälder stritten?

Die Wälder, wo ihr Ruhm noch izt
Um die bemoosten Eichen schwebet,
Wo, als ihr Stahl vereint geblitzt,
Ihr ehrner Arm gesiegt und Latium gebebet?

Wir schlafen, da die Zwietracht wacht,
Und ihre bleiche Fackel schwinget,
Und, seit sie uns den Krieg gebracht,
Ihm stets zur Seite schleicht, von Furien umringet.

Ihr Natternheer zischt uns ums Ohr,
Die deutschen Herzen zu vergiften,
Und wird, kommt ihr kein Hermann vor,
In Hermanns Vaterland ein schmählich Denkmahl stiften.

Doch mein Gesang wagt allzuviel!
O Muse! fleuch zu diesen Zeiten
Alkäus kriegrisch Saitenspiel,
Das die Tyrannen schalt, und scherz auf sanftern Saiten![29]

Die Tacitus-Tradition leiht noch immer den Maßstab der Gegenwartsschelte, und was zur Sprache kommt, hat schon Klischee-Charakter: die deutsche Zwietracht und Selbstzerfleischung, die eigene Arglosigkeit gegenüber der Arglist der Nachbarn und Feinde, die mit Leichen verstopften Ströme (ein häufiges Bild in den Barock-Gedichten), Knechtschaft und Fremdherrschaft, die Erinnerung an die Schrecken des Dreißigjährigen Kriegs, der Schlaf des Kaisers (Adler) und der Deutschen, die Sittenlosigkeit der Zeit gegenüber der rauhen Tugendhaftigkeit, der Freiheitsliebe und Tapferkeit der Germanen und schließlich der Cheruskerfürst Hermann als Retter des Vaterlandes.[30]

Typisch für den inneren Unernst und die Halbherzigkeit dieses scheinbar satirischen Gedichtes ist sein anakreontischer Hintergrund, der als zeitlose Kontrastfolie der moralischen und kriegerischen »Verwüstung« dient. Er schimmert schon in der zweiten Strophe durch, beherrscht die fünfte Strophe und prägt den pointierten Rückzug der Schlußstrophe aus der politischen Sphäre (für die der griechische politisch-kämpferische Lyriker Alkaios, um 600 v. Chr., steht) in die artifizielle anakreontische Dichtung. Von der Tyrannenschelte des antiken Vorbilds ist in dem Gedicht nichts zu spüren, denn die milde Kaiser-Ermahnung der sechsten Strophe kann man wohl kaum dafür beanspruchen. Es ist nicht viel mehr als eine poetische Fingerübung. Uz hat zur Abwechslung einmal das Genre gewechselt und die sanfte Lyra des Anakreon, ohne sie wirklich loszulassen, mit dem »kriegerisch Saitenspiel« des Alkaios vertauscht. Es ist ein Tausch der Instrumente, nicht der Gesinnung.

Bei seinem Freunde Johann Wilhelm Ludwig Gleim (1719–1803, mehr als ein halbes Jahrhundert in Halberstadt lebend) steht es schon bedenklicher. Sein Gedicht *An Lobredner des Auslandes, den 20. Mai 1792* steht Klopstocks Ode *Ueberschätzung der Ausländer* von 1781 nahe und trivialisiert sie mit Biedersinn:

An Lobredner des Auslandes
den 20. Mai 1792

Laßt uns Deutsche sein und bleiben:
Deutscher Handschlag steht uns wohl!
Was wir denken, reden, schreiben,
Das sei deutschen Herzens voll!

Deutsches Herz hat deutsche Triebe,
Treibt zu deutscher Redlichkeit,
Treibt zu Vaterlandesliebe,
Treibt uns zur Bescheidenheit.

Laßt uns Deutsche sein, und bleiben:
Deutscher Ausdruck steht uns wohl!
Was wir denken, reden, schreiben,
sei des Deutschen Geistes voll!

Deutscher Geist bleibt in den Schranken
Unsrer guten Menschlichkeit,
Lebt und webt in Lichtgedanken,
Hütet sich vor Dunkelheit!

Wer von unserm deutschen Boden
Will auf fremden Boden gehn,
Der soll unsers Klopstocks Oden
Weder lesen noch verstehn;

Der nehm' unsern deutschen Segen
Mit auf seinen Weg zu Glück;
Dem sei wohl auf seinen Wegen;
Komm' er aber nicht zurück![31]

Während Klopstock in diesen Jahren noch von einer tiefen Bewunderung für die Französische Revolution erfüllt ist[32] und eine Menge politischer Gedichte schreibt, verharrt Gleim bei der alten deutschen Leier und ihrem Leierton. Er liefert ein peinliches Beispiel, daß der borniert Teutonismus nicht erst im 19. Jahrhundert entstanden ist. Der inflationäre Gebrauch des Wortes »deutsch« – von deutscher Bescheidenheit keine Spur – erinnert schon an Rückerts satirische Verse über die *Grammatische Deutschheit* und macht das Wort zu einer penetranten Leerformel, zu einer ängstlichen, tautologischen Abgrenzungsgeste gegenüber allem Ausländischen und Fremden – gemeint ist in erster Linie Frankreich. Denn das Datum des Gedichts, der 20. Mai 1792, markiert den Vorabend des 1. Revolutionskrieges, in dem die Verbündeten Österreich und Preußen eine unrühmliche Rolle spielen sollten. Die poetische Deutschtümelei ist also nicht ohne aktuelle politische Hintergedanken, aber auch der Weg zu einer prinzipiellen Ausländerfeindlichkeit scheint nicht mehr weit, wenn jedem Deutschen, der »fremden Boden« betritt, mit einer Art Zwangsexilierung (wie vor zwanzig Jahren Wolf Biermann geschehen!) gedroht wird (»Komm' er aber nicht zurück!«). Hier ist zweifellos schon jener exkludierende, auf einen »inneren Feind« gerichtete Nationalismus am Werk, der den friedlichen Patriotismus allmählich überlagert.

Das Frappierendste an dieser simplen Reimerei – und auch deshalb habe ich sie ausgewählt und aufgespießt – sind jedoch ihre Ähnlichkeiten mit dem nachmaligen Deutschland-Lied Hoffmann von Fallerslebens, unserer Nationalhymne. Metrum, Tonart, Verszahl (24!) stimmen haargenau überein, kleine Sprach- und Gesinnungskorrespondenzen kommen hinzu und vor allem: man kann Gleims Gedicht ohne weiteres zu der berühmten Haydn-Melodie singen. Es gibt sich bieder und volkstümlich und strotzt doch, würde Brecht sagen, von pausbäckiger ideologischer »Tümlichkeit«.

Ein Beispiel echter Volkstümlichkeit bietet dagegen der Zeitgenosse und Volksdichter Gottfried August Bürger (1747–1794). Sein Gedicht *Für wen, du gutes deutsches Volk,* nur ein Jahr später geschrieben (1793), ergreift Partei für das ausgebeutete mißbrauchte Volk gegen die Vaterlandsideologie der Fürsten:

> Für Wen, du gutes deutsches Volk
> Behängt man dich mit Waffen?
> Für Wen läßt du von Weib und Kind
> Und Herd hinweg dich raffen?
> Für Fürsten- und für Adelsbrut,
> Und für's Geschmeiß der Pfaffen.
>
> War's nicht genug, ihr Sklavenjoch
> Mit stillem Sinn zu tragen?
> Für sie im Schweiß des Angesichts
> Mit Fronen dich zu plagen?
> Für ihre Geißel sollst du nun
> Auch Blut und Leben wagen?

Sie nennen's Streit fürs Vaterland,
In welchen sie dich treiben,
O Volk, wie lange wirst du blind
Beim Spiel der Gaukler bleiben?
Sie selber sind das Vaterland,
Und wollen gern bekleiben.

Was ging uns Frankreichs Wesen an,
Die wir in Deutschland wohnen?
Es mochte dort nun ein Bourbon,
Ein Ohnehose thronen.[33]

Mitten im Koalitionskrieg gegen das revolutionäre Frankreich ruft Bürger
zur Kriegsdienstverweigerung auf, indem er das sog. »Vaterland« als das
Eigentum der »Fürsten- und Adelsbrut« demaskiert (»Sie selber sind das
Vaterland, / Und wollen gern bekleiben«, d. h. im andauernden Besitz von
ihm bleiben!). So ist das Gedicht ein frühes Zeugnis für die politische Spaltung der Deutschland-Dichtung, für ihre Polarisierung in eine demokratisch-
kritische und eine national-affirmative Richtung. Kein Wunder, daß seine
Verse Fragment geblieben sind, kein Wunder, daß Bürger nach einem unglücklichen Leben, geschmäht und verkannt, im Alter von 46 Jahren jäm-
merlich gestorben ist. Erst Heinrich Heine, in seiner *Romantischen Schule,*
vermochte ihn zu würdigen und hat ihm einen schönen Denkmal-Satz gewidmet: »Der Name ›Bürger‹ ist im Deutschen gleichbedeutend mit dem
Worte *citoyen*«.[34] Wir sehen an diesen Beispielen erneut, in welche Tradition
sich Hoffmann von Fallersleben mit seinem »Lied der Deutschen«, trotz des
liberalen Programms in der dritten Strophe, eingereiht hat. Es ist nicht die
Tradition Bürgers und Heines.

III

Friedrich Gottlieb Klopstock (1724–1803) war, neben Justus Möser[35], das
unangefochtene Vorbild und die positive Vaterfigur aller freiheits- und vaterlandsliebenden Dichter und Leser in der zweiten Hälfte des 18. Jahrhunderts. Zunächst gefeiert als der Verfasser des *Messias* (1748/55/68/73 erschienen) – zu seiner Ausarbeitung und Vollendung ging er für zwanzig Jahre
ins Ausland an den dänischen Hof (1751–1770), der ihm eine großzügige
Pension gewährte! –, wandte er sich mehr und mehr der nationalen Geschichte und ihrer Vorgeschichte der Kelten und Germanen zu, mit der kulturpolitischen Absicht, das Gefühl für Freiheit und Einheit in dem zerstük-

kelten Deutschland zu stärken und die Deutschen zu einer »Kulturnation« zu erziehen (seine *Deutsche Gelehrtenrepublik,* 1774, sollte dafür ein originelles Fundament legen). In seinen Oden mehren sich seit den fünfziger Jahren die keltischen und germanischen Motive und Themen. Er kreiert mit ihnen und mit seiner dramatischen *Hermann*-Trilogie (*Hermanns Schlacht,* 1769; *Hermann und die Fürsten,* 1784; *Hermanns Tod,* 1787) die beliebte Bardendichtung und Bardenmode seiner Zeit, in der Keltisches und Germanisches unbesehen zusammengenommen wurde.

Als 1771 Klopstocks erste Odensammlung erschien, war es ein nationales Ereignis. Er wurde zum Schwarm und Leitstern aller freiheits- und vaterlandsliebenden jungen Leute und vor allem, wie gesagt, für den Bardenbund des »Göttinger Hains«, der zwischen 1772 und 1774 für ihn lebte und dichtete. Uns Heutigen ist seine immense Wirkung durch den *Werther* vertraut geblieben. Die innige Gemeinschaft der neuen nationalen Gesinnung zeigt sich auch in den drei Gedichten von Klopstock, Voss und Stolberg, die kurz vorgestellt werden sollen. Sie lassen sich als *ein* freilich langatmiges *Textcorpus* betrachten.

Klopstocks Ode *Mein Vaterland* erschien im Jahre 1768, nachdem er sich schon längere Zeit auf den Bardengesang eingestimmt hatte:

Mein Vaterland

> So schweigt der Jüngling lang,
> Dem wenige Lenze verwelkten,
> Und der dem silberhaarigen tatenumgebenen Greise,
> Wie sehr er ihn liebe! das Flammenwort hinströmen will.
>
> Ungestum fahrt er auf um Mitternacht,
> Glühend ist seine Seele!
> Die Flügel der Morgenröte wehen, er eilt
> Zu dem Greis, und saget es nicht.
>
> So schwieg auch ich. Mit ihrem eisernen Arm
> Winkte mir stets die strenge Bescheidenheit!
> Die Flügel wehten, die Laute schimmerte,
> Und begann von selber zu tönen, allein mir bebte die Hand.
>
> Ich halte es länger nicht aus! Ich muß die Laute nehmen,
> Fliegen den kühnen Flug!
> Reden, kann es nicht mehr verschweigen,
> Was in der Seele mir glüht.

O schone mein! dir ist dein Haupt umkränzt
Mit tausendjährlichem Ruhm! du hebst den Tritt der Unsterblichen,
Und gehest hoch vor vielen Landen her!
O schone mein! Ich liebe dich, mein Vaterland!

Ach sie sinkt mir, ich hab es gewagt!
Es bebt mir die Hand die Saiten herunter;
Schone, schone! wie weht dein heiliger Kranz,
Wie gehst du den Gang der Unsterblichen daher.

Ich seh ein sanftes Lächeln,
Das schnell das Herz mir entlastet;
Ich sing es mit dankendem Freuderuf dem Widerhall,
Daß dieses Lächeln mir ward!

Früh hab ich dir mich geweiht! Schon da mein Herz
Den ersten Schlag der Ehrbegierde schlug,
Erkor ich, unter den Lanzen und Harnischen
Heinrich, deinen Befreier, zu singen.

Allein ich sah die höhere Bahn,
Und entflammt von mehr, denn nur Ehrbegier,
Zog ich weit sie vor. Sie führet hinauf
Zu dem Vaterlande des Menschengeschlechts!

Noch geh ich sie, und wenn ich auf ihr
Des Sterblichen Bürden erliege;
So wend ich mich seitwärts, und nehme des Barden Telyn,
Und sing, o Vaterland, dich dir!

Du pflanzetest dem, der denket, und ihm, der handelt!
Weit schattet, und kühl dein Hain,
Steht, und spottet des Sturmes der Zeit,
Spottet der Büsch um sich her!

Zurück! laß nicht die schimmernde Bahn
Dich verführen, weg vom Ufer zu gehn!
Denn wo dort Tiefen sie deckt, strömt's vielleicht,
Sprudeln vielleicht Quellen empor.

Den ungehörten Wogen entströmt,
Dem geheimen Quell entrieselt der Tod!
Glittst du auch leicht, wie dies Laub, ach dorthin,
Sänkest du doch, Jüngling, und stürbst!

Wen scharfer Blick, und die tanzende glückliche Stunde führt,
Der bricht in deinem Schatten, kein Märchen sie,
Die Zauberrute, die, nach dem helleren Golde,
Dem neuen Gedanken, zuckt.

Oft nahm deiner jungen Bäume das Reich an der Rhône
Oft das Land an der Thems' in die dünneren Wälder.
Warum sollten sie nicht. Es schießen ja bald
Andere Stämme dir auf!

Und dann so gehörten sie ja dir an. Du sandtest
Deiner Krieger hin. Da klangen die Waffen! da ertönte
Schnell ihr Ausspruch: Die Gallier heißen Franken!
Engelländer die Briten!

Lauter noch ließest du die Waffen klingen. Die hohe Rom
Ward zum kriegerischen Stolz schon von der Wölfin gesäugt;
Lange war sie Welttyrannin! Du stürzetest,
Mein Vaterland, die hohe Rom in ihr Blut!

Nie war, gegen das Ausland,
Ein anderes Land gerecht, wie du!
Sei nichtallzu gerecht. Sie denken nicht edel genung,
Zu sehen, wie schön dein Fehler ist!

Einfältiger Sitte bist du, und weise,
Bis ernstes tieferes Geistes. Kraft ist dein Wort,
Entscheidung dein Schwert. Doch wandelst du gern es in die Sichel und triefst,
Wohl dir! von dem Blute nicht der anderen Welten!

Mir winket ihr eiserner Arm! Ich schweige
Bis etwa sie wieder schlummert;
Und sinne dem edlen schreckenden Gedanken nach,
Deiner wert zu sein, mein Vaterland.[36]

Die Entscheidung für das Vaterland, für seine Geschichte und Vorgeschichte in Gestalt der germanischen Vorzeit und Mythologie, ist für Klopstock auch eine Entscheidung gegen die sein Jahrhundert noch beherrschende antike Dichtung und Mythologie. Obwohl gerade er die komplizierten antiken Versformen der deutschen Sprache und Poesie zugänglich machte, versuchte er zu eigenständigen deutschen Inhalten und Ausdrucksformen zu kommen. Diese Wendung spricht sich in dem Gedicht *Der Hügel und der Hain* (1767) aus, das den Hainbrüdern zum poetischen und patriotischen Programmgedicht wurde. Dort entscheidet sich der Dichter gegen die griechische Poesie und für den Bardengesang:

> D[ichter] Des Hügels Quell ertönet von Zeus,
> Von Wodan der Quell des Hains.
> Weck' ich aus dem alten Untergange Götter
> Zu Gemälden des fabelhaften Liedes auf:

> So haben die in Teutoniens Hain
> Edlere Züge für mich;
> Mich weilet dann der Achäer Hügel nicht,
> Ich geh' zu dem Quell des Hains.[37]

Dieser höhere Wert des Hains begründet sich für Klopstock aus der Nähe des Germanentums zum Christentum, namentlich zur religiösen Poesie der Hebräer. Diese Synthese von »Deutschtum und Christentum«[38] hat sich für ihn allerdings erst durch Luther ganz realisiert; die gewaltsame Missionierung der Sachsen durch Karl den Großen wird, wie in dem Gedicht von Johann Heinrich Voss, auch von ihm schon beklagt. Deshalb können sich bei Klopstock Religion und Patriotismus durchdringen, deshalb pflegt er gleichzeitig mit der Arbeit an seinem *Messias* den »Bardengesang«. An ihrer Rangfolge aber wird kein Zweifel gelassen: über dem deutschen Vaterlande thront das »Vaterland des Menschengeschlechts«, der christliche Himmel (9. Strophe). Dieses übernationale Korrektiv des Klopstockschen Patriotismus ist jedoch nicht das einzige. »Neben der religiösen Komponente […] steht eine aufklärerische.«[39] Ja, schon die Hochschätzung von Vaterland und Deutschtum ist ein Produkt der Aufklärung. Für sie waren Patriotismus und Weltbürgerlichkeit noch keine Gegensätze. Der Dichter Klopstock hat an allen Freiheits- und Befreiungstaten seiner Zeit leidenschaftlichen Anteil genommen, waren das nun die Aufhebung der Leibeigenschaft, die Judenemanzipation oder die Französische Revolution. Wie Schiller erhielt er die Ehrenbürgerwürde von den Pariser Revolutionären, und er hat sie im Gegensatz zu ihm nicht zurückgegeben, als er sich wie die meisten deutschen Dichter von der Pariser Schreckensherrschaft mit Schaudern abwandte. Darum versteht man seine patriotischen Gedichte nur dann, wenn man sie z. B. mit einem Gedicht wie *Sie, und nicht wir* (1790), einem überschwenglichen Preis der Französischen Revolution, zusammensieht:

Hätt' ich hundert Stimmen; ich feierte Galliens Freiheit
Nicht mit erreichendem Ton, sänge die göttliche schwach.
Was vollbringet sie nicht! Sogar das gräßlichste aller
Ungeheuer, der Krieg, wird an die Kette gelegt!
Cerberus hat drei Rachen; der Krieg hat tausend: und dennoch
Heulen sie alle durch dich, Göttin, am Fesselgeklirr.
Ach mein Vaterland! ... Viel sind der Schmerzen; doch lindert
Sie die heilende Zeit, und sie bluten nicht mehr.
Aber es ist ein Schmerz, den sie nie mir lindert! und kehrte
Mir das Leben zurück; dennoch blutet' er fort!
Ach du warest es nicht, mein Vaterland, das der Freiheit
Gipfel erstieg, Beispiel strahlte den Völkern umher:
Frankreich wars! du labtest dich nicht an der frohsten der Ehren,
Brachest den heiligen Zweig dieser Unsterblichkeit nicht!
O ich weiß es, du fühlest, was dir es nicht wurde; die Palme,
Aber die du nicht trägst, grünet so schön, wie sie ist,
Deinem kennenden Blick. Denn ihr gleicht, ihr gleichet die Palme,
Welche du dir brachst, als du die Religion
Reinigtest, sie, die entweiht Despoten hatten, von neuem
Weihtest, Despoten voll Sucht Seelen zu fesseln! voll Blut,
Welches sie strömen ließen, sobald der Beherrschte nicht glaubte,
Was ihr taumelnder Wahn ihn zu glauben gebot.
Wenn durch dich, mein Vaterland, der beschornen Despoten
Joch nicht zerbrach; so zerbrach das der gekrönten itzt nicht.
Könnt' ein Trost mich trösten; er wäre, daß du vorangingst
Auf der erhabenen Bahn! aber er tröstet mich nicht.
Denn du warest es nicht, das auch von dem Staube des Bürgers
Freiheit erhob, Beispiel strahlte den Völkern umher;
Denen nicht nur die Europa gebar. An Amerikas Strömen
Flammt schon eigenes Licht, leuchtet den Völkern umher.
Hier auch winkte mir Trost, er war: In Amerika leuchten
Deutsche zugleich umher! aber er tröstete nicht.[40]

Der Patriot Klopstock ist zwar untröstlich, daß es nicht sein eigenes Land ist, das den Völkern der Erde die Freiheit gebracht hat, und ihn tröstet auch nicht die religiöse Revolution, die Luther für ihn bedeutet, aber »Galliens Freiheit« feiert er deshalb nicht weniger. Er bringt es fertig, gleichzeitig ein patriotisches und ein weltbürgerliches Lied zu singen! Er preist die Freiheit Frankreichs und Nordamerikas mit den höchsten Symbolen der Aufklärung, der leuchtenden Flamme und dem strahlenden Licht, und er feiert in gleicher aufklärerisch-kosmopolitischer Gesinnung die Hoffnung auf einen »ewigen Frieden« (um mit Kant zu sprechen), denn »das gräßlichste aller Ungeheuer, der Krieg, wird an die Kette gelegt!« Und trotzdem ist die durchgängige Grundstimmung des Gedichts eine elegisch-patriotische.

Jetzt sind wir vorbereitet für ein Verständnis der Vaterlands-Ode von 1768. Bei aller Überschwenglichkeit, allem vaterländischen Enthusiasmus steht auch sie unter der kritischen Kontrolle einer religiösen und einer aufklärerischen Komponente. Auf diese retardierende Kontrolle gründet sich sogar ihr rhetorisch-fiktiver Haupteffekt, personifiziert in der »strengen Bescheidenheit«, die dem vaterlandsbegeisterten Jüngling zu reden verbietet. Die gesamte Ode, so ihre rhetorische Fiktion, wird nur sangbar und hörbar, weil die Bescheidenheit einen Moment lang »schlummert« (s. die letzte Strophe) und weil der einschüchternde »silberhaarige tatenumgebene Greis« oder besser, das »Vaterland«, die ersten Worte mit »sanftem Lächeln« wohlwollend erwidert.

Denn mit diesem Greis wird das Vaterland ja nur verglichen. Die beiden ersten Strophen sind nichts anderes als ein ausführlicher Vergleich, der in die Anfangsworte der dritten Strophe mündet: »So schwieg auch ich.« Das Verhältnis des Dichters zum Vaterland gleicht dem eines Jünglings zu einem ehrfurchtgebietenden Greis, das heißt, das übliche Sohn-Vater-Verhältnis wird hier durch ein Enkel-Großvater-Verhältnis ersetzt. Das Vaterland ist ein Großvater-Land.

Mit der Feststellung dieser Vertauschung ist das familiale und erotische Deutschland-Bild des Gedichts aber noch nicht ausreichend definiert. Daß es ein leidenschaftliches Liebesverhältnis ist, wird nicht nur ausgesprochen – »Ich liebe dich, mein Vaterland!« –, es ist überall spürbar. Das »Ich« spricht wie ein Liebender zu seiner Geliebten, den es trotz aller Hemmungen zum Liebesgeständnis drängt. Diese Verweiblichung der Vaterlands-Figur teilt sich freilich nirgendwo direkt, aber indirekt in vielen kleinen Zügen mit, in der religiösen und erotischen Sprache, in Ausdrücken wie »heiliger Kranz« (6. Strophe), »sanftes Lächeln« (7. Strophe), in der Kraft des Pflanzens (11. Strophe, die Hain-Gottheit war nach Tacitus eine Erdgöttin!), in der Vorstellung einer germanischen Völkerfamilie (Deutsche, Franken, Engelländer, 16. Strophe), in der besonderen Gerechtigkeit gegenüber dem Ausland (18. Strophe) und in der religiös fundierten Friedensliebe (19. Strophe, nach Jesaia 2,4 sollen die Schwerter zu Pflugscharen und Sicheln werden!).

Durch diese unter- und hintergründige Verweiblichung des Vaterlandes (die Germania-Gestalt schimmert namenlos durch) werden auf der einen Seite die panegyrischen Hyperbeln erträglich, auf der anderen Seite seine reli giösen und aufklärerischen Züge überzeugender. Sie schränkt die obligaten kämpferischen und kriegerischen Taten und Merkmale (16. u. 17. Strophe) deutlich ein. Die Verpflanzung junger ›Baum-Stämme‹ nach Frankreich und England (15. Strophe) war ein Akt mütterlicher Besiedlung, eine elementare Kulturleistung, und der Kampf gegen Rom ein Freiheitskampf, ein Sturz der römischen und katholischen »Welttyrannin«, der allen Völkern zugute kam. So gipfelt das Preislied konsequenterweise in dem allegorischen Bild einer tugendhaften und weisen Friedensgestalt, die eher als Göttin denn als Gott vorstellbar ist, als eine Mutter der fruchtbaren Erde, die sich nicht mit dem Blut »anderer Welten« befleckte (19. Strophe). Denn kein Akt kann als männlich-chauvinistischer gelten, als die gewaltsame und blutige Kolonisierung der Erde. Ebenso konsequent und dem Geist dieser Ode gemäß ist es, daß eine weibliche Personifikation, die »Bescheidenheit«, dem jugendlichen Vaterlands-Sänger Einhalt gebietet und daß ein schüchterner Jüngling sich verabschiedet, der seinem moralisch erhabenen Vaterland erst wert zu werden trachtet.

Meine Behauptung bestätigt sich: ein tendenziell weibliches Deutschlandbild, das ohne eine dominierende Vaterfigur auskommt, weist progressive, kritische und pazifistische Züge auf. In dem Bild Klopstocks zeichnet sich zudem kein Staat, kein greifbares politisches Gebilde ab, sondern ein ebenso irreales wie ideales poetisches Konstrukt, ein mythisches Phantom und Traumgebilde aus lauter hymnischen Worten.[41] Damit stoßen wir erneut auf das Phänomen der Kompensation. Die schwärmerischen Übertreibungen des vaterländischen Gesangs sind Zeichen des Mangels, Zeichen der schmerzlichen Abwesenheit eines konkreten Identifikationsobjektes:

> Weil sich der deutsche Nationalismus in einer von der Religion geprägten geistigen Landschaft ausbildete, konnte er sich so intensiv und in so problematischer Weise mit religiösen Energien aufladen; weil der Wechselbezug zu einer politischen Realität fehlte, der regulierend und orientierend zu wirken vermocht hätte, konnte der deutsche Nationalismus so schwärmerische und weltfremde Züge annehmen. In Deutschland speziell sind nur kleinste elitäre Gruppen, lediglich emotional untereinander verknüpft, Träger des Patriotismus.[42]

Zu diesem Befund gehört es, daß Klopstock sich als »Barde seines Volkes, Priester, Führer und Sänger in einem« verstand[43], daß er sich den Königen gleich, wenn nicht gar überlegen fühlte, und daß er während einer Krankheit einmal auf die Knie fiel und betete: »Gott, erhalte mich für Deutschland«. Zu diesem Bilde gehörte aber auch schon die Vorstellung, daß Deutschland dermaleinst alle anderen Nationen »übertreffen« werde, daß es einen höheren

»Auftrag zur kulturellen Welteroberung« besitze.[44] Schiller und Hölderlin werden dieses kulturelle deutsche Sendungsbewußtsein übernehmen und ins 19. Jahrhundert hineintragen.

Eine kleine elitäre Gruppe der eben genannten Art ist die Sohnes- und Brüdergemeinschaft des »Göttinger Hains« gewesen. Sie hat sich »in Anlehnung an Klopstock zu bardisch-patriotischer Lyrik verleiten lassen, die das Vorbild übertrumpft und in ihrem weltfremden Freiheitsgeschrei und abstraktem Tyrannenhaß zuweilen ins unfreiwillig Komische ausartet.«[45] Zwei ihrer typischen Zeugnisse sind die Gedichte von Johann Heinrich Voss (1751–1826) und Friedrich Leopold Graf zu Stolberg (1750–1819), typisch schon durch ihre Gepflogenheit des wechselseitigen Andichtens:

Johann Heinrich Voss

Deutschland
An Friedrich Leopold Graf zu Stolberg
in der Nacht vom 4. zum 5. Dezember 1772

Was flogst du, Stolz des Deutschen, zur Sternenhöh,
Und blickest lächelnd nieder auf alles Volk,
Vom Aufgang bis zum Niedergange,
Welchem du König' und Feldherrn sandtest?

Hörst du der Sklavenkette Gerassel nicht,
Die uns der Franke (Fluch dir, o Mönch, der ihn
Den Großen pries!) um unsern Nacken
Warf, als mit triefendem Stahl der Herrschsucht,

Er, Gottes Sache lügend, ein frommes Volk
Samt seinen Priestern schlachtet' und Wittekind,
Statt Wodans unsichtbarer Gottheit,
Wurmigen Götzen Geruch zu streun zwang?

Nicht deutsches Herzens; Vater der Knechte dort,
Thuiskons Abart! kroch er zum stolzen Stuhl
Des Pfaffen Roms, und schenkt', o Hermann,
Deine Cherusker dem Bann des Wütrichs!

Nicht deutsches Herzens; Erbe des Julischen
Tyrannenthrones, gab er zur Armengift
Den Freiheitssang altdeutscher Tugend,
Welchem die Adler in Winfeld sanken!

Jetzt starb die Freiheit unter Despotenfuß;
Vernunft und Tugend floh vor dem Geierblick
Der feisten Mönch'; entmannte Harfen
Frönten dem Wahn und dem goldnen Laster!

O weine Stolberg! Weine! Sie rasselt noch
Des Franken Kette! Wenige mochte nur,
Von Gott zum Heiland ausgerüstet,
Luther dem schimpflichen Joch entreißen!

Ruf nicht dem Briten, daß er in strahlender
Urväter Heimat spähe der Tugend Sitz!
Still traurt ein kleiner Rest des Samens,
Welchen der Nachen des Angeln führte!

Nach Wollust schnaubt der lodernde Jüngling jetzt!
Der Mann nach Gold; in lauer Gebüsche Nacht
Lustwandeln freche Mädchenchöre,
Schmachtend in Galliens reichsten Tönen.

O dichtet ihnen, Sänger Germanias,
Ein neues Buhllied! Singet den Horchenden
Des Rosenbetts geheime Zauber,
Oder die taumelnden Lustgelage!

Ein lautes Händeklatschen erwartet euch! –
Ihr wollt nicht? Weiht der Tugend das ernste Spiel? –
Ha! flieht, und sucht im fernen Norden
Eurem verkannten Gesange Hörer!

Vertilgt auf ewig seist du, o Schauernacht,
Da ich Jehovas Dienste die Harfe schwur!
Vertilgt, ihr Tränen, so ich einsam
An den unsterblichen Malen weinte!

Der, mit des Serachs Stimme, Messias, dich
Den Söhnen Teuts sang! siehe, den lohnt der Frost
Des ungeschlachten Volks, den lohnen
Hämische Winke des stummen Neides!⁴⁶

Diese Ode ist kein Preislied auf das Vaterland, sondern ein rauhes Scheltlied auf die unfreien, sittenlosen und »ungeschlachten« Deutschen und ihre unglückliche Geschichte seit der Unterwerfung unter die katholische Religion. Sie übertrumpft und vergröbert in der Tat ihren Meister Klopstock, der in der letzten Strophe berufen wird. Denn seit der Niederlage Widukinds gegen Karl den Großen und seiner Taufe (im Jahre 785) sei Deutschland in die Knechtschaft Frankreichs und der römischen Pfaffen geraten und habe sich, mit Ausnahme der wenigen Lutheraner, noch nicht daraus befreit, sondern sich, im Gegenteil, sogar freiwillig den Lastern »Galliens« verschrieben (9. und 10. Strophe). Statt Germania in vaterländischen Liedern zu besingen, würden die deutschen Poeten frivole »Buhllieder« produzieren, ein Seitenhieb auf die Anakreontiker und vor allem auf Wieland.[47] Es spricht ein strenger teutscher Tugendbold im Namen eines kleinen Restes unverdorbenen Samens »altdeutscher Tugend« (5. Strophe) und in der traurigen Gewißheit, daß sein verkannter Gesang allenfalls noch im »fernen Norden« (d. h. in Hamburg, wo Klopstock wohnte, und in Dänemark, wo Stolberg zu Hause war) Hörer finden könnte. In gekränktem Stolz entsagt der 21jährige (!) Sänger in der vorletzten Strophe seinem religiösen und patriotischen Dichteramt und kündigt seinem dekadenten Volk den Dienst auf, solidarisch mit Vater Klopstock, der von seinen Deutschen längst nicht so gefeiert würde, wie sich das der Hainbund im eigenen Interesse wünschte.

Aber alle diese Enttäuschungen werden kompensiert: Der in den Himmel entflohene Nationalstolz findet sich offensichtlich nur noch in dem Sänger dieses Lieds und seinen Freunden, einem Häuflein der letzten Aufrechten – eine Vorstellung, der wir, mit positivem Vorzeichen, in den Tübinger Hymnen Hölderlins und bei der romantischen Generation wiederbegegnen werden.[48]

Bedenklich bei Voss wirken die starren Feindbilder, die Intoleranz, die Selbstgerechtigkeit und vor allem der Versuch einer Regermanisierung des Christentums. Ihm fehlen die kritischen Kontrollinstanzen Klopstocks. Seinem durch und durch maskulinen Gebaren mangeln die weiblichen Gegenkräfte. Wo sie einmal auftauchen – in der 9. und 10. Strophe –, werden sie sofort denunziert: sie bedrohen das vaterländische Rückenmark des teutschen Jünglings, auf dem verführerischen »Rosenbett« und beim »taumelnden Lustgelage«. Die Angst des deutschen Jünglings vor der Frau, vor der verschlingenden weiblichen Sexualität ist unüberhörbar. Auch vor ihr sucht er Schutz bei den »Söhnen Teuts«, in einem homoerotischen Bruderbund, der ebenso fixiert ist auf das Vater-Land und den germanischen Vater-Gott »Wodan« (3. Strophe), wie auf den Vater Klopstock. Es ist dies eine Konstellation, die wir bis in die »Männerphantasien« (Klaus Theweleit) der faschistischen Deutschland-Gedichte verfolgen können. Der hier noch gedämpfte »Wodan«-Furor wird sich kontinuierlich verstärken.[49] Johann Christian Günther nimmt als ein enttäuschter und gekränkter Liebender Abschied von seinem Vaterland. Aus Johann Heinrich Voss' Gedicht spricht keine Liebe, sondern ein altkluger und selbstgerechter Richter.

Ungleich harmloser und fast ein Gegengesang ist die Vaterlands-Ode des Grafen Stolberg. Sie erinnert daran, daß es ein ganzes Spektrum von Posen und Rollen gewesen ist, in die sich der vaterländische Gesang der Barden ergießen konnte. Stolbergs Klopstock gewidmetes Gedicht – eine Antwort auf dessen gleichnamige Ode – ist ein reines enthusiastisches Preislied des Vaterlands, ohne die Bescheidenheits-Hemmung seines Vorbilds:

Mein Vaterland
An Klopstock

Das Herz gebeut mir! siehe, schon schwebt,
voll Vaterlandes, stolz mein Gesang!
Stürmischer schwingen sich Adler
Nicht, und Schwäne nicht tönender!

An fernem Ufer rauschet sein Flug!
Deß staunt der Belt, und zürnet, und hebt
Donnernde, schäumende Wogen;
Denn ich singe mein Vaterland!

Ich achte nicht der scheltenden Fluth,
der tiefen nicht, der thürmenden nicht!
Mitten im kreisenden Strudel
Sänge Stolberg sein Vaterland!

O Land der alten Treue! Voll Muths
Sind deine Männer! sanft und gerecht!
Rosicht die Mädchen und sittsam!
Blitze Gottes die Jünglinge!

In deinen Hütten sichert die Zucht
Den Bund der Ehe; Rein ist das Bett
Zärtlicher Gatten, und fruchtbar
Ihre keuschen Umarmungen!

Vom Segen Gottes triefet dein Thal,
Und Freude reift am Rebengebirg';
Singenden Schnittern entgegen
Rauscht die wankende Halmensaat.

Kolumbia, du weintest, gehüllt,
In Trauerschleier, über den Fluch,
Welchen der lachende Mörder
Öden Fluren zum Erbe ließ.

Da sandte Deutschland Segen und Volk;
Der Schooß der Jammererde gebar,
Staunte der schwellenden Ähren,
Und der schaffenden Fremdlinge!

Nach fernem Golde dürstete nie
Der Deutsche; Sklaven fessel' er nicht!
Immer ein Schild des Verfolgten,
Und des Drängenden Untergang!

Ich bin ein Deutscher! (Stürzet herab
Der Freude Thränen, daß ich es bin!)
Fühlte die erbliche Tugend
In den Jahren des Kindes schon!

Von dir entfernet, weih' ich mich dir
Mit jedem Wunsche, heiliges Land!
Grüße den südlichen Himmel
Oft, und seufze der Heimath zu!

Auch greifet oft mein nerviger Arm
Zur linken Hüfte; manches Phantom
Blutiger Schlachten umflattert
Dann die Seele des Sehnenden!

Ich höre schon der Reisigen Huf,
Und Kriegsdrommete! sehe mich schon,
Liegend im blutigen Staube,
Rühmlich sterben für's Vaterland![50]

In diesem Gedicht lebt zweifellos mehr vom Geiste Klopstocks als bei dem verbiesterten Voß. Der Graf schlüpft in die vom Meister vorgezeichnete Rolle des »Jünglings« und entwirft ein geradezu idyllisch-paradiesisches Deutschland-Bild im Zeichen des Tacitus und Klopstocks. Das »Herz« und die Flügel der Begeisterung, die poetischen Antriebskräfte der Sturm-und-Drang-Generation[51], überfliegen alle Realitäten und ihre historisch-politischen Widrigkeiten. So sehnsüchtig, vorbehaltlos und abstrakt konnte sich wohl nur ein Mensch mit seinem Deutschsein identifizieren, der in einer deutsch-dänischen Grenz- und Exilsituation (am »Belt«, 2. Strophe) in Kopenhagen lebte und wirkte:

Ich bin ein Deutscher! (Stürzet herab,
der Freude Thränen, daß ich es bin!)
Fühlte die erbliche Tugend
In den Jahren des Kindes schon!

Trotz seiner männlichen Vater-Sohn-Achse (Klopstock, mit Stolbergs Mutter befreundet, ersetzte ihm auch den 1765 gestorbenen Vater) ist das national-familiale Geschlechterverhältnis sichtlich ausgewogen, beginnend mit der Kombination von »Adlern« und »Schwänen«, von »Stolz« und »Liebe«, von »Männern«, »Mädchen«, »Jünglingen« und »zärtlichen Gatten« (4. und 6. Strophe). Ja, es dominiert der Eindruck einer zeitlos-fruchtbaren Mutter-Erde (6. Strophe). Auch nach Kolumbia (Amerika) kamen die Deutschen nicht als mörderische Kolonisatoren, sondern als friedliche Bauern, die den Segen einer geschändeten »Jammererde« wieder erweckten (7. und 8. Strophe). Das »heilige Land« unter dem »südlichen Himmel« ist für den nördlich wohnenden Stolberg ein Mutter-Land.

Damit läßt sich selbst die Schlacht-Phantasie der letzten beiden Strophen vereinbaren. Sie ist die Vision eines Liebenden, der für das geliebte Mutter-land sein Blut vergießen und sich so aus der Ferne mit ihm vereinen möchte (im »blutigen Staube«!). Er weiß, daß er das Sehnsuchtsphantom einer alttestamentlichen Schlacht entwirft, in der der Krieger auch der Liebende und Märtyrer ist. Das »Dulce et decorum est pro patria mori« der Schlußzeile bedeutet in diesem Falle keinen masochistischen Unterwerfungsakt unter eine unbeschränkte Vaterautorität, sondern einen imaginären Liebestod.

1815 veröffentlichte Stolberg zusammen mit seinem Bruder noch einmal *Vaterländische Gedichte,* als ihren gesammelten Beitrag für die Befreiungs-kriege gegen Napoleon. Der Geist ihres Bardengesangs und ihres Hainbun-des sollte in einer zunehmend entstellenden nationalistischen Wirkungs-geschichte bis ins 20. Jahrhundert weiterleben.

VII

»O heilig Herz der Völker, o Vaterland!«

Hölderlins »Vaterländischer Gesang«

Kein Dichter ist im Namen Deutschlands und der »deutschen Sendung« –
sei sie nun nationalistisch oder revolutionär-jakobinisch gedeutet worden
– so mißverstanden und mißbraucht worden wie Friedrich Hölderlin. Er
wurde im 20. Jahrhundert, das ihn an seiner Schwelle wiederentdeckte, geradezu das Opfer seiner Deutschland-Gedichte und seiner »vaterländischen
Gesänge«[1], die 1797 und dann wieder 1801 einsetzten. Daß er der »deutscheste Dichter« sei, in dem der »Glutkern« eines »geheimen Deutschland« lebte,
diese Prägungen, die ihm der dem George-Kreise zugehörige erste Herausgeber einer historisch-kritischen Ausgabe, Norbert von Hellingrath, 1915
begeistert aufdrückte[2], ist er bis heute nicht losgeworden. Noch das jüngste
Buch über ihn, das seine ideologische Wirkungsgeschichte im 20. Jahrhundert einer scharfsinnigen Analyse und Kritik unterzieht, nennt ihn – und
nicht ohne Grund – den »Dichter des ›deutschen Sonderwegs‹«, »Sonderweg« verstanden als eine die Defizite der Aufklärung und der Französischen
Revolution überwindende deutsche Kulturrevolution, zum andern als der
von den westlichen Nachbarn abweichende historisch-politische Weg in die
Moderne, der Deutschland schließlich in den Nationalsozialismus führte.[3]
Die nationalkonservative Deutung, die in ihm die Erlöser- und Führergestalt eines »geheimen Deutschland« feierte, die die »Satzungen der scha-
len Gegenwart« zerbricht, um mit der »Zertrümmerung des Bestehenden«
die Gegenwart »umzuwenden« und Deutschland und die Welt zu erlösen[4],
mündete bald darauf in die Vereinnahmung Hölderlins durch das »Dritte
Reich«. Die Gründung der Hölderlin-Gesellschaft am 7. Juni 1943, unter der
Schirmherrschaft von Joseph Goebbels und der Präsidentschaft Gerhard
Schumanns, eines Nazi-Dichters, fiel in eine Zeit, die den »Seher und Verkünder eines neuen Vaterlandes«[5] zum Waffen- und Schlachtenhelfer in
einem schon verlorenen Krieg verunstaltete.
Aber auch die sozialistische Hölderlin-Deutung, von Georg Lukács im Moskauer Exil 1934 auf den Weg gebracht (mit einem *Hyperion*-Essay)[6], überschritt nicht den Rahmen einer grundsätzlichen Zivilisationskritik und eines

»Messianismus«, die den Dichter noch immer als Erlöser – diesmal aus einer kapitalistisch entfremdeten Welt – stilisierte. So, als den Propheten einer Utopie, die auf dem Boden des ersten sozialistischen deutschen Arbeiter- und Bauernstaates angeblich verwirklicht wurde, hat ihn sich dann auch die DDR einverleibt, mit dem forcierten Bewußtsein eines ›besseren Deutschland‹, das auch den »deutschesten« aller Dichter beerben wollte.[7] Der französische Germanist Pierre Bertaux hingegen reklamierte Hölderlin als lebenslangen Jakobiner, der an der »deutschen Misere« scheiterte (1969)[8], Peter Weiss, ihm in seinem *Hölderlin*-Stück folgend, modelte ihn zu einem verhinderten Revolutionär und Vorläufer von Karl Marx (1971)[9], und auch der Herausgeber der neuen »Frankfurter Ausgabe« (Dietrich E. Sattler) geht noch ›aufs Ganze‹, wenn er sich auf Hölderlins ›anarchische‹ und ›grüne‹ »Revolution der Gesinnungen und Vorstellungsarten« beruft.[10] Auf die Erlöser-Figur verzichtete keiner von ihnen. Unverstanden von seinen Zeitgenossen, mißverstanden und mißbraucht von seinen Lesern und Verehrern im 20. Jahrhundert, so erscheint der heutigen Hölderlin-Forschung seine deutsche Wirkungsgeschichte.[11]

Sie wird fast unglaublich, wenn man auf die Gedichte selber schaut. Nichts in ihnen lädt dazu ein, sie mit der historisch-politischen Welt einer revolutionären Realgeschichte zu verknüpfen. Himmelweit entfernt von ihr scheinen sie in einer rein poetischen, irrealen Sphäre zu schweben, jedenfalls in einem ganz eigenen, nicht für jeden betretbaren Raum, der sie zu singulären Erscheinungen auch innerhalb der Geschichte der Deutschland-Gedichte macht. Sie sprechen eine feierliche Oden- und Hymnen-Sprache, die zwar nicht hermetisch, aber doch esoterisch ist und die sich zweifellos nicht an das »Volk«, die große Zahl, sondern an einen kleinen Kreis von Eingeweihten und Berufenen wendet. In der Öffentlichkeit kursierten immer nur wenige griffige Zitate aus diesen Gedichten. *O heilig Herz der Völker, o Vaterland!* aus dem *Gesang des Deutschen*[12], »Auch wir sind / Tatenarm und gedankenvoll!« aus der Ode *An die Deutschen*[13] und aus der Ode *Der Tod fürs Vaterland* die ominösen, am meisten mißbrauchten Schlußverse: »Lebe droben, o Vaterland, / Und zähle nicht die Toten! dir ist, / Liebes! nicht Einer zu viel gefallen.«[14] Gottfried Benn im fünften Kriegsjahr des 2. Weltkriegs, aus einer Kaserne in Landsberg a. d. Warthe sprechend, stellte fest: »[…] Hölderlin und Rilke. Es ist äußerst interessant, zu verfolgen, wie stark diese beiden Lyriker in der gesamten politischen Propaganda der letzten Jahre Verwendung finden. ›Dir ist, Liebes, keiner zuviel gefallen‹ ist das am häufigsten gebrauchte Zitat« Hölderlins.[15] In der Tat kommt das Gedicht *Der Tod fürs Vaterland* (1796/7;

136

eine frühere Fassung trägt den Titel *Die Schlacht*) als einziges einer nationalistischen und militaristischen Instrumentalisierung weit entgegen:

Der Tod fürs Vaterland

Du kömmst, o Schlacht! schon wogen die Jünglinge
Hinab von ihren Hügeln, hinab in's Tal,
Wo keck herauf die Würger dringen,
Sicher der Kunst und des Arms, doch sichrer

Kömmt über sie die Seele der Jünglinge,
Denn die Gerechten schlagen, wie Zauberer,
Und ihre Vaterlandsgesänge
Lähmen die Kniee den Ehrelosen.

O nimmt mich, nimmt mich mit in die Reihen auf,
Damit ich einst nicht sterbe gemeinen Tods!
Umsonst zu sterben, lieb' ich nicht, doch
Lieb' ich, zu fallen am Opferhügel

Für's Vaterland, zu bluten des Herzens Blut
Für's Vaterland – und bald ist's gesche'n! Zu euch,
Ihr Teuern! komm' ich, die mich leben
Lehrten und sterben, zu euch hinunter!

Wie oft im Lichte dürstet' ich euch zu seh'n,
Ihr Helden und ihr Dichter aus alter Zeit!
Nun grüßt ihr freundlich den geringen
Fremdling und brüderlich ist's hier unten;

Und Siegesboten kommen herab: Die Schlacht
Ist unser! Lebe droben, o Vaterland,
Und zähle nicht die Toten! dir ist,
Liebes nicht Einer zu viel gefallen.[16]

Alles hängt davon ab, wie man das »Vaterland« definiert. Im Gegensatz zu den nationalistischen Mißverständnissen des 19. und 20. Jahrhunderts meinte Hölderlin damit ein neues, republikanisches Gemeinwesen, unabhängig von einer bestimmten Nation und jenseits von einer definierten Staats- und Verfassungsform.[17] Wie die Franzosen für die ihre will das Ich des Gedichts für eine deutsche Republik in die Schlacht ziehen und den »Heroentod«[18] (*Die Schlacht,* Vers 20) sterben. Das machen die erhaltenen Entwürfe ganz deutlich. Der erste ist eine klare Absage an die falschen »Väter« des Vaterlands:

O Schlacht fürs Vaterland,
Flammendes, blutendes Morgenrot
Des Deutschen, der, wie die Sonn, erwacht

Der nun nimmer zögert, der nun
Länger das Kind nicht ist,
Denn die sich Väter ihm nannten,
Diebe sind sie,
Die den Deutschen das Kind
Aus der Wiege gestohlen
Und das fromme Herz des Kinds betrogen,

Wie ein zahmes Tier, zum Dienste gebraucht.[19]

So spricht ein aufständischer, mündig gewordener Sohn, der sich, wie vorher Günther und Bürger und nach ihm Heine, von seinen selbsternannten feudalen Vätern und ihrem falschen Vaterland lossagt, um sich bald darauf, mit dem Beginn des Jahres 1797, den weiblichen und mütterlichen mythischen Mächten eines erträumten idealen Deutschland zuzuwenden.[20] Der Entwurf ist vermutlich im Jahre 1796 entstanden, als Hölderlin wieder mit den französischen Republikanern sympathisierte. Sie befanden sich zu dieser Zeit auf deutschem Boden, in der Nähe seiner schwäbischen Heimat, auf dem Vormarsch gegen die Österreicher. Am 6. August dieses Jahres schrieb er aus Kassel an seinen Bruder: »Dir, mein Karl, kann die Nähe eines so ungeheuern Schauspiels, wie die Riesenschritte der Republikaner gewähren, die Seele innigst stärken.«[21] Ebenso deutlich spricht die Vorfassung *Die Schlacht* von den »Knechten« und dem »Unterdrücker«, gegen die die vaterlandsbegeisterten Jünglinge in die Schlacht ziehen. Ihre wahren »Väter« sind die toten »Göttermenschen« des antiken Griechenlands, die »Helden und Dichter aus alter Zeit!«.[22] Was Hölderlin in dieser Ode gegeben hat, sind also eher Ansätze »zu einer deutschen Marseillaise«[23] als ein nationalistisches Kampflied.

Dreh- und Angelpunkt für das Verständnis nicht nur seiner Deutschland-Gedichte ist Hölderlins Verhältnis zur Französischen Revolution. Der vor mehr als 25 Jahren von zwei französischen Germanisten (Bertaux und Minder) ausgelöste Streit darüber, inwieweit und wie lange Hölderlin ›Jakobiner‹ gewesen sei, ist inzwischen, nach segensreichen Wirkungen auf die deutsche Hölderlin-Forschung, beigelegt worden.[24] Über die zentrale Bedeutung der Französischen Revolution für ihn und seine Dichtung gibt es keine Zweifel mehr. Andererseits ist Hölderlin niemals ein »politischer Dichter« im engeren Sinne gewesen. Auch in seiner revolutionsbegeisterten frühen Tübinger

Zeit (1788–1793), als er noch unter dem Bardeneinfluß Klopstocks und des Göttinger Hains stand, hat er keine »Zeit-Gedichte« geschrieben. Die entscheidende Zäsur für sein Verhältnis zu Frankreich und zu Deutschland liegt zwischen den Jahren 1796/97. Erhoffte er sich noch bis in den Sommer 1796 die Wiedergeburt eines idealen Griechenlands und seines vereinigenden vaterländischen Geistes in Deutschland durch die Macht und den Geist der Französischen Revolution, so setzte er nach der Enttäuschung durch die französische Eroberungspolitik und die »schmutzige Wirklichkeit«[25] seine Hoffnung auf eine geistig-poetische und religiöse Erneuerung Deutschlands und der Deutschen. Berühmtes Zeugnis dafür, neben dem *Hyperion*-Roman (1797/99), ist der Brief vom 10. Januar 1797 an den Freund Johann Gottfried Ebel in Paris, einen enttäuschten Anhänger der Französischen Revolution. Hier formuliert Hölderlin, auf den Spuren Herders, Goethes, Schillers und Reinholds, zum ersten Mal die Vorstellung einer deutschen Kulturrevolution, die das Scheitern der Französischen Revolution kompensieren und überwinden sollte. Nachdem er die »Gärung« und das »menschliche Chaos« der gegenwärtigen Zeit beschrieben hat, entwirft er eine utopische Deutschland-Perspektive:

> Man könnte die Litanei von Sonnenaufgang bis um Mitternacht fortsetzen und hätte kaum ein Tausendteil des menschlichen Chaos genannt. Aber so soll es sein! Dieser Charakter des bekannteren Teils des Menschengeschlechts ist gewiß ein Vorbote außerordentlicher Dinge. Ich glaube an eine künftige Revolution der Gesinnungen und Vorstellungsarten, die alles bisherige schamrot machen wird. Und dazu kann Deutschland vielleicht sehr viel beitragen. Je stiller ein Staat aufwächst, um so herrlicher wird er, wenn er zur Reife kömmt. Deutschland ist still, bescheiden, es wird viel gedacht, viel gearbeitet, und große Bewegungen sind in den Herzen der Jugend, ohne daß sie in Phrasen übergehen wie sonstwo. Viel Bildung, und noch unendlich mehr! bildsamer Stoff! – Gutmütigkeit und Fleiß, Kindheit des Herzens und Männlichkeit des Geistes sind die Elemente, woraus ein vortreffliches Volk sich bildet. Wo findet man das mehr als unter den Deutschen? Freilich hat die infame Nachahmerei viel Unheil unter sie gebracht, aber je philosophischer sie werden, um so selbständiger. Sie sagen es selbst, Lieber! man solle von nun an dem Vaterlande leben.[26]

Deutschland und den Deutschen wird die Kraft zugetraut, die gescheiterte Französische Revolution weiterzutragen und auf eigene Weise zu vollenden. Die fehlgelaufene soziale und politische Erhebung soll als Kulturrevolution, das heißt, als eine moralische, ästhetische und philosophische Revolution weitergeführt werden. Der Deutschen-Schelte des *Hyperion* tritt der utopische Entwurf eines »Deutschen Volkscharakters«[27] (Brief von 1.1.1799) an die Seite, der die »künftige Revolution der Gesinnungen und Vorstellungsarten«

ermöglichen und tragen soll. Diese Hoffnung auf eine »deutsche Revolution des Geistes« teilte Hölderlin nicht nur mit Schiller, dessen *Briefe über die ästhetische Erziehung des Menschen* er fortsetzen wollte[28] (Brief von 24.2.1796). Sie wurde am deutlichsten und einflußreichsten konzipiert und propagiert von dem Kant-Schüler und Philosophen Karl Leonhard Reinhold, der geradezu das »Programm einer deutschen Kulturrevolution« und damit eines kulturrevolutionären »deutschen Sonderwegs« entworfen hat.[29] »Hölderlin schließt an dieses Programm eines deutschen Sonderwegs schon im Tübinger Stift mit seiner ersten selbständigen Dichtung der Tübinger Hymnen an.«[30]
Der Brief an Ebel vom 10. Januar 1797 bildet also das Eingangstor zu den folgenden Deutschland-Gedichten Hölderlins. Wie ein direkter Kommentar zu ihnen lesen sich Briefäußerungen an den Bruder vom 1. Januar 1799.[31] Dort spricht Hölderlin zunächst von dem »günstigen Einfluß, den die philosophische und politische Lektüre auf die Bildung unserer Nation« und auf den »deutschen Volkscharakter« haben. Sie befreien sie nämlich von ihrer »bornierten Häuslichkeit«, ihrer provinziellen Schwerfälligkeit und ihrem mangelnden Gemeinsinn. Dann spricht er über den spezifischen Beitrag der Kunst und Poesie zu ihrer nationalen Bildung:

> Ich will nun sehen, ob ich noch etwas von dem, was ich Dir neulich über Poesie sagen wollte, herausbringen kann. Nicht, wie das Spiel, vereinige die Poesie die Menschen, sagt' ich; sie vereinigt sie nämlich, wenn sie echt ist und echt wirkt, mit all dem mannigfachen Leid und Glück und Streben und Hoffen und Fürchten, mit all ihren Meinungen und Fehlern, all ihren Tugenden und Ideen, mit allem Großen und Kleinen, das unter ihnen ist, immer mehr, zu einem lebendigen tausendfach gegliederten innigen Ganzen, denn eben dies soll die Poesie selber sein, und wie die Ursache, so die Wirkung. Nicht wahr, Lieber, so eine Panazee könnten die Deutschen wohl brauchen, auch nach der politisch philosophischen Kur; denn alles andre abgerechnet, so hat die philosophisch politische Bildung schon in sich selbst die Inkonvenienz, daß sie zwar die Menschen zu den wesentlichen, unumgänglich notwendigen Verhältnissen, zu Pflicht und Recht, zusammenknüpft, aber wie viel ist dann zur Menschenharmonie noch übrig? Der nach optischen Regeln gezeichnete Vor- und Mittel- und Hintergrund ist noch lange nicht die Landschaft, die sich neben das lebendige Werk der Natur allenfalls stellen möchte. Aber die Besten unter den Deutschen meinen meist noch immer, wenn nur erst die Welt hübsch symmetrisch wäre, so wäre alles geschehen. O Griechenland, mit deiner Genialität und deiner Frömmigkeit, wo bist du hingekommen? Auch ich, mit allem guten Willen, tappe mit meinem Tun und Denken diesen einzigen Menschen in der Welt nur nach, und bin in dem, was ich treibe und sage, oft nur um so ungeschickter und ungereimter, weil ich, wie die Gänse mit platten Füßen im modernen Wasser stehe und unmächtig zum griechischen Himmel emporflügle. Nimm mir das Gleichnis nicht übel. Es ist unschicklich, aber wahr, und unter uns geht so was noch wohl an, soll auch nur mir gesagt sein.

Hölderlins Blick auf seine Landsleute hatte sich durch seine gesellschaftlichen Erfahrungen in Frankfurt beträchtlich geschärft. Die »politisch philosophische Kur« soll ihnen das geben, was ihnen vor allem mangelt, nämlich Urbanität und Kosmopolitismus, die Vereinigung von Vaterlandsliebe und Menschheitsliebe. Das krönende Allheilmittel (Panazee) aber ist die Poesie. Nur sie besitzt die notwendige Vereinigungskraft, die aus einem chaotischen oder mechanisch (»symmetrisch«) geordneten Gebilde ein lebendiges Ganzes zu formen vermag. Nur sie ist die Stifterin einer wunderbaren Harmonie, die das rechte Verhältnis zwischen dem Einzelnen und dem Ganzen herzustellen vermag, die beide »nur *Ein* lebendiges Ganze ausmachen, das zwar *durch und durch individualisiert ist* und aus lauter selbständigen, aber ebenso innig und ewig verbunden Teilen besteht.«[32]

Als unerreichbares Vorbild einer solchen republikanischen Gesellschaft, in der sich die Freiheit des Einzelnen und der Gemeinsinn für das Ganze nicht ausschließen, wird das antike Griechenland genannt. Neben der Französischen Revolution erscheint damit das zweite Kraftzentrum, aus dem sich die vaterländische Inspiration Hölderlins speist. Sein »Weg zu Deutschland« (Adolf Beck) hat über ein ideales Griechenland und die Französische Revolution geführt. Als ihm Frankreich die erträumte Wiedergeburt der griechischen Republik schuldig blieb, setzte er seine Hoffnung auf Deutschland. »Der Fluchtweg Hölderlins nach Hellas war letzten Endes ein Umweg zu Deutschland.«[33] In der von vielen geteilten Erwartung, daß die welthistorische Stunde Deutschlands noch bevorstünde, traute er dem eigenen Land, trotz aller Zweifel eine geistige, künstlerische, religiöse und nationale Erneuerung der griechischen »Kulturnation« und ihres vaterländischen Geistes zu, und deshalb nannte er Deutschland das »heilig Herz der Völker«. Es sollte kraft seiner Poesie Griechenlands »Genialität« und »Frömmigkeit« wiederherstellen, eine Synthese von Kunst und Religion, in der sich der besondere »Genius« eines Volkes ausdrückt, zum Nutzen auch der anderen Völker. »Germania, wo du Priesterin bist / Und wehrlos Rat gibst rings / Den Königen und Völkern«, endet die Hymne *Germanien* von 1801. Trotz seiner zentralen Position und Mission bestimmt nicht aggressive Abgrenzung, sondern brüderliche Offenheit das Verhältnis zu den anderen Nationen. So ist Hölderlins »vaterländischer Gesang« alles andere als nationale Panegyrik, als ein blinder Preisgesang des eigenen Landes. Er sollte im Gegenteil eine »Panazee« sein, die mit der lebendigen Einheit Deutschlands auf die künftige friedliche Einheit Hesperiens, des Abendlandes vorbereitet.

Damit ist der Kontext skizziert, in dem Hölderlins Deutschland-Gedichte stehen und der ihre Lektüre vor groben Mißverständnissen schützen sollte.

Unglaublich, noch einmal, daß ihr behutsamer und liebevoller Ton sie nicht davor bewahren konnte. Die Ode *Gesang des Deutschen* wird auf das Jahr 1799 datiert:

> O heilig Herz der Völker, o Vaterland!
> Allduldend, gleich der schweigenden Mutter Erd',
> Und allverkannt, wenn schon aus deiner
> Tiefe die Fremden ihr Bestes haben!
>
> Sie ernten den Gedanken, den Geist von dir,
> Sie pflücken gern die Traube, doch höhnen sie
> Dich, ungestalte Rebe! daß du
> Schwankend den Boden und wild umirrest.
>
> Du Land des hohen ernsteren Genius!
> Du Land der Liebe! bin ich der deine schon,
> Oft zürnt' ich weinend, daß du immer
> Blöde die eigene Seele leugnest.
>
> Doch magst du manches Schöne nicht bergen mir;
> Oft stand ich überschauend das holde Grün,
> Den weiten Garten hoch in deinen
> Lüften auf hellem Gebirg' und sah dich.
>
> An deinen Strömen ging ich und dachte dich,
> Indeß die Töne schüchtern die Nachtigall
> Auf schwanker Weide sang, und still auf
> Dämmerndem Grunde die Welle weilte.
>
> Und an den Ufern sah ich die Städte blühn,
> Die Edlen, wo der Fleiß in der Werkstatt schweigt,
> Die Wissenschaft, wo deine Sonne
> Milde dem Künstler zum Ernste leuchtet.
>
> Kennst du Minervas Kinder? sie wählten sich
> Den Ölbaum früh zum Lieblinge; kennst du sie?
> Noch lebt, noch waltet der Athener
> Seele, die sinnende, still bei Menschen,
>
> Wenn Platons frommer Garten auch schon nicht mehr
> Am alten Strome grünt und der dürftge Mann
> Die Heldenasche pflügt, und scheu der
> Vogel der Nacht auf der Säule trauert.

O heilger Wald! o Attika! traf Er doch
Mit seinem furchtbarn Strale dich auch, so bald,
Und eilten sie, die dich belebt, die
Flammen entbunden zum Äther über?

Doch, wie der Frühling, wandelt der Genius
Von Land zu Land. Und wir? ist denn Einer auch
Von unsern Jünglingen, der nicht ein
Ahnden, ein Räthsel der Brust, verschwiege?

Den deutschen Frauen danket! sie haben uns
Der Götterbilder freundlichen Geist bewahrt,
Und täglich sühnt der holde klare
Friede das böse Gewirre wieder.

Wo sind jetzt Dichter, denen der Gott es gab,
Wie unsern Alten, freudig und fromm zu seyn,
Wo Weise, wie die unsre sind? die
Kalten und Kühnen, die Unbestechbarn!

Nun! sei gegrüßt in deinem Adel, mein Vaterland,
Mit neuem Nahmen, reifeste Frucht der Zeit!
Du letzte und du erste aller
Musen, Urania, sei gegrüßt mir!

Noch säumst und schweigst du, sinnest ein freudig Werk,
Das von dir zeuge, sinnest ein neu Gebild,
Das einzig, wie du selber, das aus
Liebe geboren und gut, wie du, sei –

Wo ist dein Delos, wo dein Olympia,
Daß wir uns alle finden am höchsten Fest? –
Doch wie erräth der Sohn, was du den
Deinen, Unsterbliche, längst bereitest?[34]

Die Ode liest sich wie ein im hohen Ton gesungenes Erzählgedicht, und es klingt wie eine pathetische ›Zukunftsmusik‹. In fünfzehn Strophen, die sich in fünfmal drei Strophen unterteilen, singt ein »Sohn« (15. Strophe) hinaus, was er vom »Vaterland« weiß, fühlt, ahnt und erwartet. Es ist eine begeisterte poetische Liebeserklärung, ein feierndes Bekenntnis und doch von einer prophetischen Klarheit und Konturenschärfe, die alles Unausgegorene und Nebulöse ausschließt. Selbst eine (traditionelle) kritische Einschränkung wird nicht verschwiegen: »Oft zürnt’ ich weinend, daß du immer / Blöde die eigene Seele leugnest.« Es singt ein »Deutscher«, ein deutscher Jüngling, aber der zweideutige Genitiv des Titels bringt es mit sich, daß er zugleich *das* »Deutsche« singt und singend ausspricht. Die Gestalt, die so allmählich sichtbar wird – ohne daß ihr Geheimnis ganz gelüftet wird, weil es noch der Zukunft angehört – ist zweifellos eine weibliche, eine Tochter der »Mutter Erd«, zugleich eine Tochter der »Liebe«, die in der dreizehnten Strophe einen mythischen Namen erhält. Es ist die Muse Urania, die Muse der Himmelskunde, die schon in der griechischen Mythologie mit der Göttin Aphrodite identifiziert wurde. Für Hölderlin ist Urania die Göttin der Harmonie, der Schönheit und der Wahrheit, die Schöpferin des liebeerfüllten Weltalls.[35] In dieser Ode ist sie zugleich die Schöpferin eines künftigen harmonischen Deutschlands, in dem der Genius Griechenlands wiedergeboren werden soll. Das doppelte Mutter-Tochter-Verhältnis, das hier noch nicht ganz enträtselt ist, wird in der späteren Hymne *Germanien* eindeutiger: »O nenne, Tochter du der heiligen Erd, / Einmal die Mutter«, so wird die Priesterin »Germania« angesprochen.[36] Der »Sohn«, der das »Vaterland« singt, befindet sich also in einem liebevollen einseitigen Dialog mit weiblichen Wesenheiten, die mythische Mütter und Töchter sind.

In den ersten drei Strophen werden die sattsam bekannten Mängel und Defizite Deutschlands beklagt und verteidigt: seine Passivität, seine Wehrlosigkeit, die es zur Beute des Auslands machen, seine hohe Geisteskultur bei fehlender staatlicher Basis (im Bild der »ungestalten Rebe«) und seine geschichtliche Verspätung und Selbstverkennung, die es noch auf der Stufe eines Kindes verharren lassen. Aber schon diese »Mängel« werden so benannt, daß sie wie die Keime künftiger Vorzüge klingen.

Die nächsten Strophen (4–6) preisen die bereits vorhandenen Schönheiten und Errungenschaften des Landes. Es erscheint als ein idyllischer Natur- und Landschaftsraum, in den sich Städte, Handwerk, Wissenschaft und Kunst harmonisch einfügen. Die Stimmung einer hochgespannten Erwartung herrscht auch hier. Ein elegischer Rückblick auf das idealisierte antike Griechenland bestimmt den Inhalt der Strophen 7–9. Trotz seines Untergangs und Verlustes sind seine Seele und sein Geist noch anwesend im Gedächtnis der Menschen. Seine belebenden »Flammen«, das heißt, sein vereinigender vaterländischer Geist könnten, so wird gefragt, in den himmlischen »Äther« zurückgekehrt (Strophe 9), aber auch in einem »Genius« wiederauferstanden sein, der im Laufe der Zeit immer wieder ein neues Land und Volk auserwählt und an die Spitze der anderen Völker setzt (Strophe 10), gemäß der Lehre von den Lebensaltern der Völker. Die Hymne *Germanien* formuliert diesen geschichtsmythischen Vorgang mit den Worten:

Und der Adler, der vom Indus kömmt,
Und über des Parnassos
Beschneite Gipfel fliegt, hoch über den Opferhügeln
Italias, und frohe Beute sucht
Dem Vater, nicht wie sonst, geübter im Fluge
Der Alte, jauchzend überschwingt er
Zuletzt die Alpen und sieht die vielgearteten Länder.[37]
(I, 337)

Die eschatologische Erwartung auf das Kommende wächst auch in diesen Strophen an.

In den folgenden drei (10–12) werden die Personenkreise genannt, die das Erscheinen des »Genius« und die damit verbundene Heraufkunft eines deutschen »Völkerfrühlings« am ehesten ahnen und vorauswissen. Es sind die Jünglinge, die deutschen Frauen (hieraus spricht die Begegnung mit Susette Gontard in Frankfurt), die Dichter und die Weisen. Im Vergleich mit dem Erziehungskonzept des Bruderbriefes vom 1. Januar 1799 fehlen die politischen Mentoren (»politische Lektüre«). An deren Stelle getreten sind die Jünglinge und die »deutschen Frauen«. Die Jünglinge als eine auserwählte Gruppe im poetischen Dienste des Vaterlands und der Vaterlandsliebe sind uns schon durch Klopstock, den Göttinger Hainbund und den ihnen folgenden frühen Hölderlin bekannt.[38] Die »deutschen Frauen«, so eigen sie hier als friedestiftende Bewahrerinnen des antiken Geistes auftreten, erinnern zurück an die »tiuschen frouwen« Walthers von der Vogelweide *(Ir sult sprechen willekomen)* und weisen voraus auf Hoffmann von Fallerslebens *Lied der Deutschen* (»Deutsche Frauen, deutsche Treue«). Solche eigendynamischen Kontexte haben zweifellos die nationalistischen Fehllektüren der Hölderlin-Gedichte begünstigt.

Die in zwölf Strophen gewachsene Erwartung und Verheißung des Gedichts löst sich in den letzten drei Strophen, ohne daß der Aufschluß und die Erfüllung schon endgültig und vollendet wären. Zwar wird das Vaterland als »reifeste Frucht der Zeit« gegrüßt, aber sein »neuer Name« kann noch nicht ausgesprochen werden. Zwar kann die göttliche Muse und Schöpferin eines künftigen idealen Deutschland schon beim Namen genannt werden, aber ihr Werk ist noch unterwegs. Das »höchste Fest« als Ausdruck des einigenden vaterländischen Geistes, als Vereinigung von Freude, Genialität und Frömmigkeit, als Versöhnungsfeier zwischen den Irdischen und den Himmlischen ist nahe (Delos und Olympia werden als einheitsstiftende Festorte der griechischen Stadtstaaten und des delisch-attischen Seebundes angerufen), der Zeitpunkt des Festes ist bestimmt und alles Nötige schon längst beschlossen und vorbereitet – nur der »Sohn« ist trotz aller Liebe zum Vaterland noch nicht in der Lage, die himmlischen Zeichen in seine poetische Sprache zu übersetzen und das »Rätsel« zu erraten. So endet die Ode mit zwei drängenden Fragen. Daß die frohe Botschaft unterwegs sei, ist die Botschaft dieses Gedichtes. Sein »Gesang« will ein Weckruf sein, wie Bacchus »vom Schlafe die Völker weckend«.[39]

Deutschland erscheint in ihm als das Land und das Kind der Mutter Erde und der Liebe, des Friedens (»Ölbaum«), der Dichter und Denker, als utopische Wiedergeburt des alten Griechenlands, als ein Wunsch- und Traumgebilde, das sichtlich die Enttäuschungen der Französischen Revolution, die auf das antike Rom fixiert war, und die eigenen Rückständigkeiten zu kompensieren hat.[40] Es hat seinen Ort nicht in der realen Geschichte, sondern in einer geschichtsphilosophisch angelegten Mythologie, die dem Hölderlin wohlbekannten »Ältesten Systemprogramm des deutschen Idealismus« und der Romantik nahesteht. Sie stimmen darin überein, daß sie der Poesie, als »Lehrerin der Menschheit« (Schelling), die Schöpfung einer »neuen Mythologie« zutrauen. Der Dichter sei der berufene Vermittler zwischen dem »Genius« des Vaterlandes und dem Volk. Er stiftet die vaterländische Mythologie, so wie es Hölderlin in vielen Oden und Hymnen tun wird. Deutschland als enthusiastischer poetischer Traum, Deutschland als Gedicht – das ist die Vorbereitung für die baldige Realisierung seiner abendländischen Sendung. Diese Erwartung – für Hölderlin sollte das »Land der Liebe« zugleich das »Reich Gottes« verwirklichen – teilte er mit vielen bedeutenden Zeitgenossen (Reinhold, Hegel, Fichte, Schelling, Schiller).

Die deutsche und die europäische Realgeschichte nahmen bekanntlich, mit der Auflösung des Deutschen Reiches 1806, der Niederlage Preußens 1806, der europäischen Vorherrschaft Napoleons bis 1813/15, der Heiligen Allianz und ihrer Restaurationspolitik bis 1848 – einen ganz anderen Gang. Trotzdem kann man hier den Beginn eines deutschen »Sonderweg«-Denkens ansetzen, das zunächst die Bestimmung hatte, die Defizite der Aufklärung und der Französischen Revolution auszugleichen, das aber mit der zunehmenden politischen »Verspätung« Deutschlands, mit der gesellschaftlichen und staatlichen Stagnation allmählich zu einer gefährlichen Kompensationsideologie wurde. Die »Kulturnation« wurde nach der gescheiterten Revolution von 1848 zum Fluchtraum politisch ohnmächtiger Bürger, während die »Staatsnation« von oben eingerichtet und dirigiert wurde.

Heinrich Heine war wohl der erste, der diese Diskrepanz und Gefahr durchschaute und anprangerte. In seiner Vorrede zu *Deutschland. Ein Wintermärchen* von 1844 schließt er zwar an die Deutschland-Visionen des endenden 18.

und beginnenden 19. Jahrhunderts an: »Die ganze Welt wird deutsch werden! Von dieser Sendung und Universalherrschaft Deutschlands träume ich oft, wenn ich unter Eichen wandle. Das ist *mein* Patriotismus«, aber nur dann darf so geträumt werden – das ist seine conditio sine qua non –, »wenn wir das vollenden, was die Franzosen begonnen haben, wenn wir diese überflügeln in der That, wie wir es schon gethan in Gedanken, wenn wir uns bis zu den letzten Folgerungen desselben emporschwingen, wenn wir die Dienstbarkeit bis in ihren letzten Schlupfwinkel, den Himmel, zerstören, wenn wir den Gott, der auf Erden im Menschen wohnt, aus seiner Erniedrigung retten, wenn wir die Erlöser Gottes werden, wenn wir das arme, glückenterbte Volk und den verhöhnten Genius und die geschändete Schönheit wieder in ihre Würde einsetzen, wie unsere großen Meister gesagt und gesungen, und wie wir es wollen, wir, die Jünger«.[41] Wenn die Deutschen, so heißt es unverblümter in der französischen Ausgabe des »Wintermärchens«, das große Erbe der Französischen Revolution übernehmen und vollenden: »le grand œuvre de la Révolution: la Democratie universelle!«[42] Heine holt die idealistische und romantische »Sonderweg«-Idee der deutschen »Kulturnation« wieder auf die Erde zurück und politisiert sie. Die Französische Revolution soll nicht lediglich durch eine »Revolution der Gesinnungen und Vorstellungsarten« ersetzt, sondern besser, gründlicher weitergeführt und vollendet werden. Heine sitzt derweilen freilich im Französischen Exil, und der Deutsche Bund ist weit entfernt davon, seinen politischen Traum zu verwirklichen. Deshalb spottet der Dichter in Caput VII des *Wintermärchens*:

> Franzosen und Russen gehört das Land,
> Das Meer gehört den Briten,
> Wir aber besitzen im Luftreich des Traums
> Die Herrschaft unbestritten.
>
> Hier üben wir die Hegemonie,
> Hier sind wir unzerstückelt;
> Die anderen Völker haben sich
> Auf platter Erde entwickelt. – – [43]

In den »höchsten Himmelsräumen« (Caput VII, Strophe 4) wie im »Luftreich des Traums« bewegen sich Hölderlins Deutschland-Gedichte in der Tat. Aber man kann ihm kaum vorwerfen, daß er dort die »Herrschaft« ausübt. Er steht vielmehr in einem ebenso enthusiastischen wie leidvollen ›Liebesdienst‹ eines Vaterlandes, das, im Gegensatz zu dem ihn umgebenden, weibliche, mütterliche und brüderliche Züge trägt und patriarchalische Herrschaftsformen geradezu ausschließt.

Daß Hölderlin außerdem ungeduldig auf die »Tat« wartete, daß er die bewegte politische Zeitgeschichte leidenschaftlich miterlebte, das verraten seine Fragment gebliebene Ode *An die Deutschen* von 1800 ebenso wie seine nach dem Frieden von Lunéville (am 9. 2. 1801), den er als utopischen Endzeitfrieden deutete, einsetzenden »vaterländischen Gesänge«.[44] *An die Deutschen* beginnt zwar mit zwei hoffenden Strophen:

> Spottet nimmer des Kinds, wenn noch das alberne,
> Auf dem Rosse vom Holz herrlich und viel sich dünkt,
> O ihr Guten! auch wir sind
> Tatenarm und gedankenvoll!
>
> Aber kommt, wie der Strahl aus dem Gewölke kommt,
> Aus Gedanken vieleicht, geistig und reif die Tat?
> Folgt die Frucht, wie des Haines
> Dunklem Blatte, der stillen Schrift?[45]

Aber dann bemächtigt sich des sprechenden Ich, obwohl es noch einmal die Vision heraufruft, wo » […] die Berge des deutschen / Landes Berge der Musen sind, / […] und rings unter des Vaterlands / Goldnem Himmel die freie / Klare geistige Freude glänzt«, Melancholie und Trauer angesichts der hoffnungslosen Diskrepanz zwischen der begrenzten »Lebenszeit« des Einzelnen und der zahllosen »Jahre der Völker«. Zur Sprache kommt die Leidensgeschichte einer vergeblichen Vaterlandsliebe. Der ausgeführte Teil der Ode endet mit einer Klage:

> Klanglos, … ists in der Halle längst,
> Armer Seher! bei dir, sehnend verlischt dein Aug
> Und du schlummerst hinunter,
> Ohne Namen und unbeweint.[46]

Erst durch den Frieden von Lunéville im Jahre 1801, der den Krieg zwischen Frankreich und Österreich beendete, bekommt die Deutschland-Dichtung Hölderlins wieder neuen Schwung und einen noch höheren Anspruch. Er verband mit diesem Frieden überschwengliche Hoffnungen. So schreibt er zu Neujahr 1801 an den Bruder Karl:

> Nicht daß irgendeine Form, irgendeine Meinung und Behauptung siegen wird, dies dünkt mir nicht die wesentlichste seiner Gaben. Aber daß der Egoismus in allen seinen Gestalten sich beugen wird unter die heilige Herrschaft der Liebe und Güte, daß der Gemeingeist über alles in allem gehen, und daß das deutsche Herz in solchem Klima, unter dem Segen dieses *neuen* Friedens erst recht aufgehn, und geräuschlos, wie die wachsende Natur, seine geheimen weitreichenden Kräfte entfalten wird, dies mein' ich, dies seh' und glaub' ich, und dies ists, was vorzüglich mit Heiterkeit mich in der zweiten Hälfte meines Lebens hinaussehn läßt.[47]

Der Friede scheint ihm »die Tage der schönen Menschlichkeit, die Tage sicherer, furchtloser Güte, und Gesinnungen herbeizuführen, die ebenso heiter als heilig und ebenso erhaben als einfach sind«[48], und er sieht durch ihn »eine schönere Geselligkeit als nur die ehernbürgerliche […] reifen!«[49] Seine neueinsetzenden »vaterländischen Gesänge«, von solchen spricht er in einem Brief im Dezember 1803 (»Übrigens sind Liebeslieder immer müder Flug, […]; ein anders ist das hohe und reine Frohlocken vaterländischer Gesänge«;[50]) – erstrecken sich nun von der Heimat Schwaben/Suevien über das deutsche »Vaterland« bis in ein künftiges Abendland/Hesperien, dessen lebendiges »Herz« Deutschland bilden sollte.[51]

Davon kündet vor allem seine Hymne *Germanien*,[52] mit der er, neben der berühmten *Friedensfeier* (1801), auf den Friedensschluß von Lunéville reagierte. Sie ist voll von hoher Erwartung und antezipierter Erfüllung. Die ersten beiden der sieben sechzehnzeiligen Strophen sind angefüllt von der programmatischen Umkehr und Abkehr vom alten idealen Griechenland zugunsten der ahnungsvollen Gegenwart und verheißungsvollen deutschen Zukunft:

> Denn die da kommen sollen, drängen uns,
> und länger säumt von Göttermenschen
> Die heilige Schar nicht mehr im blauen Himmel.

Die dritte Strophe zeichnet den (bereits zitierten) Weg des Götter-Boten vom Orient über Griechenland und Italien bis zu »Germanien« nach. Dies Land wird von der vierten Strophe als »Priesterin, die stille Tochter Gottes« eingeführt und vom verjüngten Boten mit den feierlichen Worten angeredet: »Du bist es, auserwählt, / Alliebend und ein schweres Glück / Bist du zu tragen stark geworden«. Diese göttliche Ansprache füllt die letzten drei Strophen. Die fünfte führt in die Frühzeit der »Jungfrau« Germania zurück, die ihre Prädestination schon ahnen ließ, durch die »Fülle der goldenen Worte«, die sie »in die Gegenden all« aussandte, und durch die Wesensverwandtschaft mit der Mutter Erde:

> Denn fast, wie der heiligen,
> Die Mutter ist von allem,
> Die Verborgene sonst genannt von Menschen,
> So ist von Lieben und Leiden
> Und voll von Ahnungen dir
> Und voll von Frieden der Busen.

Die sechste Strophe umkreist die Enthüllung des bisherigen Geheimnisses, das die Auserwähltheit und die abendländische Sendung der Priesterin Germania umgeben hat:

> Dreifach umschreibe du es, [»ein Wahres«]
> Doch ungesprochen auch, wie es da ist,
> Unschuldige, muß es bleiben.

Germanias Wissen von sich selbst und von den anderen Ländern darf nicht die Unschuld ihres Selbstbewußtseins zerstören. Sie soll nennen, beschwören, raten und prophezeien wie einst die Priesterin von Delphi und an ihren »Feiertagen« die versunkene Vergangenheit mit der Gegenwart und Zukunft und die Himmlischen mit den Irdischen versöhnen. Davon spricht die letzte Strophe:

> O nenne, Tochter du der heiligen Erd',
> Einmal die Mutter. Es rauschen die Wasser am Fels
> Und Wetter im Wald und bei dem Namen derselben
> Tönt auf aus alter Zeit Vergangengöttliches wieder.
> Wie anders ists! und rechthin glänzt und spricht
> Zukünftiges auch erfreulich aus den Fernen.
> Doch in der Mitte der Zeit
> Lebt ruhig mit geweihter
> Jungfräulicher Erde der Äther
> Und gerne, zur Erinnerung, sind
> Die unbedürftigen sie
> Gastfreundlich bei den unbedürftgen,
> Bei deinen Feiertagen
> Germania, wo du Priesterin bist
> Und wehrlos Rat gibst rings
> Den Königen und Völkern.

Um diese Verse mit einem mißverstandenen »Deutschland, Deutschland über alles« oder gar mit Emanuel Geibels »und es mag am deutschen Wesen / einmal noch die Welt genesen« zu synchronisieren, genügte es nicht, sie entstellt zu zitieren und das Adverb »wehrlos« aus dem vorletzten Vers zu streichen.[53]

Man mußte sie aus ihrer idealen mythischen und religiösen Sphäre, auf die Hölderlin seine pietistisch geprägten endzeitlichen Welterneuerungs- und Erlösungshoffnungen richtete, gewaltsam in die empirische Wirklichkeit zurückholen. (Nicht einmal der Name und Begriff »Deutschland« fällt ja in diesen Gedichten!) Und man mußte die dienende Rolle, die der Dichter seiner »Germania« innerhalb der europäischen Völker, innerhalb einer utopischen abendländischen Friedensgemeinschaft zuweist, umfälschen in eine absolute Macht- und Führungsposition. Das Vaterland als »heilig Herz der Völker« besagt ja nichts anderes, als daß es die organischen und spirituellen Funktionen eines Herzens inmitten einer als »Körper« imaginierten abendländischen Völkergemeinschaft übernimmt. Hölderlins »Germania« als wehrlose »Priesterin« ist das genaue Gegenteil jener Germania-Figur, die in der zweiten Hälfte des 19. Jahrhunderts martialisch aufgerüstet wurde. So wird gerade am Beispiel der Hölderlin-Rezeption und der »Hölderlin-Legende« das ganze Unmaß der nationalistischen Verblendung im 20. Jahrhundert deutlich.

Typisch dafür ist der Mißbrauch, den man auch mit der anfangs zitierten Rede Norbert von Hellingraths über *Hölderlin und die Deutschen,* die mit der Zitierung der Hymne *Germanien* endet, getrieben hat. Sie ist für sich genommen unschuldig, jugendlich inspiriert, von der reinsten Begeisterung für den in seinem Volke unbekannten Dichter getragen, und sie räumt auch der Scheltrede des *Hyperion* ihren gebührenden Platz ein. »Ja, er sprach für jeden der wahrhaft großen Deutschen, die alle leiden wie er gelitten hat unter der Doppelgesichtigkeit des Volkes, dessen innerer Kern jeden ebenso überwältigt und zur Liebe zwingt, wie in der äußeren Schicht etwas ist, das jeden abgestoßen und beleidigt hat.«[54] Es sind erst die besonderen Kontexte, die die Wirkungsgeschichte dieser Rede entstellt haben, angefangen mit der Tatsache, daß sie im ersten Jahr des Weltkriegs (im März 1915) gehalten wurde, von dem Soldaten Hellingrath, der auf Genesungsurlaub in München weilte, im Rahmen der von Elsa Bruckmann organisierten »Kriegshilfe für geistige Berufe« (zu dem Bruckmann-Zirkel gehörten auch Rilke und Ernst Schuler, aber auch Hitler soll dort später Gast gewesen sein) und daß Hellingrath selber am 14. Dezember 1916 vor Verdun den »Tod fürs Vaterland« gestorben ist. Als die Rede 1922, nach dem verlorenen Weltkrieg, im Bruckmann-Verlag veröffentlicht wurde, mußte sich diese nationale und militante Aura noch verstärken. Ihr Verfasser hatte wie ein Hölderlin-Jüngling den »Heroentod« für Deutschland gefunden, und sein George-Wort vom »geheimen Deutschland« (vgl. Georges gleichnamiges Gedicht!)[55] richtete sich nun ebenso gegen die neue, ungeliebte Republik, wie es auf das Kommen eines »Dritten Reiches« zu hoffen schien.

Das hat denn auch nicht gezögert, sich das »Hölderlin-Vermächtnis« Hellingraths auf seine Weise anzueignen. 1936 erschien, wiederum im Bruckmann-Verlag, die bereits genannte Ausgabe seiner gesammelten Hölderlin-Arbeiten, aufgemacht als *Gedenkbuch zum 14. Dezember 1936,* das heißt, zum

20. Jahrestag seines Schlachtentodes. Der Propaganda-Mißbrauch Hölder-
lins im Zweiten Weltkrieg stand kurz bevor. Das angeblich »deutscheste«
Deutschland aller Zeiten schändete in Wort und Tat den »deutschesten
Dichter«.

Aber auch diese Legende, daß Hölderlin den »Nicht-Deutschen wohl nie
zugänglich« sein wird,[56] hat sich inzwischen erledigt. Er »wurde in den vergangenen fünfzig Jahren zum meistübersetzten deutschen Dichter und zu
einem Orientierungspunkt im weltliterarischen Diskurs.«[57] Vielleicht wird
ihn ein neues, geeintes und friedliches Europa als den »abendländischsten
Dichter« noch einmal wiederentdecken.

VIII

»Was ist des Deutschen Vaterland?«
Die Entstehung der deutschen Nationalmythologie

Die Historiker sind sich einig, daß der deutsche Nationalmythos im Vorfeld der Befreiungskriege gegen Napoleon entstanden ist, also zwischen 1806 und 1815.[1] Was bisher Gegenstand von Poesie und Philosophie gewesen war, geriet nun in das Spannungsfeld von Zeitgeschichte und Politik. Das traditionelle Deutschland-Bild wurde politisiert und ideologisiert, zu einem effektvollen politischen Programm planmäßig ausgearbeitet und, neben dem fortbestehenden Landespatriotismus, gezielt als Machtfaktor im Kampf gegen Napoleon eingesetzt. Obwohl es immer noch eine bürgerliche intellektuelle Elite war, die diesen Nationalmythos formulierte und tradierte, ergriff er in dieser Zeit doch breitere Schichten der Bevölkerung – am wenigsten allerdings »die bäuerliche und unterbäuerliche Bevölkerung, die zu dieser Zeit noch ungefähr drei Viertel der Gesamtbevölkerung ausmachte«.[2] Als der preußische König Friedrich Wilhelm III. am 17. März 1813 mit seinem Aufruf *An mein Volk* endlich den Befreiungskampf gegen Napoleon freigab, strömten die Freiwilligen in die Regimenter, angespornt von der Hoffnung, daß die Befreiung von der langjährigen Fremdherrschaft zugleich die Einheit und Freiheit des deutschen Vaterlandes bringen würde.

Daß diese Hoffnung sich sehr bald nach dem Wiener Kongreß (1815) als Täuschung erwies, daß die restaurativen Mächte der »Heiligen Allianz« sich gegen den modernen Liberalismus und Nationalismus noch einmal durchsetzten, war alles andere als ein Zufall. Es war das Ergebnis einer fatalen historischen Konstellation, und zwar in dreifacher Hinsicht:

1. wurde die nationale Bewegung weitaus mehr von außen als von innen initiiert. Pointiert gesagt: Es sind Napoleon und seine Fremdherrschaft, denen die Deutschen ihr modernes Nationalbewußtsein verdanken. »Es ist die Herrschaft Napoleons gewesen, die das klassisch-romantische Nationalgefühl der Deutschen politisch gemacht hat […]; die Jahre zwischen 1806 und 1813 sind die Geburtsjahre der nationalen Bewegung […]«.[3] Wie so oft seit den Zeiten des deutschen Frühhumanismus, ist es der negative oder

positive Bezug auf den »Anderen«, der das deutsche Selbstbewußtsein konstituiert.

2. sollte sich die Tatsache, daß der eigentliche deutsche Nationalmythos ein Produkt des *Krieges* und nicht des Friedens oder einer inneren Revolution ist, unheilvoll auf die weitere deutsche Geschichte auswirken. Seine fragwürdigen Merkmale, das Militante, Maskuline, Hybride, Großsprecherische und das bornierte Freund-Feind-Schema sind ihm in dieser Zeit tief eingeprägt worden. Sie haben sich in der Folgezeit noch verschärft und erst nach der Katastrophe von 1945 allmählich verloren.[4]

3. Langfristig am unheilvollsten wirkte sich aus, daß der Befreiungskampf gegen Napoleon eine antiwestliche, antifranzösische Tendenz implizierte und damit einen potentiellen Verrat an den demokratischen Ideen der Französischen Revolution und der Aufklärung mit sich brachte. Dieser republikanische Substanzverlust sollte sich während der 1848er-Revolution bitter rächen. Trotz bester Ausgangsbedingungen und Chancen war das deutsche Bürgertum nicht in der Lage, sich gegen die Fürsten und Könige durchzusetzen. Es hatte keinerlei Erfahrungen im Umgang mit der Macht, geschweige denn mit revolutionären Praktiken und Taktiken. Diese doppelte Niederlage aber, nach 1815 und nach 1848, und das lange Warten auf die faktische Nationwerdung höhlten den deutschen Nationalmythos allmählich aus, verstärkten seine rückwärtsgewandten Züge und ließen ihn immer lauter, schriller und kompensatorischer erscheinen. Mit einem seit 1871 immer penetranter und aggressiver werdenden Nationalbewußtsein entschädigte sich das deutsche Bürgertum für seine politischen Versagungen.

Außer durch diese Politisierung und Ideologisierung unterscheidet sich das Deutschland-Bild des 19. Jahrhunderts von dem des 18. Jahrhunderts auch durch seine Ablösung von den Kontrollinstanzen des Kosmopolitismus, eines humanen Christentums und von der utopischen griechisch-deutschen Mythologie Hölderlins.

Nun heißt es bei dem exemplarischen Ernst Moritz Arndt:

> Der Gott, der Eisen wachsen ließ,
> Der wollte keine Knechte,
> Drum gab er Säbel, Schwert und Spieß
> Dem Mann in seine Rechte

Statt der schönen griechischen Götter und »Göttermenschen« (Hölderlin) übernehmen wieder die Germanen des Tacitus und die Götter und Helden des »Nordens«, der germanischen Mythologie, das Kommando. Die deut-

154

sche romantische Bewegung, die sich nach 1800 schon längst von ihrer anfänglichen republikanischen Begeisterung entfernt hatte, arbeitete geradezu einen geschichtsphilosophischen »Mythos vom Norden« aus. Er besagte in seinem Kern, daß nach Blüte und Verfall der romanischen Völker und Staaten nun die welthistorische Stunde der germanischen Nordvölker gekommen sei. Der Gott, der in Ernst Moritz Arndts *Vaterlandslied* von 1812 »Eisen wachsen« und es »brausen« läßt (»läßt brausen, was nur brausen kann, / In hellen, lichten Flammen« 4. Strophe)[5], erinnert schon mehr an Wotan als an den christlichen Vatergott.[6]

Auch das scheinbar Alte und Vertraute in der Rede von Deutschland änderte sich in diesen Jahren, weil es in einen neuen politischen und praktischen Kontext geriet. Was der Philosoph Johann Gottlieb Fichte in seinen berühmten, aber zunächst gar nicht besonders wirkungsvollen *Reden an die deutsche Nation* (1807/8) predigte und propagierte, steht dem alten Tübinger Kreis um Hegel, Hölderlin und Schelling ganz nahe. Typisch für die heutige Einschätzung ist das Urteil des Historikers Bernd von Münchow-Pohls: »Fichtes *Reden* sind zweifelsohne ein bedeutendes Zeugnis für das Erwachen des deutschen Nationalbewußtseins, aber es war kein politisches Gebilde, das der weltfremde Philosoph ersann, sondern ein geistiges Refugium im waffenstarrenden Europa Napoleons, ein luftiges Wolkenkuckucksheim.«[7] So forderte auch er ein »Reich des Geistes und der Vernunft« und die »Weltherrschaft« des deutschen Geistes, so hielt auch er die Deutschen für das »auserwählte Volk« der Zeit und mahnte es in seiner letzten Rede:

> »Es ist daher kein Ausweg: wenn ihr versinkt, so versinkt die ganze Menschheit mit, ohne Hoffnung einer einstigen Wiederherstellung.«[8]

Aber was dem Wortlaut nach gleich oder ähnlich klingt, wurde in den nächsten Jahren zum Bestandteil eines militanten politischen Programms, das auf praktische Realisierung drängte. Entsprechend erging es fast allen ehemals rein kulturnationalen Argumenten: sie wurden politisiert und stellten plötzlich Gebietsansprüche. So beantwortete Arndt seine hämmernde Frage: »Was ist des Deutschen Vaterland« zwar immer noch mit dem alten Konzept einer deutschen Sprachnation, aber sein Schlußrefrain »Das ganze Deutschland soll es sein!« rief doch recht massiv das Bild eines künftigen Großdeutschlands herauf.[9] Nicht mehr Urania/Aphrodite war es, die das »neu Gebild« ersann und zeugte (Hölderlin), sondern es waren die Reformpolitiker nach 1806 und die Volksheere, die das neue Deutschland bilden und erkämpfen sollten.

Nach der Niederlage der verbündeten Russen und Österreicher gegen Napoleon (Austerlitz 1805), nach dem Ende des alten deutschen Reiches und Kaisertums 1806 und nach dem Zusammenbruch Preußens (Oktober 1806 die Schlacht bei Jena und Auerstädt) und dem demütigenden Tilsiter Frieden (1807) – Napoleon herrschte nun unumstritten in Mitteleuropa – kam es in einigen deutschen Staaten, voran Österreich und Preußen, zu einer geistigen und politischen Sammlungs- und Reformbewegung. Vor allem der Kreis um den Reichsfreiherrn vom Stein und Karl August Hardenberg, die mit ihrem viele Bereiche erfassenden staatlichen Reform- und Erziehungswerk aus gehorsamen preußischen Untertanen mitdenkende und mithandelnde Bürger (citoyens!) machen wollten, wurde vorbildlich für ganz Deutschland. Der seit Dezember 1808 von Napoleon geächtete Stein versammelte eine Gruppe von patriotischen Intellektuellen und Schriftstellern, um sie als politische Publizisten und Propagandisten für sein Reformwerk arbeiten und werben zu lassen. Es war ihre erklärte Aufgabe, das Nationalbewußtsein der Deutschen zu stärken und sie auf den Tag der allgemeinen Erhebung gegen Napoleon vorzubereiten. »Ich habe nur ein Vaterland, das heißt Deutschland«, schrieb Stein 1812 an einen Freund. Viele bekannte Köpfe haben sich damals in den Dienst der vaterländischen Sache gestellt: Friedrich Schlegel und Heinrich von Kleist, Adam Müller und Joseph Görres, Ernst Moritz Arndt und Theodor Körner, Fichte, Schelling, Schleiermacher und nicht zuletzt der »Turnvater« Jahn. Es war eine politisch organisierte und oft auch politisch finanzierte Arbeit, die sie leisteten (viele von ihnen waren in dieser Zeit auch plötzlich arbeits- und mittellos geworden!), mit vielen Rückschlägen, enttäuschten Hoffnungen und Opfern (der Freitod Kleists Ende 1811 ist in stärkster Erinnerung geblieben), bis es nach der Niederlage Napoleons im eisigen Rußland des Winters 1812/13 endlich zur siegreichen Erhebung gegen ihn kam.

Wir betreten mit dem beginnenden 19. Jahrhundert also das Gebiet der politischen Literatur im modernen Sinne. Von nun an sind auch die Deutschland-Gedichte nicht mehr unschuldige poetische Verlautbarungen einer politisch unverbindlichen patriotischen Gesinnung – Hölderlins idealischer, mythischer und utopischer *Vaterländischer Gesang* bildet im Rückblick den Gipfel- und Umschlagpunkt –, sondern sie sind, ob sie wollen oder nicht, eingebunden in praktisch-politische Tendenzen und Parteiungen (die politischen Parteien selber entstehen erst in der zweiten Hälfte des 19. Jahrhunderts), und sie sind nach 1815 angewiesen auf die immer enger werdenden politischen Spielräume der Restaurationsepoche. Spätestens mit dem sogenannten »Jungen Deutschland« Mitte der dreißiger Jahre ist sich die Literatur dessen bewußt geworden, und die deutsche Vormärzlyrik der vierziger Jahre begreift sich erstmals auf programmatische Weise politisch, das heißt sie will in das politische Tagesgeschehen unmittelbar hineinwirken.

Wie stark der Sog der Politisierung und Ideologisierung im ersten Jahrzehnt des 19. Jahrhunderts gewesen ist, läßt sich an einer Gestalt wie Friedrich Schlegel ablesen (1772–1829). Er ist einer der richtungweisenden geistigen Väter der deutschen Romantik. In seiner Jugend ein begeisterter Republikaner, konvertierte er 1808 zum katholischen Glauben, übersiedelte nach Wien und unterstützte fortan, als Monarchist, die Sache Österreichs im Namen Deutschlands. Wie Hölderlin und viele andere bewegte ihn die Vorstellung einer Wiedergeburt Deutschlands als Führerin Europas, aber im Unterschied zu Hölderlin erfüllte ihn die konservative Vision einer Restauration des alten deutschen Kaiserreichs.

Nach der Niederlage Österreichs bei Austerlitz (1805) war Schlegel zum Gegner Napoleons und zum Berater des Erzherzogs Carl geworden. Sein Gedicht *Gelübde* entstand deshalb im Vorfeld einer kriegerischen Revanche, die Schlegel publizistisch vorbereiten half. Nach dem spanischen Aufstand gegen Napoleon kam es 1809 zu einer Erhebung Österreichs (bei ängstlicher Neutralität Preußens), die anfangs erfolgreich war (Schlacht bei Aspern), aber dann doch noch mit einer weiteren Niederlage (bei Wagram) und erneuter Unterwerfung endete. Schlegels Gedicht ist eines der ersten seiner Art; es erschien 1809 in seinen *Gesammelten Gedichten*, aber die Berliner Zensur ließ dieses Gedicht, das an letzter Stelle stand, aus den meisten Exemplaren herausschneiden. Für seine Popularität spricht, daß es mit anderen seiner *Patriotischen Lieder* 1813 nachgedruckt und von Friedrich Ludwig Jahn in seine *Deutschen Wehrlieder für das Königliche Preußische Freicorps* aufgenommen wurde. Dadurch erst wurde Schlegels Gedicht weiteren Kreisen bekannt:

Gelübde
Zu Anfang des Jahres 1809

Es sey mein Herz und Blut geweiht
Dich, Vaterland, zu retten.
Wohlan! es gilt, du seyst befreyt:
Wir sprengen deine Ketten.
Nicht fürder soll die arge That,
Des Fremdlings Übermuth, Verrath
In deinem Schooß sich betten.

Wer hält wem frey das Herz noch schlägt
Nicht fest an deinem Bilde?
Wie kraftvoll die Natur sich regt
Durch deine Waldgefilde,
So blüht der Fleiß dem Neid zur Qual
In deinen Städten sonder Zahl
Und jeder Kunst Gebilde.

Der deutsche Stamm ist alt und stark,
Voll Hochgefühl und Glauben.
Die Treue ist der Ehre Mark,
Wankt nicht wenn Stürme schnauben.
Es schafft ein ernster tiefer Sinn
Dem Herzen solchen Hochgewinn,
Den uns kein Feind mag rauben.

So spotte Jeder der Gefahr!
Die Freyheit ruft uns allen.
So wills das Recht, und es bleibt wahr,
Wie auch die Loose fallen.
Ja, sinken wir der Übermacht,
So wolln wir doch zur ew'gen Nacht
Glorreich hinüber wallen.[10]

Verglichen mit der Mehrzahl der Befreiungslieder und -gedichte (und zumal mit denen von Kleist und Arndt), ist es ein sehr moderates Gedicht, das noch den Geist des 18. Jahrhunderts atmet und in manchen Einzelheiten sogar an Hölderlins erste Deutschland-Ode zurückerinnert (die Hinweise auf die Landschaft, den Fleiß der Städte, die Kunst und den ernsten tiefen Sinn der Deutschen). Seinen besonderen Charakter aber erhält es durch seine Einbindung in eine, freilich sehr dezente, katholische Religiosität, und durch die weiblichen Anteile im Bilde des Vaterlands. Sie verhindern, daß dieses Gedicht, das doch zum Kampfe aufrufen will, zu dem üblichen Schwertgerassel à la Arndt und Körner wird. Diese Abwiegelung beginnt schon mit dem Titel: *Gelübde* ist ein religiöser, überwiegend katholischer Begriff – er meint ein Versprechen, mit dem sich ein Einzelner oder ein Kollektiv zu einer besonderen Leistung gegenüber Gott verpflichtet. Hier geht es um die Rettung des Vaterlandes, als handelte es sich um einen heiligen Krieg, dem man sich mit Leib und Seele weiht, um einen Kreuzzug gegen das Böse. Dieser verhalten religiöse Grundzug des Gedichts tritt dann erst wieder – sieht man einmal von dem durchgehenden Kirchenliedton ab – am Ende an die Oberfläche. Anstelle des obligaten ehrenvollen und süßen Todes für das Vaterland steht hier die hochgemute Aussicht einer Aufnahme der Gottesstreiter in ein himmlisches Jenseits.

Aber den ganzen Bedeutungs-und Klangraum der drei Schlußzeilen:

> Ja, sinken wir der Übermacht,
> So wolln wir doch zur ew'gen Nacht
> Glorreich hinüber wallen.

kann man erst ermessen, wenn man das versteckte Zitieren der *Hymnen an die Nacht* von Schlegels Freund Novalis heraus – und mithört, dem durch den Tod der Geliebten die Nacht zur ewigen »Brautnacht« und zum »dunklen Schoß« geworden war. »Welch Wollust, welchen Genuß bietet dein Leben, die aufwögen des Todes Entzückungen. Trägt nicht alles, was uns begeistert, die Farbe der Nacht? Sie trägt dich mütterlich und ihr verdankst du all deine Herrlichkeit.« Berühmt ist das erotische Fluidum der folgenden Verse:

> Hinüber wall ich,
> Und jede Pein
> Wird einst ein Stachel
> Der Wollust seyn.
> Noch wenig Zeiten,
> So bin ich los,
> Und liege trunken
> Der Lieb im Schooß.
>
> Ich lebe bei Tage
> Voll Glauben und Mut
> Und sterbe die Nächte
> In heiliger Glut.[11]

In das Schlegel-Gedicht ist nur ein Bruchteil dieses Fluidums eingegangen, aber es genügt, um vom Schluß der letzten Strophe her den Schluß der ersten Strophe zu verstehen:

> Nicht fürder soll die arge That,
> Des Fremdlings Übermuth, Verrath
> In deinem Schooß sich betten.

Hier spricht ein Sohn, der die gewaltsame Besetzung des Vaterlandes als Vergewaltigung des Mutterlandes empfindet, der den Schoß des Mutterlandes freikämpfen möchte, um durch ihn in den Schoß der Himmelskönigin eingehen zu können. Relativ weltlich und politisch ist lediglich die dritte Strophe dieses Vaterlandsliedes. Sie wirbt, wenn man die indirekte Tacitusnahe Sprache in einen Klartext übersetzt, um die solidarische treue Unterstützung durch die anderen deutschen Staaten, falls Österreich wieder den Kampf aufnehmen sollte. Kurios ist es, in ihr auf eine Formel zu stoßen, die als Lieblingsdevise des Feldmarschalls und Reichspräsidenten Hindenburg bekannt geworden ist:

Die Treue ist der Ehre Mark

Hier kündigt sich jene deutsche Nibelungentreue an, die Österreich und Deutschland hundert Jahre später in den Ersten Weltkrieg gerissen hat und über die sich zuletzt die DDR-Dramatiker Heiner Müller und Volker Braun ingrimmig lustig gemacht haben. Im Jahre 1809 wäre sie vielleicht angebracht gewesen und hätte Deutschland möglicherweise schon früher von der französischen Fremdherrschaft befreit.

Dieser Meinung war auch der Preuße Heinrich von Kleist, der sich eben in dieser Zeit aus Verzweiflung über die Untätigkeit und Ängstlichkeit seines Königs ebenfalls in den Dienst der österreichischen Sache gestellt hatte. In der ersten Jahreshälfte von 1809 war er von leidenschaftlichen vaterländischen Hoffnungen erfüllt. Seit Mitte 1807 lebte er schon in Dresden, umgeben von einem großen gleichgesinnten Freundeskreis. Er gab die Zeitschrift »Phöbus« heraus, war zugleich in geheimer konspirativer Tätigkeit mit Gneisenau, Arndt, dem Buchhändler Reimer und anderen verbunden, schrieb im Jahre 1808 sein provokantes Drama *Die Hermannsschlacht* und im März 1809 diverse *Politische Schriften* und seine Kriegslyrik, alles Werke, die der ideologischen Vorbereitung auf den sehnlichst erwarteten Kampf gegen Napoleon dienten. So schickte Kleist seine Kriegslieder nach Wien (Gedichte an Franz I. und Erzherzog Karl) und eine Ode an den König von Preußen nach Berlin, der aber die Druckerlaubnis bezeichnenderweise verweigerte. Nach der siegreichen Schlacht von Aspern besichtigte Kleist mit einem Freund die Walstatt und richtete an den österreichischen Kaiser das Gesuch, eine Zeitschrift mit dem Titel »Germania« herausgeben zu dürfen. In ihr sollte all das erscheinen, was der vaterländischen Befreiung dienen könne, für die Kleist in dieser Zeit lebte und webte. Die österreichische Niederlage bei Wagram (Juli 1809) machte alle diese Pläne zunichte. Übrig blieben die von einem abgründigen Haß gegen Napoleon und seine Truppen beseelten politischen Schriften. Sie werden in den Kleist-Ausgaben gewöhnlich zusammengefaßt, angefangen bei seinem *Katechismus der Deutschen* bis zu dem Entwurf einer Kriegsproklamation des Kaisers Franz. Ich gehe nur kurz auf seine Gedichte ein. Sie sollten der militanten *Germania* eine aufrüttelnde Stimme verleihen:

> Hoch, auf den Gipfel der Felsen, soll sie sich stellen und den Schlachtgesang herabdonnern ins Tal!

Das hört sich dann in der Ode *Germania an ihre Kinder* so an:

§ 2

> Deutsche, mutger Völkerreigen,
> Meine Söhne, die, geküßt
> In den Schoß mir kletternd steigen,
> Die mein Mutterarm umschließt,
> Meines Busens Schutz und Schirmer,
> Unbesiegtes Marsenblut,
> Enkel der Kohortenstürmer,
> Römerüberwinderbrut!
> [...]

§ 4

> Alle Plätze, Trift' und Stätten,
> Färbt mit ihren Knochen weiß;
> Welchen Rab und Fuchs verschmähten,
> Gebet ihn den Fischen preis;
> Dämmt den Rhein mit ihren Leichen;
> Laßt, gestäuft von ihrem Bein,
> Schäumend um die Pfalz ihn weichen,
> Und ihn dann die Grenze sein!

Chor

> Eine Lustjagd, wie wenn Schützen
> Auf die Spur dem Wolfe sitzen!
> Schlagt ihn tot! Das Weltgericht
> Fragt euch nach den Gründen nicht! [12]

Hier ist schon vorweggenommen, was Grillparzer in der Mitte des 19. Jahrhunderts schaudernd voraussah: eine Entwicklung von der Humanität über die Nationalität in die Bestialität,[13] und die Aufrüstung der einst friedlichen Germania-Figur. Wozu sie ihre Söhne aufruft, ist ja nicht einmal mehr eine Jagd auf wilde Tiere, es ist eine Jagd auf Untiere, auf Bestien. Diese maßlose Verzerrung des Feindbildes ist seit je der Vorwand gewesen, die eigenen bestialischen Triebe und Instinkte hemmungslos zu entfesseln und auszuleben

– unter Ausschaltung jeglicher Gewissensinstanzen bis hinauf zum »Weltgericht«.[14] Aber es gehört zur moralischen Schizophrenie solcher Gedichte, daß sie sich trotzdem noch auf höhere ideelle Werte berufen. So auch Kleist, der im letzten §6 Gott, Vaterland, Freiheit, Sprache, Wissenschaft und den »deutschen Genius« beschwört.

In seinem *Kriegslied der Deutschen* (welch Abgrund trennt ihn von Hölderlins *Gesang des Deutschen!*) ist der pathetische Odenton des Schlachtgesangs auf das Niveau von Kinderversen herabgestimmt (à la *Morgen kommt der Weihnachtsmann*). Offensichtlich hegte Kleist die Vorstellung, daß das einfache Volk, das man mobilisieren wollte, anders nicht zu erreichen sei. Die Perversion wird dadurch nicht geringer:

Kriegslied der Deutschen

Zottelbär und Panthertier
Hat der Pfeil bezwungen;
Nur für Geld, im Drahtspalier,
Zeigt man noch die Jungen.

Auf den Wolf, soviel ich weiß,
Ist ein Preis gesetzet;
Wo er immer hungerheiß
Naht, wird er gehetzet.

Reinecke, der Fuchs, der sitzt
Lichtscheu in der Erden,
Und verzehrt, was er stipitzt,
Ohne fett zu werden.

Aar und Geier nisten nur
Auf der Felsen Rücken,
Wo kein Sterblicher die Spur
In den Sand mag drücken.

Schlangen sieht man gar nicht mehr,
Ottern und dergleichen,
Und der Drachen Greuelheer,
Mit geschwollnen Bäuchen.

Nur der Franzmann zeigt sich noch
In dem deutschen Reiche;
Brüder, nehmt die Keule doch,
Daß er gleichfalls weiche.

Dresden, im März 1809[15]

162

Die sich fünf Strophen lang harmlos gebende Reimerei läuft in der Schluß-strophe auf eine Pointe zu, die von widerwärtiger Witzigkeit ist.

Kleist arbeitete zeitweise im engen Verbund mit Ernst Moritz Arndt, einem der wirksamsten politischen Publizisten in dieser Zeit (1769–1860). Er wurde auf der Insel Rügen geboren und war deshalb schwedischer Staatsbürger. Seine Vorfahren waren Leibeigene der Grafen Putbus gewesen; erst sein Vater konnte sich loskaufen und machte als Pächter und Inspektor von Gutshöfen Karriere. Von diesen sozialen Erfahrungen wurde der junge Arndt, der bald einen *Versuch einer Geschichte der Leibeigenschaft* (1803) schreiben sollte, nachhaltig geprägt, in seiner Volksverbundenheit und seinem forcierten Nationalismus ebenso wie in seinem zupackenden, zuweilen derben Stil. Nachdem er zunächst Landwirt hatte werden wollen, studierte er in Greifswald und Jena Theologie und ging nach dem Examen im Jahre 1798 auf eine europäische Bildungsreise. Dabei beeindruckte ihn, bezeichnenderweise, der französische Patriotismus mehr als der französische Revolutionsgeist. 1801 übernahm er eine Dozententätigkeit in Greifswald (für Geschichte und neue Sprachen) und flüchtete 1806 vor den Franzosen nach Stockholm. 1809 kehrte er inkognito nach Berlin zurück und nahm Verbindung zu den führenden Köpfen des antinapoleonischen Widerstandes auf (Reimer, Schleiermacher, Gneisenau, Chacot, Kleist). Nach dem schwedisch-französischen Friedensschluß von 1810 begab er sich zwar nochmals nach Greifswald, wurde aber schon ein Jahr später aus der Universität hinausgeekelt und im Sommer 1812 vom Freiherrn vom Stein nach Petersburg gerufen. Dort, der letzten Bastion gegen Napoleon, hatte Stein einen Kreis um sich versammelt, der planmäßig und leidenschaftlich den militärischen und ideologischen Widerstandskampf gegen Napoleon organisierte und sogar die Absetzung des preußischen Königs erwogen haben soll. Arndt schrieb dort eine Reihe von Flug- und Kampfschriften (*Die Glocke der Stunde, Kurzer Katechismus für deutsche Soldaten*).
1813, nach dem katastrophalen Rückzug Napoleons aus Rußland, kehrte er mit Stein und anderen nach Königsberg und Breslau zurück, und dieses Jahr, mit seinem schwankenden Kriegsglück bis zur entscheidenden Völker-schlacht bei Leipzig (16.–18. Oktober), brachte den Höhepunkt seiner politischen Publizistik. Er wurde zum preußischen und deutschen Nationalisten, ohne allerdings seine demokratische Grundhaltung, sein Eintreten für das Volk und für die Freiheit der Deutschen jemals aufzugeben. Er besaß eine große Popularität, bevor sich der politische Wind, mit dem Wiener Kongreß, gründlich drehte. Arndt erhielt zwar noch eine Bonner Professur (für neuere

Geschichte), wurde aber schon 1819, wegen des gerade erschienenen IV. Teils seines Werkes *Geist der Zeit* vom preußischen König verwarnt und 1820 vom Amt suspendiert, ohne Gerichtsurteil und bei halben Bezügen. Erst zwanzig Jahre später, 1840, wurde er von Friedrich Wilhelm IV. wieder in die Professur eingesetzt.

Das war ein außerordentlich typisches Schicksal in der Restaurationszeit. Aus den bejubelten Befreiungskämpfern waren über Nacht, spätestens seit den Karlsbader Beschlüssen im Jahre 1819, verdächtige, staatsgefährliche »Demagogen« geworden. Die Popularität Arndts blieb freilich ungebrochen. Er war eine Sternfigur des deutschen Patriotismus und der deutschen Nationalbewegung und ist es bis heute geblieben, trotz der bedenklichen rassistischen und antisemitischen Züge seiner Vaterlandsbegeisterung und trotz seiner Vereinnahmung durch die Nazis. In der DDR, auch wegen der alten Waffenbrüderschaft mit Rußland, wurde sein Erbe nach 1945 intensiver gepflegt als in der Bundesrepublik.

Sein bekanntestes Gedicht *Was ist des Deutschen/Teutschen Vaterland?* war bis im Jahr 1870/71, das die kleindeutsche Reichslösung brachte, die inoffizielle deutsche Nationalhymne, und auch manche andere Zeile seiner patriotischen Lieder ist zum geflügelten Wort geworden. So der Beginn seines *Vaterlandslieds* von 1812:

> Der Gott, der Eisen wachsen ließ,
> Der wollte keine Knechte[16]

Wie der »deutsche Wald« und die »deutsche Treue« avancierte das Eisen, das Metall des Kriegsgottes Mars, in diesen Jahren zu einem urdeutschen Metall. Am 10. März 1813 stiftete der preußische König Friedrich Wilhelm III. das »Eiserne Kreuz« als Kriegsauszeichnung für alle Dienstgrade für die Dauer des Befreiungskriegs. Noch im gleichen Jahr schrieb der preußische Vaterlandssänger und Kriegsfreiwillige Max von Schenkendorf (1783–1817) ein Gedicht mit dem Titel *Das eiserne Kreuz*. Darin knüpft er an das schwarze Kreuz der mittelalterlichen Ordensritter an, das aber im Unterschied zum eisernen Kreuz »von Wollen« gewesen sei:

> Denn nur Eisen kann uns retten,
> Und erlösen kann nur Blut
> Von der Sünde schweren Ketten,
> Von des Bösen Übermut.

Heil'ges Kreuz, ihr dunkeln Farben
Seid in jede Brust geprägt.
Männern, die im Glauben starben,
Werdet ihr aufs Grab gelegt.[17]

So entsteht aus der christlichen Sakralisierung des Befreiungskrieges die ominöse Formel von »Eisen und Blut«. Arndt selber hatte schon mit einem Gedicht aus dem Jahre 1806 das *Lob des Eisens* gesungen und dessen Bedeutungsfeld aus der Antithese zum Gold entwickelt:

Lob des Eisens
1806

Gold schreit die feige Welt,
Und Gold macht feige Knechte,
Des Tapfern Herz verstellt
Und schwächt des Starken Rechte;
Für Gold mag keiner sterben,
Der nicht mehr leben darf,
Und edlen Ruhm zu werben,
Macht's nie den Degen scharf.

Drum preis' ich das Metall,
Das schwarze, braune Eisen,
Denn ohne Glanz und Schall
Es tut sich herrlich weisen,
Heilt mächtig alle Wunden,
Die jenes blanke macht;
Wär' Eisen nicht gefunden,
Noch tappten wir in Nacht.

Es stellt den Pflug ins Land,
Die Erde zu bezwingen,
Es läßt das Schiff vom Strand
Auf schnellen Windesschwingen,
Baut Menschen feste Sitze
Und führt die Kunst ins Haus
Und löscht des Donnrers Blitze
Mit einer Stange aus.

Und wann die Sitte flieht
Und Männerarm' erschlaffen,
Wann Trug für Ehre blüht
Und Gold gebeut für Waffen,
Wann Despotismusjammer
Die Welt mit Schmach bedroht,
Dann schlägt aus ihm der Hammer
Sieg und Tyrannentod:

Dann wird es schöne Wehr,
Des Mannes Heil und Freude,
Als Schwert, als Schild, als Speer,
Als festes Brustgeschmeide
Macht es den Tritt der Braven
Den Knechten fürchterlich,
Wir wären alle Sklaven
Ohn' Eisen ewiglich.

Und siegt Tyrannei,
Und sinkt des Glückes Waage,
So macht es blutig frei
Mit einem tapfern Schlage,
Zerhaut die Schlangenknoten,
Die Trug und Feigheit flicht,
Und schickt die tapfern Toten
Empor zu Recht und Licht.

Bleib, Eisen, Männern hold,
Laß Knechte Gold begehren.
Wer deine Kraft gewollt,
Der wollte hohe Ehren,
Der wollte herrlich leben
Und herrlich untergehn.
Drum sei dir preis gegeben,
O Eisen schwarz und schön![18]

Das anachronistische Ritterpathos des Gedichts lebt von mehreren Gegensätzen, die allesamt von der antithetischen Zuordnung des »Goldes« zu den »Knechten« und des »Eisens« zu den Freien sich ableiten. Es sind die Entgegensetzungen von Männern und Sklaven, von Feigheit und Tapferkeit, von Krankheit und Gesundheit, von Kultur und Zivilisation (Strophen 3/4), von Freiheit und Despotismus und von Tugend und Laster. Die stärkste Antithese des Gedichts bleibt unausgesprochen, läßt sich aber, zumal wenn man die anderen Gedichte und Schriften Arndts kennt, leicht erschließen: Es ist die Antithese zwischen »Männern« und »Weibern«. Das Eisen ist eindeutig das Männermetall, auf die Seite des »Goldes« gehören auch die Frauen. Die Welt wird eingeteilt in den positiven Bereich der wahren Männer[19] und in den negativen der Knechte, Sklaven, Lasterhaften und der Händler, Franzosen und Juden, die allesamt als verweichlichte und verweiblichte Männer gebrandmarkt werden. Typisch für diese Zeit ist eine Definition der »Deutschen« in Abgrenzung von den Händlern durch den jungen Ludwig Börne im Jahre 1814: »Wir aber sind Waffensöhne; in dem Eisen ist unser Gold«.[20]

Bei Arndt verknüpft sich der Nationalismus, sicherlich nicht unabhängig von seinen rassistischen, antikapitalistischen und antisemitischen Tendenzen, mit einem leicht sexistischen Chauvinismus. Der Sohn – »o Sohn vom Teut« heißt es in dem Gedicht *Deutscher Trost* von 1813[21] – verteidigt nicht nur das Vaterland, sondern, in diesem ausschließlichen Maskulinum, auch die eigene, stets von Entmannung und Verweiblichung bedrohte Männlichkeit. Als der Aufstand des Majors von Schill, der 1809 auf eigene Faust mit seiner Kompanie gegen Napoleon losschlug, wegen Mangel an Unterstützung schrecklich scheiterte (elf Offiziere wurden erschossen), richtete Arndt sogleich einen poetischen *Aufruf an die Deutschen bei Schills Tode*:

> O Deutsche nicht mehr Deutsche,
> Nicht Männer, eitel Weiber!
> Was krümmt ihr tief die Leiber
> Dem Schlag der Sklavenpeitsche?

Und nach der Anrufung der tapferen germanischen Väter und »Tyrannenüberwinder« folgt eine Formulierung der Kastrationsangst:

> Feil steht ihr dem Tyrannen
> Zum Brudermorde fertig,
> Steht seines Winks gewärtig,
> euch selber zu entmannen.[22]

Daher rührt die oft ins Komische überschlagende Betonung der deutschen Mannhaftigkeit, die Sorge des deutschen Mannes, ob er auch ein rechter und wahrer Mann sei. In dieser Zeit der nationalen Demütigung ist sie entstanden. Das Jahr 1815 brachte nur eine vorübergehende Beruhigung der männlichen Potenzängste. Wenn Arndts Dank-, Sieges- und »Bundeslied« mit den Zeilen anhebt:

> Sind wir vereint zur guten Stunde,
> Wir starker, deutscher Männerchor,[23]

so war sein Gedicht insofern prophetisch, als die deutsche Nationalbewegung zwischen 1815 und 1848 in der Tat auf die Aktivitäten deutscher Männerchöre und Liedertafeln zurückgestutzt wurde.[24]

Trotzdem enthält gerade das *Lob des Eisens* auch eine implizite politische Revolution, indem es nämlich die uralte hierarchische Rangfolge der Metalle – Gold, Silber, Kupfer, Eisen gemäß der Ordnung der biblischen Zeitalter – auf den Kopf stellt. Das Letzte soll hier das Erste sein. Das ist zweifellos auch ein demokratisches, antikapitalistisches Votum für das unscheinbare

Volk und gegen die reichen, glänzenden Oberklassen, selbst die Könige mit den goldenen Kronen nicht ausgeschlossen.

Aber diese demokratische Komponente Arndts war längst ausgefallen, als Bismarck, der »eiserne Kanzler«, im Vorfeld der Reichsgründung von 1870/71 die Maxime prägte: »Nicht durch Reden und Majoritätsbeschlüsse werden die großen Fragen der Zeit entschieden – das ist der große Fehler von 1848 und 1849 gewesen –, sondern durch Eisen und Blut.«[25] Noch weniger präsent war sie den Deutschen, als sie im Ersten Weltkrieg der Spendenparole »Gold gab ich für Eisen!« folgten oder in der Nazi-Zeit, als der deutsche Junge »hart wie Kruppstahl« werden sollte.

Jetzt sind wir vorbereitet, Arndts *Vaterlandslied,* das vielleicht noch im russischen Exil, jedenfalls am Vorabend der Befreiungskriege gegen Napoleon geschrieben wurde, als Ganzes zu betrachten:

Vaterlandslied
1812

Der Gott, der Eisen wachsen ließ,
Der wollte keine Knechte,
Drum gab er Säbel, Schwert und Spieß
Dem Mann in seine Rechte,
Drum gab er ihm den kühnen Mut,
Den Zorn der freien Rede,
Daß er bestände bis aufs Blut,
Bis in den Tod die Fehde.

So wollen wir, was Gott gewollt,
Mit rechter Treue halten
Und nimmer im Tyrannensold
Die Menschenschädel spalten,
Doch wer für Tand und Schande ficht,
Den hauen wir zu Scherben,
Der soll im deutschen Lande nicht
Mit deutschen Männern erben.

O Deutschland, heil'ges Vaterland!
O deutsche Lieb' und Treue!
Du hohes Land! du schönes Land!
Dir schwören wir aufs neue:
Dem Buben und dem Knecht die Acht!
Der füttre Kräh'n und Raben!
So ziehn wir aus zur Hermannsschlacht
Und wollen Rache haben.

Laßt brausen, was nur brausen kann,
In hellen, lichten Flammen!
Ihr Deutschen alle Mann für Mann
Fürs Vaterland zusammen!
Und hebt die Herzen himmelan!
Und himmelan die Hände!
Und rufet alle Mann für Mann:
Die Knechtschaft hat ein Ende!

Laßt klingen, was nur klingen kann,
Die Trommeln und die Flöten!
Wir wollen heute Mann für Mann
Mit Blut das Eisen röten,
Mit Henkerblut, Franzosenblut –
O süßer Tag der Rache!
Das klinge allen Deutschen gut,
Das ist die große Sache.

Laßt wehen, was nur wehen kann,
Standarten wehn und Fahnen!
Wir wollen heut uns Mann für Mann
Zum Heldentode mahnen:
Auf! fliege, stolzes Siegspanier,
Voran dem kühnen Reihen!
Wir siegen oder sterben hier
Den süßen Tod der Freien.[26]

Arndt war, wie man hört, nicht nur ein militanter Patriot, sondern ein ebenso militanter protestantischer Christ. Sein christlicher Glaube gab sich genauso maskulin wie seine Vaterlandsideologie. Im Bild der Über-Väter konnten sich beide treffen und vereinen. Der Vater-Gott thront direkt über dem Vater-Land und sorgt, als oberster Feldherr und Kriegsmeister, für die Bewaffnung, die Mannhaftigkeit und die Ehre seiner tugendhaften Söhne, die »Mann für Mann« (diese Formel erscheint viermal, die Worte »Mann« oder »Männer« in jeder Strophe!) unablässig aufgerufen werden. Vom Mutterland Deutschland oder der weiblichen Germania ist hier nichts mehr übriggeblieben, nicht einmal in Ober- und Untertönen. Im Gegenteil, was wir bei Klopstock, Stolberg und Hölderlin angetroffen haben – die leben- und friedenspendende Kraft der deutschen Mutter Erde, das Organisch-Wachstümliche –, wird bei Arndt schon in der ersten Zeile pervertiert. Anstelle des vegetativen und kreatürlichen Lebens läßt Gott im Schoß der Erde das kalte kriegerische »Eisen wachsen«. Die fruchtbare Muttererde wird zur männlichen Waffenfabrik – von den friedlichen Errungenschaften des Eisens –, wie noch im *Lob des Eisens* –, ist hier nicht mehr die Rede.

Es ist ein ziemlich heidnischer, germanischer Gott, der von Arndt angerufen wird, in der Tradition von Klopstock und Voss, die die Unterwerfung der germanischen Sachsen unter den katholisch-römischen Glauben schon so bitter beklagten. Es ist der germanische Kriegsgott Wotan (Odin), der in dem irrationalen »Brausen« des Gedichts hörbar wird, der Gott des Kampfes wie des Sturmes und der »wilden, verwegenen Jagd«, die in Theodor Körners berühmten Lützow-Lied so eindringlich beschworen wird.[27] Arndt hatte sich schon 1787 in seinem Gedicht *Hermanns Siegeslied* auf ihn berufen:

> Wodan, Donnerer, sie sanken
> Die Eroberer,
> Die Tyrannen, durch der schlanken
> Deutschen Todesspeer.
>
> [...]
>
> Wodan, Dank! Thuiskons Söhne
> Sind noch deiner werth,
> Sieg sind ihrer Schilde Töne,
> Tod ihr Heldenschwerdt.

Und die letzte Strophe beschwört die wiederhergestellte Herrschaft Wodans:

> Wein' itzt alle deine Götter,
> August, um dich her!
> In der Nacht der Eichenblätter
> Herrschet Wodan mehr.[28]

Noch Arndt's Revolutionsgedicht *Ihr Könige, gebt acht!* vom 3. Mai 1849 droht mit einem »deutschen Gott«, der ebenfalls mehr an den Sturmgott Wotan als an »Gott den Herrn« erinnert.[29] Auf ihn geht auch der »furor teutonicus« zurück[30], der sich im 19. und 20. Jahrhundert noch beträchtlich steigern sollte. Hier klingt er zwar gedämpft, aber doch unüberhörbar an, in den Drohungen: »Den hauen wir zu Scherben«, »Der füttre Kräh'n und Raben!« und in dem »süßen Tag der Rache«:

> Wir wollen heute Mann für Mann
> Mit Blut das Eisen röten,
> Mit Henkerblut, Franzosenblut –
> O süßer Tag der Rache!

Der Blick des Gedichts geht in jeder Beziehung zurück in die Vergangenheit, nicht voraus in die Zukunft. Sein Geschichts- und Handlungsmodell für die Gegenwart ist die »Hermannsschlacht« gegen die Römer, und dieses Modell prägt sowohl die militärische Ausrüstung und Strategie wie den politischen Freiheitsbegriff seiner »Männer«. Von der modernen Bewaffnung und Taktik eines beweglichen Volksheeres, die Napoleon so überlegen machten, und von der Partisanentaktik, die man in Kleists *Hermannsschlacht* entdeckt hat[31], ist nichts zu sehen, und der Freiheitsbegriff entstammt nicht der Französischen Revolution, sondern der germanischen Heeresordnung. Auch diese antiquierte Gesinnung der deutschen Nationalbewegung, die allenthalben anzutreffen war, sollte sich nach 1815 rächen. Mit der Germanenideologie und dem Kaiser-Rotbart-Mythos ließ sich die »Heilige Allianz« Metternichs nicht aus dem Gleichgewicht bringen. Die nationalistische Abgrenzung von Frankreich, die mit den Befreiungskriegen einsetzte, sich wieder abschwächte und mit der Rheinkrise 1840 erneut verschärfte, hat die Deutschen auch von den revolutionären Kraftströmen der Zeit abgeschnitten.

Typisch für diese Rückständigkeit eines Gedichtes, das doch zum Aufbruch bläst, ist seine Synthese von Vaterlandslied und Kirchenlied. (1819 veröffentlichte Arndt die Abhandlung *Von dem Wort und dem Kirchenliede!*) Wie bei Friedrich Schlegel, nur ungleich aggressiver, handelt es sich um ein feierliches Gelübde für einen Kreuzzug im Namen Gottes und des Vaterlandes (»Dir schwören wir aufs neue«). Darum wird auch die Süße des »Heldentodes« anders begründet. Bei Schlegel lockt der weibliche Schoß der »ew'gen Nacht«, bei Arndt eine hybride Männlichkeit, die offensichtlich den Komparativ der Freiheit bildet. Es bleibt bei ihm in der Schwebe, ob die Freiheit um ihrer selbst willen und für alle erstrebt wird, oder deshalb, weil nur die freien Männer die wahren männlichen Männer und erst die männlichsten Männer auch deutsche Männer sind. Zum raschen Vergleich wiederum ein Blick auf Heinrich Heine. Auch er hat, erst 18-jährig, dem Vaterland im Jahre 1815 mit einem vierundzwanzigstrophigen Gedicht *Deutschland* seinen epigonalen Tribut gezollt. Aber obwohl diese Reimerei von den gängigen Klischees nur so wimmelt, räumt sie doch den »deutschen Frauen« schon mehrere Strophen ein und findet bei ihnen die Alternative zum obligaten Heldentod:

> Mutig sich ein Grab erwerben
> In der Feldschlacht – das ist süß;
> Doch in Frauenarmen sterben,
> Das ist Gottes Paradies.[32]

Die deutsche Männerbündelei – um diese Perspektive kurz auszuziehen – führt vom Göttinger Hain über die Befreiungskriege bis zum *Lied der Deutschen* von Hoffmann von Fallersleben und von dort, über einige Zwischenstationen (z. B. des »Rembrandtdeutschen« und den George-Kreis), bis in die Männerbünde der Freicorps und des Nationalsozialismus, die sich direkt auf die germanischen Männerbünde und Wotankulte zurückbezogen. Sie alle fanden es lustvoll, sich den jeweiligen Vater- und Führer-Figuren bedingungslos zu unterwerfen, denn die starke Freiheitsklausel der Befreiungskriege schwächte sich im 19. und 20. Jahrhundert immer weiter ab.

Das läßt sich exemplarisch an dem zweiten, noch berühmteren Deutschland-Gedicht Arndts ablesen, seinem Gedicht *Des Deutschen Vaterland* vom Februar 1813. In seiner heute bekannten Version (schon zwischen 1813 und 1815 kursierten mindestens 29 Drucke) fehlt nämlich eine Strophe (die sechste), die jene Freiheitsklausel am stärksten zum Ausdruck bringt. Diese Strophe, die sich gegen die deutschen Fürsten und ihre Kleinstaaterei richtete, wurde erstmals in einer Münchner Sammlung patriotischer Lyrik im November 1813 gestrichen.[33]

Des deutschen Vaterland
1813

Was ist des Deutschen Vaterland?
Ist's Preußenland? Ist's Schwabenland?
Ist's, wo am Rhein die Rebe blüht?
Ist's, wo am Belt die Möwe zieht?
O nein! nein! nein!
Mein Vaterland muß größer sein.

Was ist des Deutschen Vaterland?
Ist's Baierland? Ist's Steierland?
Ist's, wo des Marsen Rind sich streckt?
Ist's, wo der Märker Eisen reckt?
O nein! nein! nein!
Mein Vaterland muß größer sein.

Was ist des Deutschen Vaterland?
Ist's Pommerland? Westfalenland?
Ist's, wo der Sand der Dünen weht?
Ist's, wo die Donau brausend geht?
O nein! nein! nein!

Mein Vaterland muß größer sein.
Was ist des Deutschen Vaterland?
So nenne mir das große Land!
Gewiß ist es das Österreich,
An Siegen und an Ehren reich.
O nein! nein! nein!
Mein Vaterland muß größer sein.

Was ist des Deutschen Vaterland?
So nenne mir das große Land!
Ist's Land der Schweizer? Ist's Tirol?
Das Land und Volk gefiel mir wohl.
Doch nein! nein! nein!
Mein Vaterland muß größer sein.

Was ist das deutsche Vaterland?
So nenne mir das große Land!
Ist's, was der Fürsten Trug zerklaubt?
Vom Kaiser und vom Reich geraubt?
O nein! nein! nein!
Mein Vaterland muß größer sein.

Was ist das deutsche Vaterland?
So nenne endlich mir das Land!
So weit die deutsche Zunge klingt
Und Gott im Himmel Lieder singt,
Das soll es sein!
Das, wackrer Deutscher, nenne dein!

Das ist das deutsche Vaterland,
Wo Eide schwört der Druck der Hand,
Wo Treue hell vom Auge blitzt
Und Liebe warm im Herzen sitzt,
Das soll es sein!
Das, wackrer Deutscher, nenne dein!

Das ist das deutsche Vaterland,
Wo Zorn vertilgt den franschen Tand,
Wo jeder Franzmann heißet Feind,
Wo jeder Deutsche heißet Freund,
Das soll es sein!
Das, wackrer Deutscher, nenne dein!

Das ganze Deutschland soll es sein!
O Gott vom Himmel sieh darein!
Und gib uns rechten deutschen Mut,
Daß wir es lieben treu und gut.
Das soll es sein!
Das ganze Deutschland soll es sein![34]

Gestrichen und vergessen wurde die sechste Strophe und nicht die vorletzte, die ein primitives und starres deutsch-französisches Freund-Feind-Bild fixiert. Denn die deutschen Fürsten herrschten bis 1918 auch deshalb, weil sich ihre deutschen Untertanen immer wieder auf ein äußeres Feindbild ablenken ließen, weil die labile deutsche Identität ein solches Feindbild brauchte. Die Definition des »Deutschen«, die sich in dieser Zeit verfestigte und verformelte – etwa bei Adam Müller: »Der echte Deutsche ist treu, bescheiden, fromm und fleißig«[35] –, war weiterhin und mehr als je abhängig von der Definition des »Undeutschen«, vor allem des »Welschen« (Arndt selber hatte »der Fürsten Trug« in der 6. Strophe zeitweilig durch der »Wälschen Trug« ersetzt!), aber auch schon des »Juden«, z. B. bei Arndt, Adam Müller, Achim von Arnim und Jahn. So war Ernst Moritz Arndt auch der erste, der in polemisch-militanter Absicht den Rhein als Kerngebiet und Symbol des »Deutschen« und »Germanischen« reklamierte. In seiner Schrift *Der Rhein, Deutschlands Strom, aber nicht Deutschlands Grenze* von 1813 heißt es:

> Der Rhein und seine umliegenden Lande, und die nächstliegenden Lande von Schwaben, Franken, Hessen, Westfalen und Braunschweig sind der Kern und das Herz des deutschen Volkes, woraus sein rechtes Lebensblut und seine lebendigsten Lebensgeister in alle Adern, ja in die äußersten Glieder seines Leibes ausgegossen worden; dort, wenn sie nicht überhaupt ein Traum ist, lebt die rechte Deutschheit; von da fließt sie wie der zarte und geheime Lebensäther des Ganzen mit allen ihren unsichtbaren und kaum vernehmlichen Geistern bis zur Leitha und Eider, ja bis zur Memel und Theiße zu den verwandten Brüdern aus. […] Hier an beiden Ufern des Rheins in den eben bezeichneten Landen hat sich das Germanische mitten in allen Stürmen der Jahrhunderte, in allen Umkehrungen und Wechseln der Völker immer zusammengedrängt erhalten, ja es ist gerade durch die Stürme und Wechsel derselben fester zusammengedrängt worden: ich möchte sagen, es ist dichter und gediegener geworden durch sie.[36]

Einen unüberhörbaren Freiheitsimpuls enthält Arndts Gedicht auch trotz der gestrichenen sechsten Strophe noch. Wenn es nach der künftigen Neuordnung des zerfallenen Deutschen Reiches und nach der möglichen Definition und Identität des »Deutschen Vaterlands« fragt, dann schlägt es nämlich weniger eine vage »großdeutsche« Lösung vor, also die Abschaffung oder Schwächung der zahlreichen Fürstentümer und Kleinstaaten, als eine Definition und Abgrenzung des Vaterlands nach der Geltung und Reichweite der deutschen Volkssprache:

So weit die deutsche Zunge klingt
Und Gott im Himmel Lieder singt,
Das soll es sein!
Das, wackrer Deutscher, nenne dein!

Diese Definition eines Volkes, eines Vaterlandes und einer Nation, obwohl ein »Begriff von Nation im Sinne späterer Einigungsparolen […] in dieser Epoche noch nicht auszumachen« ist[37], schreibt sich noch von Herder und Klopstock her, mit denen Arndt in Greifswald schon früh durch den schwedischen Dichter-Philosophen Thorild bekannt gemacht worden war. Die unbestimmten Grenzen Deutschlands, das da kommen soll (»Das ganze Deutschland *soll* es sein!«), sind immer noch die Grenzen einer Kulturnation. Sie wird von allen denen gebildet, deren Muttersprache Deutsch ist, und besitzt somit eine demokratische Basis. Aber dieses demokratische Argument steht bei Arndt bereits auf der Kippe, wo es in das nationalistische Argument umschlagen und Gebietsansprüche stellen könnte. In der späteren Rezeptionsgeschichte des Gedichts ist das oft genug geschehen.

Seine nicht geringe Wirkungskraft bezieht das Gedicht aus einer eminent rhetorischen Struktur. Der Kreis um den Freiherrn vom Stein, man vergesse das nicht, hat in Vers und Prosa eine patriotische *Gebrauchsliteratur* produziert, durchaus von der Art, die man ein Jahrhundert später auch Agitprop-Literatur nennen sollte. Es kam darauf an, populäre literarische Formen zu finden, mit denen man das Volk erreichen und mitreißen konnte. Vorbilder waren die aufständische Vendeé und Spanien. Von ihnen übernahm man u. a. das lebhafte Frage- und Antwortspiel des »Katechismus«.[38] Etwas davon ist auch in das drängende Frage- und Antwort-Spiel des Arndt'schen Gedichtes eingegangen. Es ist ein Platz für den Leser und Hörer darin freigehalten, damit er spürt, daß es *seine* Sache ist, die hier verhandelt wird – erst in den späteren Fassungen heißt der Refrain der ersten sechs Strophen: »*Sein* Vaterland muß größer sein.«

Die beiden einfachsten und suggestivsten rhetorischen Mittel des Gedichts sind zweifellos die einhämmernde anaphorische Wiederholung – im Grunde ist es immer wieder die gleiche Strophe, die mit kleinen Variationen erscheint – und der spannungssteigernde Aufschub einer Antwort, die sich nach dem Stau von sechs Strophen drei Strophen lang ergießt, bis die letzte Strophe die konzentrierte Antwort noch einmal zusammenfaßt: »Das ganze Deutschland soll es sein!« Nur diese Strophe kommt auch mit zwei Reimlauten aus und wird durch ein dreifaches »soll es sein« eingerahmt. Auch die anderen rhetorischen Figuren des Gedichts – Anapher, Epipher, Parallelismus, Chiasmus, Klimax, Periphrase und Synekdoche – dienen dem einzigen und obersten Zweck: den partikularistischen Deutschen, die noch immer in einer Vielzahl von Vaterländern wohnen, einzuprägen und einzuhämmern, daß es für sie nur ein einziges Vaterland zu erringen und zu verteidigen gibt, das Vaterland namens »Deutschland«. Etwas Abwesendes zu unvergeßlicher Anwesenheit zu bringen, das ist das ehrgeizige rhetorische und politische Ziel des Gedichts.

Die Mobilmachung der Deutschen gegen Napoleon gelang. Aber das eigentliche Ziel der Nationalbewegung, die Einheit und Freiheit Deutschlands, wurde verfehlt. Drei Jahre nach der Völkerschlacht bei Leipzig schrieb der Tübinger Ludwig Uhland ein Gedicht, das die allgemeine Enttäuschung und Depression – vermutlich im Namen des gefallenen Freiheitsdichters und -kämpfers Theodor Körner (»zugleich ein Sänger und ein Held«!) – pathetisch formuliert. Es trägt den mahnenden Titel: *Am 18. Oktober 1816:*

Wenn heut ein Geist herniederstiege,
Zugleich ein Sänger und ein Held,
Ein solcher, der im heil'gen Kriege
Gefallen auf dem Siegesfeld,
Der sänge wohl auf deutscher Erde
Ein scharfes Lied, wie Schwertesstreich,
Nicht so, wie ich es künden werde,
Nein! himmelskräftig, donnergleich:

»Man sprach einmal von Festgeläute,
Man sprach von einem Feuermeer,
Doch was das große Fest bedeute,
Weiß es denn jetzt noch irgendwer?
Wohl müssen Geister niedersteigen,
Von heil'gem Eifer aufgeregt,
Und ihre Wundenmale zeigen,
Daß ihr darein die Finger legt.

Ihr Fürsten! seid zuerst befraget:
Vergaßt ihr jenen Tag der Schlacht,
An dem ihr auf den Knieen laget
Und huldigtet der höhern Macht?
Wenn eure Schmach die Völker lösten,
Wenn ihre Treue sie erprobt,
So ist's an euch, nicht zu vertrösten,
Zu l e i s t e n jetzt, was ihr gelobt.

Ihr Völker! die ihr v i e l gelitten,
Vergaßt auch ihr den schwülen Tag?
Das Herrlichste, was ihr erstritten,
Wie kommt's, daß es nicht frommen mag?
Zermalmt habt ihr die fremden Horden,
Doch innen hat sich nichts gehellt,
Und Freie seid ihr nicht geworden,
Wenn ihr das Recht nicht festgestellt.

Ihr Weisen! muß man euch berichten,
Die ihr doch alles wissen wollt,
Wie die Einfältigen und Schlichten
Für klares Recht ihr Blut gezollt?
Meint ihr, daß in den heißen Gluten
Die Zeit, ein Phönix, sich erneut,
Nur um die Eier auszubruten,
Die ihr geschäftig unterstreut?

Ihr Fürstenrät' und Hofmarschälle
Mit trübem Stern auf kalter Brust,
Die ihr vom Kampf um Leipzigs Wälle
Wohl gar bis heute nichts gewußt,
Vernehmt! an diesem heut'gen Tage
Hielt Gott der Herr ein groß Gericht.
– Ihr aber hört nicht, was ich sage,
Ihr glaubt an Geisterstimmen nicht.

Was ich gesollt, hab ich gesungen,
Und wieder schwing ich mich empor,
Was meinem Blick sich aufgedrungen,
Verkünd ich dort dem sel'gen Chor:
Nicht rühmen kann ich, nicht verdammen,
Untröstlich ist's noch allerwärts,
Doch sah ich manches Auge flammen,
Und klopfen hört ich manches Herz.«

Wiederum nur drei Jahre später, nach den Karlsbader Beschlüssen von 1819, wäre dieses Gedicht von der Zensur des Deutschen Bundes verboten worden. Hoffmann von Fallersleben nahm es 1848 in sein *Deutsches Volksgesangbuch* auf.

IX

»Brause, du Freiheitssang«
Restauration und Vormärz (1815–1848)

Die patriotisch gestimmten Deutschen mußten nach 1815 dreiunddreißig lange Jahre warten, ehe sich in ihrer nationalen Geschichte wieder etwas mit den Befreiungskriegen Vergleichbares bewegte, bis 1848. Für diese Zeit haben die Geschichtswissenschaft und die Literaturgeschichte mehrere konkurrierende und sich ergänzende Periodisierungsbegriffe gefunden: Restaurations- oder Metternichzeit für die ganze Epoche; Spätromantik, Junges Deutschland und Vormärz als Phasenabfolge, Biedermeierzeit als übergreifenden literarischen Epochennamen. Die Widersprüchlichkeit solcher Benennungen ist kein Zufall. Denn mehr noch als andere Epochen ist diese Zeit von der Gleichzeitigkeit des Ungleichzeitigen und Verschiedenartigen geprägt. Unter der Oberfläche der Stagnation entwickelt sich Zukunftsträchtiges weiter – Liberalismus und Nationalismus, bürgerliches Selbstbewußtsein und moderne Industriegesellschaft, und trotz der sichtbaren politischen Repression und Zensur gibt es Freiräume und Nischen, in denen sich oppositionelle und revolutionäre Tendenzen regen können. Vieles läuft nebeneinander und gegeneinander her, während die Dominanzen wechseln. Auf eine Zeit lähmender politischer Windstille folgt der Ausbruch der französischen Julirevolution von 1830, mit erheblichen Ausstrahlungen in die deutschen Lande, und auf den erneuten Versuch ihrer gewaltsamen Unterdrückung in der zweiten Hälfte der dreißiger Jahre folgt ab 1840 mit dem Vormärz die lange Vorbereitung auf die Märzrevolution von 1848. Es hat sich eingebürgert, diesen Zeitraum von mehr als dreißig Jahren folgendermaßen zu untergliedern:

1. Die Jahre zwischen 1815 und 1820 sind Jahre der Enttäuschung und Ernüchterung über die dürftigen und rückschlägigen Ergebnisse des Wiener Kongresses, eine letzte Zeitspanne halbherziger Reformversuche und zugleich Jahre eines letzten breiten, aber vergeblichen Aufbegehrens gegen die Restauration. Mit dem »Deutschen Bund«, dem Nachfolger des alten Reiches, der 41 souveräne Staaten und Städte mehr trennte als vereinigte, löste ein anachronistisches Monstrum das andere ab. »Der Bund war nichts

anderes als das Instrument der Restauration, des Systems Metternich, der Gegnerschaft gegen den liberalen und nationalen Geist der Zeit.«[1] Er war »im besten Fall wegen seiner Vielzahl der Zollschranken, Währungen und Maßsysteme ein Ärgernis für Handel und Wandel, im schlimmsten ein Repressionsinstrument im Namen des fürstlichen Legitimismus und der nationalen Zersplitterung.«[2] Am 18. und 19. Oktober 1817 auf der Wartburg, im Gedenken an die Reformation dreihundert Jahre zuvor und an die Völkerschlacht bei Leipzig drei Jahre zuvor, feierten die deutschen Burschenschaften mit etwa fünfhundert Studenten aus ganz Deutschland noch einmal ein großes nationales Fest, im Zeichen von Einheit und Freiheit; aber schon 1819, nach der Ermordung Kotzebues durch einen der ihren, wurden sie verboten und künftig streng verfolgt und unterdrückt. Der österreichische Kanzler Metternich reagierte mit den »Karlsbader Beschlüssen«, einem »Bundesstaatsstreich«[3], der vor allem eine zentrale Untersuchungskommission in Mainz einsetzte. Sie bespitzelte und bestrafte fortan alle oppositionellen Tendenzen, insbsondere an den deutschen Universitäten. Jetzt erst kehrte für ein Jahrzehnt die Friedhofsruhe der »Heiligen Allianz« und ihres Polizeisystems ein, jetzt erst begann die Restaurationszeit.

2. Die zwanziger Jahre gelten deshalb als die reaktionärste Phase innerhalb der Restaurationsepoche. Das Überwachungssystem und die »Demagogenverfolgung« machten sie fast zu einer Zeit der inneren Geschichtslosigkeit. In einem Drama Grabbes, *Napoleon oder Die hundert Tage,* teilt sich ihre erstickende Atmosphäre beispielhaft mit. Die verbliebenen Freiheitshoffnungen konnten sich lediglich nach außen richten und durch die ideelle und poetische Teilnahme am Freiheitskampf der Griechen gegen die Türkei (1821–1829) artikulieren. Im Innern bildeten sich in diesen Jahren der Geist und die Kunst des Biedermeiers am reinsten aus, die versöhnliche und verklärende Bescheidung mit dem status quo und dem provinziellen Winkel.

3. Erst die europaweit wirkende Julirevolution von 1830, die die Bourbonenherrschaft in Frankreich endgültig beseitigte, brach diese Erstarrung auf und rief die alten und neuen Oppositionskräfte wieder auf den Plan. Sie setzten in einzelnen deutschen Staaten immerhin die überfälligen Verfassungsforderungen durch, und sie formierten sich weithin sichtbar am 27. Mai 1832 auf dem Hambacher »Allerdeutschenfest«, bei dem sich zwanzig- bis dreißigtausend Menschen trafen, eingeladen von dem »Deutschen Preß- und Vaterlandsverein«. Die Reaktion der Regierenden auf die zum Teil radikaldemokratischen Töne ließ nicht lange auf sich warten; noch im gleichen Sommer wurden die Zensur- und Repressionsmaßnahmen verschärft. Aber die oppositionellen Kräfte konnten nie mehr ganz unterdrückt

werden; ihr radikaler Teil zog sich in Geheimgesellschaften und in den Untergrund zurück. Durch Leben und Werk Georg Büchners, der wie viele andere im Frühjahr 1836 nach Frankreich flüchten mußte, sind wir am besten mit diesen subersiven Entwicklungen vertraut. Er wurde und wird immer wieder, nicht ganz zu Recht, einer Gruppe von jungen Schriftstellern zugezählt, die mit ihren emanzipatorischen politischen und moralischen Ansichten unter dem Namen »Junges Deutschland« bekannt wurde, und die sich auf die längst nach Paris emigrierten Börne und Heine berief. Auch ihre Schriften wurden im Dezember 1835 vom Bundestag verboten, und es folgte nochmals ein Jahrfünft erzwungener politischer Ruhe und Stagnation, unterbrochen nur durch das bundesweite Aufsehen, das der Protest der »Göttinger Sieben« in Hannover (18. November 1837) und die widerrechtliche Verhaftung und Amtsenthebung des Kölner Erzbischofs durch die preußische Regierung im gleichen Jahr hervorriefen. Die Politisierung der Öffentlichkeit und der Literatur ließ sich nicht mehr aufhalten. Seit Goethes Tod im Jahre 1832 und der Abwendung von der »Kunstperiode« hatte sich ein neues Literaturverständnis durchgesetzt, das die dem Zeitgeist verpflichteten aktuellen Aufgaben der Schriftsteller betonte.

4. Diese Politisierung und politische Differenzierung der Literatur und Literaten beschleunigten sich in den vierziger Jahren immens. Der Regierungsantritt Friedrich Wilhelms IV. in Preußen (1840) weckte neue nationale Hoffnungen, und er kam ihnen anfangs auch durch viele Gesten und Handlungen entgegen (z.B. durch die Rehabilitierung von Arndt und Jahn und durch das große, nationalintegrative Kölner Dombaufest vom September 1842). Im gleichen Jahr 1840 entfachte die sog. »Rheinkrise« die militanten patriotischen Leidenschaften der Deutschen, denn Frankreich forderte plötzlich, nach einer diplomatischen Niederlage in seiner Orientpolitik, eine Revision der Verträge von 1815 zugunsten einer französischen Rheingrenze (darüber wird im nächsten Abschnitt über die Rheingedichte noch genauer zu sprechen sein). Die Tatsache, daß sich die mit dieser Zäsur verbundenen Hoffnungen wiederum nicht erfüllten, verstärkte die nationale Bewegung eher, und die politischen Auseinandersetzungen nahmen an Schärfe zu. Vor allem schuf sich der deutsche Nationalismus eine immer breitere Öffentlichkeit, durch die Turn- und Gesangvereine, durch nationale Feste und Kongresse, durch die Stiftung von deutschen Denkmälern und Bauwerken (z.B. die Grundsteinlegung für das Hermannsdenkmal im Teutoburger Wald 1838, die Einweihung der Walhalla bei Regensburg 1842) und durch die rapide zunehmende politische Lyrik und Publizistik. Beispielhaft sind die Lebenswege und Schicksale von Hoffmann von Fallersleben, Georg Her-

wegh und Ferdinand Freiligrath in diesem Jahrzehnt. Freiligrath hatte noch 1841 die programmatischen Verse geprägt:

> Der Dichter steht auf einer höhern Warte,
> Als auf den Zinnen der Partei [4],

und prompt eine Jahres-Pension des preußischen Königs erhalten (1842). Um so radikaler fiel seine politische Wandlung in den Jahren 1843/44 aus, als die preußischen Zensur- und Pressegesetze noch einmal verschärft wurden und es wegen eines neuen Strafgesetzbuches zu einem Konflikt des Rheinlands mit der preußischen Regierung kam. Freiligrath veröffentlichte seine politischen Zeitgedichte unter dem Titel *Ein Glaubensbekenntnis* (1844) und ging im gleichen Jahr freiwillig ins Exil.

Die massenhafte Produktion und Publikation politischer Gedichte in der Vormärzzeit schürte zweifellos, neben vielen anderen Faktoren (Wirtschaftskrisen, Mißernten, Pauperismus) die revolutionäre Stimmung, aber sie war auch ein Symptom dafür, daß ›Deutschland‹ noch immer ein fiktives Gebilde war und daß seine Einheit und Freiheit nur in absentia beschworen werden konnten. Wenn Freiligrath 1844 die programmatische Formel fand: »Deutschland ist Hamlet!«, dann war damit nicht nur die Gemeinsamkeit des Zauderns und Grübelns gemeint, sondern auch die machtferne literarische Unwirklichkeit bezeichnet, an der die deutsche Nationalbewegung seit 1815 krankte. Es war immer noch die »Kulturnation«, die sich auf die Revolution von 1848 vorbereitete.

Typisch für die ersten Jahre nach 1815 sind zwei Lieder aus dem Zentrum der Burschen- und Turnerschaft. Das erste trägt den Titel

Deutsch Burschenlied

Brause, du Freiheitssang,
brause wie Wogendrang
aus Felsenbrust!
Feig bebt der Knechte Schwarm,
uns schlägt das Herz so warm,
uns zuckt der Jünglingsarm
voll Tatenlust.

Gott Vater, dir zum Ruhm
flammt Deutschlands Rittertum
in uns aufs neu;
neu wird das alte Band,
wachsend wie Feuersbrand,
Gott, Freiheit, Vaterland
alt deutsche Treu!

Stolz, keusch und heilig sei,
gläubig und deutsch und frei
Hermanns Geschlecht!
Zwingherrschaft, Zwingherrnwitz
tilgt Gottes Racheblitz –
euch sei der Herrschersitz
Freiheit und Recht!

Freiheit, in uns erwacht
ist deine Geistesmacht –
heil dieser Stund!
Blühend in Ritterkraft,
glühend nach Wissenschaft,
sei Deutschlands Burschenschaft
ein Bruderbund!

Schalle du Schwerterklang,
schalle du Hochgesang
aus deutscher Brust!
Ein Herz, *ein* Leben ganz
stehn wir wie Wall und Schanz,
Bürgen des Vaterlands
voll Himmelslust.[5]

Dieses Lied, das unter dem Titel *Weihelied* 1817 in Jena, der Hochburg der studentischen Nationalbewegung, veröffentlicht wurde, stammt von dem Juristen Karl Follen (1795–1840), einem Führer des radikalen Flügels der Burschenschaften. Er war Privatdozent in Gießen, wurde ein Opfer der Demagogenverfolgung und flüchtete nach Frankreich, dann in die Schweiz. 1824 wanderte er nach Nordamerika aus. Er wie sein Bruder Adolf Ludwig Follen gerieten in den Verdacht, den Studenten Sand zum Mord an Kotzebue angestiftet zu haben; *er* durch eine Strophe des *Großen Liedes* (»Bruder in Gold und Seid', / Bruder im Bauernkleid, / reicht euch die Hand! / Allen ruft Teutschlands Not, / allen des Herrn Gebot: / schlagt eure Plager tot, / rettet das Land!«), sein Bruder wegen einer Strophe des Gedichts *Bursch und Philister* (1818/19), in der, neben anderen, Kotzebue provokativ genannt wurde.

Auch Follens *Deutsch Burschenlied,* eine lautstarke Initiation des studentischen »Bruderbunds«, bebt spürbar vor »Tatenlust«, aber es ist denn doch nur ein »Freiheitssang« und »Hochgesang«, der den »Wogendrang«, den »Feuersbrand« und den »Schwerterklang« simulieren muß – ein typischer Verbalradikalismus. Er bläst gewaltig die Backen auf, um einen kriegerischen Sturm vorzutäuschen, um den burschenschaftlichen Bruderbund, »Hermanns Geschlecht«, zu einem altgermanischen Heeresverband zusammenzuschmelzen. Es ist erneut der Kampf- und Sturmgott Wotan, der sich wie in Arndts *Vaterlandslied* im *Brausen* des Gesanges, des »Feuerbrands« und des »Racheblitzes« zu Wort meldet. Wie automatisch solche Schaltungen ablaufen, verrät das eben erwähnte Gedicht des Bruders mit seiner letzten Strophe, nachdem sie der Doppelvers

> Des Freiheitsgeistes Sturmwindgang ergreift mit Hermannslust,
> wie Harf- und Schlachtdrommetenklang, des Burschen tapfre Brust.

vorbereitet hat:

> Das spürst du nicht, Philisterwurm! wie Wuodans Odem braust;
> wie wann ein kühler Nordlandstern in toten Eichen saust,
> wir fassen auf mit Segelkraft der Winde kühnen Scherz;
> wie wild der Meerschlund heult und klafft: Durch muß des Kieles Erz.

Erinnern wir uns, was C. G. Jung in seinem *Wotan*-Essay 1936 schrieb:

> Ich wage sogar die ketzerische Behauptung, daß der alte Wotan mit seinem abgründigen und niemals ausgeschöpften Charakter mehr vom Nationalsozialismus erklärt als alle drei vorgenannten vernünftigen Faktoren zusammen [sc. der ökonomische, der politische und der psychologische Faktor!]. Obschon jeder dieser einen wichtigen Aspekt der in Deutschland geschehenden Dinge deutet, so sagt doch Wotan mehr, und zwar gerade über die allgemeine Erscheinung […]. Vielleicht dürfen wir diese Allgemeinerscheinung als ›Ergriffenheit‹ bezeichnen. Mit diesem Ausdruck ist zunächst ein ›Ergriffener‹ gesetzt, sodann aber auch ein ›Ergreifer‹. Wenn man H i t l e r nicht gerade deifizieren will, was ihm zwar auch schon passiert ist, so bleibt nur noch Wotan übrig, der ein Ergreifer der Männer ist.[6]

Ein Ergreifer der Männer ist Wotan schon bei Arndt und Follen. Er soll sie zu einer Brüderhorde vereinen, die bedingungslos auf diesen »Gott Vater« eingeschworen ist. Mit dem christlichen Vatergott hat er kaum noch etwas gemein. Diese ausschließlich maskuline Vater- und Vaterlandsfixierung, das verrät das *Weihelied* auch, disponiert die Burschenschaften schon früh für den späteren Umschlag ins militant Teutonische, Nationalkonservative und Reaktionäre.

184

Noch halten sie an dem Schlachtruf der »Freiheit« fest (sie wird in Follens Gedicht fünfmal aufgerufen!), aber die Kraft- und Berserkergesten, mit denen die alten deutschen Werte beschworen werden, können nicht vergessen machen, daß sie nur im Gesang, in der »Poesie« vollzogen werden, daß sie rebellische Kompensationen einer realen politischen Ohnmacht sind. Diese Ohnmacht läßt sich nirgends besser ablesen, als an der allmählichen Verformelung des einschlägigen Deutschland-Vokabulars und der damit einhergehenden Inhaltsentleerung. Der Gesang braust, aber er sagt kaum noch etwas. Gerade die letzte Strophe ist die leerste. Die Burschen wollen lebenslang als Verteidiger und »Bürgen des Vaterlands« dastehn – aber dieses anachronistische Vaterland ist nicht vorhanden, es existiert nur im Gesang, im Reich der Imagination.

Das bestätigt auch das zweite Beispiel, Hans Ferdinand Maßmanns

Gelübde

Ich hab mich ergeben
mit Herz und mit Hand
dir, Land voll Lieb und Leben,
mein deutsches Vaterland.

Mein Herz ist entglommen,
dir treu zugewandt,
du Land der Frein und Frommen,
du herrlich Hermannsland!

Du Land, reich an Ruhme,
wo Luther erstand,
für deines Volkes Tume
weih ich mein Herz und Hand!

Wir halten und glauben
an Gott fromm und frei;
will, Vaterland, dir bleiben
auf ewig fest und treu.

Ach, Gott, tu erheben
mein jung Herzensblut
zu frischem, freud'gem Leben
zu freiem, frommen Mut!

Laß Kraft mich erwerben
in Herz und in Hand,
zu leben und zu sterben
fürs heil'ge Vaterland.[7]

Diese schlichten Verse sind ein bis heute beliebtes Volkslied geblieben, meist um eine oder zwei Strophen gekürzt, namentlich um die heute komisch klingende dritte, nachdem sich Brechts Spott auf das »Tümliche« des deutschen Volksstücks und Volkslieds ergossen hat. (Das alte Wort »tuom« heißt »Urteil«, »Satzung«.) Maßmann (1794–1874) war ein Schüler Jahns, auf dessen Schrift *Deutsches Volksthum* er anspielt, und Mitbegründer des deutschen Turnwesens, nahm als Burschenschaftler am Wartburgfest teil, wurde Germanist und 1829 Professor in München, ab 1842 in Berlin, wo er auch den preußischen Turnunterricht organisierte. Heinrich Heine machte ihn mit vielen satirischen Bemerkungen zu einer teutonischen Spottfigur: »Die ganze Gestalt war eine katzenjämmerliche Parodie des Apoll von Belvedere.«[8]

An seinem Gedicht unübersehbar ist die stereotype Verformelung des patriotisch-topologischen Vokabulars. Sie wird hervorgerufen durch die gehäufte verdoppelnde »und«-Reihung, die in den meisten Fällen zudem noch alliteriert (Herz und Hand, Lieb und Leben, Frein und Frommen, fromm und frei; frischem, freud'gem usw.). Dadurch kommt es zu besinnungslosen Gleichschaltungen auch der Verben: halten und glauben, zu leben und zu sterben. Leben und Sterben für das Vaterland werden eins.

In der schlichten Liebeserklärung an das Vaterland spricht sich eine Gesinnung aus, die Verstand und Reflexion ausgeblendet hat, um eine ungetrübte Gemütsgemeinschaft zu stiften. Sie gibt sich so naiv wie ein kindliches Gebet, ohne jede Erklärung und Begründung. Für diese blinde bedingungslose Ergebenheit des »Gelübdes« ist alles gleichzeitig da: Gott, das Vaterland, die Freien und Frommen, das Hermannsland und Luther, Tod und Leben. Sie werden mit kindlichem Vertrauen vorausgesetzt und angeredet.

An die Stelle der berserkerhaften Militanz ist das schlichte deutsche Gemüt getreten, ein sentimentaler Ton, der in den Liedern von Hermann Löns wiederkehren wird. Die Gefolgschaftstreue zu Gott (später wird hier die »Führer«-Vokabel Platz finden) und zum Vaterland wird durch den Rückzug in die Innerlichkeit – eine Art Kapitulation – nicht weniger bedingungslos. Aber das Lied spricht wohl auch deshalb mit so leiser Stimme, weil es 1820, also *nach* den Karlsbader Beschlüssen entstanden ist. Es redet gegen eine innere und äußere Depression an, in der sich Maßmann in dieser Zeit der Demagogenverfolgung befand. Daß solch deutscher Gemütskitsch nur die Kehrseite von Unmenschlichkeit, Barbarei und Brutalität sein kann, sollte erst das 20. Jahrhundert lehren. Als Medizin gegen Maßmanns gefühliges Rollengedicht ist Uhlands *Wanderung* von 1834 zu empfehlen. Nur zwei Strophen seiner deprimierenden Deutschland-Erfahrungen seien zitiert:

Ich ging zur Tempelhalle,
Da hört ich christlich Recht:
Hier innen Brüder alle,
Da draußen Herr und Knecht!
Der Festesrede Giebel
War: duck dich! schweig dabei!
Als ob die ganze Bibel
Ein Buch der Kön'ge sei.

[…]

Ein Adler, flügelstrebend,
War Reichspanier hievor,
Ich sah ihn noch, wie lebend,
Zu Nürnberg an dem Tor.
Jetzt fliegt man nicht zum Zwecke,
Der Wahlspruch ist: Gott geb's!
Das Wappen ist die Schnecke,
Schildhalter ist der Krebs.[9]

So hat nach 1819 ein nüchterner und ehrlicher Demokrat über Deutschland gesprochen. Trotzdem entschied der Bundespräsident Theodor Heuss am 31. August 1950, »daß bis zum Vorliegen einer neuen Nationalhymne das schöne Lied ›Ich hab' mich ergeben‹ zu singen ist!«[10]

1. Warten auf Barbarossa

Wohin sollte sich der Blick der nationalbewegten Deutschen nach 1815 auch richten, wenn nicht nach rückwärts, in eine ruhmreichere Vergangenheit, und nach innen, in die eigene Seele?[11] Dort entdeckten sie die Zukunft, die ihnen das politische System der Restauration verstellte. Wenn das schon für die Burschenschaften, den radikalen Flügel der deutschen Nationalbewegung gilt, dann um so mehr für das übrige politische, kulturelle und poetische Spektrum.

> Die deutsche Nation […] verwandelte sich immer stärker in eine utopische Projektion aus der Vergangenheit. Der Reichsfreiherr vom Stein hatte bereits in seiner Denkschrift vom 18. September 1812 gefordert, anstelle der Verfassung des Westfälischen Friedens müsse das mittelalterliche Kaiserreich wiedererstehen, und Max von Schenkendorf dichtete:

Deutscher Kaiser! Deutscher Kaiser!
Komm zu rächen, komm zu retten,
Löse deiner Völker Ketten,
Nimm den Kranz, dir zugedacht!

Gemeint war nicht der Habsburger in Wien, sondern Kaiser Rotbart, der Hohenstaufe im Kyffhäuser. Die Geschichte des Mittelalters erlebte eine mächtige Konjunktur; Freiherr vom Stein gründete die »Monumenta Germaniae Historica«, die Sammlung deutscher mittelalterlicher Schriftquellen, ein bis heute fortgeführtes Riesenwerk. Das Nibelungenlied, die »teutsche Ilias«, begann seinen Siegeszug als Denkmal deutscher Nationalpoesie, und der Jeaner Professor Heinrich Luden, bei den Behörden als staatsfeindlicher Demagoge verrufen, veröffentlichte seine zwölfbändige »Geschichte des Deutschen Volkes«.[12]

Namentlich in der Wiederbelebung des Kaiser Rotbart- und Kyffhäuser-Mythos, der zwischen 1815 und 1848 nicht nur in der Poesie große Konjunktur hat, sammeln sich diese rückwärtsgewandten Bestrebungen und Sehnsüchte wie in einem Fokus.[13] Denn dieser Mythos vereinigt mehrere Komplexe, die für die Geschichte des Deutschland-Bildes und des nationalen Selbstverständnisses von zentraler Bedeutung sind: den Schlaf-Wachen-Topos, eine Transformation der Wotan-Gestalt und den Mythos vom kommenden »Dritten Reich«. Mit den häufigen Sagen von bergentrückten Heldenkönigen verbindet Wotan sein »unterweltlicher Charakter« und die Vorstellung, daß sein schlafendes Heer von Zeit zu Zeit erwacht »und zu einer gespenstischen Ausfahrt aufbricht«[14], und über den Wotan-Komplex kommuniziert der Kaiser Rotbart auch mit dem Erzengel Michael, einer »christlichen Kontrafaktur des germanischen Wotan[15], die zum deutschen Michel führte. Barbarossa symbolisiert nicht weniger als die »deutsche Seele«, ihre Schlafsucht und ihre Wiedergeburtssehnsucht, ihre träumende Tiefe wie ihre gewaltsamen Ausbruchsversuche.
Am Anfang der zahlreichen Kaiser-Rotbart-Gedichte, an denen fast alle Vormärz-Dichter beteiligt sind, steht Friedrich Rückerts *Barbarossa*-Gedicht von 1817, das inmitten seiner *Patriotischen Gedichte* erschien:

Barbarossa

Der alte Barbarossa,
Der Kaiser Friederich,
Im unterird'schen Schlosse
Hält er verzaubert sich.

Er ist niemals gestorben,
Er lebt darin noch jetzt;
Er hat im Schloß verborgen
Zum Schlaf sich hingesetzt.

Er hat hinabgenommen
Des Reiches Herrlichkeit,
Und wird einst wiederkommen,
Mit ihr, zu seiner Zeit.

Der Stuhl ist elfenbeinern,
Darauf der Kaiser sitzt;
Der Tisch ist marmelsteinern,
Worauf sein Haupt er stützt.

Sein Bart ist nicht von Flachse,
Er ist von Feuersglut,
Ist durch den Tisch gewachsen,
Worauf sein Kinn ausruht.

Er nickt als wie im Traume,
Sein Aug halboffen zwinkt;
Und je nach langem Raume
Er einem Knaben winkt.

Er spricht im Schlaf zum Knaben:
Geh hin vors Schloß, o Zwerg,
Und sieh, ob noch die Raben
Herfliegen um den Berg.

Und wenn die alten Raben
Noch fliegen immerdar,
So muß ich auch noch schlafen
Verzaubert hundert Jahr.[16]

Erst wenn die beiden Raben, die ja auch zum Gefolge Odin/Wotans gehören, nicht mehr fliegen, kann und wird Barbarossa den Berg verlassen und
des »Reiches Herrlichkeit« erneuern. Im Jahre 1817, in einer Zeit der Enttäuschung und Ernüchterung durch die aktuellen politischen Entwicklungen,
genügt es Friedrich Rückert, einem der bekannten Lyriker der Befreiungskriege, die Rotbart-Sage der Brüder Grimm poetisch nachzuerzählen, sie
möglichst anschaulich zu vergegenwärtigen, um so ihre futurischen und
utopischen Potenzen zu entbinden, um sie zu einer religiösen Ersatzerwar-
tung zu machen. (»Er ist niemals gestorben, Er lebt darin noch jetzt [...] Und

wird einst wiederkommen«). Zugleich deutet die offene Schlußstrophe an (denn die Antwort des ausgeschickten Knaben wird nicht mehr abgewartet und berichtet), daß man sich auf ein längeres Warten auf die Erlösung durch Kaiser Barbarossa einzurichten habe. Offen bleibt auch die politische Gestalt und Struktur des restituierten Kaiserreiches.

Ganz anders das *Friedrich Rothbart*-Gedicht Emanuel Geibels, das 1846 erschien, aber schon um 1835 geschrieben worden sein soll. Es lebt von der pathetischen Inszenierung einer ideologischen Botschaft: der Wiederkehr des alten Kaisers und der Restitution des mittelalterlichen Reiches deutscher Nation. Hier geht es nicht mehr um die Einheit und Freiheit des deutschen »Vaterlands«, sondern um die Erneuerung eines alten imperialen Anspruchs:

> *Friedrich Rothbart*
>
> Tief im Schoße des Kyffhäusers,
> bei der Ampel rotem Schein,
> sitzt der alte Kaiser Friedrich
> an dem Tisch von Marmorstein.
>
> Ihn umwallt der Purpurmantel,
> ihn umfängt der Rüstung Pracht,
> doch auf seinen Augenwimpern
> liegt des Schlafes tiefe Nacht.
>
> Vorgesunken ruht das Antlitz,
> drin sich Ernst und Milde paart;
> durch den Marmortisch gewachsen
> ist sein langer, goldner Bart.
>
> Rings wie eh'rne Bilder stehen
> seine Ritter um ihn her,
> harnischglänzend, schwertumgürtet,
> aber tief im Schlaf, wie er.
>
> Heinrich auch, der Ofterdinger,
> ist in ihrer stummen Schar,
> mit den liederreichen Lippen,
> mit dem blondgelockten Haar.
>
> Seine Harfe ruht dem Sänger
> in der Linken ohne Klang;
> doch auf seiner hohen Stirne
> schläft ein künftiger Gesang.

Alles schweigt, nur hin und wieder
fällt ein Tropfen vom Gestein,
bis der große Morgen plötzlich
bricht mit Feuersglut herein;

bis der Adler stolzen Fluges
um des Berges Gipfel zieht,
daß vor seines Fittichs Rauschen
dort der Rabenschwarm entflieht.

Aber dann wie ferner Donner
rollt es durch den Berg herauf,
und der Kaiser greift zum Schwerte,
und die Ritter wachen auf.

Laut in seinen Angeln dröhnend
tut sich auf das eh'rne Tor;
Barbarossa mit den Seinen
steigt im Waffenschmuck empor.

Auf dem Helm trägt er die Krone
und den Sieg in seiner Hand;
Schwerter blitzen, Harfen klingen,
wo er schreitet durch das Land.

Und dem alten Kaiser beugen
sich die Völker allzugleich,
und aufs neu zu Aachen gründet
er das heil'ge deutsche Reich.[17]

Geibel (1815–1884) war ein hochbeliebter und berühmter Dichter des 19. Jahrhunderts. Als er starb, erschien sein erster Gedichtband von 1840 in der 100. Auflage. Man feierte ihn als »Sänger der Liebe« und als »Herold des Reiches«, des inzwischen gegründeten Wilhelminischen Reiches. Die politische Lyrik des Vormärz lehnte er entschieden ab. Als er 1842 mit einem Gedicht gegen Herweghs *Gedichte eines Lebendigen* polemisierte (»Ein freier Priester freier Kunst / Hab ich der Wahrheit nur geschworen« und: »Die Freiheit geht nicht aus auf Mord, / Blick nach Paris, das dir's verkündigt / Vom Geist will sie gewonnen sein.«), erhielt er postwendend eine Jahrespension des preußischen Königs. Später, nach der 48er Revolution, ging er als Vorleser und Unterhalter an den Hof des bayerischen Königs Maximilian, und nach dessen Tod (1868) schlug er sich wieder auf die Seite des preußischen Königs und Kaisers.[18]

Ein »Reichsherold« ist Geibel schon 1835, mit zwanzig Jahren gewesen. Sein *Friedrich Rothbart*-Gedicht gleicht einem Fanfarenstoß, der den alten Kaiser zum Leben erweckt, aus dem Dunkel ins Licht führt und seinen Triumphzug begleitet. So verdoppelt sich das Grundmotiv der alten Sage. Der poetische Akt realisiert eben das, was in dem Kyffhäuser-Mythos schon angelegt ist: die Wiederkehr des Abwesenden und Vergangenen, die Auferstehung des toten Kaisers und die Wiederherstellung seines mittelalterlichen Reiches. Dieses Geschehen inszeniert das Gedicht mit rhetorischem Kalkül und effektvoller Regie, unter Preisgabe aller historischen Distanzen und kritischen Vorbehalte. Die mächtige Vergangenheit soll in einem Zuge die leere Gegenwart auslöschen; das Reich Karls des Großen wird in Aachen erneut gegründet.

So ist das Gedicht reine Panegyrik, ein rückhaltloser pompöser Heldenkult. Es repräsentiert eine monumentalisierende poetische Historienmalerei genau in jenem Denkmal-Stil, den der junge Nietzsche in seiner Schrift *Vom Nutzen und Nachteil der Historie für das Leben* so scharfsinnig kritisierte. Wir treffen diesen historischen Stil im 19. Jahrhundert bekanntlich allenthalben an, in den Wartburg-Fresken von Moritz von Schwind ebenso wie in der Denkmal-, Fest- und Museumskultur der Zeit und in den großen historischen Masken- und Festzügen des Wiener Malers Hans Makart. Er produzierte, simulierte und kostümierte Geschichte aus dem sentimentalen und epigonalen Geist dieses aus der Balance geratenen Jahrhunderts. Schon Heinrich Heine hat diese Geschichtssimulation dem »Komödienpack« und den »Schauspielhäusern« zugeordnet, im Caput XVII seines *Wintermärchens,* wo er den Kaiser Rotbart mit dem ironischen Wunsch anredet:

> Das alte Heilige Römische Reich,
> Stell's wieder her, das ganze,
> Gib uns den modrigsten Plunder zurück
> Mit allem Firlefanze.
>
> Das Mittelalter, immerhin,
> Das wahre, wie es gewesen,
> Ich will es ertragen – erlöse uns nur
> Von jenem Zwitterwesen,
>
> Von jenem Kamaschenrittertum,
> Das ekelhaft ein Gemisch ist
> Von gotischem Wahn und modernem Lug,
> Das weder Fleisch noch Fisch ist.

Jag fort das Komödiantenpack,
Und schließe die Schauspielhäuser,
Wo man die Vorzeit parodiert –
Komme du bald, o Kaiser![19]

Zu der naiven Panegyrik Geibels gehört die blinde Anbetung und Verherrlichung der Macht. Barbarossa kommt nicht als Friedensfürst, sondern mit einem Heer, als Kriegsherr und Kriegskaiser, dem sich »die Völker allzugleich« beugen. Er steht ein für den deutschen Anspruch auf die Weltherrschaft. Schon hier treffen wir auf Anzeichen eines deutschen Kulturimperialismus, der sich dann in der zweiten Hälfte des 19. Jahrhunderts ausbreiten wird, nicht zuletzt durch Geibels Gedicht *Deutschlands Beruf* von 1861, das mit den ominösen Versen schließt: »und es mag am deutschen Wesen / einmal noch die Welt genesen.« Der Kompensationscharakter des frühen *Rothbart*-Gedichts ist wiederum nicht zu übersehen. Monumentale fiktive Geschichte, Wunder-Geschichte, fungiert als Politikersatz. Große theatralische Gesten sollen schadlos halten für die alltägliche Ohnmacht. Mehr als verräterisch ist es, wie sich Geibel selber, der Poet, in das leuchtende Gemälde hineinmalt, in Gestalt des mittelalterlichen Sängers Heinrich von Ofterdingen. Er steht mit seiner Harfe an der Seite und im Dienste des Kaisers, im Dienste der Macht. Auch Sängerdienst ist Ritterdienst, die Schwerter und Harfen sind verschwistert, aber das Bündnis von »Leier und Schwert«, wie es der Befreiungsdichter und Befreiungskämpfer Theodor Körner vorlebte, steht nun im Dienste einer Ästhetisierung der Macht.

Dabei ist der Machtanspruch dieses poetischen »Reichsherolds«, der Preis für seine feiernde Unterwerfung, gar nicht so gering. Wie Heinrich, der Ofterdinger, trägt er prophetisch den »künftigen Gesang« auf der Stirn. Er weiß die Zukunft und weckt sie auf, er verkündet sie den »Völkern«, damit sie sich, wenn die Stunde der Wiederkehr gekommen ist, dem alten Kaiser beugen. Vom »König Dichter« hat Geibel nicht ohne Stolz gesprochen, »und was er singt, ist wie die Weltgeschichte«, hat er von ihm gesagt.[20] Sieht man einmal von der kleindeutschen Lösung ab, so war das pompöse und theatralische Wilhelminische Reich genau das, was er von Anfang an ersehnt und ersungen hatte.

Übrigens gibt es unter den vielen Barbarossa-Anspielungen und -Gedichten Geibels eines, das den Kaiser mit dem Wotan-Gott direkt überblendet und identifiziert. Es heißt *Lied des Alten im Bart* und beginnt mit folgenden zwei Strophen:

193

Durch tiefe Nacht ein Brausen zieht
und beugt die knospenden Reiser,
im Winde klingt ein altes Lied,
das Lied vom deutschen Kaiser.

Mein Sinn ist wild, mein Sinn ist schwer,
ich kann nicht lassen vom Lauschen,
es klingt, als zög in den Wolken ein Heer,
es klingt wie Adlers Rauschen.[21]

Wotan als brausender »Ergreifer der Männer«! In diesem Gedicht ist er zudem als der »Gott der Dichter«, der er auch war[22], präsent. Er ist die eigentliche Inspirationsquelle des »Reichsherolds« Geibel. Im Brausen seines wilden Heers ist auch das alte Lied vom deutschen Kaiser enthalten, der eines Tages wiederkehren wird. Hier ist nicht mehr von Geschichte und »Weltgeschichte« die Rede, sondern von den Untiefen und Abgründen eines irrationalen Mythos, der auch diejenigen in seinen Bann zu schlagen vermochte, die ihm politisch fernstanden.

So vertritt Geibel mit seinem Gedicht nicht nur die große Schar konservativ und monarchisch gesinnter Dichter und Bürger. Auch Liberale und Demokraten stimmten den Ruf nach dem rettenden mittelalterlichen Kaiser an. Es mußte nicht immer und zugleich der Ruf nach dem starken Mann und Führer sein, aber dieser urdeutsche Mythos disponierte zweifellos dafür. So zählte zu den Rufern auch der alte Ernst Moritz Arndt, der zu der Frankfurter Delegation gehörte, die dem preußischen König im April 1849 die deutsche Kaiserkrone antrug. Selbst dessen schroffe Absage konnte Arndt nicht desillusionieren und von dem Kyffhäuser-Bann befreien. Die letzte Strophe seines Gedichts *Ausfahrt zur Heimholung des deutschen Kaisers* lautet:

Nein! und nein! Und aber nein!
Nein! Kyffhäusers Fels wird springen,
durch die Lande wird es klingen:
Frankfurt holt den Kaiser ein![23]

Die Schuld für das Platzen seines Traums sucht Arndt bezeichnenderweise nicht bei dem anachronistischen Trauminhalt, sondern bei denen, die ihn geträumt haben. Sie haben nicht ernst und würdig genug geträumt: »Kam er? Sie sind zu leicht erfunden, / die ihm gerufen und geschrien. / Er liegt bis heute festgebunden – […] Wißt, weil ihr schnarchet, muß ich schlafen – / Straft eurer eignen Faulheit Schuld.« stellte er 1853 fest.[24] Daß aber dieser Traum und seine immanente Traumschläfrigkeit auch eine der Ursachen für das Scheitern der Revolution gewesen sein könnten, haben Arndt und seinesgleichen nicht bedacht und nicht begriffen.

Das gilt auch für einen Rudolf Gottschall (1823–1909), einen Vormärzler und kämpferischen Demokraten bis 1848. Sein *Barbarossa*-Gedicht von 1842 verknüpft den Kaiser-Mythos explizit mit jenem deutschen Schlaf-Motiv, das in den Michel-Gedichten des Vormärz kritisch-komisch gewendet erscheint. Nachdem er die Sage in den ersten zwei Strophen vorgestellt hat, lauten die letzten drei folgendermaßen:

> Du deutsches Reich! Du liegst in gleichem Schlummer,
> im Angesicht den tausendjähr'gen Kummer.
> Mit deinem Kaiser hat man dich begraben,
> und dich umkrächzt der böse Schwarm der Raben.
>
> Mag sie, die sich von deinem Schmerze nähren,
> des Himmels zürnend Strafgericht verzehren!
> Du selbst erwache aus des Grabes Nächten,
> den alten Glanz um deine Stirn zu flechten!
>
> Gib uns zurück, was wir mit Schmerz vermissen,
> das Reichspalladium, das man uns entrissen!
> Dein ein'ges einz'ges Banner wehe wieder
> im Morgenrot von Deutschlands Höhn hernieder![25]

Auch hier wird Deutschlands Zukunft (»Morgenrot«) in der Restitutio einer angeblich glanzvollen Vergangenheit erblickt. Das Verlorene und Geraubte – und damit kann nur die deutsche Einheit gemeint sein; *sie* ist das »Reichspalladium« (das schützende Heiligtum), nicht die Freiheit – soll wiedererstattet werden. Wer das nichtvorhandene »deutsche Reich« wecken soll, wird nicht gesagt, und wer hier handeln könnte, die Deutschen, das kollektive »wir«, kommt über eine passive Klagerolle nicht hinaus. So erschöpft sich auch der Appell dieses Gedichtes in pathetischer Rhetorik.

Der Einzige, der in dieser Zeit – noch gründlicher als Georg Herwegh, dessen Gedicht *Barbarossas letztes Erwachen* von 1840 mit den Versen schließt: »Stirb du auch, alter Kaiser! / Es hilft sich selbst, dein Land!« – mit dem grassierenden Barbarossa-Mythos als einer »politischen Gutenachtgeschichte«[26] ironisch und satirisch abrechnete und der seine ideologischen und kompensatorischen Funktionen durchschaute, war Heinrich Heine. In seinem Großgedicht *Deutschland. Ein Wintermärchen,* das 1844 im Exil entstand und noch im gleichen Jahr erschien, verweist er ihn in das Gebiet der Ammenmärchen.

Seinen Maßstab, mit dem er das Land auf seiner realen (Herbst 1843) und fiktiven Deutschland-Reise vermißt und fast überall für unzulänglich befindet, hat Heine in der Vorrede von 1844 definiert. Seine Deutschland-Vision schließt wieder an die Verbindung von Patriotismus und Kosmopolitismus des 18. Jahrhunderts an. »Die ganze Welt soll deutsch werden!«, sagt er dort, »Von dieser Sendung und Universalherrschaft Deutschlands träume ich oft, wenn ich unter Eichen wandle. Das ist *mein* Patriotismus«, aber nur unter der einen Voraussetzung und Bedingung, daß Deutschland das Erbe der Französischen Revolution übernimmt und vollendet, mit den Worten der französischen Ausgabe: »le grand œuvre de la Révolution: la Démocratie universelle!«

Auch von Heine wird der Barbarossa-Mythos mit dem Komplex des Schlafens, Träumens und Erwachens verknüpft. Schon der Titel *Ein Wintermärchen* spielt ja u. a. auf den Winterschlaf Deutschlands an. Berühmt geworden ist eine Passage aus dem Caput VII:

> Man schläft sehr gut und träumt auch gut
> In unseren Federbetten.
> Hier fühlt die deutsche Seele sich frei
> Von allen Erdenketten.
>
> Sie fühlt sich frei und schwingt sich empor
> Zu den höchsten Himmelsräumen.
> O deutsche Seele, wie stolz ist dein Flug
> In deinen nächtlichen Träumen!
> […]
>
> Franzosen und Russen gehört das Land,
> Das Meer gehört den Briten,
> Wir aber besitzen im Luftreich des Traums
> Die Herrschaft unbestritten.[27]

Die Idee der »Kulturnation« – Deutschland als das Land des Geistes und der Dichter und Denker – wird von Heine ironisch ins Politische und Konkrete und damit ins Mangelhafte gewendet und in ihrer kompensatorischen Funktion entlarvt. Zu den Lieblingsträumen der deutschen Seele gehört auch seiner Meinung nach der Rotbart-Mythos. Im Caput XIV führt er ihn durch eine Erzählung seiner alten Amme ein, also als ein Ammenmärchen, dem man allenfalls wie einer verlorenen Kindheiterinnerung nachtrauert. Schon in diesem Vorspiel gibt Heine der Sage eine eigene Wendung, wenn er den wiederkehrenden Kaiser als den Rächer an den Mördern der »Goldlockichten Jungfrau Germania« auftreten läßt.[28] Geibel dagegen möchte, in seinem *Lied des Alten im Bart,* daß der alte Kaiser Deutschland, »Die schön geschmückte Braut«, aufweckt und heimführt. Bei Heine rächt er wie ein edler Ritter eine märchenhafte schöne Tote, bei Geibel nimmt er sie als Braut in seinen Besitz. Beides »Männerphantasien« zweifellos, aber die eine sanft und weiblich vermittelt, die andere herrisch und kriegerisch, von der Stimme Wotans inspiriert.

Der schon ironisch angelegten Erzählung der Sage folgt dann im Caput XV der erste Traum vom Kaiser Rotbart. Er tritt darin auf »wie ein Antiquar« in einem unterirdischen Museum, der gemächlich seine Schätze abstaubt und es nicht eben eilig mit seiner Rückkehr hat. Die entscheidende Konfrontation und Absage an den verstaubten Kaiser bringt erst der zweite Traum im Caput XVI. Sie wird ausgelöst durch die Erzählung von der Hinrichtung des französischen Königspaars während der Revolution. Erst dieses Ereignis bringt den unversöhnlichen Zusammenstoß zwischen Mittelalter und Moderne, zwischen Restauration und Revolution, zwischen dem Kaiser und dem Vers-Erzähler hervor. So ist es auch die revolutionäre Guillotine, die eine klare und entscheidende Grenze ziehen läßt zwischen den wahren Republikanern und all jenen in Deutschland, die immer noch glaubten, Demokratie und mittelalterlichen Monarchie, Freiheit und Fürstenherrschaft ließen sich vereinen, oder, noch naiver, daß die Einheit automatisch auch die Freiheit mit sich brächte:

»Herr Rotbart« – rief ich laut –, »du bist
ein altes Fabelwesen,
Geh, leg dich schlafen, wir werden uns
Auch ohne dich erlösen.

Die Republikaner lachen uns aus,
Sehn sie an unserer Spitze
So ein Gespenst mit Szepter und Kron';
sie rissen schlechte Witze.

Auch deine Fahne gefällt mir nicht mehr,
Die altdeutschen Narren verdarben
Mir schon in der Burschenschaft die Lust
An den schwarzrotgoldenen Farben.

Das beste wäre, du bliebest zu Haus,
Hier in dem alten Kyffhäuser –
Bedenk ich die Sache ganz genau,
So brauchen wir gar keinen Kaiser.«[29]

Die antisemitisch eingestellten Burschenschaften haben dem jungen studierenden Heine in der Tat den Geschmack an den Farben »Schwarzrotgold« verdorben, obwohl sie ja eigentlich, im Gegensatz zu den Farben »Schwarzweißrot«, für die Demokratie stehen und bis heute die Farben unserer Republik sind.

Aber die ernüchternde Demaskierung und Entzauberung des suggestiven Rotbart-Mythos erfolgt nicht nur durch die revolutionäre Provokation mit der Guillotine. Vielleicht stärker noch wirkt sie durch die respektlose, witzige und verspielte Ironie der Verssprache, die den Kaiser wieder in den Schlaf und zu Bette schickt. Sie ist durch und durch demokratisch und duzt seine Majestät wie ihresgleichen. Diese Sprache selber ist ein revolutionärer Akt, sie wirkt wie eine Guillotine und erledigt den Mythos durch Lächerlichmachung. Heine hat das gewußt: »Nein, ich gestehe bescheiden, mein Verbrechen war nicht der Gedanke, sondern die Schreibart, der Stil.«[30]

Die Ironie wird dann noch einmal überboten, wenn das nächste Caput XVII die Absage an den Kaiser wiederum spielerisch aufhebt und sein Wiedererscheinen zum zweitschlimmsten Übel erklärt. Denn das schlimmste Übel sei, wie oben zitiert, die verlogene theatralische Mittelalter-Begeisterung in den deutschen Landen.[31]

Die meisten Deutschen in dieser Zeit wollten den schlafenden Barbarossa wecken, auf daß er sie selber aus ihrem lähmenden Schlaf erwecke und erlöse, ein Wunsch, der an Münchhausen erinnert. Heinrich Heine dagegen schickte Barbarossa in den ewigen Schlaf, um die Deutschen endlich wachzurütteln und von seinem einschläfernden Bann zu befreien. So machte er den Kaiserthron auch zu einem Stuhl, auf den er sich selber setzte. Trotz aller Skepsis und Verzweiflung besaß er ein königliches Selbstbewußtsein.

2. Deutsche Rheingedichte

Der Rhein, und zumal der *deutsche* Rhein, gehört spätestens seit dem Beginn des 19. Jahrhunderts nicht mehr ins nüchterne Gebiet der Topographie und der Geographie, sondern in das Reich der nationalen Poesie und Mythologie. Er ist zur gleichen Zeit ein deutscher Mythos geworden, in der die deutsche Nationalmythologie entstand. Seine uralte Geschichte, die bis in die sagenhaften Zeiten der Nibelungen, Jung-Siegfrieds und der Burgunden zurückreicht, eine Geschichte, die Richard Wagner in der zweiten Hälfte des 19. Jahrhunderts in seinem *Ring des Nibelungen* mit der germanischen Wotan-Mythologie verknüpfen sollte, sowie seine romantisch-mittelalterliche Kultur- und Naturlandschaft haben ihn gleichermaßen für diese Rolle prädestiniert. Mit den zahlreichen Reisebeschreibungen um 1800, mit den Hymnen Hölderlins, namentlich seiner *Rhein*-Hymne, mit den *Rheinmärchen* von Clemens Brentano (1826/46), mit den romantischen Rheinmärchen und Rheinsagen (Karl Simrocks *Rheinsagen* erlebten 1850 ihre 4. Auflage) wurde der »Vater Rhein« endgültig – so wie der sagenhafte Kaiser Barbarossa – zu einer mythischen Personifikation, zu einer Ersatz-Chiffre des nicht vorhandenen Deutschlands und des fehlenden Vaterlandes. Repräsentierte jener, der Kaiser, die fehlende Einheit, so der Rhein die Freiheit, aber weniger die demokratische Freiheit nach innen als ihre Bedrohung durch die französische Fremdherrschaft. Seine nationale Integrationsleistung beruhte mehr auf der Abgrenzung nach außen, als *deutscher* Grenzfluß, als auf einer inneren Vereinigung der zahlreichen deutschen Bundesländer oder gar auf einer europäischen Brückenfunktion. Das pompös inszenierte Kölner Dombaufest von 1842 sollte allerdings beiden nationalen Aufgaben dienen, das heißt ein Fanal nach innen und nach außen setzen.

Bevor der Rhein im 19. Jahrhundert endgültig zu einem umstrittenen Grenzfluß wurde, hat Friedrich Schlegel 1803, auf seiner *Reise nach Frankreich,* seine utopischen, seine friedlichen deutschen und europäischen Potenzen in der Zeitschrift »Europa« noch einmal beschworen:

> Nirgends werden die Erinnerungen an das, was die Deutschen einst waren, und was sie sein könnten, so wach, als am Rheine. Der Anblick dieses königlichen Stromes muß jedes deutsche Herz mit Wehmut erfüllen. Wie er durch Felsen mit Riesenkraft in ungeheurem Sturz herabfällt, dann mächtig seine breiten Wogen durch die fruchtreichsten Niederungen wälzt, um sich endlich in das flachere Land zu verlieren; so ist er das nur zu treue Bild unsers Vaterlandes, unsrer Geschichte und unsers Charakters.
>
> Hier wäre der Ort, wo eine Welt zusammenkommen und von hier aus übersehen und gelenkt werden könnte, wenn nicht eine enge Barriere die sogenannte Hauptstadt umschränkte, sondern statt der unnatürlich natürlichen Grenze und der kläglich zerrißnen Einheit der Länder und Nationen, eine Kette von Burgen, Städten und Dörfern längst dem herrlichen Strome wiederum ein Ganzes und gleichsam eine größere Stadt bildeten, als würdigen Mittelpunkt eines glücklichen Weltteils.[32]

Das Nationale und das Internationale, das Deutsche und das Europäische bilden hier noch einmal eine schöne Einheit. Aber schon zehn Jahre später, 1813, am Beginn der Befreiungskriege, wurde der Rhein als »Grenze« in einem ganz anderen, militanten Sinne negiert, in Ernst Moritz Arndts politischem Manifest: *Der Rhein, Deutschlands Strom, aber nicht Deutschlands Grenze.* In dieser Schrift heißt es:

Der Rhein und seine umliegenden Lande, und die nächstliegenden Lande von Schwaben, Franken und Hessen, Westfalen und Braunschweig sind der Kern und das Herz des deutschen Volkes, woraus sein rechtes Lebensblut und seine lebendigsten Lebensgeister in alle Adern, ja in die äußersten Glieder seines Leibes ausgegossen worden; dort, wenn sie nicht überhaupt ein Traum ist, lebt die rechte Deutschheit; von da fließt sie wie der zarte und geheime Lebensäther des Ganzen mit allen ihren unsichtbaren und kaum vernehmlichen Geistern bis zur Leitha und Eider, ja bis zur Memel und Theiße zu den verwandten Brüdern aus. Auch anderswo ist Deutschland, es ist in Flensburg und Königsberg, in Breslau und Stralsund; aber es ist dort nicht so deutsch, als hier im Süden. Dies läßt sich historisch herleiten, dies läßt sich aus unsern Sitten und Weisen und aus unserer Kunst und Literatur deuten, wie weit das innigste Leben eines Volkes und seine eigenthümlichste Art gezeigt und gedeutet werden kann. Hier an beiden Ufern des Rheins in den eben bezeichneten Landen hat sich das Germanische mitten in allen Stürmen der Jahrhunderte, in allen Umkehrungen und Wechseln der Völker immer zusammengedrängt erhalten, ja es ist gerade durch die Stürme und Wechsel derselben fester zusammengedrängt worden: ich möchte sagen, es ist dichter und gediegener geworden durch sie.[33]

An die franzosenfeindliche Stimmung dieser Zeit und an die in ihr entstandenen Rheinlieder konnte man dann nahtlos anschließen, als im Juli 1840 plötzlich die sog. Rheinkrise ausbrach. Sie hatte ihren Ursprung fernab, in einer politischen und militärischen »Orientkrise«. Mit den Worten eines Historikers:

Eine neue Orientkrise änderte 1839 noch einmal die Mächtekonstellation. Mehmet Ali, der halbsouveräne Herr Ägyptens, bedrohte die Türkei. Er wurde dabei von Frankreich unterstützt. Dagegen engagierte sich England, ebenso wie Rußland und Österreich, aus unterschiedlichen Motiven für den Schutz der Türkei; es gelang Metternich, einen Ausgleich zwischen England und Rußland und eine kollektive Aktion zu arrangieren. Die vier Mächte zwangen die Ägypter zum Rückzug, Frankreich erlitt eine schwere diplomatische Niederlage. Das führte nun, wir sagten es, zu einer eigentümlichen und ganz modernen Reaktion der Öffentlichkeit. Das Land war in seinem »Nationalstolz« verletzt; die Regierung drohte mit Krieg und rüstete; gleichzeitig verschob sich der Konfliktgegenstand. Frankreich verlangte die Revision der Verträge von 1815 und – die Rheingrenze. Die deutschen Mächte einigten sich auf einen militärischen Operationsplan, der auch die österreichische Position in Italien einschloß. Aber die französische Politik scheiterte. Der leitende Minister Thiers mußte zurücktreten. Frankreich mußte nachgeben.[34]

Die »nationale Demütigung« Frankreichs sollte also mit der Revision der napoleonischen Niederlage vom 1815 kompensiert werden. Es war der bekannte französische Schriftsteller und Abgeordnete Alphonse Lamartine, der zusammen mit anderen diese Forderung in der Deputiertenkammer erhob: Preußen sollte die ihm 1815 zugesprochenen linksrheinischen Gebiete wieder herausgeben.

Ein entschiedener preußischer und deutscher Protest war vorauszusehen und durchaus verständlich. Daß sich jedoch ein riesiger Proteststurm erhob, läßt sich nur damit erklären, daß dieses politische Ereignis eine Reaktion in den deutschen Landen auslöste, die sofort den Charakter einer Ersatzhandlung bekam. Lang unterdrückte und brachliegende nationale Gefühle und Ressentiments wurden mit einem Schlage entfesselt und glaubten sich für eine »gerechte Sache« entladen und ausleben zu dürfen. Weil es ein freies und geeintes Deutschland nicht gab, trat der mythische Rhein an seine Stelle. Wer nach dem Rhein griff, vergriff sich an Deutschlands Lebensnerv.

Die Franzosen waren konsterniert von der maßlosen deutschen Reaktion. Das hatten sie, deren Deutschlandbild noch immer von der Mme. de Stael geprägt war – ein Deutschland der Dichter und Denker – nicht erwartet. Lamartine, an den Nikolaus Becker sein Rheinlied gerichtet hatte (am 18. September 1840), reagierte besänftigend mit einer langen *Marseillaise de la Paix* (die Ferdinand Freiligrath sofort übersetzte!), der Dichter Alfred de Musset mit spöttischen Tönen:

> Wir haben ihn gehabt, den deutschen Rhein.
> In unserm Glas sahn wir ihn funkeln.
> Mit eures Schlagers Prahlerein
> Wollt ihr die stolze Spur verdunkeln,
> Die unsrer Rosse Huf grub euch ins Blut hinein?
>
> Wir haben ihn gehabt, den deutschen Rhein.
> In seiner Brust klafft eine Wunde.
> Das Kleid mit seinem grünen Schein
> Zerriß Condé in stolzer Stunde.
> Wo Väter eingekehrt, kehrt leicht der Sohn auch ein.
>
> […]
>
> Laßt friedlich fließen euern deutschen Rhein;
> Er spiegele geruhsam wider
> Der Dome gotisches Gestein;
> Doch hütet euch, durch trunkne Lieder
> Von ihrem blutgen Schlaf die Toten zu befrein.[35]

So lauten drei Strophen des Gedichts, das den Imperativ Beckers – »Sie sollen ihn nicht haben« – ironisch umwendet.

Damit stoßen wir auf das erstaunliche und wohl einmalige literaturpolitische Phänomen, daß ein unbekannter und unbedeutender Mann durch ein einziges Gedicht und Lied, *Der deutsche Rhein,* über Nacht ein nationaler Star werden konnte, berühmt, geehrt und von allen Seiten belohnt. Beckers Gedicht, das am 18. September 1840 in der Trierischen Zeitung zuerst erschien, wurde über zweihundert Mal vertont und löste eine Flut von Rheingedichten aus. Selbst der alte Arndt meldete sich zur Stelle, und auch der junge Herwegh beteiligte sich an dem nationalen Überschwang, bevor er sich schnell wieder, wie andere auch, ernüchterte. Die Wucht und die Wirkung dieser Initialzündung wird vielleicht am besten durch ein Urteil charakterisiert, das Bismarck noch fünfzig Jahre später, am 18. 10. 1893, vor einem »Barmer Gesangsverein« (!) gab:

> Bei der Schnelligkeit, mit der es [das Gedicht] von der Bevölkerung aufgegriffen wurde, die damals meist noch partikularistisch war, hatte es die Wirkung, als ob wir ein paar Armeekorps mehr am Rhein stehen hätten, als wir hatten.[36]

Seit diesem Zeitpunkt und mit diesem Ereignis verfestigte sich die latente »Erbfeindschaft« zwischen Frankreich und Deutschland. Der Rhein und die Rheinlande waren kein potentielles deutsch-französisches Verbrüderungsterrain mehr, sondern ein Streitobjekt und ein militanter Vorposten. Selbst ein Friedrich Engels hatte es in jenen Jahren auf eine Rückgewinnung Elsaß-Lothringens abgesehen.

In diesen kurz skizzierten Kontexten ist das Rheinlied von Nikolaus Becker zu lesen:

> Sie sollen ihn nicht haben,
> den freien deutschen Rhein,
> ob sie wie gier'ge Raben
> sich heiser danach schrein,
>
> Solang er ruhig wallend
> sein grünes Kleid noch trägt,
> solang sein Ruder schallend
> in seine Woge schlägt.
>
> Sie sollen ihn nicht haben,
> den freien deutschen Rhein,
> solang sich Herzen laben
> an seinem Feuerwein;

Solang in seinem Strome
noch fest die Felsen stehn,
solang sich hohe Dome
in seinem Spiegel sehn.

Sie sollen ihn nicht haben,
den freien deutschen Rhein,
solang dort kühne Knaben
um schlanke Dirnen frein;

Solang die Flosse hebet
ein Fisch auf seinem Grund,
solang ein Lied noch lebet
in seiner Sänger Mund.

Sie sollen ihn nicht haben,
den freien deutschen Rhein,
bis seine Flut begraben
des letzten Manns Gebein![37]

Nicht nur die schlichte Volksliedstrophe ist eine Voraussetzung für die Popularität des Liedes, mehr noch seine auffällige und einhämmernde Wiederholungsstruktur, die nicht zufällig an Arndts »Was ist des Deutschen Vaterland?« zurückerinnert. In dreimal zwei parallel gebauten Strophen, die der bis in die Schlußstrophe verdeckten Spannung einer syntaktischen »solange bis«-Konstruktion folgen, wird in sich steigernder Variation (gebrochen nur durch die unfreiwillige Komik der vorletzten Strophe!) der Anspruch der Franzosen (»sie«) zurückgewiesen. Die poetische Begründung dafür ist ebenso schlicht wie durchschlagend: sie besteht in der Evokation einer alten deutschen Kulturlandschaft und der bloßen Suggestion eines »freien deutschen Rhein[s]«. Die poetische Beschwörung tritt an die Stelle des Arguments. Denn es handelt sich ja um einen rein emotionalen Appell. Warum der Rhein »deutsch« sein soll oder gar »frei«, wird weder gesagt noch bedacht. Er hat offensichtlich jene Freiheit und Einheit zu verkörpern, die es in den deutschen Landen nicht gibt. Auffällig ist die geringe Militanz, die durchgehende Defensivhaltung dieses Liedes. Erst die letzte Strophe mit ihrer typischen regressiven Opfer-Mentalität (»bis seine Flut begraben / des letzten Manns Gebein!«) läßt die Möglichkeit eines Verteidigungskampfes ›bis zum letzten Mann‹ durchschimmern. Viel deutlicher aber spricht sich darin der unbewußte Wunsch aus, in dem flutenden Element des Rheins bis zum letzten deutschen Mann aufzugehen und aufgenommen zu werden. So wird der Rhein zu einem Sehnsuchtsort, der im Akt eines endzeitlichen

Untergangs die elementare Vereinigung aller Deutschen in einem Heer von Toten herstellt. Das ist einerseits ein Wotan-Heer. Aber hinter dem »Vater Rhein« erscheint auch eine von den Söhnen imaginierte »Mutter Rhein«, in deren Schoß ihre Söhne zurückkehren. So hebt sich wohl auch die absurde Logik der syntaktischen Verskonstruktion auf. Denn der Bogen eines »solange bis« macht ja den Platz frei für ein ›dann‹ und ›danach‹, konkret gesprochen: wenn der letzte deutsche Mann sein Grab in den Fluten des Rheins gefunden hat, dann können ihn die Franzosen haben. Aber er, bis in seinen letzten Wassertropfen deutschblütig, ist dann eben gegenüber jeder fremden Macht unangreifbar und unbesitzbar geworden.

Verräterisch für die Mentalität des Gedichts ist schließlich die Thematisierung des »Lieds« und der »Sänger« in der vorletzten Strophe. Sie bilden das letzte und stärkste Argument der poetischen Selbstbehauptung und verweisen erneut auf den Ort des Männergesangsvereins, an dem allein sich das politische Wollen in der Vormärzzeit ›frei‹ und ›deutsch‹ artikulieren konnte. Der Krieg, den die ohnmächtigen deutschen Bürger anzetteln wollen – das zeigen auch zeitgenössische Karikaturen –, ist ein Sängerkrieg.

Es fehlte freilich und tröstlicherweise auch nicht an kritischen deutschen Gegenstimmen. So wurde vor allem die fehlende Freiheit angemahnt, z. B. von Ludwig Seeger:

> Wer mag von Freiheit sprechen,
> von Einheit, deutschem Geist
> im Lande, wo Verbrechen
> die freie Rede heißt;[38]

So von Wilhelm Cornelius:

> Räumet weg die fremden Zölle,
> räumet weg der Rede Zwang,
> daß fortan so Wort als Welle
> ströme frei den Rhein entlang!
>
> […]
>
> Bis ihr so euch habt erschwungen,
> stellet ein die Litanei,
> laßt mich lieber unbesungen,
> nennt mich weder ›deutsch‹ noch ›frei‹.[39]

Und auch Georg Herwegh korrigierte sich schon 1841:

> Und singt die Welt: Der freie Rhein:
> So singet: Ach! Ihr Herren, nein!
> Der Rhein, der Rhein könnte freier sein,
> wir müssen protestieren.[40]

Die schönste Abfertigung aber kam auch diesmal von dem exilierten Rheinländer Heinrich Heine. Das ganze Caput V seines *Wintermärchens* ist dem »Vater Rhein« gewidmet, mit ironischer Kritik nach beiden Seiten:

> »Sei mir gegrüßt, mein Vater Rhein,
> Wie ist es dir ergangen?
> ich habe oft an dich gedacht
> Mit Sehnsucht und Verlangen.«

> So sprach ich, da hört ich im Wasser tief
> Gar seltsam grämliche Töne,
> Wie Hüsteln eines alten Manns,
> Ein Brümmeln und weiches Gestöhne:

> »Willkommen, mein Junge, das ist mir lieb,
> Daß du mich nicht vergessen;
> Seit dreizehn Jahren sah ich dich nicht,
> Mir ging es schlecht unterdessen.

> Zu Biberich hab ich Steine verschluckt,
> Wahrhaftig, sie schmeckten nicht lecker!
> Doch schwerer liegen im Magen mir
> Die Verse von Niklas Becker.

> Er hat mich besungen, als ob ich noch
> Die reinste Jungfer wäre,
> Die sich von niemand rauben läßt
> Das Kränzlein ihrer Ehre.

> Wenn ich es höre, das dumme Lied,
> Dann möchte ich mir zerraufen
> Den weißen Bart, ich möchte fürwahr
> Mich in mir selber ersaufen![41]

Aber noch schwerer als die »Verse des Niklas Becker« lagen die Verse des Max Schneckenburger dem Vater Rhein und Deutschland im Magen, seine *Wacht am Rhein,* die ebenfalls noch im Jahr der Rheinkrise entstand. Dieses Lied, ebenfalls vielfach vertont, hatte eine noch gewaltigere und bedenklichere Wirkungsgeschichte. Es avancierte im deutsch-französischen Krieg von 1870/71 zur inoffiziellen Nationalhymne, erneuerte diese Funktion während des Ersten Weltkrieges und wurde anschließend in das Liedgut der SA übernommen. Während Beckers Rheinlied ganz defensiv nur das ›deutsche Gemüt‹ mobilisiert, geht das militante Lied des Württembergers (aber in der Schweiz lebenden) Schneckenburger sofort in eine Offensivbewegung, die an die Stimmung der Befreiungskriege erinnert und erinnern will:

> Es braust ein Ruf wie Donnerhall,
> wie Schwertgeklirr und Wogenprall:
> Zum Rhein, zum Rhein, zum deutschen Rhein,
> wer will des Stromes Hüter sein?
> Lieb Vaterland, magst ruhig sein,
> fest steht und treu die Wacht am Rhein.
>
> Durch Hunderttausend zuckt es schnell,
> und aller Augen blicken hell:
> Der deutsche Jüngling, fromm und stark,
> beschirmt die heil'ge Landesmark.
> Lieb Vaterland ...
>
> Auf blickt er, wo der Himmel blaut,
> wo Vater Hermann niederschaut,
> und schwört mit stolzer Kampfeslust:
> »Du, Rhein, bleibst deutsch, wie meine Brust!«
> Lieb Vaterland ...
>
> Und ob mein Herz im Tode bricht,
> wirst du doch drum ein Welscher nicht,
> reich wie an Wasser deine Flut,
> ist Deutschland ja an Heldenblut.
> Lieb Vaterland ...
>
> Solang ein Tröpfchen Blut noch glüht,
> noch eine Faust den Degen zieht,
> und noch ein Arm die Büchse spannt,
> betritt kein Welscher deinen Strand.
> Lieb Vaterland ...
>
> Der Schwur erschallt, die Woge rinnt,
> die Fahnen flattern in dem Wind.
> Am Rhein, am Rhein, am deutschen Rhein,
> wir alle wollen Hüter sein!
> Lieb Vaterland ...[42]

Der kompensatorische Charakter dieses Lieds ist noch auffälliger als bei Becker. Die Erregung der Rheinkrise wird benutzt, um die in 41 Vaterländern lebenden Deutschen, die in der Mehrzahl noch von einem »föderativen Nationalbewußtsein« geprägt waren – »Man wollte eine einheitliche deutsche Nation, aber zusammengesetzt aus den bestehenden deutschen Staaten«[43] –, zu einer fiktiven kriegerischen Schwurgemeinschaft von Vaterlandsverteidigern zusammenzuschmelzen (»und schwört mit stolzer Kampfeslust«). Denn der ohnmächtige und reaktionäre »Deutsche Bund« besaß ja kein eigenes Bundesheer. Verteidigen konnten den Rhein allenfalls der König von Preußen und ein verbündetes Österreich. Preußens linksrheinische Gebiete erstreckten sich bis zur Mosel und Nahe; weitere Rheinangrenzer waren Kassel, die Pfalz und Baden. Von diesen irdischen Fakten und Beschränkungen will das Lied freilich nichts wissen. Es schwingt sich, alle passenden Klischees und Topoi der bisherigen Deutschlanddichtung aufbietend, sofort in jene »höchsten Himmelsräume« und in das »Luftreich des Traums«, in denen die Deutschen, wie Heine im Caput VII seines *Wintermärchens* spottete, ihre unzerstückelte Herrschaft besäßen.

Schon von den ersten beiden Verszeilen – »Es braust ein Ruf wie Donnerhall, / wie Schwertgeklirr und Wogenprall« – wird versteckt, aber unüberhörbar, der germanische Donner-, Schlachten- und Totengott Wotan evoziert, der nächtens mit seiner wilden Jagd durch die Lüfte zieht. Das heißt, der mächtige emotionale Appell, der die elementaren Naturkräfte sofort mit der menschlichen Schlachtgeschichte mythisch vereint, weckt und beschwört das nichtvorhandene deutsche Volk als die alte germanische Einheit von Volks- und Heergemeinschaft, die wie früher gegen die Römer nun gegen die »Welschen« mobilisiert wird: »wir alle wollen Hüter sein!«

Nachdem in der ersten Strophe Wotans Donner grollte, zuckt in der zweiten sein Blitz:

> Durch Hunderttausend zuckt es schnell,
> und aller Augen blicken hell:

Sie blicken auf zum Himmel, wo »Vater Hermann«, der schon in Wotans »Walhalla« wohnt (die »Walhalla« Ludwigs I. von Bayern befand sich gerade im Bau und wurde am 18. 10. 1842 eingeweiht!), stellvertretend für alle germanischen Heldenkrieger auf sie niederschaut. Echt germanisch ist deshalb die Lust, ihnen nachzufolgen und als Held zu sterben:

Und ob mein Herz im Tode bricht,
wirst du doch drum ein Welscher nicht,
reich wie an Wasser deine Flut,
ist Deutschland ja an Heldenblut.

Der irrationale Mißbrauch des germanischen Mythos zeigt sich nirgends deutlicher als an den Metaphern, Vergleichen und Reimen: wenn »Flut« auf »Blut« gereimt wird, das »Wasser« auf diesen »ganz besonderen Saft«, wie es im *Faust* heißt, dann darf und wird das Blut auch bald »in Strömen fließen«. In diesem zentralen Untergangs- und Vereinigungs-Phantasma stimmen beide Rhein-Lieder überein, aber bei Schneckenburger tritt es dermaßen aktiv und offensiv auf, daß es den eigenen Inhalt – den Aufruf und Weckruf zur *Verteidigung* des bedrohten Rheins – unüberhörbar dementiert. Aus dem Sängerkriegslied ist ein Kriegslied geworden. Wann immer die Deutschen künftig zu einer Kriegs- und Kampfgemeinschaft formiert und deformiert werden sollten, wurde dieses Lied hervorgeholt und im Kollektiv gesungen. Es sollte aus den schläfrigen Micheldeutschen eine Kampfgemeinschaft der Wachenden machen. Zur unfreiwilligen Ironie dieser urdeutschen Konstellation aber gehört es, daß gerade die *Wacht am Rhein* auch weiterhin die ungestörte Nachtruhe des Vaterlandes garantierte: »Lieb Vaterland, magst ruhig sein«!

Mit diesem Bedeutungshof der *Wacht am Rhein* spielt eine Frankfurter Parodie, in der Friedrich Stoltze (1816–1891), sogar noch im Jahre 1870, des Volkes Stimme ganz anders sprechen läßt:

De Wacht am Rhei, – merr hat kaa Ruh,
merr heert se alsfort brille.
Merr wisse's ja, zum Diwel zu,
un aach um Gotteswille.

Heint Nacht um Zwelf ehrscht schlaf ich ei,
da stolpern zwaa voriwwer
und brille laut de Wacht am Rhei,
so daß ich uffwach driwwer.

Ich haww' en aach mein Dank gezollt:
»Ihr Männer ihr, ihr brave!
Wacht ihr am Rhei, so viel derr wollt,
in Frankfort laßt mich schlafe!«[44]

Nach dem verlorenen Ersten Weltkrieg und der Besetzung deutscher Rheinlande durch die Franzosen erschienen im Jahre 1922/23 zwei Rhein-Bücher, die bezeichnenderweise aus dem George-Kreis stammten. Das eine von Ernst Bertram mit dem Titel *Rheingenius und Génie du Rhin,* das auf Maurice Barrés Straßburger Vorlesungsreihe *Le génie du Rhin* antwortete. Das andere war eine von Friedrich Wolters und Walter Elze herausgegebene Anthologie mit dem Titel *Stimmen des Rheines. Ein Lesebuch für die Deutschen* (Breslau, 1923), dem eine lange Einleitung »Der Rhein unser Schicksal«, mit den Unterkapiteln »Das heilige Reich«, »Die Ohnmacht und der Feind« und »Das neue Reich«, vorangestellt war. Beide Bücher sollten den *deutschen* Rhein gegen die Übergriffe der Franzosen geistig verteidigen, schon im Sinne jenes »Geheimen Deutschland«, das im Wotan-Kapitel vorgestellt worden ist.

3. Michellieder im Vormärz

Wachen und Schlafen, auf der Hut sein und Träumen, diese beiden Pole gehören in der Motivik und der Topologie der Deutschlanddichtung untrennbar zusammen. Die Wacht und Hut am Rhein wird auch deshalb so emphatisch beschworen, weil der begründete Verdacht besteht, daß die guten Deutschen schlafen, daß die Schlafmütze das Wahrzeichen des »Vetters Michel« ist. So hat der »Ruf wie Donnerhall« auch die Funktion eines Mammutweckers aus dem nationalen Tiefschlaf.[45] Während die nationalgesinnten und monarchistischen Lyriker die Deutschen mit pathetischen Fanfarenstößen aufrütteln wollten, moquierten sich die Liberalen, Demokraten und Republikaner über die deutsche Schläfrigkeit, allerdings ebenfalls mit dem politischen Ziel, die Landsleute aus ihrem Schlummer aufzustören. Auf diese Weise bildete sich im Vormärz ein Korpus von Texten, die durch das gemeinsame Schlafmotiv in einem reizvollen intertextuellen Dialog stehen, ein Motiv, dem wir schon in der *Germania* des Tacitus, in dem evangelischen Deutschlandlied von Johannes Walther (1561) und in dem Barbarossa-Mythos begegnet sind. Im Jahre 1843 erschien in Leipzig bereits ein *Liederbuch des deutschen Michel* (hg. von Hermann Markgraf) und in Hamburg erschienen im gleichen Jahre *Des deutschen Michels Jubel- und Festgesänge bei der tausendjährigen Jubelfeier der Deutschen im Jahre 1843.*[46] Aus der großen Zahl von Beispielen kann ich nur einige wenige auswählen. Herweghs *Wiegenlied* (1843) trägt sein Goethe-Motto – »Schlafe, was willst du mehr?« – nicht ohne Grund. Es ist die parodistische Version eines Goetheschen Liebesgedichtes von 1804, das den Titel *Nachtgesang* trägt. Man muß es kennen, um Herweghs Verse zu verstehen:

O! gib, vom weichen Pfühle,
Träumend, ein halb Gehör!
Bei meinem Saitenspiele
Schlafe! was willst du mehr?

Bei meinem Saitenspiele
Segnet der Sterne Heer
Die ewigen Gefühle;
Schlafe! was willst du mehr?

Die ewigen Gefühle
Heben mich, hoch und hehr,
Aus irdischem Gewühle;
Schlafe! was willst du mehr?

Vom irdischen Gewühle
Trennst du mich zu sehr,
Bannst mich in diese Kühle;
Schlafe! was willst du mehr?

Bannst mich in diese Kühle,
Gibst nur im Traum Gehör.
Ach! auf dem weichen Pfühle
Schlafe! was willst du mehr?[47]

Der Liebhaber bringt der Geliebten ein nächtliches Ständchen und steht mit ihr, die sich zwischen Wachtraum und Schlaf befindet, in einem einseitigen Dialog. Der Refrain »Schlafe! was willst du mehr?« enthält die zarte Frage und Klage eines Entsagenden, eines Liebenden, der den »weichen Pfühl« nicht mit der Geliebten teilen kann. So entsteht einerseits ein durch seine weichen Wohllaute betörendes, ineinander verschlungenes Einschlaflied, ein kunstvolles Eiapopeia, andererseits eine suggestive melodische Werbung um die Geliebte, die erwachen und dem Geliebten Gehör schenken soll. Wenn Herwegh nun dieses Goethesche Liebesgedicht zitiert und parodistisch ins Politische verkehrt, dann ist das in sich schon ein programmatischer Vorgang. Er bedeutet eine Absage an die individuelle Bekenntnisdichtung und an die angeblich unpolitische klassische Kunstperiode (»Ein garstig Lied! Pfui! ein politisch Lied!« hatte es ja im *Faust* geheißen!). Das sublime und raffinierte Kunstprodukt wird mit provokanter Pietätlosigkeit in einen öffentlichen Gebrauchstext, in politische Lyrik verwandelt. Georg Herwegh, 1817 in Stuttgart geboren, 1836 wegen Unbotmäßigkeit aus dem Tübinger Stift gewiesen, 1839 aus dem Militärdienst in die Schweiz geflohen, 1841 durch seine *Gedichte eines Lebendigen* schlagartig berühmt geworden und 1842, nach einer aufsehenerregenden Audienz bei Friedrich Wilhelm IV., erneut aus Preußen ausgewiesen, war für eine solche Kontrafaktur prädestiniert:

Wiegenlied

Schlafe, was willst du mehr?

Deutschland – auf weichem Pfühle
Mach' dir den Kopf nicht schwer!
Im irdischen Gewühle
Schlafe, was willst du mehr?

Laß jede Freiheit dir rauben,
Setze dich nicht zur Wehr,
Du behältst ja den christlichen Glauben:
Schlafe, was willst du mehr?

Und ob man dir alles verböte,
Doch gräme dich nicht zu sehr,
Du hast ja Schiller und Goethe:
Schlafe, was willst du mehr?

Dein König beschützt die Kamele
Und macht sie pensionär,
Dreihundert Taler die Seele:
Schlafe, was willst du mehr?

Es fechten dreihundert Blätter
Im Schatten, ein Sparterheer;
Und täglich erfährst du das Wetter:
Schlafe, was willst du mehr?

Kein Kind läuft ohne Höschen
Am Rhein, dem freien, umher:
Mein Deutschland, mein Dornröschen,
Schlafe, was willst du mehr?[48]

Wie geht das Herweghsche Gedicht mit dem *Nachtgesang* Goethes um? Zunächst: was bei diesem vieldeutig ist und in einer zarten Schwebe verbleibt, wird bei Herwegh eindeutig. So das Schlafmotiv, das mit der Refrainzeile (aber ohne Ausrufezeichen!) übernommen wird. Der Nachtgesang wird zum Wiegenlied, die Geliebte zum Kleinkind Deutschland, der Geliebte zur ironischen Amme und Mutter und zuletzt zu einem Dornröschen-Prinzen, das melodische lyrische Saitenspiel zu einer satirischen Textuntermalung.

211

Außer dem Refrain werden wörtlich übernommen nur die Wendungen »auf weichem Pfühle« und im »irdischen Gewühle«. Metrum und Rhythmus sind nur teilweise gleich, teilweise charakteristisch verändert (Jamben werden in Daktylen verlängert, beides sehr bewußt eingesetzt, der werbend-drängende Ton Goethes in einen Leierton verzogen). Es wird eine Scheinidentität mit seinem Gesang vorgetäuscht, die vom Leser und Hörer durchschaut werden möchte. Völlig sinnverändert ist nämlich gerade die Zeile, die textidentisch zitiert wird: »Schlafe, was willst du mehr?« Was bei Goethe eine vieldeutige Frage ist, ist bei Herwegh, nach einem Doppelpunkt in den vier inneren Strophen, ein ironischer Ausruf und polemischer Weckruf. Denn der Refrain wird von der zweiten Strophe an in einen provozierenden Kontrast zu dem ersten Teil der Strophe gebracht. In der zweiten Strophe ist es die totale Freiheitsberaubung, in der dritten ein rigoroses Handlungsverbot, in der vierten die Belohnung der Dummen, Unwürdigen und Käuflichen (angespielt wird auf die von den Fürsten verliehenen Pensionen für genehme Dichter), in der fünften die Pseudo-Freiheit der Presse, in der sechsten Strophe die Provokation durch die ›kindische‹ Erinnerung an die französische Revolution und ihre ›Ohnehosen‹ und die ironische Anspielung auf Beckers Rheinlied. Diese Kontrastierung folgt der geopolitischen Platzanweisung von Heines Caput VII. Während es bei Goethe bejahend heißt: »Die ewigen Gefühle / Heben mich, hoch und hehr / Aus irdischem Gewühle«, wird diese idealistische Aufwärtsbewegung von Herwegh als Abwendung von der irdischen und geschichtlichen Realität ironisiert und kritisiert. Die Deutschen haben den anderen Völkern das Land und das Meer überlassen, um selber mit den himmlischen Traum- und Luftreichen des Schlafes vorlieb zu nehmen – hier vertreten durch den christlichen Glauben, durch die Kunst – Schiller und Goethe –, durch den Wetterbericht und, um die noch vorhandene Unruhe stillzustellen, die Käuflichkeit der Seelen. Die ironisch bejahten Negativa wollen den Protest, den Prinzen und Revolutionär hervorrufen, der das schlafende Dornröschen Deutschland – an die Stelle des Barbarossa-Mythos ist das Brünhilde-Märchen getreten – endlich aus dem Schlafe wachküßt und erlöst, das heißt aus einem vorgeschichtlichen Dämmerzustand in die Geschichte hereinholt. Die rhetorische Frage »was willst du mehr?« die im Deutschen die Antwort ›Du hast ja alles!‹ enthält, heißt hier: Du hast nichts und kannst noch alles gewinnen.

Die witzige Rhetorik des Herwegh-Gedichts, die dem Leser die Antwort überläßt, unterscheidet es von einem eher biederen Gedicht von Hoffmann von Fallersleben, das schon ein Jahr früher erschien und Herwegh vermutlich anregte (1842, 2. Auflage der *Unpolitischen Lieder* I). Es verbindet das Goethesche Schlafmotiv des *Nachtgesangs* mit der deutschen Michel-Figur:

> Schlafe! was willst du mehr?
>
> Wo sind noch Würm und Drachen,
> Riesen mit Schwert und Speer?
> Was kannst du weiter machen?
> Schlafe! was willst du mehr?
>
> Du hast genug gelitten
> Qualen in Kampf und Strauß;
> Du hast genug gestritten –
> Schlafe, mein Volk, schlaf aus!
>
> Wo sind noch Würm und Drachen,
> Riesen mit Schwert und Speer?
> Die Volksvertreter wachen:
> Schlafe! was willst du mehr?

Das Gedicht erinnert an das positive Urbild des deutschen Michels, an den Erzengel Michael, den Schutzengel Israels, den Sieger über den Drachen und den Satan, den Patron der christlichen Heere, den »Engel des Volkes« und damit auch an Wotan, dessen Ersatzfigur der Erzengel Michael wurde. Zugleich wird die Grenze zum Drachentöter Siegfried fließend, der im 19. Jahrhundert ebenfalls zu einem deutschen Urbild wurde. Die ironische Rechtfertigung des Michel-Schlafes soll sich hier aus der Diskrepanz zwischen einer heroischen Vorzeit und einer zwergenhaften Gegenwart ergeben.

Daß es sich bei diesem Komplex auch um ein Spielmaterial handelt, dem die politischen Lyriker im Vormärz immer neue Pointen und Wirkungen abzugewinnen trachteten, zeigt ein Gedicht des gleichen Verfassers, das nur ein Jahr später, 1843, erschien. Es ist seine *Michelsode,* die mit einem gegenteiligen Refrain zu wirken versuchte. Ich zitiere nur die erste von neun Strophen:

> Ihr [die Fürsten] habt Anno 13 den Michel gewecket
> und ihn aus dem bleiernen Schlafe geschrecket:
> Wache nur, bis den Feind du gejagt übern Rhein –
> doch den Michel den schläfert ihr nie wieder ein![49]

Heines Zeitgedichte, die das Schlaf- und Michelmotiv aufgreifen, sind durch ihre ironische Sprechweise am ehesten noch mit Herweghs *Wiegenlied* vergleichbar. Aber sie setzen sich von der gängigen Vormärzlyrik ab, indem sie die politischen Spitzen nicht inhaltlich, sondern durch die poetische Kunst des Indirekten verschärfen. So erschien das Gedicht *Zur Beruhigung* in der Erstausgabe der *Neuen Gedichte* (1844) mit der Widmung »An die deutschen Fürsten« und in einer Londoner Handschrift trägt es den Titel *Gegen den Königsmord*. Diese noch etwas grobschlächtige Ironie hat Heine dann in die indirektere Form einer »Beruhigung« zurückgenommen:

Zur Beruhigung

Wir schlafen ganz, wie Brutus schlief –
Doch jener erwachte und bohrte tief
In Cäsars Brust das kalte Messer!
Die Römer waren Tyrannenfresser.

Wir sind keine Römer, wir rauchen Tabak.
Ein jedes Volk hat seinen Geschmack,
Ein jedes Volk hat seine Größe;
In Schwaben kocht man die besten Klöße.

Wir sind Germanen, gemütlich und brav,
Wir schlafen gesunden Pflanzenschlaf.
Und wenn wir erwachen, pflegt uns zu dürsten,
Doch nicht nach dem Blute unserer Fürsten.

Wir sind so treu wie Eichenholz,
Auch Lindenholz, drauf sind wir stolz:
Im Land der Eichen und der Linden
Wird niemals sich ein Brutus finden.

Und wenn auch ein Brutus unter uns wär,
Den Cäsar fänd er nimmermehr,
Vergeblich würd er den Cäsar suchen;
Wir haben gute Pfefferkuchen.

Wir haben sechsunddreißig Herrn
(Ist nicht zu viel!), und einen Stern
Trägt jeder schützend auf seinem Herzen,
Und er braucht nicht zu fürchten die Iden des Märzen.

Wir nennen sie Väter, und Vaterland
Benennen wir dasjenige Land,
Das erbeigentümlich gehört den Fürsten;
Wir lieben auch Sauerkraut mit Würsten.

214

Wenn unser Vater spazieren geht,
Ziehn wir den Hut mit Pietät;
Deutschland, die fromme Kinderstube,
Ist keine römische Mördergrube.[50]

Verschärft wird die politische Ironie durch die Verknüpfung und Kontrastierung des deutschen Schlafmotivs mit einem römischen. Dieses römische Schlafmotiv ist Heine und seinem Publikum durch einen berühmten dramatischen Text bekannt, durch Shakespeares Tragödie *Julius Cäsar*. In ihr taucht das Motiv folgendermaßen auf: Brutus, das strahlende Muster eines tugendhaften Republikaners, der zu Cäsar in einem Freundschafts- und Sohnesverhältnis steht, muß von den Verschwörern am Anfang des Dramas erst zur Teilnahme an ihrem Plan, den Diktator Cäsar zu töten, überredet werden. Sie werfen ihm einen anonymen Brief durchs Fenster, den er in der Szene II, 2 öffnet und liest:

»Brutus, du schläfst. Erwach' und sieh dich selbst!
Soll Rom – ? Sprich, schlage, stelle her!
Brutus, du schläfst. Erwache! –«
Oft hat man schon dergleichen Aufgebote
Mir in den Weg gestreut.
»Soll Rom –?« – So muß ich es ergänzen:
Soll Rom vor *einem* Manne beben? Wie?
Mein *Ahnherr* trieb einst von den Straßen Roms
Tarquin hinweg, als er ein *König* hieß.

Der Weckruf hat Erfolg. Brutus erweist sich seiner freiheitlich gesinnten Ahnen würdig und beteiligt sich am republikanischen Vater- und Tyrannenmord. Ihm gilt das letzte Wort des von den Dolchen durchbohrten Cäsar:

Brutus, auch du? – So falle, Cäsar! (III,1)

Wiederbelebt wurde die Erinnerung an den römischen Republikanismus durch die französische Revolution. Ihre Akteure fühlten sich als wiederauferstandene Römer und spielten deren Rollen pathetisch nach. Büchner in seinem *Danton* (1835) und nach ihm Karl Marx im *18. Brumaire des Louis Bonaparte* (1852) haben dieses »erhabene Drama der Revolution« ironisch nachgestellt und beschrieben.
In dieser revolutionären Tradition steht das Schlaf/Aufwach-Motiv, das Heine schon mit den ersten beiden Versen beruft. Das Erwachen des Brutus führt unmittelbar zum Tyrannenmord. Und Brutus ist nur das Muster eines Römers: sie alle waren »Tyrannenfresser«. Die Deutschen aber, in deren

Namen das Rollengedicht mit verstellter Zunge spricht, ähneln Brutus nur in einer Beziehung, in ihrem tatenlosen Schlaf. In allem anderen sind sie das genaue Gegenteil von ihm und den Römern. Wobei die besondere Ironie *dieser* Kontrastierung von Römern und Deutschen darin besteht, daß sie den aus der *Germania* des Tacitus und aus dem Hermann-Mythos bezogenen Antagonismus zwischen Römern und Germanen – die Germanen die stolzen Sieger, die Römer die feigen Verlierer – auf provokante Weise umkehrt. Diese Umkehrung wird mit großem sprachlichem Witz acht Strophen lang inszeniert: die neudeutschen »Germanen« sind keine Römer- und Tyrannenfresser mehr, sondern Sauerkrautfresser.

So lebt die witzige Anlage des Gedichts von einem einzigen Wort- und Assoziationsfeld, das aber beträchtliche mythische, tiefenpsychologische und politische Dimensionen besitzt: dem Wortfeld des Essens, Verzehrens und Verschlingens.

Während die römische Brüderhorde ihren Urvater tötet und verschlingt und sich dadurch befreit an seine Stelle setzt[51], haben die deutschen Germanen ganz andere, zahmere und zahnlosere Eßgewohnheiten und mit diesem eigenen »Geschmack« auch andere Sitten im Umgang mit ihren Vätern/Tyrannen. Statt ihre »sechsunddreißig Herrn« und Väter zu verschlingen, lassen sie sich mit harmlosen Ersatzgerichten »abspeisen«, mit der biedermeierlichen Tabakspfeife (einem typischen ›gemütlichen‹ Michel-Requisit!), mit Klößen, Pfefferkuchen und Sauerkraut und Würsten. Sie sind, ausgenommen die zahmen Würste, keine Fleischfresser, sondern Pflanzenesser, zahnlose Vegetarier. Diese Regression bis ins Vegetative (und Kindliche!) wird mehrfach betont: durch den »gesunden Pflanzenschlaf« (eine ironische Anknüpfung an Tacitus) und durch den Vergleich mit den typisch deutschen Bäumen (Eichen und Linden) und dem deutschen Wald, seit den Germanen ein bevorzugter Ort und Topos. Angespielt wird auch auf die germanische Trunksucht, die sich jedoch auf den deutschen Gerstensaft statt auf das »Blut« der Fürsten richtet. Dieses alternative Speiseangebot wird durch mehrere Reimpaare mit der Fallhöhe aus dem Erhabenen ins Lächerliche eigens pointiert: Größe/Klöße – dürsten/Fürsten – Cäsar suchen/Pfefferkuchen – Herzen/Iden des Märzen – Fürsten/Würsten – Kinderstube/Mördergrube. Mit dem letzten Reimpaar werden auch die kontrastiven familialen Verhältnisse benannt. Dominiert bei den Römern der revolutionäre Vater-Sohn-Konflikt – der erwachsene Sohn setzt sich an die Stelle des Vaters und gründet eine demokratische Gesellschaft –, gibt es in Deutschland weder rechte Väter noch rechte Söhne, weder einen Brutus noch einen Cäsar. Ein deutscher Tyrannenmord erscheint schon deshalb unmöglich, weil der deutsche

Brutus gleich »sechsunddreißig Herrn« abzustechen hätte, und weil, wie Heine immer wieder betont hat, die deutsche Restaurationsgeschichte nach dem tragischen Zeitalter Napoleons zu einer platten Komödie geworden ist. So weisen sich die biederen Deutschen selber die Rolle von unmündigen »Kindern« zu, indem sie die Vater- und Besitzerrolle ihrer Fürsten bestätigen:

> Wir nennen sie Väter, und Vaterland
> Benennen wir dasjenige Land,
> Das erbeigentümlich gehört den Fürsten [.]

Diese selbstverschuldete Unmündigkeit kulminiert in der letzten Strophe, in der untertänigen und »frommen« (hier kommt die Rolle der Kirche ins Spiel!) Begrüßung des Über-Vaters und in der blinden Identifikation mit seiner väterlichen Gewalt und seiner konterrevolutionären Geschichtsinterpretation: im Kontrast zur ›mörderischen‹ römischen und französischen Revolutionsgeschichte definiert sich Deutschland als eine unmündige und zahme »Kinderstube«. Heine leiht ihren infantilen Insassen seine Stimme (sechs Strophen beginnen mit »wir«!) und läßt sie als Sprechchor auftreten, auf daß sie sich durch ihren selbstzufriedenen Monolog selber lächerlich machen. An eine deutsche Revolution, das heißt an ein wirkliches Erwachen und Sich-Ermannen der Deutschen hat er niemals ernsthaft geglaubt.

Diese Überzeugung läßt sich auch an einem kombinierten Schlaf- und Michel-Gedicht ablesen, das Heine kurz nach der gescheiterten Märzrevolution von 1848 geschrieben hat: *Michel nach dem März* (1859). Nach einer kurzen trügerischen Hoffnung auf ein Erwachen des deutschen Michel,

> Wie stolz erhob er das blonde Haupt
> Vor seinen Landesvätern!
> Wie sprach er – was doch unerlaubt –
> Von hohen Landesverrätern [,]

erscheint die deutsche Revolution als Restauration der Vergangenheit und ihres »altgermanischen Plunders«:

> Schon sah ich den Arndt, den Vater Jahn –
> Die Helden aus andern Zeiten
> Aus ihren Gräbern wieder nahn
> Und für den Kaiser streiten.[52]

Die Väter bevormunden weiterhin die Söhne, der Barbarossa-Mythos verdrängt die Brutus-Geschichte und die Revolution erweist sich als eine gespenstische Wiederholung der Befreiungskriege und ihrer Enttäuschung. Noch während »das sündenergraute Geschlecht der Diplomaten und Pfaffen« am »Einheitstempel« schafft, schläft der gute deutsche Michel wieder ein, um »unter der Hut von vierunddreißig Monarchen«, wieder zu erwachen – das Inbild eines Anti-Brutus.

Dieses Gedicht ist aus der distanzierten Exilperspektive geschrieben, genauso wie das berühmte Gedicht *Nachtgedanken* vom 1843, das seine politische Essenz im Umkreis der Michel-Gedichte besonders deutlich erkennen läßt. Denn es ordnet Deutschland der Nacht, den Vätern und dem Tod zu, während Frankreich dem Tag, den Frauen und dem Leben zugehört. Das ersehnte eigene Deutschland – es wird von fünf der zehn Strophen beschworen – erscheint als ein abwesendes Mutterland. Zwei Strophen sprechen diese Konstellation direkt aus:

> Nach Deutschland lechzt ich nicht so sehr,
> Wenn nicht die Mutter dorten wär;
> Das Vaterland wird nie verderben,
> Jedoch die alte Frau kann sterben.
> [...]
>
> Gottlob! durch meine Fenster bricht
> Französisch heitres Tageslicht;
> Es kommt mein Weib, schön wie der Morgen
> Und lächelt fort die deutschen Sorgen.

Sein Weib verkörpert ihm auch Frankreich, in das er sich vor dem männlich-väterlichen und todverfallenen Deutschland geflüchtet hat (»Mir ist, als wälzten sich die Leichen, / Auf meine Brust«). Auch das Schlafmotiv wird von diesem Gedicht originell und persönlich gewendet: während ganz Deutschland gefühllos schläft, muß das lyrische Ich, der exilierte Deutsche, im Ausland einsam wachen und weinen.

Eine ganz eigene Exilperspektive besitzt auch Heines Gedicht *Die schlesischen Weber*. In ihm solidarisiert sich ein ins Exil Verstoßener bis zur Identifikation mit den im eigenen Lande Ausgestoßenen und Ausgebeuteten. Auch in ihrem Blick erscheint Deutschland als ein Land des Todes, des Leidens und des Schreckens, als ein »falsches Vaterland«, das alles Lebendige vernichtet. Mit einem »dreifachen Fluch« sagen sich die Weber von einem dreifachen Vater-Bild los: von Gott, vom König und vom Vaterland, das ein untergangsgeweihtes Land ohne Zukunft ist (»Altdeutschland«).

218

Die schlesischen Weber

Im düstern Auge keine Träne,
Sie sitzen am Webstuhl und fletschen die Zähne:
Deutschland, wir weben dein Leichentuch,
Wir weben hinein den dreifachen Fluch –
Wir weben, wir weben!

Ein Fluch dem Gotte, zu dem wir gebeten
In Winterskälte und Hungersnöten;
Wir haben vergebens gehofft und geharrt,
Er hat uns geäfft und gefoppt und genarrt –
Wir weben, wir weben!

Ein Fluch dem König, dem König der Reichen,
Den unser Elend nicht konnte erweichen,
Der den letzten Groschen von uns erpreßt
Und uns wie Hunde erschießen läßt –
Wir weben, wir weben!

Ein Fluch dem falschen Vaterlande,
Wo nur gedeihen Schmach und Schande,
Wo jede Blume früh geknickt,
Wo Fäulnis und Moder den Wurm erquickt –
Wir weben, wir weben!

Das Schiffchen fliegt, der Webstuhl kracht,
Wir weben emsig Tag und Nacht –
Altdeutschland, wir weben dein Leichentuch,
Wir weben hinein den dreifachen Fluch,
Wir weben, wir weben![53]

Sie sprechen als ein brüderliches, düsteres und schlafloses Kollektiv von Söhnen, deren Arbeit eine unermüdliche und wildentschlossene Vorbereitung auf den Tod des Vaterlandes und der Väter darstellt: die Produktion eines riesigen deutschen »Leichentuchs«. Sie machen sich bereit für das unheimliche revolutionäre Fest des Vatermords und des Vaterverzehrs. Sie »fletschen die Zähne« wie Raubtiere, eine Grimasse der Todesdrohung, die auf den tödlichen Wurmfraß des »falschen Vaterlandes« antwortet und die sie als »Tyrannenfresser« kenntlich macht. Die unheimliche Ambivalenz dieses Gedichtes besteht darin, daß sich seine Todesdrohung ebenso auf die falschen Väter und das falsche Vaterland wie auf den Autor des Gedichtes bezieht. Heine hat eine Revolution des Proletariats zugleich erwartet und gefürchtet. Sie stand für ihn im Zeichen des Todes und nicht im Zeichen eines heiteren republikanischen Festmahls.

Ein letztes Beispiel für den kombinatorischen Witz der Michellieder. Es ist das erste der *Drei neuen Stücklein mit alten Weisen (Für Deutsche Liedertafeln)«* von Franz Dingelstedt (1814–1881), die in dem Band *Lieder eines kosmopolitischen Nachtwächers* (1840/42) erschienen. Sie hatten einen noch größeren Erfolg als Hoffmanns *Unpolitische Lieder.* Das besagte Stücklein macht sich schon im Titel über die ›politische‹ Rolle der »Deutschen Liedertafeln« lustig und beutet ironisch den Kontrast von »alt« und »neu«, Text und Melodie aus, indem es das Michel-Lied nach der Melodie des wohl berühmtesten Liedes der Befreiungskriege, nämlich Theodor Körners »Das Volk steht auf, der Sturm bricht los« *(Männer und Buben)* singen läßt (ein Nachlaß-Gedicht Körners!). Der Text kombiniert auf originelle Weise das Michel-Motiv mit dem Wort- und Bedeutungsfeld des »Vogel Strauß« und findet seine Schlußpointe in einer neuen Wendung des vertrauten Essen-Motivs:

> Herr Michel und der Vogel Strauß
> sind leibliche Geschwister:
> Aus diesem guckt's Kamel heraus,
> aus jenem der Philister.
>
> Sie flögen gern und könntens auch,
> die Schwingen sind gegeben,
> doch bleiben sie nach altem Brauch
> fein an der Erde kleben.
>
> Der eine birgt den Kopf im Sand
> und läßt den Steiß sich blasen,
> der andre wühlt sich mit Verstand
> in Bücher ein und Phrasen.
>
> Indes hat man dem Strauß geschickt
> die Federn ausgerissen,
> indes die Fremde sich geschmückt
> mit Michels Geist und Wissen.
>
> Sie lassen alle beide sich
> von einem Kinde leiten
> das spornt und treibt sie ritterlich
> und lacht: Ich will Euch reiten.
>
> Und was der Strauß für einen Wanst
> besitzt und welchen Magen:
> – Nur du, mein deutscher Michel, kannst
> und mußt noch mehr ertragen![54]

Bekannt und traditionell ist der Vorwurf, daß sich das Ausland »mit Michels Geist und Wissen« schmückt. Die übliche Regression ins Kindliche und Kindische wird dadurch überboten, daß sich sowohl der Michel wie der Strauß zu zahmen Spielzeugtieren abrichten lassen. Und statt sich zu erheben (»die Schwingen sind gegeben«), fressen sie alles in sich hinein, lassen sich mit allem abspeisen und müssen noch das Unverdaulichste verdauen. Die Wirkungsstrategie dieses Michel-Liedes ist exemplarisch für die meisten von ihnen: sie basiert auf dem Prinzip der Übertreibung, die einen möglichst schneidenden Kontrast hervorrufen möchte zwischen dem durch nichts zu erschütternden Phlegma des deutschen Michel und den haarsträubenden Verhältnissen, unter denen er zu vegetieren hat. Das Ziel gleicht fast einer Quadratur des Kreises, nämlich einen Unerschütterlichen zu erschüttern, einen total Abgestumpften in einen elementaren Erregungszustand zu versetzen. Deshalb ist die Unmöglichkeit und Unlösbarkeit dieser Aufgabe nicht nur den meisten Michelliedern, sondern der politischen Vormärzlyrik insgesamt mehr oder weniger eingeschrieben. Sie gleichen eher politisch-poetischen Glasperlenspielen als zündenden Pamphleten. Ihre Leser und Sänger werden sich kaum mit den plumpen und komischen Michel-Figuren, sondern mit den Autoren identifiziert und dadurch distanziert und entlastet haben. Aber je bewußter den Verfassern diese Aporien waren, desto authentischer und zeitüberdauernder wurden ihre Gedichte und Lieder.

Zu diesem kleinen Kreis bekannt gebliebener Gedichte gehört auch Ferdinand Freiligraths *Hamlet*-Gedicht von 1844, dessen Beginn »Deutschland ist Hamlet!« zu einem geflügelten Wort geworden ist:

> Deutschland ist Hamlet! Ernst und stumm
> In seinen Toren jede Nacht
> Geht die begrabne Freiheit um
> Und winkt den Männern auf der Wacht.
> Da steht die Hohe, blank bewehrt,
> Und sagt dem Zaudrer, der noch zweifelt:
> »Sei mir ein Rächer, zieh dein Schwert!
> Man hat mir Gift ins Ohr geträufelt!«
>
> Er horcht mit zitterndem Gebein,
> Bis ihm die Wahrheit schrecklich tagt;
> Von Stund an will er Rächer sein –
> Ob er es wirklich endlich wagt?
> Er sinnt und träumt und weiß nicht Rat;
> Kein Mittel, das die Brust ihm stähle!
> Zu einer frischen, mut'gen Tat
> Fehlt ihm die frische, mut'ge Seele!

Das macht, er hat zu viel gehockt;
Er lag und las zu viel im Bett.
Er wurde, weil das Blut ihm stockt,
Zu kurz von Atem und zu fett.
Er spann zu viel gelehrten Werg,
Sein bestes Tun ist eben Denken;
Er stak zu lang in Wittenberg,
Im Hörsaal oder in den Schänken.

Drum fehlt ihm die Entschlossenheit;
Kommt Zeit, kommt Rat – er stellt sich toll,
Hält Monologe lang und breit,
Und bringt in Verse seinen Groll;
Stutzt ihn zur Pantomime zu,
Und fällt's ihm einmal ein zu fechten:
So muß Polonius-Kotzebue
Den Stich empfangen – statt des Rechten.

So trägt er träumerisch sein Weh,
Verhöhnt sich selber insgeheim,
Läßt sich verschicken über See,
Und kehrt mit Stichelreden heim;
Verschießt ein Arsenal von Spott,
Spricht von geflickten Lumpenkön'gen –
Doch eine Tat! Behüte Gott!
Nie hatt' er eine zu beschön'gen!

Bis endlich er die Klinge packt,
Ernst zu erfüllen seinen Schwur;
Doch ach – das ist im letzten Akt
Und streckt ihn selbst zu Boden nur!
Bei den Erschlagnen, die sein Haß
Preisgab der Schmach und dem Verderben,
Liegt er entseelt, und Fortinbras
Rückt klirrend ein, das Reich zu erben. –

Gottlob! noch sind wir nicht so weit!
Vier Akte sahn wir spielen erst!
Hab acht, Held, daß die Ähnlichkeit
Nicht auch im fünften du bewährst!
Wir hoffen früh, wir hoffen spät:
O, raff dich auf und komm zu Streiche,
Und hilf entschlossen, weil es geht,
Zu ihrem Recht der flehnden Leiche!

Mach den Moment zunutze dir!
Noch ist es Zeit – drein mit dem Schwert,
Eh mit französischem Rapier
Dich schnöd vergiftet ein Laert!
Eh rasselnd naht ein nordisch Heer,
Daß es für sich die Erbschaft nehme!
O, sieh dich vor – ich zweifle sehr,
Ob diesmal es aus Norweg käme!

Nur ein Entschluß! Aufsteht die Bahn –
Tritt in die Schranken kühn und dreist!
Denk an den Schwur, den du getan,
Und räche deines Vaters Geist!
Wozu dies Grübeln für und für?
Doch – darf ich schelten, alter Träumer?
Bin ich ja selbst ein Stück von dir,
Du ew'ger Zauderer und Säumer![55]

Dies sind wohl die repräsentativsten Verse für die Zeit der Restauration und des Vormärz, repräsentativ auch in dem Sinne, daß Freiligrath nur in bündige Worte, Reime und Pointen brachte, was schon lange, seit der vehementen Shakespeare-Rezeption im Sturm und Drang, im Umlauf und im öffentlichen Bewußtsein der Gebildeten war: »Deutschland ist Hamlet«. Seitdem grassierte in Deutschland neben und nach dem Wertherfieber auch ein spezifisches Hamletfieber. Die von der elisabethanischen Rachetragödie und dem historischen Shakespeare abgelöste Hamletfigur wurde zu einem Spiegel, in dem die deutschen Dichter und Intellektuellen und mit ihnen die deutschen Bürger sich betrachteten, deuteten und erkannten. Das gilt von Herder, Goethe, Friedrich Schlegel, Hegel, Schopenhauer, den Jung-deutschen, Gervinus, Hebbel und hört mit Friedrich Theodor Vischer und Friedrich Nietzsche noch lange nicht auf. Das westdeutsche Nachkriegs-drama wurde von Hamletkonstellationen geprägt, und auch Heiner Müllers *Hamletmaschine* mit ihrem Versuch, die eigene Hamletobsession zu zerstören, steht noch in dieser Tradition.[56]
Goethes »psychologische Umdeutung Hamlets in einen zur Tat unfähigen Träumer, für dessen Passivität nicht er selbst, sondern das Schicksal ver-antwortlich ist [...], verhalf der Hamletromantik zum Durchbruch«[57] und bestimmte die weitere Wirkungsgeschichte. Der melancholische, »tatenarme und gedankenvolle« Held (Hölderlin) verschwisterte sich mit dem deut-schen Wesen schlechthin. Namentlich »seit dem Wiener Kongreß breitete sich das Bewußtsein von einem Verhängnis der deutschen Geschichte, von einer deutschen Tragik aus. Man begann vom ›hamletischen‹ Menschentum

zu reden, wie man vom ›faustischen‹ Wesen sprach.«[58] Aber schon 1828, erstes Zeichen einer Gegenreaktion, heißt es warnend bei Ludwig Börne: »Hätte ein Deutscher den Hamlet gemacht, würde ich mich gar nicht darüber wundern. Ein Deutscher brauchte nur eine schöne, leserliche Hand dazu. Er schreibt sich ab, und Hamlet ist fertig.« (Es sind die Schlußsätze seines Aufsatzes ›Hamlet‹ von Shakespeare.[59]) Und Heine, den das deutsche Verhältnis von Gedanke und Tat lebenslang beschäftigte und beunruhigte, bemerkte im gleichen Sinne: »Wir kennen diesen Hamlet, wie wir unser eigenes Gesicht kennen, das wir so oft im Spiegel erblicken, und das uns dennoch weniger bekannt ist, als man glauben sollte.« Selbst die prägnante Formel »Deutschland ist Hamlet« findet sich vor Freiligrath bereits in Albert Knapps *Deutschen Liedern* von 1842[60].

Die Identifikation ist also eine doppelte: »Deutschland ist Hamlet«, denn der Hamletcharakter und das Hamletschicksal – so das Resultat der deutschen Deutung – sind durch und durch deutsch. Andrerseits ist diese Identifikation – im Unterschied zur romantischen – bereits gebrochen, seitdem sie sich, mit Börne, Heine und den Jungdeutschen, politisiert hat. Die Signatur des Zeitalters, die Zerrissenheit, der Riß zwischen Traum und Tat, Philosophie und Revolution wurde in Hamlet nicht mehr nur entdeckt, sondern auch kritisiert. Die deutsche Wirkungsgeschichte Hamlets trat in die Phase einer kritischen und warnenden Selbstauseinandersetzung ein. Der zaudernde Hamlet-Sohn, der den wahren an dem falschen Vater zu rächen hat, geriet in das Spannungsfeld zu zwei verwandten Sohnes- und Täter-Figuren: Orest und Brutus. Aber auch die Assoziations- und Verknüpfungsmöglichkeiten mit anderen Leitfiguren des Zeitalters – mit dem wartenden Barbarossa, mit dem trägen deutschen Michel und mit dem deutschen Faust (»Im Anfang war die Tat«!, möchte er den Beginn des Johannes-Evangeliums übersetzen) – lagen und liegen auf der Hand. Hamlet ist auch die sublime und gesteigerte Form des deutschen Michel.

Alle diese Brechungen, Gebrochenheiten und Assoziationen prägen das *Hamlet*-Gedicht von Freiligrath. Sein Pathos, mit dem es in der ersten Strophe einsetzt, wird immer wieder ironisch und satirisch relativiert, am stärksten in der komischen dritten Strophe, in der der dänische Prinz, zweifellos durch das Studium im deutschen Wittenberg, ein träger Michel-Bruder wird.

Aber die entscheidende und symptomatischste Brechung entsteht durch das Verhältnis von Poesie und Politik in diesem ›politischen Gedicht‹. Denn seine politischen Tendenzen und Ambitionen gehen restlos in einem rein literarischen, ja potenziert literarischen Kommunikationsraum auf. Wer Shakespeares *Hamlet*-Drama und seine deutsche und zeitgenössische Deutungsgeschichte nicht kennt, dem bleibt dieser Raum von vornherein verschlossen. Je genauer man sie kennt, desto lesbarer werden die einzelnen Pointen und Wendungen des Gedichts, das die Handlung der Shakespeare-Tragödie bis ins Detail allegorisch mit der deutschen Restaurationsgeschichte parallelisiert. Walter Benjamin hat, angesichts des Faschismus, in einer berühmten Formel von der »Ästhetisierung des Politischen« gesprochen – und er hat damit die Existenz eines politischen Raums als selbstverständlich vorausgesetzt. Für den Vormärz und die Vormärz-Lyrik gilt eine umgekehrte Formel: Es handelt sich immer wieder um den hilflosen Versuch einer Politisierung des Ästhetischen, der Kulturnation und ihrer zahlreichen »Vereine«, denn ein genuin politischer Raum war nicht gegeben.

Von diesem Bewußtsein ist das Gedicht bis zum Rand erfüllt, und das macht seine Ehrlichkeit, seine Authentizität aus. An vielen Stellen wird dieses Bewußtsein auch thematisiert, von der dritten Strophe insgesamt, von den Zeilen »Hält Monologe lang und breit, / Und bringt in Verse seinen Groll; / Stutzt ihn zur Pantomime zu«; von dem Vergleich Polonius-Kotzebue (der Student Karl Ludwig Sand brachte statt eines Fürsten einen Schriftsteller/Theaterschreiber um!), von dem Ausdruck »Stichelreden« und von den anschließenden Versen »Verschießt ein Arsenal von Spott, / Spricht von geflickten Lumpenkön'gen«. Hier ist offensichtlich die politische Prosa und Lyrik der dreißiger und vierziger Jahre im Visier, die ebenfalls Worte und Verse statt Taten produzierte.

Besonders verräterisch ist der Beginn der siebten Strophe, in der sich ein kollektives »wir« erstmals von Hamlet/Deutschland und seinem todessüchtigen Drama absetzt und unterscheidet. Denn dieses »wir« – gemeint sein können ja nur die deutschen Bürger – definiert und formiert sich als ein Theaterpublikum, das der eigenen Geschichte wie einem Bühnengeschehen gegenübersitzt und zuschaut, also noch passiver, ästhetischer und reflexiver als Hamlet selber eingestellt ist.

Nachdem es das Hamlet-Drama sechs Strophen lang, vom Anfang bis zum Ende, poetisch reflektiert und kritisch rezensiert hat, redet es ihn, also sich selber, in den letzten drei Strophen beschwörend an. Aufrüttelnde Worte, Appelle und Verse sollen ihn endlich, im fünften deutschen Akt, zur fälligen Tat bewegen! Hiermit wird das Gedicht vollends zirkulär – es produziert, wie Hamlet, Verse statt Taten. Deshalb muß die kritische und satirische Selbst-Distanzierung (auch Hamlet ist schließlich ein Spötter!) am Ende bis zur restlosen Identifizierung aufgegeben werden:

Doch – darf ich schelten, alter Träumer?
Bin ich ja selbst ein Stück von dir,
Du ew'ger Zauderer und Säumer.

Auch Freiligrath, wie alle anderen Vormärzdichter, konnte seinen »Groll«
nur in Verse bringen. Nicht nur er, sondern auch sein Gedicht ist ein »Stück«
des Hamlet-Stückes. Eine Antwort auf die letzte Frage »Wozu dies Grübeln
für und für?« wußte niemand.

Dennoch besaß das Gedicht eine vom Autor unabhängige prophetische
Kraft. Bewahrheitet hat sich das Vorgefühl, daß der fünfte Akt im deutschen
Drama um die »begrabne Freiheit« noch ausstehen sollte, bewahrheitet aber
hat sich ebenfalls die Befürchtung, daß dieser Akt – die deutsche März-
revolution von 1848 – kaum anders ablaufen werde als der deprimierende
Schlußakt bei Shakespeare.

Daß die Deutschen auch in dieser Revolution ihre Hamletnatur bestätigt
haben, hat ihnen wenig später der Liberale und Paulskirchen-Abgeordnete
Georg Gottfried Gervinus in seinem Shakespearebuch von 1849 beschei-
nigt. Dort heißt es:

> Das Bild, das wir Deutsche in diesem Spiegel vor uns sehen, ist zum Erschrek-
> ken ähnlich. Nicht ich allein habe dieß ausgesprochen; bemerkt und empfunden
> haben es Tausende. Einer unserer neueren politischen Dichter hat ein Gedicht
> mit den Worten begonnen: Hamlet ist Deutschland. [!] Und dieser Ausspruch ist
> in der That kein geistreiches Spiel mit Worten oder verworrenen Vorstellungen.
> Denn ganz so wie Hamlet sind wir ja bis zu dieser letzten Zeit hin zwischen einer
> hart an uns rückenden Aufgabe rein praktischer Natur und einer herkömmlichen
> Entwöhnung vom Thun und Handeln gestellt gewesen. [...] Und dabei trat dann
> plötzlich die unerfreuliche Veränderung des Nationalcharakters zu Tage. Was
> wir zur Zeit jener ersten großen Erhebung zu äußerer und innerer Freiheit noch
> als bieder, treu, offen, wahrhaft und gutartig gekannt hatten, das geht jetzt auf
> verborgenen Wegen, treulos, eidbrüchig, aller Ehre baar und aller Güte verlustig.
> Da die Helden der Worte endlich zum Wirken und Handeln berufen wurden, zu
> dem sie sich so lange vermessen hattten, da brach die Vergiftung des Inneren
> in eklem Eiter aus, und Grausamkeit, Rachsucht, Blutgier und Meuchelmord be-
> fleckten den deutschen Namen, wo Niemand mitten im Flore der Geistesbildung
> und der häuslichen Sitte diese grelle Verwilderung in uns geahnt hatte.[61]

Hamlet wurde nun auch zum Symbol für die gescheiterte deutsche Revolution.

Aber im Unterschied zu Gervinus, der seinen liberalen und demokratischen
Ideen bis 1871, seinem Todesjahr, treu blieb, gab es auch einen deutschen

Intellektuellen, der die Hoffnungen auf einen guten fünften Akt der deutschen Hamletgeschichte auf den deutsch-französischen Krieg und Bismarcks Reichsgründung übertrug. Es ist der Tübinger Ästhetiker und Philosoph Friedrich Theodor Vischer. Im Umkreis von 1870/71 begann er seine *Shakespeare-Vorträge* zu halten, die sich dann über Jahre hinzogen und von seinem Sohn Robert Vischer in sechs Bänden (1899 ff.) herausgegeben wurden. Am Ende seiner Vorträge über *Hamlet, Prinz von Dänemark* kommt er auf den Vergleich mit dem »deutschen Volk« zu sprechen und bemerkt:

> »Laertes kommt von Paris zurück und kann uns an französische Art erinnern. Wie er den arglosen Hamlet, so hat uns Frankreich oft genug mit vergiftetem Degen überfallen. Aber der Hamlet, der eine Nation in sich fand, hat den Schluß der Tragödie überlebt und hat gelernt.« Dieser andere, gerechtere deutsche Schluß, der Sieg über Frankreich wird wenig später beschrieben: »Wie oft im Leben scheint es keine Gerechtigkeit zu geben, aber der Tag der Sühne leuchtet endlich doch. […] Der Tag von Sedan ist ein solcher Weltordnungstag; alte, gehäufte Schuld Frankreichs wird an ihm gesühnt, und Deutschland gelangt zu seinem Recht.[62]

Leider hat sich auch der späte Ferdinand Freiligrath dieser allegorischen Reichsdeutung angeschlossen. Doch damit sind wir schon beim nächsten großen Kapitel, das den Titel eines unsäglichen Gedichtes von ihm trägt: *Hurra, Germania!*, geschrieben anläßlich des Ausbruchs des deutsch-französischen Krieges Ende Juli 1870.

X

»Hurra, Germania« – »Germania, mir graut vor Dir!«
Deutschland-Gedichte im Umkreis der Reichsgründung 1870/71

Im Jahre 1871
Bei euren Taten, euren Siegen
wortlos, beschämt hat mein Gesang geschwiegen;
und manche, die mich darum schalten,
hätten auch besser den Mund gehalten.

Eduard Mörike

Das erste Jahrzehnt nach dem Scheitern der 48er-Revolution war eine Zeit der Reaktion und Depression. Es schien die übelsten Jahre der Restauration zurückzubringen. Die deutsche Einheit und Freiheit waren wieder in weite Ferne gerückt. Erst »mit dem Ende der 50er Jahre wurde die deutsche Frage für die Deutschen, die Regierungen und die Öffentlichkeit, wieder zum Hauptthema.«[1] Es begann eine »Neue Ära«, als der Kronprinz Wilhelm in Preußen die Regentschaft anstelle seines geisteskranken Bruders übernahm (Oktober 1858) und als 1859 der »Deutsche Nationalverein« gegründet wurde, der eine liberal-föderalistische und kleindeutsche Lösung unter preußischer Führung anstrebte.[2] Die europäische Politik war durch dem Krimkrieg (1853–56) und den italienischen Krieg (1859) wieder in Bewegung geraten. Beide Ereignisse hatten eine Schwächung Österreichs und eine bedeutende Stärkung Napoleons III. zur Folge, ohne daß die künftige Rolle Preußens in der deutschen Frage schon sichtbar und entschieden war.

Von dieser unsicheren und offenen Konstellation – Unruhe im innerdeutschen und im europäischen Raum – ist das berühmt-berüchtigte Gedicht Emanuel Geibels geprägt, das im Jahre 1861 *Deutschlands Beruf* und Berufung anspruchsvoll, aber nicht ohne prophetischen Weitblick verkündete:

Deutschlands Beruf

Soll's denn ewig von Gewittern
am umwölkten Himmel braun?
Soll denn stets der Boden zittern,
drauf wir unsre Hütten baun?
Oder wollt ihr mit den Waffen
endlich Rast und Frieden schaffen?

Daß die Welt nicht mehr, in Sorgen
um ihr leichterschüttert Glück,
täglich bebe vor dem Morgen,
gebt ihr ihren Kern zurück!
Macht Europas Herz gesunden,
und das Heil ist euch gefunden.

Einen Hort geht aufzurichten,
einen Hort im deutschen Land!
Sucht zum Lenken und zum Schlichten
eine schwerterprobte Hand,
die den güldnen Apfel halte
und des Reichs in Treuen walte.

Sein gefürstet Banner trage
jeder Stamm, wie er's erkor,
aber über alle rage
stolzentfaltet eins empor,
hoch, im Schmuck der Eichenreiser
wall es vor dem deutschen Kaiser.

Wenn die heil'ge Krone wieder
einen hohen Scheitel schmückt,
aus dem Haupt durch alle Glieder
stark ein ein'ger Wille zückt,
wird im Völkerrat vor allen
deutscher Spruch aufs neu erschallen.

Dann nicht mehr zum Weltgesetze
wird die Laun' am Seinestrom,
dann vergeblich seine Netze
wirft der Fischer aus in Rom,
länger nicht mit seinen Horden
schreckt uns der Koloß im Norden.

230

Macht und Freiheit, Recht und Sitte,
klarer Geist und scharfer Hieb
zügeln dann aus starker Mitte
jeder Selbstsucht wilden Trieb,
und es mag am deutschen Wesen
einmal noch die Welt genesen.[3]

Kaiser Wilhelm II. hat die ominösen Schlußverse stets beherzigt, 1907 eig-
nete er sie sich auch öffentlich an: »Dann wird unser deutsches Volk der
Granitblock sein, auf dem unser Herrgott seine Kulturwerke an der Welt
aufbauen und vollenden kann. Dann wird auch das Dichterwort sich erfüllen, das da sagt: ›An deutschem Wesen wird einmal noch die Welt genesen.‹«
Bei ihm ist zur stolzen Zukunftsgewißheit geworden, was bei Geibel noch
Wunsch und Möglichkeit war. Mißverstanden hat der Kaiser den »Herold
des Reiches« freilich nicht.[4]

Denn so bescheiden und defensiv sich Geibels Gedicht gibt, es meldet doch
maßlose Ansprüche an. Die historisch-politischen Kontexte der Zeit – »Soll's
denn ewig von Gewittern / am umwölkten Himmel braun?« – werden durch
eine antiquierte Sprache (metaphorische Naturgewalten, altdeutsche Worte,
mittelalterliche Symbole) mehr verdunkelt als verdeutlicht. In dieser Sprache herrscht noch immer Barbarossa-Zeit: die Zukunft ist die Vergangenheit. Denn was das Gedicht mit dem Blick nach außen fordert, ist eine
Restitutio des mittelalterlichen Kaisertums, ist eine beherrschende deutsche
Machtstellung in der Mitte Europas. Der »güldne Apfel«, als Sinnbild der
Weltherrschaft, gehörte, neben Krone und Szepter, zu den mittelalterlichen
»Reichskleinodien«. Tatsächlich wurde 1871 das alte Reichswappen wieder
eingeführt und war bis 1918 in Geltung: der Adler mit Apfel und Szepter.
Nur von dem Kreuz auf dem Reichsapfel ist bei Geibel, dem Romfeind und
Preußenfreund, nicht mehr die Rede.

Das Deutschland-Bild seines Gedichtes basiert auf der Vorstellung, daß die
ganze Welt aus den Fugen geraten ist, seitdem Deutschland kränkelt und
erst wieder ins Lot kommen wird, wenn Deutschland seine (imaginäre!) alte
Einheit und Stärke wiedererlangt hat. Deutschland soll aufgerüstet (»Waffen«) und zur starken Militärmacht werden, um Europa und der Welt als
Arzt und Heiland Genesung, Frieden und Erlösung von allen Übeln zu
bringen. Zumindest soll es eine Schiedsrichterrolle in Europa und der Welt
übernehmen. Wer angeredet wird und das Geforderte ins Werk setzen soll,
bleibt in einer verräterischen Zweideutigkeit: scheinbar sind es alle Deutschen, in Wahrheit ihre Fürsten. Sie werden von dem Gedicht an ihre alte

nationale Pflicht erinnert, aus ihrer Mitte einen deutschen Kaiser zu wählen. Für Geibel war damit selbstverständlich der preußische König gemeint. Hölderlins Deutschland-Metapher, »O heilig Herz der Völker, o Vaterland!«, ein schüchternes, allverkanntes und sanftes Herz, das im griechischen Geiste zu einem Reich des Friedens, der Liebe und der Poesie wiedergeboren werden soll, hier bei Geibel wird es bewaffnet und militarisiert. So werden diese und andere alte Vorstellungen und Ideen der nationalen Mythologie aufgegriffen und pervertiert.

Nur in der ersten Strophe setzt das Gedicht ganz bescheiden ein. Die Deutschen erscheinen als friedliche Hüttenbauer, die dermaßen von Gefahren umzingelt und bedroht sind, daß ihnen keine andere Wahl bleibt, als »mit Waffen« endlich Ruhe, Ordnung und Frieden zu schaffen. Im folgenden aber werden die Machtansprüche rapide gesteigert. Deutschland beansprucht (»vor allen«!) die erste Stimme im »Völkerrat«. Die sechste Strophe verrät, worum es eigentlich geht. Es geht um die Bändigung der benachbarten europäischen Großmächte, die im Krimkrieg wie im italienischen Krieg eine dominante Rolle gespielt haben, um das napoleonische Frankreich und das zaristische Rußland. Rom und der Papst werden attackiert, weil der politische Katholizismus in Preußen und Deutschland überwiegend antiborussisch und großdeutsch eingestellt war. Die primitiven Feindbilder dienen wie immer dazu, durch Abgrenzungen nationale Identität zu stiften und eigene Schwächen, Gefährdungen und Fehler auf die Anderen und Fremden zu projizieren. Die letzte Strophe spricht es ganz naiv aus: Die Anderen sind die Selbstsüchtigen und Triebhaften, das »deutsche Wesen« uneigennützig und über jede niedere Triebregung erhaben. Deutschland wirft sich damit nicht nur zum Zuchtmeister der anderen Nationen auf, sondern beansprucht eine geradezu archimedische gottgleiche Position und Mission den anderen Völkern gegenüber. Hoffmann von Fallerslebens »Deutschland, Deutschland über alles« hat bereits eine imperialistische Tönung angenommen.[5]

Ein Jahr nach Geibels Gedicht, im September 1862, wurde Bismarck preußischer Ministerpräsident, weil er sich zutraute, die Regierung gegen die Mehrheit des preußischen Parlaments zu führen. Denn der Konflikt um eine fällige Heeresreform hatte über einen Budgetkonflikt zu einem dramatischen, bis 1866 anhaltenden Verfassungskonflikt geführt. Die Hamlet-Zeit Preußens und Deutschlands war damit vorbei, es begann eine Zeit kriegerischer Taten. Es trat ein, was Geibel in einem »Deutschland«-Gedicht von 1849 schon vorausgesagt hatte. »Denn Ahnung sagt mir, stets umsonst bestritten, / Nun werde solche Frucht [die deutsche Einheit] einst ungeboren / Mit scharfem Stahl aus deinem Leib geschnitten.«[6]

Bismarcks Devise lautete bekanntlich: »nicht durch Reden und Majoritäts-beschlüsse werden die großen Fragen der Zeit entschieden – das ist der große Fehler von 1848 und 1849 gewesen –, sondern durch Blut und Eisen« (Sept. 1862). Gegen die liberale Parlamentsmehrheit rüstete Preußen auf, und der Sieg in drei Kriegen – gegen Dänemark 1864, gegen Österreich im Bündnis mit den norddeutschen Staaten (1866) und gegen Frankreich zusammen mit dem norddeutschen Bund und den süddeutschen Staaten (1870/71) – schien nachträglich diesen gewaltsamen Weg zur deutschen Ein-heit zu rechtfertigen. Nach einem schnellen Sieg gegen Napoleon III., der am 2. September 1870 bei Sedan in Gefangenschaft geriet, wurde Wilhelm I. schon am 18. Januar 1871 im Spiegelsaal von Versailles zum deutschen Kaiser gekrönt. Das Lied *Die Wacht am Rhein,* in den Kriegsmonaten zur in-offiziellen Nationalhymne geworden, erklang bei dieser den »Erbfeind« de-mütigenden Zeremonie. Das »Deutsche Reich«, ein kleindeutscher Staaten-verband unter Führung Preußens, wurde am 28. Januar ebendort aus der Taufe gehoben. »Die gewählten politischen Vertreter der ›Nation‹ waren nicht einmal durch Delegationen vertreten.«[7] Die deutsche Einheit war ein Geschenk von oben und die deutsche Freiheit blieb wieder einmal auf der Strecke. Dem deutschen liberalen Bürgertum hatte Bismarck noch einmal seinen ohnehin niemals ganz aufrechten Rücken und Gang geknickt.

So ist es nicht verwunderlich, daß im Umkreis und zur Feier der Reichsgrün-dung von 1870/71 schätzungsweise 10 000 Gedichte und Lieder erschienen sind.[8] Nur wenige Köpfe blieben besonnen und kritisch. Es waren nicht nur aufrechte Republikaner wie Georg Herwegh, Moritz Hartmann und Gott-fried Kinkel, sondern auch so verschiedene Geister wie Jacob Burckhardt, Friedrich Nietzsche und Eduard Mörike. Nietzsche ließ sich auch durch die pomphafte Reichsgründung nicht von seiner Vorliebe für die französische Kultur abbringen und schon gar nicht von seiner geistvollen Polemik gegen deutsche Mittelmäßigkeit und Plumpheit. Selbst ein so politikferner Lyriker wie Eduard Mörike ließ sich nicht blenden. Während Krethi und Plethi den patriotischen und chauvinistischen Pegasus bestiegen, schrieb er den Vierzeiler:

Im Jahre 1871

Bei euren Taten, euren Siegen
wortlos, beschämt hat mein Gesang geschwiegen:
und manche, die mich darum schalten,
hätten auch besser den Mund gehalten.[9]

Zu diesen manchen, die besser den Mund gehalten hätten, gehörte auch Ferdinand Freiligrath, dem wir zuletzt mit seinem bedeutenden Hamlet-Gedicht von 1844 begegnet sind. Als ein anderer, von oben, die Tat getan und den Hamlet-Bann endlich gelöst hatte, schlug der demokratische Groll, den er bisher in Verse gebracht hatte, in einen blinden Hurra-Patriotismus um. Hamlet wurde gegen Fortinbras eingetauscht. Kaum eine Woche nach Kriegsausbruch schrieb Freiligrath das Gedicht *Hurra, Germania!*, in dem sich die Freiheit in ein unscheinbares Adjektiv verkleinert und verschämt in den vorletzten Vers versteckt hat:

> Groß, herrlich, frei wie nie zuvor!«

Daraus spricht erneut die alte deutsche Naivität, der Glaube, daß die Freiheit von selber komme, wenn Deutschland erst groß und herrlich ist. »Werdet eins! Dann sind wir frei«, endete sehr typisch ein Gedicht von Robert Blum aus dem Jahre 1831 *(An Germania)*. Selbst diejenigen, die darauf gehofft hatten, daß die antidemokratische Vorherrschaft Preußens in einem größeren »Deutschen Reich« gebrochen werden könnte, hatten sich verspekuliert.

Das Gedicht liest sich, als wollte es das Niederwald-Denkmal der »Germania« vorwegnehmen, für das es ab 1871 Wettbewerbe gab und das doch erst 1883 eingeweiht wurde. Ein provisorisches Germania-Denkmal wurde 1871, beim Einzug der siegreichen deutschen Truppen, vor dem Königsschloß in Berlin aufgebaut:

Hurra, Germania!

Hurra, du stolzes schönes Weib,
Hurra, Germania!
Wie kühn mit vorgebeugtem Leib
Am Rheine stehst du da!
Im vollen Brand der Juliglut,
Wie ziehst du frisch dein Schwert!
Wie trittst du zornig frohgemut
Zum Schutz vor deinen Herd!
      Hurra, hurra, hurra!
      Hurra, Germania!

Du dachtest nicht an Kampf und Streit:
In Fried' und Freud' und Ruh'
Auf deinen Feldern, weit und breit,
Die Ernte schnittest du.
Bei Sichelklang im Ährenkranz
Die Garben fuhrst du ein:
Da plötzlich, horch, ein andrer Tanz!
Das Kriegshorn überm Rhein!
        Hurra, hurra, hurra!
        Hurra, Germania!

Da warfst die Sichel du ins Korn,
Den Ährenkranz dazu;
Da fuhrst du auf in hellem Zorn,
Tief atmend auf im Nu;
Schlugst jauchzend in die Hände dann:
Willst du's, so mag es sein!
Auf, meine Kinder, alle Mann!
Zum Rhein! zum Rhein! zum Rhein!
        Hurra, hurra, hurra!
        Hurra, Germania!

Da rauscht das Haff, da rauscht der Belt,
Da rauscht das deutsche Meer;
Da rückt die Oder dreist ins Feld,
Die Elbe greift zur Wehr.
Neckar und Weser stürmen an,
Sogar die Flut des Mains!
Vergessen ist der alte Span:
Das deutsche Volk ist eins!
        Hurra, hurra, hurra!
        Hurra, Germania!

Schwaben und Preußen Hand in Hand;
Der Nord, der Süd e i n Heer!
Was ist des Deutschen Vaterland, –
Wir fragen's heut nicht mehr!
Ein Geist, ein Arm, ein einz'ger Leib,
Ein Wille sind wir heut!
Hurra, Germania, stolzes Weib!
Hurra, du große Zeit!
        Hurra, hurra, hurra!
        Hurra, Germania!

Mag kommen nun, was kommen mag:
Fest steht Germania!
Dies ist All-Deutschlands Ehrentag:
Nun weh dir, Gallia!
Weh, daß ein Räuber dir das Schwert
Frech in die Hand gedrückt!
Fluch ihm! Und nun für Heim und Herd
Das deutsche Schwert gezückt!
   Hurra, hurra, hurra!
   Hurra, Germania!

Für Heim und Herd, für Weib und Kind,
Für jedes teure Gut,
Dem wir bestellt zu Hütern sind
Vor fremden Frevelmut!
Für deutsches Recht, für deutsches Wort,
Für deutsche Sitt' und Art, –
Für jeden heil'gen deutschen Hort,
Hurra! zur Kriegesfahrt!
   Hurra, hurra, hurra!
   Hurra, Germania!

Auf, Deutschland, auf, und Gott mit dir!
Ins Feld! der Würfel klirrt!
Wohl schnürt's die Brust uns, denken wir
Des Bluts, das fließen wird!
Dennoch das Auge kühn empor!
Denn siegen wirst du ja:
Groß, herrlich, frei, wie nie zuvor!
Hurra, Germania!
   Hurra, Viktoria!
   Hurra, Germania![10]

Vor allem zwei Beobachtungen sind exemplarisch: die Umrüstung und Aufrüstung einer friedlichen, ländlichen Germania-Figur in ein kriegerisches stolzes Riesenweib und das Anachronistische der poetischen Bilder und der Sprache. Am Werke ist ein *simplificateur* und *mystificateur terrible*. Der komplizierte realpolitische Vorgang der Herbeiführung des Krieges und der Kriegserklärung, an dem das Volk gar nicht und die Parlamente nur wenig beteiligt waren, denn er wurde von Bismarck und der preußischen Staatsspitze, auf der anderen Seite von Napoleon III., dem Preußen und Deutschland zu stark wurden, gesteuert, dieser Vorgang wird zu einem einfachen allegorischen und theatralischen Geschehen verkürzt und verfälscht. Die gleiche Vereinfachung prägt die allegorische Personifikation, das Germania- und

Deutschlandbild. Deutschland erscheint als ein vorindustrieller paradiesischer Agrarstaat – Staat ist schon zuviel gesagt, besser, als eine bäuerliche Gemeinschaft und Großfamilie –, die man plötzlich zwingt, als wären die Kriege gegen Dänemark und Österreich nicht gewesen!, ihre Pflugscharen und Sicheln in Schwerter umzuschmieden. Die Mobilmachung wird in der vierten Strophe gleichfalls naturalisiert und mythisiert. Nicht die Menschen erheben sich, sondern die Meere und Ströme ihres Landes. *Sie* vereinen die getrennten Bürger und Stämme und reißen sie mit in eine altgermanische Heereseinheit und Waffenbrüderschaft (5. Strophe). Es herrscht in diesem wie in vielen anderen Gedichten und Liedern dieser Zeit ein dumpfes Bewußtsein, daß die deutsche Einheit aus eigenen Kräften nicht zu erlangen sei, daß es eines Feindes und Feindbildes bedarf, um sie herzustellen. Immerhin wird zwischen Frankreich (»Gallia«) und Napoleon III. (»ein Räuber«) noch unterschieden (6. Strophe). Trotzdem, es ist der gleiche regressive Akt, der im Rhein-Gedicht von Schneckenburger zu beobachten ist: die imaginäre Beschwörung der modernen Volksgemeinschaft aus der altgermanischen Heeres- und Kampfgemeinschaft.[11] Der Refrain mit dem militärischen, in seiner Wiederholung komisch wirkenden »hurra« soll diese besinnungslose Verschmelzung bewirken. Daß Deutschland und Westeuropa sich schon längst im Zeitalter der Industrialisierung und Proletarisierung befinden, davon zeigt sich in dem Gedicht keine Spur. Im Gegenteil, es herrscht noch immer Nibelungen-Mentalität, gekreuzt mit kleinbürgerlicher Gartenlauben-Gesinnung. Der deutsche Mann tritt an »für Heim und Herd, für Weib und Kind«, »für deutsches Recht, für deutsches Wort, / Für deutsche Sitt' und Art, – / Für jeden heil'gen deutschen Hort« – kurzum für alles, wenn es denn nur »deutsch« ist. Das Adjektiv »deutsch« wird wie so oft zu einem Fetisch, der die mangelnde Einheit und Freiheit herbeizaubern soll. Die Germania Hölderlins, die friedliche und kunstsinnige, am Anfang des Gedichts noch sichtbar, wird einem Prozeß der Vermännlichung unterworfen. Sie und ihr Leib werden vom Männerkrieg kolonisiert. In dieser pervertierten Gestalt wird sie fortan weiterleben im Wilhelminischen Reich, unübersehbar in vielen Bildern und steinernen Denkmälern.[12]

Während zahllose Kriegsgedichte Napoleon und den »Franzmann« als den Unhold brandmarken, der Germanias Unschuld bedroht – »Und als der Erbfeind dann, der Franze, / Nach deiner Ehren jungem Kranze / Die Hand erhub, von Neid verzehrt«, heißt es bei Geibel[13] –, ist sie von den deutschen Männern, allen voran den Produzenten der Deutschland-Gedichte, schon längst entstellt und gefügig gemacht worden. Denn diese patriotischen Poeten, die den Krieg zumeist aus der sicheren Heimatperspektive miterlebten und immer noch Worte machten, statt Taten zu vollbringen, hatten allen Grund, sich ihre Männlichkeit zu testieren. Indem sie ihre Sprache in den Dienst der Macht stellten, glaubten sie, ihre politische Ohnmacht kompensieren zu können. Daß es sich dabei um einen schmählichen Akt der Kapitulation und Unterwerfung handelte, ist selbst dem vormals demokratisch gesinnten Freiligrath nicht bewußt geworden. Wie denn erst dem deutschen Bürgertum, für das er stellvertretend sprach. Selbst dem preußenfeindlichen Theodor Storm gefielen die ersten fünf Strophen seines Gedichts: »Das ist ganz der alte goldne Klang wie in seiner besten Jugendzeit.«[14]

Es gibt ein ebenso mediokres wie aufschlußreiches Gedicht und Lied für die kompensatorische Gesinnung und das hybride Selbstverständnis der lyrischen Kriegsverherrlicher dieser Zeit. Es trägt den Titel *Zu Schutz und Trutz* und stammt von einem gewissen Robert Weisse. Es erschien zuerst in der damals bekanntesten Sammlung von Kriegsliedern[15], der es offensichtlich den Namen gegeben hat. Weisse selber veröffentlichte ein Jahr später den Band *Vom Fels zum Meer. Vaterlandslieder.*

Zu Schutz und Trutz!

Zu Schutz und Trutz – ein stolzes Wort,
Das braust vom Fels zum Meere fort,
Da stürmt's heran wie Wogengraus
Zu Halde, Hürde, Heerd und Haus,
Zu Zacken, Zinken, Belt und Feld,
Als sei der Welt ein Gruß bestellt!

Da singt der ganze Dichterhain:
»Zum Teufel mit dem Mondenschein,
Mit Rosen, Kosen, Lust und Leid,
Mit Zagen, Klagen, Liebesstreit,
Nun schleift für unsrer Krieger Reih'n
Des deutschen Verses Edelstein!«

Und sieh – aus allen deutschen Gau'n,
Soweit die deutschen Wogen blau'n,
Rückt auf beschwingtem Zelter an
manch lorbeerstolzer Sängersmann,
Sein Liederschild, ein Diamant,
Strahlt wie die Sonne weit in's Land!

Und wer der Harfe Lust entlockt',
In Grimm und Groll der Puls ihm stockt,
Wer sonst der Leyer Gold gespannt,
Sein Herz erglüht in Zornesbrand,
Und wer zur Mandoline singt,
In trunkner Glut den Schwerttanz schlingt!

Da dröhnt der Fels, die Woge grollt,
Da murrt das Meer, der Donner rollt,
Die Windsbraut saust, der Eichwald birst,
Da kracht's und bricht's auf Firn' und First, –
Aufflammt die Lohe heil'gen Zorn's
Beim Siegeshall des Sängerhorn's!

Der Augen Blitze funkeln drein
Rubinen gleich, wie Nordlichtschein,
Die Krieger stürmen jach in's Thal
Und feiern froh das Todtenmahl,
Und, hält im Thal das Schwert die Wacht, –
Auf Gipfeln wogt die Sängerschlacht!

Und mächtig rauscht's im Weltenall,
Wie Bardenton, zum Sonnenball:
»Wir schwingen das Gedankenschwert
Und Schilder unsrer Ahnen werth,
Wir steh'n vereint, dem Sang zu Schutz,
Dem deutschen Sang zu Schutz und Trutz!

Titel und Gedichtanfang – ein »stolzes Wort« – zitieren das Deutschland-Lied Hoffmann von Fallerslebens: »Deutschland, Deutschland über alles, / über alles in der Welt, / wenn es stets zum Schutz und Trutze / brüderlich zusammenhält«. Beschworen und gefeiert wird nicht nur die naturkraftige Macht dieses Liedes und seiner deutschen Sänger, sondern die Macht des patriotischen Gesangs überhaupt. Er »braust« und »stürmt« schon in der ersten Strophe, als wäre er die Verkörperung von Wotans »wilder Jagd«, die dann in den Strophen fünf und sechs immer unverkennbarer hervortritt. So kommt es zu der seltsamen und grotesken Vertauschung: Die »Sänger-schlacht«, die auf den »Gipfeln«, in den Lüften und »im Weltenall« wogt und tobt, wird entscheidender als der Kampf der »Krieger« im »Thal«. Verteidigt wird nicht Deutschland, sondern der »deutsche Sang« als dessen Inbegriff und Verkörperung. Hier kulminiert und überschlägt sich eine Entwicklung, die in der Zeit der Befreiungskriege begonnen hat. Aber was damals und bei den Männergesangsvereinen des Vormärz trotz aller philiströsen Begleiterscheinungen noch eine verständliche politische Ersatzhandlung angesichts der mangelnden deutschen Freiheit und Einheit gewesen ist, hat sich hier bei Weisse zum Selbstzweck aufgebläht. Der deutsch-französische Krieg ist zum Hinter- und Untergrund eines altgermanischen Sängerkriegs geworden. Darum ist es kein Zufall, daß die Geschichtsuhr dieses Gedichts um ein Jahrhundert nachgeht. Es wiederholt nämlich die Ablösung des anakreontischen »Dichterhains« (2. Strophe) durch den »Bardenton« Klopstocks und der Göttinger Hainbündler, die sich in den siebziger Jahren des 18. Jahrhunderts zutrug. Aber der Sänger versteht sich nicht mehr nur als ein pseudogermanischer Barde, der die Kämpfer mit seinen Schlachtgesängen anfeuert, sondern auch als ein Berserker, der, in der fünften Strophe, mit Wotans wilder Jagd und seinem Kult als Herr der Heerscharen und ihrer Toten eins wird. Sänger und Krieger werden zu Zwillingsagenten der selben mythischen Macht, aber der Kunstkrieg wird wichtiger als die Kriegskunst. Während die Krieger »froh das Todtenmahl« feiern, das heißt auch, zu Wotan in die Walhalla eingehen, gewinnt der »Bardenton« in der letzten Strophe kosmische Dimensionen. Die Militarisierung des Geistes, von der die deutsche Kultur seit den sechziger Jahren des 19. Jahrhunderts bis in den Ersten Weltkrieg unheilvoll geprägt wird, spricht sich unverblümt aus.[16] Die epidemische nationalistische Sangeskunst rund um 1870/71 wird von diesem hanebüchenen Gedicht unfreiwillig parodiert und entlarvt. Was sich als Macht des Gesangs geriert, ist nichts als der plumpe Gesang der Macht.

Von hieraus kann man fast jeden lyrischen Beitrag dieser Zeit erreichen und durchschauen, auch die gekonnteren und anspruchsvolleren Gedichte und Lieder wie die besonders exemplarischen von Emanuel Geibel, der die Zeit seit 1849 mit seinen *Heroldsrufen* begleitete. Es ist verständlich, daß seine Gedichtproduktion in den Monaten der Erfüllung überschäumte, und voraussehbar, daß er sie als die endliche Wiederkehr Barbarossas feierte. Besonders aufschlußreich ist es, wie er in dem bereits zitierten Gedicht *An Deutschland* vom Januar 1871 den Sieg und die Kaiserkrönung interpretiert. Es ist das genaue Pendant zu dem Gedicht *Deutschlands Beruf* von 1861:

> Nun wirf hinweg den Witwenschleier!
> Nun gürte dich zur Hochzeitsfeier,
> O Deutschland, hohe Siegerin!
> Die du mit Klagen und Entsagen
> Durch vier und sechzig Jahr getragen,
> Die Zeit der Trauer ist dahin;

Die Zeit der Zwietracht und Beschwerde,
Da du am durchgeborstnen Herde
Im Staube saßest, tief gebückt,
Und kaum dein Lied mit leisem Weinen
Mehr fragte nach den Edelsteinen,
Die einst dein Diadem geschmückt.

Wohl glaubten sie dein Schwert zerbrochen,
Wohl zuckten sie, wenn du gesprochen,
Die Achsel kühl im Völkerrath;
Doch unter Thränen wuchs im Stillen
Die Sehnsucht dir zum heil'gen Willen,
Der Wille dir zur Kraft der That.

Und endlich satt, die Schmach zu tragen,
Zerrissest du in sieben Tagen
Das Netz, das tödtlich dich umschnürt,
Und heischtest, mit beherztem Schritte
Hintretend in Europas Mitte,
Den Platz zurück, der dir gebührt.

Und als der Erbfeind dann, der Franze,
nach deiner Ehren jungem Kranze
Die Hand erhub, von Neid verzehrt,
Zur Riesin plötzlich umgeschaffen
Wie stürmtest du in's Feld der Waffen,
Behelmte, mit dem Flammenschwert!

O große, gottgesandte Stunde,
Da deines Haders alte Wunde
Die heil'ge Noth auf ewig schloß,
Und wunderkräftig dir im Innern
Aus alter Zeit ein stolz Erinnern,
Ein Bild zukünft'ger Größe sproß!

Wie Erz durchströmte deine Glieder
Das Mark der Nibelungen wieder,
Der Geist des Herrn war über dir;
Und unterm Schall der Kriegsposaunen
Aufpflanztest du, der Welt zum Staunen,
In Frankreichs Herz dein Siegspanier.

Da war dir bald, mit Blut beronnen,
Des Rheins Juwel zurückgewonnen,
Dein Kleinod einst an Kunst und Pracht,
Und dessen leuchtend Grün so helle
In Silber faßt die Moselwelle,
Der lotharingische Smaragd.

O laß sie nicht verglühn im Dunkeln!
Verjüngten Glanzes laß sie funkeln
In's Frühroth deiner Osterzeit!
Denn horch, schon brausen Jubellieder,
Und über deinem Haupte wieder
Geht auf des Reiches Herrlichkeit.

Durch Orgelton und Schall der Glocken
Vernimmst du deines Volks Frohlocken?
Den Heilruf deiner Fürstenschaar?
Sie bringen dir der Eintracht Zeichen,
Die heil'ge Krone sonder Gleichen,
Der Herrschaft güldnen Apfel dar.

Auf Recht und Freiheit, Kraft und Treue
Erhöh'n sie dir den Stuhl auf's Neue,
D'rum Barbarossa's Adler kreist,
Daß du vom Fels zum Meere waltend,
Des Geistes Banner hoch entfaltend
Die Hüterin des Friedens seist.

Drum wirf hinweg den Witwenschleier,
Drum schmücke dich zur Hochzeitsfeier,
O Deutschland, mit dem grünsten Kranz!
Flicht Myrten in die Lorbeerreiser!
Dein Bräut'gam naht, dein Held und Kaiser
Und führt dich heim im Siegesglanz.

Wie deutet und bebildert Geibel die großen Ereignisse? Als das Ende eines vierundsechzigjährigen Interregnums (1806–1870/71), als Restitutio des alten »Heiligen Römischen Reiches deutscher Nation« und germanischer Nibelungen-Kraft, als den Anfang einer dominierenden deutschen Herrschaft in »Europas Mitte«, als endliche Wiederkehr Barbarossas in Gestalt des preußischen Königs und neuen Heldenkaisers, der die seit 1806, als Franz II. die deutsche Kaiserkrone niederlegte, verwitwete Germania im Siegesglanz heimführt.

Die Zwischenzeit von 1806 bis 1870 wird als eine »Unzeit« geradezu ausgelöscht, so, als könnte man das Zeitkontinuum sprengen und alle historischen Entwicklungen und Veränderungen rückgängig machen. Anerkannt wird sie lediglich als eine Zeit des inneren Exils, der Selbstentfremdung und der Trauer um einen unersetzlichen Verlust. Sie steht im Zeichen einer »Germania degenerans«, von der sich die Wiedergeburt einer »Germania triumphans« um so leuchtender abhebt. Ihre Zukunft ist die Vergangenheit

(6. Strophe), eine legendäre und durch und durch ideologisierte Vergangenheit deutscher Größe und Herrlichkeit. Damit sprach Geibel zweifellos für die überwältigende Mehrheit des deutschen Bürgertums. In die Zeit seit 1871 fällt die Blüte und Trivialisierung des Barbarossa-Mythos.[17]

Die Wiedergeburt zur »Germania triumphans« erfolgt wie bei Freiligrath durch einen Akt megalomaner Vermännlichung: »Zur Riesin plötzlich umgeschaffen / Wie stürmtest du in's Feld der Waffen, / Behelmte, mit dem Flammenschwert!« Aus der trauernden Witwe, treu wie Penelope, wird eine zweite Brunhild, die in den Kreis der männlichen und heldischen Nibelungen gehört: »Wie Erz durchströmte deine Glieder / Das Mark der Nibelungen wieder«. Und als Brunhild ist sie zugleich eine Walküre, eine Schlachtjungfrau im Gefolge Wotans. Diese Vorstellung ist sogar in die Germania des Niederwald-Denkmals von J. Schillings eingegangen. In *Meyers Konversations-Lexikon* von 1890 wird sie folgendermaßen beschrieben: »Diese G. ist eine Verbindung der alten Schlachtjungfrau (Walküre) mit der das allumfassende Vaterland versinnlichenden deutschen Mutter«.[18] Erst in der letzten Strophe des Gedichts spalten sich die männlichen Merkmale wieder von der Germania-Figur ab und gehen auf denjenigen über, der sich als ihr »Bräut'gam« naht. Vom deutschen Manne und Kaiser läßt sich die Starke willig nehmen. Diese »Brautallegorie« ist in den Gedichten der Zeit weit verbreitet.[19]

Der alte Kaiser Wilhelm I. war freilich zu alt, um noch ein »Rotbart« zu sein. Deshalb wurde er oft »Weißbart« oder, so von Felix Dahn im Jahre 1871, »Barba blanca« genannt. So fügt es sich auch, daß die Germania bei Geibel nicht als Jungfrau, sondern als »Witwe« auftritt.

Wie eine Antwort an Geibel und die Flut der chauvinistischen Lieder lesen sich zwei Gedichte Georg Herweghs aus dem Februar 1871, die zu seinen Lebzeiten nur anonym und im Ausland erscheinen konnten. Als sie 1877, zwei Jahre nach seinem Tode, in dem Band *Neue Gedichte* in Zürich erschienen, wurde dieser Band im Deutschen Reich sofort verboten.[20] Denn der Vormärzler Herwegh war nicht nur seinen demokratisch-revolutionären Grundsätzen treu geblieben, er hatte sich inzwischen zu einem Sozialisten weiterentwickelt. 1863 schloß er sich dem »Allgemeinen Deutschen Arbeiterverein« an und schrieb ihm das *Bundeslied* (»Alle Räder stehen still, / Wenn dein starker Arm es will«!). 1869 wurde er Mitglied der Sozialdemokratischen Arbeiterpartei. Das erste Gedicht trägt den Titel:

Prophezeiung. Februar 1871

Germania, der Sieg ist dein!
Die Fahnen wehn, die Glocken klingen,
Elsaß ist dein und Lotharingen;
Du sprichst: »Jetzt muß der Bau gelingen,
Bald holen wir den letzten Stein.«

Gestützt auf deines Schwertes Knauf,
Lobst du in frommen Telegrammen
Den Herrn, von dem die Herren stammen,
Und aus Zerstörung, Tod und Flammen
Steigt heiß dein Dank zum Himmel auf.

Nach vierundzwanzig Schlachten liegt
Der Feind am Boden überwunden;
Bis in die Stadt voll Blut und Wunden,
Die keinen Retterarm gefunden,
Brichst du dir Bahn: du hast gesiegt!

Schwarz, weiß und rot! Um ein Rapier
Vereinigt stehen Süd und Norden;
Du bist im ruhmgekrönten Morden
Das erste Land der Welt geworden;
Germania, mir graut vor dir!

Mir graut vor dir, ich glaube fast,
Daß du, in argen Wahn versunken,
Mit falscher Größe suchst zu prunken
Und daß du, gottesgnadentrunken,
Das Menschenrecht vergessen hast.[21]

Während ganz Deutschland noch im Siegestaumel befangen ist und die Reichseinheit unter dem preußischen König und Kaiser bejubelt, zieht hier ein unbestechlicher und hellsichtiger Beobachter der Ereignisse eine erste nüchterne Bilanz. Er leugnet das Erreichte nicht, aber er fragt danach, auf welchem Wege es errungen wurde, was es gekostet hat und wohin es führen wird. Und seine Antwort lautet: mit blutiger Gewalt, auf Kosten rücksichtsloser Zerstörung und ins Unheil. Die Pointen des Gedichts, das einem kunstvollen Reimschema folgt (abbba), entspringen den verschiedenartigsten Umpolungen zwischen dem scheinbar restlos Positiven und dem tatsächlich dominierenden und bedrohlichen Negativen. Denn die Grundvorstellung, mit der das Gedicht verdeckt und kunstvoll arbeitet, ist die eines großartigen Bauwerks, dem scheinbar nur noch der »letzte Stein« fehlt und das dennoch zusammenstürzen wird. Diese latente Prämisse wird ganz sichtbar durch zwei Strophen, die dem Gedicht in seiner zweiten Fassung angefügt wurden. Sie erschien in den *Neuen Gedichten*[22] von 1877 unter dem Titel *Epilog zum Kriege. Februar 1871*. Die beiden Strophen lauten:

> Schon lenkt ein Kaiser Dich am Zaum,
> Ein strammer, strenger Szepterhalter.
> Hofbarden singen ihre Psalter
> Dem auferstandnen Mittelalter,
> Und 89 wird ein Traum.
>
> Ein Traum? Du sahst, wie Frankreich fiel
> Durch seinen Cäsar, sahst die Sühne
> Vollzogen auf der Schreckensbühne –
> Deutschland, gedeihe, wachse, grüne
> Geläutert durch dies Trauerspiel!

Diese Strophen konnten erst geschrieben werden, als sich herausgestellt hatte, daß das besiegte Frankreich sich gegen das Kaisertum und für die Republik entschied. Herweghs zweites Gedicht vom Februar 1871 *Der schlimmste Feind,* rechnete noch mit einer Rückkehr Napoleons III.: »Frankreichs gekrönter Possenreißer / Wird nach Paris zurückgebracht«.

Hier, in den beiden zusätzlichen Strophen des Gedichts *Prophezeiung,* benutzt der Dichter den Zusammenbruch des französischen Kaisertums als theatralisches Menetekel für das preußisch-deutsche Kaisertum. Die Wunschperspektive der letzten zwei Verse ergibt sich aus der Hoffnung, daß die Deutschen aus diesem historischen »Trauerspiel« lernen und weiter an die demokratischen Traditionen der Französischen Revolution von 1789 anknüpfen könnten.

In der ersten Fassung fehlt, zu ihrem Vorteil, diese didaktische Auflösung und politisch-moralische Nutzanwendung. Die Französische Revolution erscheint nur mit ihrem Grundbegriff »Das Menschenrecht« im letzten Vers und, noch verdeckter, in den Zeilen: »Bis in die Stadt voll Blut und Wunden, / Die keinen Retterarm gefunden, / Brichst du dir Bahn: du hast gesiegt!« Für Heinrich Heine war Paris die Hauptstadt und das neue »Jerusalem« der Revolution. Herwegh folgt dieser Deutung, indem er auf Jesu »Haupt voll Blut und Wunden« anspielt. Der gewalttätige Sieg ist also gegen einen »Feind« erfochten (3. Strophe), der wiederauferstehen und dem die Zukunft gehören wird und der eigentlich ein Freund und Helfer gegen den inneren Feind, den eigenen »Cäsar« sein sollte.

Ebenso verdeckt und sublim sind die anderen Kipp- und Einsturzbewegungen des Gedichts. Sie setzen, nach dem trügerischen panegyrischen Ton der ersten, in der zweiten Strophe ein. Ein Dank, der »aus Zerstörung, Tod und Flammen«, »zum Himmel« aufsteigt, führt sich selbst ad absurdum. Und ein »Herr, von dem die Herren stammen«, wirft die Frage auf, ob er auch der »Herr« der »Knechte« ist.

In der vierten Strophe werden die beiden ersten Verse, die mit einem theatralisch-militanten Bild die langersehnte deutsche Einheit zu feiern scheinen, von den anschließenden drei Versen zum Einsturz gebracht. Der erste Platz, den Deutschland in der mißdeuteten Hymne von Fallerslebens, in den Liedern Geibels und vieler anderer vor allen anderen Völkern beansprucht, ist der Primat unter Mördern, die den wahren »Herrn« und »Heiland« erschlagen haben. Der prophetische Schlüsselvers: »Germania, mir graut vor dir!«, der mit dem entstellten Gretchen-Zitat aus dem *Faust* die Erfahrungen des 20. Jahrhunderts und die Deutschland-Dichtungen von Brecht bis zu Paul Celan und Heiner Müller vorwegnimmt[23], ist mit dieser immensen, ins Politische umgelenkten religiösen Spannung aufgeladen. Es ist ein Grauen wie vor dem Antichrist, eine Rolle, die von der Flut der patriotischen Lyrik Napoleon III. zugewiesen wurde. Die letzte Strophe der 1. Fassung versucht es auszusprechen. Deutschland ist abgefallen von dem wahren Glauben. Seine religiösen Gesten werden als hohle Posen entlarvt, seine »frommen Telegramme« richten sich an die falschen Herren, die das »Gottesgnadentum« wie seinerzeit die »Heilige Allianz« nur noch als ein Mittel des Machterhalts benutzen und mißbrauchen. Diese Theatralik der Macht, von der sich die Deutschen im Wilhelminischen Reich tatsächlich haben faszinieren und verführen lassen, wird von der letzten Strophe angeprangert. Ihre Befürchtung, daß Deutschland die Menschenrechte, das Vermächtnis der verratenen Französischen Revolution, in einem grauenhaften Ausmaße vergessen wird, ist eingetroffen. Sollte dieses Gedicht nicht in unseren Lesebüchern stehen, obwohl es nur ein ›politisches Gedicht‹ ist?

Daß es darin nicht aufgeht, zeigt sich im Vergleich zu dem zweiten Gedicht Herweghs aus dem Februar 1871. Dies ist im eigentlichen Sinne ein politisches, nämlich polemisches, parteiergreifendes und die Zeitereignisse direkt benennendes Gedicht. Das verrät schon sein Titel:

Dies Volk, das seine Bäume wieder
Bis in den Himmel wachsen sieht
Und auf der Erde platt und bieder
Am Knechtschaftskarren weiter zieht;

Dies Volk, das auf die Weisheit dessen
Vertraut, der Roß und Reiter hält,
Und mit Ergebenheitsadressen
Frisch, fromm und fröhlich rückt ins Feld;

Dies Volk, das einst aus Cäsars Schüssel
Und Becher sich so gern erfrischt
Und sich, wie Mommsen, seinen Rüssel
An Cäsars Tischtuch abgewischt;

Dies Volk, das gegen Blut und Eisen
Jungfräulich schüchtern sich geziert,
Um schließlich den Erfolg zu preisen,
Womit man Straßburg bombardiert.

Dies Volk, das im gemeinen Kitzel
Der Macht das neue Heil erblickt
Und als »Erzieher« seine Spitzel
Den unterjochten »Brüdern« schickt.

Die Alten, Lieben, Wohlbekannten
Von anno Sechsundsechzig her,
Schafott- und Bundesbeil-Votanten,
Sie schüfen Deutschland? – Nimmermehr!

Sie werden mit verschmitzten Händen
Entreißen euch des Sieges Frucht;
Sie werden euren Lorbeer schänden,
Daß euch die ganze Welt verflucht!

Frankreichs gekrönter Possenreißer
Wird nach Paris zurückgebracht;
Euch holt man einen Heldenkaiser
Aus mittelalterlicher Nacht.

Das Blut von Wörth, das Blut von Spichern.
Von Mars-la-Tour und Gravelotte,
Einheit und Freiheit sollt' es sichern –
Einheit und Freiheit? Großer Gott!

Ein Ambos unter einem Hammer,
Geeinigt wird Alt-Deutschland stehn;
Dem Rausche folgt ein Katzenjammer,
Daß euch die Augen übergehn.

Mit patriotischem Ergötzen
Habt ihr Viktoria geknallt;
Der Rest ist Schweigen oder Lötzen,
Kriegsidiotentum, Gewalt.

Es wird die Fuchtel mit der Knute
Die heil'ge Allianz erneun:
Europa kann am Übermute
Siegreicher Junker sich erfreun.

Gleich Kindern laßt ihr euch betrügen,
Bis ihr zu spät erkennt, o weh! –
Die Wacht am Rhein wird nicht genügen,
Der schlimmste Feind steht an der Spree.[24]

Dieses Gedicht enthält einige Anspielungen auf zeitgenössische Ereignisse, die der Erläuterung bedürfen. Mit dem Ausdruck »Cäsar« bezeichnet Herwegh jeden fürstlichen Alleinherrscher, die »Herren« also im Unterschied zu dem Volk, das seinen »Knechtschaftskarren weiter zieht«. In der dritten Strophe ist wohl speziell des Volkes untertäniges und opportunistisches Verhalten gegenüber dem preußischen König gemeint. Denn dahin zielt auch die scharfe Spitze gegen den damals schon berühmten Theodor Mommsen (1817–1903). Herwegh verübelt diesem liberalen Historiker und Politiker, der 1861 die Deutsche Fortschrittspartei mitbegründete und 1863–1866 dem Preußischen Abgeordnetenhaus angehörte, daß er sich trotz seiner liberalen Gesinnung und seiner Opposition gegen Bismarcks Konfliktpolitik zum preußischen Beamten und seit 1861 gar zum Ordinarius an der Berliner Universität hatte machen lassen und nach 1866 zu einem Nationalliberalen wurde. Vielleicht bezieht sich sein Angriff sogar auf die Tatsache, daß Mommsen in seiner berühmten *Römischen Geschichte* Julius Cäsar zu einem Republikaner stilisiert und idealisiert hatte. Die vierte Strophe erinnert an die allgemeine Opposition gegen Bismarcks »Blut und Eisen«-Kurs bis 1866 und prangert auf diesem Hintergrund die rücksichtslose und auch für die Zivilbevölkerung höchst verlustreiche Bombardierung Straßburgs im September 1870 an. Die fünfte Strophe bezieht sich auf die Tatsache, daß man in die annektierten Länder Elsaß und Lothringen alsbald preußische und deutsche Beamte und Organisatoren entsandte (so ähnlich, wie kürzlich mit den neuen Bundesländern geschehen!). Die sechste Strophe beruft sich darauf, daß der »Bruderkrieg« Preußens gegen Österreich zunächst alles andere als populär war. Er leitete zwar die deutsche Einheit von oben ein, indem in seinem Gefolge der Deutsche Bund aufgelöst und die norddeutschen Mittelstaaten wie Schleswig-Holstein, Hannover, Kurhessen, Nassau und die Freie Stadt Frankfurt von Preußen annektiert wurden. Aber Herwegh sieht darin nicht, wie die von nun an propreußischen Nationalliberalen, den Beginn einer »Nationalrevolution von oben«, sondern rücksichtslose preußische Machtpolitik, der nichts an Deutschland und seiner Freiheit liegt. Mit den »Schafott- und Bundesbeil-Votanten« wird auf einen Vorgang im Frühjahr 1870 angespielt, als der Reichstag des Norddeutschen Bundes den Entwurf eines gemeinsamen Strafgesetzbuches beriet. Bei dem besonders kontroversen Problem der Todesstrafe gab es nach den ersten beiden Lesungen eine klare Mehrheit für deren Abschaffung. Zwei Reden Bismarcks, am 1. März und am 23. Mai 1870, waren vermutlich ausschlaggebend dafür, daß sich bei der dritten Lesung eine knappe Mehrheit für die Beibehaltung der Todesstrafe aussprach – eine empfindliche Niederlage für die »Linken«. Die neunte Strophe nennt berühmte Schlachtorte des Krieges. Mit »Lötzen« (11. Strophe) wird eine ostpreußische Kleinstadt genannt, deren Festung als Gefängnis für politische Gefangene diente. So wurde dort 1870 u. a. der Braunschweiger Ausschuß, der die Geschäfte der Sozialdemokratischen Arbeiterpartei Deutschlands leitete, inhaftiert, weil er in einem Manifest dazu aufrief, nach dem Zusammenbruch des bonapartistischen Kaiserreichs einen ehrenvollen Frieden mit der französischen Republik zu schließen.[25] Die zwölfte Strophe schließlich erinnert an das antirevolutionäre Bündnis Rußlands und Preußens während der Restaurationszeit.

Der pointierte Schluß spricht die politische Botschaft des Gedichtes aus: »Deutschlands Erbfeind ist Preußen.« – so lautet eine Aufzeichnung Herweghs aus den Jahren 1870–1875.[26] Denn Preußen – und nicht Frankreich – sei der Erbfeind der deutschen Freiheit. Während die ersten sechs Strophen Herweghs Enttäuschung über die Wankelmütigkeit, Gutgläubigkeit und Untertänigkeit des deutschen Volkes mehr rhetorisch herausrufen als aussprechen, um es aus seinen bürgerlich-liberalen Wahnvorstellungen aufzurütteln, malen die nächsten sechs Strophen die eigentlichen und schlimmen Folgen des siegreichen Krieges aus. Sie offenbaren den Betrug an einem Volk, das in kindlicher Naivität – die Abhängigkeit von der »Mutter« Germania wird hier kritisch gewendet – glaubte, daß sich mit der Einheit notwendig auch die Freiheit einstellen würde, ein politisches Konzept, dem seit 1866 vor allem die Nationalliberalen anhingen. Herwegh dagegen sieht in der deutschen Frage mit den Sozialdemokraten vor allem die Klassen- und Machtfrage, er sieht den unausgetragenen Konflikt zwischen Herren und Knechten, der herrschenden Aristokratie und dem beherrschten Volk. Deshalb bemerkt er in den scheinbar gloriosen Ereignissen keinerlei Fortschritt, sondern einen Rückfall in die Zeiten zwischen 1819 und 1848. Und das, was die Zukunft von ihnen unterscheidet, ist ihm besonders fatal: die drohende Vorherrschaft einer imperialistischen Machtpolitik, von »Kriegsidiotentum, Gewalt«. Es sollte noch siebenundvierzig Jahre dauern, bis die Deutschen den Feind »an der Spree« erkannten, bekämpften und vertrieben. Das Mehrheitsurteil der Zeitgenossen über Herwegh sprach der Historiker Heinrich von Treitschke aus: »Als ihm dann endlich, nach kläglichen Heldenthaten im Revolutionsjahre, ein gütiges Geschick beschied, die Tage deutschen Ruhmes zu erleben, da ist er noch lange keifend, schimpfend, höhnend hinter dem Siegeswagen des neuen deutschen Reichs dahergetaumelt, ein Trunkenbold der Phrase, verachtet von den Einsichtigen, vergessen von der Mehrheit der Nation.«[27]

Vielleicht mußte man, wie Herwegh, verarmt und vereinsamt in einer Art innerer Emigration leben, um zu einer so scharfsichtigen politischen Prognose schon 1871 fähig zu sein. Die Mehrheit seiner Landsleute brauchte noch einen zweiten chauvinistischen »Rausch«, den Rausch von 1914, um endlich im »Katzenjammer« aufzuwachen.

XI

Kunst und Krieg
Deutschland-Gedichte um 1914

Im November 1914 veröffentlichte Thomas Mann seine *Gedanken im Kriege*. Er setzte darin Kunst und Krieg, den Künstler und den Soldaten in nächste Nachbarschaft und Verwandtschaft – »Mit großem Recht hat man die Kunst einen Krieg genannt, einen aufreibenden Kampf: schöner noch steht ihr das deutscheste Wort, das Wort ›Dienst‹ zu Gesicht, und zwar ist der Dienst des Künstlers dem des Soldaten viel näher verwandt, als dem des Priesters« – und im Anschluß daran beschreibt er, wie sich diese Verwandtschaft zu Beginn des Ersten Weltkriegs auswirkte:

> Wie die Herzen der Dichter sogleich in Flammen standen, als jetzt Krieg wurde! Und sie hatten den Frieden zu lieben geglaubt, sie hatten ihn wirklich geliebt, ein jeder nach seiner Menschlichkeit, der eine auf Bauernart, der andere aus Sanftmut und deutscher Bildung. Nun sangen sie wie im Wettstreit den Krieg, frohlockend, mit tief aufquellendem Jauchzen – als hätte ihnen und dem Volk, dessen Stimme sie sind, in aller Welt nichts Besseres, Glücklicheres widerfahren können, als daß eine verzweifelte Übermacht von Feindschaft sich endlich gegen dies Volk erhob und auch dem Höchsten, Berühmtesten unter ihnen kam Dank und Gruß an den Krieg nicht wahrer von Herzen, als jenem Braven, der in einem Tageblatt seinen Kraftgesang mit dem Ausruf begann: »Ich fühle mich wie neu geboren!«[1]

Man schätzt, daß im August 1914, dem ersten Kriegsmonat, täglich an 50 000 Gedichte entstanden sind, also insgesamt anderthalb Millionen und hat deshalb schon damals von einer »poetischen Mobilmachung«[2] (Julius Bab) gesprochen. »Aber was da in den ersten Kriegsmonaten an deutscher Lyrik emporbrauste«, schrieb mit verräterischem Vokabular Carl Busse, ein Herausgeber *Deutscher Kriegslieder* im Jahre 1916, »das ging doch über jede Ahnung und Erwartung hinaus, das kam wie eine Sturm- und Springflut daher und schoß über alle Dämme, das stieg wie ein Riesenchor singend und verkündend in den dunkel drohenden Himmel. Unabsehbar, ein brausender Heerbann des Geistes, zogen die Legionen eiserner Lerchen in der Höhe über den marschierenden Regimentern –«.[3] Verräterisch ist dieses Vokabular, weil es die massenhafte patriotische Liedproduktion als Wotans-

Gesang, als das Brausen seines wilden Heeres charakterisiert, das den deutschen Regimentern von oben zur Hilfe kommt. Kaum jemand unter den Schriftstellern und Dichtern, der den Kriegsausbruch nicht als Reinigung, Befreiung, Erneuerung und Erlösung begrüßte, kaum jemand, der es wagte, dem Schwall der Begeisterung entgegenzutreten (wie Franz Werfel, Heinrich Mann und einige sozialistische und anarchistische Schriftsteller). Thomas Manns Eindruck, daß die »gräßliche« Friedenswelt »gor und stank […] von den Zersetzungsstoffen der Zivilisation«[4], daß sie überreif für das »Stahlbad« eines Krieges war, wurde von den meisten geteilt, quer durch alle politischen, weltanschaulichen und künstlerischen Lager und Altersgruppen. Sehr im Unterschied zum Zweiten Weltkrieg zog man mit Jubelgesängen in die Materialschlacht und auf daß auch die altbekannten Deutschland-Gedichte nicht vergessen wurden, veröffentlichte der Insel Verlag zu Leipzig sofort eine Sammlung *Deutscher Vaterlandslieder,* die von Walther von der Vogelweides *Ir sult sprechen willekomen* bis zum *Deutschen Lied* von R. A. Schröder den Schatz patriotischer Gedichte in Erinnerung brachte.[5]

Wie ist dieser kollektive Ausbruch des Irrationalismus, Nationalismus und Chauvinismus, wie ist die rauschhafte Lust am kämpferischen Untergang zu erklären? Wie ist es zu verstehen, daß ein bekannter deutscher Professor, der Nationalökonom Werner Sombart, in seinem gegen England gerichteten Buch mit dem Titel *Händler und Helden* (1915) die Sätze schreiben konnte:

> Militarismus ist der zum kriegerischen Geist hinaufgesteigerte heldische Geist. Er ist Potsdam und Weimar in höchster Vereinigung. Er ist Faust und Zarathustra und Beethoven-Partitur in den Schützengräben. Denn auch die Eroica und die Egmont-Ouvertüre sind doch wohl echtester Militarismus.[6]

Warum ist von Max Scheler das Wort überliefert, »der deutsche Militarismus gleiche eher einem Kunstwerk als einem Werkzeug.«?[7] Und wie konnte es sein, daß ein Pfarrer und Landeskirchenrat 1914 folgendes Gedicht veröffentlichte:

> Wir sind das Volk des Zorns geworden,
> wir denken nur noch an Krieg.
> Wir beten als grimmiger Männerorden,
> bluteingeschworen, um Sieg!
>
> Wir üben Gottes allmächtigen Willen;
> und seiner Gerechtigkeit Schrei
> woll'n wir an den Frevlern rächend erfüllen
> voll heiliger Raserei.

Uns rufet Gott in mordende Schlachten.
Und stürzen drob Welten ein,
wir müßten selber uns gottlos verachten,
sollt' Deutschland verloren sein.

Als Kriegs-Zuchtrute sind wir gebunden,
blitzflammend wir zucken empor.
Als Rosengarten blühn unsere Wunden
fromm an dem himmlischen Tor.

Hab Dank, Herrgott! Dein zornig Wecken
tilgt unsere sündige Art.
Nun schlagen wir als dein eiserner Stecken
allen Feinden in den Bart![8]

Die Militarisierung des Geistes und des Glaubens, die in den Befreiungskriegen begann und im Umkreis der Reichsgründung gipfelte, ist hier und
anderswo bis ins Irrwitzige gesteigert. Was hat diese fatalen Kontinuitäten
und Eskalationen ermöglicht?

Die Antworten und Erklärungen, die man auf diese Fragen und für diese er-
schreckenden Phänomene gefunden hat, sind bis heute unterschiedlich und
kontrovers geblieben. Es hat auch hierüber einen Historikerstreit gegeben.
Die einen sagen – und zu denen zähle ich mich –, daß der Weg von 1870/71
nicht zwangsläufig, aber kontinuierlich und konsequent ins Jahr 1914 und
1918 geführt, daß er den Ruin der Weimarer Republik mitverursacht und
schließlich den deutschen Faschismus vorbereitet und ermöglicht hat. Sie
verfechten die sog. »Kontinuitätsthese«. Die anderen dagegen sprechen von
einem »deutschen Sonderweg« in die Moderne des 20. Jahrhunderts, den
man nicht mit den Maßstäben und Werten der westeuropäischen Staaten-
und Ideengeschichte messen und beurteilen könne. Sie setzen den Parolen der Französischen Revolution von 1789 noch immer die »Ideen von
1914« entgegen, d.h. der westlichen »Zivilisation« die deutsche »Kultur« und
ihr Sendungsbewußtsein, der parlamentarischen Demokratie die deutsche
Volksgemeinschaft, der individuellen Freiheit das deutsche Verantwortungs-
und Ordnungsbewußtsein und der Fortschrittsmentalität die Mythologie
nationalgeschichtlicher Traditionen.[9] Die Kritiker sehen in Staat und Gesellschaft des Wilhelminischen Kaiserreichs ein gespaltenes, widersprüchliches
Gebilde: während es sich in vierzig Jahren rapide in einen modernen Indu-
striestaat verwandelt habe, wäre seine gesellschaftliche und staatliche Verfassung in einem spätfeudalistischen und bonapartistischen Zustand stecken-

geblieben, der die fällige Liberalisierung und Demokratisierung der Bürger und Institutionen verhindert habe. Die Führungselite dieses Staates habe vergeblich versucht, seine Machtstrukturen durch den Ersten Weltkrieg noch einmal zu stabilisieren und zu retten.

Die Apologeten – seit Thomas Mann, der davon sprach, »daß unser soziales Kaisertum eine zukünftigere Staatsform darstellt als irgendein Advokaten-Parlamentarismus, der, wenn er in Feierstimmung gerät, noch immer das Stroh von 1789 drischt«[10] – betonen die eigentümliche Modernität des Kaiserreichs, seine damals in der Tat vorbildliche soziale Gesetzgebung und eine eigene Art der Demokratisierung der Gesellschaft, die keineswegs in die Revolution von 1918/19 oder gar in den Faschismus hätte führen müssen. Sie bezweifeln vor allem die impliziten Zwangsläufigkeiten der »Kontinuitätsthese«.

Entsprechend umstritten war lange Zeit die Kriegsschuldfrage. Während sich die Deutschen 1914 als die unschuldigen Opfer einer Welt von Feinden fühlten und erst recht nicht die Zuweisung der alleinigen Kriegsschuld durch den Versailler »Diktatfrieden« akzeptierten, kam die Diskussion darüber in Deutschland erst wieder durch das aufsehenerregende Buch von Fritz Fischer, *Der Griff nach der Weltmacht* (1961), in Gang, denn der Autor führte alles ins Feld, was für einen zielstrebigen Kriegswillen der deutschen Regierung sprach. Inzwischen sind sich die Historiker beider Lager mit ihren ausländischen Kollegen darüber einig, daß alle beteiligten europäischen Mächte gleichermaßen mitschuldig und daß sie alle mehr oder weniger in einen nicht gewollten Krieg hineingeschliddert seien. Hans-Ulrich Wehler spricht von einer »Verteidigung mit aggressiven Mitteln« und einer »dramatische[n] Flucht nach vorn, die der Chimäre spektakulärer äußerer Erfolge mit ihrer heilsamen Rückwirkung nach innen bis zum Ende des Debakels hinterherjagte.«[11] Alle weiteren historischen und politischen Erläuterungen sollen sich nun bei der Vorstellung und Kommentierung einiger exemplarischer Gedichte ergeben.

Ich beginne mit Karl Brögers *Bekenntnis. Von einem Arbeiter,* das 1915 im *Simplizissimus* erschien und großes Aufsehen erregte:

> Immer schon haben wir eine Liebe zu dir gekannt,
> bloß wir haben sie nie mit einem Namen genannt.
> Als man uns rief, da zogen wir schweigend fort,
> auf den Lippen nicht, aber im Herzen das Wort
>   Deutschland.

Unsere Liebe war schweigsam; sie brütete tief versteckt,
nun ihre Zeit gekommen, hat sie sich hochgereckt.

Schon seit Monden schirmt sie in Ost und West dein Haus,
und sie schreitet gelassen durch Sturm und Wettergraus,
    Deutschland!

Daß kein fremder Fuß betrete den heimischen Grund,
stirbt ein Bruder in Polen, liegt einer in Flandern wund.
Alle schützen wir deiner Grenze heiligen Saum.
Unser blühendes Leben für deinen dürrsten Baum,
    Deutschland!

Immer schon haben wir eine Liebe zu dir gekannt,
bloß wir haben sie nie mit einem Namen genannt.
Herrlich offenbarte es erst deine größte Gefahr,
daß dein ärmster Sohn auch dein getreuester war.
    Denk es, o Deutschland.

Karl Bröger (1886–1944) war in der Tat ein Arbeiter und dann ein Arbeiterdichter. Er sprach, neben Heinrich Lersch und Max Barthel, für eine Klasse und eine Partei, die Sozialdemokratie, um deren Integration in den Wilhelminischen Staat und seine Gesellschaft es trotz ihrer Überzahl äußerst schlecht bestellt war. Zumal seit dem Sozialistengesetz von 1878, das die sozialdemokratische Partei bis 1890 verbot, gehörten sie zu den potentiellen »Reichsfeinden« und wurden als »vaterlandslose Gesellen« gebrandmarkt. Denn um mit den großen sozialen Spannungen im Innern fertig zu werden, bedienten sich Bismarck und seine Nachfolger der Herrschaftstechnik der »negativen Integration«, d. h. die ›unsicheren Kantonisten‹ wie die Juden, die Polen, die Elsaß-Lothringer, die Sozialisten und die Katholiken wurden ausgegrenzt, damit sich das »Kartell der staatserhaltenden und produktiven Stände« samt der verschiedenen nationalen Vereine um so fester zusammenschließen konnten. Obwohl die SPD schon lange vor 1914 die stärkste Partei bildete, wurde sie von der Regierungsmacht ausgeschlossen und blieb eine prinzipielle Oppositionspartei. Ihre revolutionäre Energie war mit den Jahren allerdings geschrumpft. Erich Mühsams der »deutschen Sozialdemokratie gewidmetes« Gedicht *Der Revoluzzer* von 1907 ist ein kleines Indiz dafür.[12] Sein Held ist ein Mann, der im Ernstfall denn doch lieber seine Gaslaternen rettet und putzt als anarchisch »revoluzzt« und schließlich zu Haus ein Buch schreibt: »nämlich, wie man revoluzzt / und dabei doch Lampen putzt.« Aber erst durch die russische Generalmobilmachung wurde die SPD – sie sah im Zarenreich einen Todfeind der Demokratie und der

Freiheit – von der allgemeinen Kriegsbegeisterung angesteckt, vergaß ihre internationale Solidarität und bewilligte zusammen mit den anderen Parteien die Kriegskredite. Es kam zum sog. »Burgfrieden«. Der Krieg schien wie stets die Kraft zu haben, die innere Einheit des zerstrittenen deutschen Volkes herzustellen, das heißt, eine spätfeudalistische und kapitalistische Klassengesellschaft in einen germanischen Heeresverband einzuschmelzen. Ein besonders extremes Zeugnis für diese Erfahrung trägt den bezeichnenden Titel *Furor Teutonicus* (1915) und lautet:

> Wir haben uns wieder, wir sind vereint,
> mit Gott und Kaiser hinaus in den Feind!
> Zerstampft ist, was uns hadernd getrennt,
> wir sind ein *einziges* Element,
> *ein* Volk, *mein* Volk, zum Klumpen geballt.[13]

Auf eine ganz andere, verhaltene Weise spricht das Gedicht von Bröger die gleiche Erfahrung aus. Es gibt denen eine Stimme, die jahrzehntelang keine hatten, den ausgegrenzten »vaterlandslosen Gesellen«, denen das laute nationalistische Pathos des Wilhelminischen Kaiserreiches fremd geblieben war. Sie stimmen auch jetzt nicht in dieses Pathos ein. Ihre namen- und ziellose Liebe gilt nicht dem »Vaterland« – von ihm ist im Gedicht keine Rede –, sondern einem »Deutschland«, das von den noch immer nicht Zugehörigen leise angemahnt und gemahnt wird. Recht gelesen ist dieses Gedicht, das nach den ersten sieg- aber auch verlustreichen Monaten des Krieges geschrieben und von dem angesprochenen herrschenden »Deutschland« und später von den Nazis prompt patriotisch mißverstanden wurde, ein Memento-Mori-Gedicht.

Nicht durch Worte, sondern durch ihre wortlose, germanisch-deutsche Todesbereitschaft und ihren Tod bekennen die grauen Heere der Arbeitersoldaten ihre Liebe zu einem Deutschland, das erst noch entstehen soll. Darauf deutet der mahnende Schlußvers: »Denk es, o Deutschland!« Dieser Vers zitiert ein berühmtes Memento-Mori-Gedicht Mörikes. Es trägt den Titel *Denk' es, o Seele!* und seine erste Strophe lautet:

> Ein Tännlein grünet wo,
> Wer weiß, im Walde,
> Ein Rosenstrauch, wer sagt,
> In welchem Garten?
> Sie sind erlesen schon,
> Denk' es, o Seele!
> Auf deinem Grab zu wurzeln
> Und zu wachsen.[14]

Bröger erinnert mit seinem mahnenden Schlußvers das herrschende Deutschland an die freiwilligen Opfer jener, die immer schon seine unfreiwilligen Opfer gewesen waren. Das ist der Sinn des Doppelverses:

> Herrlich offenbarte es erst deine größte Gefahr,
> daß dein ärmster Sohn auch dein getreuester war.

Seine Treue ist durch kein gesellschaftliches Privileg getrübt oder bestochen. Zugleich enthält der Doppelvers eine originelle Auslegung der Parabel von der Heimkehr des verlorenen Sohnes. Seine Heimkehr ist eine unpathetische Heimkehr in den Opfertod, für ein zukünftiges Deutschland. Daraus erst bezieht das Gedicht ein ganz eigenes anderes Pathos, das es von der Masse der todes- und untergangssüchtigen Deutschland- und Kriegsgedichte dieser Zeit entschieden abhebt. Auch deshalb verhallte die Botschaft dieses »Bekenntnisses« ungehört. Sie kehrte erst 1918 mit der grellen Stimme der Revolution zurück.

Den lyrischen Ton gaben Gedichte wie die von Will Vesper (1882–1962) und Ernst Lissauer (1882–1937) an. Vesper wurde unter den Nazis zu einem mächtigen Kulturfunktionär, Lissauer verfaßte 1914 einen berüchtigten Haßgesang auf England (»Wir wollen nicht lassen von unserm Haß, / wir haben alle nur einen Haß, / wir lieben vereint, wir hassen vereint, / wir haben alle nur einen Feind: / England«)[15], von dem er sich nach dem Weltkrieg allerdings distanzierte. Die von mir ausgewählten beiden Gedichte sind Musterbeispiele für die Militarisierung und Germanisierung des deutschen Geistes und Glaubens. Vespers genau datiertes Gedicht (23. September 1914) trägt den Titel *Der deutsche Gott:*

> Deutschlands Feinde fragen voll Spott:
> »Ihr Deutsche ruft und betet zu Gott
> um Hilfe im Streite.
> Ihr habt wohl einen besonderen Gott,
> den wir nicht kennen,
> auf eurer Seite?«
>
> »Ja!« ruft ganz Deutschland, »und kennt ihr ihn nicht,
> so wollen wir ihn euch nennen:
> Der Gott, der aus unsren Kanonen spricht,
> der Gott, der eure Festen zerbricht,
> der auf unsern Schiffen das Meer durchbraust,
> mit unsern Fliegern am Himmel saust,
> der Gott unsrer Schwerter, vor dem euch graust,

es ist der gleiche allmächtige Geist,
der schon Jahrtausende lang
über Deutschland kreist,
durch all unser Leben webt und braut,
auf dem wir alle auferbaut!

Wotan, der alte Wolkenwandrer
unsrer Väter, war Er und kein andrer.
Er war es, in dem Herr Walter sang,
er war es, in dem Martin Luther stritt,
der Gott, der mit uns Elend litt,
und doch im Finstern blieb hell und wach
in Paul Gerhardt und Johann Sebastian Bach,
der Gott der mit Friedrich zu Felde lag
und uns brachte am Ende den neuen Tag,
der uns schickte ins Land
die Morgenröte:
Lessing und Kant,
bis die Sonne am Himmel stand:
Johann Wolfgang Goethe
und alle die Geister,
unsterbliche Meister,
um ihn her!

Das alles war ER!
der Gott, zu dem wir heute flehn,
der uns mit himmlischem Feuer speist,
Deutschlands heiliger Geist!
DEN
müßt ihr bestehn!«[16]

Hier werden die Christianisierung, Humanisierung und Pazifierung der Deutschen rückgängig gemacht und an ihrer Stelle die alte Germanen-Ideologie und der »Kunstkrieg« im Sinne Thomas Manns gepredigt. Schon in Langbehns *Rembrandt als Erzieher,* einem Buch von ungeheurer Wirkung und Nachwirkung auf das deutsche Bürgertum, konnte man die erschrekkende Parole lesen: »Krieg und Kunst gehören zusammen – auch in der Unendlichkeit. Und dem Gesammtleben soll das Einzelleben parallel gehen; das ist der Weg des Helden durch die Welt: Parademarsch, im Kugelregen, bei klingendem Spiel!«[17] Insofern ist, nach der vorbereitenden zweiten Strophe des Gedichts, sein offener Rückbezug auf Wotan gar nicht mehr erstaunlich. Denn der altgermanische Wotan war zugleich der Gott des Krieges und der Kunst, der Kämpfer und Dichter. So erscheint es naheliegend, die gesamte germanisch-deutsche Religions-, Geistes-, Kultur- und

Kriegsgeschichte in seinem Namen zusammenzufassen und zu verkörpern, in einem pantheistischen Wesen besonderer Art:

> es ist der gleiche allmächtige Geist,
> der schon jahrtausendelang
> über Deutschland kreist,
> durch all unser Leben webt und braut,
> auf dem wir alle auferbaut!

Hier wird programmatisch ausgesprochen, was jahrhundertelang, seit der Wiederentdeckung der *Germania* des Tacitus mehr oder weniger versteckt oder offen durch die deutsche Nationalmythologie und namentlich die Deutschland-Gedichte saust und braust, »webt und braut«, geistert und spukt. Wir sind diesem Phänomen in Robert Weisses Wotansgesang zuletzt begegnet.[18] Es bestätigt abermals die These, daß die gar nicht so geheime Genealogie der deutschen Identitätsgefühle über den deutschen Michel, den Höhlenkönig Barbarossa und den Erzengel Michael bis zu dem Kriegs- und Sturmgott Wotan zurückreicht. Diese vielgestaltige Genealogie wird von dem Gedicht Vespers in umgekehrter Richtung, vom mythischen Ursprung bis in die historische Gegenwart, sozusagen in einer Kurzgeschichte des deutschen »Wesens« entfaltet und in dem Oberbegriff eines »deutschen Gottes« zusammengefaßt. Ihn mit Wotan, der einzigen Namensnennung des Gedichts, restlos zu identifizieren, wäre sicherlich zu einfach. Aber in ihm hat sich dieser vielgestaltige Gott zum ersten Mal verkörpert und so lebte er in allen weiteren religiösen, künstlerischen und militärischen Gestalten, Werken und Ereignissen fort und hat das Adjektiv »deutsch« in einer kaum noch faßbaren Weise unifiziert und aufgeladen. »Deutsch« in diesem hypertrophen und megalomanen Sinne ist die Bezeichnung für etwas eigentlich Namenloses und Numinoses und deshalb etwas, das sich nur mit sich selbst vergleichen läßt und somit von allem anderen strikt unterschieden ist. So kulminiert in diesem Gedicht auch der jahrhundertealte Versuch, die nationale Identität, die kulturelle Überlegenheit und das deutsche Selbstgefühl durch Ab- und Ausgrenzung und durch das Freund-Feind-Schema herzustellen. Das ist die Essenz der ersten und der letzten Strophe dieses Gedichts:

> Deutschlands Feinde fragen voller Spott:
> »Ihr Deutsche ruft und betet zu Gott
> um Hilfe im Streite.
> Ihr habt wohl einen besonderen Gott,
> den wir nicht kennen,
> auf eurer Seite?«

Und die herausfordernde Antwort lautet:

> Das alles war ER!
> der Gott, zu dem wir heute flehn,
> der uns mit himmlischem Feuer speist,
> Deutschlands heiliger Geist!
> DEN
> müßt ihr bestehn!«

Die Idee einer friedlichen deutschen »Kulturnation«, die im 18. Jahrhundert noch Patriotismus und Kosmopolismus vereinte, wird rücksichtslos in den Dienst des Kunstkriegs und der Kriegskunst gestellt und endgültig korrumpiert –, eine Konsequenz des deutschen Kulturimperialismus schon während der wilhelminischen Friedenszeit.[19] Die berühmtesten deutschen Geister und Künstler werden unbesehen als Heldenkrieger in die Heerscharen Wotans eingereiht und mit Friedrich d. Gr., in Lissauers *Führer*-Gedicht mit Bismarck auf Vordermann gebracht – »Generalstab der Geister« heißt es bei ihm. Der Rückfall in die Barbarei hat in dem Gedicht Vespers schon stattgefunden, insofern es die Welt in Deutsche und Deutschlands Feinde einteilt, insofern es die vielfältige deutsche Geschichte gewaltsam in einen fiktiven und uniformen Gleichschritt bringt und insofern es einem Weltkrieg den metaphysischen Segen erteilt. Aber gerade mit dieser wahnwitzigen Ideologie eines »deutschen Gottes« und eines »deutschen Glaubens« spricht Vesper für die deutsche Mehrheit. Bei Klaus Vondung kann man nachlesen[20], wie der Erste Weltkrieg als ein apokalyptisches Welt- und Gottesgericht zugunsten eines auserwählten Deutschlands gedeutet und verherrlicht wurde.

> In letzter Konsequenz erscheint der Gegner als der »Teufel« selbst und als der »Antichrist«. Die Deutschen hingegen repräsentieren das Gute schlechthin, denn sie stehen auf Seiten Gottes. Friedrich Lahusen, Generalsuperintendent von Berlin, bezeichnet das deutsche Volk als »Gottes Werkzeug« und »Gottes Volk«, der Pfarrer Karl König spricht von der »göttlichen Aufgabe, die wir als Deutsche für den Geist der Menschheit« haben. Nach Walter Flex ist Deutschland zu »Gottes Schildamt« berufen, für Rudolf Alexander Schröder ist es das »Haus, drin Gott sich wohlgefällt.«[21]

Diese seltsame Sezession, in der zugleich ein religiöser Kulturimperialismus gipfelt, sollte am Ende der Weimarer Republik in die Gründung einer Kirchen- und Glaubensbewegung »Deutsche Christen« führen, die im Gegensatz zu der kritischen »Bekennenden Kirche« von der NSDAP gefördert wurde.

Der chauvinistische Kulturimperialismus des Vesper-Gedichtes liefert auch den strategischen Aufmarschplan für das *Führer*-Gedicht Ernst Lissauers. Er übersetzt ihn in die Wörtlichkeit, indem er das latente altgermanische Führer- und Herzog-Prinzip aktiviert und in einer phantasmagorischen Grenzwacht »großer Geister« personifiziert. Trotz des Titels im Plural ist es schwierig, von hieraus keine Linien zum Führer Adolf Hitler weiterzuziehen:

Führer
1914

An den Grenzen im Westen und Osten,
an beiden Meeren, entlang den Strand,
erdharte Wolken lagern, Land überm Land,
himmlische Mannschaft steht in Lüften und Posten.

Luther, der Landsknecht Gottes, mit riesiger Bibel bewehrt,
Bach, vorbetend preisende Orgelgesänge,
Kant, gewappnet mit Pflicht, gewappnet mit Strenge,
Schiller, die mächtige Rede schwingend als malmendes Schwert.

Beethoven, von kämpfenden Erzmusiken umdröhnt,
Goethe, kaiserlich ragend, von Tagewerksonne gekrönt,
Bismarck, großhäuptig, geharnischt, pallaschbereit,
des ewigen Bundes Kanzler in Ewigkeit.

Seht sie gedrängt verdämmern in Ferneschein,
Dürer und Arndt und Hebbel, Peter Vischer und Kleist und
    Stein.
Rings über Deutschland stehn sie auf hoher Wacht,
Generalstab der Geister, mitwaltend über der Schlacht.[22]

Alles, was deutschen und nationalen Rang und Namen hat, Dichter, Maler, Musiker, der preußische Philosoph Kant, der Nürnberger Eisengießer Peter Vischer (um 1460–1529), weil er für das Maximiliansgrab die riesigen Bronzestandbilder des Theoderich und Artus schuf, Luther und Bismarck, die man als deutsche ›Vereiniger‹ schon lange in einer Linie sah, und Arndt und Stein, als Leitfiguren der deutschen Befreiungskriege, werden als »Himmlische Mannschaft« und »Generalstab der Geister« aufgeboten, als ein großes Toten-Heer Wotans »in Lüften« »mitwaltend über der Schlacht«, das den Deutschen in der Stunde der Not beistehen soll. Es ist die wilhelminische Version der »Wacht am Rhein«, eine elitäre und kulturimperialistische Version. Hat dort bei Schneckenburger nur »Vater Hermann« im Namen Wotans auf seine »deutschen Jünglinge« niedergeschaut, so hier die ganze Riege deutscher Geistesheroen. Da sie zugleich die Stellvertreter der deutschen »Kulturnation« sind, ist der Kompensations- und Anspruchscharakter des Gedichts mit Händen zu greifen. Denn dieser »Generalstab der Geister« schwebt noch über dem militärischen Generalstab, der bekanntlich »über der Schlacht« waltet, ihn von oben dirigierend und inspirierend und beansprucht somit die eigentliche Führungsrolle. Reihen sich in Brögers Gedicht die sozialen und politischen Außenseiter in die »Volksgemeinschaft« ein, so versuchen es in den Machtgesängen eines Vesper, Lissauer und ihresgleichen auch die politisch ohnmächtigen und orientierungslosen Intellektuellen und Schriftsteller, freilich längst nicht so bescheiden wie die Arbeiter, sondern einen besonderen Führungs- und Eliteplatz beanspruchend. Die grotesk auftrumpfende Versammlung großer Namen bei Vesper und Lissauer zeigt einerseits die militante Verhunzung der deutschen »Kultur« in weiten Kreisen des wilhelminischen Bürgertums an, andererseits verrät sie einen hybriden und kompensatorischen Machtanspruch zu einer Zeit, da der »Künstler« weit hinter den »Krieger« zurückzutreten hatte.[23]

Das Fazit: Die Epoche zwischen 1870/71 und 1914 hat auch den Begriff der »deutschen Kulturnation« mißbraucht und korrumpiert und dieser Mißbrauch sollte sich bis in die Zeit des Nationalsozialismus fortsetzen. Es sprechen in ihm bis heute Stimmen mit, die man nicht einfach ausschalten kann. Dennoch wurde dieser Begriff nach 1918, in der Exilzeit, nach 1945 und vor und nach 1989/90 auch von Wohlmeinenden oft so gebraucht, als hätte er seine Unschuld noch nicht verloren. Wer seine komplizierte Geschichte kennt und bedenkt, sollte sich diesem Irrtum nicht länger mehr hingeben.[24]

Ein letztes Wort zu einer unausgesprochenen, untergründigen Botschaft der beiden Gedichte: wie so oft bei ihresgleichen ist es eine geheime Untergangs- und Todessüchtigkeit. Aus ihnen spricht der verborgene Wunsch und die latente Bereitschaft und Aufforderung, den großen Toten in das Totenheer Wotans und in seine Ruhmeshalle nachzufolgen, und vielleicht sogar das abgründige Bewußtsein, auf verlorenem Posten zu stehen, den nationalen Einheitsrausch nur im Untergang realisieren zu können. Ein Engländer, der ein Buch über die problematische deutsche Identität geschrieben hat[25], bemerkt dazu: »There was a war to complete the incomplete nation. Few summed up this exstatic exuberance better than did General von Falkenhagen, who in 1914 became Chief of the General Staff: ›Even if it ends in ruin, it was beautiful!«[26]

Sehr viel deutlicher kündet davon Rudolf Alexander Schröders *Deutsches Lied* von 1914, das schon anläßlich seines Nationalhymnen-Versuchs von

1950 berührt wurde. Es gibt davon Zeugnis, wie auch das vornehmere deutsche Großbürgertum sich in den allgemeinen Kriegsrausch einstimmte:

Heilig Vaterland
in Gefahren,
deine Söhne stehen,
dich zu wahren.
Von Gefahr umringt,
heilig Vaterland,
schau, von Waffen blinkt
jede Hand.

Ob sie dir ins Herz
grimmig zielen,
ob dein Erbe sie
dreist beschielen,

schwören wir bei Gott
vor dem Weltgericht:
Deiner Feinde Spott
wird zunicht.

Nord und Süd entbrennt,
Ost und Westen;
dennoch wanken nicht
deine Festen.
Heilig Herz, getrost,
ob Verrat und Mord
dräuen West und Ost,
Süd und Nord.

Bei den Sternen steht,
was wir schwören;
der die Sterne lenkt,
wird uns hören.
Eh der Fremde dir
deine Krone raubt,
Deutschland, fallen wir
Haupt bei Haupt.

Heilig Vaterland,
heb zur Stunde
kühn dein Angesicht
in die Runde.
Sieh uns all entbrannt,
Sohn bei Söhnen stehn:
Du sollst bleiben, Land!
Wir vergehn.[27]

Auch dieses Lied, das statt der Wotan-Mythologie das pietistische und pathetische Vaterlands-Vokabular von ehedem aufbietet, lebt von dem apokalyptischen Phantasma, daß Deutschland von der ganzen Welt umzingelt und bedroht ist und in äußerster Notwehr um sein Dasein zu kämpfen hat. Diese Extremsituation mobilisiert und rechtfertigt eine ebenso extreme Kampf- und Verteidigungsbereitschaft der Söhne, die um des heiligen Vaterlandes willen darauf brennen, einen heroischen Opfertod auf sich zu nehmen: »Eh der Fremde dir / deine Krone raubt, / Deutschland, fallen wir / Haupt bei Haupt.« und »Du sollst bleiben, Land! / Wir vergehn.« Diese Todes- und Untergangssucht fragt nicht mehr danach, was dem Vaterland denn nach dem Verlust seiner Söhne noch »bleiben« könnte. Denn in dem Bewußtsein, für ein auserwähltes Volk in der Stunde des »Weltgerichts« zu sprechen, stützt sich das Gedicht implizit auch auf das religiöse Hoffnungsmodell der *Offenbarung des Johannes:* dem »Weltgericht« (*Offenbarung* 20, 11ff.) wird ein »neues Jerusalem« (*Offenbarung* 21,1ff.) folgen. Man kann diese Hoffnung fast wörtlich nehmen: »Siehe da, die Hütte Gottes bei den Menschen! Und er wird bei ihnen wohnen, und sie werden sein Volk sein, und er selbst, Gott, wird mit ihnen sein«, heißt es in Vers 21.3.

So wirkten christliche Apokalypse und altgermanischer Ragnarök-Mythos einträchtig zusammen, um die deutsche Bevölkerung in der Stunde der Gefahr auf eine unbedingte Gefolgschaftstreue einzuschwören und in eine lückenlose männliche Kampfgemeinschaft einzuschmelzen. Kein Wunder, daß dieses *Deutsche Lied* Schröders in das Liedgut der Hitlerjugend aufgenommen wurde. Aber es entstanden zur gleichen Zeit ja unzählige Lieder und Gedichte, die das Gleiche mit ähnlichen Worten und Mythologemen versifizierten.

Walter Flex' Gedicht *Das Volk in Eisen* von 1914 – ein Echo auf die Eisen-Mythologie im Vorfeld der Befreiungskriege – endet z. B. mit der Strophe:

> Du Volk im grauen Eisenkleid,
> Du trutz'ge, lebendige Mauer,
> Du bist bereit, du bist geweiht
> Zu Sieg und Lust und Trauer.
> Die ganze Welt steht wider dich auf
> Und will deine Fahnen zerreißen,
> Komm an, Gesindel! Komm an zuhauf
> Und stürme die Mauer von Eisen![28]

Hier wird das ganze Volk zu einer homogenen eisernen Mauer formiert, zu einer soldatischen Männer-Mauer, aus der alles Weibliche und ›Weibische‹ entfernt ist. Was sich bei Ernst Moritz Arndt und anderen vor einem Jahrhundert angebahnt hat[29], kommt mit dem Ausbruch des Ersten Weltkriegs ans Ziel.

Es gibt sogar ein Gedicht, das die heidnischen und christlichen Mythen und »Ahnen« bis zur Lächerlichkeit mischt und mobilisiert, um das deutsche Volk auf Vordermann zu bringen; es nennt sich *Predigt ans deutsche Volk in Waffen* und stammt von keinem geringeren als Richard Dehmel:

> Deutsche Soldaten, ihr seid wert aller Ahnen;
> fühlt euch nur immer noch als Germanen!
> Füsilier, wenn du das linke Auge schließt
> und mit sicherm Visier in die Feindesrotte schießt,
> dann lebt Odin wieder in dir auf,
> der einäugige Blitzgott im Sturmwolkenhauf.
> Wenn du den Zündfunken abdrückst, Kanonier,
> dann gehn Donar und Loki aus von dir
> mit dem Donnerhammer und der Feuerlanze.
> Kavalleristen, wenn ihr losrast zum Tanze
> mit blanken Klingen und schlanken Spießspitzen,
> dann sieht man Baldurs sonnstrahlig Wildhaar blitzen,
> alle Walküren jach zwischendrein.
> Und hinter euern blutspritzenden Reihn,
> da, wo die barmherzigen Schwestern warten,
> walten mitten in Hödirs Todesgarten
> Frigga und Freya noch mit reger Geduld
> und lebendiger Huld.
> Denn es lebt auch noch der reine Krist,
> der von Hause aus ein Jude gewesen ist,
> der eure Urväter zu sich bekehrte
> mit der Friedenspalme wie mit dem Schwerte.
> Und es lebt auch die Jungfrau-Mutter Marie,
> und eigentlich aus Welschland stammt die,
> und legt ihren opferwilligen Sohn noch heute
> immer wieder an unser Herz, liebe Leute.
> Ja, die alten Götter leben noch allesamt,
> auch *der* alte Gott, dem Tod wie Leben entstammt,
> der Herr der Heerscharen, Einiger Zebaoth,
> der grimmige und der gütige Gott.
> Also, deutsche Soldaten, und auch du Volk am Herd:
> sein wir *aller* unsrer Ahnen wert! –
> Amen.[30]

Das deutsche Volk wird buchstäblich ›aufgeladen‹ mit den heidnischen und christlichen Mythen der Vergangenheit. Zur Lächerlichkeit gerät dieser synkretistische Vorgang, weil er das mythische ›Geheimnis‹ wörtlich nimmt und an die Oberfläche zerrt.

Daß diese Ladung um so wirksamer sein kann, je verborgener sie angelegt ist, dafür gibt es ein sehr bekanntes Beispiel. Ich meine das bis heute viel-gesungene *Wildgänse rauschen durch die Nacht* von Walter Flex (1887–1917).[31] Walter Flex, Kriegsfreiwilliger, als Offizier 1917 gefallen, berühmt geworden durch die im gleichen Jahr erschienene autobiographische Kriegserzählung *Der Wanderer zwischen beiden Welten,* schrieb dieses Lied, das zum »Erkennungs-lied« der deutschen Jugendbewegung und des Wandervogels werden sollte, ein Jahr vor seinem Tod und gab ihm in seiner Erzählung, einem Requiem für den gefallenen Freund, Leutnant Ernst Wrede, eine leitmotivische Funk-tion:

Wildgänse rauschen durch die Nacht
Mit schrillem Schrei nach Norden –
Unstäte Fahrt! Habt acht, habt acht!
Die Welt ist voller Morden.

Fahrt durch die nachtdurchwogte Welt,
Graureisige Geschwader!
Fahlhelle zuckt, und Schlachtruf gellt,
Weit wallt und wogt der Hader.

Rausch' zu, fahr' zu, du graues Heer!
Rauscht zu, fahrt zu nach Norden!
Fahrt ihr nach Süden übers Meer –
Was ist aus uns geworden!

Wir sind wie ihr ein graues Heer
Und fahr'n in Kaisers Namen,
Und fahr'n wir ohne Wiederkehr,
Rauscht uns im Herbst ein Amen!

Den zentralen Vergleich des grauen Soldatenheers mit den Zugvogelschwär-men der Wildgänse spricht das Gedicht selber aus. Die »Legionen eiserner Lerchen« Carl Busses sind zu »Geschwadern« von Graugänsen mutiert. Unausgesprochen dagegen bleibt das tertium comparationis, das um so suggestiver wirkt, je untergründiger es bleibt: die Bilder der nächtlichen »wilden Jagd« Wotans (auch »wilde Fahrt« genannt!) und seines Totenheers, auch hier, wie bei Lissauer, »in Lüften« »mitwaltend über der Schlacht«, und gleichzeitig eine verdeckte Anspielung auf die Walküren, die häufig als »Schwanenmädchen« vorgestellt werden. Die untergründigen Bilder werden sowohl inhaltlich wie lautlich evoziert, wobei das akustische Erkennungs-signal des »Rauschens« beides vereint. Inhaltliche Andeutungen geben die

nächtliche, gespenstische Atmosphäre und die Öffnung eines weiten Nord-
raumes, das unheimliche apokalyptische Schlachtgeschehen, die Farb- und
Lichttöne »grau« (die Farbe Wotans als »Graubart«) und »fahlhell«, die altdeutschen Worte »reisig« und »Hader«; lautliche Hinweise sind die vielen
Stabreime und Wiederholungen, insbesondere eine gleichsam altgermanische Verszeile wie »Weit wallt und wogt der Hader.« Die zahlreichen Analogien und Korrespondenzen zwischen den beiden »grauen Heeren« in den
Lüften und auf der Erde führen zweimal an die Grenze ihrer Identität. Einmal zu Beginn der dritten Strophe, wo die Wildgänse im Singular angeredet
werden: »Rausch' zu, fahr' zu, du graues Heer!«, bevor die nächste Verszeile
wieder den Plural wählt (»Rauscht zu«); zum andern in der letzten Strophe,
die zunächst die Gleichheit ausspricht (mit dem Unterschied, daß das eine
Heer in Wotans Namen, das andere in des »Kaisers Namen« fährt) und dann
den eigentlichen und wesentlichen Kontakt zwischen ihnen herstellt:

> Und fahr'n wir ohne Wiederkehr,
> Rauscht uns im Herbst ein Amen!

Beide Heere leben und »fahren« in ständiger Todesbereitschaft, aber während das Heer der Wildgänse, als Wanderer zwischen den beiden Welten
des Todes und des Lebens die Möglichkeit der Umkehr und der Wiederkehr aus dem tödlichen Raum des Nordens besitzt – sie fliegen im Herbst in
den winterlosen Süden –, bleibt die Hoffnung des kaiserlichen Heeres, aus
der mörderischen Schlacht ins Leben wiederzukehren, ganz ungewiß und
unwahrscheinlich. Der letzte Doppelvers spricht jedenfalls in der Erwartung
des künftigen Untergangs den Wunsch aus, von dem anderen Wotansheer
der Wildgänse einen letzten Gruß, einen Gruß der Zustimmung (denn das
bedeutet das »Amen«!) zu erhalten. Unausgesprochen und verborgen bleibt
wiederum der Wunsch, in dieses andere unsterbliche Toten-Heer aufgenommen zu werden.
Die leitmotivische Funktion, die das Gedicht in der *Wanderer*-Erzählung
übernimmt, stützt eine solche Deutung. In seinem Zeichen, als im Frühjahr
1915 die Wildgänse über Verdun nach Norden ziehen, lernen sich die beiden Freunde kennen, und in diesem Zeichen beginnt sich der Ich-Erzähler
(Flex) später mit dem Tod des Freundes auszusöhnen. Die Graugänse, nun
auf dem herbstlichen Zug in den Süden, erscheinen erneut, gerade als er ein
apokalyptisches Auferstehungsgedicht, das zugleich heidnische wie christliche Züge trägt, für seinen toten Freund geschrieben hat. Aber erst, nachdem
er einen nächtlichen Winter der Totenklage überstanden hat, im wieder-
erscheinenden Frühling begreift der Ich-Erzähler, daß es darauf ankommt,

»immerdar« ein Wanderer zwischen den beiden Welten des Lebens und des Todes zu sein und den Tod schon in das Leben aufzunehmen.

Was die zahllosen Sänger und Sängerinnen dieses Liedes angeht, so ist es ein irrationales und suggestives Zeugnis für eine deutsche Jugendmentalität, die sich darin gefiel und darin bestärkt wurde, in einem Gefühl ständiger Untergangs- und Todesbereitschaft zu leben. Was bei Flex im Jahre 1916 vielleicht eine Vorahnung des Freundes- und des eigenen Todes und der unabwendbaren kollektiven Niederlage gewesen ist – siehe die letzte Strophe seines Gedichts *Deutsche Schicksalsstunde* aus dem Jahre 1917 –, wurde in der immensen Nachwirkung zu einer Gemeinschaftsdroge unverbindlicher und sentimentaler Opfer- und Todessehnsucht und kam dem Erziehungsprogramm der Nationalsozialisten weit entgegen. Wer die »Deutschen« vor 1945 verstehen möchte, muß dieses »deutsche Lied« einmal mitgesungen und mitempfunden haben.

In seinem vielstrophigen *Lied des Alldeutschen* mit dem Untertitel »Barbarische Melodie«, hat Karl Kraus diesen vielstimmigen Komplex konterkariert und parodiert. Eine seiner Strophen lautet:

> Schon brennt die Erde lichterloh
> dank unserm Fenriswolff-Büro.
> Solange es andere Völker gibt,
> ist leider unsres nicht beliebt.
> Wo man nichts auf die Waffe setzt,
> wird unsere Leistung unterschätzt.
> Die Welt will weniger Krawall,
> und unser braust wie Donnerhall.
> So hört man überall die Deutschen![32]

Die satirische Warnung hat nichts genützt. Auch die unglückliche Weimarer Republik konnte das Unheil nicht aufhalten. 1933 sollte es noch schlimmer kommen.

XII

Die Spaltung der Nation
Deutschland-Gedichte der Weimarer Republik

I

Reduziert man die deutsche Geschichte der letzten beiden Jahrhunderte einmal darauf, daß sie sich um die beiden Pole »Einheit und Freiheit« bewegte, dann drängt sich eine fatale Gesetzmäßigkeit auf: ein Fortschritt in der Einheit Deutschlands und der Deutschen verdankte sich stets gewonnenen, ihr Freiheitsfortschritt aber regelmäßig verlorenen Kriegen.

So führten die siegreichen Befreiungskriege 1813–1815 die Deutschen zwar der Einheit ein bedeutendes Stück näher – aus dem monströsen Reich von über dreihundert Staatsgebilden wurde ein »Deutscher Bund« von ca. vierzig Staaten –, nicht aber der so sehnlich erhofften Freiheit. Im Gegenteil, in der Restaurationszeit zwischen 1815 und 1848 blieb die Freiheit lediglich durch ihre Verweigerung, durch ihre Abwesenheit und durch ihre kompensatorische Beschwörung präsent.

Ein gleiches gilt für die Reichsgründung von 1870/71. Nicht weniger als drei siegreiche Kriege bahnten den Weg zur vielumjubelten kleindeutschen Einheit, aber die Freiheit, die Einrichtung einer parlamentarischen Demokratie nach westlichem Vorbild, blieb wiederum auf der Strecke. Gerade jene Partei, die sie am intensivsten anstrebte, die Sozialdemokratie, wurde rigoros ausgegrenzt und ihre Mitglieder und Sympathisanten sahen sich zu »vaterlandslosen Gesellen« abgestempelt.

Der Erste Weltkrieg sollte dann – von einem Sieg war man blindlings überzeugt – in einer weiteren Steigerung dieser Entwicklung Deutschland und den Deutschen die gebührende Weltmachtstellung einbringen, den »Platz an der Sonne« neben den anderen Großmächten. Das Gegenteil trat ein: der *verlorene* Krieg und die dadurch ausgelöste halbherzige Revolution brachten statt eines noch mächtigeren Großdeutschland zwar endlich die Freiheit in Form einer Republik, aber unter empfindlichen Einbußen der äußeren (beträchtliche Gebietsverluste durch den Versailler Vertrag) und vor allem der inneren Einheit. Die gewaltsame Geburt und die unselige Geschichte der Weimarer Republik wurden – bis auf die relativ stabilen Jahre zwischen 1924 und 1928 – geradezu als ein kontinuierlicher und bedrohlicher Einheitszerfall erlebt, und schon deshalb wurde dieser Staat von einem großen und einflußreichen Teil seiner Bürger diffamiert und bekämpft. Statt die junge und unsichere demokratische Freiheit zu verteidigen und zu befestigen, trauerte man einer weitgehend fiktiven, in die Vergangenheit projizierten deutschen Einheit und Gemeinschaft nach oder erwartete sie, wie die »Konservativen Revolutionäre«, von einer modernen Führerdiktatur. Ein permanenter Bürgerkrieg war die Folge. So wurde der Boden für Hitler und seine Partei bereitet. Denn er versprach die ›totale Einheit‹ Deutschlands in Gestalt eines großdeutschen »Dritten Reiches« und unter Ausgrenzung aller »undeutschen« Bestandteile wie der Juden, der Roma und Sinti, der Kommunisten und aller Gegner seiner rassistischen und imperialistischen Ideologie und er versuchte dieses Versprechen dann in einem wahnwitzigen Krieg zu realisieren. Das Phantasma einer totalen Einheit in Form einer reinrassigen Volksgemeinschaft mußte mit einem ebenso totalen Verlust der demokratischen Freiheit bezahlt werden.

So lautete die deutsche Hamlet-Frage in der historischen Praxis stets »Einheit *oder* Freiheit«, und diese fatale Konstellation wurde von den Geschichtsabläufen immer wieder inszeniert und bestätigt. Mit den Worten Manfred Franks, der Ende 1992 in der Paulskirche eine bemerkenswerte Rede unter dem Titel ›*Deutschland den Deutschen‹, Nachdenken über ›Volk‹, ›Nation‹ und ›Konstitution‹ aus aktuellem Anlaß* gehalten hat, heißt das, »daß in Deutschland seit den antinapoleonischen Befreiungskriegen der Wunsch nach Erkämpfung demokratischer Freiheit regelmäßig von dem nach nationaler Einheit und Selbstbehauptung überdeckt, ja erstickt wurde und daß diese Tendenz die Ausbildung eines angemessenen Demokratie-Verständnisses gehemmt hat«, denn: »Die demokratischen Verfassungen, die Deutschland genießen durfte, wären ohne katastrophale Kriegsniederlagen und Interventionen westlicher Siegermächte aus eigenen Volkes Kraft, geschweige aus Volkes eigenem Willen nicht durchsetzbar gewesen: nur die Niederlagen, die dazu geführt haben, dürfen wir uns selbst zuschreiben.«[1]

Das gilt zum ersten Mal (sieht man von den demokratischen Reformen ab, die den deutschen Obrigkeiten durch die Niederlagen gegen Napoleon abgenötigt wurden) für die Weimarer Republik. Aber ihre schweren Hypotheken, mit denen sie von Anfang an belastet war (der verlorene Krieg, der Diktatfriede von Versailles, die Dolchstoßlegende, der niedergeschlagene Spartacus-Aufstand 1919, das Übermaß der Reparationsforderungen, die Wirtschaftsmisere und Inflation bis 1923, die Arbeiterunruhen und die Rechtsputsche und schließlich die ungebrochenen Kontinuitäten aus dem Wilhelminischen Reich in Verwaltung, Justiz, Militär und Bildungswesen), diese Hypotheken waren so immens, daß es fast ein Wunder gewesen wäre, wenn sie trotz alledem überlebt hätte. Die plötzliche Auflösung der trügerischen Kampf- und Kriegsgemeinschaft im Spätherbst 1918 leitete eine Entwicklung ein, die als rapider unausgleichbarer Verlust der inneren Einheit erfahren wurde. In den ersten Krisenjahren bis 1923 mußte die Demokratie als eine Pandora-Büchse erscheinen, bis zum Rande angefüllt mit destruktiven Tendenzen, die zwangsläufig in Anarchie und Chaos und in einen nicht nur »symbolischen Bürgerkrieg«[2] führten. Während die Linken die abgebrochene Revolution noch vollenden wollten – »Die deutsche ›Revolution‹ steht noch aus« und »Wir haben die Firma gewechselt. Aber der Laden ist der alte geblieben«[3], heißt es exemplarisch bei Tucholsky (im Gedicht *Zehn Jahren deutsche Revolution,* 1928) –, wollten die Rechten entweder die alte Monarchie wiederherstellen oder, wie die Gruppe der »Konservativen Revolutionäre«, einen modernen autoritären Führerstaat begründen. In der Minderheit blieb das kleine Häuflein derer, die die ungeliebte und unattraktive Republik verteidigten, eine »Republik ohne Republikaner«. So kam es frühzeitig zu extremen Polarisierungen und Spaltungen der deutschen Gesellschaft, ja man kann sagen, die deutsche Teilung, die nach 1945/49 zum politischen Faktum wurde, hat hier, nach dem Ersten Weltkrieg, schon begonnen. Das Jahr 1933, mit der Vertreibung vieler Deutscher ins Exil oder ihrem Rückzug in die innere Emigration, war nur ein weiterer Schritt in diese Richtung.

Die Spaltungen waren so epidemisch und tiefgreifend, daß selbst *die* Lager von ihnen befallen wurden, die eigentlich zusammengehörten, so die beiden Linksparteien SPD und KPD, die in den letzten Jahren der Republik in eine erbitterte und verblendete Feindschaft gerieten, so das Lager der linken Intellektuellen und Schriftsteller, die sich durch die Gründung des BPRS (1928/29) rapide polarisierten und verbissen befehdeten. Und je mehr die zentrifugalen Tendenzen und Kräfte erstarkten, desto lauter wurde der alte deutsche Ruf nach dem starken Mann und Erlöser, nach einer Führergestalt, die das zerrissene deutsche Land und Volk wieder zusammenschmelzen sollte.

Tucholsky konstatierte schon damals: »Deutschland ist ein gespaltenes Land.«[4] Heute spricht man von einer »dualistischen Konstruktion«, »die apologetisch oder aggressiv die Deutschland-Bilder der Weimarer Republik bestimmte: Republik gegen Reich, gar ›Judenrepublik‹ gegen ›Deutsches Volkstum‹ oder, mit leichter Verschiebung, Asphaltmetropole gegen gesundes

Land«[5], oder davon, daß »Demokratie und Nationalismus [...] in der Weimarer Republik in eine tödliche Spannung« gerieten.[6] Die real existierende Republik aber wurde in diesem Bürgerkrieg von keiner Seite geschont.

II

Das alles spiegelt sich, wie könnte es anders sein, auch in den Deutschland-Gedichten der Weimarer Republik. Auch sie sind im wesentlichen in zwei unvereinbare, tödlich verfeindete Lager gespalten, die keine gemeinsame Sprache mehr besitzen und die es *so* weder in der deutschen Vormärzlyrik noch um 1870/71 gegeben hat. Auf der einen Seite stehen die demokratischen Gedichte, die aus der Position einer unvollendet gebliebenen sozialen und politischen Revolution und im Namen der Unterschichten eine radikale Kritik üben an dem sichtbaren und unsichtbaren Weiterwirken der alten wilhelminischen Kräfte, Institutionen, Gruppen und Gesinnungen. Auf der anderen Seite die nationalistischen Gedichte, die im Geiste oder Ungeiste einer »Blut und Boden«-Ideologie entweder das alte Reich zurückrufen oder ein neues Reich visionär heraufbeschwören wollen und die das verhaßte Weimarer »System« nur als Übergang zu dem Kampfziel einer erneuten deutschen Einheit und Herrlichkeit sehen. Auf der einen Seite also die exemplarischen Gedichte eines Erich Kästner und Kurt Tucholsky; auf der anderen Seite die Gedichte Dietrich Eckarts, Heinrich Anackers, Will Vespers und Friedrich Bluncks, die ebenfalls für viele andere stehen können.[7]
Erich Kästner (1988–1972), am Ende der Weimarer Republik bekannt geworden durch seine Gedichtbände *Herz auf Taille* (1928) und *Ein Mann gibt Auskunft* (1930), durch den Roman *Fabian. Die Geschichte eines Moralisten* (1931) und nicht zuletzt durch das Kinderbuch *Emil und die Detektive* (1928), gehörte zu den Autoren und Sympathisanten der renommierten linksliberalen Zeitschrift »Die Weltbühne«. Seine Bücher wurden deshalb am 10. Mai 1933 von den Nazis verbrannt; er bekam zunächst Publikations- (1933), dann Schreibverbot (1942), blieb und überlebte aber dennoch in Deutschland. Er hat die Fragwürdigkeiten der Weimarer Republik mit leichter pointensicherer Feder karikiert und seine Gedichtbände erfreuten sich deshalb großer Beliebtheit (das nationalistische Lager ausgenommen). Seine poetische Ironie und Kritik waren offensichtlich leicht konsumierbar. Das trifft auch auf die beiden Deutschland-Gedichte *Die andre Möglichkeit* (ersch. 1930) und *Kennst du das Land, wo die Kanonen blühn* (ersch. 1928) zu.

Die andre Möglichkeit

Wenn wir den Krieg gewonnen hätten,
mit Wogenprall und Sturmgebraus,
dann wäre Deutschland nicht zu retten
und gliche einem Irrenhaus.

Man würde uns nach Noten zähmen
wie einen wilden Völkerstamm.
Wir sprängen, wenn Sergeanten kämen,
vom Trottoir und stünden stramm.

Wenn wir den Krieg gewonnen hätten,
dann wären wir ein stolzer Staat.
Und preßten noch in unserm Betten
die Hände an die Hosennaht.

Die Frauen müßten Kinder werfen.
Ein Kind im Jahre. Oder Haft.
Der Staat braucht Kinder als Konserven.
Und Blut schmeckt ihm wie Himbeersaft.

Wenn wir den Krieg gewonnen hätten,
dann wär der Himmel national.
Die Pfarrer trügen Epauletten.
Und Gott wär deutscher General.

Die Grenze wär ein Schützengraben.
Der Mond wär ein Gefreitenknopf.
Wir würden einen Kaiser haben
und einen Helm statt einem Kopf.

Wenn wir den Krieg gewonnen hatten,
dann wäre jedermann Soldat.
Ein Volk der Laffen und Lafetten!
Und ringsherum wär Stacheldraht!

Dann würde auf Befehl geboren.
Weil Menschen ziemlich billig sind.
Und weil man mit Kanonenrohren
allein die Kriege nicht gewinnt.

Dann läge die Vernunft in Ketten.
Und stünde stündlich vor Gericht.
Und Kriege gäbs wie Operetten.
Wenn wir den Krieg gewonnen hätten –
zum Glück gewannen wir ihn nicht!

Kennst du das Land, wo die Kanonen blühn?

Kennst du das Land, wo die Kanonen blühn?
Du kennst es nicht? Du wirst es kennenlernen!
Dort stehn die Prokuristen stolz und kühn
in den Büros, als wären es Kasernen.

Dort wachsen unterm Schlips Gefreitenknöpfe.
Und unsichtbare Helme trägt man dort.
Gesichter hat man dort, doch keine Köpfe.
Und wer zu Bett geht, pflanzt sich auch schon fort!

Wenn dort ein Vorgesetzter etwas will
– und es ist sein Beruf, etwas zu wollen –
steht der Verstand erst stramm und zweitens still.
Die Augen rechts! Und mit dem Rückgrat rollen!

Die Kinder kommen dort mit kleinen Sporen
und mit gezognem Scheitel auf die Welt.
Dort wird man nicht als Zivilist geboren.
Dort wird befördert, wer die Schnauze hält.

Kennst du das Land? Es könnte glücklich sein.
Es könnte glücklich sein und glücklich machen!
Dort gibt es Äcker, Kohle, Stahl und Stein
und Fleiß und Kraft und andre schöne Sachen.

Selbst Geist und Güte gibt's dort dann und wann!
Und wahres Heldentum. Doch nicht bei vielen.
Dort steckt ein Kind in jedem zweiten Mann.
Das will mit Bleisoldaten spielen.

Dort reift die Freiheit nicht. Dort bleibt sie grün.
Was man auch baut – es werden stets Kasernen.
Kennst du das Land, wo die Kanonen blühn?
Du kennst es nicht? Du wirst es kennenlernen!

Kästner fügte dem ersten Gedicht nach dem Zweiten Weltkrieg folgende Anmerkung bei:

> Dieses Gedicht, das nach dem Weltkrieg ›römisch eins‹ entstand, erwarb sich damals, außer verständlichen und selbstverständlichen Feindschaften, auch unvermutete Feinde. Das »Zum Glück« der letzten Zeile wurde für eine Art Jubelruf gehalten und war doch eine sehr, sehr bittere Bemerkung. Nun haben wir schon wieder einen Krieg verloren, und das Gedicht wird noch immer mißverstanden werden.[8]

Das ist eine recht vieldeutige Bemerkung. Sie spricht nicht nur in die Richtung der »unvermuteten Feinde«, mit der Absicht, ein bloßes Mißverständnis unter Freunden zu klären. Sie versucht auch der Tatsache Rechnung zu tragen, daß man nach dem totalen Debakel und den Verbrechen des Zweiten Weltkriegs den spielerischen Provokationston von damals nicht mehr anstimmen konnte.

Aber es ist auch schwer vorstellbar, daß diese beiden Gedichte schon 1919/20 hätten entstehen und erscheinen können, ohne den Verfasser – es begann die Zeit der politischen Morde und Fememorde – in Lebensgefahr zu bringen. Denn daß man den Krieg nicht nur nicht gewonnen, sondern tatsächlich verloren hatte, das wurde in den nationalen und nationalistischen Kreisen von Anfang an geleugnet und verdrängt. Obwohl die Oberste Heeresleitung schon Ende September 1918 den sofortigen Abschluß eines Waffenstillstands gefordert hatte, leistete sie der »Dolchstoß-Legende« zur eigenen Entlastung allen erdenklichen Vorschub. Zumal nach dem sog. »Versailler Schandfrieden« vom Sommer 1919, der die Reichswehr u. a. auf ein 100 000-Mann-Heer reduzierte, sann man in diesen Kreisen nur noch auf Rache und Revision, allen voran der Weltkriegs-Gefreite Adolf Hitler. An der Militärfrage (Freicorps, Fememorde, Aufbau einer »Schwarzen Reichswehr« usw.) schieden sich die demokratischen und die nationalistischen Geister von den ersten bis in die letzten Jahre der Republik. Der sog. »Weltbühnenprozeß« gegen Carl Ossietzky im November 1931, den man wegen »Landesverrat«, des Verrats militärischer Geheimnisse, anklagte, war nur das grellste Symptom dafür.

Das ist der Hintergrund, vor dem die beiden eng zusammengehörigen Gedichte Kästners gelesen werden müssen, die noch vor der letzten Krisenphase der Weimarer Republik entstanden, d. h. vor den hohen Wahlgewinnen der NSDAP im September 1930, als sie zur zweitstärksten Partei wurde. Sie sind Variationen des gleichen Themas.

Obwohl die beiden Gedichte, wenn man sie nebeneinandersetzt, scheinbar gegen den Satz des Widerspruchs verstoßen – denn offensichtlich hat auch der verlorene Krieg nur ein Land hervorgebracht, »wo die Kanonen blühn« –, besitzen sie eine eigene historisch-politische Logik; beide schildern das Nachkriegsdeutschland als eine Ausgeburt des preußisch-wilhelminischen Militarismus und seines Untertanengeistes, einschließlich des berüchtigten »Kadavergehorsams«, das eine im prophetischen Indikativ, das andere im hypothetischen Konjunktiv. Sie sehen die Weimarer Republik nicht als einen Neuanfang, als ein neues Staats- und Gesellschaftsgebilde, sondern als direkte und verschärfte Fortsetzung des Kaiserreichs. Der einzige Unterschied zwischen ihnen: das Gedicht von 1928 deckt unter den schütteren Maskierungen einer Zivilgesellschaft den unausrottbaren Militärverband, die uniforme militärische Prägung auf und weist, in den Strophen fünf und sechs, immerhin auf positive »andre Möglichkeiten« hin. Das Gedicht von 1930 dagegen malt die »andre Möglichkeit« als das noch größere Übel aus, demgegenüber der real existierende Staat immerhin als das kleinere Übel erscheint. Der gewonnene Krieg hätte Deutschland zu einem totalen Militär- und Monsterstaat deformiert, der verlorene hat es nur zu einer latenten Militärgesellschaft gemacht. Beidesmal zielt die pointierte satirische Übertreibung darauf, das militaristische Deutschland-Ideal der nationalistischen Seite durch Lächerlichmachung zu destruieren und ad absurdum zu führen. Deren »Ideal jeder sozialen Gemeinschaft« war in der Tat die »militärische Kampfgemeinschaft«.[9] Aber die »Militarisierung der politischen Kultur« war ein Phänomen, das am Ende Weimars auch die republikanische Seite erfaßte.[10]

In der Art, wie Kästner das nationalistische Gemeinschaftsideal – totale Uniformierung bei totaler Unfreiheit – aufs Korn nimmt, kommt er unverkennbar von Heine und seinen Zeitgedichten her. Nur hat er, um eine kritische Bemerkung von Karl Kraus über Heine aufzunehmen, das »Mieder« der deutschen Sprache noch weiter gelockert, d.h. seine Poesie wirkt noch müheloser und geläufiger, aber auch widerstandsloser, leichtsinniger und kulinarischer. *Die andre Möglichkeit* ist ein ironisches Rollengedicht ganz wie Heines *Zur Beruhigung,* aber im Unterschied zu diesem distanziert sich der Sprecher, der hier im Namen eines deutschen Kollektivs (»wir«) spricht, von den Schreckensvisionen der »andren Möglichkeit«. Und nicht der geringste provokative Reiz dieses ironischen Sprechens liegt darin, daß das »wir« zugleich als Subjekt, das spricht, wie als Objekt, über das gesprochen wird, verstanden werden kann, ja, daß der Verfasser sehr wohl weiß, daß er die Mehrheit seiner Landsleute nicht auf seiner Seite hat. Diese ironische Manipulation bringt freilich auch die Gefahr mit sich, daß die andere nationalistisch gesinnte Seite zu einem lächerlichen Popanz wird, der nicht ernst zu nehmen ist, eine Haltung und Gesinnung, die in den letzten Krisenjahren der Weimarer Republik unter den Intellektuellen weit verbreitet war. Ihre Position war die einer »freischwebenden Intelligenz«, hoch über dem Hader der Klassen und Parteien. Aus dieser Perspektive wurde selbst Hitler nicht selten als Clown und Marionette gesehen, deren Auftritt lediglich Episoden-charakter haben konnte. Verräterisch für diesen Leichtsinn ist Kästners fri-vole Verszeile »Und Kriege gäb's wie Operetten« – von den Anfechtungen dieser leichten Muse ist auch seine politische »Gebrauchslyrik« nicht frei. Das zeigt auch das zweite Gedicht. Es ist, darin vergleichbar mit Herweghs *Wiegenlied* und mit Adolf Glaßbrenners *Sehnsucht nach Rußland* (»Kennst du das Land, wo die Kanonen blühn«)[11], eine Kontrafaktur, eine Gegenschöp-fung und Parodie des berühmten *Mignon*-Liedes aus Goethes *Wilhelm Meister*. Ich zitiere zur Erinnerung nur die erste Strophe:

> Kennst du das Land, wo die Zitronen blühn,
> Im dunkeln Laub die Gold-Orangen glühn,
> Ein sanfter Wind vom blauen Himmel weht,
> Die Myrte still und hoch der Lorbeer steht,
> Kennst du es wohl?
>   Dahin! Dahin
> Möcht ich mit dir, o mein Geliebter, ziehn.[12]

Kästner nimmt außer dem Anfangsvers nur leicht verändert und vervielfäl-tigt die Frage »Kennst du es wohl?« auf und ersetzt das Goethische »Dahin! Dahin« durch ein monomanisch wiederholtes deiktisches »dort« (dreizehn-mal!). Außerdem kehrt der Vers »Die Myrte still und hoch der Lorbeer steht« in dem Kästner-Vers »Dort stehn die Prokuristen stolz und kühn« entstellt wieder. Die Parodie beruht auf der Vertauschung des Sehnsuchts-landes Italien mit dem Schreckensland Deutschland, dessen typische To-poi Kaserne und Kanone sind. Da aber der Goethische Subtext präsent bleibt, wird die bei ihm unausgesprochene Spannung und Polarität zwischen den beiden Ländern dermaßen überspannt, daß sie zerreißt und zusammen-fällt: Deutschland produziert aus sich selber seine negative Utopie. Die kri-tische Distanz zu diesem Unland, das nirgendwo »Vaterland« oder auch nur »deutsch« oder »Deutschland« genannt wird, kommt durch die wiederholte Anrede eines »Du«, das dieses Land erst noch kennenlernen soll, und durch das wiederholte Wort »dort« zustande, mit dem sich der Sprecher das gro-teske Kasernenland vom Leib hält. Es ist ein Unort, mit dem man sich auch deshalb nicht identifizieren kann, weil sein wahres Gesicht sich erst zeigen wird und gegenwärtig nur in Form einer Drohung präsent ist: »Du wirst es kennenlernen!«. Die goethische Raumspannung zwischen Deutschland und Italien ist zu einer bedrohlichen Zeitspannung innerhalb eines Landes geworden. Seine Möglichkeiten, ein glückliches Land zu werden, bleiben ungenutzt, denn die sie kennen und schätzen, befinden sich in hoffnungs-loser Minderzahl.

An wen richten sich solche Gedichte, die noch den schlimmsten Schrecken und Auspizien witzige Pointen und Verse abgewinnen? Es genügt wohl nicht zu sagen, an die Gleichgesinnten und Einverstandenen. Sie richteten sich trotz ihrer Schwarzmalereien auch an die Ahnungslosen. Denn daß diese Gedichte ein Deutschland an die Wand malen, das sich in wenigen Jahren anschicken sollte, zur Realität zu werden, damit haben wohl weder Kästner noch seine amüsierte Lesergemeinde gerechnet. Walter Benjamin hat die routinierte und kulinarische Unverbindlichkeit solcher Gedichte noch im Jahre 1931 in einer Rezension mit dem Titel *Linke Melancholie* einer massiven und brillanten Kritik unterzogen. Ich gebe zwei Auszüge daraus:

> Nicht zum wenigsten an der grotesken Unterschätzung des Gegners, die ihren Provokationen zugrunde liegt, verrät sich, wie sehr der Posten dieser linksradika-len Intelligenz ein verlorener ist. Mit der Arbeiterbewegung hat sie wenig zu tun. Vielmehr ist sie als bürgerliche Zersetzungserscheinung das Gegenstück zu der feudalistischen Mimikry, die das Kaiserreich im Reserveleutnant bewundert hat. Die linksradikalen Publizisten vom Schlage der Kästner, Mehring oder Tucholsky sind die proletarische Mimikry des zerfallenen Bürgertums. [...]
> Kurz, dieser linke Radikalismus ist genau diejenige Haltung, der überhaupt keine politische Aktion mehr entspricht. Er steht links nicht von dieser oder jener Rich-tung, sondern ganz einfach links vom Möglichen überhaupt. Denn er hat ja von vornherein nichts anderes im Auge als in negativistischer Ruhe sich selbst zu genießen. Die Verwandlung des politischen Kampfes aus einem Zwang zur Ent-scheidung in einen Gegenstand des Vergnügens, aus einem Produktionsmittel in einen Konsumartikel – das ist der letzte Schlager dieser Literatur. Kästner, der eine große Begabung ist, beherrscht ihre sämtlichen Mittel mit Meisterschaft.[13]

Benjamins Maßstab sind die marxistische Theorie und die politische Lyrik und literarische Produktion Brechts. An ihnen gemessen wird Kästner mit Recht für unzulänglich befunden.

Mit weniger Recht wird auch Kurt Tucholsky in dieses harsche Urteil ein-geschlossen. Tucholsky (1890–1935) hatte 1926 kurzfristig die Leitung der »Weltbühne« übernommen, ging 1927 nach Paris und 1929, von den Nazis verfemt und 1933 ausgebürgert, nach Schweden. Dort nahm er sich 1935 das Leben.[14]

Benjamins Urteil gilt allenfalls für ein Gedicht wie *Olle Germanen* von 1925:

Papa ist Oberförster,
Mama ist pinselblond;
Georg ist Klassen-Erster,
Johann steht an der Front
der Burschenschaft
›Teutonenkraft‹
Bezahlen tut der Olle.
Was Wotan weihen wolle!

Verjudet sind die Wälder,
verjudet Jesus Christ.
Wir singen über die Felder,
wie das so üblich ist,
in Reih und Glied
das Deutschland-Lied.
Nachts funkelt durch das Dunkel
Frau Friggas Frost-Furunkel.

Die Vorhaut, die soll wachsen,
in Köln und Halberstadt,
wir achten selbst in Sachsen,
daß jeder eine hat.
Ganz judenrein
muß Deutschland sein.
Und haben wir zu saufen:
Laß Loki ruhig laufen!

Wer uns verlacht, der irrt sich.
Uns bildet früh und spät
für 1940
die Universität.
Wer waren unsre Ahnen?
Kaschubische Germanen.
Die zeugten zur Erfrischung
uns Promenadenmischung.

Drum drehten wir
zum Beten hier
die nationale Rolle.
Was Wotan weihen wolle –![15]

Es handelt sich wiederum, vergleichbar mit Heines *Zur Beruhigung,* um ein ironisches Rollengedicht, in dem sich die Deutschen (»Wir«) als Germanen drapieren und präsentieren. Die Germanophilie und die Teutomanie haben sich schon am Beginn des 19. Jahrhunderts unverhohlen mit einem militanten Antisemitismus verbunden. Im 20. Jahrhundert verschärfen und verbreiten sich diese Tendenzen und ihre Gruppierungen und laufen auf den arischen Rassenwahn und die Judenverfolgung der Nazis zu. So gab es in der Weimarer Republik eine Vielzahl germanischer Vereine, Sekten und Bünde. Ich nenne einige Namen, die dem »Register der Organisationen« aus Armin Mohlers Buch über die *Konservative Revolution in Deutschland 1918–1932* entnommen sind:

> Ahnenerbe, Allarischer Bund, Bund der Artamanen, Balderbund, Bund der Nibelungen, Bund Wiking, Gesellschaft deutschgermanischer Gesittung, Edda-Gesellschaft, Germanenbund, Germanen-Orden, Germanische Glaubens-Gemeinschaft, Mittgart-Bund, Nordische Gesellschaft, Siedlung Neu-Germania, Thule-Gesellschaft.[16]

Das alles hat es gegeben. Was im Gedicht *Olle Germanen* wie satirische Übertreibung klingt, wird durch die Realität bestätigt und überboten. Tucholsky bringt sie, nicht zuletzt mit seinen altgermanischen Stabreimrefrains, nur zum Sprechen und zur Kenntlichkeit, so wie es George Grosz in seinen Karikaturen tat. Und er sorgt dafür, daß der Sprecher ihre angebliche Reinrassigkeit, in der letzten Strophe, selber Lügen strafen: »Wer waren unsre Ahnen? / Kaschubische Germanen«, also eine »Promenadenmischung« mit dem westslawischen Stamm der Kaschuben, der durch Günter Grass inzwischen seine literarische Dignität erhalten hat.
Aber auch Tucholsky nimmt dieses »andere Deutschland« inmitten der Weimarer Republik, das sich mit Fallerslebens »Deutschland-Lied« die offizielle Nationalhymne angeeignet hat und das bald blutiger Ernst werden sollte, auf die leichte Schulter. Er tut die »Ollen Germanen« als das ab, was diese Redensart evoziert, nämlich als »Olle Kamellen«. Er unterschätzt den »Furor teutonicus«, der mit Wotan und seiner Sippe aufgerufen wird. Er formuliert zwar den Vers »Wer uns verlacht, der irrt sich«, aber der Reim auf das Jahr 1940, das zweite Kriegsjahr und den Vorabend der Judenvernichtung ist weitsichtiger als sein Autor. (Im *Deutschland*-Buch gibt es eine Bild-Text-Montage unter dem Titel: »Deutsche Richter von 1940«!) An Versuchen, die Christianisierung der Germanen und der altdeutschen Stämme rückgängig zu machen, hat es seit dem »Göttinger Hain« nicht gefehlt, aber niemals war der Schritt in die Rebarbarisierung so nahe. (Vieldeutig und unklar ist der Satz: »Drum drehten wir / zum Beten hier / die nationale Rolle«, denn der Ausdruck »eine Rolle drehen« ist im Deutschen ungebräuchlich.

Ist die Revision der »Promenadenmischung« gemeint? Meint »Rolle« die Gebetsrolle, die Turnübung oder die schauspielerische Rolle?)

Tucholskys *Deutsches Lied* (sicherlich auch eine Anspielung auf das *Lied der Deutschen*) von 1923, dem schlimmsten Krisen- und Elendsjahr seit Kriegsende, wird weitaus weniger von Benjamins Verdikt erfaßt, denn es spricht – »Die deutsche Revolution steht noch aus!« – im Namen der Ausgebeuteten, Entrechteten und Verfolgten, die keinen lebenswürdigen Platz in der Weimarer Republik gefunden haben:

> Blasse Kinder auf dem Hof
> (Nebenstraße – Westen)
> machen einen kleinen Schwof
> neben Müllschuttkästen.
> Käse-Teint und bleicher Schopf.
> Dürftiges Grün im Blumentopf
> auf zwei Fensterbrettern.
> Und die Stimmchen klettern:
> »Kaserne! Kaserne!
> Sonne, Mond und Sterne!
> Achtung! Richtung! Vordermann!
> Du – bist – dran –!«
>
> Tief geduckt im Ziegelbau
> hinter wuchtigen Laden
> sitzen krumm, in Kitteln blau,
> unsre Kameraden.
> Staatsanwalt, der schikaniert,
> Wärter, der sie malträtiert.
> Ihre Stimmen leiern
> in Preußen und in Bayern:
> »Kaserne! Kaserne!
> Sonne, Mond und Sterne!
> Achtung! Richtung! Vordermann!
> Du – bist – dran –!«
>
> Deutscher Gram und deutsches Leid.
> Ämter ohne Ende. –
> Wucher, den ein Staat gefeit,
> und immer graue Wände.
> Wir sind schuld. Ein Schrei, der gellt,
> Aber draußen liegt die Welt.
> Wir sind ganz alleine.
> Und hören nur dies eine.
> »Kaserne! Kaserne!
> Sonne, Mond und Sterne!
> Achtung! Richtung! Vordermann!
> Du – bist – dran –!«[17]

Dieses Lied ist ein soziales Gedicht. Es spricht von der deutschen Klassengesellschaft. Aber es bedient sich ebenfalls der Kontrafaktur und Parodie, indem es das kindliche Laterne-Lied zu einem Kaserne-Lied und zu einem militant-bedrohlichen Abzählvers umfunktioniert. Der Hinterhof mit seinen Mietskasernen, Kaserne und Gefängnis erscheinen als die typisch deutschen Orte. Den historisch-politischen Hintergrund der zweiten Strophe hat Alexander von Bormann erläutert:

> Die zweite Strophe spricht von den politischen Gefangenen in Deutschland. 1923 war nicht nur das Jahr der großen ökonomischen Krise, sondern zugleich durch schwere politische Unruhen gekennzeichnet, die im September sogar zur Verhängung des Ausnahmezustands über das Reich führten. Kennzeichnend für das herrschende Klima der Republik sind die zurückhaltende Behandlung der (rechtsradikalen) »Ordnungszelle Bayern« und die »Reichsexekution« gegen die (linken) Koalitionsregierungen in Sachsen und Thüringen. Tucholskys Strophe spricht mit »Kameraden« jene Arbeiter an, die sich der Indienstnahme der Republik durch die altherrschenden Schichten widersetzten, aber nun reichlich »im Namen des Volkes«[18] die Gefängnisse bevölkern. Die Figur des Staatsanwalts steht für eine Justiz, die ihren demokratischen Auftrag nicht begriffen hat.[19]

Schwer zu deuten sind die Verse 5 und 6 der dritten Strophe: »Wir sind schuld. Ein Schrei, der gellt. / Aber draußen liegt die Welt.« von Bormann bezieht sie auf die Kriegsschuld der deutschen Rechten.[20] Ich lese sie eher als ein verzweifeltes Eingeständnis der gefangenen Arbeiter, an dem Scheitern der halben Revolution und den ebenso gescheiterten späteren Aufständen mitschuldig zu sein. Im Unterschied zu den anderen Gedichten, deren satirische Kritik die beunruhigenden Phänomene auf der ultrarechten Seite der Weimarer Republik aufs Korn nimmt, zielt die indirekte Kritik dieses Liedes auch auf die sozialen und revolutionären Versäumnisse der Republik. Es klagt mehr, als daß es anklagt und weiß keinen Ausweg aus dem bedrohlichen Kreislauf des Abzählverses, der jeden einmal treffen wird: »Du – bist – dran –!« Deutsch sind hier nur noch der Gram und das Leid der Armen und Geschundenen. Aber gerade aus seiner unpathetischen Schilderung des Elends, der Hoffnungs- und Zukunftslosigkeit der Kinder ohne Vater- und Mutterland, die auf alle aparten Effekte verzichtet, geht die anrührende Wirkung des Gedichtes hervor.

III

Die Weimarer Republik ist geradezu stigmatisiert durch die Abwesenheit Deutschlands als Vater- oder Mutterland. Man sucht es auch in ihren Gedichten und Liedern vergeblich. Denn das Vakuum, das der verlorene Krieg, die halbherzige Revolution und der Diktatfriede von Versailles hinterließen, konnte bis 1933 nicht nur nicht positiv aufgefüllt werden, sondern in den leeren Raum strömten die konkurrierenden Bilder eines Deutschland, das da war oder erst werden sollte. Das gilt für die nationalistischen Schriftsteller und Intellektuellen noch mehr als für die demokratischen. Diese sahen vor allem die fatalen wilhelminischen Kontinuitäten und wollten die Republik grundlegend verändern und verbessern, jene sahen nur den verhaßten demokratischen Pluralismus und wollten sie beseitigen. Ihre Stimmen gaben zwar bis 1933 nicht den Ton an, aber da ihre politischen Stimmführer siegten, sollte ihnen eine zwölfjährige Zukunft gehören.

Ich wähle drei Beispiele, die alle von Autoren stammen, die früher oder später zu Nationalsozialisten wurden. Die schockierende und traumatisierende Verlusterfahrung, die die Jahre 1918/19 für die meisten Deutschen bedeuteten, spricht vielleicht aus keinem Gedicht so laut wie aus den zwei grellen Strophen von Dietrich Eckarts (1868–1923) *Deutschland erwache!*. Eckart gehörte zu den frühen journalistischen Wegbereitern und Kampfgefährten der NSDAP. Er gab zwischen 1919 und 1921 die nationalistische und antisemitische Zeitschrift *Auf gut deutsch. Wochenschrift für Ordnung und Recht* heraus und war mit Alfred Rosenberg und Adolf Hitler eng befreundet. Sie verklärten ihn später zum heroischen Vorkämpfer und Parteidichter der ersten Stunde. In seinem Lied überschlägt sich geradezu jene Stimme, die seit dem 16. Jahrhundert den Ruf »Deutschland erwache« erschallen ließ:

> Sturm, Sturm, Sturm! Sturm, Sturm, Sturm!
> Läutet die Glocken von Turm zu Turm!
> Läutet die Männer, die Greise, die Buben,
> Läutet die Schläfer aus ihren Stuben!
> Läutet die Mädchen herunter die Stiegen,
> Läutet die Mütter hinweg von den Wiegen!
> Dröhnen soll sie und gellen die Luft!
> Rasen, rasen im Donner der Rache!
> Läutet die Toten aus ihrer Gruft! –
> Deutschland erwache!

Sturm, Sturm, Sturm! Sturm, Sturm, Sturm!
Läutet die Glocken von Turm zu Turm!
Läutet, daß Funken zu sprühen beginnen –
Judas erscheint, das Reich zu gewinnen –
Läutet, daß blutig die Seile sich röten,
Rings lautes Brennen und Martern und Töten,
Läutet Sturm, daß die Erde sich bäumt,
Unter dem Donner der rettenden Rache!
Wehe dem Volke, das heute noch träumt!
Deutschland erwache![21]

Die Nazis haben sich nicht zufällig so ausgiebig der Metapher des »Sturms«
bedient, am bekanntesten in den Bezeichnungen »SA« = Sturmabteilung
und dem späten »Volkssturm«, einem letzten militärischen Aufgebot von
Knaben und alten Männern. Diese Vorliebe schreibt sich u. a. von Eckarts
Gedicht her, dessen fünffache besinnungslose Wiederholung des Wortes
»Sturm« mit mehreren Bedeutungen aufgeladen ist. Es meint zunächst
»Alarm«, also »Alarmläuten«; weiterhin heißt es »Angriff« (Sturmangriff);
sodann beruft es Theodor Körners bekannten Vers und Gedichtbeginn:

Das Volk steht auf, der Sturm bricht los;
Wer legt noch die Hände feig in den Schoß?[22]

Gleichzeitig evoziert es die altgermanische Sturm- und Kampfgottheit Wotan, der als Rache- und Donnergott die entwurzelten Deutschen allesamt
zu einer rasenden Kampf- und Volksgemeinschaft, zum »furor teutonicus«
formieren und verschmelzen soll. Der Donnerruf »Deutschland erwache!«
– auch hier »braust ein Ruf wie Donnerhall«! – heißt, daß Deutschland nach
dem radikalen Geschichtsbruch und dem Identitätsverlust von 1918/19
nur in dieser rasenden Rachegemeinschaft wieder zu sich selbst kommen
kann.[23] In diesen grellen Versen, die in einem einzigen Crescendo den Übergang der Sprache in ein unentrinnbares Alarmsignal simulieren, kulminieren
die jahrhundertelangen Versuche, ein Volk von Schläfern und Träumern
wachzurütteln. 1813 war es Körners *Aufruf,* das ein ähnlich furioses Signal
gab:

[…]
Das Winseln deiner Greise ruft: »Erwache!«
Der Hütte Schutt verflucht die Räuberbrut,
Die Schande deiner Töchter schreit um Rache,
Der Meuchelmord der Söhne schreit nach Blut.[24]
[…]

Jetzt heißt es: »Wehe dem Volke, das heute noch träumt!« Der apokalyptische Zuschnitt des Gedichts spielt dabei weniger auf das Jüngste Gericht an (obwohl es Hinweise darauf gibt: die Auferstehung der Toten, Judas als der Antichrist!), als auf die germanische Endzeit- und Untergangsvision eines letzten Entscheidungskampfes zwischen den Göttern und Asen, auf die Vision eines großen Weltenbrandes, so wie ihn der Schluß von Wagners *Götterdämmerung* inszeniert.

Kein Zweifel, daß dieses Lied eine rasende Reaktion und Antwort auf den verlorenen Krieg, auf die rote Revolution und den sog. »Schandfrieden« von Versailles hervorrufen und zur kriegerischen Revision der unerträglichen Niederlage aufrufen will. Einen Augenblick tiefster nationaler Demütigung und Ohnmacht sucht es mit verbalen Macht- und Drohgebärden zu überschreien und zu verdrängen. Deshalb richtet es sich mehr auf den inneren als auf den äußeren Feind: »rings lautes Brennen und Martern und Töten.« Mit diesem Bürgerkrieg und mit der »Judas«-Figur sind nicht nur die Spartakisten und die Juden gemeint, sondern auch die Sozialdemokraten, die die Republik ausgerufen und damit das »Reich« (ohne Kaiser!) übernommen haben.

Das Lied von Eckart wurde unter dem Titel *Sturmlied* zum Parteilied der NSDAP und der SA. Auf den Postkarten mit dem vertonten Text stand die Widmung: »Adolf Hitler zugeeignet«!

Eine typische Interpretation der Weimarer Republik, die von dem nationalistischen Lager als Juden- und Asphaltrepublik diffamiert wurde, und zugleich eine pathetische Vision eines ›wahren‹ und ›kommenden‹ Deutschland enthält ein Gedicht von Will Vesper. Vesper (1882–1962), Parteigenosse seit 1931, wurde einer der höchsten Kultur- und Literaturfunktionäre des »Dritten Reiches«. Sein Gedicht *Bleibendes Deutschland* aus dem Jahre 1930 ist eins der anspruchsvolleren Zeugnisse für das, was wir als die deutsche Blut- und Boden-Ideologie der ersten Jahrhunderthälfte kennen:

> Es bleibt das Land. Es bleiben deine Städte
> dieselben doch, wenn auch dein Volk vertauscht,
> als ob es sich am Taumelkraut berauscht
> und um die Seele sich getrunken hätte.
>
> Doch steht dein Wald, die Berge, ewige Zeugen!
> Und aus Gewässern steigt die alte Kraft,
> die neu die Rücken deiner Knaben strafft,
> indes die Väter sich wie Knechte beugen.

Noch fließt dein Rhein, wenn auch der Fremden Pferde
jetzt aus ihm trinken. Und es ragt dein Dom
und predigt steinern über deinen Strom.
Und dumpf aufrauschend redet deine Erde.

Denn die ist ewig. Zu dem bangen Volke
raunt sie von alter Zeit. Ein neuer Mut
strömt aus dem Korn und Wein und gärt im Blut.
Und schwer von Blitzen steigt die Wetterwolke.[25]

In feierlich raunendem Ton wird hier dem vergänglichen, falschen und verführten Deutschland der Weimarer Republik das echte und bleibende entgegengestellt. Es ist ein elementares vor- und übergeschichtliches, vor- und übergesellschaftliches Deutschland, das aus seiner Landschaft, seinen Gewässern und seiner Erde besteht, aus der selbst die Städte und Dome – auch die deutsche Kultur ist ein Naturerzeugnis! – hervorgewachsen sind. Abgefallen von diesem unvergänglichen Deutschland ist lediglich das Volk, verführt – so suggerieren es die Verse »Als ob es sich am Taumelkraut berauscht / und um die Seele sich getrunken hätte« – von einer diabolischen Macht und der angestammten Trunksucht. Das »Taumelkraut« ist ein Unkraut, entweder der ›Taumellolch‹, dessen Same ein narkotisch wirkendes Pilzgift enthält oder der Schachtelhalm, dessen Gift die ›Taumelkrankheit‹ auslöst und tödlich wirken kann. »Unkraut«, »Volksschädling« und »Volksvergiftung« werden nur wenig später zu den Metaphern gehören, mit denen man die »Ausrottung« alles »Undeutschen« zu rechtfertigen suchte. Allerdings sei nicht das ganze Volk auf den Irrweg geraten, sondern nur die Generation der »Väter«, die sich dem Siegerdiktat von Versailles gebeugt haben. Sie haben das Vaterland und das linke Rheinufer, darunter Köln mit seinem Dom, preisgegeben. Deshalb gilt alle Hoffnung der unverdorbenen männlichen Jugend, der »jungen Mannschaft«, auf die auch die NSDAP schon in der Weimarer Republik mit beträchtlichem Erfolg ihre Propaganda konzentrierte. Sie seien immun gegen die schleichende Volksvergiftung, weil sie die »alte Kraft« und »neuen Mut« aus deutschem Blut und Boden beziehen, weil die Nabelschnur zwischen ihnen und der ewigen deutschen Erde nicht zerrissen ist. Das »wahre Volk« erscheint somit als ein Annex von Blut und Boden. Und diese Mutter-Erde nährt nicht nur, sondern sie spricht auch. Ihr Raunen zu vernehmen und ihre Weisungen dem »bangen Volke« nahezubringen, ist offensichtlich die Aufgabe des deutschen Dichters, der Vesper mit diesem Gedicht nachzukommen sucht. Er vermag aus der tröstlichen alten Kunde zugleich die prophetische Botschaft herauszuhören:

»Und schwer von Blitzen steigt die Wetterwolke.« Die deutsche Geschichte bleibt auch mit diesem Bild elementare Naturgeschichte. Ein gewaltiges Gewitter, Blitz, Donner und Sturm, soll die drückende und vergiftete Atmosphäre der Weimarer Republik reinigen und sie hinwegspülen. Und wer, wenn nicht Wotan und Donar, werden diese gewaltige Wiedergeburt des deutschen Volkes mithilfe des jungen Geschlechts ins Werk setzen?!

Vesper möchte sichtlich an das Pathos eines Hölderlin und Stefan George und ihrer »vaterländischen Gesänge« anschließen. Er meidet alle Stilmittel des politischen Gedichts, die sich zwischen Vormärz und Weimarer Republik in einer genuin demokratischen Tradition herausgebildet haben, vor allem Witz, Satire, Parodie und Ironie. Er möchte wieder »auf einer höheren Warte« stehen als »auf den Zinnen der Partei«. Seine monologische und besitzergreifende Selbstansprache (das wiederholte »dein«, »deine«!) führt den tremolierenden Anspruch mit sich, im Namen jener wenigen, einsamen und treuen Deutschen zu sprechen, die der »November«-Verführung widerstanden haben. Diese prätendierte Überparteilichkeit aber gehört zu den verlogensten ideologischen Versatzstücken des Faschismus und Nazismus, die in totalitärer Weise den Platz und die Stellvertretung der gesamten Nation usurpierten.

Diesen Totalitarismus, zugespitzt im Führerkult, verkündet ein Gedicht von Heinrich Anacker aus dem Jahre 1931. Es trägt den Titel *Stein und Steinmetz* und versucht, in getragenen Zweizeilern und in der Form einer gebetsartigen Anrufung die Vision eines künftigen »neuen Deutschland« zu entwerfen:

> Wir werdend Volk, wir sind der rohe Stein –
> Du, unser Führer, sollst der Steinmetz sein;
>
> der Steinmetz, der mit schöpf'rischer Gewalt
> den Stein erlöst von seiner Ungestalt.
>
> Schlag immer zu! Wir halten duldend still,
> da deine strenge Hand uns formen will.
>
> Wir leiden gern, hinopfernd Tag und Nacht,
> wenn nur dein Hammerschlag uns klarer macht.
>
> Wie Michelangelo das Bild des Herrn,
> schaffst du aus uns, was heut noch blaß und fern;
>
> schaffst du aus uns, aus rohem Element,
> des neuen Deutschland ewig Monument![26]

Das Gedicht ist Zeuge und Zeugnis eines masochistischen Führerkults, der in wenigen Jahren ganz Deutschland erfassen wird. Er übertrumpft bei weitem den Kult der großen Männer, der in Deutschland schon lange getrieben wurde: mit Hermann dem Cherusker, mit Barbarossa, mit Luther, mit Friedrich d. Großen, mit Bismarck und mit Rembrandt. Sie alle wurden zu Retter- und Erlösergestalten stilisiert, aber eine so totale Unterwerfungsbereitschaft des »Volkes« unter die Macht und Autorität des »Führers« wie hier bei Anacker gab es noch niemals. Beide wechseln geradezu die Plätze: der Führer ist *vor* dem Volk da, er steht nicht nur *über ihm,* sondern er ist der eigentliche Schöpfer des »werdenden Volkes«, das willenlose Volk sein Werk.

Diese bedingungslose Selbstpreisgabe, die überraschend ist, wenn man an die Macht der Volkstums-Ideologie in dieser Zeit denkt, hat ihre konkreten sozialen und historisch-politischen Ursachen in der Krisen- und Zerfallsphase der Weimarer Republik (1930–33). In den Augen der nationalistischen Autoren und Politiker hat sie das Volk seiner Einheit, seiner Identität, seines Selbstbewußtseins und seiner Form und Gestalt beraubt und auf die Stufe einer anonymen Masse, eines amorphen Stoffes herabsinken lassen. Davon haben auf ihre Weise auch die Verse Will Vespers gesprochen. Bei Anacker ist von der »Ungestalt« des Volkes die Rede, aus der es nur ein creator und eine »creatio ex nihilo« erlösen kann. Um diesen Erlösungsvorgang darzustellen, bedient sich das Gedicht der Bildhauer-Metaphorik von *Stein und Steinmetz.* Mit welchen Implikationen und Folgen es das tut, läßt sich präzise erläutern, wenn man ein Gedicht herbeizieht, das Anacker offenkundig angeregt hat. Der vorletzte Doppelvers verrät es:

> Wie Michelangelo das Bild des Herrn,
> schaffst du aus uns, was heut noch blaß und fern;

Es ist ein Michelangelo-Gedicht von Conrad Ferdinand Meyer, das den Titel *In der Sistina* trägt. Ich muß es ganz zitieren, um davon das Profil des Anacker-Gedichts absetzen zu können:

> In der Sistine dämmerhohem Raum,
> Das Bibelbuch in seiner nervgen Hand,
> Sitzt Michelangelo in wachem Traum,
> Umhellt von einer kleinen Ampel Brand.
>
> Laut spricht hinein er in die Mitternacht,
> Als lausch' ein Gast ihm gegenüber hier,
> Bald wie mit einer allgewalten Macht,
> Bald wieder mit seinesgleichen schier:

»Umfaßt, umgrenzt hab ich dich, ewig Sein,
Mit meinen großen Linien fünfmal dort!
Ich hüllte dich in lichte Mäntel ein
Und gab dir Leib, wie dieses Bibelwort.

Mit wehnden Haaren stürmst du feurigwild
Von Sonnen immer neuen Sonnen zu,
Für deinen Menschen bist in meinem Bild
Entgegenschwebend und barmherzig du!

So schuf ich dich mit meiner nichtgen Kraft:
Damit ich nicht der größre Künstler sei,
Schaff mich – ich bin ein Knecht der Leidenschaft –,
nach deinem Bilde schaff mich rein und frei!

Den ersten Menschen formtest du aus Ton,
Ich werde schon von härterm Stoffe sein,
Da Meister, brauchst du deinen Hammer schon.
Bildhauer Gott, schlag zu! Ich bin der Stein.«[27]

Das Gedicht, in der letzten Fassung 1892 erschienen, steht im Zyklus »Genie«. Auch bei Meyer gibt es den Kult der großen Männer und Künstler, vornehmlich der Renaissance-Künstler. Ihr Inbegriff ist die mächtige Gestalt des Michelangelo. Meyer zeigt ihn im einsamen Selbstgespräch mit Gott, den er in der Sixtinischen Kapelle fünfmal Gestalt werden ließ – der Mensch als der Schöpfer Gottes. Diese blasphemische Umkehrung des Schöpfungsvorgangs aber wird von dem Gedicht – das ist seine Schlußpointe – ausdrücklich zurückgenommen: »Bildhauer Gott, schlag zu! Ich bin der Stein.« In der Konkurrenz der beiden Schöpfer, in dem Wettbewerb von Religion und Kunst, von »Bibelbuch« und Malerei wird zuletzt – in den Vorfassungen noch viel expliziter – den christlichen Mächten der Vorrang belassen –, allerdings auf eine Weise, die das Kräfteverhältnis in der Schwebe hält. Denn die Anerkennung Gottes als der »größre Künstler« erfolgt durch die freie Entscheidung des *Menschen* Michelangelo, der sich als einen »Knecht der Leidenschaft« erkennt. So wird die Ästhetisierung der Schöpfung und des Schöpfungsvorgangs nicht rückgängig gemacht, sondern genau an der Stelle fortgesetzt und an Gott zurückgegeben, an der die Bibel dies möglich macht: »Und Gott schuf den Menschen ihm zum Bilde, zum Bilde Gottes schuf er ihn« (Mose 1, 27). Freilich gibt sich das trotzige Selbstbewußtsein des Meyerschen Michelangelo mit der ererbten Gottesebenbildlichkeit nicht mehr zufrieden. Gleichsam als Gegenleistung für die Erschaffung der sixtinischen Deckenfresken beansprucht er eine zweite Adamsschöpfung für sich:

»Nach deinem Bilde schaff mich rein und frei!« Michelangelo will nicht mehr bloß Abbild, sondern ein sündeloses göttliches Originalwerk sein.

An diesem Gedicht und seiner monumentalen Gestik hat sich Anacker offensichtlich versehen. Aber er ändert seine Rollenverteilung auf charakteristische Weise. Der »Führer« erhält sofort die Rolle des »Bildhauer Gott« aus der Schlußzeile des Meyerschen Gedichtes zugewiesen, das Volk die komplementäre Rolle des Michelangelo, aber ganz ohne dessen eminentes Selbstbewußtsein. Es ist nichts als toter Rohstoff in den Händen des Meisters. Deshalb bekundet es mehrfach seine masochistische Unterwerfungsbereitschaft, seine geradezu sexuelle Lust, von seinem Herrn geschlagen und gepeinigt zu werden. Denn es erwartet dafür nichts geringeres als seine Schöpfung und Erlösung in ein zeitloses monolithisches Monument. In den letzten beiden Zweizeilern wird diese klare Rollenverteilung jedoch noch einmal vertauscht. Der »Führer« rückt, vergleichsweise, in die Rolle des Künstlers Michelangelo ein, das Volk in das »Bild des Herrn« und damit wird erneut eine Rolle (und Leerstelle) usurpiert, die in Meyers Gedicht (und auch bei dem historischen Michelangelo!) dem Schöpfergott und »größren Künstler« vorbehalten bleibt. Das heißt: Anackers Gedicht ist restlos säkularisiert. Führer und Volk nehmen abwechselnd die Stelle Gottes ein. Die behutsame Selbstvergottung, die in dem »Sistina«-Gedicht zwischen den Versen herauszuhören ist, wird von dem Gedicht Anackers besinnungslos vollzogen. Führer, Volk und Nation vergötzen sich wechselseitig. Das bringen die beiden Schlußverse zum Ausdruck:

> schaffst du aus uns, aus rohem Element,
> des neuen Deutschland ewig Monument.

Der gottgleiche »Führer« schafft das »neue Deutschland« als ein Kunstwerk von Ewigkeitswert, das sowohl den »Stein«, als vollendetes Volk, wie den »Steinmetz« unsterblich machen soll. An die Stelle der Ästhetisierung der Religion bei C. F. Meyer ist die Ästhetisierung der Politik getreten – eines der vielen kleinen Zeugnisse für die Berechtigung der Benjaminischen Faschismus-Definition.[28] Adolf Hitler hat sich ja in der Tat als ein in die Sphäre der Politik versetzter Künstler verstanden. Die Michelangelo-Epigonen Josef Thorak und Arno Breker waren seine Lieblingsbildhauer; zusammen mit Albert Speer wollte er »ewige Monumente« faschistischer Baukunst schaffen und die Massen-Ästhetik seiner Herrschaftsinszenierung und Machtausübung springt seit je ins Auge.[29] Insofern trat ein, was das Gedicht Anackers poetisch vorwegnimmt: die gewaltsame Versetzung der politischen Geschichte in die Sphäre der Kunst.

Eingetreten ist allerdings auch, was die Konnotationen des Textes und seiner Steinmetz-Metaphorik eher unfreiwillig verraten: zum einen das Gewaltsame und Gewalttätige des Vorgangs, denn der Stein ist der ungestalte und widerständige Werkstoff kat'exochen, der sich nur einem diktatorischen Meister fügt; zum anderen das Kalte, Starre und Tote, das der Stein-Metaphorik anhaftet. Der Künstler-Politiker Hitler hätte denn auch um ein Haar aus Deutschland und den todessüchtigen Deutschen ein gewaltiges Grab-Monument gemeißelt.

Zuvor aber, zwischen 1933 und 1945, wurde noch alles weggemeißelt und totgeschlagen, was nach Ansicht dieses blutigen Steinmetz' nicht in »des neuen Deutschland ewig Monument« gehörte.

XIII

»Deutschland, bleiche Mutter«
Exil-Gedichte

Die innere Spaltung Deutschlands und der Deutschen, die sich nach dem verlorenen Ersten Weltkrieg anbahnte und in der extremen politischen und kulturpolitischen Polarisierung am Ende der Weimarer Republik fortsetzte, wendete sich mit dem Jahr 1933 für alle sichtbar nach außen. Die National-sozialisten monopolisierten nicht nur das Definitionsrecht darüber, was unter den Worten »deutsch«, »Deutschland« und »deutsches Vaterland« zu verstehen sei, sondern sie setzten ihre Definitionen, nachdem sie die Macht erhalten und »ergriffen« hatten, auch mit brachialer Gewalt und in kürzester Zeit durch. Ihre Wut richtete sich zuerst und vor allem gegen diejenigen, die ihnen dieses Definitionsrecht streitig gemacht hatten und streitig machen konnten, gegen die politischen, »rassischen« und kulturellen Gegner, also gegen die Kommunistische und Sozialdemokratische Partei, gegen die Ge-werkschaften, gegen die jüdische Bevölkerung und gegen die linken, links-liberalen und bürgerlich-humanistisch gesinnten Schriftsteller und Künstler. Deren Diskriminierung, Verfolgung und Verhaftung führte dazu, daß das kulturelle Leben in Deutschland, nach einem »Massen-Exodus der Dich-ter«[1], schon im Herbst 1933 weitgehend »gleichgeschaltet« war. Bis auf we-nige Ausnahmen – Ernst Jünger, Gottfried Benn, Oskar Loerke, Ricarda Huch, Erich Kästner z. B., die sich aber früher oder später in die »innere Emigration« zurückzogen – wurden alle, die Rang und Namen hatten (ein Gerhart Hauptmann und Hans Carossa ließen sich freilich bis zum Schluß mißbrauchen!), ins Exil getrieben. Seitdem wurde die deutsche Literatur- und Kulturgeschichte im wesentlichen im Ausland gelebt und weiterge-schrieben. Seitdem gab es *zwei* Deutschlands, zwischen denen eine Verstän-digung nicht mehr möglich war: das Hitler-Deutschland und das »andere«, »bessere«, »wahre« Deutschland, vertreten durch die Repräsentanten der »Kulturnation« – »Wo wir sind, ist Deutschland«, so definierte Thomas Mann selbstbewußt.[2] Aber das *eine* Deutschland war mächtig und wurde, wider alles Erwarten und Hoffen, immer mächtiger und stabiler, während das andere immer ohnmächtiger wurde, vor allem mit dem und durch den Ausbruch des Zweiten Weltkriegs, der die Exilierten noch einmal in alle Welt vertrieb und zerstreute.

Nach dem Zusammenbruch des Hitler-Regimes, in den Jahren 1945–1949, schlug diese deutsche Spaltung und Teilung in besonderer Weise, im globalen Rahmen einer Teilung der Welt in zwei antagonistische Blöcke, wiederum nach innen: es entstanden, nicht zwangsläufig, aber mit einer gewissen historischen Konsequenz, zwei deutsche Staaten, in denen sich die politische und kulturelle Polarisierung vom Ende der Weimarer Republik, natürlich unter Ausschaltung des Nationalsozialismus, fortsetzte und vollends realisierte. Die vierundsiebzigjährige Epoche der deutschen Reichseinheit erschien im Rückblick mehr und mehr wie ein Zwischenspiel. Und es entstand eine ganz neue Art, von Deutschland nach Deutschland ins Exil zu geraten.

Unmittelbar nach 1945 aber ging die Mehrzahl der exilierten Künstler, wenn sie überhaupt zurückkehrten, in die SBZ/DDR. Denn es war eine kommunistische Gruppe aus dem Moskauer Exil – Politiker und Schriftsteller –, die den Aufbau dieses Staates geplant hatte und gezielt in die Hand nahm. Unter der Fahne eines programmatischen Antifaschismus nahm sie das Recht für sich in Anspruch, das andere und bessere Deutschland zu verkörpern.

Erst nachdem es zum Zusammenbruch auch dieses angemaßten Definitionsmonopols gekommen war, in den Jahren 1989/90, konnte die *äußere* Aufhebung einer Teilung erfolgen, die nicht erst 1949, sondern schon 1918/19 begonnen hatte, die also nicht vierzig, sondern siebzig Jahre angedauert hatte. *Deshalb* tun wir uns mit der *inneren* Aufhebung der Teilung so schwer. Was sich mit den sozialpolitischen Spannungen so lange in der deutschen Geschichte angebahnt und dann zwei Drittel eines Jahrhunderts eingenommen hat, läßt sich nicht von heut auf morgen überwinden. Wir sollten uns auf langfristige Prozesse gefaßt machen und, belehrt durch unsere Geschichte, auf das illusionäre und gefährliche Bild eines harmonischen Einheits-Deutschland ein für allemal verzichten.

Diese weiträumige Zusammenschau – deshalb leitet sie hier ein – hat bedeutende Konsequenzen für unsere künftige Geschichts- und Literaturgeschichtsschreibung. Im Rückblick kann es keinen Zweifel mehr geben, daß die sog. deutsche Exilliteratur die *primäre* und eigentliche deutsche Literatur darstellt, während alles, was zwischen 1933 und 1945 innerhalb der Grenzen des Hitler-Reiches geschrieben wurde, das *sekundäre* und ein zum Teil abwegiges und pervertiertes Literaturphänomen darstellt. Die Exillitera-

292

tur setzte die Literaturgeschichte der Weimarer Republik fort, die Literatur im »Dritten Reich« schlug einen Umweg (die Literatur der Inneren Emigration) oder einen Irrweg (die NS-Literatur) ein.

Anders, um noch eine weitere Konsequenz zu ziehen, stellt sich im Lichte dieser Zusammenhänge auch das Verhältnis zwischen der ostdeutschen und der westdeutschen, der DDR- und der BRD-Literatur dar. Obwohl es seit 1989 forcierte und einflußreiche Versuche gegeben hat, die DDR-Literatur einfach durchzustreichen oder teilweise einer gesamtdeutschen, aber von der ehemaligen Bundesrepublik geprägten Literatur einzuverleiben, ist dieses Unternehmen doch unhaltbar.[3] Denn es verfälscht die deutsche Geschichte, wer die kommunistische DDR-Diktatur einfach und kurzschlüssig zum direkten Erben und Nachfolger der Nazi-Diktatur abstempelt, nicht zuletzt deshalb, um sie sich damit vom Leib zu halten. Die historisch-politische Gemengelage nach 1945 war weitaus komplizierter. Denn die DDR ist ursprünglich als ein radikaler antifaschistischer Gegenentwurf zum Hitler-Regime herausgefordert, geplant und eingerichtet worden. Deshalb war sie für viele Nachkriegsintellektuelle so glaubwürdig und attraktiv. Das sozialistische Experiment, das dort unter schwierigen Bedingungen stattgefunden hat und mit den Jahren verfälscht und verraten wurde, resultierte aus der *gesamtdeutschen* Geschichte und besaß und besitzt deshalb bis heute einen gewissen Stellvertretungscharakter.[4] Die DDR-Geschichte ist auch die Geschichte *aller* Deutschen.

Die nicht-affirmative, kritisch-solidarische und selbst die oppositionelle DDR-Literatur wurde von diesem politisch-moralischen Bewußtsein, einem Erbe der Exilliteratur, jedenfalls lange Zeit getragen und geprägt. Deshalb würden wir uns eines authentischen und notwendigen Teils unserer Selbstauseinandersetzung und unserer politischen Kultur berauben, wenn wir dies nachträglich leugnen wollten. Im Sinne der deutschen Exilliteratur und ihrer bedeutenden Repräsentanten wäre es sicher nicht. Der Weg zu ihnen führt über beide Deutschlands zurück.

Ich sagte, seit 1933 gab es zwei Deutschlands, zwischen denen eine Verständigung nicht mehr möglich war. Jetzt füge ich hinzu: mit dieser Aufspaltung gab es auch zwei antagonistische deutsche Sprachen (»Lingua tertii imperii« hat Viktor Klemperer die Nazi-Sprache schon früh genannt), zwischen denen eine Verständigung nicht mehr möglich war. Das hat dazu geführt, daß einerseits ein großer Teil der Exilierten und besonders der exilierten Schriftsteller in *ihrer* deutschen Sprache ihre verlorene Heimat zu bewahren versuchten und ihren Halt fanden – die Muttersprache wurde nicht nur Rose Ausländer zum »Mutterland«[5] –, daß es aber andrerseits, je mehr der deutsche Name und die deutsche Sprache mit unsäglichen Verbrechen belastet wurden, zum Verstummen und Versagen der Sprache führte.

Mit beiden Tendenzen bespricht sich relativ vordergründig, aber doch exemplarisch ein Gedicht von Berthold Viertel (1885–1953):

Der nicht mehr deutsch spricht

Deutsch zu sprechen hast du dir verboten,
Wie du sagst: aus Zorn und tiefer Scham.
Doch wie sprichst du nun zu deinen Toten,
Deren keiner mit herüber kam?

Zu Genossen, die für dich gelitten,
Denn statt deiner wurden sie gefaßt.
Wie willst du sie um Verzeihung bitten,
Wenn du ihren Wortschatz nicht mehr hast?

Jene Ruchlosen wird es nicht schrecken,
Wenn du mit der Muttersprache brichst,
Ihre Pläne weiter auszuhecken,
Ob du auch das reinste Englisch sprichst.

Wie das Kind, das mit der Mutter greinte,
Und, indem es nicht zu Abend aß,
Sich zu rächen, sie zu strafen meinte:
Solch ein kindisch armer Trotz ist das.[6]

Diese quälende Aporie, daß man die Opfer nur in der Sprache ihrer Mörder beklagen konnte und kann und daß die Tötungsmaschinerie und die Zahl ihrer Opfer unaussprechliche und unfaßbare Dimensionen erreichte, prägte auch die Situation der poetischen Sprache nach 1945. Sie kulminierte in dem aus der »Dialektik der Aufklärung« entstandenen Diktum Adornos: »nach Auschwitz ein Gedicht zu schreiben, ist barbarisch.«[7] Schon 1933 ließ Karl Kraus ein inzwischen berühmtes Gedicht mit der Feststellung enden: »Das Wort entschlief, als jene Welt erwachte.«[8] Paul Celan, dessen Sprache und Dichtung dieser qualvollen Aporie entsprungen ist, hat sie immer wieder zu fassen versucht, zum Beispiel mit den Versen »Welches der Worte du sprichst – / du dankst / dem Verderben« oder: »Ein Wort – du weißt: / eine Leiche.«[9]

Aber diese Tatsache, daß es zwischen 1933 und 1945 zwei Deutschlands und zwei deutsche Sprachen gab, hat auch Folgen für alle, die seither über Deutschland sprechen. Bildeten die Deutschland-Gedichte und die Deutschland-Sprache bis 1918 trotz aller Spannungen, Widersprüche und Polarisierungen noch ein zusammenhängendes und gemeinsames Spektrum (auch wenn sich bisweilen die Haare sträubten), so beginnt diese Tafel in der Weimarer Republik zu zerbrechen und 1933 ist sie endgültig zerstört. Das heißt: die Sprache und die Deutschland-Gedichte der Nazis haben sich dermaßen zur Kenntlichkeit entstellt, daß sie sich aus einem humanen und demokratischen Deutschland-Gespräch ausschließen und disqualifizieren. Mit 1945 ist die Stunde einer fundamentalen Katharsis der Deutschland-Sprache angebrochen. Sie wird niemals wieder so sein, wie sie davor gewesen ist.

Auch bei dieser Katharsis, die bis heute nicht abgeschlossen ist, können uns die Exilliteratur und namentlich ihre Deutschland-Gedichte helfen, und zwar nicht nur die ästhetisch hochrangigen Zeugnisse, sondern alle, die in einer authentischen Sprache von den bitteren Exilerfahrungen und von Deutschland sprechen.

Dennoch ist nicht zu leugnen, daß der Roman die wichtigste und wirksamste Gattung der Exilliteratur gewesen ist und daß es neben dem Drama und Theater der Lyrik am schwersten gefallen ist, sich unter extremen Bedingungen in den verschiedensten Gastländern zu behaupten. Auf beiden Feldern, dem Exildrama und der Exillyrik, ist deshalb lange Zeit nur der alles überragende und verdunkelnde Bertolt Brecht bekannt gewesen. Für seine Deutschland-Gedichte innerhalb seiner reichen und vielseitigen Exillyrik gilt das in besonderem Maße.[10] Sie müssen deshalb auch hier im Mittelpunkt stehen. Ich beginne mit dem wohl berühmtesten, aus dem Jahre 1933, das den Titel *Deutschland* trägt:

Deutschland

Mögen andere von ihrer Schande sprechen,
ich spreche von der meinen.

O Deutschland, bleiche Mutter!
Wie sitzest du besudelt
Unter den Völkern.
Unter den Befleckten
Fällst du auf.

Von deinen Söhnen der ärmste
Liegt erschlagen.
Als sein Hunger groß war
Haben deine anderen Söhne
Die Hand gegen ihn erhoben.
Das ist ruchbar geworden.

Mit ihren so erhobenen Händen
Erhoben gegen ihren Bruder
Gehen sie jetzt frech vor dir herum
Und lachen in dein Gesicht.
Das weiß man.

In deinem Hause
Wird laut gebrüllt, was Lüge ist
Aber die Wahrheit
Muß schweigen.
Ist es so?

Warum preisen dich ringsum die Unterdrücker, aber
Die Unterdrückten beschuldigen dich?
Die Ausgebeuteten
Zeigen mit Fingern auf dich, aber
Die Ausbeuter loben das System
Das in deinem Hause ersonnen wurde!

Und dabei sehen dich alle
Den Zipfel deines Rockes verbergen, der blutig ist
Vom Blut deines
Besten Sohnes.

Hörend die Reden, die aus deinem Hause dringen, lacht man.
Aber wer dich sieht, der greift nach dem Messer
Wie beim Anblick einer Räuberin.

O Deutschland, bleiche Mutter!
Wie haben deine Söhne dich zugerichtet
Daß du unter den Völkern sitzest
Ein Gespött oder eine Furcht![11]

Dieses Gedicht hat einen Vorläufer, der ihm, obwohl schon 1920 entstanden,
überraschend nahesteht:

Deutschland, du Blondes, Bleiches

Deutschland, du Blondes, Bleiches
Wildwolkiges mit sanfter Stirn!
Was ging vor in deinen lautlosen Himmeln?
Nun bist du das Aasloch Europas.

Geier über dir!
Tiere zerfleischen deinen guten Leib
Dich beschmutzen die Sterbenden mit ihrem Kot
Und ihr Wasser
Näßt deine Felder. Felder!

Wie sanft deine Flüsse einst!
Jetzt vergiftet von lila Anilin!
Mit nackten Zähnen raufen
Die Kinder das Getreide aus vor
Hunger

Aber die Ernte schwimmt in das
Stinkende Wasser!

Deutschland, du Blondes, Bleiches
Nimmerleinsland! Voll von
Seligen! Voll von Gestorbenen!
Nimmermehr, nimmermehr
Schlägt dein Herz, das vermodert
Ist, das du verkauft hast
Eingepökelt in Salz von Chile
Und hast dafür
Fahnen erhandelt!

O Aasland, Kümmernisloch!
Scham würgt die Erinnerung
Und in den Jungen, die du
Nicht verdorben hast
Erwacht Amerika![12]

Nicht nur die metaphorischen Sprachfelder sind sich ähnlich, sondern auch die Haltung dessen, der die »Mutter« Deutschland anspricht (die hier noch Züge einer Geliebten trägt!): Beidesmal eine Klage über ihre Besudelung, Verstümmelung und den Selbstverrat. Unvergleichlich ist lediglich die Schlußperspektive auf »Amerika«. Diesen Ausweg gibt es 1933 nicht mehr, obwohl es die Ironie der Geschichte dann mit sich brachte, daß der lange Fluchtweg Brechts in Kalifornien endete.

Die Personifikation Deutschlands als Frau, als bleiche besudelte Muttergestalt, steht, ich wiederhole es, in der alten römischen Tradition der *Roma/ Germania degenerans*. Aber es spricht ein Sohn, der sich trotz aller Kritik – das macht schon das Motto klar – nicht von ihr lossagt, sie nicht verleugnet. Ihre öffentliche Schande, sie steht gleichsam am Pranger, ist auch die seine. Sein Gedicht ist weniger ein Anklage- als ein Klage-Gedicht. Er maßt sich kein Richteramt an, er verurteilt nicht, sondern redet bekümmert und vertraulich auf das Mutter-Deutschland ein, stellt ihm Fragen, versucht es auf seine Schande hinzuweisen und aufzurütteln und beklagt es wie ein Tiefenttäuschter, der dennoch Mitverantwortung und Familienschuld trägt. Denn die »bleiche Mutter« ist mehr Opfer als Täterin (schuldig vor allem durch ihre falsch erzogenen Söhne!), mehr mißhandelt (»zugerichtet«) als selber handelnd.

Aber trotz dieser traditionellen Grundmuster, die das kollektive Identitätsproblem zugleich als ein individuelles erscheinen lassen, treffen wir bei Brecht auf einen ganz neuen Ton und eine ganz neue Art, über und zu Deutschland zu sprechen. Mit ihnen hebt er sich entschieden von der Tradition ab. Sie lassen sich kurz durch dreierlei charakterisieren:

1. Es ist eine »reimlose Lyrik mit unregelmäßigen Rhythmen«[13], die unter Verzicht auf die traditionellen Ausdrucks- und Pathos-Formen der Lyrik und der Deutschland-Poesie eine ganz eigene rhetorische Leidenschaftlichkeit besitzt.

2. Sie spricht in einer bisher niemals angetroffenen Kombination von Emotionalität und Intellektualität, von echter Sympathie (Mitleiden) und unnachsichtiger Kritik.

3. Die eindrucksvolle gestische, ja dramatisch angelegte Bildlichkeit des Gedichts ist zugleich von großer historisch-politischer Prägnanz. Sie bewahrt das Gedicht vor poetischer Unverbindlichkeit.

Ich erläutere die dritte Feststellung, anknüpfend an einen Satz, mit dem Wolfgang Emmerich das Gedicht kommentiert: »Den demagogischen Reden von Goebbels, daß die Linke die ›Mutter Deutschland‹ geschändet habe, setzt Brecht, ganz auf der Linie anderer Exillyriker, die Schändung Deutschlands durch die Nazis entgegen.«[14]

Wie wird die Geschichte dieser Schändung, die ins Jahr 1933 geführt hat, erzählt bzw. inszeniert?

Sie ist die Geschichte eines blutigen Bruder- und Bürgerkriegs zwischen den Söhnen Deutschlands, ausgelöst durch eine extreme ökonomische Krisensituation: »Von deinen Söhnen der ärmste / Liegt erschlagen. Als sein Hunger groß war / Haben deine anderen Söhne / Die Hand gegen ihn erhoben.« Brecht spielt deutlich auf das bekannte Arbeitergedicht von Karl Bröger an (»daß dein ärmster Sohn auch dein getreuester war.«). Gemeint sind die blutigen Straßenkämpfe zwischen Kommunisten/Sozialisten und den Nationalsozialisten in der Endphase der Weimarer Republik, die mit dem Sieg der Nazis und der gewalttätigen Verfolgung, Unterdrückung und Ausschaltung der linken Arbeiterparteien und ihrer Anhänger endeten. In der Metapher des Bruderkampfes verbirgt sich zugleich das Eingeständnis, daß viele »Proletarier« zu den »braunen Sozialisten« übergelaufen waren. Heiner Müller hat diese selbstkritische Interpretation in seinen Deutschland-Dichtungen verschärft und weitergeführt.

Aber genau deshalb wird dieser deutsch-deutsche Bruderkrieg nicht als eine interne nationale Angelegenheit geschildert, sondern als eine internationale Auseinandersetzung, als ein europäischer Klassenkampf zwischen Unterdrückern und Unterdrückten, Ausbeutern und Ausgebeuteten, Kapitalismus und Sozialismus:

> Warum preisen dich ringsum die Unterdrücker, aber
> Die Unterdrückten beschuldigen dich?
> Die Ausgebeuteten
> Zeigen mit Fingern auf dich, aber
> Die Ausbeuter loben das System
> Das in deinem Hause ersonnen wurde!

Schon die ersten Verse plazieren Deutschland vergleichend in die Gemeinschaft der Völker. Und dann folgt Brecht im wesentlichen der offiziellen sowjetischen Definition des Faschismus in dieser Zeit, die besagte, daß der Faschismus/Nazismus nur der Handlanger und das Werkzeug eines in die Krise geratenen imperialistischen Kapitalismus sei. Der Spätkapitalismus brauche dieses brutale Werkzeug, um sein Ausbeuter-System in einer bedrohlichen Situation noch einmal zu retten. Die Kurzsichtigkeit und die Unhaltbarkeit dieser These, die Hitler als bloßen Büttel des Großkapitals erscheinen läßt, ist seit langem erwiesen.

Diese These bewahrte Brecht immerhin davor, die »bleiche Mutter« Deutschland mit dem Nationalsozialismus gleichzusetzen, so wie es z.B. Gottfried Benn in der inneren Emigration und Thomas Mann im Exil getan haben.[15] Sie erscheint als eine hilflose, unschuldig-schuldige und mitleidswürdige Gestalt, der ihre mißratenen Söhne über den Kopf gewachsen sind. So ist sie im eigenen Land wie im Ausland zu einer verspotteten, mißachteten und ausgegrenzten Gestalt geworden, das heißt, in eine der Exilsituation verwandte Position und Bedrängnis geraten. In dieser verborgenen Analogie treffen wir wohl auf die geheimste untergründige Botschaft dieses mitfühlenden Gedichts und seines vertraulichen Zwiegesprächs. Der exilierte Sohn erkennt sich noch immer in dieser geschändeten Mutter, jenseits aller sowjetischen Faschismustheorien![16]

Mit diesem Gedicht im Ohr und vor Augen schauen wir noch einmal auf die beiden Deutschland-Sonette von Johannes R. Becher. Auch sie stammen von einem kommunistisch gesinnten Autor, auch sie sprechen von der Schande Deutschlands und seiner Schändung durch die Nazis, auch sie beginnen mit den Worten »O Deutschland«. Und dennoch, welch gewaltiger Unterschied zwischen den beiden Gedichten, Unterschiede in der Form, der Sprache, im Gestus und in den vorder- und hintergründigen Gesinnungen:

Tränen des Vaterlandes
1937

1
O Deutschland! Sagt, was habt aus Deutschland ihr gemacht?
Ein Deutschland stark und frei? Ein Deutschland hoch in Ehren?
Ein Deutschland, drin das Volk sein Hab und Gut kann mehren,
auf aller Wohlergehn ist jedermann bedacht?

Erinnerst du dich noch des Rufs: ›Deutschland erwacht!‹!
Als würden sie dich bald mit Gaben reich bescheren,
so nahmen sie dich ein, die heute dich verheeren.
Geschlagen bist du mehr denn je in einer Schlacht.

Dein Herz ist eingeschrumpft. Dein Denken ist mißraten.
Dein Wort ward Lug und Trug. Was ist noch wahr und echt?
Was Lüge noch verdeckt, entblößt sich in den Taten:

Die Peitsche hebt zum Schlag ein irrer Folterknecht,
der Henker wischt das Blut von seines Beiles Scheide. –
O wieviel neues Leid zu all dem alten Leide!

2
Du mächtig deutscher Klang: Bachs Fugen und Kantaten!
Du zartes Himmelblau, von Grünewald gemalt!
Du Hymne Hölderlins, die feierlich uns strahlt!
O Farbe, Klang und Wort: geschändet und verraten!

Gelang es euch noch nicht, auch die Natur zu morden?
Ziehn Neckar und der Rhein noch immer ihren Lauf?
Du Spielplatz meiner Kindheit: wer spielt wohl heut darauf?
Schwarzwald und Bodensee, was ist aus euch geworden?

Das vierte Jahr bricht an. Um Deutschland zu beweinen,
stehn uns der Tränen nicht genügend zu Gebot,
da sich der Tränen Lauf in so viel Blut verliert.

Drum, Tränen, haltet still! Laßt uns den Haß vereinen,
bis stark wir sind, zu künden: ›Zu Ende mit der Not!‹
Dann, Farbe, Klang und Wort, glänzt, dröhnt und jubiliert![17]

Das erste Sonett hat zwei Adressaten. Zunächst wird ein »ihr« angeredet, mit dem zweifellos die Nazis gemeint sind, vom zweiten Quartett an ein personifiziertes »Deutschland«, das als Opfer der heuchlerischen und gewalttätigen Nazis erscheint. Die Rolle, die früher traditionell einem äußeren Feind zugewiesen wurde, übernimmt jetzt der innere Feind. Aber dieser Unterschied zwischen den beiden Adressaten wird von den nachfolgenden Terzetten restlos und irritierend eingeebnet. Deutschland geht im Nazideutschland auf. Im letzten Terzett wird hinter den brutalen Täterfiguren (Folterknecht, Henker) kein Opfer mehr sichtbar.

Dieser Gleichung von Deutschland und Nazideutschland setzt das zweite Sonett mit forciertem Pathos die unvergängliche deutsche »Kulturnation« und Landschaft, genauer, ein beispielhaftes deutsches Triumvirat überragender Künstler entgegen. Obwohl auch die deutsche Kultur von den Nazis »geschändet und verraten!« worden ist, soll sie doch am Ende triumphieren: »Dann, Farbe, Klang und Wort, glänzt, dröhnt und jubiliert!« Der künftige Untergang des Naziregimes wird, im direkten Anschluß an ein berühmtes Sonett von Andreas Gryphius, als visionäre Wiedergeburt der großen deutschen Kunst gefeiert, ein Programm, das Becher in der SBZ und der DDR nach 1945 in der Tat zu verwirklichen suchte. Aber abgesehen davon, daß es sich dabei um eine Selbstverteidigung des Verfassers und seiner gesellschaftlichen Rolle als Künstler und Intellektueller handelt, gerät das Gedicht dadurch, offensichtlich ahnungslos, in eine gefährliche Nähe zu der nationalistischen und chauvinistischen Lyrik eines Ernst Lissauer und Will Vesper. Auch sie haben sich ja mit bombastischem Pathos der großen Namen der deutschen Kultur bedient. Becher spürt nicht, daß er einem naiven Kulturbegriff aufsitzt, den die Nazis längst ad absurdum geführt hatten. Denn sie pflegten, auf ihre Weise, gerade das klassische Kulturerbe in Dichtung, Musik und auch auf dem Theater. Der berüchtigte Reinhard Heydrich, Himmlers rechte Hand und zuletzt Reichskommissar des »Protektorats Böhmen und Mähren«, stammte aus einer bekannten Musikerfamilie und war ein exzellenter Mozart-Kenner und Geigenspieler. Und es waren nicht nur Richard Strauss, Furtwängler, Karajan und Gründgens, die dem Regime dienten. »Kultur als Alibi« hat es Max Frisch nach dem Krieg genannt. Dem jungen Schweizer Journalisten kamen zur gleichen Zeit, als das Becher-Gedicht entstand, auf einer längeren Deutschlandreise die ersten Zweifel an seinem bis dahin begeisterten Glauben an die große deutsche Kulturnation und das »Land der Dichter und Denker«.

So schlägt der Vorwurf aus dem Vers »Dein Wort ward Lug und Trug. Was ist noch wahr und echt?« auf die Sprache des Gedichtes selber zurück. Auch sie ist nicht mehr wahr und echt, sondern allenfalls gut gemeint. Ihr barokkes Pathos wirkt geliehen und pompös, ihre verbalen Machtgebärden hohl, ihr Wissen von Deutschland, das sie vermittelt, ist dürftig und irreführend, und ihre vollmundige Verzweiflung verfehlt ihre eigentliche Ursache. Denn das, was die selbstkritischen Exilanten im Jahre 1937 allmählich wirklich verzweifeln ließ, war die Tatsache, daß die Mehrheit der Deutschen an all das glaubte, was die erste Strophe des ersten Sonetts mit rhetorischem Nachdruck in Frage stellt. Diese Verzweiflung kommt bei Becher allenfalls in der untergründigen Ungeduld des Gedichts zur Sprache: »Das vierte Jahr bricht an« – und noch immer ist das Regime nicht zusammengebrochen, noch immer haben die gemeinsamen »Volksfront«-Maßnahmen der Exilierten nichts bewirkt.

Daß man auf solch einer dröhnenden Sprachorgel das Deutschland-Lied nicht mehr spielen konnte, wußte niemand besser als Brecht. Er hat dem ihm unerträglichen Becher[18] mit einem ironischen Gegen-Sonett geantwortet:

An einen befreundeten Dichter,
seiner Deutschlandgedichte wegen

Von jenem Lande, dessen Boden zu betreten
Man uns verwehrt (man kann uns nicht verwehren
In seiner Sprache heute noch zu reden)
Sprichst du wie der, den Lieb und Haß verzehren
Weil bei'r Geliebten ihn durch abgefeimte Künste
ein Nebenbuhler listig ausgestochen.
Der Lippen Fülle denkt er und der Achselhöhlen Dünste
Vergißt er nicht, die er vor Jahr und Tag gerochen.

Seh ich dich so in vielerlei Gedichten
Zu längst zerstörten Häusern Steine schichten
Und mühsam neu baun abgetragene Örter
Dann fürcht ich, du vergißt, daß deine Hand
Nach einem Bild greift, nicht nach einem Land
Dein Fuß nicht Boden da betritt, nur Wörter.[19]

»Nur Wörter« – so entzaubert Brecht die »falsche Mystik der Worte«, nicht zuletzt mit einer ganz anderen Handhabung der Sonettform.

Ich gebe noch ein weiteres Beispiel, das sich direkt mit der Art, über Deutschland zu reden, aus der Perspektive des Exils auseinandersetzt, Paul Mayers *Es gibt ein Wort…*:

Es gibt ein Wort, das Vaterland heißt.
Es war schon von Motten zerfressen.
Die Mehrzahl des Volkes, die hatte zumeist
Vom Wort und vom Land nichts besessen.

Es gibt ein Wort, das Vaterland heißt.
Machthaber hatten's gepachtet.
Da welkte das Wort, vergreist und verwaist,
Vergessen, verloren, verachtet.

Es gibt ein Wort, das Vaterland heißt.
Sie haben's zu Tode geschrien.
Sie nahmen dem Wort das Herz und den Geist,
Die Hitlerischen Harpyien.

Es gibt ein Wort, das Vaterland heißt.
Sie schleiften durch Pfützen und Gossen
Das Wort, das ihnen nur Beute verheißt,
Dem Göring und seinen Genossen.[20]

Es gibt ein Wort, das Vaterland heißt.
Wir haben's gefühlt und begriffen,
Die wir durch ein Dutzend Länder gereist,
Per pedes, als Frachtgut auf Schiffen.

Es gibt ein Wort, das Vaterland heißt.
Sie haben's verdorben, die Hunde.
Die Worte sind Wesen. Wer eines zerreißt,
Der schlägt der Welt eine Wunde.

Es gibt ein Wort, das Vaterland heißt.
Entreißt es den Mördern und Räubern.
Das Wort aller Worte, von Sehnsucht umkreist,
Erst müßt ihr es läutern und säubern.

Es gibt ein Wort, das Vaterland heißt.
Nie wieder laßt's euch entwenden,
Dies Wort, mit eurem Blute gespeist,
Gestaltet von eueren Händen.

Es gibt ein Wort, das Vaterland heißt.
Das ist nicht »Hurrah« und Gedröhne.
Das Wort, das allen die Zukunft weist
Ins Land der Töchter und Söhne.[21]

Dieses Gedicht bezieht sich unverkennbar auf Ernst Moritz Arndts Gedicht *Des Deutschen Vaterland,* dessen Strophen mit der stereotypen Frage beginnen: »Was ist des Deutschen Vaterland?« Dem antwortet Mayers durchgehende Anfangszeile: »Es gibt ein Wort, das Vaterland heißt«, und er leitet damit eine polemische Wortgeschichte und Wortuntersuchung ein, in der Form eines konventionellen Gedichts, das sich kaum von der Vormärzlyrik unterscheidet. Die erste Hälfte des Gedichts, vier Strophen, schildern die Verfallsgeschichte des ideologischen Wortes, ohne daß sich ein genaues historisches Nacheinander ausmachen ließe. Die ersten beiden Strophe beschreiben den pervertierten Status des Wortes vor Hitler; es war, wie bei Heine, noch immer »erbeigentümlich den Fürsten«, den Machthabern, und es verdorrte, weil es nicht mehr zur lebendigen Volkssprache gehörte: »Da welkte das Wort, vergreist und verwaist, / Vergessen, verloren, verachtet.« Die nächsten beiden Strophen (3 u. 4) schildern die Leidensgeschichte des Wortes unter dem Hitlerregime. Aus dem verlorenen wird ein totes, geschändetes und besudeltes Wort. An die Stelle des »Heil Hitler« sind die Unheil-»Harpyien« getreten.

Dieser Geschichte des Verfalls und Verlustes setzen die nächsten fünf Strophen, die in die Exilgegenwart auftauchen und mit einer hoffnungsvollen Zukunftsperspektive enden, den Versuch einer Wiedergewinnung und Reinigung des verdorbenen Wortes »Vaterland« entgegen. Es wird als das rechtmäßige Eigentum der exilierten Deutschen reklamiert, denn erst die Vertriebenen und Heimatlosen, ein alter Topos, erfahren in der Fremde, was das Wort Vaterland wirklich heißt. Für sie ist es ein Sehnsuchtswort geworden, das es, wie in einem Sprachenkrieg, den »Mördern und Räubern« zu entreißen gilt. In diesem Gedicht wird also etwas nachgeholt, was die politische und intellektuelle Linke – Ernst Bloch hat als erster auf dieses verhängnisvolle Versäumnis hingewiesen – in der Weimarer Republik versäumt hat, indem es die konservative Tradition und den zugehörigen deutschen Sprachschatz – Worte wie Heimat, Vaterland, Erde, Blut, Deutschland usw. – den Nationalisten und Faschisten überlassen hat. »Nie wieder laßt's euch entwenden«, heißt es nun. Die siebte Strophe bestätigt die Theorie zweier deutscher Sprachen und nimmt zugleich das Sprachprogramm der »Stunde Null« vorweg:

> Das Wort aller Worte, von Sehnsucht umkreist,
> Erst müßt ihr es läutern und säubern.

Nach 1945 nannte man es »Kahlschlag« und Kampf gegen die Kalligraphie im Namen der Wahrheit. Aber daß sich das Wort »Vaterland« jemals ganz

»läutern und säubern« und wiedergewinnen ließe, vermag schon das Gedicht Paul Mayers nicht zu beweisen. Seitdem jedenfalls, und hierin liegt eine über das Gedicht hinausgreifende Botschaft, schreibt und spricht man über Deutschland und das deutsche »Vaterland« anders als je zuvor. Das Sprachfeld »deutsch« hat für immer seine Unschuld verloren.

Ich kehre zu den Deutschland-Gedichten Brechts zurück. Wie das erste am Anfang des Hitler-Regimes steht (es soll sogar kurz vor der »Machtergreifung« entstanden sein), so das Gedicht *Deutschland (1945)* an seinem Ende:

> Im Haus ist der Pesttod
> Im Frei'n ist der Kältetod.
> Wohin gehen wir dann?
> Die Sau macht ins Futter
> Die Sau ist meine Mutter
> O Mutter mein, o Mutter mein
> Was tuest du mir an?[22]

Es ist ein äußerst wortkarges Gedicht. Es spricht wie jemand, dem es die Sprache verschlagen hat und der nun mühsam nach Worten sucht. Es versucht, das Entsetzen darüber in Worte zu fassen, was in den letzten zwölf Jahren in Deutschland und durch Deutschland geschehen ist. Um so erstaunlicher sind die Kontinuitäten und die Analogien zum Gedicht von 1933. Beide sind Zeugnisse für Brechts mitfühlendes »Leiden an Deutschland«. Ist es dort, 1933, eine Mischung von Scham, Zorn, Trauer und Mitleid, die unter der Oberfläche eines nüchternen und gestischen Feststellungsstils spürbar wird, so spricht hier die verzweifelte Klage eines Kindes, das seine mörderische Mutter auch noch in ihrer furchtbaren Entstellung wiedererkennt und anruft.

Dem Ton und Gestus eines Kinderliedes sind wir schon in Brechts *Kinderhymne* begegnet. Sie lassen eine tiefe emotionale Bindung erkennen, die sich auch unter der Erschütterung des Jahres 1945, als das ganze Ausmaß der Menschenvernichtung in den Konzentrationslagern publik wurde, nicht auflöst. Sie muß allerdings eine ganz eigentümliche, anachronistische Sprache wählen, um das Unsägliche noch ausdrücken zu können. Es ist eine lakonisch-balladeske Sprache, die mit einfachen rhetorischen Mitteln arbeitet (Anapher, Parallelismus, Repititio, Reimbindung der beiden Frage-Verse, ungereimt bleibt nur der Anruf des vorletzten Verses: »O Mutter mein, o Mutter mein«). Sie erinnert von fern an Herders »Edward«-Ballade, die mit einer Verfluchung der Mutter endet, weil sie den Sohn zum Vatermord angestiftet hat. Auch er, als vogelfreier Flüchtling, hat fortan keine Bleibe mehr.

Die allegorischen Bilder der Mutter und des Hauses aus dem Gedicht von 1933 sind in ein grotesk-makabres Extrem getrieben: das laute blutige Lügenhaus ist zu einem tödlichen Pesthaus geworden (sicherlich eine Anspielung auf die »braune Pest«), die bleiche, besudelte Mutter zu einem säuischen und mörderischen Muttertier, das seine eigenen Kinder frißt. Trotzdem spricht aus den letzten beiden Versen auch ein tödlicher Liebesschmerz:

> O Mutter mein, o Mutter mein
> Was tuest du mir an?

Zentral ist der dritte Vers, der die berühmte romantische Frage des Novalis zitiert: »Wohin gehen wir denn? –«, ohne seine Antwort »Immer nach Hause« geben zu können, denn eine Antwort auf diese Frage gibt es nicht mehr. Trotzdem ist es die Grundfrage des Gedichts. Es spricht ein verlorener, unschuldiger Sohn, der zwar zurückgekehrt ist, aber nicht mehr nach »Hause« kommen kann. Tatsächlich brauchte Brecht sehr lange, bis er im Herbst 1949 zögernd nach Ostberlin ging. »Im Frei'n ist der Kältetod« – damit ist wohl auch die Kälte des Exils und der Exilländer gemeint. Als andere jubelten oder sich zu Richtern aufschwangen, da erreichte Brechts Leiden an Deutschland seinen höchsten Grad. Mit dem lapidaren Schockvokabular seines Gedichtes löschte er, sie noch einmal sprechend, zugleich die Sprache einer jahrhundertealten lyrischen Deutschland-Panegyrik und Deutschland-Klage aus.[23] Es sind letzte Gedichte, die so sprechen.

Aber er nahm in seinen Deutschland-Gedichten auf andere Art auch alte und vertraute Töne und Inhalte wieder auf. So beginnt ein Gedicht aus dem Jahre 1939, *Über Deutschland*[24], das im Kapitel IX der *Flüchtlingsgespräche,* wo es um den Patriotismus« geht (»FRANKREICH ODER DER PATRIOTISMUS / ÜBER VERWURZELUNG«), auszugsweise zitiert wird, als wollte es auf Will Vespers *Bleibendes Deutschland* antworten:

> Ihr freundlichen bayrischen Wälder, ihr Mainstädte
> Fichtenbestandene Rhön, du, schattiger Schwarzwald
> Ihr sollt bleiben.

Nach diesem hymnisch-idyllischen Beginn und nach einer langen Aufzählung dessen, was alles bleiben kann, endet es freilich mit den klassenkämpferischen Versen:

Himmel und Erde und Wind und das von den Menschen Geschaffene
Kann bleiben, aber
Das Geschmeiß der Ausbeuter, das
Kann nicht bleiben.[25]

Daß sich der Augsburger Brecht auch im Jahre 1952 noch im Exil fühlte, verrät ein kleines Gedicht, das einen reinen, fast sentimentalen Klageton anschlägt:

Deutschland 1952

O Deutschland, wie bist du zerrissen
Und nicht mit dir allein!
In Kält' und Finsternissen
Läßt eins das andre sein.
Und hätt'st so schöne Auen
Und reger Städte viel;
Tät'st du dir selbst vertrauen
Wär alles Kinderspiel![26]

Es ist ebenfalls in einem altdeutschen Volks- und Kinderliedton gehalten und nimmt vertraute Motive der Deutschland-Dichtung auf: die innere Zerrissenheit, die mangelnde deutsche Identität, das fehlende Selbstbewußtsein, die Schönheit der Landschaft und den Fleiß der Städte. Es zeigt, daß Deutschland immer noch der irreale Sehnsuchtsort eines exilierten Schriftstellers geblieben ist, und es legt davon Zeugnis ab, daß in der DDR während der fünfziger Jahre lauter und ernsthafter nach einer deutschen Wiedervereinigung gerufen wurde als in der Bundesrepublik. Zu einem »Kinderspiel«, wie es Brecht im Konjunktiv prophezeite, hat das deutsche Selbstverhältnis freilich auch nach 1990 nicht geführt.

Daß zur gleichen Zeit im Hitler-Deutschland eine ganz andere Sprache gesprochen und geschrieben wurde, läßt sich durch ein anspruchsvolles Sonett von Hermann Burte (1879–1960) veranschaulichen, das im Jahre 1938 erschien. Burte war durch seinen völkisch-nationalistischen Heimatroman *Wiltfeber der ewige Deutsche. Die Geschichte eines Heimatsuchers* (1912) schon vor dem Ersten Weltkrieg bekannt geworden und entwickelte sich danach zu einem willigen Propagandisten des Führers und des »Großdeutschen Reiches«:

307

An Deutschland

Du lagerst laß inmitten fremder Frauen,
an einen Hühnenstein gelehnt die Stirn,
die Hände kühlen sich im Alpenfirn,
die Füße im Germanenmeer, im grauen.

Kein wälscher Wein kann dein Gefühl verwirrn,
kein Wind von Osten aus versteppten Auen,
der Wala Wissen blitzt um deine Brauen,
dein Herz ist mächtiger als Aller Hirn.

Aus Eichenwäldern zogst du in den Dom,
und wobst in Steinen Ast und Wipfel wieder
groß wie der Gott, geduldig wie der Gnom.

Musik entsprang aus deinem Blut, ein Strom,
und wogte Lust am Tod in deine Lieder,
ewig unfaßbar für Byzanz und Rom.[27]

Der Kontrast dieses stabreimversessenen und von keiner Sprachnot ange-
fochtenen Sonetts zu der allegorischen Bildlichkeit und dem kritischen Gestus der Brechtschen Deutschland-Gedichte könnte nicht größer sein. Dort
eine bleiche, besudelte, befleckte Muttergestalt, die wie eine Aussätzige
unter den Völkern sitzt, hier, bei Burte, eine überdimensionale einschüchternde Riesin, neben der selbst die monumentalen Germania-Figuren des
19. Jahrhunderts verblassen, lässig (»laß«) hingelagert auf ein germanisches
Großdeutschland von den Alpen bis an die Nordsee (»Germanenmeer«),
die Verkörperung deutscher Natur (»Eichenwälder«) und deutscher Kultur
(»Dom«) zugleich. Denn wie in Vespers Gedicht *Bleibendes Deutschland* erscheint die Kultur als ein unmittelbares Gewächs der Natur. In den Domen
wiederholt sich die Textur der Eichenwälder.
Die beiden Quartette sind nichts anderes als versifizierter deutscher Größenwahn. Er grenzt sich hochmütig vom Westen wie vom Osten ab, von der
französischen Zivilisation (»wälscher Wein«) ebenso wie von der russischen
Unkultur (»versteppte Auen«) und setzt ihnen nichts geringeres als das prophetische Weltwissen der »Wala« entgegen, die im Eröffnungsgedicht der
Edda, der *Völuspa (Die Weissagung der Seherin),* Odin/Wotan das Geschehen der
Welt von ihrem Anfang bis zu ihrem Untergang, der Ragnarök, schildert,
wenn die Götter zu einem letzten Kampf gegen die Riesen und den Fenris-
wolf antreten müssen und Erde und Himmel in Flammen aufgehen. Durch
Richard Wagner ist der Name »Wala« (für »Völva«) populär geworden.

Der Vers »dein Herz ist mächtiger als Aller Hirn« wiederholt und steigert dieses auftrumpfende Abgrenzungsverfahren noch einmal. Der Rationalität der Welt wird die deutsche Irrationalität entgegengesetzt. Öffnet Brecht die Wände des verschlossenen deutschen Hauses, so markiert Burte die Grenzen nach dem alten und fatalen Freund-Feind-Schema. Das unvergleichliche mythisierte Deutschland ist das, was die anderen nicht sind. Die oft berufene deutsche Herzmitte in Europa besitzt keine Vereinigungskraft, sondern schließt alle anderen Völker und Länder als »fremd«, d.h. undeutsch aus. Selbst das gemeinsame weibliche Geschlecht der allegorischen Länder-Frauen stiftet keine Gemeinschaft. Im Gegenteil, gerade der reinste Selbstausdruck der Germania, die deutsche Musik, ist das, was den anderen »ewig unfaßbar« sein wird. Dabei stehen »Byzanz« und »Rom« nicht nur für den Osten, Süden und Westen, sondern auch für zwei vergangene bloß historische Weltreiche, denen das mythische deutsche Reich des Nordens gefolgt ist.

Das letzte Terzett umkreist das Geheimnis der deutschen Musik:

> Musik entsprang aus deinem Blut, ein Strom,
> und wogte Lust am Tod in deine Lieder,
> ewig unfaßbar für Byzanz und Rom.

Wiederum ist das Kulturprodukt unmittelbarer Ausfluß der Natur, des »Blutes« als der eigentlichen Lebenskraft. Und das Unfaßbare dieser Lebensessenz liegt darin, daß sie todessüchtig, daß sie von der Lust am Untergang erfüllt ist. Sie strömt, als wollte sie sich verbluten. So ist die deutsche Musik nur ein anderer Ausdruck von Walas Wissen um den unvermeidlichen Untergang. Es ist in das frühe *Nibelungenlied* ebenso eingegangen (der »Gnom« erinnert daran!), wie in Wagners Musik überhaupt und in seinen *Ring des Nibelungen* im besonderen, der mit der *Götterdämmerung* schließt.

Von dieser wagnerischen Todesmusik und dieser Todesgefaßtheit ist auch Burtes Gedicht geprägt. Es versucht, sich die romanische Sonettform auf eine Weise anzueignen, die nur noch den Deutschen faßbar sein soll. Und es stellt dem »Großdeutschen Reich« schon 1938, sieben Jahre vor dem Untergang, unwissentlich den Totenschein aus.

Denn die »Lust am Tod«, seit langem in seinem unsicheren Selbstverständnis eingewurzelt, ist zweifellos die erschreckendste und folgenreichste aller Ausgrenzungen Deutschlands aus der europäischen Völkerfamilie. Auch ein Ernst Bertram hat sie in seinem *Nornenbuch* (1925) mit vielen Gedichten vorbereitet. Eins von ihnen lautet:

Höchstes Gesetz dir, Volk in Weizenhaaren,
Verhängt vom Gott: Du sollst dich nicht bewahren!

In keiner Grenze sollst du dir behagen,
Sollst jede Form, die du errangst, zerschlagen.

Du sollst im Tode nur dein Höchstes sprechen,
Du sollst an deinem reinsten Lied zerbrechen.

Für Erben sollst du deine Horte häufen,
Für Fremde fahren in die schwarzen Teufen.

Weinlosen sollst du keltern deine Trauben,
Für Zage dir erbluten deinen Glauben.

Sollst deine Mörder hüten in der Wiege,
Und sterben sollst du stets an deinem Siege.[28]

Diese deutsche Lust am Tod hat im Zweiten Weltkrieg ganz Europa in die »germanische« Apokalypse hineingezogen. Seit Stalingrad, als der »Wind von Osten aus versteppten Auen« immer bedrohlicher wehte, haben sich die Nazis und ihr Lautsprecher Goebbels mehr als je auf die Nibelungen und die germanische Mythologie berufen. Von dort bezog Goebbels noch am 28. Februar 1945, in seiner vorletzten Rundfunkrede, seine Durchhalteparolen:

> Wie unsere Väter so oft in der Geschichte, so werden wir den Sturm der Mongolen gegen das europäische Kernland brechen. Wir werden uns wie sie mit einer fanatischen Wut und einem zähen Haß dagegen verteidigen, daß auch von uns einst die Sage berichten kann, die Toten hätten nach den Tagen der heißen Schlacht in den dunklen drohenden Nächten in den Lüften weitergekämpft.[29]

Goebbels beschwört, schon im Bewußtsein der unabwendbaren Niederlage, sowohl den Nibelungen- wie den Wotan-Mythos. Vielleicht haben er und seinesgleichen von Anfang an nichts anderes als den Untergang gewollt. Dann könnte man dem Gedicht Burtes wenigstens eine fatale prophetische Kraft nicht absprechen und seinem »Führer« nicht die blutige deutsche Konsequenz. Das letzte Kapitel der Hitler-Bücher von William L. Shirer und von Joachim C. Fest trägt den Titel: *Götterdämmerung*.[30] Erst der gewaltsame und perverse Versuch, die germanische Untergangs-Mythologie zu realisieren, hat Deutschland und die Deutschen hoffentlich für immer von ihr befreit.[31]

»Der Tod ist ein Meister aus Deutschland«, wird es nach 1945 heißen.

XIV

»Der Tod ist ein Meister aus Deutschland«
Deutschland-Gedichte nach 1945

Daß es im Jahre 1945 eine »Stunde Null«, einen absoluten geschichtlichen Neubeginn nach einem totalen Zusammenbruch Deutschlands gegeben habe, wird seit langem mit guten Gründen bezweifelt. Zu mächtig waren die sozialen, die mentalen, die historisch-politischen und die kulturellen Traditionen und Kontinuitäten, als daß man sie in einem radikalen Bruch hätte abschneiden und ein für allemal erledigen können. Von heute aus gesehen erscheint die »Stunde Null« als ein lebensnotwendiger Mythos, der in schwerer Zeit dem Überleben, der Entlastung und der Zukunftsorientierung der Nachkriegsdeutschen diente.[1]

In *einer* Hinsicht aber hat es diese imaginäre Stunde tatsächlich gegeben: in der Geschichte des Redens und Schreibens über Deutschland und die Deutschen. Wer nach dem 8. Mai 1945 noch so über Deutschland zu reden versuchte wie zuvor, disqualifizierte sich. Dies ist eine Feststellung, die bis zu dieser historischen Zäsur bei allem Streit und Dissens, bei allen Widersprüchen und Auswüchsen, noch niemals zu treffen war. Schon im letzten Drittel des 19. Jahrhunderts hatte sich ein breites und spannungsvolles Spektrum zwischen »Hurra, Germania« und »Germania, mir graut vor dir!« herausgebildet, ein Spektrum, das sich in der Weimarer Republik noch weiter und wütender polarisierte und nach 1933, mit der Vertreibung der kulturellen Eliten aus Deutschland, in zwei Teile und zwei antagonistische Deutschland-Sprachen zerbrach, die um den Alleinvertretungsanspruch konkurrierten. Doch erst nach 1945 trat eine Situation ein, die in zweierlei Hinsicht unvergleichlich war.[2]

Erstens hatten sich alle Spielarten einer kritiklosen, affirmativen, nationalistischen, chauvinistischen und imperialistischen Deutschland-Sprache durch das Hitler-Regime derart diskreditiert, daß sie für unabsehbare Zeit unbrauchbar und sträflich geworden sind. Und zweitens konnte auch nicht mehr direkt an die Deutschland-Sprache der exilierten Schriftsteller angeknüpft werden, denn das erst nach 1945 sichtbar werdende Ausmaß der

NS-Verbrechen verschlug allen, die nicht die Augen davor verschlossen, die Sprache.[3] Der politisch-staatlichen Leerstelle Deutschland zwischen 1945 und 1949 entsprach eine moralische und sprachliche Leerstelle. Dem Anfangsdiktum von Karl Kraus: »Das Wort entschlief, als jene Welt erwachte«, antwortete nun seine radikale Entsprechung: Das Wort erstarb, als jene Welt in Trümmer ging. Wer dennoch, in einer schwarzen »Trümmerlyrik«, das verschwundene Deutschland anzurufen versuchte, so wie Karl Krolow dreimal in seinem von Stephan Hermlin eingeleiteten Band *Heimsuchung*[4], mußte es in einer letzten Überbietung und Überanstrengung der »Germania degenerans«-Metaphorik tun, so in zwei Strophen des Gedichts *An Deutschland*:

> Du klaffst im Häuserrest, im Bombenloch,
> Und hockst als Ohnekopf am Kraterrand.
> In deinen Lumpen, deiner Blöße noch,
> Die du mir hinhältst, hab ich dich erkannt.
>
> Verrenkt von Krankheit, ausgekehrt zu Dreck
> Und Ungestalt, aus der das Leben wich,
> Du wüster Traum und bleicher Kinderschreck
> Du letzte Zuflucht mir: verzehre mich![5]

Ganz ähnlich die sich steigernden Beschwörungen des grausigen Totenlandes in dem Gedicht *Vaterland*[6], um das sein *Lied um sein Vaterland zu vergessen* in geradezu manischer Fixierung kreist:

> In Spuk und Schwärze – Schattenland
> Der Banden, schwer von Mord –
> Vernehm ich DEUTSCHLAND. Unverwandt
> Raunt's alte, herbe Wort,
> Das tote Wort, das sich entringt
> Der Kehle, fieberkrank.
> Mit süßen Jenseitsstimmen dringt
> Es ein in den Gesang.[7]

Es sind ›unmögliche‹ Deutschland-Gedichte, die von negativen patriotischen Obsessionen hervorgebracht wurden. Sie lassen sich heute nur noch als historische Zeugnisse für die nationalen Seelenkrämpfe auch der gutwilligen und schuldbewußten Nachkriegsdeutschen lesen.

Wer noch das alte Vokabular zu sprechen versuchte und sei es aus den besten Absichten und mit dem besten Gewissen, machte sich vollends unglaubwürdig und lächerlich. So der penetrante kommunistische Patriot Johannes R. Becher, der auch nach 1945 weiterhin von Liebesgedichten an Deutschland geradezu überquoll. Ein Beispiel:

In diesem Sinne...

Laß mich dich lieben, Deutschland, so daß keiner
Mich übertrifft in meiner Liebeskraft!
Wenn unsere Kinder, Deutschland, einst sich deiner
Entsinnen, als, von Not dahingerafft,

Das Volk verdarb, so soll es heißen: einer
Hat dich geliebt mit heiliger Leidenschaft,
Und keiner liebte, Deutschland, je dich reiner.
Und keine Liebe war so dauerhaft

Als jene Liebe, die im Bettlerkleid
Dich liebte, Deutschland, und im Leichenlaken
Umfing sie dich ... Mit seiner Liebe, seiner

Gewaltigen Liebeskraft hat er das Leid
Des Volks als Kreuz durch sein Gedicht getragen...
In diesem Sinne einst entsinnt euch meiner![8]

Johannes R. Becher als der letzte poetische Garant eines besseren Deutschland. Auch das, die Phantom-Liebe zu einem Phantom, war deutscher Größenwahn.[9] Und zugleich das Gegenteil: der verzweifelte Versuch, mit der alten deutschen die eigene Identität zu retten.
Als der Schock des Sprachverlustes allmählich wich – die Sprache mußte, mit den Worten aus Celans Bremer Literaturpreisrede[10], »hindurchgehen durch ihre eigenen Antwortlosigkeiten, hindurchgehen durch furchtbares Verstummen, hindurchgehen durch die tausend Finsternisse todbringender Rede« –, standen über der Suche nach einer möglichen neuen Sprache andere Devisen:

- »Der Tod ist ein Meister aus Deutschland« (Paul Celan)
- »meine zwei Länder und ich, wir sind geschiedene Leute« (Hans Magnus Enzensberger)
- »In diesem Lande leben wir wie Fremdlinge im eignen Haus« (Wolf Biermann)
- »das Volk der Richter und Henker« (Erich Fried)
- »Ich habe Angst vor dir, Deutschland« (Christian F. Delius)
- »Dies ist ein Land, / in dem die Toten sich fürchten« (Hilde Domin)

- »Zwischen meiner Sprache und eurer / die dieselbe ist, gibt es keine Verständigung« (Marie Luise Kaschnitz)
- »Deutschland ortlos« (Heiner Müller)

Der Ausdruck »Deutschland ortlos« aus Heiner Müllers Kleistrede[11] bezeichnet die unvergleichlich neue Situation. Es wurden noch einmal Deutschland-Gedichte geschrieben, aber sie waren ganz anders. Denn es handelte sich bei dem, was sich 1945 und danach zutrug, ja nicht einfach um einen historischen Rückfall, der die alte Misere der Zersplitterung und Zerrissenheit wieder zurückbrachte. Dann hätte man in der Tat wieder »von vorn« anfangen können. Die deutsche Trümmerlandschaft erschien vielmehr als das konsequente Resultat einer jahrhundertelangen Geschichte, die das Ziel, dem geeinten Deutschland im 20. Jahrhundert eine Weltmachtstellung zu erkämpfen, katastrophal verfehlt hatte. Das historische Projekt eines nationalen, starken Deutschland hatte sich als Fehlschlag erwiesen. Und ebenso erschien seine Auflösung in die vier Besatzungszonen der Alliierten und danach die unfreiwillige Einrichtung zweier konkurrierender, von den beiden Weltmächten in Ost und West abhängigen Staaten als die historische Strafe und Buße für all das Leid, das Deutschland und die Deutschen anderen Menschen, Völkern und Staaten angetan hatten. Viele deutsche Intellektuelle in Ost und West jedenfalls dachten, schrieben und sprachen bald in dieser Gesinnung, bevor in den achtziger Jahren die ersten Gegenstimmen laut wurden, die vorsichtig begannen, wieder, aber ganz anders über Deutschland zu reden. Die Intellektuellen, die die nationale Deutschland-Sprache ›erfunden‹ und über viele Jahrhunderte weiterentwickelt hatten, haben sie zuletzt, nach 1945, auch wieder abgeschafft.

Nach 1945 ging man auf Distanz, wann immer die Rede auf Deutschland kam, und deshalb sind entsprechende Äußerungen, ob in Prosa oder poetischer Rede, voll von Distanzierungssignalen, die weit hinausreichen über alle inhaltliche Kritik. Von Krolows »totem Wort« DEUTSCHLAND war schon die Rede. Typisch und repräsentativ für die nächste Generation ist die Diktion Hans Magnus Enzensbergers. 1967 veröffentlichte er ein Bändchen mit dem ironischen Titel *Deutschland, Deutschland unter anderm. Äußerungen zur Politik.* Sein Einleitungsaufsatz trägt den Titel *Über die Schwierigkeit, ein Inländer zu sein.* Er war ursprünglich in englischer Sprache unter der Frage »Am I a German?« in der Londoner Zeitschrift »Encounter«[12] erschienen. Das Wort »Deutscher«, in der englischen Sprache noch verwendbar, wurde durch das distanziert-ironische »Inländer« vermieden. In diesem exemplarischen Distanzierungs-Essay heißt es »unter anderm«:

Wir haben es sehr spät zu einer nationalstaatlichen Identität gebracht, und wir haben uns ihrer nie sehr sicher gefühlt. Daher mag der hysterische Überschwang rühren, mit dem in unserem Land seit 1870 der sogenannte ›nationale Gedanke‹ affichiert worden ist. Im Jahre 1945 ist uns diese Identität abhanden gekommen, und zwar so gründlich, daß man sich fragen muß, ob von einer deutschen Nation überhaupt noch die Rede sein kann.[13]

Im folgenden wird dieser diskreditierte Begriff als »Illusion« und »Scheinbild« und die deutsche »Vergangenheitsbewältigung« als »nationaler Exorzismus« entlarvt.[14] Schon ein Jahr zuvor, in seiner Büchnerpreisrede, hatte Enzensberger über die »Aporien der Identität« gesprochen und mit Blick auf die beiden Deutschlands das Diktum geprägt: »Das einzige, was wir miteinander teilen, ist die Teilung. Die Zerrissenheit ist unsere Identität«.[15] Im Jahre 1967 unternahm er dann konsequenterweise den *Versuch, von der deutschen Frage Urlaub zu nehmen*[16], und damit auch von der Frage nach einer »deutschen Identität«.

Was Enzensberger besonders virtuos und manchmal auch kokettierend vertrat, galt in vielfältigen Variationen für fast alle westdeutschen Schriftsteller und Schriftstellerinnen. Es galt jedoch nicht für die Literatur der DDR.[17] Da sich dieser Staat vollmundig als die Errungenschaft der ersten geglückten deutschen Revolution, als erster Arbeiter- und Bauernstaat auf deutschem Boden propagierte und schon bald auch als moralischer Sieger an die Seite der großen Sowjetunion rückte, füllte dort die nationale Leerstelle, die in Westdeutschland niemals recht besetzt wurde, sofort ein neues positives Identifikationsobjekt mit utopischer Perspektive auf. Auf den Aufbau dieses angeblich »besseren« Deutschlands, das seine finstere Vergangenheit sehr rasch bewältigt glaubte, wurden die »Kulturschaffenden« von der SED eingeschworen. Wir wissen inzwischen, wie willig vor allem die Jüngeren (Christa Wolf, Franz Fühmann, Günter de Bruyn und Heiner Müller z. B.) das böse faschistische Deutschland mit einem »guten« sozialistischen und den Verbrecher Hitler gegen den Befreier und Sieger Stalin eintauschten. Erst in den siebziger Jahren wurden die ostdeutschen Intellektuellen wieder von der deutschen Frage eingeholt. Dennoch gingen sie unbefangener mit den germanisch-deutschen Mythen um, so in den Stücken von Heiner Müller, Volker Braun und Christoph Hein oder in den lyrischen Satiren von Kurt Bartsch (der 1980 von Ost- nach Westberlin übersiedelte) über Wotan, Hermann den Cherusker, das Nibelungenlied und Barbarossa.[18] Hinterrücks schlich sich der »Meister aus Deutschland« allerdings auch dort ein: »Der verordnete Antifaschismus war ein Totenkult. Eine ganze Bevölkerung wurde zu Gefangenen der Toten.«[19]

Am Anfang muß ein Gedicht stehen, das eine für die ›andere‹ Deutschland-Dichtung nach 1945 geradezu kanonische Geltung erlangt hat, obwohl es der Autor in seinen letzten Lebensjahren niemals erwähnt und vorgelesen hat. Es ist die *Todesfuge* Paul Celans. Für dieses Gedicht gilt nicht nur, was der englische Germanist Leonard Forster 1985 feststellte:

> Paul Celans *Todesfuge* is probably the most famous poem published in German since World War II,[20]

sondern es ist neben der Deutschland-Hymne vermutlich das bekannteste und meist interpretierte Deutschland-Gedicht überhaupt und deshalb zusätzlich von all den Gefahren umsäumt, die eine solche Publizität mit sich bringt. So ist es geboten, sich ihm möglichst sachlich und nüchtern mit der Frage zu nähern, wie man »nach Auschwitz« noch öffentlich über Deutschland und die Deutschen reden konnte.

Diese Frage ist besonders angebracht, weil in unmittelbarer Nachbarschaft von Celans *Todesfuge* ein zweites Gedicht steht, das trotz zahlreicher inhaltlich-motivlicher Übereinstimmungen eine ganz andere lyrische Antwort gibt. Es ist das Gedicht *Er* von Immanuel Weissglas (1920–1979), einem Schul- und Jugendfreund, der wie Celan in Czernowitz, der Hauptstadt der Bukowina, geboren wurde, die bis 1918 zu Österreich-Ungarn gehörte. 1919 wurde sie Rumänien angegliedert. Celan und Weissglas wuchsen also doppelsprachlich auf, als deutsch-jüdische Rumänen.

Der Holocaust erreichte sie mit dem Zweiten Weltkrieg. Im Juni 1940 besetzte eine Sowjetarmee die Stadt; aber schon im Juli 1941 zogen rumänische Truppen und mit ihnen die deutsche SS ein. Es begann die Leidensgeschichte der Juden, die ungefähr die Hälfte der Stadtbevölkerung ausmachten. Sie wurden in Arbeitslager deportiert, Celans und Weissglas' Eltern in das Lager »Kariera am Bug«. Während es Celan gelang, in Czernowitz und in einem anderen Arbeitslager zu überleben, kamen seine Eltern um. Weissglas dagegen folgte seinen Eltern und brachte seine Mutter, als die Sowjetarmee die Bukowina und Rumänien befreite, lebend zurück. Die Folge war ein lebenslanges Schuld- und Muttertrauma Celans.

Aus diesen gemeinsamen und doch so unterschiedlichen Erfahrungen entstanden die beiden Gedichte; Weissglas' *Er* vermutlich noch 1945, aber in seine Gedichtsammlung *Kariera am Bug,* die 1947 veröffentlicht wurde, hat er es nicht aufgenommen, wohl in Kenntnis von Celans etwas später entstandenem *Todestango* (dem ursprünglichen Titel der *Todesfuge*), der 1947 in rumänischer Sprache erschien, in deutscher Sprache 1948 in dem Bändchen *Sand aus den Urnen,* weithin beachtet aber erst durch die Wiederveröffentlichung in dem Band *Mohn und Gedächtnis* (1952). Weissglas' Gedicht *Er* erschien erst 1970, im Todesjahr Celans. Seit 1972 sind diese biographischen und poetischen Verflechtungen und Wechselbezüge bekannt und inzwischen durch eine Reihe bemerkenswerter Untersuchungen weitgehend aufgehellt.[21] Und obwohl auch Celans *Todesfuge* bis heute nicht ganz unumstritten ist[22], gelten beide Gedichte doch als zwei exemplarische Möglichkeiten, im Gedenken an »Auschwitz« über Deutschland und die Deutschen lyrisch zu sprechen, das eine in negativer, das andere in positiver Hinsicht. Deshalb seien sie hintereinander aufgeführt:

Immanuel Weissglas: *Er*

Wir heben Gräber in die Luft und siedeln
Mit Weib und Kind an den gebotnen Ort.
Wir schaufeln fleißig, und die anderen fiedeln,
Man schafft ein Grab und fährt im Tanzen fort.

ER will, daß über diese Därme dreister
der Bogen strenge wie sein Antlitz streicht:
Spielt sanft vom Tod, er ist ein deutscher Meister,
Der durch die Lande als ein Nebel schleicht.

Und wenn die Dämmrung blutig quillt am Abend,
Öffn' ich nachzehrend den verbißnen Mund,
Ein Haus für alle in die Lüfte grabend:
Breit wie der Sarg, schnell wie die Todesstund.

ER spielt im Haus mit Schlangen, dräut und dichtet,
In Deutschland dämmert es wie Gretchens Haar.
Das Grab in Wolken wird eng gerichtet:
Da weit der Tod ein deutscher Meister war.

Paul Celan: *Todesfuge*

Schwarze Milch der Frühe wir trinken sie abends
wir trinken sie mittags und morgens wir trinken sie nachts
wir trinken und trinken
wir schaufeln ein Grab in den Lüften da liegt man nicht eng

Ein Mann wohnt im Haus der spielt mit den Schlangen der
    schreibt
der schreibt wenn es dunkelt nach Deutschland dein goldenes
    Haar Margarete

er schreibt es und tritt vor das Haus und es blitzen die Sterne
er pfeift seine Rüden herbei
er pfeift seine Juden hervor läßt schaufeln ein Grab in der Erde
er befiehlt uns spielt auf nun zum Tanz

Schwarze Milch der Frühe wir trinken dich nachts
wir trinken dich morgens und mittags wir trinken dich abends
wir trinken und trinken
ein Mann wohnt im Haus und spielt mit den Schlangen der
    schreibt
der schreibt wenn es dunkelt nach Deutschland dein goldenes
Haar Margarete
Dein aschenes Haar Sulamith wir schaufeln ein Grab in den
    Lüften
da liegt man nicht eng

Er ruft stecht tiefer ins Erdreich ihr einen ihr andern singt und
    spielt
er greift nach dem Eisen im Gurt er schwingts seine Augen sind
    blau
stecht tiefer die Spaten ihr einen ihr andern spielt weiter zum
Tanz auf

Schwarze Milch der Frühe wir trinken dich nachts
wir trinken dich mittags und morgens wir trinken dich abends
wir trinken und trinken
ein Mann wohnt im Haus dein goldenes Haar Margarete
dein aschenes Haar Sulamith er spielt mit den Schlangen

Er ruft spielt süßer den Tod der Tod ist ein Meister aus Deutsch-
    land
er ruft streicht dunkler die Geigen dann steigt ihr als Rauch in die
    Luft
dann habt ihr ein Grab in den Wolken da liegt man nicht eng

Schwarze Milch der Frühe wir trinken dich nachts
wir trinken dich mittags der Tod ist ein Meister aus Deutschland

wir trinken dich abends und morgens wir trinken und trinken
Der Tod ist ein Meister aus Deutschland sein Auge ist blau
er trifft dich mit bleierner Kugel er trifft dich genau
ein Mann wohnt im Haus dein goldenes Haar Margarete
er hetzt seine Rüden auf uns er schenkt uns ein Grab in der Luft
er spielt mit den Schlangen und träumet der Tod ist ein Meister
    aus Deutschland
dein goldenes Haar Margarete
dein aschenes Haar Sulamith

Schon der erste Eindruck zeigt, daß die beiden Gedichte bei allen frappanten Übereinstimmungen in Wortlaut, Themen und Motiven (es gibt nicht weniger als vierzehn Anschlüsse und Übernahmen durch Celan!) doch grundverschieden sind. Das eine ist ein mittelmäßiges, das andere ein faszinierendes, unheimliches und doch wohltönendes Gedicht. Um diesen Sachverhalt zu fassen, hat man für Celans Gedicht den Untertitel *Variationen auf ein Thema von Weissglas* vorgeschlagen[23]. Das Gedicht *Er* hat offensichtlich das semantische Material für die *Todesfuge* bereitgestellt. Im übrigen ist es ein durchaus konventionelles, sprachlich oft unbeholfenes und vages poetisches Zeugnis für eine erschütternde Erfahrung. Seine ästhetischen Mängel lassen sich unschwer ablesen. »Verbrauchte Wörter, verbrauchte Bilder, schiefe Formulierungen und unpassende Vergleiche machen den Text insgesamt unbrauchbar«, lautet das strenge Verdikt eines vergleichenden Interpreten.[24]

Um so dringlicher ist die Frage nach dem poetischen Verfahren, durch das Paul Celan das gleiche semantische Material zu einem vollkommenen Gedicht komponiert hat – komponiert, denn wie der musikalische Titel ankündigt, handelt es sich um eine »poetische Partitur«[25], die relativ streng dem Kompositionsverfahren der Fuge folgt. Diese wird gemeinhin als die »kontrapunktische Variation eines Themas durch verschiedene Stimmen und Tonarten, mehrere Durchführungen und Erweiterungen« definiert, und als ihre Verfahren werden genannt: Exposition des Themas, Kontrapunktik, Vergrößerung, Verkleinerung, Variation, Umkehrung des Themas und die für Celan besonders typische »Engführung« als eine dichte Verflechtung der Themen und Stimmen im Schlußteil der Fuge. Das alles findet sich auch in der *Todesfuge,* deren dominantes Thema – »Der Tod ist ein Meister aus Deutschland« – in den letzten beiden Strophen mit fast allen Motiven und Stimmen noch einmal zusammen- und »enggeführt« wird. Wiederholung und Variation, Reihung, Anapher, Parallelismus, Oxymoron, Kontrapunktik, Umkehrung und Erweiterungen des poetischen Formelbestandes von Strophe zu Strophe sind die rhetorischen Figuren und poetischen Verfahren, mit denen die strenge Kunst der Fuge in das Gedicht übertragen worden ist. Die Technik des Zitierens kommt dabei nicht nur durch den Anschluß an das Gedicht von Weissglas ins Spiel, sondern auch durch zahlreiche weitere Zitationen und Anspielungen (z. B. auf Goethes *Faust,* das *Hohelied,* Psalm 137, Heines *Das Sklavenschiff,* »schwarze Milch« aus einem Gedicht von Rose Ausländer, Puccinis *Tosca* usw.[26], die dem Gedicht insgesamt einen intertextuellen Zitatcharakter verleihen. »*Alle* Motive des Gedichts sind vorgegeben«, hat man zu Recht geurteilt.[27]

Was aber bedeutet dieser Befund für das lyrische Reden über Deutschland und die Deutschen nach 1945? Celan spricht nicht mehr, wie Weissglas, mit *eigenen* Worten und Sätzen über die Geschehnisse, sondern allein durch die Art und Weise, wie er die geliehenen Worte und Sätze anordnet, variiert und miteinander in Beziehung setzt. Er verzichtet auf den direkten wie auf den metaphorischen Abbildcharakter der Sprache, er verzichtet auf den subjektiven Ausdruck seiner Gefühle und Meinungen zugunsten eines rituellen Sich-Hineinsprechens in das tödliche Thema und einer suggestiven und halluzinatorischen Identifikation mit dem Chor der Leidenden und Opfer (»wir«). Sein »Rückgriff auf eine Form vorindividualistischer Musik kann als der Versuch verstanden werden, die ästhetische Gestaltung des Grauens der Ohnmacht des subjektiven Gedichts zu entziehen, also eine Objektivierung zu erreichen, die das Gebilde auch von dem Vorwurf einer unangemessenen Schönheit freihalten sollte.«[28] Durch diese ungewöhnliche Zurückhaltung des lyrischen Ichs wird das Gedicht zu einem tönenden Mahnmal der Klage, der Trauer, des Erinnerns und Eingedenkens.

Trotzdem ist der Bestand seiner tradierten Formeln, Motive und Themen keineswegs beliebig. Sie alle stehen im Zeichen des Todes und einer demonstrativen Ästhetisierung des Todes. Hermann Burtes todeslüsterne Deutschland-Verse »Musik entsprang aus deinem Blut, ein Strom, / und wogte Lust am Tod in deine Lieder« haben sich im Hitler-Regime auf eine schreckliche Weise realisiert. Die perverse deutsche »Lust am Tod«, die bekannte Mischung von Idylle und Grauen, Kultur und Barbarei, die aus allen Versen der *Todesfuge* spricht, werden zitierend demaskiert, denn auch sie haben zur »Endlösung« geführt. Die vieldeutige Formel »Der Tod ist ein Meister aus Deutschland« faßt diese furchtbare Erfahrung mit der deutschen »ästhetischen Kultur«, die auch Musik und Dichtung nicht verschont, prägnant zusammen. Das, was an diesem Gedicht noch ›schön‹ und ›wohlklingend‹ ist, dient der Erkenntnis dieser perversen ›Schönheit‹ und ihrer tödlichen ›Musik‹. So gerät auch der Titel *Todesfuge* noch in die Zweideutigkeit. Einerseits bietet die strenge Fugenform eine letzte Möglichkeit, über das eigentlich Unsagbare zu sprechen, andererseits hat auch sie noch Teil an der poetischmusikalischen deutschen Kultur, ist auch sie noch eine deutsche Todesmusik, aber eine kritische und abschließende, eine »radikale In-Frage-Stellung der Kunst« (so Celan in seiner Büchner-Preis-Rede »Der Meridian«).

Ingeborg Bachmann (1926–1973) hat die *Todesfuge* Paul Celans in ihren Frankfurter Poetik-Vorlesungen hervorgehoben: »Mit einer Grabschrift, der ›Todesfuge‹, ist er zuerst unter uns getreten, und mit sehr leuchtenden dunklen Worten, die eine Reise bis ans Ende der Nacht machten.«[29] Sie hatte

Celan 1947 in Wien, auf seiner Weiterreise nach Paris, kennengelernt und hat dieser nachhaltigen Begegnung später nicht nur mit ihrer Legende *Die Geheimnisse der Prinzessin von Kagran* im Roman *Malina* (1971) ein poetisches Denkmal gesetzt.[30] Auch sie stammte aus dem österreichisch-ungarischen Kulturkreis und auch sie wurde durch Hitler-Deutschland früh traumatisiert. Sie hat den Einmarsch seiner Truppen am 8. April 1938 in ihre Heimatstadt Klagenfurt wiederholt geschildert:

> »Es hat einen bestimmten Moment gegeben, der hat meine Kindheit zertrümmert. Der Einmarsch von Hitlers Truppen in Klagenfurt. Es war etwas so Entsetzliches, daß mit diesem Tag meine Erinnerung anfängt: durch einen zu frühen Schmerz, wie ich ihn in dieser Stärke vielleicht später überhaupt nie mehr hatte. Natürlich habe ich das alles nicht verstanden in dem Sinn, in dem es ein Erwachsener verstehen würde. Aber diese ungeheure Brutalität, die spürbar war, dieses Brüllen, Singen und Marschieren – das Aufkommen meiner ersten Todesangst. ...«[31]

Deshalb spricht ihre poetische Auseinandersetzung mit dem Hitlerregime mit ähnlicher Stimme. Beide nehmen ihren Weg durch die fragwürdig gewordene deutsche ästhetische Kultur. Ingeborg Bachmanns Gedicht *Früher Mittag* ist beispielhaft dafür. Es erschien zuerst 1952 unter dem Titel *Sieben Jahre später,* 1953 in dem Band *Die gestundete Zeit:*

Früher Mittag

Still grünt die Linde im eröffneten Sommer,
weit aus den Städten gerückt, flirrt
der mattglänzende Tagmond. Schon ist Mittag,
schon regt sich im Brunnen der Strahl,
schon hebt sich unter den Scherben
des Märchenvogels geschundener Flügel,
und die vom Steinwurf entstellte Hand
sinkt ins erwachende Korn.

Wo Deutschlands Himmel die Erde schwärzt,
sucht ein enthaupteter Engel ein Grab für den Haß
und reicht dir die Schüssel des Herzens.

Eine Handvoll Schmerz verliert sich über den Hügel.

Sieben Jahre später
fällt es dir wieder ein,
am Brunnen vor dem Tore,
blick nicht zu tief hinein,
die Augen gehen dir über.

Sieben Jahre später,
in einem Totenhaus,
trinken die Henker von gestern
den goldenen Becher aus.
Die Augen täten dir sinken.

Schon ist Mittag, in der Asche
krümmt sich das Eisen, auf den Dorn
ist die Fahne gehißt, und auf den Felsen
uralten Traums bleibt fortan
der Adler geschmiedet.

Nur die Hoffnung kauert erblindet im Licht.

Lös ihr die Fesseln, führ sie
die Halden herab, leg ihr

die Hand auf das Aug, daß sie
kein Schatten versengt!

Wo Deutschlands Erde den Himmel schwärzt,
sucht die Wolke nach Worten und füllt den Krater mit
Schweigen,
eh sie der Sommer im schütteren Regen vernimmt.

Das Unsägliche geht, leise gesagt, übers Land:
schon ist Mittag.[32]

Aus den Zeitangaben der Titel ergeben sich die ersten Aufschlüsse. Die Zahl sieben ist eine mythische und eine Märchen-Zahl und zugleich eine sehr genaue historisch-politische Datierung des Gedichts. Es kreist um die Zeitachse 1945, die »Stunde Null« – »Sieben Jahre später« führt in das Jahr 1952, sieben Jahre früher in das Jahr 1938, die Besetzung Österreichs durch die Hitlertruppen zurück. Auf diese sieben Jahre bis 1945 beziehen sich auch drei ähnliche (z. T. gereimte!) Sätze aus der Erzählung *Jugend in einer österreichischen Stadt:* »Der Vogel Wunderbar, lebt er noch? Er hat geschwiegen sieben Jahr. Sieben Jahr sind um.«[33] Hier wird der »Märchenvogel« mit Namen genannt, von dem im Gedicht *Früher Mittag* die Rede ist. Die erste Botschaft dieser Zahlen- und Zeitenkonstellation lautet offensichtlich: was sieben Jahre währte, ist nach sieben Jahren noch immer nicht vorbei:

Sieben Jahre später,
in einem Totenhaus,
trinken die Henker von gestern
den goldenen Becher aus.

Auf diese Klage und Anklage bezieht sich auch die Zeitangabe »Früher Mittag«, die in der Version »Schon ist Mittag« dreimal in dem Gedicht wiederkehrt. Sie evoziert die Stunde des Pan, meint aber auch, als hohe und höchste Zeit, den Wendepunkt vom Morgen in den Abend. Sie mahnt etwas an, das in den sieben Nachkriegsjahren hätte geschehen sollen, aber nicht geschehen ist. Das scheinbar romantisierende Naturgedicht, das sehr bewußt das deutsche Märchen (Grimms *Der goldene Vogel*), das deutsche ›Volkslied‹ Wilhelm Müllers *(Am Brunnen vor dem Tore)* und die deutsche Ballade zitiert *(Es war ein König in Thule)*, wird gekreuzt und durchkreuzt von einem historisch-politischen Doppelsinn. Dadurch kommt es zu den auffälligen Allegorisierungen in dem Gedicht, dadurch wird es zu einem kritischen Deutschland-Gedicht:

> Wo Deutschlands Himmel die Erde schwärzt,
> sucht ein enthaupteter Engel ein Grab für den Haß
> und reicht dir die Schüssel des Herzens.

Wie bei Celan werden Poesie und Geschichte, Schönheit und Schrecken, Idylle und Grauen, das Land der Dichter und das Land der Henker im ganzen und im einzelnen (Asche-Eisen, Dorn-Fahne, Felsen-Adler) enggeführt, um das »Unsägliche« zum Ausdruck zu bringen. Dabei bewegt sich die Aussage des Gedichts zwischen einer vordergründig-allegorischen und einer hintergründig-symbolischen Ebene. Auf der allegorischen Ebene lautet die Anklage sehr deutlich: das restaurierte Nachkriegsdeutschland im Jahre 1952 sei noch immer ein »Totenhaus«, denn die »Henker von gestern« wären wie eh und je obenauf, und die leisen Hoffnungen des Kriegsendes, die von der ersten Strophe geäußert werden (nach sieben Jahren regt sich der »Märchenvogel« Wunderbar wieder, die »Scherben« spielen sowohl auf die sog. »Reichskristallnacht«, wie auf die »Trümmer«, wie auf das berüchtigte SA-Lied von Hans Baumann an: »Wir werden weitermarschieren, wenn alles in Scherben fällt«), hätten sich nicht erfüllt. Im Gegenteil, in der »Asche« krümmt sich schon wieder das militante »Eisen« (im Jahre 1952 trat die Bundesrepublik der EVG, der Europäischen Verteidigungsgemeinschaft, bei!), auf den »Dorn« des Leidens wird schon wieder die nationale »Fahne« gehißt und auf den »Felsen« des prometheischen Befreiungstraums das deutsche Wappentier geschmiedet.
Die allegorische Anklage heißt also, daß die »gestundete Zeit«, daß die sieben Anfangsjahre (sie spielen auch auf die sieben Schöpfungstage an) nicht zur Reinigung, Erneuerung und Wiedergeburt Deutschlands genutzt worden seien. Erst die letzten zehn Verse wenden das Hoffnungs-Motiv in die

Zukunft: »Lös ihr die Fesseln, führ sie / die Halden herab«, und suchen nach einer anderen, neuen Sprache, die weitaus schwerer zu hören und zu entziffern ist:

Wo Deutschlands Erde den Himmel schwärzt,
sucht die Wolke nach Worten und füllt den Krater mit Schweigen,
eh sie der Sommer im schütteren Regen vernimmt.

Das Unsägliche geht, leise gesagt, übers Land:
schon ist Mittag.

Der Bildlichkeit liegt die Vorstellung einer düsteren Kraterlandschaft zugrunde. Sie ist immer noch allegorisch geprägt, geht aber in eine symbolische Natursprache über. Denn »im schütteren Regen« werden die Worte der Wolke vernehmbar, als Regensprache. Sie löst und reinigt offenbar das düstere Schweigen. Aber was sie sagt und ob sie etwas sagt, bleibt offen. Das abschließende »schon ist Mittag« könnte sowohl eine Übersetzung des »Unsäglichen« wie eine Zeitbestimmung oder beides sein. In jedem Falle verstärkt sie die Mahnung, die »gestundete Zeit« besser zu nutzen. Die Zeit drängt, aber sie ist noch nicht abgelaufen. Das Gedicht hat seine Hoffnung noch nicht aufgegeben, das Gedicht ist diese Hoffnung.

»Der politische Aspekt der Poesie muß ihr selber immanent sein. Keine Ableitung von außen vermag ihn aufzudecken« – diese Forderung Hans Magnus Enzensbergers wird von dem Gedicht Ingeborg Bachmanns geradezu idealtypisch eingelöst.[34] Er selber hat sie auf eine ganz andere Weise erfüllt. Befindet sich die Lyrikerin Bachmann bei aller Kritik trotzdem noch – pathetisch und mitleidend – mitten in ihrem Gedicht, so kann sich Enzensberger in seinen Deutschland-Gedichten gar nicht genug tun, markante Distanzierungsmerkmale zu setzen und sich von diesem befremdlichen und ennervierenden Land und seiner Sprache abzugrenzen. Bachmann führt die traditionelle poetische Sprache kritisch zitierend weiter, Enzensberger zitiert nur noch die alltägliche und banale »Landessprache«, ironisch, satirisch, sarkastisch, immer in spitzen Gänsefüßchen, und erst aus dieser totalen Kritik entsteht die Gegensprache seiner Poesie. Nur drei Jahre jünger als Bachmann, repräsentiert er doch eine neue Lyrik-Generation, die am Ende der fünfziger Jahre in den Spuren Brechts weitergeht. Nicht nur, weil er wie Brecht seine Gedichte als »Gebrauchsgegenstände« ausweist, sondern auch durch die unverkennbare Mischung nüchterner, salopper Kritik und aggressiver Anteilnahme, von leidenschaftlicher Absage und ebenso leidenschaftlicher Anteilnahme an Deutschland. Was ihn, den Adorno-Schüler, in dieser Phase von Brecht unterscheidet, ist der totale Ideologieverdacht und die Überzeugung, »daß es die Sprache ist, die den gesellschaftlichen Charakter der Poesie ausmacht, nicht ihre Verstrickung in den politischen Kampf«.[35] Wie die meisten linksliberalen westdeutschen Schriftsteller dieser Zeit versteht er Sprachkritik als die einzige legitime Möglichkeit literarischer Gesellschafts- und Machtkritik. Die kritische Grundhaltung gegenüber dem Hitlerregime, seiner Sprache und seinen unsäglichen Verbrechen verlängert sich so, auch in der Form eines »nachholenden Widerstands« (Marion Gräfin Dönhoff), in die deutsch-deutschen Verhältnisse der fünfziger und sechziger Jahre.

Exemplarisch dafür ist Enzensbergers Langgedicht *landessprache,* das den gleichnamigen Band von 1960 programmatisch einleitet:

landessprache

was habe ich hier verloren,
in diesem land,
dahin mich gebracht haben meine älteren
durch arglosigkeit?
eingeboren, doch ungetrost,
abwesend bin ich hier,
ansässig im gemütlichen elend,
in der netten, zufriedenen grube.

was habe ich hier? und was habe ich hier zu suchen,
in dieser schlachtschüssel, diesem schlaraffenland,
wo es aufwärts geht, aber nicht vorwärts,
wo der überdruß ins bestickte hungertuch beißt,
wo in den delikateßgeschäften die armut, kreidebleich,
mit erstickter stimme aus dem schlagrahm röchelt und ruft:
es geht aufwärts!
wo eine gewinnspanne weit von den armen reichen die reichen
    armen

vor begeisterung ihre kinostühle zerschmettern,
da geht es aufwärts von fall zu fall,
wo die zahlungsbilanz hosianna und alles was recht ist singt
und ruft: das ist nicht genug,
daß da die freizeit spurt und gas gibt und hinhaut,
das ist das kleinere übel, das ist nur die hälfte,
das macht nichts, das ist nicht genug,
daß die tarifpartner durch die straßen irren
und mit geballten fäusten frohlocken
und singen und sagen:

hier geht es aufwärts,
hier ist gut sein,
wo es rückwärts und aufwärts geht,
hier schießt der leitende herr den leitenden herrn mit dem
	gesangbuch ab,
hierführen die leichtbeschädigten mit den schwerbeschädigten
	krieg,
hier heißt es unerbittlich nett zueinander zu sein,

und das ist das kleinere übel,
das wundert mich nicht,
das nehmen die käufer in kauf,
hier, wo eine hand die andere kauft,
hand aufs herz, hier sind wir zu haus,

hier laßt uns hütten bauen,
auf diesem arischen schrotthaufen,
auf diesem krächzenden parkplatz,
wo aus den ruinen ruinen sprossen,
nagelneu, ruinen auf vorrat, auf raten,
auf abruf, auf widerruf:

hiersein ist herrlich,
wo dem verbrauchten verbraucher,
und das ist das kleinere übel,
die haare ausfallen,
wo er sein erfolgreiches haupt verhüllt
mit wellpappe und cellophan,
wo er abwesend aus der grube ruft:
hier laßt uns hütten bauen,

in dieser mördergrube,
wo der kalender sich selber abreißt vor ohnmacht und hast,
wo die vergangenheit in den müllschluckern schwelt
und die zukunft mit falschen zähnen knirscht,
das kommt davon, daß es aufwärts geht,
da tun wir fleckenwasser drauf,
das ist hier so üblich, das wundert mich nicht,

goldrichtig liegen wir hier,
wo das positive zum höchstkurs notiert,
die handelskammern decken sich damit ein
und bahren es auf unter panzerglas,

wo wir uns finden wohl unter blinden,
in den schau-, kauf- und zeughäusern,

und das ist nicht alles, das ist nur die hälfte,
das ist die tiefgefrorene wildnis,
das ist die erfolgreiche raserei, das tanzt
im notdürftigen nerz auf zerbrochenen knien,
im ewigen frühling der amnesie,

das ist ein anderes land als andere länder,
das reut mich, und daß es mich reut,
das ist das kleinere übel, denn das ist wahr,
was seine opfer, ganz gewöhnliche tote leute,
aus der erde rufen, etwas laut- und erfolgloses,
das an das schalldichte pflaster dringt
von unten, und es beschlägt, daß es dunkel wird,
fleckig, naß, bis eine lache,
eine ganz gewöhnliche lache es überschwemmt,

und den butzemann überschwemmt,
das löweneckerchen, das allerleirauh,
und die schöne rapunzel, die sind nicht mehr hier,
und es gibt keine städte mehr, und keine fische,
die sind erstickt in dieser lache,

wie meine brüder, die tadel- und hilflosen pendler,
wie sie mich reuen, die frommen gerichtsvollzieher,
die gasmänner, wie sie waten zuhauf,
mit ihren plombierzangen, wie sie stapfen,

in ihren abwesenden stiefeln, durchs bodenlose,
die gloriole vorschriftsmäßig tief im genick:

ja wären's leute wie andere leute,
wär es ein ganz gewöhnliches, ein andres
als dieses nacht- und nebelland,
von abwesenden überfüllt,
die wer sie sind nicht wissen noch wissen wollen,
die in dieses land geraten sind
auf der flucht vor diesem land
und werden flüchtig sein bis zur grube:

wärs anders, wär ihm zu helfen,
wäre rat und genugtuung hier,
wär es nicht dieses brache, mundtote feindesland!

was habe ich hier verloren, was suche ich
und stochre in diesem unzuständigen knäuel
von nahkampfspangen, genußsscheinen,

gamsbärten, schlußverkäufen, und finde nichts
als chronische, chronologische geordnete turnhallen
und sachbearbeiter für die menschlichkeit
in den kasernen für die kasernen für die kasernen:

deutschland, mein land, unheilig herz der völker,
ziemlich verrufen, von fall zu fall,
unter allen gewöhnlichen leuten:

meine zwei länder und ich, wir sind geschiedene leute,
und doch bin ich inständig hier,
in asche und sack, und frage mich:
was habe ich hier verloren?

das habe ich hier verloren,
was auf meiner zunge schwebt,
etwas andres, das ganze,
das furchtlos scherzt mit der ganzen welt
und nicht in dieser lache ertrinkt,

verloren an dieses fremde, geschiedne geröchel,
das gepreßte geröchel im *neuen deutschland,*
das frankfurter allgemeine geröchel
(und das ist das kleinere übel),
ein mundtotes würgen, das nichts von sich weiß,

von dem ich nichts wissen will, musterland,
mördergrube, in die ich herzlich geworfen bin
bei halbwegs lebendigem leib,
da bleibe ich jetzt,
ich hadere aber ich weiche nicht,
da bleibe ich eine zeitlang,
bis ich von hinnen fahre zu den anderen leuten,
und ruhe aus, in einem ganz gewöhnlichen land,
hier nicht,
nicht hier.

was soll ich hier? und was soll ich sagen?
in welcher sprache? und wem?
da tut mir die wahl weh wie ein messerstich,
das reut mich, das ist das kleinere übel,
das schreit und so weiter
mit kleinen schreien zum himmel
und gibt sich für größer aus als es ist,
aber es ist nicht ganz,
es ist nur die himmelschreiende hälfte,
es ist noch nicht genug:

denn dieses land, vor hunger rasen,
zerrauft sich sorgfältig mit eigenen händen,
dieses land ist von sich selber geschieden,
ein aufgetrenntes, inwendig geschiedenes herz,
unsinnig tickend, eine bombe aus fleisch,
eine nasse, abwesende wunde:

Die Zeit der lyrischen Deutschland-Bekenntnisse, positiv oder negativ, ist vorbei. Damit solch peinliches Mißverständnis gar nicht erst aufkommt, hat Enzensberger ein ebenso distanziertes wie emphatisches Rollengedicht geschrieben. Es ist eine effektvoll inszenierte Schmäh- und Scheltrede, eine artistische Schimpfkanonade, die den Charakter einer lustvollen Sprach- und Sprechorgie nicht verleugnen kann. Hinter den Kaskaden und dem Gewimmel von Pointen, Sentenzen, Sprachspielen, Zitaten und Definitionen drohen der Ort und die Stoßrichtung der lyrischen Philippika fast zu verschwinden. Offensichtlich geht es um ein schwieriges Land, das schwer zu fassen und zu beschreiben ist, offensichtlich läßt sich die Zuwendung zu ihm nur noch in Form einer demonstrativen Abwendung aussprechen und offensichtlich wäre ›Haßliebe‹ schon eine allzu schwergewichtige und elementare Vokabel, um das Verhältnis zu diesem ennervierenden und strapaziösen Land zu bezeichnen. Denn hier will einer, trotz allen Ernstes, ganz leicht und leichtsinnig über Deutschland sprechen. Er kündigt ihm den üblichen schwerfälligen Ernst auf, um auf diese Weise noch das schärfste und affektvollste Verdikt in den Strom eines ungebundenen Weitersprechens einspeisen zu können. Er versucht mit allen rhetorischen Mitteln, seine Superiorität zu behaupten, um sich von diesem Land, dessen Vorsilbe »Deutsch-« er gestrichen hat, weder im Guten noch im Bösen einfangen zu lassen. Sein permanenter Distanzierungs- und Verfremdungsgestus besitzt auch den Charakter einer Flucht, mit der sich das lyrische Ich in Sicherheit bringt.

Deshalb ist dieses Gedicht, im Unterschied zur *Todesfuge* und zu *Früher Mittag,* ganz rational und verständlich angelegt. Seine Kritik versammelt fast alle Themen und Vorwürfe, die in den fünfziger und sechziger Jahren gegen die bundesrepublikanische Restauration der Adenauerzeit im Umlauf waren: die Fassadenhaftigkeit und trügerische Fortschrittsgläubigkeit des »Wirtschaftswunders«, die gravierenden sozialen Ungerechtigkeiten, die Dominanz des Kapitals und seiner rabiaten Geschäftsmethoden, die Verdrängung und Beschwichtigung der verbrecherischen Vergangenheit (auch hier erscheint Deutschland noch als »Totenhaus«!), die biedermännische Selbstzufriedenheit und soziale Sprachlosigkeit der Bürger, die militante Fixierung auf Zucht und Ordnung, die weltpolitisch bedrohliche Teilung des Landes und sein eingewurzelter Hang zur Selbstzerfleischung.

Aber aufschlußreicher als dieses Ensemble üblicher Attacken ist die Frage nach den Deutschland-Bildern des Gedichts (denn ein Deutschland-Bild im Singular gibt es schon der Teilung wegen nicht mehr) und nach seinem Umgang mit der »landessprache«. Das Wort »Deutschland« erscheint nur zweimal: in einem entstellten Hölderlin-Zitat aus seinem *Gesang des Deutschen* (»O heilig Herz der Völker, o Vaterland!« wird zu »deutschland, mein land, unheilig herz der völker«) und in dem »gepreßten geröchel im ›neuen deutschland‹«, der Regierungszeitung der DDR. Damit ist dem angestrebten »neuen Deutschland« nach 1945 schon das Urteil gesprochen. Das geteilte Deutschland ist nichts als ein Übel, aufgeteilt in ein kleineres (BRD) und in ein größeres Übel (DDR, die das damals gar nicht gern gehört hat, selbst ein Dieter Schlenstedt nicht[36]). Eine Flut von zwiespältigen und widersprüchlichen Bildern und Urteilen gibt weitere Auskunft über dieses zerrissene und verrufene Land: es ist ein Ort, wo man abwesend anwesend ist (wie die Toten!), »schlachtschüssel« und »schlaraffenland«, ein »arischer schrotthaufen«, ein Ruinenland, »mördergrube« und »musterland«, ein »nacht- und nebelland«, ein »mundtotes feindesland«, eine »bombe aus fleisch«, ein »anderes land als andere länder« – und deshalb weder zu vergleichen noch bündig zu definieren. Das alles ist noch immer im Geiste des exilierten Brecht und mit der Nachkriegshoffnung seiner *Kinderhymne* gesprochen (»Daß ein gutes Deutschland blühe / Wie ein andres gutes Land.«), weist aber schon voraus auf Heiner Müllers *Deutschland ortlos*. Die wiederholte und vieldeutige Frage »was habe ich hier verloren?« ist einerseits eine rhetorische Frage, die als obligate Antwort »nichts« heraufruft, andererseits eine wörtliche Frage, die das Gedicht in seiner drittletzten Strophe selber beantwortet:

> das habe ich hier verloren,
> was auf meiner zunge schwebt,
> etwas andres, das ganze,
> das furchtlos scherzt mit der ganzen welt
> und nicht in dieser lache ertrinkt.

Verloren ist das normale schuldlose Vater- und Mutterland und mit ihm die selbstverständliche Muttersprache, die *deutsche* Sprache. Die »landessprache« ist ebenso entstellt wie das Land, in ein »fremdes, geschiednes geröchel«, in die unartikulierte Fremdsprache von Sterbenden. Es gibt sie nicht mehr, die deutsche Sprache und die Deutschland-Sprache, in der die Dichter »furchtlos« sprechen und scherzen könnten. Von diesem zentralen Verlust spricht das Gedicht nicht nur, von ihm ist es selber betroffen und strukturiert. Denn es kann die ihm geläufige pervertierte »landessprache« der BRD nur noch kritisch und entlarvend montieren und nachsprechen, ironisch, satirisch, sarkastisch, um sie mit vertrauten rhetorischen und überraschenden sprachexperimentellen Mitteln zur Kenntlichkeit zu entstellen. Deshalb ist von der »Landessprache« der DDR, obwohl die Perspektive gesamtdeutsch ist, nur einmal ganz pauschal die Rede. Nur noch als Gegensprache, als Sprachkritik gibt es die deutsche Sprache für den Lyriker Enzensberger. Er ist weder in seinem Land noch in seiner Sprache mehr heimisch. Wie viele andere deutsche Künstler und Intellektuelle in den fünfziger und sechziger Jahren befindet er sich im eigenen Land und in der eigenen Sprache im Exil.[37] Sie sind zu einem Durchgangsland und zu einer Durchgangssprache für ihn geworden:

> da bleibe ich eine zeitlang,
> bis ich von hinnen fahre zu den anderen leuten,
> und ruhe aus, in einem ganz gewöhnlichen land,
> hier nicht,
> nicht hier.

»Wir sind Emigranten geworden, ohne unsere Vaterländer zu verlassen«, hatte selbst der Schweizer Max Frisch in seiner *Büchner-Rede* von 1958 schon gesagt. Bei Enzensberger ist an die Stelle von »Deutschland, Deutschland über alles« bald »Deutschland, Deutschland unter anderm« und der engagierte Blick auf die Dritte Welt getreten. Seine emigrantische Existenz sollte ihn noch durch viele Länder führen. Das eigene Land hatte ihn auf einen archimedischen Punkt des Geistes verbannt, von dem aus er damals in trügerischer Souveränität sprechen und wirken zu können glaubte. Kritischer gesagt: Er benutzte den Verlust der deutschen Identität, um die eigene ästhetische Identität zu retten.

Noch beispielhafter verkörpert sich das »Emigrantische« wie das spezifisch »Deutsche« dieser Zeit in der Person, der Biographie und dem Werk von Wolf Biermann (Jg. 1936). Als Fünfzigjähriger hat er sich seinem Publikum als ein »rührend deutscher Deutscher« vorgestellt.[38] Auch er, aus einer Familie von Altkommunisten stammend, war und ist ein Opfer des Hitler-Faschismus. Sein Vater wurde 1943 im KZ Auschwitz ermordet. 1953 übersiedelte der Sohn in die DDR, studierte dort, arbeitete am Berliner Ensemble und begann in den sechziger Jahren zu schreiben und zu komponieren. Aber die Schwierigkeiten mit der kleinkarierten realsozialistischen Obrigkeit setzten sofort ein. 1963 erfolgte schon ein Auftrittsverbot und der Ausschluß aus der SED. Nach dem berüchtigten 11. Plenum des ZK im Dezember 1965 wurde Biermann mit einem unbefristeten Auftritts-, Veröffentlichungs- und Ausreiseverbot praktisch mundtot gemacht. Als er im November 1976 auf einer Konzertreise in Köln auftrat, wurde ihm anschließend die Rückreise verwehrt und die Staatsbürgerschaft der DDR entzogen. So wurde er von Deutschland nach Deutschland ins Exil verbannt und mußte sich, mühsam, in der ungeliebten Bundesrepublik wieder einleben. Kein Wanderer zwischen den Welten, aber einer der wenigen, der beide Deutschlands von innen kennenlernte und sich doch mit keinem befreunden konnte.

Von seinen schmerzlichen deutsch-deutschen Erfahrungen berichtet sein Lied *Deutsches Miserere (Das Bloch-Lied)*, das bald nach seiner Aussperrung und Ausbürgerung entstand und 1978 veröffentlicht wurde.[39] 1977 hat er es Ernst Bloch in Tübingen vorgelesen und seiner Kritik ausgesetzt. Der Abschnitt »Vorworte« im *Preußischen Ikarus* berichtet darüber:

Deutsches Miserere (Das Blochlied)

Hier fallen sie auf den Rücken
Dort kriechen sie auf dem Bauche
Und ich bin gekommen
   ach! kommen bin ich
         vom Regen in die Jauche

1
Und als ich von Deutschland nach Deutschland
Gekommen bin in das Exil
Da hat sich für mich geändert
So wenig, ach! und so viel
Ich hab ihn am eigenen Leibe
Gemacht, den brutalen Test:
Freiwillig von Westen nach Osten
Gezwungen von Ost nach West

2
Die Völker drumrum um Deutschland
Die haben vielleicht ein Glück!
Großdeutschland, es ist zerbrochen
In zwei verfeindete Stück
Die beiden häßlichen Helden
Sie halten einander in Schach
Der Kleinere gibt nicht Ruhe
Aber der Größere gibt nicht nach

3

Und im Osten kosten die Schrippen
Fünf Pfennig – und zwanzig hier.
Ein großes Bier kost ne Mark dort
Und Zweimarkfünfzig hier
Und drüben hältst du beim Bierchen
Dein Maul, hier darfst du schrein
– allein, es ändert die Welt sich
Mit Schweigen nicht, noch mit Schrein

4

Und im Westen die Zeitungsschreiber
Sie lügen frech, wie sie wolln
Aber ihre Kollegen im Osten
Die lügen korrekt, wie sie solln
Und weil er von beiden Seiten
Getäuscht wird im Television
Drum glaubt der Deutsche Michel
Er wisse die Wahrheit schon!

5

Und die Wahrheiten werden gehandelt
Frech auf dem Lügenmarkt
Zur Ware wird jede Wunde
Im Westen. Der Herzinfarkt
Der Aufrechte Gang wird selber
Zur Pose und zum Geschäft
Der Mensch macht sich zum Affen
Der sich noch selber äfft!

6

Und Kernkraftwerke in Sachsen
und Kernkraftwerke am Rhein
und hüben und drüben heucheln sie
Das soll für den Fortschritt sein
ich scheiß was auf solchen Fortschritt
Der macht uns nur sterbenskrank
Der führt uns fort von der Menschheit fort
Und führt in den Untergang

7

Und wer im Westen das Geld hat
Der hat damit auch die Macht
Aber wer im Osten die Macht hat
Der hat es zu Reichtum gebracht!
Die Arbeiter aber verkaufen
Wie eh und je ihre Kraft
Und schlagen als wäre es ihre:
Die große Wohlstandsschlacht

8

Und wie die einen heißen
So sehen die anderen aus!
Die einen sind mir ein Schrecken
Aber die andern sind mir ein Graus:
In NATO und WARSCHAUER PAKT sind
Sie beide treu-deutsch, bis in' Tod
Und sind gegen ihre Herren
Halb frech und halb devot

9

Und die Linken hassen einander
Mehr als den Klassenfeind!
Eh wir uns nicht selber einen
Wird Deutschland auch nicht geeint
Und ein Linker nennt den andern
Verräter! und recht! und schlecht!
Sie schlagen sich in die Fressen
Mit Mao und Marx und Brecht

10

Und im Osten bleibt dir die Luft weg
Im Bürokratenmuff
Aber der Westen ist ein Nepplokal
Ein kalt gekachelter Puff
Hier bist du erschossen wie Robert Blum
Ohne genügend Geld
Sie lassen dich kalt verrecken
Und sagen: So ist die Welt

Hier fallen sie auf den Rücken
Dort kriechen sie auf dem Bauche
Und ich bin gekommen
    ach! kommen bin ich
              von Regen in die Jauche

11

Das wird sich noch alles ändern!
Das bleibt nicht so, wie es ist:
Die Mauer wird fallen. Und fallen
Wird manch einer auf den Mist
Der Weltgeschichte: da drüben
Die Bonzen – die Bosse hier!
Sie werden fluchen und flennen
aber lachen werden mal wir

12
Da wird sich noch vieles ändern
Und du dich und ich mich auch
Wir werden aufrecht gehen

Wir werden aufrecht gehn
Paar eckige Runden drehn
Mit neuen Augen sehn: Exil

Was ist das Exil?

Ich will dir zu viel
Nicht klagen
Will lieber sagen

Die Wahrheit:
Scheißselbstmitleid!

Bin ich nun ein »Heimatloser Gesell«?
Was ist das: Heimat – Polizeimat?

Ach was! es wird schon hell
Ich sitz nicht mehr wie ein nacktes Kind
Im Schneematsch

Heimat. Quatsch! Heimat ist ja da
Mein Freund, wo ich dich find
Und wo Genossen sind. Genossen

Was ist das: Genossen?

Das Erstaunliche: Wolf Biermann hat, im Vergleich mit Celan, Bachmann und Enzensberger, kaum fundamentale Schwierigkeiten mit dem geteilten Deutschland, weder politische, noch poetische und sprachliche und auch keine existentiellen. Fast macht er mit ihm kurzen Prozeß. Denn er spricht und singt auf dem festen dritten Standpunkt eines demokratischen Sozialismus im Sinne Ernst Blochs und im unbekümmerten Anschluß an die demokratische und kritische Deutschland-Dichtung von Heine bis Brecht. Seine kommunistische Sozialisation und seine frühe Identifikation mit der DDR haben ihm wohl diese ungewöhnlichen Sicherheiten eingebracht. Sie verraten sich schon in dem anspielungsreichen und ironischen Titel des Gedichts. Das »Miserere« (Erbarme dich!) ruft den 51. Psalm, das Bußgebet

Davids herauf und zugleich den 1. Bußpsalm der katholischen Liturgie; es erinnert an das von Marx und Engels diagnostizierte Phänomen einer typisch »deutschen Misere«, der jahrhundertelangen politischen Rückständigkeit der Deutschen, und meint schließlich, als medizinischer Fachterminus, das Koterbrechen bei Darmverschluß! Der Sänger Biermann schlüpft also in drei Rollen gleichzeitig: in die Rolle des bußfertigen Sünders, der stellvertretend für Deutschland um Gnade, Reinigung und Rettung bittet; in die Rolle des Kritikers, der die unausrottbare »deutsche Misere« anprangert und beklagt, und in die Rolle dessen, der vor lauter Ekel – »ach! kommen bin ich / vom Regen in die Jauche« – kotzen muß. Sehr unvermittelt und plakativ wirken deshalb die beiden Strophen (11 und 12), die dem Blochschen »Prinzip Hoffnung« einen steifen Tribut zollen, so als ahnten sie schon, was sich 1989/90 zutragen sollte. Wie ein unbeholfener Appendix wirken zudem die Schlußverse über das »Exil« im eigenen Land. Bewahrheitet haben sich nur die ersten Verse (Strophe 11):

> Das wird sich noch alles ändern!
> Das bleibt nicht so, wie es ist:
> Die Mauer wird fallen. Und fallen
> Wird manch einer auf den Mist
> Der Weltgeschichte: da drüben
> Die Bonzen –

Alles weitere, vor allem die Hoffnung auf einen demokratischen Sozialismus hat auch Biermann inzwischen zu Grabe getragen. »Die Bosse hier!« sind stärker als eh und je.

Recht besehen und gehört strafen die ersten zehn Strophen die beiden Hoffnungsstrophen sogar Lügen. Denn die Pointe dieses Gesamt-»Deutschen Miserere« besteht ja darin, daß es zwischen den beiden deutschen Staaten keine nennenswerten Unterschiede sieht, daß auch die Jahre 1945 und 1949 an der deutschen Geschichte, an der deutschen Misere und an der deutschen Michel-Mentalität nichts Grundlegendes geändert haben. Das deutsche Wesen und Unwesen hat alles überstanden! Dummheit, Gutgläubigkeit, Neid, blinde Treue, Muckertum, Untertänigkeit und Uneinigkeit sind noch immer ihre Markenzeichen. Der Politbarde Biermann verlängert die linke politische Deutschland-Kritik und das linke Deutschland- und Deutschen-Bild des 19. Jahrhunderts einfach in das 20. Jahrhundert und bis in die Gegenwart hinein. So ist es kein Zufall, daß neben dem »Deutschen Michel« auch ein Robert Blum berufen wird. Er ist die leuchtende Gegen- und Märtyrer-Figur der gescheiterten 48er-Revolution und des deutschen Vormärz, in der sich der moderne Sänger, 1977/78 noch mit allen Ängsten und Vorurteilen vor der fremden kapitalistischen Welt beschwert, nicht uneitel spiegelt.

In Biermann steht, ausgestattet und modernisiert durch Brecht und Eisler, die kritische deutsche Tradition wieder auf, der Vormärz-Dichter, der virtuose Heine-Epigone, der Hölderlin-Erbe. In ihrem Namen und Geist sucht und begründet er seinen Exilplatz zwischen allen deutschen Stühlen, in ihrem Namen formuliert er ohne Adressaten seine ohnmächtige, aber selbstgefällige Klage über das zerrissene Deutschland, seitdem ihm die DDR zum Gefängnis geworden war. Einmal im Heine-, Brecht- und Volkslied-Ton (1968):

Es senkt das deutsche Dunkel

Es senkt das deutsche Dunkel
Sich über mein Gemüt
Es dunkelt übermächtig
In meinem Lied
Das kommt, weil ich mein Deutschland
So tief zerrissen seh
Ich lieg in der besseren Hälfte
Und habe doppelt Weh[40]

Eigen an diesem dunklen Lied, das die alte deutsche Untergangsstimmung beschwört, ist nur die vieldeutige Schlußpointe, sind die Spannung und der Riß zwischen dem letzten und vorletzten Vers. Sie lassen sich auflösen dadurch, daß die bessere marxistische Analyse der deutschen Situation (des Irrwegs der BRD!) doppelten Schmerz verursacht. Aber auch dadurch, daß der DDR wie in einer Paar- und Ehebeziehung ironisch der Platz der »besseren Hälfte«, also auch der schwächere weibliche Part zugeteilt wird. Und schließlich durch die Vorstellung einer sexuellen Hörigkeit, die sich mit diesem Bild einstellt: »Ich *lieg* in der besseren Hälfte ...«. Was er in der DDR gesucht hatte, hat er nicht gefunden: »mein Vaterland, will sagen, das Land meines Vaters.«[41] Dann wieder wird die Klage im Ton des Hyperion-Hölderlin versifiziert:

Das Hölderlin-Lied
›So kam ich unter die Deutschen‹

In diesem Lande leben wir
wie Fremdlinge im eigenen Haus
    Die eigne Sprache, wie sie uns
    entgegenschlägt, verstehn wir nicht
    noch verstehen, was wir sagen
    die unsre Sprache sprechen
In diesem Lande leben wir wie Fremdlinge

In diesem Lande leben wir
wie Fremdlinge im eigenen Haus
    Durch die zugenagelten Fenster dringt nichts
    nicht wie gut das ist, wenn draußen regnet
    noch des Windes übertriebene Nachricht
    vom Sturm
In diesem Lande leben wir wie Fremdlinge

In diesem Lande leben wir
wie Fremdlinge im eigenen Haus
    Ausgebrannt sind die Öfen der Revolution
    früherer Feuer Asche liegt uns auf den Lippen
    kälter, immer kältre Kälten sinken in uns
Über uns ist hereingebrochen
        solcher Friede!
           solcher Friede

Solcher Friede.[42]

Es liest sich wie auf ein Grab-Gedicht zulaufend und zeigt Biermanns besondere Art, an die deutsche Todes-Thematik nach 1945 anzuknüpfen. An seinem Ende steht die Friedhofsruhe. »Ruhe sanft« und »Friede unserer Asche!« könnte die sarkastische Fortsetzung heißen. Die dreifache Ortsbestimmung »In diesem Lande« meint in der zweiten und dritten Strophe eindeutig die DDR, in der ersten Strophe könnte auch die BRD einbezogen sein.

Biermann schließt wörtlich an die berühmte Scheltrede Hyperions auf die Deutschen an. Das Motto zitiert den ersten Satz des Kapitels, die ersten beiden refrainartigen Verse des Gedichts den Satz: »Sie [gemeint sind die Dichter und Künstler] leben in der Welt, wie Fremdlinge im eigenen Hause«. Bei Hölderlin lautet der gesamte Kontext: »Es ist auch herzzerreißend, wenn man eure Dichter, eure Künstler sieht, und alle, die den Genius noch achten, die das Schöne lieben und es pflegen. Die Guten! Sie leben in der Welt, wie Fremdlinge im eigenen Hause sie sind so recht, wie der Dulder Ulyß, da er in Bettlersgestalt an seiner Tür saß, indes die unverschämten Freier im Saale lärmten und fragten, wer hat uns den Landläufer gebracht?« Durch diesen Kontext wächst dem Lied eine spezifische Bedeutung zu. Läßt sich das »wir« und »uns« zunächst im Sinne von »alle Deutschen, die ähnlich fühlen« lesen, so spricht Biermann dann im engeren Sinne von jenen Dichtern und Künstlern, die in der DDR vom SED-Staat isoliert, verfolgt und verfemt wurden, und insbesondere von sich selbst, der in der Tat, wie Ulyß, aus dem fremden Westen in die kommunistische Heimat zurückgekehrt war, ohne von ihr erkannt und akzeptiert zu werden. Wer den Platz der »unverschämten Freier« ersetzen könnte, läßt sich unschwer ausmachen.

Auch der drohende Kältetod bezieht sich nicht nur auf das verloschene Feuer der Revolution und den radikalen Utopieverlust, sondern nimmt schon in der zweiten Strophe Hölderlins Vorwurf an die Deutschen auf, sich von der heiligen und göttlichen »Natur« abgeschottet zu haben, um in der dritten Strophe seine Kälte- und Todesmetaphern (die aber auch aus der zweiten Strophe des Gedichts *Hälfte des Lebens* stammen!) weiterzuführen und zu überbieten. Im *Hyperion* heißt es: »Voll Lieb und Geist und Hoffnung wachsen seine Musenjünglinge dem deutschen Volk heran; du siehst sie sieben Jahre später[43], und sie wandeln, wie die Schatten, still und kalt, sind, wie ein Boden, den der Feind mit Salz besäete, daß er nimmer einen Grashalm treibt.« Die zweite Stelle will den gottverlaßnen Deutschen sagen, »daß bei ihnen eigentlich das Leben schal und sorgenschwer und übervoll von kalter stummer Zwietracht ist, weil sie den Genius verschmähn, der Kraft und Adel in ein menschlich Tun, und Heiterkeit ins Leiden und Lieb und Brüderschaft den Städten und den Häusern bringt.« Auch in diesem Falle verengt sich der Bezug des »Hölderlin-Lieds« auf die verfemten Dichter und Künstler, die in der DDR wie im Exil und im Gefängnis lebten, und insbesondere auf den »Genius« Wolf Biermann, für den dieses Schicksal im Jahre 1972 im verschärften Maße zutraf. Denn es war ausgerechnet ein Jahr, in dem viele Dichter und Künstler der DDR noch einmal Hoffnung schöpften. Im Vorjahr war Ulbricht durch Erich Honecker abgelöst worden und seine Rede auf dem 4. Plenum des ZK der SED im Dezember 1971, in der er davon sprach, daß es auf dem Felde der Literatur »keine Tabus« geben dürfe, solange sie auf dem Boden des Sozialismus stünde, hatte eine zeitweilige Liberalisierung auch der Kulturpolitik eingeleitet. Nur für Biermann hatte sich nichts geändert und verbessert. Während in der DDR 1972 endlich *Die neuen Leiden des jungen W.* von Plenzdorf erscheinen durften, veröffentlichte Biermann bei Wagenbach in Westberlin die Sammlung *Für meine Genossen* und *Deutschland. Ein Wintermärchen.* Seine Erfahrung tödlicher sozialer und künstlerischer Isolation und Kälte knüpfte nicht nur bei Hölderlin, sondern gleichzeitig auch bei Heinrich Heine an. Sie vor allem gaben ihm die Sprache zu sagen und zu singen, was und wie er litt. Mit ihnen konnte er seine deutschen Nöte schildern, ohne von Deutschlands Sprachnot und seinem ungeheuren Kultur- und Zivilisationsbruch betroffen und gelähmt zu sein. So wurde er, den man weder als Westler noch als Ostler anerkannte, zum traditionsbewußten und repräsentativen Sänger der deutschen Teilung und der allerneuesten deutschen Misere. Seine Exilleiden machten ihn frühzeitig hellsichtig für das klägliche Schicksal der DDR. In der BRD, seit 1977, und vollends nach der Wiedervereinigung hat er seine Prophetenrolle nach und nach freiwillig abgelegt. Wahrscheinlich ist er auf lange Zeit hinaus der letzte deutsche Sänger im alten und vielleicht schon ein wenig anachronistischen Stil gewesen. Die deutsche Wiedervereinigung 1989/90 hat, ganz im Gegensatz zu 1870/71, keine lyrischen Repräsentanten mehr hervorgebracht.

Allenfalls noch solche wie Uwe Kolbe. Im November 1985 machte er (Jg. 1957), im Unterschied zu Biermann in die DDR *Hineingeboren,* so der Titel eines ersten Gedichtbandes (1983), einen Spaziergang in Tübingen, auf dem Schloßberg in Richtung Wurmlinger Kapelle, die Ludwig Uhland so traulich bedichtet hat. Zurück brachte er ein kleines Deutschland-Gedicht mit dem Titel *Tübinger Spaziergang:*

> Deutschland
> alter Apfelbaum
> niedergeschnittenen Stammes.
> Einer deiner dürren Äste
> trägt den letzten, roten Apfel,
> den ich pflück und esse,
> meinen Hunger stille,
> ob mir auch der Magen brennt.[44]

Der Verfasser hat die »Genese« seines Gedichts selber geschildert[45]. »Es handelte sich um die zweite Woche der ersten echten ›Westreise‹ eines DDR-Bürgers von gerade achtundzwanzig Jahren. […] Ich hatte im Tessin den Stoßseufzer losgelassen: ›Ihr Schweine! Ihr wolltet, daß ich dies hier nie in meinem Leben sehe!‹ Gemeint waren die herrschenden Bonzen der DDR. Der emotionale Abschied vom Dreibuchstabenland hatte begonnen.« Die

Zugfahrt über Horb nach Tübingen, mit den üblichen Ortsansagen, führte zur Wiederentdeckung Deutschlands: »Es hieß Deutschland, was ich da hörte. Es sagte mir: Du bist jetzt in Deutschland. Es gibt dieses Land. Du bist nicht mehr in Dreibuchstabenland. Du bist in keinem Staat mehr, sondern in einem Land. Du bist angekommen. Ja, es sagte sogar diesen Satz. Es stellte sich gegen die Behauptung, 1945 sei das Land ein für allemal untergegangen. Es bestand.« Diese Wiedergeburts-Erfahrung verknüpfte sich dann mit dem Tübinger Spaziergang: »Es sammelte sich zu einem Text, zu ein paar Zeilen, die mit dem eben, vorgestern gedachten Wort ›Deutschland‹ eine Einheit eingehen wollten.«

Der »mickrige Apfelbaum mit dem winzigen Apfel« stand wirklich am Wege, und über Uhlands bekanntem Gedicht *Einkehr* – Kolbe zitiert die Verse: »Bei einem Wirte wundermild, da war ich jüngst zu Gaste. Ein Apfel war sein Wappenschild an einem langen Aste« – verband sich der physische Hunger mit dem ungestillten Deutschland-Verlangen. »So tönte es in mir, so aus der deutschen Tradition«, die bei Kolbe vielsagend zu einem »Wappenschild« umerinnert wird. Bei Uhland heißt der Vers: »Ein goldner Apfel war sein Schild.«

An dem schlichten, scheinbar realistischen Gedicht ist mehrerlei bemerkenswert. Erstens gibt es Auskunft über den beträchtlichen Deutschland-Hunger der jüngeren DDR-Generation, die sich ihres Staates erst in den siebziger und achtziger Jahren und dann überwiegend kritisch bewußt wurde. Zweitens kommt es, mit sparsamsten poetischen Mitteln, ohne das gewohnte negative oder positive patriotische Pathos aus (an den Sünden- und Reichsapfel ist kaum noch zu denken!). Drittens ersetzt die Identifikation Deutschlands mit einem alten verkümmerten Apfelbaum nicht einfach das traditionelle »Germania degenerans«-Bild, sie ruft auch nicht nur Uhlands nährenden Apfelbaum oder gar den paradiesischen Baum herauf, sondern sie steht auch in einem untergründigen Zusammenhang mit dem Barbarossa-Mythos, so wie er von der Grimmschen Sage gleich am Anfang erzählt wird. Dort gibt es den »dürren Baum« und auch einen »Schild« in diesem Baum:

> Von diesem Kaiser gehen viele Sagen im Schwange. Er soll noch nicht tot sein, sondern bis zum jüngsten Tage leben, auch kein rechter Kaiser nach ihm mehr aufkommen. Bis dahin sitzt er verholen in dem Berg Kyfhausen und wann er hervorkommt, wird er seinen Schild hängen an einen dürren Baum, davon wird der Baum grünen und eine beßre Zeit werden.[46]

In dem poetischen Brennen des Magens blieb diese mythische Frühlingshoffnung bei Kolbe präsent. Sie mußte damals nur noch vier Jahre warten.

Der Verfasser, befragt, war sich bei der Entstehung des Gedichts des sagenhaften Zusammenhangs nicht bewußt gewesen, aber er sei ihm, so antwortete er, als einem häufigen Wanderer um den thüringischen Kyffhäuser Berg und sein Denkmal, nicht unwillkommen.[47]

Wenn überhaupt, dann ist die deutsche Tradition im Gedicht nur so denkbar, in der poetischen Behauptung der je »eigenen Erfahrung« und in einer je eigenen Sprache.

XV

Die Poesie der deutschen Wiedervereinigung

Das Jahr vom Oktober 1989 bis zum Oktober 1990 ist das erste annus mirabilis unserer Geschichte gewesen, auf das die Deutschen nicht mit einer Flut patriotischer Gedichte reagiert und geantwortet haben. Verglichen mit den Jahren um 1813, um 1848, mit 1870/71 und 1914 nehmen sich die beiden Lyrik-Sammlungen, die 1991 und 1993 erschienen sind, kümmerlich aus. Die erste heißt *Grenzfallgedichte* mit dem Untertitel *Eine deutsche Anthologie*[1], die zweite *Von einem Land und vom andern* mit dem Untertitel *Gedichte zur deutschen Wende*.[2]

Von den zweihundertdreiundzwanzig Gedichten insgesamt führen von denen, die nach 1989 entstanden sind, nur sieben ein deutsches »Hauptwort« oder Adjektiv im Titel und auch sie erheben keinen Anspruch auf Repräsentanz. Da es die Fiktionen einer kollektiven Deutschland-Sprache und eines einheitlichen deutschen Volkes nicht mehr gab und gibt, entstand auch kein exemplarisches, zündendes Gedicht mehr, das für eine Mehrheit der Bevölkerung sprechen könnte. Wie *das* Drama der deutschen Wiedervereinigung fehlt (auch der *Schlußchor* von Botho Strauß ist es nicht), fehlt auch das repräsentative Deutschland-Gedicht. Die individuelle Sprachvielfalt, der eine individuelle Erfahrungs-, Gefühls- und Meinungsvielfalt zugrunde liegt, ist so groß, daß man sie für eine bedenkliche Sprachverwirrung halten könnte – wenn sie nicht eine wesentliche Gemeinsamkeit besäße: den bewußten Verzicht auf das traditionelle Deutschland-Vokabular und vor allem: den Verzicht auf seine traditionelle Verwendung im affirmativen wie im kritischen Sinne. Beides bewirkt die Auflösung und Zerstreuung dieser Sprache. Die realpolitische Tatsache, daß es ein einheitliches Deutschland plötzlich wieder »gab«, brachte schlagartig ans Licht, daß es zu einem sprachlichen und poetischen Niemandsland geworden war.

Freilich: Nach dem katastrophalen Konkurs und der Tabuisierung der traditionellen und nationalen Deutschland-Sprache nach 1945 hat die Pluralisierung und Demokratisierung unserer Gesellschaft endlich auch sie erfaßt. Diese von den Schriftstellern nach 1945 initiierte Entwicklung ist in der Bundesrepublik schon vor der Wende konsensfähig geworden. Was »Deutschland« ist und wie man darüber redet und schreibt, ist seither, trotz aller Reizbarkeiten und Peinlichkeiten, mehr und mehr die Sache eines öffentlich zugelassenen und institutionalisierten Meinungsstreits innerhalb einer demokratischen Gesellschaft geworden, ein andauernder Prozeß ohne verbindliche Resultate. Nur noch obskure Minderheiten und Randgruppen reklamieren ein Definitionsmonopol. Im übrigen hat die Deutschland-Sprache, so oder so, ihren illusionären Wahrheitsanspruch verabschiedet und den eigenen Fiktions- und Konstruktcharakter durchschaut. Sie ist aus einer Glaubenssache zu einer Sache wechselseitiger Aufklärung geworden.

Niemand mehr, der auf die alte und die neue Frage: »Nescio quinam homines Theutones sumus« eines fränkischen Ritters auf dem Regensburger Reichstag von 1454 oder Martin Walsers: *Wer sind wir?* noch eine neue oder bündige Antwort geben wollte oder erwartet. Im Gegenteil, auch diese Frage befindet sich in einem Auflösungsprozeß und macht dringenderen Fragen Platz. Symptomatisch ist es, daß das umstrittenste von allen Wende-Gedichten das bekannteste geworden ist, Volker Brauns *Das Eigentum.* Und ebenso symptomatisch, daß vermutlich keines von ihnen bleiben wird. Jubellieder und Jubelchöre haben lediglich Politiker und Parteien angestimmt.

Das ist insgesamt und im Vergleich zu unserer bisherigen Geschichte ein Sachverhalt, der zu einigen Hoffnungen berechtigen könnte. Machen wir darauf ein paar Stichproben.

Zunächst ein poetischer Befund zur *MUTTERSPRACHE* von Wulf Kirsten im Jahre 1989. Ich zitiere nur die ersten Verse des langen Gedichts:

> die phrasen unverdrossen in die dreschmaschine gegabelt,
> die spreu mit vollen schaufeln der schweigenden mehrheit
> in den rachen geworfen, die floskeln verkommen symmetrisch
> zu vaterländischen flosen und flusen, zum letzten muzel
> am blocker, dienstbeflissen die vorgestanzte sprachregelung
> vom gebetsriemen des vordermanns gekratzt und in den nürnberger
> trichter geschüttet[3]

Die Verse geben polemische Auskunft über den Tiefstand der offiziösen Sprache der DDR, am Vorabend ihres Untergangs. Sie prognostizieren: wer seine »muttersprache« derart zurichtet und zugrunde richtet, hat sich selber sein Grab geschaufelt. Aber die Prognose reicht noch weiter in die Zukunft: wie soll aus solchem Verderb jemals wieder eine »vaterländische« Sprache entstehen können? Nicht nur die braune Diktatur, auch die rote hat die nationale Sprache ruiniert. So ist es ein doppelt beschwerliches Erbe, an dem die deutschen Dichter und Schriftsteller nach 1989/90 zu tragen haben, wann immer sie noch über ihr Land sprechen wollen und die Zukunft ist mehr als ungewiß.

Von solcher Skepsis – die Zukunft erscheint im Modus der Vergangenheit – spricht ein lakonisches Gedicht des DDR-Lyrikers Heinz Czechowski:

Die überstandene Wende

Was hinter uns liegt,
Wissen wir. Was vor uns liegt,
Wird uns unbekannt bleiben,
Bis wir es
Hinter uns haben.
(November 1989)[4]

Der 17. Juni, der »Tag der deutschen Einheit« zu Zeiten der deutschen Spaltung, erscheint in einem Gedicht von Hinnerk Einhorn nun als *Tag der deutschen Einfalt:*

Tag der deutschen Einfalt

Die Linken lecken lärmend Wunden: Herr stärk
des Fleisches Blödigkeit / daß wir hie ritterlich
ringen / Die Rechten: Menschheitsträume werden
wahr / Freiheit durch Leistung // Vor blutigem
Himmel sitzt eine Amsel und singt / singt
17. Juni 90[5]

Er ist zum Tag der deutschen Zwietracht geworden, kein Tag mehr, den man so oder so besingen könnte. »Ich feierte den Tag mit Zorngesängen«, heißt es freilich noch pathetisch bei Heinz Kahlau zum »Tag der Einheit«.[6] Es gibt keine Poesie der deutschen Wiedervereinigung mehr. Die »Amsel« sitzt zwar abseits der blutigen Geschichte und singt trotz alledem, aber sie kann diesen blutigen Hintergrund nicht mehr vergessen machen. Möglicherweise spielt das Gedicht auf eine Passage aus Adornos *Ästhetischer Theorie* an, in der er von der illusionären »Freiheit im Naturschönen« spricht und wo es heißt: »Schön gilt allen der Gesang der Vögel; kein Fühlender, in dem etwas von europäischer Tradition überlebt, der nicht vom Laut einer Amsel nach dem Regen gerührt würde. Dennoch lauert im Gesang der Vögel das Schreckliche, weil er kein Gesang ist, sondern dem Bann gehorcht, der sie befängt.«[7]
Den bleibenden Zwiespalt trotz Mauerfall und Beitritt der neuen Länder zur BRD nach §23 des Grundgesetzes betont auch ein bekanntes Gedicht von

Reiner Kunze, der schon 1977 aus der DDR in die Bundesrepublik kam; es steht in beiden Sammlungen:

Die mauer
Zum 3. oktober 1990

Als wir sie schleiften, ahnten wir nicht,
wie hoch sie ist
in uns

Wir hatten uns gewöhnt
an ihren horizont

Und an die windstille

In ihrem schatten warfen
alle keinen schatten

Nun stehen wir entblößt
jeder entschuldigung[8]

Der letzte Doppelvers redet den Deutschen immerhin ins Gewissen, die innere Mauer abzutragen.

Wenn einmal ausnahmsweise (ein einziges Mal!) das Wort »Deutschland« über einem Gedicht steht, dann liest es sich, von Lutz Rathenow, wie ein Anti-Deutschland-Gedicht:

Deutschland

Grüß Heil   SiegFront   RotGott.
Ich liebe Herren, die Hunde beißen.
Hammer zerschlug Sichel. Ährenkranz
Totentanz. Und nun das D-Mark-Leben.
Ich spiele gern. Neuer Staat neues Gedicht
– ich zwinge mich zur Zuversicht.[9]

Das »babylonisch« verwirrte Gedicht verfährt nach dem Prinzip der »Verkehrten Welt«. Der erste Vers bringt die politischen Parolen und das, wofür sie standen und stehen, die deutschen Ideologien, Fronten und Staaten, willkürlich durcheinander: Siegheil, Rotfront und Grüßgott – das Hitlerreich, die DDR und die BRD. Denn sie sind 1989/90 zu Spielmarken der Vergangenheit geworden. Der zweite Vers verkehrt die Natur- und Herrschaftsordnung in mehrfacher Hinsicht. Denn er ist auch grammatisch nicht eindeutig,

346

er läßt sich von links nach rechts (»Herren« als Subjekt) wie von rechts nach links lesen (»Hunde« als Subjekt). Seine Bedeutung ist schwer auszumachen. Er könnte die Sowjetunion Gorbatschows meinen, die ihre Satelliten – den Letzten, die DDR, beißen die Hunde! – im Stich gelassen hat. Das würde auch der dritte Vers unterstützen, der sich auf das Staatswappen der DDR bezieht. Auch hier kommt der Umsturz aus dem eigenen Lager und das Symbol des Lebens wird zum Symbol des Todes: »Ährenkranz/Totentanz«. Der Tod wird eingetauscht gegen »das D-Mark-Leben«, eine ironische Auferstehung in das »ewige Leben« des Kapitalismus. Die beiden gereimten Schlußverse nehmen das Spielmotiv des Anfangs wieder auf. Neues Spiel, neues Glück: »Neuer Staat neues Gedicht«. Nachdem die Karten und Spielmarken der Vergangenheit durcheinander geraten sind, ist es schwierig, auf die richtige Karte zu setzen. Die sicherste scheint noch die D-Mark zu sein. So präsentiert sich das ironische »neue Gedicht« vorerst mit einem erzwungenen Reim: »Zuversicht«. Das künftige »Deutschland« steht buchstäblich noch auf dem Spiel. Sein neues Gedicht ist noch lange nicht in Sicht.

Also: wenn ein Gedicht an traditionelle Worte und Bestände anknüpft, dann ironisch zitierend, parodierend und destruierend. Die alten Denkmäler werden gestürzt, manchmal freilich noch auf eine fast naturalistische, programmatische Art. So in dem Gedicht *Das wilhelminische Denkmal auf der Reichsburg Kyffhausen* von Wilhelm Bartsch:

> Es schiffte, schiffte, schiffte. Nebel hexten,
> es jauchte um der Kaiser Bärte, Friedrich
> der Erste sabberte in seiner Nische
> mit quaderschwerer Unterlippe. Wilhelm
> ritt an, weit drüber, zu dem Todessprung
> ins Grau: Die Wolken köpften ihn sadistisch,
> weil laufend. Niemand, keiner kommt zu sehen
> die deutschen Kaiser jetzt! Aus wieviel Nebel
> konnte je ein Land zu so viel Stein sich
> verhärten, aus wieviel Lüge so viel Wahrheit
> erpressen: o Deutschland, dich zu lieben
> war und ist und heißt Abtrünnigkeit.[10]

Es ist ein altmodisches Gedicht, das mit verbrauchten satirischen Mitteln arbeitet, und auch seine allzu pathetische Schlußsentenz – Deutschland zu lieben heißt Abtrünnigkeit – gilt schon seit Hölderlin-Zeiten.

Aber natürlich gibt es, aus den ersten Tagen und meistens von DDR-Autoren, auch ein paar hoffnungsvolle Gedichte, so *Aufbrüche, deutsch* von Harald Gerlach:

Der Ort, an dem Geschichte
sich einholt zwischen Schlaglöchern:
die Straße.

Ich bin, du bist, wir sind.
Das Volk, meine Herrn.

Gesichter mit dem Abglanz
der Romantik. Kerzen schmelzen
das Schwert zur Pflugschar.

Die Hand, Majakowski, hat
den Abzug zu früh gefunden.
Machiavell ist sterblich.

Im warmen Herbst blüht Phantasie,
der Ausgang, lang vertagt, aus
lang verschuldeter Un-
möglichkeit…[11]

Doch der warme Herbst der Phantasie hielt nicht lange vor, die euphorische
Aufbruchsstimmung kühlte rapide ab. Davon sprechen exemplarisch zwei
weitere Gedichte, die das Adjektiv »deutsch« im Titel tragen. Jürgen Nend-
zas *Deutsches en bloc* und Jochen Kelters *Deutsche Frage*. Das letztere schließt
mit den Versen:

Und wenn sie jetzt so vaterländisch tun:
Da wird im dritten Anlauf doch
die Mitte von Europa bloß

Von den Konzernen annektiert
es wird ein neuer Weg probiert.
Wer aber wird da angeschmiert?
Wer wird hier vorgeführt?[12]

Die »deutsche Frage« ist zu einem Betrugsmanöver der kapitalistischen
Großindustrie degeneriert. Mit den sprachexperimentellen Mitteln der konkreten Poesie versucht Jürgen Nendza die Inflation des Wortes »deutsch« zu
demonstrieren:

348

> Wer weiß sich schon einig bei Licht in Sicht
> kommt ein deutsches in Fahrt kommt zuerst
> kommt ein deutsches ins Geschäft kommt ein
> deutsches auf Touren kommt anders ein
> deutsches kommt selten allein kommt ein
> deutsches auf Rechnung zu Schaden kommt
> Zeit kommt ein deutsches zum Ausbruch zum
> Einsatz kommt ein deutsches ins Rollen kommt
> hoch kommt ein deutsches zum Vorschein
> zupaß kommt ein deutsches ein deutsches zur
> Sprache kommt über stimmt über alles sich ein[13]

Der Schluß, »stimmt über alles sich ein«, evoziert verdeckt die tabuisierte erste Strophe der Nationalhymne, nachdem zuvor, sprachlich, die berüchtigte deutsche Lawine oder Dampfwalze losgetreten worden ist. Reizvoll ist eine Rückerinnerung an Friedrich Rückerts *Grammatische Deutschheit* von 1819, in der burschenschaftliches »Deutsches en bloc« durch Überbietung schon einmal ad absurdum geführt wurde.

So viel ist sicher: mit dem Datum der deutschen Vereinigung hat sich auch die normierte und hierarchische Deutschland-Sprache endgültig aufgelöst und demokratisiert. Jeder ihrer Sprecher und jede ihrer Sprecherinnen ist mündig und unabhängig geworden und versucht, mit seiner und ihrer eigenen Sprache »die eigene Erfahrung zu behaupten« (Uwe Kolbe). Kollektive Inhalte und Sprachregelungen gibt es nicht mehr. So wie es zur »Wiedervereinigung« (schon dieser Begriff ist umstritten) und zur neuen Bundesrepublik zwischen den extremen Positionen eines Volker Braun und Günter Grass auf der einen, eines Martin Walser und Reiner Kunze auf der anderen Seite ein ganzes Spektrum von Meinungen, Erfahrungen und Gefühlen gibt, so fächern sich auch die zugehörigen Gedichte auf. Man dürfte sie deshalb kaum noch Deutschland-Gedichte nennen, denn es gibt dieses »Deutschland«, darüber herrscht noch am ehesten Einigkeit, auch nach der Vereinigung nicht. Insofern ist der 3. Oktober 1990 ein eminent wichtiges Datum in ihrer Geschichte. Mit dieser Zäsur gehen fast fünf Jahrhunderte einer relativ einheitlichen Entwicklung zuende, und es beginnt ein ganz neues Kapitel, das noch viel zu kurz ist, um etwas Zulängliches und Verläßliches darüber sagen zu können. Auf jeden Fall aber überwiegen die unsicheren, die nachdenklichen, die fragenden und zweifelnden Haltungen und Töne. Typisch dafür ist ein Gedicht von Karl Krolow, das der einen Anthologie den Namen gegeben hat:

Von einem Land und vom andern

Man glaubt's nicht, besieht seine Hände,
im Spiegel sein Gesicht:
Deutschland am anderen Ende
und hier – denn man glaubt es nicht –
ÜBER ALLES, hieß es. Man fände
den Reim heute ohne Gewicht.
Es reimt sich doch alles nicht!

Von einem Land und vom andern
weiß man zu wenig, zu viel.
Mit bloßem Wissen und Wandern
verfehlt ein jeder das Ziel.
Und wenn er es schließlich fände: –
Deutschland am anderen Ende
hat anderes Gewicht.
Über alles ringt man die Hände
bloß. Reimen sollte man nicht:
es sei denn, man verschwände
in einem andern Gedicht,
das ruhig von beiden spricht –
vom andern und dem einen
und fürchtete sich vor keinem.[14]

Obwohl es noch gereimt ist, tut sich das Gedicht spürbar schwer. Es spricht, als wüßte es selber nicht genau, wovon es redet. Deswegen hat es auch der Leser schwer. Schon die Identifizierung der verschiedenen Länder bleibt zunächst unsicher. Mit der Titel-Wendung könnten die BRD und die DDR gemeint sein. Aber worauf zielt das zweimal auftauchende »Deutschland am anderen Ende«? Doch nicht wieder auf die DDR?! Wenn nicht, dann bleibt als Auflösung scheinbar nur das neue, vereinigte Deutschland übrig. Diese Lesart gäbe auch den beiden Nennungen einigen Sinn: »Deutschland am anderen Ende / und hier« hieße dann, Deutschland vereinigt wieder drüben und hüben, und der Doppelvers »Deutschland am anderen Ende / hat anderes Gewicht« müßte dann bedeuten, daß das neue entstehende Deutschland nicht über die Kenntnis der ehemals geteilten Länder zu erreichen ist. Aber eine solche Lesung kommt vor allem in der zweiten Strophe nicht ohne Gewaltsamkeiten und unerklärbare Textzonen aus. Ich denke, sie ist falsch und man verfällt nur deshalb auf sie, weil auch der Herausgeber der Anthologie, Karl Otto Conrady, sie anscheinend mißverstanden und mißverständlich als Titel für die »Wende«-Gedichte gebraucht hat.

350

Eine andere, bessere Lesart macht das Gedicht sogleich verständlicher: das »eine Land« ist das geeinte Deutschland nach dem 3. Oktober 1990, das »andere«, das »Deutschland am anderen Ende« meint das Deutschland vor 1945, das Deutschland der Nationalhymne Hoffmann von Fallerslebens, die in der ersten Strophe in Majuskeln zitiert wird.

In dieser Spiegel-Strophe geht es um ein persönliches und ein nationales Identifikationsproblem. Daß es nach dem früheren katastrophalen Einheitsdeutschland noch einmal ein gegenwärtiges und künftiges geben würde, läßt das sprechende »man« (die bescheidenste Form, für alle gleichgesinnten Deutschen zu sprechen) an der eigenen Identität zweifeln, so unwahrscheinlich und überraschend kam dieses Ereignis und so wenig haben die beiden Deutschlands noch gemein. Das alte war durch übertriebenen Nationalismus (»ÜBER ALLES«) charakterisiert, sein »Reim« (»wenn es stets zum Schutz und Trutze / brüderlich zusammenhält«) macht heute keinen Sinn mehr.

»Es reimt sich doch alles nicht!« Mit diesem Vers betritt das Gedicht zugleich eine Metaebene, die Ebene poetologischer Selbstreflexion. Seine Aussage lautet: es sind keine gereimten, allenfalls noch ungereimte, zwiespältige Deutschland-Gedichte möglich.

Darin äußert sich offenkundig auch die Fassungslosigkeit eines Poeten, der nach 1945 bemerkenswert viele gereimte Deutschland-Gedichte geschrieben hat und der auch dieses ›transzendentale‹ Gedicht, das über die Bedingungen der Möglichkeit nachdenkt, in der neuen Situation über Deutschland lyrisch zu reden, noch demonstrativ und kunstvoll reimt (von den 21 Versen hören 15 auf den a/b-Reim!). Schon deshalb schließt es die utopische Möglichkeit nicht aus, eines fernen Tages wieder in Reimen von Deutschland sprechen zu können, dann nämlich, wenn kein Grund mehr besteht, sich vor beiden, dem alten und dem neuen, zu fürchten, wenn Deutschland z.B. in einem größeren, friedlichen Europa aufgegangen sein könnte.

Krolow spricht also schon von der Möglichkeit einer künftigen Befreiung und Erlösung von dem deutschen Schuld- und Sühne-Komplex und von dem gravierenden »Kulturbruch«, den Adorno konstatiert und in dessen Zeichen Paul Celan und Ingeborg Bachmann gedichtet haben. Diese Befreiung ginge allerdings nicht von irgendeinem Subjekt, dem »man« oder dem Autor aus, sondern allein von »einem andern Gedicht«, das die Deutschen in seinen »anderen« Raum und in seine »andere« Sprache aufnähme und verschwinden ließe: »es sei denn, man verschwände / in einem andern Gedicht, / das ruhig von beiden spricht –«. Es ist eine Befreiung, auf die »man« lediglich zu warten und sich vorzubereiten vermag. Sie besitzt die Aura eines poetischen Wunder- und Gnadenaktes. Wie ein Gang in den Raum des »Spiegels«, in den das gesamte Gedicht hineingesprochen ist.

In Krolows eigenem Gedicht bleibt alles noch ganz zwiespältig. Es stammelt ungläubig und ist schon überlegt gereimt, es gibt sich orientierungslos, unwissend und vage und läuft doch auf eine entschiedene Schlußpointe zu, es wirkt wie ein spontanes Spiegel- und Selbst-Gespräch und ist doch bis ins einzelne durchkomponiert und durchkalkuliert (drei Einheiten zu je sieben Versen, bewußte Wort-, Vers- und Reimwiederholungen, Chiasmen, der Doppelpunkt nach dem zweiten und dem sechzehnten Vers, der den Übertritt in den anderen Raum markiert). Besonders seltsam die Verse: »Über alles ringt man die Hände / bloß. Reimen sollte man nicht:« Das Adverb »bloß« wirkt absichtlich deplaziert, vom Beginn des zweiten Satzes an das Ende des ersten herübergeholt, als sollte so die banale Allgemeinheit der beiden Satzaussagen gebrochen werden. Ihre eigentliche Aussage gewinnen die beiden Verse aber erst durch die Wortwiederholungen und Korrespondenzen innerhalb des Gedichts. »Über alles« zitiert erneut die Nationalhymne, »ringt man die Hände« steigert »besieht seine Hände«, »bloß« nimmt das »bloße Wissen und Wandern« wieder auf, »Reimen sollte man nicht« variiert die Schlußverse der ersten Strophe: »Man fände / den Reim heute ohne Gewicht. Es reimt sich doch alles nicht!«

So reimt sich auch dieses gereimte Gedicht letztlich nicht. Sein unauflösbarer Zwiespalt: es sind Kinder- und Greisenverse, naiv und sentimentalisch zugleich. Aber dieser Zwiespalt macht es als Deutschland-Gedicht ›post festum‹ gerade noch erträglich. Die Stunde, von einem »neuen« oder »anderen« Deutschland zu sprechen, ist noch längst nicht gekommen.

Im Gegenteil, es könnte wohl kein besseres, ermutigenderes Zeichen für den Wandel im Selbstverhältnis der Deutschen geben als die Tatsache, daß die umwälzenden Ereignisse der Jahre 1989/90 unsere Lyriker alles andere als ›beflügelt‹ haben, ja, daß ihre Gedichte, sofern sie sich überhaupt noch mit der »deutschen Frage« beschäftigen, Krisengedichte in einem doppelten Sinne sind. Denn sie erleben und beschreiben nicht nur sehr differenziert den politischen und sozialen Vereinigungsvorgang als einen Krisenprozeß, sondern wissen von ihm auch das eigene Gedicht in seiner Sprache und Gestalt erfaßt. Sie wissen, daß sie nicht nur in ein historisches, sondern auch in ein poetisches Niemandsland geraten sind, auf dem das alte Gedicht nicht mehr gilt und ein neues, anderes noch nicht in Sicht ist. Von dem Ausmaß dieses Wissens hängt nicht nur die politische, sondern auch die ästhetische Qualität eines Gedichtes ab.[15]

Deshalb besitzt Volker Brauns Gedicht *Das Eigentum* einen besonderen Rang.

Denn es bringt die Verluste, die Zwiespältigkeiten und Widersprüche des deutsch-deutschen Ereignisses sehr konkret und mit der kritischen Stimme und der historisch-literarischen Weitsicht eines Opfers zur Sprache, das sich der Krise unerschrocken stellt und in einer buchstäblich ›bodenlosen‹ Situation, ohne Wehleidigkeit, eine nüchterne und präzise Standortbestimmung zu geben versucht:

> Da bin ich noch: mein Land geht in den Westen.
> KRIEG DEN HÜTTEN FRIEDE DEN PALÄSTEN.
> Ich selber habe ihm den Tritt versetzt.
> Es wirft sich weg und seine magre Zierde.
> Dem Winter folgt der Sommer der Begierde.
> Und ich kann *bleiben wo der Pfeffer wächst*.
> Und unverständlich wird mein ganzer Text
> Was ich niemals besaß wird mir entrissen.
> Was ich nicht lebte, werd ich ewig missen.
> Die Hoffnung lag im Weg wie eine Falle.
> Mein Eigentum, jetzt habt ihrs auf der Kralle.
> Wann sag ich wieder *mein* und meine alle.

Dieses Gedicht wurde sofort nach seinem ersten Erscheinen, im »Neuen Deutschland« vom 4./5. August 1990 und in der »Zeit« vom 10. August 1990, ein »öffentliches Gedicht« mit einer vergleichsweise großen, wenngleich zwiespältigen Resonanz in der damaligen BRD und der gerade noch bestehenden DDR – ihre Volkskammer beschloß in der Nacht vom 23. zum 24. August 1990 den Beitritt der DDR zur Bundesrepublik gemäß Art. 23 GG zum 3. Oktober. Es wurde in maßgebliche Anthologien aufgenommen, in Rundfunk- und Fernsehsendungen zitiert, bei Lesungen des Autors besonders aufgerufen (nachzulesen in dem informativen Beitrag von Dieter Schlenstedt) und von mindestens sieben literaturwissenschaftlichen Aufsätzen analysiert und interpretiert.[16] Wenn überhaupt, dann könnte dieses Gedicht den Anspruch erheben, der repräsentativste Text aller Wende-Gedichte zu sein.

Dabei ist es ein poetischer Text mit zwei Gesichtern. Neben einer aktuellen, vordergründigen Lesart – Klage über das Verschwinden der DDR und einer mit ihr verbundenen utopischen Perspektive – lädt es zu einer hintergründigen, historisch-literarischen Lektüre ein, die zahlreiche andere Texte heraufruft, so Hölderlins Ode *Mein Eigentum* (1799); Brauns Gedichte *An Friedrich Hölderlin* (1974) und *Das Lehen* (1987); Chamforts Parole für die Französischen Revolutionstruppen (»Guerre aux châteaux. Paix aux chaumières!«), die Büchner/Weidig dem »Hessischen Landboten« voransetzten;

Shakespeares *Richard III.* (»Nun ward der Winter unsers Mißvergnügens / Glorreicher Sommer durch die Sonne Yorks«); Ulrich Greiners *Die toten Seelen des Realsozialismus sollen bleiben, wo der Pfeffer wächst*[17]; Goethes »Zueignung« zum *Faust* (eine rhythmische Replik der Verse 8/9 auf: »Was ich besitze, seh' ich wie im Weiten / Und was verschwand, wird mir zu Wirklichkeiten.«) und Ernst Blochs »Prinzip Hoffnung«(V.10).

Diese geballte Art von entstellender Zitation und Intertextualität signalisiert Zeile für Zeile jenen Sinn- und Sprachverlust, den der zentrale Vers 7 beklagt: »Und unverständlich wird mein ganzer Text«. Er besagt nicht nur, daß Brauns über Jahrzehnte in der DDR entstandenes Werk keine Leser mehr finden wird, daß es außerhalb seiner historisch-politischen Kontexte und seiner sozialistischen Zielrichtung unverständlich wird, sondern auch, daß dieser Text und seine Sprache nicht mehr fortzuschreiben sind, daß eine neue Sprache und ein neuer Text erst wieder gefunden werden müssen. Der Schlußvers »Wann sag ich wieder *mein* und meine alle« fragt nach dieser verlorenen Sprache und ihrer Erweiterung des »ich« zum »wir«, indem er sie unverhohlen auch noch als die künftige festhält.

So ist das Gedicht ein Akt paradoxer Selbstbehauptung, ein Credo quia absurdum est. Noch im Bodenlosen und Ohnmächtigen beharrt hier ein Einzelner auf dem eigenen Standpunkt, auf der eigenen Mündigkeit, auf dem Recht, sich zu wehren, und vertritt überdies, auf verlorenem Posten (sehr deutsch also), die Zukunft eines Landes, das eingestandenermaßen niemals Gegenwart besaß. Denn *das* unterscheidet dieses Gedicht von subjektiver und individueller Klage: Es hat sein öffentliches »Sprecheramt« (im Sinne Heines) noch immer nicht aufgegeben. Es konstatiert und beklagt – ohne Lüge und ohne Ideologie – mehr als die eigenen Verluste. Es geht auch um den Verlust einer kollektiven Utopie, deren endgültiges Scheitern der paradoxe Vers formuliert: »Die Hoffnung lag im Weg wie eine Falle.« Damit wird sicherlich auf eine Hoffnung angespielt, der Volker Braun, zusammen mit anderen prominenten DDR-Intellektuellen, zwei Tage nach dem Fall der Mauer, unter dem Titel *Die Erfahrung der Freiheit* noch einmal seine Stimme gab, veröffentlicht im »Neuen Deutschland« vom 11./12. 11. 1989.[18] Es war die alte Intellektuellen-Hoffnung auf einen demokratischen Sozialismus, auf »VOLKSEIGENTUM PLUS DEMOKRATIE«,[19] die dann so schnell zusammenfiel. Es ist aber wohl auch die Hoffnung gemeint, die jahrzehntelang viele Menschen einen Weg weitergehen ließ, der sich schließlich als eine Sackgasse erwies.

Daher die unpersönlich wirkende epigrammatische und sentenziöse Sprache des Gedichts, poetischer Lagebericht und ungeschminkter stoischer Nachruf ineins. Drei Jahre später, in seiner Schiller-Preisrede, hat Volker Braun diese schwierige deutsche Standortbestimmung fortgesetzt: »Denn wo war ich, und wo bin ich; Landsleute? *Ist das euer Himmel, ist das eure Hölle?* In dem Totenbett einer Gesellschaft, und nicht gewiß, ob ich in das Paradies einer anderen komme«, fragt er dort in Anlehnung an Worte des sterbenden Schiller.[20]

Jeder Satz des Gedichts ein »Kernsatz«, hat man zu Recht gesagt[21], denn jeder Satz hat auch einen Fußbreit poetisches »Eigentum«, ein literarisches Erbe zu verteidigen. Um dieses immaterielle »Eigentum« und »Asyl«, im Anschluß an Hölderlin, geht es im Gedicht weitaus mehr als um Machtfragen und Treuhandprobleme. Hölderlins Ode *Mein Eigentum* schließt mit den Strophen:

> Sei du, Gesang, mein freundlich Asyl! sei du
>   Beglükender! mit sorgender Liebe mir
>   Gepflegt, der Garten, wo ich, wandelnd
>   Unter den Blüthen, den immerjungen,
>
> In sichrer Einfalt wohne, wenn draußen mir
>   Mit ihren Wellen allen die mächtge Zeit
>   Die Wandelbare fern rauscht und die
>   Stillere Sonne mein Wirken fördert.
>
> Ihr seegnet gütig über den Sterblichen
>   Ihr Himmelskräfte! jedem sein Eigentum,
>   O seegnet meines auch und daß zu
>   Frühe die Parze den Traum nicht ende.[22]

Daran hat Volker Braun in seinem Gedicht *An Friedrich Hölderlin* unmittelbar angeknüpft, in den frühen siebziger Jahren, als noch »Hoffnung« war:

> Dein Eigentum auch, Bodenloser
> Dein Asyl, das du bebautest
> Mit schattenden Bäumen und Wein
> Ist volkseigen:
> Und deine Hoffnung, gesiedelt
> Gegen die *symmetrische Welt!*

Noch unmißverständlicher definiert Braun die Eigentumsfrage in seinem Walter von der Vogelweide nachgesprochenem Gedicht *Das Lehen* (1987). Es endet mit den ironischen, auf Louis Fürnberg deutenden Versen[23]:

Partei mein Fürst: sie hat uns alles gegeben
Und alles ist noch nicht das Leben.
Das Lehen, das ich brauch, wird nicht vergeben.

Es wurde in der DDR nicht vergeben und wird auch von der vereinigten Bundesrepublik nicht an Volker Braun vergeben werden. Es gelten für ihn auch noch die Anfangsverse von *Das Lehen:*

Ich bleib im Lande und nähre mich im Osten.
Mit meinen Sprüchen, die mich den Kragen kosten
In anderer Zeit: noch bin ich auf dem Posten.

Auf diesem »Posten« – nicht nur seine Schiller-Preisrede zeigt es – entsteht immerhin eine poetische Geschichtsschreibung, die es in unserer Geschichte und Kultur selten gegeben hat: die Geschichtsschreibung der scharfsichtigen »Verlierer«. Auf *sie* zu hören und von ihr zu lernen, haben wir Deutschen bekanntlich Grund genug. Wenn Literatur überhaupt dabei zu helfen vermag, die »innere Mauer« abzutragen und die alten mit den neuen Bundesländern zusammenwachsen zu lassen, dann ist es diese unbequeme poetische Gegengeschichtsschreibung und nicht die voreiligen Harmonisierungen oder gar die Versuche, abweichende markante Stimmen, poetische wie politische, zu denunzieren und zu ächten. (Im Falle Brauns hat es Horst Domdey versucht!)[24] Es sind Gedichte aus unserem Niemandsland, die an die Stelle der obsolet gewordenen Deutschland-Gedichte getreten sind. Sie scheuen sich nicht, auch die häßlichsten und erschreckendsten Gesichter des deutschen Territoriums zu zeigen:

Volker Braun: *Mein Terrortorium*

Heute gehört uns Deutschland nicht mehr / Morgen
Kurzarbeit Null in Pumpe, Lauchhammer
    plattgemacht
Skinheads DIE STIMMUNG HAT
    VOLKSFESTCHARAKTER: Niggerschweine
Hoyerswerda, wo liegt das? Finsterste Welt
Lessing im Gulli mit eingetretener Stirne
Der Lehrer auf dem Marktplatz im reißenden Rudel
    Der Schüler
ICH HABE IN VIERZIG JAHREN NICHTS
    GELEHRT
Ich vor meinen Lesern Helm im Gesicht
Den Plexiglasschild in Händen Tränengas[25]

Dieses unpoetische Gedicht – als wollte es sich gegen jegliche »Poesie« und Politik der Wiedervereinigung querstellen – birst fast vor Spannungen und Widersprüchen. Einerseits wird mit »Hoyerswerda« eine Stadt aufgerufen, die in der frühen DDR den Aufbauoptimismus des Sozialismus repräsentieren sollte, andererseits der Schreckensort schlimmster industrieller Umweltverwüstung – beides nachzulesen in Schriften von Volker Braun und Brigitte Reimann, die zeitweise dort gelebt und gearbeitet haben.[26] Auf der einen Seite wird die durch die Wende und Wiedervereinigung verursachte horrende Arbeitslosigkeit und Westorientierung für die brutalen Exzesse des Ausländerhasses verantwortlich gemacht, auf der anderen Seite das totale Versagen des Erziehungssystems in der DDR. Die bittere poetische Satire, die sich noch immer am Ideal der sozialistischen Utopie orientiert, geißelt den furchtbaren Sturz des Landes in ein »Terrortorium« (»Lessing im Gulli mit eingetretener Stirne« soll übrigens an das Stück von Heiner Müller *Leben Gundlings Friedrich von Preußen Lessings Schlaf Traum Schrei* erinnern!), aber zugleich weiß sich der Autor – »mein Terrortorium« – mitverantwortlich in diesen Sturz verwickelt.

Seine Frage aber »Hoyerswerda, wo liegt das?« richtet sich an den ›ahnungslosen‹ westdeutschen Leser. Sie soll ihm bewußt machen, daß dieser Schreckensort auch *sein* »Terrortorium« geworden ist und auch in seine Mitverantwortung gehört. Sie will ihn in das schockierende Gedicht hineinziehen und so auf den bitterbösen Stand der Realität in der »deutschen Frage« bringen. Denn wer könnte schon von sich behaupten, daß er in dem unbekannten »Neuen Deutschland«, das sich auf dem Wege von Bonn nach Berlin und Brüssel rapide verändert, wirklich angekommen sei.

Auch so beschreibt Volker Braun sein »Eigentum«. Denn in dem deutschen »Terrortorium« werden noch lange Bruchstücke chauvinistischer Deutschlandlieder ihr Unwesen treiben, deren eines, Hans Baumanns *Es zittern die morschen Knochen* (1932), am Anfang in neuer Version zitiert wird. Zuerst hieß es dort: »denn heute *hört* uns Deutschland / und morgen die ganze Welt«, dann: »denn heute *gehört* uns Deutschland / und morgen die ganze Welt«.

»Deutschland als Gedicht« – was es fünf Jahrhunderte lang in Fiktionen und Wunschträumen, in Satiren und Schreckensvisionen gegeben hat, das wird es im nächsten Jahrhundert vermutlich nicht mehr geben, jedenfalls keine Gedichte dieser Art mit weitreichender Wirkung. Denn die von Krisen und Katastrophen heimgesuchte deutsche Geschichte hat ihre todessüchtigen Mythen und rückwärtsgerichteten Illusionen nach und nach aufgebraucht. Sie haben ernüchterten Deutschen und einer nüchternen Realität Platz gemacht, die keiner regressiven Kompensationen mehr bedürfen. Wenn sie über Deutschland reden – und sie tun es bekanntlich mehr als je –, tun sie es in demokratischer, kritischer Prosa und nicht mehr in feierlicher Poesie. Das heißt, die Deutschen üben sich langsam und schmerzhaft in diese demokratische und kritische Prosa ein. Denn noch immer gilt: Über Deutschland zu reden ist schwer. Wer über Deutschland redet, sagt als erstes, daß es schwer sei, über Deutschland zu reden. Und dann sagt er, daß trotzdem über Deutschland geredet werden muß. Und dann, daß leider viel zu viel über Deutschland geredet wird, daß aber, obwohl es schwer ist und viel zu viel über Deutschland geredet wird, unbedingt über Deutschland geredet werden muß. Und dann sagt er, daß niemals so viel über Deutschland geredet wurde und daß es noch niemals so schwer war, über Deutschland zu reden, wie gerade jetzt, daß aber trotzdem und gerade deshalb darüber geredet werden muß. Und dann redet er endlich über Deutschland ...

Und dann? Und dann hört er endlich auf.

XVI Anmerkungen

I. Über Deutschland reden (S. 9–26)

1 Martin Walser: Über Deutschland reden. Erw. Neuaufl. Frankfurt a. M. 1989, S. 19.
2 Ebd., S. 78 u. 79f.
3 Christa Wolf: Auf dem Weg nach Tabou. Texte 1990–1994. Köln 1994, S. 313–339.
4 Ebd., S. 313.
5 Ebd., S. 338f.
6 Siehe auch den »Zeit«-Artikel von Ulrich Greiner vom 21. 4. 1994.
7 Im »Spiegel« vom 18. 4. 1994.
8 Bodo Morshäuser: Hauptsache Deutsch. Frankfurt a. M. 1992, S. 117 u. 190.
9 Ebd., S. 113 u. 116.
10 Bodo Morshäuser: Warten auf den Führer. Frankfurt a. M. 1993.
11 Martin Walser: [Friedenspreisrede…], S. 17.
12 Vgl. dazu Jürgen Schröder: »Who's Afraid Of …? Botho Strauß und die deutsche Nach-
    kriegsliteratur. In: Robert Weninger und Brigitte Rossbacher (Hg.): Wendezeiten Zeiten-
    wenden. Positionsbestimmungen zur deutschsprachigen Literatur 1945–1995. Tübingen
    1997, S. 215–231.
13 Fritz J. Raddatz im Gespräch mit Rolf Hochhuth. In: »Die Zeit« v. 9. 4. 1976.
14 Friedrich Nietzsche: Ecce Homo. Wie man wird, was man ist. Der Fall Wagner. Ein Musi-
    kanten-Problem. In: Ders.: Werke in drei Bänden. Hg. von Karl Schlechta. München
    1966. Bd. II, S. 1149.
15 Ebd., S. 1150.
16 Gotthold Ephraim Lessing: Hamburgische Dramaturgie. 101.–104. Stück. In: Ders.:
    Werke und Briefe. Hg. von Wilfried Barner [u. a.]. Bd. 6. Frankfurt a. M. 1985, S. 684.
17 Martin Walser: Über Deutschland reden. A. a. O.
18 In: Friedrich Rückert: Gedichte. Stuttgart 1988, S. 100.
19 Ebd., S. 54 ff.; Vgl. auch: Rückerts Werke. Auswahl in acht Teilen. Hg. u. mit Einleitungen
    versehen von Edgar Groß u. Elsa Hertzer. Berlin/Leipzig/Wien/Stuttgart o. J. Erster Teil:
    Vaterland, S. 21–44.
20 Vgl. Hans Kügler: Deutschlandbilder – Die Frage nach der nationalen Identität im Spiegel
    der deutschen Nachkriegsliteratur. In: Diskussion Deutsch 21 (1990), S. 392–411, hier
    S. 392f.
21 In der Bertelsmann-Reihe »Reden über das eigene Land: Deutschland«. München. Bde.
    1 ff. Eine der letzten Reden, am 12. Februar 1995 in Dresden gehalten, stammt von Walter
    Jens: Nachdenken über Deutschland. In: Ders.: Macht der Erinnerung. Betrachtungen
    eines deutschen Europäers. Düsseldorf/Zürich 1998, S. 31–56.
22 Siehe hierzu: »Historikerstreit«. Die Dokumentation der Kontroverse um die Einzigartig-
    keit der nationalsozialistischen Judenvernichtung. München/Zürich 1987; sowie den
    chronologischen Bericht über alle Phasen dieses Streits von Hans-Ulrich Wehler: Ent-
    sorgung der Vergangenheit? Ein polemischer Essay zum »Historikerstreit«. München
    1988.
23 Friedrich Leopold Graf zu Stolberg: Mein Vaterland. An Klopstock. In: Gesammelte
    Werke der Brüder Christian und Friedrich Stolberg Grafen zu Stolberg. Hamburg 1827,
    S. 53–55, hier S. 55.
24 Christian Meier: Die Nation, die keine sein will. München/Wien 1991.

25 Günter Metken: Ästhetik. Eine Kolumne. Kunstgeschichte als Geistesgeschichte: Werner Tübkes Panorama. In: Merkur 45 (1991), S. 425–435, hier S. 429.

26 Jürgen Habermas: Die nachholende Revolution. Kleine politische Schriften VII. Frankfurt a. M. 1990, S. 205.

27 Irma Hanke: Experiment Deutschland oder: Das neue deutsche Nationalgefühl. In: Weimarer Beiträge 37 (1991), S. 55–70, hier S. 68.

28 Jürgen Habermas: Verfassungspatriotismus – im allgemeinen und im besonderen. In: Ders.: Die nachholende Revolution. A.a.O., Frankfurt a. M. 1990, S. 147–175.

29 Irma Hanke: Experiment Deutschland. A.a.O., S. 67.

30 Zit. bei Christian Meier: Die Nation. A.a.O., S. 17; vgl. »Die Zeit« Nr. 16 v. 15.4.1994, S. 82: Vom Recht der Nation.

31 Zur französischen Sicht vgl. Wolfgang Leiner: Das Deutschlandbild in der französischen Literatur. Darmstadt 1989.

32 Emanuel Geibel: Gesammelte Werke. In acht Bänden. Stuttgart ²1888. Bd. 3: Neue Gedichte – Gedichte und Gedenkblätter, S. 214–215, hier S. 215. Vgl. dazu Kapitel X.

33 Max Schneckenburger: Die Wacht am Rhein. Zit. nach: Deutschland, Deutschland. Politische Gedichte vom Vormärz bis zur Gegenwart. Ausgew. u. hg. von Helmut Lamprecht. Bremen 1969, S. 35f. Vgl. dazu Kapitel IX, 2.

34 Dietrich Eckart: Deutschland erwache! Zit. nach: Deutschland, Deutschland. A.a.O., S. 339. Vgl. dazu Kapitel XII.

35 Zuerst in: Neue Schweizer Rundschau. Neue Folge III/11 (1936), S. 657–669. Vgl. dazu Kap. IV.

36 Carl Gustav Jung: Gesammelte Werke. Bd. 10: Zivilisation im Übergang. Olten/Freiburg i. Br. 1974, S. 209.

37 Ebd., S. 210.

38 Vgl. auch dazu Kapitel IV.

39 Vgl. das Inselbändchen »Deutsche Vaterlandslieder« (Leipzig o. J.) vom Beginn des Ersten Weltkriegs.

40 Heinz Ludwig Arnold in der Einleitung der von ihm herausgegebenen Anthologie: Deutsche über die Deutschen. Auch ein deutsches Lesebuch. München 1972, S. XIV.

41 Etwas wissenschaftlicher und unverständlicher ausgedrückt: »Der Zusammenhang einer historischen Lyrik ergibt sich […] aus einer literarischen Rezeptionskette, die aus dem geschichtlichen Moment wie der poetologischen Korrelation der Bilder entfaltet ist.« Axel Schalk: »O, Deutschland, bleiche Mutter!« Heines Enkel und Brechts Söhne und ein deutscher Mythos. In: Sprache im technischen Zeitalter 28 (1990), S. 147. Wir werden versuchen, das historische, politische, sprachliche und ästhetische Spektrum dieser »Rezeptionskette« sichtbar zu machen und zu vermessen.

42 Zit. nach: Deutschland, Deutschland. A.a.O., S. 239.

43 In der Einleitung des von ihnen herausgegebenen Bandes »Deutsche Revolutionsdramen« (Frankfurt a. M. o. J.) stellen Jost Hermand und Reinhold Grimm fest: »Die Deutschen waren nie imstande, ihre Revolutionen zu vollenden. Sie haben keine Revolution. Was sie haben, sind Revolutionsdramen«. Ebd., S. 7.

44 Friedrich Hölderlin: Sämtliche Werke und Briefe. Drei Bände. Hg. von Jochen Schmidt. Bd. I. Frankfurt a. M. 1992, S. 235.

45 Heinrich Heine: Sämtliche Schriften. Hg. von Klaus Briegleb. München 1971. Bd. 4, S. 571–644, hier S. 593.

46 Schillers Werke. Nationalausgabe. Bd. 1: Gedichte in der Reihenfolge ihres Erscheinens. Hg. von Julius Petersen u. Friedrich Beißner. Weimar 1943, S. 321.

47 Ebd. Bd. 2. Teil I: Gedichte. Hg. von Norbert Oellers. Weimar 1983, S. 431–435, hier S. 435.

48 Ebd.

49 Ebd.
50 Vgl. meinen Aufsatz: Der »Kämpfer« Lessing. Zur Geschichte einer Metapher im 19. Jahrhundert. In: Herbert G. Göpfert (Hg.): Das Bild Lessings in der Geschichte. Heidelberg 1981, S. 93–114.
51 Dazu Christian Grawe: Schillers Gedichtentwurf »Deutsche Größe«: »Ein Nationalmythos im höchsten Stil«? Ein Beispiel ideologischen Mißbrauchs in der Germanistik seit 1871. In: Jahrbuch der deutschen Schillergesellschaft 36 (1992), S. 167–196, hier S. 190.
52 Ebd., S. 191.
53 Ebd.
54 In seiner Büchner-Preis-Rede: Deutschland, ein Lügenmärchen. (1993). Göttinger Sudelblätter. Hg. von Heinz Ludwig Arnold. Göttingen 1993.
55 Für immer Hollywood oder: In Deutschland wird nicht mehr geblinzelt. Heiner Müller im Gespräch mit Frank Raddatz. In: Lettre international. Europas Kulturzeitung, Heft 24, 1. Vierteljahr 1994, S. 4–6, hier S. 4.
56 Vgl. dazu das letzte Kapitel!
57 Wissenschaftliche Literatur zur Geschichte und Interpretation der Deutschland-Gedichte insgesamt gibt es meines Wissens nicht. Grundlegend für die Thematik sind die Arbeiten von Helmut Scheuer, vor allem die Überblicksdarstellung: Die Dichter und ihre Nation – ein historischer Aufriß. In: Deutschunterricht 42 (1990), S. 8–46 (mit vielen Literaturangaben) und der von ihm herausgegebene Sammelband: Dichter und ihre Nation. Frankfurt a. M. 1993, mit Aufsätzen zu wichtigen historisch-politischen Stationen dieser Problematik. Breit und informativ angelegt ist auch die polemische Arbeit von Klaus Dede: Die mißbrauchte Hymne. Ein Plädoyer von Klaus Dede. Oldenburg 1989. Sie konzentriert sich »auf die offiziellen und inoffiziellen Nationalhymnen« und kommt zu dem Ergebnis: »Das Deutschlandlied muß weg« (ebd., S. 194). Die einschlägigen Anthologien werden am Anfang der Bibliographie genannt.

II. Zum Auftakt: Vier deutsche Nationalhymnen (S. 27–46)

1 So Friedrich Dieckmann: Deutsche Hymnen. In: Ders.: Glockenläuten und offene Fragen. Frankfurt a. M. 1991, S. 156f.
2 Zit. nach Günter Spendel: Die Nationalhymne als Staatssymbol und ihr Schutz. In: Mut. Forum für Kultur, Politik und Geschichte Nr. 291, November 1991, S. 18–26, hier S. 19. Der Jurist Spendel legt den fragwürdigen staatsrechtlichen Status der jetzigen Regelung dar, die »Verstümmelung unserer Nationalhymne« bedauernd.
3 Hoffmann von Fallersleben: Auswahl in drei Teilen. Hildesheim 1973. Bd. 1, S. XXXII.
4 Ebd. Bd. 2, S. 107f.
5 Vgl. Guido Knopp u. Ekkehard Kuhn: Das Lied der Deutschen. Schicksal einer Hymne. Berlin/Frankfurt a. M. 1988, S. 35.
6 Hoffmann von Fallersleben: Auswahl in drei Teilen. A.a.O., Bd. 1, S. 274.
7 Ebd., A.a.O., Bd. 3.
8 Thomas Nipperdey: Deutsche Geschichte 1800–1866. Bürgerwelt und starker Staat. München 1985, S. 376.
9 Hoffmann von Fallersleben: Auswahl in drei Teilen. A.a.O., Bd. 3, S. 200.
10 Ebd.
11 Georg Büchner: Sämtliche Werke und Briefe. Hg. von Werner R. Lehmann. Bd. 2: Vermischte Schriften und Briefe. München 1972, S. 420.
12 Heinrich Heine: Sämtliche Schriften. Hg. von Klaus Briegleb. München 1971. Bd. 4, S. 485.

13 Frank Wedekind: Werke. Hg. u. eingel. von Manfred Halem. Bd. 2. Berlin/Weimar 1969, S. 571.

14 Walter Jens: Nachdenken über Deutschland. In: Ders.: Macht der Erinnerung. Betrachtungen eines deutschen Europäers. Düsseldorf/Zürich 1998, S. 48, bemerkt dazu: »Und eine Hymne haben wir auch, mit der sich leben läßt, wenn man bedenkt, daß selbst die erste, oft mißverstandene, freilich auch mißverständliche Strophe der Introduktion eines freundlichen Trunkliedes dient.«

15 Walther von der Vogelweide: Werke. Hg. von Joerg Schaefer. Darmstadt 1972, S. 58–61. Vgl. dazu den Aufsatz von Kurt Herbert Halbach: Walther von der Vogelweide, Hoffmann von Fallersleben und Schiller/Hölderlin. Rezeption und Convergenz. Zu Walthers ›Preislied‹. In: Jürgen Kühnel, Hans-Dietrich Mück, Ulrich Müller (Hg.): Mittelalter-Rezeption. Gesammelte Vorträge des Salzburger Symposions ›Die Rezeption mittelalterlicher Dichter und ihrer Werke in Literatur, Bildender Kunst und Musik des 19. und 20. Jahrhunderts‹. Göppingen 1979, S. 40–62. Neuerdings Silvia Ranawake: Nationsbewußtsein in der Dichtung Walthers von der Vogelweide (circa 1170–1230). In: Veröffentlichungen des Japanisch-Deutschen Zentrums Berlin. Bd. 30. Berlin 1996, S. 41–55.

16 Vgl. Knopp u. Kuhn: Das Lied der Deutschen. A.a.O., S. 26 u. 120.

17 Siehe dazu, allzu eindeutig, Ulrich Enzensberger: Auferstanden über alles. Ein Beitrag zur deutsch-deutschen Hymnenforschung. In: Transatlantik 10 (1981), S. 24–36, hier S. 28.

18 Hoffmann von Fallersleben: Auswahl in drei Teilen. A.a.O., Bd. 3, S. 201.

19 Ebd., S. 202.

20 Dazu die aufschlußreiche Habilitationsschrift von Dieter Düding: Organisierter gesellschaftlicher Nationalismus in Deutschland (1808–1847). München 1984, vor allem die Abschnitte »Das patriotisch-deutsche Liedgut der Turner – Spiegel ihrer nationalen Gedanken und Stimmungen« (S. 94ff.) und »Die theoretische Begründung für ein patriotisch-deutsches Männer-Gesangvereinswesen« (S. 160ff.) sowie »Politisches Liedgut und politische Festreden« (S. 266ff.). Sowohl bei den Turnern als auch bei den Sängern nahmen die Gedichte und Lieder Hoffmanns von Fallersleben einen hervorragenden Platz ein.

21 Dazu Knopp u. Kuhn: Das Lied der Deutschen. A.a.O., S. 57ff.

22 Ebd., S. 89.

23 Heinrich Anacker: Glück auf, es geht gen Morgen. München 1943, S. 73.

24 Vgl. Johannes R. Becher: Gedichte. In: Gesammelte Werke. Bd. 6. Berlin/Weimar 1966, S. 578–582, den Aufsatz von Friedrich Dieckmann: Deutsche Hymnen. A.a.O., S. 148–163, und M. Sauer: »Deutschland, einig Vaterland ...« In: Blätter f. d. Deutschlehrer 1988, H. 1, S. 1–8.

25 Friedrich Dieckmann: Deutsche Hymnen. A.a.O., S. 159.

26 Johannes R. Becher: Gesammelte Werke Bd. 6. A.a.O., S. 61.

27 Hans Magnus Enzensberger: Einzelheiten. Bd. 2. Frankfurt a. M. 1962, S. 132.

28 Heiner Müller: Krieg ohne Schlacht. Leben in zwei Diktaturen. Köln 1992, S. 92.

29 Hans Mayer: Der Turm von Babel. Erinnerung an eine Deutsche Demokratische Republik. Frankfurt a. M. 1991, S. 13.

30 Friedrich Dieckmann: Deutsche Hymnen. A.a.O., S. 151.

31 Hans-Peter Neureuter: Hoffmanns ›Deutscher Sang‹. Versuch einer historischen Auslegung. In: Günter Häntzschel (Hg.): Gedichte und Interpretationen. Bd. 4: Vom Biedermeier zum Bürgerlichen Realismus. Stuttgart 1983, S. 223–234, hier S. 223f.

32 Jost Hermand: Zersungenes Erbe. Zur Geschichte des Deutschlandliedes. In: Basis. Jahrbuch für deutsche Gegenwartsliteratur 7 (1977), S. 75–88 u. 233–235, hier S. 77f.

33 Die Bedeutung der öffentlichen Feste betont Otto Dann: »Im Fest wurde die Nationsbildung zu einem Massenerlebnis. Die deutsche Nation des Vormärz war in der Tat eine

große Festgemeinschaft.« In: Ders.: Nationalismus und sozialer Wandel. Hamburg 1978, S. 108.

34 Hans-Peter Neureuter: Hoffmanns ›deutscher Sang‹. A.a.O., S. 226.

35 Ebd.

36 Johannes R. Becher: Auf andere Art so große Hoffnung. Tagebuch 1950. In: Ders.: Gesammelte Werke. Bd. 12. A.a.O. 1969, S. 147f.

37 In: Borchardt, Heymel, Schröder. Marbacher Katalog 29, 1978, S. 580f.

38 Gottfried Benn: Briefe an F. W. Oelze. Hg. von Harald Steinhagen u. Jürgen Schröder. Bd. II/2: 1950–1956. München 1980, S. 85.

39 Rudolf Alexander Schröder: Gesammelte Werke. Bd. 1: Die Gedichte. Frankfurt a. M. 1952, S. 489f. Zur überragenden Rolle von »Heilig Vaterland« in der Feiergestaltung des NS siehe Klaus Vondung: Magie und Manipulation. Ideologischer Kult und politische Religion des Nationalsozialismus. Göttingen 1971, S. 121 u. 228. Vondung schreibt: »Es diente als weihevollstes und feierlichstes Lied im Zusammenhang mit dem ›Bekenntnis‹ und der ›Führerehrung‹ oder als regelrechtes Schlußlied.«

40 Heiner Müller: Krieg ohne Schlacht. A.a.O., S. 92.

41 Siehe Johannes R. Becher: Gesammelte Werke. Bd. 6. A.a.O., S. 578f.

42 Bertolt Brecht: Werke. Große kommentierte Berliner u. Frankfurter Ausgabe. Hg. von Werner Hecht, Jan Knopf, Werner Mittenzwei u. Klaus-Detlef Müller. Bd. 12. Berlin/ Frankfurt 1988, S. 294. Eine vergleichbare Kontrafaktur zum Hoffmann-Lied hat Wolfgang Weyrauch geliefert (Deutschland, Deutschland über alles). Sein Gedicht endet mit der Strophe: »Deutschland, sei in diesem Zeichen / Land wie jedes, da und dort, / Friede und ein Wohlgefallen, / sei Dein einzig Erdenwort.« In: Ders.: Atom und Aloe. Gesammelte Gedichte / Poetologische Texte. Hg. von Hans Bender. Leipzig 1991, S. 151.

43 Vgl. den Aufsatz »Über Anmuth und Würde« in: Schillers Werke. Nationalausgabe. Unter Mitwirkung von Helmut Koopmann hg. von Benno von Wiese. Bd. 20: Philosophische Schriften. 1. Teil. Weimar 1962, S. 251–308.

44 Vgl. auch die Interpretation von Birgit Lermen: Hoffmann von Fallerslebens ›Lied der Deutschen‹ und Bertolt Brechts ›Kinderhymne‹. In: Gerd Langguth (Hg.): Autor, Macht, Staat. Literatur und Politik in Deutschland. Ein notwendiger Dialog. Düsseldorf 1994, S. 86–109.

45 Bertolt Brecht: Werke. A.a.O., Bd. 11. 1988, S. 253f.

46 Bertolt Brecht: Werke. A.a.O., Bd. 15. 1993, S. 161. Dazu Kapitel XIII.

47 Friedrich Dieckmann: Deutsche Hymnen. A.a.O., S. 161. Zur Eislerschen Vertonung, die bewußt musikalische Fragmente des Deutschlandliedes und der DDR-Nationalhymne aufnimmt, siehe den Aufsatz von Sabine Schutte: Nationalhymnen und ihre Verarbeitung. Zur Funktion musikalischer Zitate und Anklänge. In: Hanns Eisler. Argument-Sonderband. Berlin 1975, S. 208–217.

48 Walter Jens: Nachdenken über Deutschland. A.a.O., S. 49.

49 Friedrich Dieckmann: Deutsche Hymnen. A.a.O., S. 156.

50 Bertolt Brecht: Werke. A.a.O., Bd. 12. 1988, S. 439.

III. Die Entstehung des »Germania«-Mythos (S. 47–59)

1 Thomas Heinz: Die Deutsche Nation und Luther. In: Historisches Jahrbuch 105 (1985), S. 426–454, hier S. 450.

2 So Adolf Schmidt in seinem Vorwort zu der Ausgabe Aeneas Silvius: »Germania« u. Jacob Wimpfeling: »Responsa et replicae ad eneam silvium«. Hg. von Adolf Schmidt. Köln/Graz 1962, S. 8.

363

3   Hans Kloft: Die Germania des Tacitus und das Problem eines deutschen National-
     bewußtseins. In: Rainer Wiegels u. Winfried Woesler (Hg.): Arminius und die Varus-
     Schlacht. Geschichte – Mythos – Literatur. Paderborn 1995, S. 93–114. Er schreibt:
     »Dieser Umgang mit der Geschichte, das Aufstellen, vielfach auch die Erfindung eines
     historischen Kontinuums, das von den alten Germanen, wie Tacitus sie geschildert hat,
     bis zu dem Zeitpunkt reicht, an dem man sich nun befindet, dieser legitimierende Zug
     von Geschichte tritt vom Beginn des 16. Jahrhunderts an in den *descriptiones Germaniae*
     neben die Aufbereitung und die Aneignung der Römischen Geschichte zur moralischen
     und politischen Belehrung.« Ebd., S. 110.

4   P. Cornelius Tacitus: Germania. Lateinisch und Deutsch. Übers., erl. u. mit einem Nachw.
     hg. von Manfred Fuhrmann. Stuttgart 1972, S. 27 ff.

5   Vgl. Otto Dann: Nation und Nationalismus in Deutschland 1770–1990. München 1993;
     Klaus Garber (Hg.): Nation und Literatur im Europa der Frühen Neuzeit. Akten des
     I. Internationalen Osnabrücker Kongresses zur Kulturgeschichte der Frühen Neuzeit. Tü-
     bingen 1989; den Luther-Aufsatz von Thomas Heinz: Die Deutsche Nation und Luther.
     A.a.O. und Hans Kloft: Die Germania. A.a.O.

6   Helmut Scheuer: Ulrich von Hutten: Kaisertum und deutsche Nation. In: Daphnis. Zeit-
     schrift für Mittlere Deutsche Literatur 2 (1973), S. 135.

7   Ludwig Krapf: Germanenmythos und Reichsideologie. Frühhumanistische Rezeptions-
     weisen der taciteischen »Germania«. Tübingen 1979, S. 106.

8   Hans Tiedemann: Tacitus und das Nationalbewußtsein der deutschen Humanisten Ende
     des 15. und Anfang des 16. Jahrhunderts. Diss. Berlin 1913, S. XIX. Es handelt sich um
     Bebels Schrift »Ad Bernenses«.

9   Manfred Fuhrmann: Die Germania des Tacitus und das deutsche Nationalbewußtsein.
     In: Ders.: Brechungen. Wirkungsgeschichtliche Studien zur antik-europäischen Bildungs-
     tradition. Stuttgart 1982, S. 113–128, hier S. 125.

10 Dazu Werner Lenk: Die nationale Komponente in der deutschen Literaturentwicklung
     der frühen Neuzeit. In: Klaus Garber (Hg.): Nation und Literatur. A.a.O., S. 669–687
     (s. Anm. 5). Noch der DDR-Geschichtsschreibung verpflichtet, überbetont Lenk die
     nationale Komponente.

11 Germania, Abschnitt 9. A.a.O., S. 15.

12 Dazu das nächste Kapitel (»Der deutsche Wotan-Komplex«).

13 Ulrich von Hutten: Deutsche Schriften. Hg. von Peter Ukena. München 1970, S. 147.

14 Vgl. Heinz Ludwig Arnold (Hg.): Deutsche über die Deutschen. Auch ein deutsches
     Lesebuch. München 1972, S. 19.

15 Helmut Scheuer: Ulrich von Hutten. A.a.O., S. 154.

16 Schon 1538 gab Melanchthon Huttens »Arminius« zusammen mit der Taciteischen »Ger-
     mania« heraus.

17 Hans Tiedemann: Tacitus. A.a.O., S. 144f.

18 Georg Philipp Harsdörffer, Sigmund von Birken u. Johannes Klaj: Pegnesisches Schäfer-
     gedicht.1644–1645. Hg. von Klaus Garber. Nürnberg 1644, Nachdruck Tübingen 1966,
     S. 14f.: Hier bildet sich die melancholische Schäferin Pamela ein, »sie were das arme
     und in letzen Zügen liegende Teutschland« und läßt sich u. a. in folgenden poetischen
     »Schwarmreden« vernehmen: Sol dann mich / mich Mutterland / meiner Söhne Schand
     beflekken: / Und als eine Mördergrub mit verruchten Greul bedekken? / Muß ich dann
     zum Raube werden / als des Krieges Jammerbeute / Und zwar nicht durch fremde Waf-
     fen / sondern meiner Landesleute. / Ihr nicht so meine Söhn' / erweichet euren Sinn /
     Bedenket wer ihr seyd und wer ich Arme bin.

19 Johann Rist: Sämtliche Werke. Hg. von Eberhard Mannack. Bd II: Dramatische Dich-
     tungen (Das friedewünschende Teutschland, Das friedejauchzende Teutschland). Berlin/
     New York 1972, S. 156. (Dritte Handlung, Erster Aufzug).

20 Zit. nach: Epochen der deutschen Lyrik. Hg. von Walter Killy. Bd. 3: Gedichte 1500–1600. Nach den Erstdrucken und Handschriften in zeitlicher Folge hg. von Klaus Düwel. München 1978, S. 96.

21 Zur Lyrik des 16. Jahrhunderts siehe die Darstellung von Hans-Georg Kemper: Deutsche Lyrik der frühen Neuzeit. Bd. 1: Epochen und Gattungsprobleme. Reformationszeit. Bd. 2: Konfessionalismus. Tübingen 1987.

22 Conradus Celtis Protucius: Quattuor libri amorum secundum quattuor latera Germaniae, Germania generalis. Hg. von Felicitas Pindter. Lipsiae MCMXXXIV (Bibliotheca scriptorum medii recentisque aevorum. Saecula XV–XVI).

23 Ulrich von Hutten: Deutsche Schriften. A.a.O., S. 340.

24 Zit. nach: Epochen der deutschen Lyrik. Bd. 3. A.a.O., S. 239f.

25 Lateinische Gedichte deutscher Humanisten. Lateinisch-deutsch. Hg. von Harry C. Schnur. Stuttgart 1966, S. 426.

26 Zit. nach »Claudian with an english translation by Marice Platnauer. In two volumes.« Vol. 1. London/Cambridge (Massachusetts) 1963, S. 100–101. Das Zitat befindet sich in der Schrift: De Bello Gildonico, Liber I, 18–25.

27 Abgebildet in: Deutsche über die Deutschen. Auch ein deutsches Lesebuch. Hg. von Heinz Ludwig Arnold. München 1972, S. 19.

28 Ebd. S. 19ff.

29 Martin Opitz: Vom Saufen und Kriegen <1644>. In: Martini Opitij Weltliche Poemata. 1644. Erster Teil. Unter Mitwirkung von Christine Eisner Hg. von Erich Trunz. Tübingen 1967, S. 259f.
Georg Philipp Harsdörffer: Verteidigung der teutschen Trunksucht <1644>. Aus: Deutsche über die Deutschen. A.a.O., S. 45. Heinz Ludwig Arnold gibt als Quelle Harsdörffers »Frauenzimmer Gesprächspiele« an.

30 Hans Rupprich: Die deutsche Literatur vom späten Mittelalter bis zum Barock. 2. Teil: Das Zeitalter der Reformation 1520–1570. München 1973, S. 164.

31 Ebd., S. 164–165.

32 Zit. nach: Epochen der deutschen Lyrik. Bd. 3. A.a.O., S. 258.

33 Hans Rupprich: Die deutsche Literatur. A.a.O., S. 399ff.
Vgl. Norbert Elias: Studien über die Deutschen. Machtkämpfe und Habitusentwicklung im 19. und 20. Jahrhundert. Hg. von Michael Schröter. Frankfurt a.M. 1989, S. 12f.: »Die eigentümlichen Trinksitten der Deutschen, die im 19. und frühen 20. Jahrhundert im Bierkomment der Studenten fortlebten, haben Vorformen im 17. Jahrhundert (und wahrscheinlich weiter zurück), wo man ihnen an den großen und kleinen deutschen Fürstenhöfen begegnet. Sie ermöglichten es dem einzelnen, sich in guter Gesellschaft zu betrinken und zu berauschen. Zugleich lehrten sie ihn, sich noch im schweren Rauschzustand zu kontrollieren und so die Trinkenden selbst wie ihre Mitmenschen vor den Gefahren der Enthemmung zu schützen.«

34 Johannes Walther: Wach auf, wach auf, du deutsches Land (1561). Diese Fassung nach einem Einzeldruck des Jahres 1561, Wittenberg. In: Lied-, Spruch- und Fabeldichtung im Dienste der Reformation. Unter Mitw. von G. Pfannmüller bearb. von Arnold E. Berger. Leipzig 1938, S. 115ff.

35 Das gilt auch für andere europäische und außereuropäische Länder und Völker!

36 Vgl. auch das bekannte Kirchenlied »Wachet auff / rufft vns die Stimme / Der Wächter sehr hoch auff der Zinnen« von Philipp Nicolai (1556–1608), das sich auf die Geschichte von den »klugen und törichten Jungfrauen« bezieht, Matth. 25, 1–3. Zit. nach: Epochen der deutschen Lyrik. Bd. 3. A.a.O., S. 288f.

37 Vgl. Kap. IX, 3 (Michellieder).

38 Tacitus: Germania. A.a.O., S. 25.

IV. Der deutsche Wotan-Komplex (S. 61–83)

1 Neue Schweizer Rundschau. Neue Folge III (1936), H. 11, S. 657–669.

2 Ebd., S. 657f.

3 Friedrich Nietzsche: Werke in drei Bänden. Hg. von Karl Schlechta. München 1954ff. Band I, S. 132. Wie vertraut Nietzsche mit den skandinavischen Quellen war, zeigt ein Satz aus »Jenseits von Gut und Böse«: »Ein hartes Herz legte Wotan mir in die Brust‹, heißt es in einer alten skandinavischen Saga: so ist es aus der Seele eines stolzen Wikingers heraus mit Recht gedichtet.« Ebd. Bd. II, S. 731.

4 C. G. Jung: Wotan. A.a.O., S. 661.

5 Adam von Bremen: Hamburgische Kirchengeschichte. Hg. von Bernhard Schmeidler. Hannover/Leipzig ³1917, S. 258. (= Monumenta Germaniae historica: Scriptores:7); (der Originaltitel lautet: Gesta Hammaburgensis ecclesiae pontificum). Der betreffende Satz lautet insgesamt. »Alter Wodan, id est furor, bella gerit hominique ministrat virtutem contra inimicos.« Der Begriff »furor teutonicus« geht auf das historische Epos »Bellum civile« (oder auch »Pharsalia«), Buch I, V. 255f. des römischen Dichters Lucanus (39–65) zurück.

6 C. G. Jung: Wotan. A.a.O., S. 663–668. Zum Verhältnis von Hauers »Deutscher Glaubensbewegung« zu den Nationalsozialisten siehe Klaus Vondung: Magie und Manipulation. Ideologischer Kult und politische Religion des Nationalsozialismus. Göttingen 1971, S. 28ff. Zu der freundschaftlichen und ideologischen Beziehung zwischen Jung und Hauer liegt mir ein informativer, noch unpublizierter Aufsatz von Petteri Pietikainen mit dem Titel »The Volk and its unconscious: Jung, Hauer, and völkisch ideology« mit weiteren Literaturangaben zu diesem Komplex vor. Pietikainen hat eine Dissertation über C. G. Jung veröffentlicht: C. G. Jung and Psychology of Symbolic Forms. Helsinki 1999. J. W. Hauer hatte schon im Jahre 1934 in seiner Zeitschrift (Deutscher Glaube – Monatsschrift der Deutschen Glaubensbewegung. Hg. von Prof. J. W. Hauer. Tübingen 1. Jahr 1934, S. 114–116) zu diesem Komplex unter dem Titel »Wodanskult?« eine zweideutige Stellung bezogen. Die ersten beiden Sätze lauten: »Ist es Unkenntnis oder Bosheit, daß man uns immer wieder vorwirft, wir wollten einen neuen Wodanskult einführen? Wir haben nicht nur schon so und so oft erklärt, daß wir das nicht wollen; auch im Wesen deutschen Glaubens liegt die Verneinung einer solchen Absicht.« Dann aber heißt es: »Zwar ist kein Wodanskult mehr aufzurichten, denn einen Kult hat der Gott nur so lange, als seine jeweilige Gestalt als Wirklichkeit geglaubt wird. Aber *Wodan, Baldur* und *Freia* als Symbole, als germanisch-deutsche Symbole, haben innere Wirklichkeit und Dauer überall und so lange, als es Menschen gibt, die imstande sind, die religiöse Kraft und Artung zu erspüren, welche in jenen Göttergestalten zum Ausdruck gekommen ist.« Und am Ende: »Wir fühlen etwas davon, daß die Winternacht vorbei ist und die Götterwelt Germaniens als gewaltiges Symbol religiöser Sehnsucht aus der Tiefe deutscher Seele emporsteigt. Jene alten Schätze wieder zu heben, in unserem Volke wieder Verständnis zu wecken für seine eigene religiöse Symbolik, damit die Urgründe seines arteigenen religiösen Seins auch durch sie wieder lebendig werden, ist eine der Aufgaben der Deutschen Glaubensbewegung.« Unmittelbar auf diesen Aufsatz folgt ein pathetisches Gedicht »An die Götter Germaniens« von einem Max Reuschle!

7 Neue Schweizer Rundschau. Neue Folge XIII (1945), H. 2, S. 67–88.

8 Ebd., S. 229ff. u. S. 241.

9 Überliefert durch einen Brief von Gershom Scholem an die langjährige Mitarbeiterin, Sekretärin und Biographin Jungs Aniela Jaffé; nachzulesen bei Gerhard Wehr: Carl Gustav Jung: Leben, Werk, Wirkung. München 1985, in dem Kapitel »Angesichts des Nationalsozialismus – ‹Jawohl, ich bin ausgerutscht«, S. 273–295, hier S. 291.

10 C.G. Jung: Gesammelte Werke: Bd. 10, Zivilisation im Übergang. Olten/Freiburg i. Br. 1974, S. 15–42, hier S. 25.

11 Ebd., S. 25f.

12 Gerhard Wehr: Carl Gustav Jung. A.a.O., S. 289; anläßlich der Sage vom »Rattenfänger von Hameln« ist Jung im Jahre 1956 noch einmal kurz auf den Wotan-Komplex zurückgekommen: Wotan und der Rattenfänger. Bemerkungen eines Tiefenpsychologen. In: Der Monat. Eine internationale Zeitschrift 9 (1956), H. 97, S. 75f.

13 Heinrich Heine: Sämtliche Schriften. Hg. von Klaus Briegleb. München 1971. Bd. 3, S. 645.

14 Ebd., S. 639f. Auf die »Verteufelung« und »Dämonisierung« der germanischen Mythologie geht das erste Kapitel dieser Schrift ausführlich ein. Es heißt dort abschließend: »Diese Greuel entstanden nicht direkt durch die christliche Kirche, sondern indirekt dadurch, daß diese die altgermanische Nationalreligion so tückisch verkehrt, daß sie die pantheistische Weltansicht der Deutschen in eine pandämonische umgebildet, daß sie die früheren Heiligtümer des Volks in häßliche Teufelei verwandelt hatte. Der Mensch läßt aber nicht gern ab von dem, was ihm und seinen Vorfahren teuer und lieb war, und heimlich krämpen sich seine Empfindungen daran fest, selbst wenn man es verderbt und entstellt hat. Daher erhält sich jener verkehrte Volksglaube vielleicht noch länger als das Christentum in Deutschland, welches nicht wie jener in der Nationalität wurzelt.« Ebd., S. 529f.

15 Theodor W. Adorno: Gesammelte Schriften. Bd. 10.2: Kulturkritik und Gesellschaft II. Eingriffe – Stichworte – Anhang. Frankfurt a. M. 1977, S. 695.

16 Heiner Müller: Germania Tod in Berlin. West-Berlin 1977, S. 8.

17 Dazu der grundsätzliche Aufsatz von Norbert Altenhofer: Die exilierte Natur. Kulturtheoretische Reflexionen im Werk Heines. In: Ders.: Die verlorene Augensprache. Über Heinrich Heine. Frankfurt/Leipzig 1993, S. 174–206.

18 »Jüdisch, römisch, deutsch zugleich…«. Karl Wolfskehl. Briefwechsel aus Italien 1933–1938. Hg. u. komm. von Cornelia Blasberg. Hamburg 1993, S. 195. Vgl. auch ebd., S. 281.

19 Karl Wolfskehl: Gesammelte Werke. Erster Band. Dichtungen. Dramatische Dichtungen. Hg. von Margot Ruben u. Claus Victor Bock. Hamburg 1960, S. 217. Von seiner Beerbung der Germanenmythen zeugen auch das Gedicht »Ur-Odin« (ebd., S. 73) und die beiden »Schwabinger Schattenspiele« (Wolfdietrich und die rauhe Els und Thors Hammer, ebd., S. 376–407).

20 Vgl. »Odins Runenlied«. In: Götterlieder der Älteren Edda. Auswahl. Nach der Übersetzung von Karl Simrock neu bearb. u. eingel. von Hans Kuhn. Stuttgart 1991, S. 67–69.

21 Hermann Rauschning: Die Revolution des Nihilismus. Kulisse und Wirklichkeit im Dritten Reich. 5. Aufl. Zürich/New York 1949. Rauschning versucht dort, den Wotan-Komplex als dem deutschen Charakter wesensfremd zu denunzieren: »Neueste Sagenforschung hat es glaubhaft gemacht, daß das, was heute als ein Sinnbild deutschen Wesens gilt, der Geist des Schweifens, das wütige Heer, Wotan: daß wir wesentliche Züge unserer Götterlehre und unseres »heidnischen Glaubens« einer großen Einflußwelle, die von den asiatischen Steppen her gekommen sein muß, zu verdanken haben. Wotan, die vergöttlichte Gestalt eines großen Schamanen! Der Rausch und die Ekstase des Ostens, die Schamanentrommel, die mit ihrem berauschenden Rhythmus, mit ihrem Zauberwesen, mit ihrem Mystizismus sieghaft in ein der helleren Vernunft verhaftetes Leben klarer Bewußtheit und ›heiliger‹ Nüchternheit, mit Hölderlin zu sprechen, eindrang. Damals, vor Jahrtausenden, so versucht eine neue Mythengeschichte zu deuten, sei der tiefe Bruch in das nordische Heidentum getreten, an dem es lange vor der Christianisierung in seine Selbstzerstörung geriet.« Ebd., S. 140.

22 Martin Ninck: Wodan und germanischer Schicksalsglaube. Jena 1935. Nachdruck 1967.

23 C. G. Jung: Wotan. A. a. O., S. 665.

24 Bruno Goetz: Deutsche Dichtung. Ursprung und Sendung. Luzern 1935.

25 Ebd., S. 34.

26 Ebd., S. 76 u. S. 56.

27 Ebd., S. 89ff.

28 Warum Jung auch Goetz' phantastischen Roman »Reich ohne Raum« (1. Auflage Potsdam 1919) als ein deutsches Wotan-Zeugnis nennt, ist mir unerfindlich. Odin/Wotan wird darin nicht ein einziges Mal genannt!

29 Otto Höfler: Kultische Geheimbünde der Germanen. Frankfurt a. M. 1934.

30 Ebd., S. VII u. S. VIII.

31 Stefanie von Schnurbein: Religion als Kulturkritik. Neugermanisches Heidentum im 20. Jahrhundert. Heidelberg 1992, S. 260f. Der Kommentar von Klaus von See lautet: »Höflers wesentliche Leistung liegt darin, […] die politischen, staatsbildenden Kräfte hervorzukehren, die in diesem zugleich religiös-kultischen und kriegerischen Phänomen stecken, und das ›Heroisch-Ekstatische‹ als fortdauernde völkische Eigentümlichkeit […] zu erweisen. […] Erst dieses neue – aus der Ethnologie, der Beschreibung urtümlicher Riten bei Indianern, Sudannegern und Südseeinsulanern bezogene – Germanenbild ist im Dritten Reich voll verwertbar.« Denn es reduzierte das »Volk« auf eine todessüchtige Krieger- und Kampfgemeinschaft. Klaus von See: Barbar, Germane, Arier. Heidelberg 1994, S. 229; vgl. vor allem die Kapitel »Das Schlagwort vom ›nordischen Menschen‹« und »Männerbund und Männerbund-Ideologie von der wilhelminischen Zeit bis zum Nationalsozialismus« in diesem Buch. Otto Höfler wurde im »Dritten Reich« entsprechend tätig; auf der Tagung der Abteilung III des Reichssicherheitshauptamtes hat er z. B. am 23. 11. 1942 einen Vortrag mit dem Titel »Die Entwicklung der geistigen Lage in Skandinavien« gehalten; freundliche Mitteilung meines Tübinger Kollegen Gerd Simon. Zu dem gesamten Komplex das informative Buch von Allan A. Lund: Germanenideologie im Nationalsozialismus. Zur Rezeption der ›Germania‹ des Tacitus im »Dritten Reich«. Heidelberg 1995.

32 Joachim C. Fest schreibt in seiner Hitler-Biographie: »Der Fluch des Goldes, die unterirdisch wühlende Minderrasse, der Konflikt zwischen Siegfried und Hagen, der tragische Genius Wotans: diese ganze ungemein ausdeutungsfähige Welt aus Blutdunst, Drachentöterei, Herrschsucht, Verrat, Sexualität, Heidentum und am Ende dann Erlösung und Glockengeläut am Theaterkarfreitag – das war das ideologische Milieu, das Hitlers Ängsten und Triumphbedürfnissen am treffendsten entsprach.« Hitler. Eine Biographie. Frankfurt a. M./Wien/Berlin 1973, S. 88. Dazu die Arbeit von Annette Hein: »Es ist viel ›Hitler‹ in Wagner«. Rassismus und antisemitische Deutschtumsideologie in den »Bayreuther Blättern« (1878–1938). Tübingen 1996.

33 Klaus von See: Deutsche Germanenideologie. Vom Humanismus bis zur Gegenwart. Frankfurt a. M. 1970, S. 209.

34 Alfred Rosenberg: Der Mythus des 20. Jahrhunderts. München 1943, S. 678f.; zu den mythischen Grundlagen des Faschismus vgl. das Buch von Roger Griffin: The Nature of Fascism. London 1991.

35 Siehe dazu die Ausführungen zu Will Vespers Gedicht »Deutscher Gott« in Kap. XI.

36 Wilhelm Schäfer: Die dreizehn Bücher der deutschen Seele. München 1922, S. 63.

37 Nicholas Goodrick-Clarke: The occult Roots of Nazism. Secret Aryan Cults and Their Influence on Nazi-Ideology. The Ariosophists of Austria and Germany, 1890–1935. London/New York 1985, 2. Auflage 1992, dt. unter dem Titel: Die okkulten Wurzeln des Nationalsozialismus. Graz/Stuttgart 1997.

38 Ebd., S. 49–54.

39 Der deutschen Ausgabe des Buches von Goodrick-Clarke hat H. T. Hakl ein langes re-
    sümierendes und kritisches Nachwort unter dem Titel »Nationalsozialismus und Okkul-
    tismus« beigefügt. Dort wird weitere einschlägige Literatur angegeben. Über die Wotan-
    Hypothese Jungs urteilt Hakl folgendermaßen: »Bei der Behandlung unseres Themas
    spürt man unwillkürlich, daß man an Tieferes rührt – mögen es Archetypen oder bloß
    stark emotionalisierte mythologische Bilder sein. So unrecht wird C. G. Jung mit seiner
    berühmten ›Wotan-Theorie‹ doch nicht gehabt haben.« Ebd., S. 209. Den gleichen Kom-
    plex behandelt eine ungedruckte Oxforder Arbeit von Nikolaus Frei: Absolute Nation
    and Absolute Elsewhere. The Ideological Relationship of Nazism and Occultism. Ox-
    ford 1998. Über die allmähliche Re-Germanisierung des christlichen Glaubens und ihre
    vielfältigen sektiererischen Erscheinungen informiert ein Buch von Ulrich Nanko: Die
    Deutsche Glaubensbewegung. Eine historische und soziologische Untersuchung (Mar-
    burg 1989), über das »Neugermanische Heidentum im 20. Jahrhundert« das Buch von
    Stefanie von Schnurbein: Religion als Kulturkritik. Neugermanisches Heidentum im 20.
    Jahrhundert. Heidelberg 1992. Unter diesen Sekten gab es natürlich auch eine »Gesell-
    schaft Wodan« (ebd., S. 41) und einen »junggermanischen Orden«, der sich »Nordungen«
    nannte und durch okkult-religiöse Rituale die »Begegnung mit Wodans Heerscharen«
    herbeiführen wollte (ebd., S. 47). Daß dieser germanische Spuk sogar noch nach 1945
    und bis heute in Randgruppen weiterlebt, ist nachzulesen in folgenden Büchern: Friedrich
    Wilhelm Haack: Wotans Wiederkehr. Blut-, Boden- und Rasse-Religion. München 1981;
    Franziska Hundseder: Wotans Jünger. Neuheidnische Gruppen zwischen Esoterik und
    Rechtsradikalismus. München 1998.
40 C. G. Jung: Wotan. A. a. O., S. 663.
41 Franz Kampers: Die deutsche Kaiseridee in Prophetie und Sage. München 1896; Adolf
    Hauffen: Geschichte des deutschen Michel. Hg. vom Dt. Verein zur Verbreitung gemein-
    nütziger Kenntnisse in Prag II, 1918; Carl Rademacher: Wodan – St. Michael – Der
    deutsche Michel. Bd. 3: Volk und Kunst. Hg. von E. Lüthgen und R. Stampfuß. Köln
    1934; Bernd Grote: Der deutsche Michel. Ein Beitrag zur publizistischen Bedeutung der
    Nationalfiguren. Dortmund 1967; Karl Riha: Der deutsche Michel. Zur Ausprägung
    einer nationalen Allegorie im 19. Jahrhundert. In: Klaus Herdnig u. Gunter Otto (Hg.):
    Nervöse Auffassungsorgane des inneren und äußeren Lebens – Karikaturen. Gießen
    1980, S. 186–205. Vgl. auch George Dumézil: Gods of the Ancient Northmen. California
    University Press 1973, erste Auflage Paris 1939 unter dem Titel »Mythes et dieux des
    Germains«, S. 41 u. a.; Jacob Grimm: Deutsche Mythologie. 3 Bde., 4. Ausgabe besorgt
    von Elard Hugo Meyer. Berlin 1875–1878. Hier: Bd. II, S. 699 u. 794 ff.
42 Hauffen. A. a. O., S. 12.
43 Vgl. dazu das Stichwort »Untersberg« im Handwörterbuch des deutschen Aberglaubens.
    Hg. von Hanns Bächtold-Stäubli. Leipzig/Berlin 1927–1942, Sp. 1483 ff.
44 Ninck. A. a. O., S. 133.
45 Grote. A. a. O., S. 35.
46 Ein typisches Beispiel für das 19. Jahrhundert ist Ernst Moritz Arndts Gedicht »An die
    deutschen Fürsten« aus dem Jahre 1842, das mit den Versen beginnt: »Ihr schaut den
    deutschen Michel an? / Er trägt nicht mehr den Stamm der Tannen, / Doch ist er noch der
    wilde Mann, / Der nicht viel *dannen* fragt noch *wannen,* / Das Riesenkind im alten Traum,
    / Vor dessen Faust die Welt muß strauchen; / Und nimmt er sich den Weberbaum, / Er
    weiß wie weiland ihn zu brauchen.« Die dritte Strophe wird noch deutlicher: »Ja, schaut
    euch nur den Michel an, / Er reibt die Augen zum Erwachen, / Ihm träumte, wie er ein
    Gespann / Von einem Riesen schlug und Drachen – / O schaut, wie ihm des Schlafes Sand
    / Vom lichtbestrahlten Auge fließet, / Wie er halb träumend mit der Hand / Wie durch
    die Lüfte Speere schießet.« In: Ernst Moritz Arndt: Sämtliche Werke. Leipzig o. J., Bd. 4,
    S. 299 ff. Ernst Jünger hat den Ausbruch dieses Berserkers im Ersten Weltkrieg wiederholt

und mit großer innerer Anteilnahme beschrieben. In dem Abschnitt »Mut« seiner Schrift »Der Kampf als inneres Erlebnis« findet sich eine besonders charakteristische Passage: »Ein letztes noch: die Ekstase. Dieser Zustand des Heiligen, des großen Dichters und der großen Liebe ist auch dem großen Mute vergönnt. Da reißt Begeisterung die Männlichkeit so über sich hinaus, daß das Blut kochend gegen die Adern springt und glühend das Herz durchschäumt. Das ist ein Rausch über allen Räuschen, eine Entfesselung, die alle Bande sprengt. Es ist eine Raserei ohne Rücksicht und Grenzen, nur den Gewalten der Natur vergleichbar. Da ist der Mensch wie der brausende Sturm, das tosende Meer und der brüllende Donner. Dann ist er verschmolzen ins All, er rast den dunklen Toren des Todes zu wie ein Geschoß dem Ziel. Und schlagen die schwarzen Wellen über ihm zusammen, so fehlt ihm längst das Bewußtsein des Übergangs. Es ist, als gleite die Woge ins flutende Meer zurück.« In: Ernst Jünger: Werke. Bd. 5: Essays I. Betrachtungen zur Zeit. Stuttgart o. J. S. 57.

47 Tacitus: Germania. A.a.O., S. 7.

48 Ebd., S. 59 u. 61.

49 Nachdruck der Erstausgabe von 1860, München 1984. Bd. 2, Sp. 329. Eine gründliche Kritik von »Grimms Mythen« hat Beate Kellner im Jahre 1994 vorgelegt: Grimms Mythen. Studien zum Mythosbegriff und seiner Anwendung in Jacob Grimms *Deutscher Mythologie*. Bern u. a. 1994. Zur Rekonstruktion des Wotan-Mythos durch Jacob Grimm schreibt sie: »Die Untersuchung wird zeigen, daß die Interpretation Grimms letztlich weder mit den südgermanischen Wodanüberlieferungen noch mit den altnordischen Odinstraditionen zu harmonisieren ist. In seiner zusammenfassenden Darstellung hebt Grimm ausschließlich positive Eigenschaften hervor, er will Wodan / Odin als Lichtgestalt darstellen, als Schöpfergott, als Spender des Guten und der Fruchtbarkeit. Von Wesenszügen wie denen der Unberechenbarkeit, der Tücke und Hinterlist hält Grimm seinen Wodan / Odin frei, obwohl diese Charaktereigenschaften des Gottes in den altnordischen Traditionen durchaus überliefert sind. Wahrscheinlich hat Grimm die Diskrepanz zwischen seiner Deutung und dem Quellenmaterial selbst gesehen, denn er versucht sie über die Konstruktion eines lichten ›Urbegriffs‹ von Wodan / Odin, der schon in heidnischer Zeit ›verdunkelt‹ worden sei, aufzufangen. In dieser Entwicklung der heidnischen Periode sieht Grimm gewissermaßen einen Ausgangspunkt für die Verteufelung der paganen Götter in christlicher Zeit, von der er generell ausgeht« (ebd., S. 92f.). Sie weist auch auf dem Kompensationscharakter dieser Bemühungen hin: »Dieses Anliegen steht zweifellos im Kontext der sich konstituierenden Volkstumsideologie, die die fehlende realpolitische Größe Deutschlands durch den Verweis auf die großen kulturellen Leistungen und Traditionen der Vergangenheit kompensieren wollte. Die historische Identität soll durch Traditionen gewonnen werden, die möglichst weit in die Vergangenheit zurückreichen und deshalb zugleich Würde und Altertumswert besitzen« (S. 359).

50 Ebd., vierte, vermehrte Auflage. Bonn 1874, S. 191.

51 Apostelgeschichte 2, 2.

52 Friedrich Nietzsche: Werke in drei Bänden. Zweiter Bd. Hg. von Karl Schlechta. München 1954ff. S. 924.

53 Deutsche Vaterlandslieder. Leipzig 1914, S. 17–19.

54 Ebd., S. 32.

55 Ebd., S. 71.

56 Ebd., S. 101f.

57 Hauffen. A.a.O., S. 10.

58 Götterlieder der Älteren Edda. Völuspá. Der Seherin Weissagung, Strophe 28. Nach der Übers. von Karl Simrock neu bearb. u. eingel. von Hans Kuhn. Stuttgart 1991, S. 14. Vgl. Rademacher. A.a.O., S. 31; Jan de Vries: Germanische Religionsgeschichte. Bd. 2. 1957, S. 60 u. a.

59 Stefan George: Werke. Ausgabe in zwei Bänden. München/Düsseldorf 1958. Bd. I, S. 425–428.

60 Ernst Morwitz: Kommentar zu dem Werk Stefan Georges. München/Düsseldorf 1960, S. 444.

61 Stefan George: Werke. Ausgabe in vier Bänden. Nachdruck der von Robert Boehringer hg. Ausgabe. München 1983. Bd. 2, S. 261. Von diesem Erntebrauch berichtet schon Karl Simrock in seinem »Handbuch der deutschen Mythologie«. A.a.O., S. 592.

62 C. G. Jung. A.a.O., S. 410–415, hier S. 414f.

63 Ernst Morwitz. A.a.O., S. 424f. u. 446f. Vgl. »Odins Runenlied«. A.a.O., S. 67–69.

64 Der George-Jünger Kurt Hildebrandt sieht eine Wotan-Situation schon am Anfang des Gedichts: »Der Seher und Dichter weiß, daß er bis an den Rand des Abgrunds treten muß – [...] er muß, wie Wotan, sich der Gefahr aussetzen, um die Wirklichkeit zu durchschauen.« Ders.: Das Werk Stefan Georges. Hamburg 1960, S. 416.

65 C. G. Jung: Gesammelte Werke. Bd. 10. A.a.O.

66 Inwieweit George mit seinen mythischen Begriffen »Das neue Reich« und »Geheimes Deutschland« dem sog. »Dritten Reich« den Weg geebnet hat, darüber sind die Ansichten bis heute kontrovers geblieben. Das Jahr 1933 und zumal Georges Tod im Dezember 1933 hat seinen Kreis gespalten. Zwei Reden, die im Jahre 1933 von George-Schülern gehalten wurden, können exemplarisch dafür stehen, die anpasserische Rede von W. Graf Üxküll-Gyllenbrand (Das revolutionäre Ethos bei Stefan George, Tübingen 1933) vor Tübinger Studenten und die mutige Rede von Ernst Kantorowicz vor Heidelberger Studenten (Das Geheime Deutschland. Vorlesung, gehalten bei Wiederaufnahme der Lehrtätigkeit am 14. November 1933). Die Rede von Kantorowicz findet sich in dem Band: Robert Benson u. Johannes Fried (Hg.): Ernst Kantorowicz. Stuttgart 1998, S. 77–93.

67 In: Tumult. Zeitschrift für Verkehrswissenschaft 10 (1987), S. 38–56.

68 Ebd., S. 38.

69 Ebd., S. 38. Schmeiser bezieht sich auf Kluges Schrift »Die Patriotin. Texte/Bilder 1–6«. Frankfurt a. M. 1979. Dort sprechen nicht nur die Toten von Stalingrad, sondern auch ihre Leichenteile, so »Das Knie«:
»Ich muß nämlich mal mit einem grundsätzlichen Mißverständnis aufräumen, daß wir Toten nämlich (hier: Stalingradbilder) irgendwie tot wären. Wir sind voller Protest und Energie. Wer will schon umkommen? Wir durcheilen, durchforsten die Geschichte. Wie kann ich der Geschichte, die uns alle umbringen wird – entkommen«. (ebd., S. 58) Schmeiser hätte sich auch auf Kluges Freund Heiner Müller und dessen Obsession durch die barbarische und tödliche deutsche Geschichte berufen können. Die gespenstische, kehraushafte »Krustensprengung« und »Spukstufe«, von der Wolfskehl gesprochen hat, verbindet sich auch in einer prophetischen Analyse Joseph Roths mit dem Boden-Modell und -Mythos. Er warnt schon am 9. Juli 1932 (in: »Das Tagebuch«): »Eine polymorphe Phalanx von Mumien, von Leichen und von jenen Jünglingen, die auf den Sport- und Kampfplätzen ebensoviel Jugendkraft entfalten wie auf allen geistigen Gebieten eine greisenhafte Schwäche, wird lediglich durch einen gemeinsamen Dialekt zusammengehalten, eine gespenstische, zweidimensionale Schattensprache, und rückt unaufhaltsam vor, das Land überschwemmend. Die Friedhöfe sind offen. Die Hünengräber haben sich gespalten. Die muskulösen Schatten der Verwesten ziehen in braune Hemden über die Erde und schießen aus lebendigen Pistolen die Lebenden tot. Eine unübersehbare frisch-freifröhliche Schar von rein-arischen Leichen und Gespenstern ruft einem immerhin wachen Lande zu, es möge erwachen, und siehe da: die Lebenden folgen den Verwesten, der Tag wird finster und bildet sich ein, er müsse Nacht werden, weil die Nacht heller sei. Heidnische Gerippe mit Muskeln und Totschlägern reißen die Kreuze aus den eigenen Gräbern und biegen sie zu Hakenkreuzen um und rufen im Namen des Christentums die lästerliche Parole von einer »christlich-germanischen Kultur« aus und lügen, Jesus Chri-

stus sei am Hakenkreuz für uns gestorben!« In: Joseph Roth: Werke. Hg. u. eingel. von Hermann Kesten. Neue erweiterte Ausgabe in vier Bänden. Köln 1976. Bd. 4, S. 596f.

70 Ebd., S. 39; auf die zahlreichen weiteren Belege bei Schmeiser kann ich nur verweisen.

71 Ebd., S. 45ff.

72 Ebd., S. 49f.

73 Deutsche Vaterlandslieder. A.a.O., S. 89.

74 Ähnliche Trivialbelege ließen sich häufen. Ich nenne den seinerzeit sehr populären Ernst von Wildenbruch mit seinen Gedichten: Allvaters Anrufung (1884) und Deutschlands Jubellied. Zum 18. Januar 1871. (Ersteres in: Adolf Helene: Im neuen Reich. 1871–1914. Leipzig 1932, S. 122f.; das zweite in: Ernst von Wildenbruch: Ausgewählte Werke. Erster Band. Berlin 1919, S. 29–32). Weiterhin verweise ich auf die »Edda-Gesänge« von Börries Freiherr von Münchhausen, die mehrere Wodan-Gedichte enthalten. In: Das dichterische Werk in zwei Bänden, Bd. I. Stuttgart 1950. Auch in den Gedichtbeispielen, die Klaus Dede bringt, »braust es« allerorten (a.a.O., S. 27, 78, 98, 124f., 127). Ein Beispiel aus der NS-Lyrik: in Gerhard Schumanns »Feier der Arbeit« heißt es im »Fahnenlied«: »Was die tausend Jahre harrten, / Zwang der Führer in die Zeit. / Mit den Fahnen und Standarten / Zieht es brausend in die Ewigkeit.« Zitiert nach Klaus Vondung. A.a.O., S. 133f.
Alle diese Belege gehen auf die aus dem Wotan-Komplex entstandene Stereotype zurück, daß die Schlacht »braust«. Ein besonders eindrucksvolles Beispiel dafür findet sich in Kleists Einleitung zu der projektierten Zeitschrift »Germania«: »Hoch, auf dem Gipfel der Felsen, soll sie sich stellen, und den Schlachtgesang herab donnern ins Tal! Dich, o Vaterland will sie singen; und deine Heiligkeit und Herrlichkeit; und welch ein Verderben seine Wogen auf dich heranwälzt! Sie will herabsteigen, wenn die Schlacht braust, und sich, mit hochrot glühenden Wangen unter die Streitenden mischen, und ihren Mut beleben, und ihnen Unerschrockenheit und Ausdauer und des Todes Verachtung ins Herz gießen;« (Sämtliche Werke und Briefe in vier Bänden. Hg. von Ilse-Marie Barth, Klaus Müller-Salget, Stefan Ormanns und Hinrich C. Seeba. Bd. 3, Hg. von Klaus Müller-Salget. Frankfurt a. M. 1990, S. 497)

75 A.a.O., S. 187.

76 Hans-Peter Hasenfratz: Die religiöse Welt der Germanen. Ritual, Magie, Kult, Mythus. Freiburg/Basel/Wien. ³1992.

77 Ebd., S. 10.

78 Ebd., S. 12.

79 A.a.O., S. 34, 52 und 96.

80 Über die Auswüchse dieser skandinavistischen Forschungsgeschichte informiert am besten und mit vielen Beispielen das schon genannte Buch von Allan A. Lund: Germanenideologie im Nationalsozialismus. A.a.O., vor allem das zweite und dritte Kapitel, S. 31–102.

81 Vgl. dazu die letzten beiden Kapitel.

V. »Tränen des Vaterlandes« (S. 85–100)

1 Samuel Pufendorf: Die Verfassung des deutschen Reiches. Stuttgart 1976, S. 106.

2 Zitiert nach: Marian Szyrocki (Hg.): Lyrik des Barock. Bd. 1. Reinbek bei Hamburg 1971, S. 80.

3 Georg Philipp Harsdörffer/Sigmund von Birken/Johannes Klaj: Pegnesisches Schäfergedicht. 1644–1645. Hg. von Klaus Garber. Nürnberg 1644, Nachdruck Tübingen 1966, S. 15.

4 Siegmund von Birken: Lied (3. Strophe). Zit. nach: Deutsche National-Litteratur. Martin Opitz. Bd. 27: Hg. von H. Oesterley. Berlin/Stuttgart o. J., S. 367.

5 Friedrich von Logau: Deutschland. In: Ders.: Sämmtliche Sinngedichte. Hg. von Gustav Eitner. Tübingen 1872, S. 121.

6 Hanns Assmann Freyherr von Abschatz: »Ehren-Gedichte«. In: Ders.: Poetische Übersetzungen und Gedichte. Faksimiledruck nach der Gesamt-Ausgabe von 1704 mit der Vorrede von Andreas Gryphius. Hg. von Erika Alma Metzger. Bern 1970, S. 59.

7 Leonhard Schneider: Das Gedächtnis des Bodens. In: Tumult. Zeitschrift für Verkehrswissenschaft 10/1987, S. 38–56, hier S. 44f.

8 Eine Bemerkung Wielands aus dem Jahre 1780 zeigt, daß solche Alraunen-Prophetie ein bekanntes Modell gewesen ist: »So haben wir sie denn endlich erlebt, diese von Barden und Alraunen geweissagte, aber selbst von Barden und Alraunen nicht so nahe geglaubte Zeit! Nicht erst unsre Enkel oder Urenkel, nein, wir selbst werden sie sehen! Es nähert sich, Deutschlands goldnes Alter – « So beginnt seine Schrift »Patriotischer Beytrag zu Deutschlands höchstem Flor.« In: Wielands Gesammelte Schriften. 1. Abteilung: Werke. Bd. 14: Prosaische Schriften I. 1773–1783. Hg. von Wilhelm Kurrelmeyer. Berlin 1928, S. 269.

9 Eine ähnliche prophetische Perspektive findet sich auch bei Johann Michael Moscherosch (1601–1669), in »Teutschlands Propheceyung« aus seinem Roman »Wunderliche und Wahrhafftige Gesichte Philanders von Sittewalt« (1642/43). Er beruft sich dabei auf den »ersten Ertzvatter und König Tuitscho«. In: Johann Michael Moscherosch: Wunderliche und Wahrhafftige Gedichte Philanders von Sittewalt. Ausgew. u. hg. von Wolfgang Harms. Stuttgart 1986, S. 146.

10 Dazu nochmals Werner Lenk: Die nationale Komponente in der deutschen Literaturentwicklung, in: Klaus Garber (Hg.): Nation und Literatur im Europa der Frühen Neuzeit. A.a.O., S. 681f.

11 Hanns Assmann Freyherr von Abschatz: »Ehren-Gedichte«. In: Ders.: Poetische Übersetzungen und Gedichte. A.a.O., S. 59.

12 Vgl. Wilhelm Frenzen: Germanenbild und Patriotismus im Zeitalter des deutschen Barock. In: Deutsche Vierteljahrsschrift für Literaturwissenschaft und Geistesgeschichte XV (1937), S. 203–219.

13 Martin Opitz. In: Harald Steinhagen u. Benno von Wiese (Hg.): Deutsche Dichter des 17. Jahrhunderts. Ihr Leben und Werk. Berlin 1984, S. 116–184, hier S. 134.

14 Conrad Wiedemann: Andreas Gryphius. In: Harald Steinhagen u. Benno von Wiese (Hg.): Deutsche Dichter des 17. Jahrhunderts. A.a.O., S. 435.

15 Zitiert nach: Deutsche über die Deutschen. Hg. von Heinz Ludwig Arnold. A.a.O., S. 40.

16 Georg Rudolf Weckherlins Gedichte. Hg. von Hermann Fischer. Hildesheim 21968, Bd. 1, S. 78 (1. Aufl. 1894).

17 Dazu Klaus Garber: Der deutsche Sonderweg – Gedanken zu einer calvinistischen Alternative um 1600. In: Franz Norbert Mennemeier u. Conrad Wiedemann (Hg.): Akten des VII. Internationalen Germanisten-Kongresses Göttingen 1985. Tübingen 1986. Bd. 9, S. 165–172.

18 Volker Meid: Im Zeitalter des Barock. In: Walter Hinderer (Hg.): Geschichte der politischen Lyrik in Deutschland. Stuttgart 1978, S. 91.

19 Andreas Gryphius: Gesamtausgabe der deutschsprachigen Werke. Hg. von Marian Szyrocki u. Hugh Powell. Bd. 1: Sonette. Hg. von Marian Szyrocki. Tübingen 1963, S. 48.

20 Andreas Gryphius: Gesamtausgabe. A.a.O. Bd. 2: Oden und Epigramme. Hg. von Marian Szyrocki. Tübingen 1964, S. 95–147.

21 Wolfram Mauser: Dichtung, Religion und Gesellschaft im 17. Jahrhundert. Die ›Sonette‹ des Andreas Gryphius. München 1976, S. 147.

22 Brief vom 4. 8. 1806 an Karl von Stein zum Altenstein.

23 Vgl. die Interpretationen von Erich Trunz. In: Benno von Wiese (Hg.): Die deutsche
    Lyrik. Bd. 1. Düsseldorf 1956, S. 139–144; und Fritz Martini: Georg Heym: Der Krieg.
    In: Ebd., S. 425–449, hier S. 442f.
24 Martin Opitz: Ein Gebet / daß Gott die Spanier widerumb vomm Rheinstrom wolle
    treiben. In: Opitz von Boterfeld – Martini Opicii. Teutsche Poemata vnd ARJ STAR-
    CHUS Wieder die verachtung Teutscher Sprach, Item Verteutschung Danielis Heinsij
    Lobgesangs Iesu Christi, vnd Hymni in Bachum Sampt einem anhang Mehr auserleße-
    ner geticht anderes Teutscher Poeten. Der gleichen in dieser Sprach Hiebevor nicht auß
    kommen. Straszburg In verlegung Eberhard Zetzners. Anno 1624, S. 104.
25 Siehe Marian Szyrocki: Der junge Gryphius. Berlin 1959, S. 103.
26 Johannes R. Becher: Gedichte 1936–1941. Berlin/Weimar 1966, S. 13f. Unter dem Titel
    »Tränen des Vaterlandes« gab Becher 1954 eine Auswahl deutscher Gedichte aus dem
    16. und 17. Jahrhundert heraus, mit der deutlichen Absicht, auf die Anfänge einer großen
    »deutschen Nationalliteratur« hinzuweisen.
27 Vgl. Kapitel XIII.
28 Erstdruck in: »Gaistliche und weltliche Gedichte«. Amsterdam 1648.
29 Volker Meid: Ein politischer Deutscher. Zu Weckherlins Sonett ›An das Teutschland‹. In:
    Ders. (Hg.): Gedichte und Interpretationen. Bd. 1: Renaissance und Barock. Stuttgart
    1982, S. 157; und Ders.: Im Zeitalter des Barock. A.a.O., S 94f.
30 Georg Rudolf Weckherlins Gedichte. A.a.O. Bd. 1, S. 423.
31 Dazu Volker Meid: Ein politischer Deutscher. A.a.O., S. 148–158.
32 Ernst Ribbat: »Tastend nach Autonomie«. Zu G.R. Weckherlins ›Geistlichen und Welt-
    lichen Gedichten‹ In: Rezeption und Produktion zwischen 1570 und 1730. Festschrift
    für Günther Weydt. Hg. von Wolfdietrich Rasch, Hans Geulen u. Klaus Haberkamm.
    Bern/München 1972, S. 84.

VI. Kulturnation statt Staatsnation? (S. 101–133)

1 Samuel Pufendorf: Die Verfassung des deutschen Reiches. Stuttgart 1976, S. 106.
2 Zit. nach: Helmut Scheuer: Die Dichter und ihre Nation – Ein historischer Aufriß. In:
   Deutschunterricht 42 (1990), H. 4, S. 4–46, hier S. 13, Anm. 34.
3 Christoph Martin Wieland: Gesammelte Schriften. Hg. von der deutschen Akademie der
   Wissenschaften zu Berlin durch Hans Werner Seiffert. Erste Abt.: Werke. Bd. 23: Kleine
   Schriften III. 1791. Berlin 1969. Es handelt sich um seine Vorrede zu: Schiller: Historischer Calender für Damen für das Jahr 1792 (Geschichte des dreyßigjährigen Krieges,
   Drittes Buch), S. 384–394. Dort heißt es: »Sie – sind gewisser Maßen, die eigentlichen
   Männer der Nation, denn ihr unmittelbarer Wirkungskreis ist ganz Deutschland; sie
   werden überall gelesen, ihre Schriften dringen nach und nach bis in die kleinsten Städte,
   und durch sie fängt es bereits selbst in solchen Gegenden an zu tagen, auf welchen vor
   fünf und zwanzig Jahren noch die dickste Finsterniß lag« (ebd., S. 393).
4 Vgl. Wolfgang Leiner: Das Deutschlandbild in der französischen Literatur. Darmstadt
   1989, S. 94.
5 Vgl. ebd., S. 86–95.
6 Hans Peter Herrmann: »Wer Rom nicht hassen kann, kann nicht die Deutschen lieben«.
   Deutscher Nationalismus im 18. Jahrhundert. In: Rudi Schweikert (Hg.): Korrespondenzen. Festschrift für Joachim W. Storck aus Anlaß seines 75. Geburtstages. St. Ingbert
   1999, S. 7. Näher ausgeführt und begründet wird diese These, die sich auch auf Untersuchungen der Historiker Benedict Anderson (Die Erfindung der Nation. Zur Karriere
   eines folgenreichen Konzepts. Frankfurt a. M. 1988), Ernest Gellner (Nationalismus und
   Moderne. Berlin 1991) und Wolfgang Hardtwig (Nationalismus und Bürgerkultur in

Deutschland. Göttingen 1994) stützt, in dem Band von Hans Peter Herrmann, Hans-Martin Blitz u. Susanna Moßmann: Machtphantasie Deutschland. Nationalismus, Männlichkeit und Fremdenhaß im Vaterlandsdiskurs deutscher Schriftsteller des 18. Jahrhunderts. Frankfurt a. M. 1996.

7 Hans Peter Herrmann: »Wer Rom nicht hassen kann…«. A.a.O., S. 14 u. 21.

8 Dieser Begriff wurde von Friedrich Meinecke geprägt: »Man wird […] die Nationen einteilen können in Kulturnationen und Staatsnationen […].« Friedrich Meinecke: Allgemeines über Nation, Nationalstaat und Weltbürgertum. In: Ders.: Weltbürgertum und Nationalstaat. Hg. u. eingel. von Hans Herzfeld. München 1962, S. 9–26, hier S. 10.

9 Friedrich Schiller: Sämtliche Werke. Hg. von Gerhard Fricke u. Herbert G. Göpfert. München 1960. Bd. I, S. 473f.

10 Vgl. Wielands Beschreibung Deutschlands und seiner »Staatsverfassung« in seiner Schrift »Patriotischer Beytrag zu Deutschlands höchstem Flor.« In: Wielands Gesammelte Schriften. 1. Abt.: Werke. 14. Bd.: Prosaische Schriften I. 1773–1783. Hg. von Wilhelm Kurrelmeyer. Berlin 1928, S. 268–280.

11 Ebd., S. 267.

12 Friedrich Hölderlin: Sämtliche Werke. Frankfurter Ausgabe. Bd. 11: Hyperion II. Hg. von Michael Knaupp u. Dietrich E. Sattler. Frankfurt a. M. 1982, S. 774.

13 Dazu neuerdings Jürgen Scharfschwerdt: Friedrich Hölderlin. Der Dichter des »deutschen Sonderwegs«. Stuttgart/Berlin/Köln 1994.

14 Dazu das Buch von Gerhard Kaiser: Pietismus und Patriotismus im literarischen Deutschland: ein Beitrag zum Problem der Säkularisation. Frankfurt a. M. ²1973.

15 Siehe dazu Kaisers Kapitel »Klopstock als Patriot«. Ebd., S. 267–290. Der Beitrag von Hans-Martin Blitz in dem Band »Machtphantasie Deutschland« (»Gieb, Vater, mir ein Schwert!« Identitätskonzepte und Feindbilder in der ›patriotischen‹ Lyrik Klopstocks und des Göttinger »Hain«, S. 80–122) arbeitet, manchmal etwas einseitig, die aggressiven und nationalistischen Tendenzen dieser literarischen Bewegung heraus.

16 Johann Wolfgang von Goethe: Aus meinem Leben. Dichtung und Wahrheit. In: Ders.: Sämtliche Werke, Briefe, Tagebücher und Gespräche. Hg. von Dieter Borchmeyer [u. a.] I. Abteilung: Sämtliche Werke. Bd. 14. Hg. von Klaus-Detlef Müller. Frankfurt a. M. 1986, S. 290.

17 Benno von Wiese: Johann Christian Günther. In: Harald Steinhagen u. Benno von Wiese (Hg.): Deutsche Dichter des 17. Jahrhunderts. Berlin 1984, S. 888.

18 Johann Christian Günther: An sein Vaterland. In: Ders.: Sämtliche Werke. Historisch-Kritische Gesamtausgabe. Hg. von Wilhelm Krämer. Bd. II. Leipzig 1931, S. 156–158.

19 Helmuth Kiesel u. Paul Münch: Gesellschaft und Literatur im 18. Jahrhundert. München 1977, S. 24.

20 In Deutschland hat sie zweifellos bis zu Adolf Hitler (Rolf Hochhuth: Mein Vater heißt Hitler!«) vorgeherrscht. »Deutschland verehrt die Väter. Nie die Söhne«, so Heiner Müller noch im Jahre 1994. In: Lettre international, Europas Kulturzeitung. Heft 24: Frühjahr 1994, S. 5).

21 Herders Sämtliche Werke. Hg. von Bernhard Suphan. Berlin 1889. Bd. 5: Herders Poetische Werke. Hg. von Carl Redlich, S. 329–332.

22 Zu seinem Vaterlandsbegriff siehe Wolfgang Frühwald: Die Idee kultureller Nationbildung und die Entstehung der Literatursprache in Deutschland. In: Otto Dann (Hg.): Nationalismus in vorindustrieller Zeit. München 1986, S. 129–141, hier S. 138.

23 So Hans Peter Herrmann: »Mutter Vaterland«. Herders Historisierung des Germanenmythos und die Widersprüchlichkeit des Vaterlandsdiskurses im 18. Jahrhundert. In: Herder Jahrbuch/Herder Yearbook 1998, S. 97–122, hier S. 104, vgl. S. 110f., S. 112f.

24 Heinrich Heine: Nachtgedanken. In: Ders.: Sämtliche Schriften. Bd. 4. Hg. von Klaus Briegleb. Darmstadt 1971, S. 432ff.

25 Ders.: Zur Beruhigung (1844). Ebd., S. 126.

26 Näheres dazu in Kap. XII.

27 Näheres dazu in Kap. XIII.

28 Gotthard Frühsorge: Die Begründung der ›väterlichen Gesellschaft‹ in der europäischen oeconomia christiana. Zur Rolle des Vaters in der ›Hausväterliteratur‹ des 16. bis 18. Jahrhunderts in Deutschland. In: Hubertus Tellenbach (Hg.): Das Vaterbild im Abendland. Rom, frühes Christentum, Mittelalter, Neuzeit, Gegenwart. Bd. 1. Stuttgart u.a. 1978, siehe S. 110–123, hier 121. Auch eine weitere Feststellung Frühsorges, die er selber an Goethes »Götz« exemplifiziert, läßt sich schon auf Günther beziehen: »Diese Geschichte des Abschieds [...] läßt sich wohl nirgends folgenreicher fassen, als dort, wo von der Transformation der ›Kindschaft‹ zur ›Jüngerschaft‹, vom leiblich-dynastischen Prinzip zu dem der geistigen Zeugnisse als neuer Form der Identitätsfindung die Rede ist« (ebd.).

29 Johann Peter Uz: Das bedrängte Deutschland. In: Ders.: Sämtliche poetischen Werke. Hg. von August Sauer. Stuttgart 1890, S. 39–43.

30 Vgl. Klaus von See: Deutsche Germanen-Ideologie vom Humanismus bis zur Gegenwart. Frankfurt a.M. 1970, S. 19ff.

31 Deutsche über die Deutschen. A.a.O., S. 124. Heinz Ludwig Arnold gibt als Fundort an: Zeitgedichte für wenige Leser. o.O. 1801.

32 Vgl. seine Ode »Sie, und nicht wir« von 1790. Friedrich Klopstock: Ausgewählte Werke. Hg. von Karl August Schleiden. München 1962, S. 142f.

33 Gottfried August Bürger: Sämtliche Werke. Hg. von Günter u. Hiltrud Häntzschel. München/Wien 1987, S. 464.

34 Heinrich Heine: Die romantische Schule. In: Ders.: Historisch-Kritische Gesamtausgabe. Hg. von Manfred Windfuhr. Bd. 8/1. Hamburg 1979, S. 170.

35 Dazu Renate Stauf: Justus Mösers Konzept einer deutschen Nationalidentität. Mit einem Ausblick auf Goethe. Tübingen 1991.

36 Friedrich Gottlieb Klopstock's Oden und Epigramme. Leipzig o.J. [um 1880], S. 153f., vgl. den kurzen Kommentar zu diesem Gedicht in Friedrich Gottlieb Klopstock: Ausgewählte Werke. Hg. von Karl August Schleiden. Darmstadt 1969, S. 1238f.

37 Ebd., S. 218f.

38 Gerhard Kaiser: Pietismus und Patriotismus. A.a.O., S. 275.

39 Ebd., S. 283.

40 Friedrich Gottlieb Klopstock: Ausgewählte Werke. München 1962, S. 142.

41 Darin geht auch der Hinweis auf Heinrich I., den Gründer von Klopstocks Heimatstadt Quedlinburg auf.

42 Gerhard Kaiser: Pietismus und Patriotismus. A.a.O., S. 288.

43 Ebd., S. 275.

44 Ebd., S. 286.

45 Gerhard Kaiser: Aufklärung, Empfindsamkeit, Sturm und Drang. München ³1979, S. 260.

46 Der Göttinger Dichterbund. Erster Teil. Johann Heinrich Voss. Hg. von August Sauer. Berlin/Stuttgart o.J., S. 177ff.

47 Dazu Irmtraud Sahmland: Christoph Martin Wieland und die deutsche Nation. Zwischen Patriotismus, Kosmopolitismus und Griechentum. Tübingen 1990, S. 140–147.

48 Hans Peter Herrmann versteht den Nationalismus des Hainbundes als »Versuch kollektiver Identitätsbildung unter den Bedingungen einsetzender ›Modernisierungsprozesse‹. In einer bestimmten sozialen und ideologischen Umbruchsituation scheint das Konzept der Nation den betroffenen Menschen einen Halt zu geben und eine neue Form von Integration zu ermöglichen. Für die jungen Autoren des Göttinger Hain ließe sich das Zusammenfallen zwischen allgemeiner gesellschaftlicher Umbruchsituation, gruppenspezifischer Ungesicherheit und persönlicher Identitätsbildung im studentischen Über-

gang vom Elternhaus zum Beruf im einzelnen darstellen [...].« Hans Peter Herrmann [u.a.]: »Machtphantasie Deutschland«. A.a.O., S. 62.

49 Dazu noch einmal Hans-Martin Blitz: »Gieb, Vater, mir ein Schwert!«. Ebd., S. 97ff.

50 Gesammelte Werke der Brüder Christian und Friedrich Leopold Grafen zu Stolberg. Hamburg 1827. Bd. 1, S. 53–55.

51 Vgl. Stolbergs Prosa-Hymnen »Über die Fülle des Herzens« (1777) und »Über die Begeisterung« (1782). In: Ebd., S. 355–74 u. S. 397–411.

VII. »O heilig Herz der Völker, o Vaterland« (S. 135–152)

1 Friedrich Hölderlin: Sämtliche Werke und Briefe in drei Bänden. Hg. von Jochen Schmidt in Zusammenarbeit mit Wolfgang Behschnitt. Bd.3: Die Briefe. Briefe an Hölderlin. Dokumente. Frankfurt a.M. 1992, S. 470 (im folgenden zit. als Klassikerausgabe).

2 In seinem Münchner Vortrag »Hölderlin und die Deutschen«. In: Norbert von Hellingrath: Hölderlin-Vermächtnis. Forschungen und Vorträge. Ein Gedenkbuch zum 14. Dezember 1936. München 1936, S. 123–154, hier S. 124f., 129.

3 Jürgen Scharfschwerdt: Friedrich Hölderlin. Der Dichter des »deutschen Sonderwegs«. Stuttgart/Berlin/Köln 1994.

4 Vgl. ebd., S. 26ff.; Max Kommerell: Der Dichter als Führer in der deutschen Klassik. Frankfurt a.M. 1928, ³1982, S. 474 u. 477.

5 Gerhard Schumann. In: Iduna. Jahrbuch der Hölderlin-Gesellschaft 1 (1944), S. 16–20, S. 19f. Vgl. Scharfschwerdt. A.a.O., S. 29.

6 Georg Lukács: Hölderlins Hyperion. In: Ders.: Gesammelte Werke Bd. 7: Deutsche Literatur in zwei Jahrhunderten. Berlin 1964, S. 164–184.

7 Scharfschwerdt. A.a.O., S. 35.

8 Pierre Bertaux : Hölderlin und die französische Revolution. Frankfurt a.M., ³1974.

9 Peter Weiss: Hölderlin. In: Ders.: Werke in 6 Bänden. Frankfurt a.M., 1991. Bd. 6: Dramen 3. S. 109–260.

10 Hölderlin: Sämtlich Werke (Klassikerausgabe). A.a.O. Bd.3. S. 252.

11 Dazu Henning Bothe: »Ein Zeichen sind wir, deutungslos.« Die Rezeption Hölderlins von ihren Anfängen bis zu Stefan George. Stuttgart 1992. Und die Kommentierung dieses Buches durch Paul Hoffmann: ›Dichterische‹ Rezeption und Literaturwissenschaft. Zu einer neuen Rezeptionsgeschichte Hölderlins. In: Sprachkunst. Beiträge zur Literaturwissenschaft XXIV (1993), S. 319–336.

12 Hölderlin: Sämtliche Werke (Klassikerausgabe). A.a.O. Bd. 1, S. 224.

13 Ebd., S. 235.

14 Ebd., S. 217.

15 Gottfried Benn: Gesammelte Werke in vier Bänden. Hg. von Dieter Wellershoff. Wiesbaden/München. ³1977, Bd. IV: Autobiographische und vermischte Schriften, S. 122.

16 Friedrich Hölderlin: Sämtliche Werke (Klassikerausgabe). A.a.O. Bd. 1, S. 216–217.

17 Dazu Ulrich Gaier: Hölderlins vaterländische Sangart. In: Hölderlin-Jahrbuch 25 (1986/1987), S. 12–59, hier S. 17ff., S. 58.

18 Friedrich Hölderlin: Sämtliche Werke. Historisch-kritische Ausgabe. Hg. von Dietrich E. Sattler. Frankfurt a.M. 1975ff. Bd. V: Oden II, S. 408.

19 Hölderlin: Sämtliche Werke (Klassikerausgabe). A.a.O. Bd. 1, S. 624.

20 Vgl. Scharfschwerdt. A. a. O., S. 83–84, 101, 133. Zu dem Gedicht und seinen Entwürfen vgl. die aufschlußreiche Interpretation von Manfred Koch unter dem Titel: »Die pfingstliche Schlacht«. Auch er betont die kindliche und weibliche Komponente: »Ein unbestreitbar anrührendes Moment der Ode liegt im Kontrast von martialischer Thematik

im Vordergrund und einer letztlich hilflosen Kindlichkeit, die als subjektiver Impuls im Hintergrund spürbar ist. Nirgendwo wird dies faßlicher als bei dem dialektalen ›O nimmt mich, nimmt mich‹ (9). Es ist die schwäbische Muttersprache des ›frommen Kindes‹, in der die Sehsucht nach einer grenzenlosen Liebesvereinigung sich artikuliert.« In: Interpretationen. Gedichte von Friedrich Hölderlin. Hg. von Gerhard Kurz. Stuttgart 1996, S. 59–75, hier S. 72.

21 Hölderlin: Sämtliche Werke (Klassikerausgabe). A.a.O. Bd. 3, S. 238.

22 Hölderlin : Sämtliche Werke. Hg. von Dietrich E. Sattler. A.a.O. Bd. V: Oden II, S. 405–408.

23 Friedrich Hölderlin: Sämtliche Werke. Historisch-kritische Ausgabe. Begonnen von Norbert von Hellingrath, fortgeführt durch Friedrich Seebass und Ludwig von Pigenot. Bd. 3: Gedichte, Empedokles, Philosophische Fragmente, Briefe. Hg. von Ludwig von Pigenot. Berlin 1922, S. 489.

24 Den neuesten Stand der Diskussion findet man bei Jochen Schmidt: Deutschland und Frankreich als Gegenmodelle in Hölderlins Geschichtsdenken: Evolution statt Revolution. In: Helmut Scheuer (Hg.): Dichter und ihre Nation. Frankfurt a. M. 1993, S. 176–199. Zur Ode »Der Tod fürs Vaterland« vgl. ebd., S. 191 ff.

25 Hölderlin: Sämtliche Werke (Klassikerausgabe). A.a.O. Bd. 3, S. 251.

26 Ebd., S. 252.

27 Ebd., S. 329.

28 Ebd., S. 225.

29 Dazu Scharfschwerdt. A.a.O., S. 44–65, Zitat S. 44.

30 Ebd., S. 55.

31 Hölderlin: Sämtliche Werke (Klassikerausgabe). A.a.O. Bd. 3, S. 329–334.

32 Ebd., S. 327–328. Brief an Sinclair von 24.12.1798. Hervorh. durch den Verf.

33 Adolf Beck: Hölderlins Weg zu Deutschland. Fragmente und Thesen, mit einer Replik auf Pierre Bertaux' »Friedrich Hölderlin«. Stuttgart 1982, S. 40.

34 Hölderlin: Sämtliche Werke (Klassikerausgabe). A.a.O. Bd. 1, S. 224–226.

35 Vgl. seine »Hymne an die Göttin der Harmonie«; Hölderlin: Sämtliche Werke (Klassikerausgabe). A.a.O., Bd. 1, S. 110–114.

36 Ebd. Bd. 1, S. 337.

37 Ebd., S. 335.

38 Vgl. Scharfschwerdt. A.a.O., S. 73 f., 111, 126.

39 Hölderlin: Werke (Klassikerausgabe). A.a.O. Bd. 1, S. 206, »An unsere grossen Dichter«.

40 Jochen Schmidt (a.a.O., S. 184) spricht von einem »inneren Deutschland« in der Tradition des »pietistisch geprägten Patriotismus«.

41 Heinrich Heine: Sämtliche Schriften. Hg. von Klaus Briegleb. München 1971. Bd. 4, S. 574 f.

42 Vgl. ebd., S. 1027.

43 Ebd., S. 592 f.

44 Vgl. Scharfschwerdt. A.a.O., S. 140 ff.

45 Hölderlin: Sämtliche Werke (Klassikerausgabe). A.a.O. Bd.1, S. 235.

46 Ebd., S. 237.

47 Ebd. Bd. 3, S. 438.

48 Ebd., S. 445.

49 Ebd., S. 448.

50 Ebd., S. 470; Brief an Friedrich Wilmans, Dec. 1803.

51 Zu Hölderlins Vaterlandsbegriff und seinen Umkreis vgl. Ulrich Gaier. A.a.O., S. 12–59.

52 Hölderlin: Sämtliche Werke (Klassikerausgabe). A.a.O. Bd.1, S. 334–337.

53 Adolf Beck erinnert sich »beschämt« der Zeit, »da die letzten Verse selbstgefällig adaptiert, des Wortes ›wehrlos‹ aber – das doch dem Verse seine schwere Wucht gibt – beraubt wurden.« A.a.O., S. 153.

54 Hellingrath. A.a.O., S. 147.

55 Vgl. dazu Kap. IVON

56 Hellingrath. A.a.O., S. 125.

57 Paul Hoffmann: ›Dichterische‹ Rezeption und Literaturwissenschaft. A.a.O., S. 333.

VIII. »Was ist des Deutschen Vaterland?« (S. 153–177)

1 Vgl. Otto Dann: Nation und Nationalismus in Deutschland 1770–1990. München 1993; Hagen Schulze: Der Weg zum Nationalstaat. Die deutsche Nationalbewegung vom 18. Jahrhundert bis zur Reichsgründung. München 1992; Dieter Langewiesche: Reich, Nation und Staat in der jüngeren deutschen Geschichte. In: Historische Zeitschrift 254 (1992), S. 341–381; Ders.: Kulturelle Nationsbildung im Deutschland des 19. Jahrhunderts. In: Manfred Hettling u. Paul Nolte (Hg.): Nation und Gesellschaft in Deutschland. Historische Essays. München 1996, S. 46–64. Ders.: Föderativer Nationalismus als Erbe der deutschen Reichsnation. Über Föderalismus und Zentralismus in der deutschen Nationalgeschichte (erscheint 1999). Wulf Wülfing, Karin Bruns u. Rolf Parr: Historische Mythologie der Deutschen. München 1991.

2 Vgl. Hagen Schulze: Der Weg zum Nationalstaat. A.a.O., S. 67f.

3 Vgl. Thomas Nipperdey: Deutsche Geschichte 1800–1866. Bürgerrecht und starker Staat. München 1985, S. 303.

4 Otto Dann weist darauf hin, daß Ähnliches auch für Frankreich gilt, mit dem gravierenden Unterschied freilich, daß der französische Nationalmythos in der Großen Revolution wurzelte. Vgl. Otto Dann: Nation und Nationalismus in Deutschland 1770–1990. A.a.O., S. 72.

5 Ernst Moritz Arndt's Sämmtliche Werke. Leipzig o.J. Bd. 3, S. 325ff.

6 Vgl. Arndts Gedicht »Hermanns Siegeslied« von 1787.

7 Bernd von Münchow-Pohls: Zwischen Reform und Krieg. Untersuchung zur Bewußtseinslage in Preußen 1809–1812. Göttingen 1987, S. 338.

8 In: Deutsche über die Deutschen. A.a.O., München 1972, S. 156.

9 Arndt. A.a.O. Bd. 4, S. 18ff.

10 Friedrich Schlegel: Gedichte. Berlin 1809, S. 387f.

11 Novalis: Werke, Tagebücher und Briefe Friedrich von Hardenbergs. Hg. von Hans-Joachim Mähl u. Richard Samuel. Darmstadt 1978. Bd. 1, S. 159.

12 Vgl. Heinrich von Kleist: Sämtliche Werke. Hg. von Helmut Sembdner. München 1964. Bd. 1, S. 33f.

13 Franz Grillparzer: Sämtliche Werke. Ausgewählte Briefe, Gespräche, Berichte. Bd. 1. München 1960, S. 500.

14 Die Neigung der Deutschen zum apokalyptischen Geschichtsdenken hat diese Entfesselungen zweifellos gefördert. Vgl. Klaus Vondung: Die Apokalypse in Deutschland. München 1988, S. 132–39 u. 335 (zu Kleist).

15 Kleist. A.a.O., S. 26f.

16 Vgl. Arndt. A.a.O. Bd. 3, S. 325ff.

17 Max von Schenkendorf: Gedichte. Hg., mit Einl. u. Anm. vers. von Edgar Groß. Berlin/Leipzig/Wien/Stuttgart o.J., S. 29.

18 Vgl. Arndt. A.a.O. Bd. 3, S. 183ff.

19 Vgl. das Gedicht »Wer ist ein Mann?«. A.a.O., S. 71f.

20 Ludwig Börne: Sämtliche Schriften. Bd. 1. Neu bearb. u. hg. von Inge u. Peter Rippmann. Düsseldorf 1964, S. 165.

21 Vgl. Arndt. A.a.O. Bd. 4, S. 38f.

22 Arndt: Ausgewählte Gedichte und Schriften. Hg. von Gustav Erdmann. Berlin (Ost) 1969, S. 53ff.

23 Arndt. A.a.O. Bd. 4, S. 109ff.

24 Dieter Düding: Organisierter Nationalismus in Deutschland 1808–1847. Bedeutung und Funktion der Turner- und Sängervereine für die deutsche Nationalbewegung. München 1984.

25 Otto von Bismarck: Die gesammelten Werke. Friedrichsruher Ausgabe. Berlin 1926. Bd. 10, S. 139.

26 Vgl. Anm. 9.

27 Das hat sich Otto Höfler (Kultische Geheimbünde der Germanen. Frankfurt a. M. 1934) nicht entgehen lassen!

28 Ernst Moritz Arndt's Sämtliche Werke. Hg. von Heinrich Meisner. Leipzig 1894. Bd. 3, S. 2f.

29 Ernst Moritz Arndt. Ausgewählte Gedichte und Schriften. A.a.O., S. 100f. Dort heißt es unter anderem: »Erbebt! das Wetter ist des Herrn, der blitzt und kracht, / Er wird des deutschen Haders Drachen / zu Staub zerblitzen und zerkrachen.«

30 Ninck. A.a.O., S. 31 u. 115; und C. G. Jung (a.a.O.), der sich nicht nur in dieser Hinsicht auf Ninck bezieht.

31 Wolf Kittler: Die Geburt des Partisanen aus dem Geist der Poesie. Heinrich von Kleist und die Strategie der Befreiungskriege. Freiburg i. Br. 1987.

32 Heinrich Heine: Sämtliche Schriften. Hg. von Klaus Briegleb. München 1971. Bd. 1, S. 256ff.

33 Vgl. Ernst Weber: »Für Freiheit, Recht und Vaterland«. Zur Lyrik der Befreiungskriege als Medium politischer Meinungs- und Willensbildung. In: Helmut Scheuer (Hg.): Dichter und ihre Nation. A.a.O., S. 237–256, hier S. 251. Der Aufsatz bietet eine Zusammenfassung eines grundlegenden Buches, das Ernst Weber zwei Jahre zuvor vorgelegt hat: Lyrik der Befreiungskriege (1812–1815). Gesellschaftspolitische Meinungs- und Willensbildung durch Literatur. Stuttgart 1991.

34 Arndt: Ausgewählte Gedichte. A.a.O., S. 66ff.

35 Deutsche über die Deutschen. A.a.O., S. 157.

36 Ernst Moritz Arndt: Der Rhein, Deutschlands Strom, aber nicht Deutschlands Grenze. Neudruck der Leipziger Ausgabe vom Jahre 1813. Düsseldorf 1893, S. 69f.

37 Hagen Schulze. A.a.O., S. 69.

38 Vgl. Kleists »Katechismus der Deutschen, abgefaßt nach dem Spanischen«.

IX. »Brause, du Freiheitssang« (S. 179–227)

1 Thomas Nipperdey: Deutsche Geschichte 1800–1866. A.a.O., S. 365.

2 Schulze. A.a.O., S. 74; Dieter Langewiesche: Europa zwischen Restauration und Revolution 1815–1849. München 1993.

3 Nipperdey. A.a.O., S. 283.

4 Vgl. Ferdinand Freiligrath: Gedichte. Leipzig 1973, S. 39.

5 Vgl. Deutschland, Deutschland. Politische Gedichte vom Vormärz bis zur Gegenwart. Hg. von Helmut Lamprecht. Bremen 1969, S. 12f.

6 Neue Schweizer Rundschau. Neue Folge, III. Jg. (1936), S. 661f. Vgl. Kapitel IV.

7 Deutschland, Deutschland. A.a.O., S. 15f.

8 Vgl. Heinrich Heine: Reise von München nach Genua. In: Ders.: Sämtliche Schriften. Hg. von Klaus Briegleb. München 1997. Bd. 2, S. 323.

9   Ludwig Uhland: Werke. Hg. von Hartmut Fröschle u. Walter Scheffler. Bd. I: Sämtliche Gedichte. München 1980, S. 78f.

10 Zit. nach Ulrich Enzensberger: Auferstanden über alles. A.a.O., S. 30; zu Maßmann das Buch von Joachim R. Richter: Hans Ferdinand Maßmann. Altdeutscher Patriotismus im 19. Jahrhundert. Berlin/New York 1992.

11 Vgl. Nipperdey. A.a.O., S. 305.

12 Vgl. Schulze. A.a.O., S. 74; vgl. Dann. A.a.O., S. 83f., 310ff., und Nipperdey. A.a.O., S. 305f.

13 Dazu Arno Borst: »Barbarossas Erwachen – Zur Geschichte der deutschen Identität« In: Odo Marquard u. Karlheinz Stierle (Hg.): Identität. Poetik und Hermeneutik VIII. München 1979, S. 17–60, hier S. 32f.; Die Zeit der Staufer. Geschichte – Kunst – Kultur. Katalog der Ausstellung. Bd. III: Aufsätze. Württembergisches Landesmuseum Stuttgart 1977, darin Klaus Schreiner: Die Staufer in Sage, Legende und Prophetie, S. 249–262; Friedrich Weigend, Bodo M. Baumunk u. Thomas Brune: Keine Ruhe im Kyffhäuser. Das Nachleben der Staufer. Ein Lesebuch zur deutschen Geschichte. Stuttgart/Aalen 1978.

14 Vgl. Ninck. A.a.O., S. 133f.; Franz Kampers: Die deutsche Kaiseridee in Prophetie und Sage. München 1896; Hans Ferdinand Maßmann: Kaiser Friedrich im Kiffhäuser. Vortrag, gehalten am Stiftungsfeste der Berlinischen Gesellschaft für deutsche Sprache (17. Januar 1850), Quedlinburg/Leipzig 1850.

15 Vgl. Karl Riha: Der deutsche Michel. A.a.O., S. 149.

16 Friedrich Rückert: Gedichte. Hg. von Walter Schmitz. Stuttgart 1988, S. 63f.

17 Emanuel Geibel: Gesammelte Werke in acht Bänden. Stuttgart ²1888. Bd. 1, S. 91f.

18 Vgl. Renate Werner: »Und was er singt, ist wie die Weltgeschichte«. In: Helmut Scheuer (Hg.): Dichter und ihre Nation. A.a.O., S. 273–289.

19 Vgl. Heinrich Heine: Sämtliche Schriften. A.a.O. Bd. 4, S. 617.

20 Zit. bei Renate Werner. A.a.O., S. 276.

21 Vgl. Emanuel Geibel: Gesammelte Werke in acht Bänden. A.a.O. Bd. 2, S. 12.

22 Vgl. Ninck. A.a.O., S. 297.

23 Vgl. Deutschland, Deutschland. A.a.O., S. 125.

24 Ernst Moritz Arndt: »Nachklang aus 1848–49«. In: Ernst Moritz Arndt's Sämtliche Werke. Leipzig o.J. (1855). Bd. 5, S. 236.

25 Vgl. Deutschland, Deutschland. A.a.O., S. 125.

26 Weigand, Baumunk und Brune (Hg.): Keine Ruhe im Kyffhäuser. A.a.O., S. 54.

27 Vgl. Heine: Sämtliche Schriften. A.a.O. Bd. 4, S. 592.

28 Tatsächlich gab es einmal, um 1500 dokumentiert im »Oberrheinischen Revolutionär«, einen revolutionären Barbarossa-Mythos der unteren Schichten bis hin zum Bauernkrieg. Dazu Weigand, Baumunk u. Brune (Hg.): Keine Ruhe im Kyffhäuser. A.a.O., S. 29f.

29 Vgl. ebd. S. 615.

30 Vgl. Heine: Sämtliche Schriften. A.a.O. Bd. 6/2. S. 123.

31 Günter Kunert, an Geibels Barbarossa-Gedicht anknüpfend, hat 1967 die »deutsche Sage« gründlich destruiert, in seinem Gedicht »Neuere Ballade infolge älterer Sage.« Fritz Pratz, der beide Balladen vergleicht, bezieht Kunert irrtümlich auf Rückerts Barbarossa-Gedicht: Neuere Ballade infolge älterer Sage. In: Rupert Hirschenauer u. Albrecht Weger (Hg.): Wege zum Gedicht II. Interpretation von Balladen. München/Zürich 1968, S. 564–574.

32 Der Rhein. Eine Reise mit Geschichten, Gedichten und farbigen Fotografien. Hg. von Helmut J. Schneider. Frankfurt a.M./Leipzig 1997, S. 127.

33 Ernst Moritz Arndt: Der Rhein, Deutschlands Strom, aber nicht Deutschlands Grenze. Düsseldorf 1893. Neudruck der Leipziger Ausgabe vom Jahre 1813, S. 69f.

34 Nipperdey: Deutsche Geschichte 1800–1866. A.a.O. München 1985, S. 365.
35 Der Rhein. A.a.O., S. 135f.
36 Otto von Bismarck: Die gesammelten Werke. Friedrichsruher Ausgabe. Bd. 10. Berlin 1926, S. 139.
37 Deutschland, Deutschland. Hg. von Helmut Lamprecht. A.a.O., S. 33f.
38 Ludwig Seeger: Das Beckersche Rheinlied. Zit. nach: Deutschland. Deutschland. A.a.O., S. 37ff.
39 Vgl. ebd., S. 41; Klaus Dede: Die mißbrauchte Hymne. A.a.O., S. 72.
40 Georg Herwegh: »Der Protest«. In: Ders.: Gedichte und Prosa. Hg. von Peter Hasubek. Stuttgart 1975, S. 13.
41 Heinrich Heine: Sämtliche Schriften. A.a.O. Bd. 4, S. 587.
42 Vgl. Deutschland, Deutschland. A.a.O., S. 35f.
43 Dieter Langewiesche: Kulturelle Nationsbildung im Deutschland des 19. Jahrhunderts. A.a.O., S. 46–64, hier S. 48.
44 Zit. nach Klaus Dede: Die mißbrauchte Hymne. A.a.O., S. 73.
45 Vgl. Arndt: Nachklang aus 1848–49. A.a.O., S. 236.
46 Carl Rademacher: Wodan – St. Michael – Der Deutsche Michel. Bd. 3: Volk und Kunst. Hg. von E. Lüthgen u. R. Stampfuß. Köln 1934. S. 301; Bernd Grote: Der deutsche Michel. Ein Beitrag zur publizistischen Bedeutung der Nationalfiguren. Dortmund 1967; Eda Sagarra: Der deutsche Michel. Gestalt und Wandel in Literatur und Ikonographie 1640–1984. Tübingen 1986, S. 259–264; Karl Riha: Der deutsche Michel. A.a.O. Die tausendjährige Jubelfeier der Deutschen spielt auf die Teilung des Fränkischen Reiches im Jahre 843 und die Übernahme Ostfrankens durch Ludwig den Deutschen an.
47 Artemis-Gedenkausgabe. Sämtliche Gedichte. Zürich 1950. Bd. 1, S. 63f.
48 Georg Herwegh: Gedichte und Prosa. Hg. von Peter Hasubek. Stuttgart 1975, S. 52.
49 Vgl. Deutschland, Deutschland. A.a.O., S. 73.
50 Heinrich Heine: Sämtliche Schriften. A.a.O. Bd. 4, S. 428f.
51 Vgl. hierzu Sigmund Freud: Totem und Tabu. Einige Übereinstimmungen im Seelenleben der Wilden und Neurotiker. Frankfurt a. M./Hamburg 1956, S. 158f. und den Essayband von Hans Magnus Enzensberger: Politik und Verbrechen. Frankfurt a. M. 1974.
52 Heinrich Heine: Sämtliche Schriften. A.a.O. Bd. 6/1, S. 270f.
53 Ebd. Bd. 4, S. 432f. u. S. 455.
54 Franz Dingelstedt: Lieder eines kosmopolitischen Nachtwächters. Hg. von Hans-Peter Bayerdörfer. Tübingen 1978, S. 151f.
55 Freiligraths Werke. Berlin u. a. o. J. Bd. II, S. 71ff.
56 Jürgen Schröder: Hamlet als Heimkehrer. Zum deutschen Nachkriegsdrama. In: Literatur in der Demokratie. Festschrift für Walter Jens zum 60. Geburtstag. München 1983, S. 457–467.
57 Walter Muschg: Studien zur tragischen Literaturgeschichte. Bern 1965, S. 210.
58 Ebd., S. 215f.
59 Ludwig Börne: Sämtliche Schriften. Bd. 1. Hg. von Peter u. Inge Rippmann. Düsseldorf 1964, S. 499.
60 Hinweis in der Interpretation des Gedichts von Hartmut Kircher. In: Walter Hinck (Hg.): Geschichte im Gedicht. Texte und Interpretationen. Protestlied, Bänkelsang, Ballade, Chronik. Frankfurt a. M. 1979, S. 140.
61 Georg Gottfried Gervinus: Shakespeare. Leipzig 1849. Bd. 3, S. 286f. u. 290.
62 Shakespeare-Vorträge von Friedrich Theodor Vischer. Bd. 1: Einleitung: Hamlet, Prinz von Dänemark. Stuttgart 1899, S. 467f. u. 473f.

X. »Hurra, Germania« – »Germania, mir graut vor dir!« (S. 229–250)

1 Thomas Nipperdey: Deutsche Geschichte 1800–1866. A.a.O., S. 704.

2 Ebd., S. 709f.

3 Emanuel Geibel: Gesammelte Werke zu acht Bänden. Stuttgart 1888. Bd. 4, S. 214.

4 Ein damals vielgelesenenes Buch von P. Rohrbach, »Der Deutsche Gedanke in der Welt« (1912), stellte sich sogar unter das imperative Motto: »Am deutschen Wesen soll die Welt genesen.«

5 Vgl. dazu Walter Hinck: Epigonendichtung und Nationalidee. Zur Lyrik Emanuel Geibels. In: Zeitschrift für deutsche Philologie 85 (1966), S. 267–284. Zur Breitenwirkung Geibels und anderer Deutschlandgedichte bis zum Ersten Weltkrieg vgl. auch den deutsch-französisch perspektivierten Essay von Robert Minder: Nochmals Lesebücher oder Wozu Literatur? In: Ders.: Wozu Literatur? Reden und Essays. Frankfurt a.M. 1971, S. 119–171.

6 Emanuel Geibel: Gesammelte Werke. A.a.O. Bd. 4, S. 195.

7 Hans-Ulrich Wehler: Deutsche Gesellschaftsgeschichte. Bd. 3. München 1995, S. 328.

8 Ich nenne die wichtigsten Sammlungen: Die Kriegspoesie der Jahre 1870–71, geordnet zu einer poetischen Geschichte in sechs Bänden. E. Hensing, F. Metzger, Dr. Münch u. Dr. Schneider (Hg.). Mannheim 1873/74; Lieder zu Schutz und Trutz. Gaben deutscher Dichter aus der Zeit des Krieges in den Jahren 1870 und 1871 (Auswahl für Volk und Heer). Hg. von Franz Lipperheide. Berlin 1871. Vgl. dazu die Dissertation und den Aufsatz von Angelika Menne-Haritz: Einigkeit und Unité. Die Legitimation politischer Vorgänge mit lyrischen Mitteln in den deutschen und französischen Kriegsgedichten von 1870/71. Berlin 1980; Germania: Die deutsche Nationalallegorie in den Kriegsgedichten von 1870/71. In: Carleton Germanic Papers 8 (1980), S. 47–63. Ferner Walter Pape: ›Hurra, Germania – mir graut vor dir‹. Hoffmann von Fallersleben, Freiligrath, Herwegh und die deutsche Einheit von 1870/71. In: Oxford German Studies 22 (1993/94), S. 134–167.

9 Eduard Mörike: In Gedanken an unsere deutschen Krieger. In: Ders.: Sämtliche Werke. Hg. von Herbert G. Göpfert. München 1964, S. 342.

10 Ferdinand Freiligrath: Werke in sechs Teilen. Berlin u.a. o.J. Dritter Teil, S. 47ff.

11 Vgl. Rudolf Gottschalls »Kriegslied« vom Herbst 1870. Den Germanen-Bildern im 19. Jahrhundert, vor allem in seiner zweiten Hälfte, ist Michael Titzmann am Beispiel von Nibelungen-Dramen und der Romane Felix Dahns nachgegangen: Die Konzeption der ›Germanen‹ in der deutschen Literatur des 19. Jahrhunderts. In: Jürgen Link u. Wulf Wülfing (Hg.): Nationale Mythen und Symbole in der zweiten Hälfte des 19. Jahrhunderts: Strukturen und Funktionen von Konzepten nationaler Identität. Stuttgart 1991, S. 120–145. Die alte Tradition, »Germanisch« und »Deutsch« in Kontinuität und Identität zu sehen, hat sich eher verstärkt als aufgelöst. »Jede Konzeption der ›Germanen‹ im 19. Jahrhundert ist also immer zugleich *Fremdbild* der eigenen und jetzigen Kultur: ein Anderes, in dem man das Selbst wiederzuerkennen und zu verstehen glaubt« (ebd., S. 125f.).

12 Dazu Helmut Scharf: Zum Stolze der Nation. Deutsche Denkmäler des 19. Jahrhunderts. Dortmund 1983, S. 67–91; Jörg Traeger: Der Weg nach Walhalla: Denkmallandschaft und Bildungsreise im 19. Jahrhundert. Regensburg 1987; und Reinhard Alings: Monument und Nation. Das Bild vom Nationalstaat im Medium Denkmal – zum Verhältnis von Nation und Staat im deutschen Kaiserreich 1871–1918. Berlin 1996; Dieter Langewiesche: Kulturelle Nationsbildung im Deutschland des 19. Jahrhunderts. In: Manfred Hettling u. Paul Nolte (Hg.): Nation und Gesellschaft in Deutschland. Historische Essays. München 1996, S. 46–64, beschreibt den symbolischen »Kampf um die kulturelle Beset-

zung des Nationalstaates«, der nach der Reichsgründung begann und mit einem Sieg des preußischen Königs und Kaisers über die »bürgerliche Nation« endete.

13 Emanuel Geibel: An Deutschland. In: Ders.: Gesammelte Werke. A.a.O., Bd. 4. S. 255–258. Vgl. das Buch von Angelika Menne-Haritz: A.a.O.

14 Theodor Storm: Briefe. Hg. von Peter Goldammer. Bd. 2. Berlin/Weimar 1972, S. 22. Immerhin setzte Storm hinzu: »Ich bin natürlich zu »Schutz-und Trutzliedern« aufgefordert; aber leider ist zu vieles, was meine Begeisterung niederdrückt, wenn die alten Nerven auch noch den Saft hergäben. Insbesondre hasse ich, wie Du weißt, das preußische Wesen, das denn doch jetzt diese Siege nach außen gewinnt, zu sehr, um mich einer unbedingten Freude hinzugeben.« Insgesamt gehört Storm mehr an die Seite Herweghs als an diejenige Freiligraths.

15 Lieder zu Schutz und Trutz. Hg. von Franz Lipperheide. A.a.O.

16 Vgl. dazu Jürgen Schröder: Der ›Kämpfer‹ Lessing. Zur Geschichte einer Metapher im 19. Jahrhundert. In: Herbert G. Göpfert (Hg.): Das Bild Lessings in der Geschichte. Heidelberg 1981, S. 93–114.

17 Dazu die bereits genannte Literatur in Kap. IX, 1 Anm. 12, vor allem den Aufsatz von Robert Minder. A.a.O., S. 139ff.

18 Richard Wagners »Walküre«-Oper wurde am 26. Juni 1870 in München uraufgeführt!

19 Vgl. A. Menne-Haritz. A.a.O., S. 246f.

20 Walter Pape. A.a.O., S. 153.

21 Deutsche über die Deutschen. A.a.O., S. 265f.

22 Georg Herwegh: Werke in einem Band. Berlin/Weimar 1967, S. 272.

23 Vgl. auch die »Hymne« von F.C. Delius in: Ders.: Kerbholz. Gedichte. Reinbek 1983, S. 31.

24 Georg Herwegh: Werke in einem Band. A.a.O., S. 270.

25 Ebd., S. 372.

26 Ebd., S. 286.

27 Heinrich von Treitschke: Deutsche Geschichte im Neunzehnten Jahrhundert. 5. Theil: Bis zur Märzrevolution. Leipzig 1894, S. 374.

XI. Kunst und Krieg (S. 251–268)

1 Thomas Mann: Politische Reden und Schriften 2. Frankfurt a.M. 1968, S. 9.

2 Klaus-Peter Philippi: Volk des Zorns. München 1979. S. 12.

3 Klaus Vondung: Die Apokalypse in Deutschland. München 1988, S. 193; vgl. zu diesem Kapitel insgesamt sein 11. Kapitel: »›Geistesmacht ist auch unser Heer und unsere Flotte‹: Die Apokalypse von 1914«, S. 189–207.

4 Thomas Mann. A.a.O., S. 10.

5 Deutsche Vaterlandslieder. Leipzig 1914.

6 Händler und Helden. Patriotische Besinnungen von Werner Sombart. München/Leipzig 1915, S. 84f.

7 Zit. nach Friedrich Sieburg: Es werde Deutschland. Frankfurt a.M. 1933, S. 101.

8 Zit. in: Klaus-Peter Philippi. A.a.O., S. 7ff.

9 Dazu der vierte Teil von Hermann Lübbe: Politische Philosophie in Deutschland. Studien zu ihrer Geschichte. München 1974.

10 Thomas Mann. A.a.O., S. 13.

11 Hans-Ulrich Wehler: Deutsche Gesellschaftsgeschichte. Bd. 3: Von der ›Deutschen Doppelrevolution‹ bis zum Beginn des Ersten Weltkrieges 1849–1914. München 1995, S. 1168.

12 Erich Mühsam: Gedichte. Hg. von Günther Emig. Berlin 1983, S. 149.

13 A.J. Winckler in: Walter Eggert Windegg (Hg.): Der Deutsche Krieg in Dichtungen. München 1915, S. 36; zit. nach Karl Vondung: Die Apokalypse in Deutschland. A.a.O., S. 198.

14 Eduard Mörike: Sämtliche Werke. Darmstadt ⁶1997. Bd. 1, S. 745f.

15 Zitiert nach Klaus Dede: Die mißbrauchte Hymne. A.a.O., S. 133.

16 Will Vesper: Vom großen Krieg 1914. München 1915, S. 23f.

17 Julius Langbehn: Rembrandt als Erzieher. Leipzig 1890, S. 308.

18 Robert Weisse: Zu Schutz und Trutz!, 1870, s. Kap. X.

19 Vorbereitet wurde dieser Mißbrauch wiederum im Zusammenhang mit der Entstehung der deutschen Nationalmythologie im Vorfeld der Befreiungskriege (1806–1815), siehe dazu Kap. VIII. So heißt es in Heinrich von Kleists Schrift »Was gilt es in diesem Kriege?«, die im Ersten Weltkrieg »aktualisiert und in chauvinistisch-imperialistischem Sinne umgedeutet« wurde (Heinrich von Kleist: Sämtliche Werke und Briefe. A.a.O., Bd. 3, S. 1046): »Eine Gemeinschaft gilt es, die den Leibnitz und Guttenberg geboren hat; in welcher ein Guerike den Luftkreis wog, Tschirnhausen den Glanz der Sonne lenkte und Keppler der Gestirne Bahn verzeichnete; eine Gemeinschaft, die große Namen, wie der Lenz Blumen, aufzuweisen hat; die den Hutten und Sickingen, Luther und Melanchthon, Joseph und Friedrich auferzog; in welcher Dürer und Cranach, die Verherrlicher der Tempel, gelebt, und Klopstock den Triumph des Erlösers gesungen hat. Eine Gemeinschaft mithin gilt es, die dem ganzen Menschengeschlecht angehört; die die Wilden der Südsee noch, wenn sie sie kennten, zu beschützen herbeiströmen würden; eine Gemeinschaft, deren Dasein keine deutsche Brust überleben, und die nur mit Blut, vor dem die Sonne erdunkelt, zu Grabe gebracht werden soll.« Ebd., S. 479.

20 Klaus Vondung: Die Apokalypse in Deutschland. A.a.O., S. 132ff.

21 Ebd., S. 134.

22 In: Deutschland, Deutschland. A.a.O., S. 288f.

23 Bekannt und berüchtigt ist der Aufruf der 93 Professoren und Intellektuellen »An die Kulturwelt!«, der am 4.10.1914 u.a. in der Frankfurter Zeitung erschien. Dort heißt es: »Es ist nicht wahr, daß der Kampf gegen unsern sogenannten Militarismus kein Kampf gegen unsre Kultur ist, wie unsre Feinde heuchlerisch vorgeben. Ohne den deutschen Militarismus wäre die deutsche Kultur längst vom Erdboden getilgt.« Und: »Glaubt, daß wir diesen Kampf zu Ende kämpfen werden als ein Kulturvolk, dem das Vermächtnis eines Goethe, eines Beethoven, eines Kant ebenso heilig ist wie sein Herd und seine Scholle.« In: Expressionismus. Manifeste und Dokumente zur deutschen Literatur 1910–1920. Mit Einleitungen und Kommentaren hg. von Thomas Anz u. Michael Stark. Stuttgart 1982, S. 314–317, hier S. 315.

24 Zur Problematik und Gefährlichkeit des Begriffs »Kulturnation«, der sowohl in seiner aristokratischen wie in einer demokratischen Version auf der starren Antithese von Geist und Macht beruht, vor allem die erhellenden Beiträge von Lutz Winckler: Der Geist an der Macht? ›Kulturnation‹ und intellektueller Hegemonieanspruch. In: Manfred Gangl u. Hélène Roussel (Hg.): Les Intellectuels et l'Etat sous la République de Weimar. filia 1993, S. 219–231; Ders.: Lion Feuchtwangers ›Exil‹ oder die Versöhnung von Geist und Macht. In: Wolfgang Müller-Funk (Hg.): Jahrmarkt der Gerechtigkeit. Studien zu Lion Feuchtwangers zeitgeschichtlichem Werk. Tübingen 1987, S. 123–138; Ders.: Die Krise und die Intellektuellen. Klaus Mann zwischen ästhetischer Opposition und republikanischem Schriftstellerethos. In: Thomas Koebner, Gert Sautermeister u. Sigrid Schneider (Hg.): Deutschland nach Hitler. Zukunftspläne im Exil und aus der Besatzungszeit 1939–1949. Opladen 1987, S. 49–61. Lutz Winckler hat auch den fragwürdigen Gebrauch des Begriffs »Kulturnation« durch Schriftstellerinnen und Schriftsteller der DDR, namentlich durch Anna Seghers und Becher aufgedeckt: Kulturnation DDR –

ein intellektueller Gründungsmythos. In: Argonautenschiff. Jahrbuch der Anna Seghers Gesellschaft Berlin/Mainz 1 (1992) S. 141–149.

25 Harold James: A German Identity. London 1989, S. 110.

26 Wie M. Titzmann (Die Konzeption der ›Germanen‹ in der deutschen Literatur des 19. Jahrhunderts, S. 131f.) herausarbeitet, verstärkt sich schon in der 2. Hälfte des 19. Jahrhunderts die Kriegs- und Untergangsbereitschaft: »In einer Welt übermächtiger Feinde geht es immer um bedrohte Selbstbehauptung« und »*Im Vollzug des gemeinsamen Untergangs* bewährt sich die bürgerliche oder soziale *Gruppe als Wertgemeinschaft* am sichtbarsten.« Vor allem die »dunklen Helden« – wie Hagen und Wotan – sind auf den Untergang – die ›Götterdämmerung‹ – fixiert. In: Nationale Mythen und Symbole in der zweiten Hälfte des 19. Jahrhunderts. A.a.O., S. 120–145, hier S. 139.

27 Rudolf Alexander Schröder: Deutsches Lied. In: Deutsche Vaterlandslieder. A.a.O., S. 97.

28 Walther Flex: Gesammelte Werke. München ⁶o.J. Bd. 1, S. 78.

29 Vgl. sein »Vaterlandslied« von 1812 mit den berühmten Eingangsversen: »Der Gott, der Eisen wachsen ließ, / Der wollte keine Knechte«. Dazu das Kapitel VIII »Die Entstehung der Nationalmythologie«.

30 Richard Dehmel: Der Heilige Krieg – Gedichte aus dem Beginn des Kampfes. Jena 1915, S. 9f.

31 Walter Flex: Gesammelte Werke. A.a.O., Bd. 1, S. 187f.

32 Karl Kraus: Schriften. Hg. von Christian Wagenknecht. Bd. 9: Gedichte. Frankfurt a. M. 1989, S. 235–240.

XII. Die Spaltung der Nation (S. 269–290)

1 Manfred Frank: Conditio moderna. Essays, Reden, Programm. Leipzig 1993, S. 175 u. 177.

2 Andreas Dörner: Politischer Mythos und symbolische Politik. Sinnstiftung durch symbolische Formen am Beispiel des Hermannsmythos. Opladen 1995, S. 295–361.

3 Kurt Tucholsky: Gesammelte Werke. Reinbek 1975. Bd. 6, S. 301f.

4 Deutschland, Deutschland über alles. 1929. Schlußpassage. Vgl. auch das Gedicht »Zweierlei Deutschland« von Erich Brehm. In: Deutschland, Deutschland. A.a.O., S. 533.

5 Helmut Scheuer (Hg.): Dichter und ihre Nation. Frankfurt a. M. 1993, S. 359.

6 Helmut Scheuer: »Bekenntnis zu Deutschland«? – Die Schriftsteller und die deutsche Nation in der Weimarer Republik. In: Gerd Langguth (Hg.): Die Intellektuellen und die nationale Frage. Frankfurt a. M./New York 1997, S. 129.

7 Alexander von Bormann: Weimarer Republik. In: Walter Hinderer (Hg.):Geschichte der politischen Lyrik in Deutschland. Stuttgart 1978, S. 274ff.

8 Erich Kästner: Gesammelte Schriften für Erwachsene. Zürich 1969. Bd. 1: Gedichte. S. 117.

9 So Scheuer in: Die Intellektuellen und die nationale Frage. A.a.O., S. 135.

10 Andreas Dörner: Politischer Mythos und symbolische Politik. A.a.O., S. 355f.

11 Das Gedicht Glaßbrenners erschien 1849 in seinem »März-Almanach«. In: Adolf Glaßbrenner: Unterrichtung der Nation. Ausgewählte Werke und Briefe in 3 Bänden. Köln 1981. Bd. 2, S. 181.

12 Artemis-Ausgabe. A.a.O. Bd. 1, S. 111.

13 Walter Benjamin: Gesammelte Schriften. Unter Mitw. von Theodor W. Adorno u. Gershom Scholem hg. von Rolf Tiedemann u. Hermann Schweppenhäuser. Frankfurt a. M. 1972. Bd. III, S. 280f.

14 Zu Tucholskys Deutschlandverhältnis in der Weimarer Republik vgl. den Aufsatz von Anton Kaes: Tucholsky und die Deutschen. Anmerkungen zu ›Deutschland, Deutschland über alles‹. In: Kurt Tucholsky. Text + Kritik 29. Hg. von Heinz Ludwig Arnold. München 1985, S. 12–23.

15 Kurt Tucholsky: Gesammelte Werke. A.a.O. Bd. 4, S. 57.

16 Armin Mohler: Die Konservative Revolution in Deutschland 1918–1932. Darmstadt ³1989, S. 547–554.

17 Kurt Tucholsky: Gesammelte Werke. A.a.O. Bd. 3, S. 354.

18 Vgl. ebd., S. 290.

19 Alexander von Bormann: Kurt Tucholsky: Deutsches Lied 1923. In: Walter Hinck (Hg.): Geschichte im Gedicht. Texte und Interpretationen (Protestlied, Bänkelsang, Balladen, Chronik). Frankfurt a. M. 1979, S. 198–205, hier S. 202. Die Ikonographie, mit der das Gedicht das »Proletariat« darstellt, entspricht derjenigen in Tucholskys Deutschland-Buch.

20 Alexander von Bormann. A.a.O., S. 203f.

21 In: Deutschland, Deutschland. A.a.O., S. 339.

22 Theodor Körner: Männer und Buben. In: Ders.: Sämtliche Werke. Berlin 1876. Bd. 1, S. 97.

23 Vgl. mit Ernst Lissauers »Aufruf« von 1918, 2. Strophe. In: Deutschland, Deutschland. A.a.O., S. 311f.

24 Theodor Körner: Sämtliche Werke. A.a.O. Bd. 1, S.72ff.

25 In: Deutschland, Deutschland. A.a.O., S. 349.

26 Ebd., S. 380.

27 Conrad Ferdinand Meyer: Sämtliche Werke. Bern 1963. Bd. 1, S. 350.

28 Vgl. Walter Benjamin: Das Kunstwerk im Zeitalter seiner technischen Reproduzierbarkeit. In: Ders.: Sämtliche Schriften. A.a.O. Bd. I/2, S. 467ff.

29 Dazu Klaus Backes: Hitler und die bildenden Künste. Kulturverständnis und Kunstpolitik im Dritten Reich. Köln 1988, vor allem S. 96–100 u. S. 49–56.

XIII. »Deutschland, bleiche Mutter« (S. 291–310)

1 Klaus Mann: Der Wendepunkt. Ein Lebensbericht. Frankfurt a. M. 1958, S. 310.

2 Thomas Koebner hat in einem Aufsatz gezeigt, welche historische Entwicklung und Ausdifferenzierung die Deutschlandbilder des Exils durchgemacht haben: »Das ›andere‹ Deutschland«. Zur Nationalcharakteristik im Exil. In: Manfred Briegel u. Wolfgang Frühwald (Hg.): Die Erfahrung der Fremde. Kolloquium des Schwerpunktprogramms »Exilforschung« der Deutschen Forschungsgemeinschaft. Forschungsbericht. Weinheim/Basel/Cambridge/New York 1988, S. 217–238.

3 Dazu die Dokumentation: Karl Deiritz u. Hannes Krauss (Hg.):Der deutsch-deutsche Literaturstreit oder »Freunde, es spricht sich schlecht mit gebundener Zunge«. Analysen und Materialien. Hamburg/Zürich 1991. Von den selben Herausgebern: Verrat an der Kunst? Rückblicke auf die DDR-Literatur. Berlin 1993.

4 Vgl. Hans Mayer: Der Turm von Babel. Frankfurt a. M. 1991, S. 15ff.

5 Vgl. das Kapitel XII, »In der Sprache ein Halt«, in der Anthologie von Wolfgang Emmerich und Susanne Heil (Hg.): Lyrik des Exils. Stuttgart 1985, S. 245–255.

6 Ebd., S. 251.

7 Theodor W. Adorno: Kulturkritik und Gesellschaft [1946]. In: Gesammelte Schriften. Bd. 10: Kulturkritik und Gesellschaft I. Frankfurt a. M. 1977, S. 30.

8 Wolfgang Emmerich u. Susanne Heil (Hg.): Lyrik des Exils. A.a.O., S. 357.

9 Ebd., S. 373f.

10 Dazu die Kapitel 10 (Politökonomische Vernunft contra Nazi-Propaganda: »Deutsche Satiren« und »eingreifendes Denken«), Kapitel 14 (»Sieh den kleinen Kastanienbaum im Eck des Hofes«: Das Exil als lyrisches Drama) und Kapitel 15 (»O Deutschland, wie bist du zerrissen«. Brecht und die Vaterlandsliebe) in: Franz Norbert Mennemeier: Bertolt Brechts Lyrik. Aspekte, Tendenzen. Düsseldorf 1982.

11 Bertolt Brecht: Werke. Große kommentierte Berliner und Frankfurter Ausgabe. Hg. von Werner Hecht, Jan Knopf, Werner Mittenzwei u. Klaus-Detlef Müller. Bd. 11. Berlin/Frankfurt a. M. 1988, S. 253.

12 Ebd., Bd. 13. 1993. S. 171f.

13 Vgl. ebd. Bd. 22/1. 1993, S. 357–365.

14 Wolfgang Emmerich in der Einleitung von Wolfgang Emmerich und Susanne Heil (Hg.): Lyrik des Exils. A.a.O., S. 48.

15 Vgl. Jürgen Schröder: Es knistert im Gebälk. Gottfried Benn – ein Exilant nach innen. In: Exilforschung 12: Aspekte der künstlerischen inneren Emigration 1933 bis 1945. Hg. von Claus-Dieter Krohn, Erwin Rotermud, Lutz Winckler u. Wulf Koepke. München 1994, S. 31–52.

16 Horst Bienek hat nach 1945 an dieses Gedicht Brechts angeknüpft und es aus seinen eigenen Exilerfahrungen heraus weitergeschrieben: »Baracke Deutschland«. In: Deutschland, Deutschland. 47 Schriftsteller aus der BRD und der DDR schreiben über ihr Land. Reinbek bei Hamburg 1981, S. 18–22.

17 Johannes R. Becher: Sämtliche Werke. Berlin/Weimar 1966, Bd. 4: Gedichte. S. 13.

18 Vgl. Bertolt Brecht: Arbeitsjournal. In: Werke. A.a.O. Bd. 27. Journale 2, 1995, S. 181.

19 Bertolt Brecht: Werke. A.a.O. Bd. 14. 1993, S. 417/8.

20 Wolfgang Emmerich u. Susanne Heil (Hg.): Lyrik des Exils. A.a.O., S. 219f.

21 Es wird in Bruno Kaisers Anthologie: Das Wort der Verfolgten. Anthologie eines Jahrhunderts, Berlin 1948, S. 295f., auf das Jahr 1942 datiert.

22 Bertolt Brecht: Werke. A.a.O. Bd. 15. 1993, S. 935.

23 Vgl. dagegen Börries Freiherr von Münchhausen: »Meiner toten Mutter«. In: Ders.: Das dichterische Werk in zwei Bänden. Stuttgart 1953. Bd. II, S. 211f.

24 Bertolt Brecht: Werke. A.a.O. Bd. 14. 1993, S. 453.

25 Vgl. die treffende Interpretation von Mennemeier. A.a.O., S. 197–199.

26 Bertolt Brecht: Werke. A.a.O. Bd. 15. 1993, S. 260.

27 Deutschland, Deutschland. A.a.O., S. 407–408.

28 Ernst Bertram: Das Nornenbuch. Leipzig 1925, S. 14.

29 Wilfried Daim: Germanische Apokalypse. Vom Nibelungenlied bis zum Untergang des Dritten Reiches. In: FORVM, Januar/März 1984, S. 25–31.

30 Joachim Fest: Hitler. Eine Biographie. Frankfurt a. M./Berlin/Wien 1973, S. 997: »[...] wagnerische Motive, germanischer Nihilismus und mancherlei Untergangsromantik spielen grell und opernhaft hinein«.

31 Ein Zeichen dafür sind die satirischen Gedichte von Kurt Bartsch: Weihnacht ist und Wotan reitet. Berlin ²1986. Vgl. dazu Kap. XIV.

XIV. »Der Tod ist ein Meister aus Deutschland« (S. 311–342)

1 Die Stunde Null in der deutschen Literatur. Hg. von Jürgen Schröder u. a. Stuttgart 1995.

2 Dazu vor allem die übersichtliche Darstellung von Hans Kügler: Deutschlandbilder – Die Frage nach der nationalen Identität im Spiegel der deutschen Nachkriegsliteratur. In: Diskussion Deutsch 21 (1990), H. 114, S. 392–411 und seine weiteren dort verzeichneten Arbeiten.

3 Zu dem Kultur- und Zivilisationsbruch, für den der Name ›Auschwitz‹ steht, vgl. das Buch von Dan Diner (Hg.): Zivilisationsbruch. Denken nach Auschwitz. Frankfurt a. M. 1988 und seinen darin erschienenen Aufsatz: Aporie der Vernunft, S. 30–53.

4 Karl Krolow: Heimsuchung. Berlin 1948.

5 Karl Krolow: Auf Erden. Frühe Gedichte. Mit e. Nachw. von Karl Krolow. Frankfurt a. M. 1989, S. 99f.

6 Ebd., S. 114–117.

7 Ebd. S. 121f.

8 Johannes R. Becher: Gesammelte Werke. Bd. 5: Gedichte. Berlin/Weimar 1967, S. 580.

9 Vgl. seine Gedichte »Für dich« (ebd., S.530) und »Ihr Mütter Deutschlands« (ebd., S.433) aus der gleichen Zeit!

10 Paul Celan: Gesammelte Werke. Bd. 3. Frankfurt a. M. 1983, S.186.

11 Heiner Müller: DEUTSCHLAND ORTLOS. ANMERKUNG ZU KLEIST. Rede anläßlich der Entgegennahme des Kleist-Preises. In: Kleist-Jahrbuch 1991, S.13–16.

12 Encounter Nr. 127, 1964.

13 Hans Magnus Enzensberger: Deutschland, Deutschland, unter anderem. Frankfurt a. M. 1968, S. 9.

14 Ebd., S. 9–11.

15 Ebd., S. 22.

16 Ebd., S. 37ff.

17 Dazu Friedhelm Rudorf: Poetologische Lyrik und politische Dichtung. Theorie und Probleme der modernen politischen Dichtung in der Reflexion poetologischer Gedichte von der Aufklärung bis zur Gegenwart. Bern/New York/Paris 1988, S. 299ff.

18 In seinem Gedichtband: »Weihnacht ist und Wotan reitet« (Berlin 1986). Zitiert sei nur die erste Strophe seines »Wotan«-Gedichts: »Weihnacht ist und Wotan reitet / Durch den Wald, der Werwolf heult. / Wotan trägt, was ihn gut kleidet: / Einen Schlapphut, leicht zerbeult.« Ebd., S. 61.

19 Heiner Müller: Krieg ohne Schlacht. Leben in zwei Dikaturen. Köln 1992, S. 364.

20 Leonard Forster: »Todesfuge«: Paul Celan, Immanuel Weissglas and the Psalmist. In: German Life and Letters XXXIX (1985), S. 1–20.

21 Heinrich Stiehler: Die Zeit der Todesfuge / Zu den Anfängen Paul Celans. In: Akzente 19. München 1972, S. 11–40; Dieter Schlesak: Wort als Widerstand. Paul Celans Herkunft. Schlüssel zu seinem Gedicht. In: Literaturmagazin 10: Vorbilder. Hg. von Jürgen Manthey. Reinbek b. Hamburg 1979, S. 79–102; Leonard Forster: »Todesfuge«: Paul Celan, Immanuel Weissglas and the Psalmist. In: German Life & Letters. Vol. XXXIX (1985); Peter Horst Neumann: Zur Lyrik Paul Celans. Eine Einführung. Göttingen ²1990; Theo Buck: Muttersprache, Mördersprache. Celan-Studien I. Aachen 1993.

22 Reinhard Baumgart: Unmenschlichkeit beschreiben. In: Ders.: Literatur für Zeitgenossen. Essays. Frankfurt a. M. 1966; Gert Mattenklott: Zur Darstellung der Shoa in der dt. Nachkriegsliteratur. In: Jüdischer Almanach 1993 des Leo Baeck Instituts. Hg. von Jakob Hessing. Frankfurt a. M. 1992, S. 27–34.

23 Forster: A.a.O., S. 50.

24 Theo Buch. A.a.O., S. 70.

25 Ebd., S. 70f.

26 Vgl. dazu ebd., S. 73–75.

27 P.H. Neumann. A.a.O., S. 97.

28 Ebd., S. 96.

29 Ingeborg Bachmann: Werke. Hg. von Christine Koschel, Inge von Weidenbaum u. Clemens Münster. Bd. 4: Essays, Reden, Vermischte Schriften, Anhang. München/Zürich 1982, S, 215.

30 Vgl. dazu Kurt Bartsch: Ingeborg Bachmann. Stuttgart ²1997, S. 171f.

31 Ingeborg Bachmann: Wir müssen wahre Sätze finden. Gespräche und Interviews. München/Zürich 1991, S. 111.
32 Ingeborg Bachmann: Die gestundete Zeit. Frankfurt a. M. 1953, S. 24f.
33 Ingeborg Bachmann: Werke. A.a.O. Bd. 2, S. 92.
34 Hans Magnus Enzensberger: Poesie und Politik. In: Ders.: Einzelheiten II. Frankfurt a. M. 1962, S. 113–137, hier S. 127.
35 Ebd., S. 351.
36 Unentschiedener Streit. Zur Poesie und Poetik Hans Magnus Enzensbergers. In: Joachim Schickel (Hg.): Über Hans Magnus Enzensberger. Frankfurt a. M. 1970, S. 115–127, hier 125ff.
37 Vgl. etwa das Gedicht »Kain und Abel« von Helga M. Novak, 1956, oder Peter Rühmkorfs »Variation auf ›Gesang des Deutschen‹ von Friedrich Hölderlin«.
38 Vom Lesen in den Innerein. In: »Affenfels und Barrikade«. Gedichte. Lieder. Balladen. Köln 1986, S. 25.
39 In: Preußischer Ikarus. Balladen. Gedichte. Prosa. Köln 1978, S. 199–206. Der erwähnte Abschnitt »Vorworte« (S.107–128) liest sich wie ein großer Kommentar zu diesem umstrittenen Lied. Desgleichen die »Deutschland-Rede«, die Biermann am 1. November 1987 in den Münchener Kammerspielen gehalten hat. In: Ders.: Klartexte im Getümmel. 13 Jahre im Westen. Von der Ausbürgerung bis zur November-Revolution. Hg. von Hannes Stein. Köln 1990, S. 235–257.
40 Wolf Biermann: Alle Lieder. Köln 1991, S. 198ff.
41 In: Klartexte im Getümmel. A.a.O., S. 240.
42 Wolf Biermann: Alle Lieder. A.a.O., S. 198f.
43 Vgl. I. Bachmanns Gedicht »Früher Mittag«!
44 Uwe Kolbe: Vaterlandkanal. Ein Fahrtenbuch. Frankfurt a. M. 1990, S.86.
45 In: Ders.: Renegatentermine. 30 Versuche, die eigene Erfahrung zu behaupten. Frankfurt a. M. 1998, S. 115–118.
46 Jacob u. Wilhelm Grimm (Hg.): Deutsche Sagen. Hg. u. komm. von Heinz Rölleke. Ausgabe auf der Grundlage der ersten Auflage. Frankfurt a. M. 1994, S. 55f.
47 Unbekannt war ihm sicherlich ein motivgleiches Gedicht von Karl Alfred Wolken: »Gedanken eines Apfelessers«, das schon 1963 erschienen ist. Seine ersten beiden Strophen lauten: »Was Wahnsinn? / Ein ganzes Land / zweiteilen wie / den Apfel in der Hand. / Du kannst es drehn und wenden – / der Apfel bleibt zerschlitzt. / Geteilt und wund / und leicht vom Baum stibitzt, / scheint dir die Frucht / bereitet zum Verzehr / mit allen Säften und / du fällst darüber her.« In: Horst Bingel (Hg.): Zeitgedichte. Deutsche politische Lyrik seit 1945. Hg. von Horst Bingel. München 1963, S. 114f.

XV. Die Poesie der deutschen Wiedervereinigung (S. 343–358)

1 Grenzfallgedichte. Eine deutsche Anthologie. Hg. von Anna Chiarloni u. Helga Pankoke. Berlin/Weimar 1991.
2 Von einem Land zum andern. Gedichte zur deutschen Wende 1989/1990. Hg. von Karl Otto Conrady. Frankfurt a. M. 1993. Zur Prosa und Dramatik gibt es einen ersten Aufsatz von Axel Schalk: Coitus germaniae interruptus. Die deutsche Wiedervereinigung im Spiegel von Prosa und Dramatik. In: Weimarer Beiträge 39 (1993), S. 552–566.
3 Grenzfallgedichte. A.a.O., S. 23.
4 Von einem Land zum anderen. A.a.O., S. 7.
5 Grenzfallgedichte. A.a.O., S. 84.
6 Von einem Land zum anderen. A.a.O., S. 95.
7 Theodor W. Adorno: Ästhetische Theorie. In: Ders.: Gesammelte Schriften. Frankfurt a. M. 1970. Bd. 7, S. 105.

8   Grenzfallgedichte. A.a.O., S. 46; Von einem Land zum anderen. A.a.O., S. 86.
9   Grenzfallgedichte. A.a.O., S. 112.
10 Ebd., S. 104.
11 Von einem Land zum anderen. A.a.O., S. 11.
12 Ebd., S. 104f.
13 Ebd., S.103.
14 Ebd., S. 93.
15 Walter Erhart, der das gesamte Gedichtkorpus, das nach der Wende 1989/90 sichtbar
    wurde, erfaßt und gründlich geprüft hat, kommt zu folgendem Ergebnis:»Die deutsche
    Einheit und das Ende der Geschichte haben sich in der Lyrik um 1989 von Anfang an
    so gespiegelt, wie es zumeist erst jetzt, nach dem Verstummen der Festreden, allerorten
    sichtbar geworden ist: weniger feierlich als vielmehr reich an Katastrophen, weniger hoff-
    nungsvoll als vielmehr niederschmetternd, weniger utopisch als vielmehr orientierungs-
    los, weniger stabilisierend als vielmehr ich-gefährdend. Lassen sich in den Gedichten
    dieser Wende somit die inneren Landschaften und Seelenlagen dieser Zeit fast dokumen-
    tarisch getreu und seismographisch präzise nachlesen, so bilden sich seither zugleich
    auch Wegweiser, die anzeigen, welche Suchbewegungen dem Ich erst noch bevorstehen.«
    Walter Erhart: Gedichte, 1989. Die deutsche Einheit und die Poesie. In: Walter Erhart
    u. Dirk Niefanger (Hg.): Zwei Wendezeiten. Blicke auf die deutsche Literatur 1945 und
    1989. Tübingen 1997, S. 165.
16 Horst Domdey: Volker Braun und die Sehnsucht nach der Großen Kommunion. Zum
    Demokratiekonzept der Reformsozialisten. In: Kommune. Forum für Politik, Ökono-
    mie, Kultur. Nr. 7/90, S. 67f.; Gerrit-Jan Berendse: »Ändern sich die Umstände, zeigen
    sich die Konstanten!« Deutsche Lyrik in der »Wende« zum Regionalen. In: The Germa-
    nic Review LXVI (1991), S. 146–151; Dieter Schlenstedt: Ein Gedicht als Provokation.
    In: Neue deutsche Literatur. 40 (1992), S. 134–145; Sibylle Wirsing: Im Todesjahr. In:
    Frankfurter Anthologie. 15. Bd.: Gedichte und Interpretationen. Hg. von Marcel Reich-
    Ranicki. Frankfurt a.M. 1992, S. 264–266; Klaus Schuhmann: Landeskunde im Gedicht.
    Zeitwandel und Zeitwende in der Lyrik Volker Brauns. In: Zeitschrift für Germanistik.
    Neue Folge III (1993), S. 134–145; Volker Braun: Ist das unser Himmel? Ist das unsre
    Hölle? In: Sinn und Form. 45 (1993), S. 166–169; Hans-Jochen Marquardt: Mit dem
    Kopf durch die Wende. Zu Volker Brauns Gedicht »Das Eigentum«. In: Acta Germanica
    22 (1994), S. 115–130.
17 »Die Zeit« von 22. Juni 1990, S. 59.
18 »Neues Deutschland« von 11./12.11.1989, S. 13.
19 Ebd.
20 Volker Braun: Ist das unser Himmel? Ist das unsere Hölle? In: Sinn und Form 45 (1993),
    S. 166–169.
21 Marquardt. A.a.O., S. 117.
22 Friedrich Hölderlin: Sämtliche Werke. Frankfurter Ausgabe. Hg. von Dietrich E. Sattler.
    Bd. 5. Frankfurt a.M. 1984, S.619.
23 Angespielt wird auf das berühmt-berüchtigte Parteigedicht von Louis Fürnberg. In: Ders.:
    Gesammelte Werke in sechs Bänden. Bd. 2. Gedichte 1946–1957. Berlin/Weimar 1965,
    S. 218ff.
24 Vgl. Anm. 12.
25 In: Volker Braun: Die Zickzackbrücke. Ein Abrißkalender. Halle 1992, S. 92.
26 Volker Braun: Das ungezwungene Leben Kasts. Drei Berichte. Frankfurt a.M. 1972;
    Ders.: Bodenloser Satz. In: Texte in zeitlicher Folge. Bd. 9. Halle 1992, S. 9–27; Ders.:
    Die Leute von Hoywoy (2). In: Wir befanden uns soweit wohl. Wir sind erst einmal am
    Ende. Äußerungen. Frankfurt a. M. 1998, S. 65f.; Brigitte Reimann: Ich bedaure nichts.
    Tagebücher 1955–1963. Berlin 1997; Dies.: Franziska Linkerhand. Berlin ⁵1998.

XVII Bibliographie

A. Anthologien

Angst vor Deutschland. Hg. von Ulrich Wickert. Hamburg 1990.

Aufrufe und Reden deutscher Professoren im Ersten Weltkrieg. Hg. von Klaus Böhme. Stuttgart 1975.

Das Wort der Verfolgten. Anthologie eines Jahrhunderts. Hg. von Bruno Kaiser. Berlin 1948. Deutsche Dichtung im Weltkrieg. 1914–1918. Bearb. von Ernst Volkmann. Leipzig 1934.

Deutsche Geschichte in Liedern deutscher Dichter. Hg. von Frank Tetzner. Leipzig 1892/93.

Deutsche über die Deutschen. Auch ein deutsches Lesebuch. Hg. von Heinz Ludwig Arnold. München 1979.

Deutsche Vaterlandslieder. Leipzig 1914.

Deutschland, Deutschland. Politische Gedichte vom Vormärz bis zur Gegenwart. Hg. u. eingel. von Helmut Lamprecht. Bremen 1969.

Die Dichter und der Krieg. Deutsche Lyrik 1914–1918. Hg. von Thomas Anz u. Joseph Vogel. München/Wien 1982.

Ein anderes Deutschland. Texte und Bilder des Widerstandes von den Bauernkriegen bis heute. Hg. von Ulrike Haß u. Jochen Hiltmann. Berlin 1978.

Fremdherrschaft und Befreiung. 1795–1815. Bearb. von Robert F. Arnold. Leipzig 1932.

Gedichte und Lieder deutscher Jakobiner. Hg. von Hans Werner Engels. Stuttgart 1971.

Grenzfallgedichte. Eine deutsche Anthologie. Anna Chiarloni u. Helga Pankoke. Berlin/Weimar 1991.

Hoffmann von Fallersleben, August Heinrich: Deutsches Volksgesangbuch. Mit einem Nachw. von Dr. Jürgen Dittmar. (Volkskundliche Quellen Bd. VIII Volkslied). Hildesheim/New York 1975.

Im Neuen Reich. 1871–1914. Bearb. von Helene Adolf. Leipzig 1932.

Kein schöner Land? Deutschsprachige Autoren zur Lage der Nation. Hg. von Uwe Wandrey. Reinbek 1980.

Lateinische Gedichte deutscher Humanisten. Lateinisch und deutsch. Ausgew., übers. u. erl. von Harry C. Schnur. Stuttgart 1967.

Stimmen des Rheines. Ein Lesebuch für die Deutschen. Hg. von Friedrich Wolters u. Walter Elze. Breslau 1923.

Über Deutschland. Schriftsteller geben Auskunft. Hg. von Thomas Rietzschel. Leipzig 1993.

Vaterland, Muttersprache. Deutsche Schriftsteller und ihr Staat seit 1945. Hg. von Klaus Wagenbach. Berlin 1979. Erweiterte Neuausgabe 1994.

Von großen und von kleinen Zeiten. Politische Lyrik von den Bauernkriegen bis zur Gegenwart. Hg. von Thomas Rothschild. Frankfurt a. M. 1981.

Von einem Land zum andern. Gedichte zur deutschen Wende 1989/1990. Hg. von Karl Otto Conrady. Frankfurt a. M. 1993.

Was ist des Deutschen Vaterland. Ein deutsch-deutsches Lesebuch. Hg. von Ursula Höntsch u. Olav Münzberg. Berlin 1993.

»Wir sind das Volk!« Flugschriften, Aufrufe und Texte einer deutschen Revolution. Hg. von Charles Schüddekopf. Reinbek 1990.

B. Allgemeine Literatur

Adorno, Theodor W.: Auf die Frage: was ist deutsch. In: Ders.: Gesammelte Schriften. Frankfurt a. M. 1977. Bd. 10.2: Kulturkritik und Gesellschaft II. Eingriffe, Stichworte, S. 691–701.

Dann, Otto: Nation und Nationalismus in Deutschland 1770–1990. München 1993.

Deutschlandbilder. Praxis Deutsch. Zeitschrift für Deutschunterricht 15 (1988).

Elias, Norbert: Studien über die Deutschen. Machtkämpfe und Habitusentwicklung im 19. und 20. Jahrhundert. Hg. von Michael Schröter. Frankfurt a. M. 1989.

Giesen, Bernhard: Die Intellektuellen und die Nation. Eine deutsche Achsenzeit. Frankfurt a. M. 1993.

Hinck, Walter: Geschichte im Gedicht. Texte und Interpretationen. Protestlied, Bänkelsang, Ballade, Chronik. Stuttgart 1979.

Hinderer, Walter (Hg.): Geschichte der politischen Lyrik in Deutschland. Stuttgart 1978.

Kramer, Sven (Hg.): Das politische im literarischen Diskurs. Studien zur deutschen Gegenwartsliteratur. Opladen 1996.

Kügler, Hans u. Hartmut Melenk: Deutschlandbilder. In: Praxis Deutsch. Zeitschrift für den Deutschunterricht 15 (1988), S. 9–17.

Langguth, Gerd (Hg.): Die Intellektuellen und die nationale Frage. Frankfurt a. M./New York 1997.

Leiner, Wolfgang: Das Deutschlandbild in der französischen Literatur. Darmstadt 1989.

Link, Werner (Hg.): Schriftsteller und Politik in Deutschland. Düsseldorf 1979.

Longerich, Peter (Hg.): Was ist des Deutschen Vaterland. Dokumente zur Frage der deutschen Einheit 1800–1990. München 1990.

Lübbe, Hermann: Politische Philosophie in Deutschland. Studien zu ihrer Geschichte. München 1974.

Melenk, Hartmut: Französische Deutschlandbilder. In: Praxis Deutsch. Zeitschrift für den Deutschunterricht. 15 (1988), S. 31–41.

Mosse, George L.: Die Nationalisierung der Massen. Politische Symbolik und Massenbewegungen in Deutschland von den Napoleonischen Kriegen bis zum Dritten Reich. Berlin 1976.

Mythen der Deutschen. Deutsche Befindlichkeiten zwischen Geschichten und Geschichte. Hg. von Wolfgang Frindte u. Harald Pätzolt. Opladen 1994.

Nipperdey, Thomas: Deutsche Geschichte 1800–1866. Bürgerwelt und starker Staat. München 1985.

Nipperdey, Thomas: Deutsche Geschichte 1866–1918. Bd. 1: Arbeitswelt und Bürgergeist. München 1990.

Rudorf, Friedhelm: Poetologische Lyrik und politische Dichtung. Theorie und Probleme der modernen politischen Dichtung in den Reflexionen poetologischer Gedichte von der Aufklärung bis zur Gegenwart. Bern/Frankfurt a. M. 1988.

Scheuer, Helmut (Hg.): Dichter und ihre Nation. Frankfurt a. M. 1993.

Scheuer, Helmut: Die Dichter und ihre Nation. Ein historischer Aufriß. In: Der Deutschunterricht 42 (1990), Heft 4, S. 4–46.

Schneider, Manfred: Der Barbar. Endzeitstimmung und Kulturrecycling. München 1997.

Schöne, Albrecht (Hg.): Kontroversen, alte und neue. Akten des VII. Internationalen Germanistenkongresses Göttingen 1985. Bd. 9: Deutsche Literatur in der Weltliteratur. Kulturnation statt politischer Nation? Tübingen 1986.

Schulze, Hagen: Der Weg zum Nationalstaat. Die deutsche Nationalbewegung vom 18. Jahrhundert bis zur Reichsgründung. München 1992.

See, Klaus von: Die Ideen von 1789 und die Ideen von 1914. Völkisches Denken in Deutschland zwischen Französischer Revolution und Erstem Weltkrieg. Frankfurt a. M. 1975.

Sprengel, Peter: Die inszenierte Nation. Deutsche Festspiele 1813–1913. Mit ausgewählten Texten. Tübingen 1991.

Tacitus P. Cornelius: Germania. Lateinisch und Deutsch. Übers., erl. u. m. e. Nachw. hg. von Manfred Fuhrmann. Stuttgart 1972.

Tacitus: Annalen I–IV. Übers., Einl. und Anm. von Walther Sontheimer. Stuttgart 1964.

Tacitus: Annalen XI–XVI. Übers. u. Anm. von Walther Sontheimer. Stuttgart 1967.

Wehler, Hans-Ulrich: Deutsche Gesellschaftsgeschichte. Bde. 1–3. München 1987 u. 1995.

Weigelt, Klaus (Hg.): Heimat und Nation. Zur Geschichte und Identität der Deutschen. Mainz 1984.

Wilke, Jürgen: Das »Zeitgedicht«. Seine Herkunft und frühe Ausbildung. Meisenheim am Glan 1974.

Wülfing, Wulf/Karin Bruns/Rolf Parr: Historische Mythologie der Deutschen. München 1991.

C. Forschungsliteratur zu den einzelnen Kapiteln

I. Über Deutschland reden

Arnold, Heinz Ludwig: »... Nothwerk sind sie nur.« Deutsche Dichter über die Deutschen. In: Eckartjahrbuch 1966/67, S. 132–155.

Arnold, Heinz Ludwig: Einleitung. In: Deutsche über die Deutschen. Auch ein deutsches Lesebuch. Hg. von Heinz Ludwig Arnold. München 1979, S. XI–XXII.

Craig, Gordon A.: Über die Deutschen. München 1991.

Craig, Gordon A.: Die Politik der Unpolitischen. Deutsche Schriftsteller und die Macht 1770–1871. München 1993.

Dann, Otto: Nation und Nationalismus in Deutschland 1770–1990. München 1993.

Dieckmann, Friedrich: Die Deutschen und die Nation. In: Merkur 45 (1991), S. 649–659.

Emmerich, Wolfgang: Zur Kritik der Volkstumsideologie. Tübingen 1971.

Frank, Manfred: Die Dichtung als ›Neue Mythologie‹. In: Karl-Heinz Bohrer (Hg.): Mythos und Moderne. Frankfurt a. M. 1983, S. 15–40.

Frühwald, Wolfgang: Die Idee kultureller Nationbildung und die Entstehung der Literatursprache in Deutschland. In: Otto Dann (Hg.): Nationalismus in vorindustrieller Zeit. München 1986, S. 129–141.

Garber, Klaus (Hg.): Nation und Literatur. Tübingen 1989.

Geibel, Emanuel: Gesammelte Werke. In acht Bänden. Zweite Auflage. Stuttgart 1888.

Gössmann, Wilhelm/Klaus-Hinrich Roth (Hg.): Poetisierung – Politisierung. Deutschlandbilder in der Literatur bis 1848. Paderborn/München/Wien/Zürich 1994.

Grab, Walter/Uwe Friesel: Noch ist Deutschland nicht verloren. Eine historisch-politische Analyse unterdrückter Lyrik von der Französischen Revolution bis zur Reichsgründung. München 1970.

Grawe, Christian: Schillers Gedichtentwurf »Deutsche Größe«: »Ein Nationalmythos im höchsten Stil«? Ein Beispiel ideologischen Mißbrauchs in der Germanistik seit 1871. In: Jahrbuch der deutschen Schillergesellschaft 36 (1992), S. 167–196.

Günther, Ulrich: …über alles in der Welt. Neuwied/Berlin 1966.

Habermas, Jürgen: Die nachholende Revolution. Kleine politische Schriften VII. Frankfurt a. M. 1990.

Hanke, Irma: Experiment Deutschland oder: Das neue deutsche Nationalgefühl. In: Weimarer Beiträge 37 (1991), S. 55–70.

Heine, Heinrich: Sämtliche Schriften. Hg. von Klaus Briegleb. München 1971. Bd. 4.

Hermand, Jost/Reinhold Grimm: Einleitung. In: Dies. (Hg.): Deutsche Revolutionsdramen. Frankfurt a. M. o. J., S. 7–15.

Hermand, Jost: Sieben Arten an Deutschland zu leiden. Königstein 1979.

»Historikerstreit.«. Die Dokumentation der Kontroverse um die Einzigartigkeit der nationalsozialistischen Judenvernichtung. München/Zürich 1987.

Hölderlin, Friedrich: Sämtliche Werke und Briefe. Drei Bände. Hg. von Jochen Schmidt. Bd. 2. Frankfurt a. M. 1992.

Jens, Walter: Nachdenken über Deutschland. In: Ders.: Macht der Erinnerung. Betrachtungen eines deutschen Europäers. Düsseldorf/Zürich 1998, S. 31–56.

Jung, Carl Gustav: Gesammelte Werke. Bd. 10: Zivilisation im Übergang. Olten/Freiburg i. Br. 1974.

Kaes, Anton: Deutschlandbilder. Die Wiederkehr der Geschichte als Film. München 1987.

Kaszynski, Stefan H.: Politische Lyrik als Gebrauchstext. In: Bernhard Gajek/Erwin Wedel (Hg.): Gebrauchsliteratur. Interferenz, Kontrastivität. Bern 1982, S. 135–141.

Kluge, Gerhard: Deutsche Dichter leiden an Deutschland. (Hölderlin, Heine, Th. Mann). In: Zeit-Schrift 1988, Heft 4, S. 7–29.

Kügler, Hans: Deutschlandbilder – Die Frage nach der nationalen Identität im Spiegel der deutschen Nachkriegsliteratur. In: Diskussion Deutsch 21 (1990), S. 392–411.

Lassahn, Bernhard: Die Schönheit politischer Lyrik. In: Tintenfaß 17, 1983, S. 187–197.

Meier, Christian: Die Nation, die keine sein will. München/Wien 1991.

Metken, Günter: Ästhetik. Eine Kolumne. Kunstgeschichte als Geistesgeschichte: Werner Tübkes Panorama. In: Merkur 45 (1991), S. 425–435.

Morshäuser, Bodo: Hauptsache Deutsch. Frankfurt a. M. 1992.

Morshäuser, Bodo: Warten auf den Führer. Frankfurt a. M. 1993.

Müller Heiner: Für immer in Hollywood oder: In Deutschland wird nicht mehr geblinzelt. Heiner Müller im Gespräch mit Frank Raddatz. In: Lettre international. Europas Kulturzeitung. Heft 24, 1. Vierteljahr 1994, S. 4–6.

Nietzsche, Friedrich: Ecce Homo. Wie man wird, was man ist. Der Fall Wagner. Ein Musikanten-Problem. In: Ders.: Werke in drei Bänden. Hg. von Karl Schlechta. München 1966. Bd. II, S. 1035–1061.

Nolting, Winfried: Die Objektivität der Empfindung. Stuttgart 1989.

Reden über das eigene Land: Deutschland 5. Wolf Biermann, Hildegard Hamm-Brücher, Theodor Eschenburg, Luise Rinser. München 1987.

Rückert, Friedrich: Gedichte. Stuttgart 1988.

Rückerts Werke. Auswahl in acht Teilen. Hg. u. m. Einl. Versehen von Edgar Groß u. Elsa Hertzer. Berlin, Leipzig, Wien/Stuttgart o. J.

Schalk, Axel: »O, Deutschland, bleiche Mutter!« Heines Enkel und Brechts Söhne und ein deutscher Mythos. In: Sprache im technischen Zeitalter 28 (1990), S. 145–172.

Scheuer, Helmut (Hg.): Dichter und ihre Nation. Frankfurt a. M. 1993.

Scheuer, Helmut: Die Dichter und ihre Nation – ein historischer Aufriß. In: Deutschunterricht 42 (1990), S. 8–46.

Schillers Werke. Nationalausgabe. Bd. 1: Gedichte in der Reihenfolge ihres Erscheinens. Hg. von Julius Petersen u. Friedrich Beißner. Weimar 1943.

Schröder, Jürgen: »Who's Afraid of …?« Botho Strauß und die deutsche Nachkriegsliteratur. In: Robert Weninger/Brigitte Rossbacher (Hg.): Wendezeiten, Zeitenwenden. Positionsbestimmungen zur deutschsprachigen Literatur 1945–1995. Tübingen 1997, S. 215–231.

Schröder, Jürgen: Der »Kämpfer« Lessing. Zur Geschichte einer Metapher im 19. Jahrhundert. In: Herbert G. Göpfert (Hg.): Das Bild Lessings in der Geschichte. Heidelberg 1981, S. 93–114.

Gesammelte Werke der Brüder Christian und Friedrich Stolberg Grafen zu Stolberg. Hamburg 1827.

Walser, Martin: Über Deutschland reden. Frankfurt a. M. 1988. Erw. Neuauflage 1989.

Wehler, Hans-Ulrich: Entsorgung der Vergangenheit? Ein polemischer Essay zum »Historikerstreit«. München 1988.

Wolf, Christa: Auf dem Weg nach Tabou. Texte 1990–1994. Köln 1994.

II. Zum Auftakt: Vier deutsche Nationalhymnen

Anacker, Heinrich: Glück auf, es geht gen Morgen. München 1943.

Becher, Johannes R.: Gesammelte Werke. Berlin/Weimar 1966 (Bd. 6) u. 1969 (Bd. 12).

Benn, Gottfried: Briefe an F. W. Oelze. Hg. von Harald Steinhagen u. Jürgen Schröder. Bd. II/2: 1950–1956. München 1980.

Borchardt, Heymel, Schröder. Marbacher Katalog 29. Marbach 1978.

Borchert, Jürgen: Hoffmann von Fallersleben. Ein deutsches Dichterschicksal. Berlin 1991.

Brecht, Bertolt: Werke. Große kommentierte Berliner und Frankfurter Ausgabe. Hg. von Werner Hecht, Jan Knopf, Werner Mittenzwei u. Klaus-Detlef Müller. Berlin/Frankfurt a. M. 1988 (Bd. 12) u. 1993 (Bde. 11 u. 15).

Büchner, Georg: Sämtliche Werke und Briefe. Hg. von Werner R. Lehmann. Bd. 2: Vermischte Schriften und Briefe. München 1972.

Dann, Otto: Nationalismus und sozialer Wandel. Hamburg 1978.

Dede, Klaus: Die mißbrauchte Hymne. Oldenburg 1989.

Dieckmann, Friedrich: Deutsche Hymnen. In: Ders.: Glockenläuten und offene Fragen. Frankfurt a. M. 1991, S. 148–163.

Düding, Dieter: Organisierter gesellschaftlicher Nationalismus in Deutschland (1808–1847). München 1984.

Enzensberger, Hans Magnus: Einzelheiten. Bd. 2. Frankfurt a. M. 1962.

Enzensberger, Ulrich: Auferstanden über alles. Ein Beitrag zur deutsch-deutschen Hymnenforschung. In: Transatlantik 10 (1981), S. 24–36.

Halbach, Kurt Herbert: Walther von der Vogelweide, Hoffmann von Fallersleben und Schiller/Hölderlin. Rezeption und Convergenz. Zur Walthers
›Preislied‹. In: Jürgen Kühnel, Hans-Dietrich Mück u. Ulrich Müller
(Hg.): Mittelalter-Rezeption. Gesammelte Vorträge des Salzburger Symposions ›Die Rezeption mittelalterlicher Dichter und ihrer Werke in Literatur, Bildender Kunst und Musik des 19. und 20. Jahrhunderts‹. Göppingen
1979, S. 40–62.

Heine, Heinrich: Sämtliche Schriften. Hg. von Klaus Briegleb. München 1971.

Hermand, Jost: Zersungenes Erbe. Zur Geschichte des Deutschlandliedes. In:
Basis. Jahrbuch für deutsche Gegenwartsliteratur. 7 (1977), S. 75–88 u.
233–235.

Hoffmann von Fallersleben: Auswahl in drei Teilen. Hildesheim 1973.

Knopp, Guido/Ekkehard Kuhn: Das Lied der Deutschen. Schicksal einer
Hymne. Berlin/Frankfurt a. M. 1988.

Kurzke, Hermann: Hymnen und Lieder der Deutschen. Mainz 1990.

Lermen, Birgit: »Daß ein gutes Deutschland blühe«. Hoffmann von Fallerslebens ›Lied der Deutschen‹ und Bertolt Brechts ›Kinderhymne‹. In: Gerd
Langguth (Hg.): Autor, Macht, Staat. Literatur und Politik in Deutschland. Ein notwendiger Dialog. Düsseldorf 1994, S. 86–109.

Mayer, Hans: Der Turm von Babel. Erinnerung an eine Deutsche Demokratische Republik. Frankfurt a. M. 1991.

Müller, Heiner: Krieg ohne Schlacht. Leben in zwei Diktaturen. Köln 1992.

Neureuter, Hans-Peter: Hoffmanns ›Deutscher Sang‹. Versuch einer historischen Auslegung. In: Günter Häntzschel (Hg.): Gedichte und Interpretationen. Bd. 4: Vom Biedermeier zum Bürgerlichen Realismus. Stuttgart
1983, S. 223–234.

Ortmeyer, Benjamin: Argumente gegen das Deutschlandlied. Geschichte und
Gegenwart eines Lobliedes auf die deutsche Nation. Köln 1991.

Ranawake, Silvia: Nationsbewußtsein in der Dichtung Walthers von der Vogelweide (circa 1170–1230). In: Veröffentlichungen des Japanisch-Deutschen Zentrums Berlin. Bd. 30. Berlin 1996, S. 41–55.

Sauer, M.: »Deutschland, einig Vaterland …«. In: Blätter für Deutschlehrer
1988. Heft 1, S. 1–8.

Schiller, Friedrich: Über Anmuth und Würde. In: Schillers Werke. Nationalausgabe. Unt. Mitw. von Helmut Koopmann hg. von Benno von Wiese.
Bd. 20: Philosophische Schriften. 1. Teil. Weimar 1962, S. 251–308.

Schröder, Rudolf Alexander: Gesammelte Werke. Bd. 1: Die Gedichte. Frankfurt a. M. 1952.

Schutte, Sabine: Nationalhymnen und ihre Verarbeitung. Zur Funktion musikalischer Zitate und Anklänge. In: Hanns Eisler. Argument-Sonderband.
Berlin 1975, S. 208–217.

Spendel, Günther: Die Nationalhymne als Staatssymbol und ihr Schutz. In:
Mut. Forum für Kultur, Politik und Geschichte. Nr. 291, November 1991,
S. 18–26.

Tümmler, Hans: »Deutschland, Deutschland über alles«: Zur Geschichte und
Problematik unserer Nationalhymne. Köln 1979.

Vondung, Klaus: Magie und Manipulation. Ideologischer Kult und politische
Religion des Nationalsozialismus. Göttingen 1971.

Walther von der Vogelweide: Werke. Hg. von Joerg Schaefer. Darmstadt 1972.

Wedekind, Frank: Werke. Hg. u. eingel. von Manfred Halem. Berlin/Weimar
1969.

Wendel, Hermann: Die Marseillaise. Biographie einer Hymne. Zürich, 1936.

Weyrauch, Wolfgang: Atom und Aloe. Gesammelte Gedichte / Poetologische
Texte. Hg. von Hans Bender. Leipzig 1991.

III. Die Entstehung des »Germania«-Mythos. Deutschland-Gedichte des 16. Jahrhunderts

Aeneas Silvius: Germania u. Jacob Wimpfeling: Responsa et replicae ad
aeneam silvium. Hg. von Adolf Schmidt. Köln/Graz 1962.

Claudian with an english translation by Marice Platnauer. In two volumes.
London/Cambridge (Massachusetts) 1963.

Derolez, René L.: Götter und Mythen der Germanen. Einsiedeln/Zürich/Köln
1963.

Ellinger, Georg: Die neulateinische Lyrik Deutschlands in der ersten Hälfte
des sechzehnten Jahrhunderts (Geschichte der neulateinischen Literatur
Deutschlands im sechzehnten Jahrhundert II). Berlin/Leipzig 1929.

Epochen deutscher Lyrik. Hg. von Walter Killy. Bd. 3: Gedichte 1500–1600.
Nach den Erstdrucken und Handschriften in zeitlicher Folge hg. von
Klaus Düwel. München 1978.

Fuhrmann, Manfred: Die Germania des Tacitus und das deutsche Nationalbewußtsein. In: Ders.: Brechungen. Wirkungsgeschichtliche Studien zur
antik-europäischen Bildungstradition. Stuttgart 1982, S. 113–128.

Garber, Klaus (Hg.): Nation und Literatur im Europa der Frühen Neuzeit. Akten des I. Internationalen Osnabrücker Kongresses zur Kulturgeschichte
der Frühen Neuzeit. Tübingen 1989.

Golther, Wolfgang: Handbuch der Germanischen Mythologie. Leipzig 1895.

Götterlieder der Älteren Edda. Auswahl. Nach der Übersetzung von Karl Simrock neu bearbeitet und eingeleitet von Hans Kuhn. Stuttgart 1991.

Harsdörffer, Georg Philipp, Sigmund von Birken u. Johannes Klaj: Pegnesisches Schäfergedicht. 1644–1645. Hg. von Klaus Garber. Nachdruck der Ausgabe von 1644. Tübingen 1966.

Heinz, Thomas: Die deutsche Nation und Luther. In: Historisches Jahrbuch 105 (1985), S. 426–454.

Höfler, Otto: Siegfried, Arminius und die Symbolik. In: Festschrift für Franz Rolf Schröder zu seinem 65. Geburtstage. September 1958. Hg. von Wolfdietrich Rasch. Heidelberg 1959, S. 11–121.

Holtzwart, Mathias: Emblematum Tyrocina. Mit einem Vorwort über Ursprung, Gebrauch und Nutz der Emblematen von Johann Fischart und 72 Holzschnitten von Tobias Stimmer. Hg. von Peter von Düffel und Tobias Stimmer. Stuttgart 1968.

Hutten, Ulrich von: Deutsche Schriften. Hg. von Peter Ukena. München 1970.

Kemper, Hans-Georg: Deutsche Lyrik der frühen Neuzeit. Bd. 1: Epochen und Gattungsprobleme. Reformationszeit. Tübingen 1987.

Kemper, Hans-Georg: Deutsche Lyrik der frühen Neuzeit. Bd. 2: Konfessionalismus. Tübingen 1987.

Kloft, Hans: Die Germania des Tacitus und das Problem eines deutschen Nationalbewußtseins. In: Rainer Wiegels u. Winfried Woesler (Hg.): Arminius und die Varus-Schlacht. Geschichte – Mythos – Literatur. Paderborn/München/Wien/Zürich 1995, S. 93–114.

Krapf, Ludwig, Germanenmythus und Reichsideologie. Frühhumanistische Rezeptionsweise der taciteischen »Germania«. Tübingen 1979.

Lateinische Gedichte deutscher Humanisten. Lateinisch-deutsch. Hg. von Harry C. Schnur. Stuttgart 1966.

Lenk, Werner: Die nationale Komponente in der deutschen Literaturentwicklung der frühen Neuzeit. In: Klaus Garber (Hg.): Nation und Literatur im Europa der Frühen Neuzeit. Akten des I. Internationalen Osnabrücker Kongresses zur Kulturgeschichte der Frühen Neuzeit. Tübingen 1989, S. 669–687.

Lied-, Spruch- und Fabeldichtung im Dienste der Reformation. Unter Mitwirkung von G. Pfannmüller bearbeitet von Arnold E. Berger. Leipzig 1938.

Protucius, Conradus Celtis: Quattuor libri amorum secundum quattuor latera Germaniae, Germania generalis. Hg. von Filicitas Pindter. Lipsiae MCMXXXIV.

Rist, Johann: Sämtliche Werke. Hg. von Eberhard Mannack. Berlin/New York 1972.

Rupprich, Hans: Die deutsche Literatur vom späten Mittelalter bis zum Barock. 2. Teil: Das Zeitalter der Reformation 1520–1570. München 1973.

Scheuer, Helmut: Ulrich von Hutten: Kaisertum und deutsche Nation. In: Daphnis. Zeitschrift für Mittlere Deutsche Literatur 2 (1973), S. 133–157.

See, Klaus von: Deutsche Germanenideologie. Vom Humanismus bis zur Gegenwart. Frankfurt a. M. 1970.

Tacitus, P. Cornelius: Annalen I–IV. Übers., Einl. und Anm. von Walther Sontheimer. Stuttgart 1964.

Tacitus, P. Cornelius: Annalen XI–XVI. Übers. u. Anm. von Walther Sontheimer. Stuttgart 1967.

Tacitus, P. Cornelius: Germania. Lateinisch und Deutsch. Übers., erl. u. mit einem Nachw. hg. von Manfred Fuhrmann. Stuttgart 1972.

Tiedemann, Hans: Tacitus und das Nationalbewußtsein der deutschen Humanisten Ende des 15. und Anfang des 16. Jahrhunderts. Diss. Berlin 1913.

IV. Der deutsche Wotan-Komplex. Ein Präludium

Altenhofer, Norbert: Die verlorene Augensprache. Über Heinrich Heine. Frankfurt/Leipzig 1993.

Arndt, Ernst Moritz: Sämtliche Werke. Leipzig o. J.

Baigent, Michael u. Richard Leigh: Geheimes Deutschland. Stauffenberg und die Hintergründe des Hitler-Attentats vom 20. Juli 1944. Aus dem Englischen von Reiner Pfleiderer, Martina Reitz und Reinhard Tiffert. München 1994.

Birkhan, Helmut: Nachruf Otto Höfler. In: Almanach der Österreichischen Akademie der Wissenschaften 138 (1987/88), S. 385–406.

Borst, Arno: Barbarossas Erwachen. Zur Geschichte der deutschen Identität. München 1979.

Bremen, Adam von: Hamburgische Kirchengeschichte. Hg. von Bernhard Schmeidler. Hannover/Leipzig ³1917.

David, Claude: Stefan George. Sein dichterisches Werk. Literatur als Kunst. Hg. von Kurt May u. Walter Höllerer. München 1967.

Davidson, Hilda Ellis: Gods and Myths of Northern Europe. Harmondsworth/Baltimore/Ringwood 1964.

Davidson, Hilda Ellis: The lost beliefs of northern Europe. London/New York 1993.

Deutsche Glaubensbewegung: Mitteilungen der Reichsgeschäftsstelle der ADG. Tübingen 1933.

Deutscher Glaube. Zeitschrift für arteigene Lebensgestaltung, Weltschau und Frömmigkeit in den germanischen Ländern. Karlsruhe 1934.

Dumézil, Georges: Gods of the Ancient Northmen. Edited by Einar Haugen, indroduction by C. Scott Littleton and Udo Strutynski. Berkeley/Los Angeles/London 1973.

Fest, Joachim C.: Hitler. Eine Biographie. Frankfurt a. M./Wien/Berlin 1973.

George, Stefan: Werke. Ausgabe in vier Bänden. Nachdruck der von Robert Boehringer hg. Ausgabe. München 1983.

George, Stefan: Werke. Ausgabe in zwei Bänden. München/Düsseldorf 1958.

Goodrick-Clarke, Nicholas: Die okkulten Wurzeln des Nationalsozialismus. Aus dem Englischen übertragen von Susanne Mörth. Graz/Stuttgart 1997.

Götterlieder der Älteren Edda. Auswahl. Nach der Übersetzung von Karl Simrock neu bearbeitet und eingeleitet von Hans Kuhn. Stuttgart 1991.

Gottschalk, Herbert: Lexikon der Mythologie der europäischen Völker. Berlin 1973.

Götz, Bruno: Deutsche Dichtung. Ursprung und Sendung. Luzern 1935.

Griffin, Roger: The Nature of Fascism. London 1991.

Grimm, Jacob: Deutsche Mythologie. 3. Bde. 4. Ausgabe besorgt von Elard Hugo Meyer. Berlin 1875–1878.

Grimmsches Wörterbuch. Nachdruck der Ausgabe von 1860. München 1984.

Grote, Bernd: Der deutsche Michel. Ein Beitrag zur publizistischen Bedeutung der Nationalfiguren. Dortmund 1967.

Haack, Friedrich Wilhelm: Wotans Wiederkehr. Blut-, Boden- und Rasse-Religion. München 1981.

Handbuch der deutschen Mythologie mit Einschluß der nordischen. Hg. von Karl Simrock. Vierte, vermehrte Auflage. Bonn 1874.

Handwörterbuch des deutschen Aberglaubens. Hg. von Hanns Bächtold-Stäubli. Leipzig/Berlin 1927–1942.

Hasenfratz, Hans-Peter: Die religiöse Welt der Germanen. Ritual, Magie, Kult, Mythus. Freiburg/Basel/Wien ³1992.

Hauffen, Adolf: Geschichte de deutschen Michel. Hg. von Dt. Verein zur Verbreitung gemeinnütziger Kenntnisse in Prag II, 1918.

Haussig, Hans Wilhelm (Hg.): Götter und Mythen im Alten Europa. Stuttgart 1973.

Hein, Annette: »Es ist viel ›Hitler‹ in Wagner«. Rassismus und antisemitische Deutschtumsideologie in den »Bayreuther Blättern« (1878–1938). Tübingen 1996.

Heine, Heinrich: Sämtliche Schriften. Hg. von Klaus Briegleb. München 1971.

Heitmann, Heinrich: Odin. Vlotho a. d. Weser 1937.

Helm, Karl; Wodan. Ausbreitung und Wanderung seines Kultes. Gießen 1946.

Herrmann, Hans Peter, Hans-Martin Blitz u. Susanne Moßmann: Machtphantasie Deutschland. Nationalismus, Männlichkeit und Fremdenhaß im Vaterlandsdiskurs deutscher Schriftsteller des 18. Jahrhunderts. Frankfurt a. M. 1996.

Hildebrandt, Kurt: Das Werk Stefan Georges. Hamburg 1960.

Höfler, Otto: Der germanische Totenkult und die Sagen vom wilden Heer. In: Oberdeutsche Zeitschrift für Volkskunde 10 (1936), S. 33–49.

Höfler, Otto: Friedrich Gundolf und das Judentum in der Literaturwissenschaft. in: Forschungen zur Judenfrage Bd. 4, S. 115–33. Hamburg 1940.

Höfler, Otto: Kultische Geheimbünde der Germanen. Frankfurt a. M. 1934.

Höfler, Otto: Zwei Grundkräfte im Wodankult. In: Otto Höfler, Kleine Schriften. Ausgewählte Arbeiten zur germanischen Altertumskunde und Religionsgeschichte, zur Literatur des Mittelalters, zur germanischen Sprachwissenschaft sowie zur Kulturphilosophie und -morphologie. Hg. von Helmut Birkhan in Zusammenarbeit mit Heinrich Beck. Hamburg 1992.

Hundseder, Franziska: Wotans Jünger. Neuheidnische Gruppen zwischen Esoterik und Rechtsradikalismus. München 1998.

Jung, Carl Gustav: Wotan und der Rattenfänger. Bemerkungen eines Tiefenpsychologen. In: Der Monat. Eine internationale Zeitschrift 9 (1956), H. 97.

Jung, Carl Gustav: Gesammelte Werke. Bd. 10: Zivilisation im Übergang. Olten/Freiburg i. Br. 1974.

Jung, Carl Gustav: Nach der Katastrophe. In: Neue Schweizer Rundschau. Neue Folge XIII (1945), H. 2, S. 67–88.

Jung, Carl Gustav: Wotan. In: Neue Schweizer Rundschau. Neue Folge III (1935/36), H. 11, S. 657–669.

Jünger, Ernst: Werke. Bd. 5: Essays I. Betrachtungen zur Zeit. Stuttgart o. J.

Kampers, Franz: Die deutsche Kaiseridee in Prophetie und Sage. München 1896.

Kantorowicz, Ernst: Das Geheime Deutschland. Vorlesung, gehalten bei Wiederaufnahme der Lehrtätigkeit am 14. November 1933. In: Robert L. Benson/Johannes Fried (Hg.): Ernst Kantorowicz. Stuttgart 1998, S. 77–93.

Kellner, Beate: Grimms Mythen. Studien zum Mythosbegriff und seiner Anwendung in Jacob Grimms Deutscher Mythologie. Mikrokosmos. Beiträge zur Literaturwissenschaft und Bedeutungsforschung, Bd. 41. Hg. von Wolfgang Harms. 1994.

Kleist, Heinrich: Sämtliche Werke und Briefe in vier Bänden. Hg. von Ilse-Marie Barth, Klaus Müller-Salget, Stefan Ormanns u. Hinrich C. Seeba. Bd. 3. Frankfurt a. M. 1990.

Kluge, Alexander: Die Patriotin. Texte/Bilder 1–6. Frankfurt a. M. 1979.

Landfried, Klaus: Stefan George – Politik des Unpolitischen. Mit einem Geleitwort von Dolf Sternberger. Literatur und Geschichte 8. Heidelberg 1975.

Lund, Allan A.: Germanenideologie im Nationalsozialismus. Zur Rezeption der ›Germania‹ des Tacitus im »Dritten Reich«. Heidelberg 1995.

Morwitz, Ernst: Kommentar zu dem Werk Stefan Georges. München/Düsseldorf 1960.

Müller, Heiner: Germania Tod in Berlin. West-Berlin 1977.

Münchhausen, Börris Freiherr von: Das dichterische Werk in zwei Bänden. Stuttgart 1953.

Nanko, Ulrich: Die deutsche Glaubensbewegung. Eine historische und soziologische Untersuchung. Marburg 1989.

Die Nibelungen. Bilder von Liebe, Verrat und Untergang. Hg. von Wolfgang Storch. München 1897.

Nietzsche, Friedrich: Werke in drei Bänden. Hg. von Karl Schlechta. München 1954 ff.

Ninck, Martin: Wodan und germanischer Schicksalsglaube. Jena 1935. Nachdruck 1967.

Rademacher, Carl: Wodan – St. Michael – Der deutsche Michel. Bd. 3: Volk und Kunst. Hg. von E. Lüthgen u. R. Stampfuß. Köln 1934.

Rauschning, Hermann: Die Revolution des Nihilismus. Kulisse und Wirklichkeit im Dritten Reich. Zürich/New York 51949.

Richard-Wagner-Handbuch. Hg. von Ulrich Müller u. Peter Wapnewski. Stuttgart 1986.

Riha, Karl: Der deutsche Michel. Zur Ausprägung einer nationalen Allegorie im 19. Jahrhundert. In: Klaus Herdnig u. Gunter Otto (Hg.): Nervöse Auffassungsorgane des inneren und äußeren Lebens – Karikaturen. Gießen 1980, S. 186–205.

Rosenberg, Alfred: Der Mythus des 20. Jahrhunderts. München 1943.

Roth, Joseph: Werke. Neue erweiterte Ausgabe in vier Bänden. Hg. u. eingel. von Hermann Kesten. Köln 1976.

Schäfer, Wilhelm: Die dreizehn Bücher der deutschen Seele. München 1922.

Schmeiser, Leonhard: Das Gedächtnis des Bodens. In: Tumult. Zeitschrift für Verkehrswissenschaft 10 (1987), S. 38–56.

Schnurbein, Stefanie von: Religion als Kulturkritik. Neugermanisches Heidentum im 20. Jahrhundert. Heidelberg 1992.

See, Klaus von: Barbar, Germane, Arier. Heidelberg 1994.

See, Klaus von: Deutsche Germanenideologie. Vom Humanismus bis zur Gegenwart. Frankfurt a. M. 1970.

Simek, Rudolf: Lexikon der germanischen Mythologie. Stuttgart 1984.

Üxküll-Gyllenbrand, W. Graf: Das revolutionäre Ethos bei Stefan George. Tübingen 1933.

Vondung, Klaus: Magie und Manipulation. Ideologischer Kult und politische Religion des Nationalsozialismus. Göttingen 1971.

Vries, Jan de: Altgermanische Religionsgeschichte. Band 1. Berlin/Leipzig 1935. 2., neubearb. Auflage. 2 Bde. Berlin 1957.

Wehr, Gerhard: Carl Gustav Jung. Leben, Werk, Wirkung. München 1985.

Wolfskehl, Karl: »Jüdisch, römisch, deutsch zugleich …«. Karl Wolfskehl. Briefwechsel aus Italien 1933–1938. Hg. u. komm. von Cornelia Blasberg. Hamburg 1993.

Wolfskehl, Karl: Gesammelte Werke. Erster Band: Dichtungen. Dramatische Dichtungen. Hg. von Margot Ruben u. Claus Victor Bock. Hamburg 1960.

V. »Tränen des Vaterlandes.« Deutschland-Gedichte des 17. Jahrhunderts

Abschatz, Hanns Assmann Freyherr von: Poetische Übersetzungen und Gedichte. Faksimiledruck nach der Gesamt-Ausgabe von 1704 mit der Vorrede von Andreas Gryphius. Hg. von Alma Metzger. Bern 1970.

Becher, Johannes R.: Gedichte 1936–1941. Berlin/Weimar 1966.

Deutsche National-Litteratur. Bd. 27: Martin Opitz. Hg. von H. Oesterley. Berlin/Stuttgart o. J.

Frenzen, Wilhelm: Germanenbild und Patriotismus im Zeitalter des deutschen Barock. In: Deutsche Vierteljahresschrift für Literaturwissenschaft und Geistesgeschichte XV (1937), S. 203–219.

Garber Klaus: Martin Opitz. In: Harald Steinhagen/Benno von Wiese (Hg.): Deutsche Dichter des 17. Jahrhunderts. Ihr Leben und Werk. Berlin 1984, S. 116–184.

Garber, Klaus: Der deutsche Sonderweg – Gedanken zu einer calvinistischen Alternative um 1600. In: Franz Norbert Mennemeier/Conrad Wiedemann (Hg.): Akten des VII. Internationalen Germanisten-Kongresses Göttingen 1985. Tübingen 1986. Bd. 9, S. 165–172.

Gryphius, Andreas: Gesamtausgabe der deutschsprachigen Werke. Hg. von Marian Szyrocki u. Hugh Powell. Tübingen 1963 ff.

Harsdörffer, Georg Philipp/Sigmund von Birken/Johannes Klaj: Pegnesisches Schäfergedicht. 1644–1645. Hg. von Klaus Garber. Tübingen 1966.

Krämer, Wilhelm: Johann Christian Günther. Stuttgart ²1980.

Lenk, Werner: Die nationale Komponente in der deutschen Literaturentwicklung der frühen Neuzeit. In: Klaus Garber (Hg.): Nation und Literatur im Europa der Frühen Neuzeit. Akten des I. Internationalen Osnabrücker Kongresses zur Kulturgeschichte der Frühen Neuzeit. Tübingen 1989, S. 669–687.

Logau, Friedrich von: Sämmtliche Sinngedichte. Hg. von Gustav Eitner. Tübingen 1872.

Lyrik des Barock. Hg. von Marian Szyrocki. Reinbek bei Hamburg 1971. Bd. 1.

Martini, Fritz: Georg Heym: Der Krieg. In: Benno von Wiese (Hg.): Die deutsche Lyrik. Bd. 2. Düsseldorf 1962, S. 425–449.

Mauser, Wolfram: Dichtung, Religion und Gesellschaft im 17. Jahrhundert. Die ›Sonette‹ des Andreas Gryphius. München 1976.

Meid, Volker (Hg.): Gedichte und Interpretationen. Bd. 1: Renaissance und Barock. Stuttgart 1982.

Meid, Volker: Ein politischer Deutscher. Zu Weckherlins Sonett ›An das Teutschland‹. In: Ders. (Hg.): Gedichte und Interpretationen. Bd. 1: Renaissance und Barock. Stuttgart 1982, S. 149–158.

Meid, Volker: Im Zeitalter des Barock. In: Walter Hinderer (Hg.): Geschichte der politischen Lyrik in Deutschland. Stuttgart 1978, S. 90–113.

Moscherosch, Johann Michael: Wunderliche und Warhafftige Gedichte Philanders von Sittewalt. Ausgew. u. hg. von Wolfgang Harms. Stuttgart 1986.

Opitz, Martin: Teutsche Poemata. Abdruck der Ausgabe von 1624 mit den Varianten der Einzeldrucke und der späteren Ausgaben. Hg. von Georg Witkowski. Halle 1902.

Pufendorf, Samuel: Die Verfassung des deutschen Reiches. Stuttgart 1976.

Ribbat, Ernst: »Tastend nach Autonomie«. Zu G. R. Weckherlins ›Geistlichen und Weltlichen Gedichten. In: Wolfdietrich Rasch/Hans Geulen/Klaus Haberkamm (Hg.): Rezeption und Produktion zwischen 1570 und 1730. Festschrift für Günther Weydt. Bern/München 1972.

Steinhagen, Harald/Benno von Wiese (Hg.): Deutsche Dichter des 17. Jahrhunderts. Ihr Leben und Werk. Berlin 1984.

Szyrocki, Marian: Der junge Gryphius. Berlin 1959.

Szyrocki, Marian: Die deutsche Literatur des Barock. Eine Untersuchung. Stuttgart 1979.

Text + Kritik 74/75: Johann Christian Günther. Hg. von Heinz Ludwig Arnold. München 1982.

Trunz, Erich: Andreas Gryphius. Tränen des Vaterlandes. In: Benno von Wiese (Hg.): Die deutsche Lyrik. Bd. 1. Düsseldorf 1956, S. 139–144.

Weckherlin, Georg Rudolf. Georg Rudolf Weckherlins Gedichte. Hg. von Hermann Fischer. Hildesheim ²1968.

Wiedemann, Conrad: Andreas Gryphius. In: Harald Steinhagen u. Benno von Wiese (Hg.): Deutsche Dichter des 17. Jahrhunderts. Ihr Leben und Werk. Berlin 1984, S. 435–472.

Wielands Gesammelte Schriften. 1. Abteilung: Werke. Bd. 14: Prosaische Schriften I. 1773–1783. Hg. von Wilhelm Kurrelmeyer. Berlin 1928.

Würfel, Stefan Bodo: »Wenn in heil'gen Ungewittern Deutsche Gottheit auf-ersteht.« Zur politisch-literarischen Emotionalisierung einer verspäteten Nation. In: Henriette Hartwig u.a. (Hg.): Lese-Zeichen. Semiotik und Hermeneutik in Raum und Zeit. Festschrift für Peter Rusterholz zum 65 Geburtstag. Tübingen/Basel 1999, S. 288–305.

VI. *Kulturnation statt Staatsnation? Das 18. Jahrhundert*

Anderson, Benedict: Die Erfindung der Nation. Zur Karriere eines folgenreichen Konzepts. Frankfurt a.M. 1988.

Berschin, Helmut: Deutschland im Spiegel der französischen Literatur. Perspektiven und Orientierungen. Schriftenreihe des Bundeskanzleramtes Bd. 13. München 1992.

Blitz, Hans-Martin: »Gieb, Vater, mir ein Schwert!« Identitätskonzepte und Feindbilder in der ›patriotischen‹ Lyrik Klopstocks und des Göttinger »Hain«. In: Hans Peter Herrmann, Hans-Martin Blitz u. Susanna Moßmann: Machtphantasie Deutschland. Nationalismus, Männlichkeit und

Fremdenhaß im Vaterlandsdiskurs deutscher Schriftsteller des 18. Jahrhunderts. Frankfurt a. M. 1996, S. 80–122.

Bürger, Gottfried August: Sämtliche Werke. Hg. von Günter u. Hiltrud Häntzschel. München/Wien 1987.

Carriere, Moriz: Das Weltalter des Geistes im Anfange. Literatur und Kunst im 18. und 19. Jahrhundert. Leipzig ²1874.

Dann, Otto: Drei patriotische Gedichte Herders. In: Zwischen Aufklärung und Restauration. Sozialer Wandel in der deutschen Literatur 1700–1848. Festschrift für Wolfgang Martens zum 65. Geburtstag. Hg. von Wolfgang Frühwald und A. Martino. Tübingen 1989, S. 211–224.

Der Göttinger Dichterbund. Erster Teil. Johann Heinrich Voss. Hg. von August Sauer. Berlin/Stuttgart o. J.

Deutsche über die Deutschen. Auch ein deutsches Lesebuch. Hg. von Heinz Ludwig Arnold. München 1979.

Frühsorge, Gotthard: Die Begründung der ›väterlichen Gesellschaft‹ in der europäischen oeconomia christiana. Zur Rolle des Vaters in der ›Hausväterliteratur‹ des 16. bis 18. Jahrhunderts in Deutschland. In: Hubertus Tellenbach (Hg.): Das Vaterbild im Abendland. Rom, frühes Christentum, Mittelalter, Neuzeit, Gegenwart. Bd. 1. Stuttgart u. a. 1978, S. 110–123.

Frühwald, Wolfgang: Die Idee kultureller Nationbildung und die Entstehung der Literatursprache in Deutschland. In: Otto Dann (Hg.): Nationalismus in vorindustrieller Zeit. München 1986, S. 129–141.

Gellner, Ernest: Nationalismus und Moderne. Berlin 1991.

Gesammelte Werke der Brüder Christian und Friedrich Leopold Grafen zu Stolberg. Hamburg 1827.

Goethe, Wolfgang von: Aus meinem Leben. Dichtung und Wahrheit. In: Ders.: Sämtliche Werke, Briefe, Tagebücher und Gespräche. Hg. von Dieter Borchmeyer [u. a.]. I. Abteilung: Sämtliche Werke. Bd. 14. Hg. von Klaus-Detlef Müller. Frankfurt a. M. 1986.

Günther, Johann Christian: Sämtliche Werke. Historisch-Kritische Gesamtausgabe. Hg. von Wilhelm Krämer. Bd. II. Leipzig 1931.

Hardtwig, Wolfgang: Nationalismus und Bürgerkultur in Deutschland. Göttingen 1994.

Heine, Heinrich: Historisch-Kritische Gesamtausgabe. Hg. von Manfred Windfuhr. Bd. 8/1. Hamburg 1979.

Heine, Heinrich: Sämtliche Schriften. Hg. von Klaus Briegleb. Darmstadt 1971.

Herders Sämtliche Werke. Hg. von Bernhard Suphan. Bd. 5: Herders Poetische Werke. Hg. von Carl Redlich. Berlin 1889.

Herrmann, Hans Peter/Hans-Martin Blitz/Susanna Moßmann: Machtphantasie Deutschland. Nationalismus, Männlichkeit und Fremdenhaß im Vaterlandsdiskurs deutscher Schriftsteller des 18. Jahrhunderts. Frankfurt a. M. 1996.

Herrmann, Hans Peter: »Mutter Vaterland«. Herders Historisierung des Germanenmythos und die Widersprüchlichkeit des Vaterlandsdiskurses im 18. Jahrhundert. In: Herder Jahrbuch/Herder Yearbook 1998, S. 97–122.

Herrmann, Hans Peter: »Wer Rom nicht hassen kann, kann nicht die Deutschen lieben«. Deutscher Nationalismus im 18. Jahrhundert. In: Rudi Schweinhart (Hg.): Korrespondenzen. Festschrift für Joachim W. Storck aus Anlaß seines 75. Geburtstages. St. Ingbert 1999, S. 1–23 (in Vorbereitung).

Hölderlin, Friedrich: Sämtliche Werke. Frankfurter Ausgabe. Bd. 11: Hyperion II. Hg. von Michael Knaupp u. Dietrich E. Sattler. Frankfurt a. M. 1982.

Kaiser, Gerhard: Klopstock. Religion und Dichtung. 2., durchges. Aufl., Kronberg/Ts 1975.

Kaiser, Gerhard: Aufklärung, Empfindsamkeit, Sturm und Drang. München ³1979.

Kaiser, Gerhard: Pietismus und Patriotismus im literarischen Deutschland. Ein Beitrag zum Problem der Säkularisation. Frankfurt a. M. ²1973.

Kiesel, Helmuth/Paul Münch: Literatur und Gesellschaft im 18. Jahrhundert. Voraussetzungen und Entstehung des literarischen Marktes in Deutschland. München 1977.

Klopstock, Friedrich: Ausgewählte Werke. Hg. von Karl August Schleiden. München 1962.

Kommerell, Max: Der Dichter als Führer in der deutschen Klassik. Berlin 1928.

Leiner, Wolfgang: Das Deutschlandbild in der französischen Literatur. Darmstadt 1989.

Levinstein, Kurt: Deutsches Wesen im Spiegel klassischer Dichtung. In: Berliner Hefte 1 (1946), S. 421–428.

Meinecke, Friedrich: Allgemeines über Nation, Nationalstaat und Weltbürgertum. In: Ders.: Weltbürgertum und Nationalstaat. Hg. u. eingel. von Hans Herzfeld. München 1962, S. 9–26.

Pufendorf, Samuel: Die Verfassung des deutschen Reiches. Stuttgart 1976.

Sahmland, Irmtraud: Christoph Martin Wieland und die deutsche Nation. Zwischen Patriotismus, Kosmopolitismus und Griechentum. Tübingen 1990.

Scharfschwerdt, Jürgen: Friedrich Hölderlin. Der Dichter des »deutschen Sonderwegs«. Stuttgart/Berlin/Köln 1994.

Scheuer, Helmut: Die Dichter und ihre Nation – Ein historischer Aufriß. In: Deutschunterricht 42 (1990), S. 4–46.

Schiller, Friedrich: Sämtliche Werke. Hg. von Gerhard Fricke u. Herbert G. Göpfert. München 1960.

See, Klaus von: Deutsche Germanen-Ideologie vom Humanismus bis zur Gegenwart. Frankfurt a. M. 1970.

Stauf, Renate: Justus Mösers Konzept einer deutschen Nationalidentität. Mit einem Ausblick auf Goethe. Tübingen 1991.

Uz, Johann Peter: Sämtliche poetischen Werke. Hg. von August Sauer. Stuttgart 1890.

Wieland, Christoph Martin: Gesammelte Schriften. Hg. von der Deutschen Akademie der Wissenschaften zu Berlin durch Hans Werner Seiffert. Erste Abt.: Werke. Bd. 23: Kleine Schriften III. 1783–1791. Berlin 1969.

Wielands Gesammelte Schriften. 1. Abt.: Werke. 14. Bd.: Prosaische Schriften I. 1773–1783. Hg. von Wilhelm Kurrelmeyer. Berlin 1928.

Wiese, Benno von: Johann Christian Günther. In: Harald Steinhagen/Benno von Wiese (Hg.): Deutsche Dichter des 17. Jahrhunderts. Berlin 1984, S. 887–921.

VII. »O heilig Herz der Völker, o Vaterland!« Hölderlins »Vaterländischer Gesang«

Beck, Adolf: Hölderlins Weg zu Deutschland. Fragmente und Thesen, mit einer Replik auf Pierre Bertaux' »Friedrich Hölderlin«. Stuttgart 1982.

Benn, Gottfried: Gesammelte Werke in vier Bänden. Hg. von Dieter Wellershoff. Wiesbaden/München [3]1977.

Bertaux, Pierre: Friedrich Hölderlin. Frankfurt a. M. 1978.

Bertaux, Pierre: Hölderlin und die französische Revolution. Frankfurt a. M. [3]1974.

Bothe, Henning: »Ein Zeichen sind wir, deutungslos«. Die Rezeption Hölderlins von ihren Anfängen bis zu Stefan George. Stuttgart 1992.

Carriere, Moriz. Das Weltalter des Geistes im Anfange. Literatur und Kunst im 18. und 19. Jahrhundert. Leipzig [2]1874.

Gaier, Ulrich: Hölderlins vaterländische Sangart. In: Hölderlin-Jahrbuch 25 (1986/87), S. 12–59.

Halbach, Herbert Kurt: Walther von der Vogelweide, Hoffmann von Fallersleben und Schiller/Hölderlin. Rezeption und Convergenz. Zu Walthers ›Preislied‹. In: Jürgen Kühnel/Hans-Dietrich Mück/Ulrich Müller (Hg.): Mittelalter-Rezeption. Göppingen 1979, S. 40–62.

Hellingrath, Norbert von: Hölderlin und die Deutschen. In: Ders.: Hölderlin-Vermächtnis. Forschungen und Vorträge. Ein Gedenkbuch zum 14. Dezember 1936. München 1936, S. 123–154.

Hoffmann, Paul: ›Dichterische‹ Rezeption und Literaturwissenschaft. Zu einer neuen Rezeptionsgeschichte Hölderlins. In: Sprachkunst. Beiträge zur Literaturwissenschaft XXIV (1993), S. 319–336.

Hölderlin, Friedrich: Sämtliche Werke und Briefe in drei Bänden. Hg. von Jochen Schmidt in Zusammenarbeit mit Wolfgang Behschnitt. Frankfurt a. M. 1992.

Hölderlin, Friedrich: Sämtliche Werke. Historisch-kritische Ausgabe. Hg. von Dietrich E. Sattler. Frankfurt a. M. 1975 ff.

Hölderlin, Friedrich: Sämtliche Werke. Historisch-kritische Ausgabe. Begonnen von Norbert von Hellingrath, fortgeführt durch Friedrich Seebass und Ludwig von Pigenot. Bd. 3: Gedichte, Empedokles, Philosophische Fragmente, Briefe. Hg. von Ludwig von Pigenot. Berlin 1922.

Kelletat, Alfred (Hg.): Hölderlin. Beiträge zu seinem Verständnis in unserem Jahrhundert. Schriften der Hölderlin-Gesellschaft. Bd. 3. Tübingen 1961.

Kommerell, Max: Der Dichter als Führer in der deutschen Klassik. Frankfurt a. M. 1928. ³1982.

Lukács, Georg: Hölderlins Hyperion. In: Ders.: Gesammelte Werke. Bd. 7: Deutsche Literatur in zwei Jahrhunderten. Berlin 1964, S. 164–184.

Minder, Robert: ›Hölderlin unter den Deutschen‹ und andere Aufsätze zur deutschen Literatur. ²1968.

Scharfschwerdt, Jürgen: Friedrich Hölderlin. Der Dichter des »deutschen Sonderwegs«. Stuttgart/Berlin/Köln 1994.

Schmidt, Jochen: Deutschland und Frankreich als Gegenmodelle in Hölderlins Geschichtsdenken: Evolution statt Revolution. In: Helmut Scheuer (Hg.): Dichter und ihre Nation. Frankfurt a. M. 1993, S. 176–199.

Schumann, Gerhard: Seher und Verkünder eines neuen Vaterlandes. In: Iduna. Jahrbuch der Hölderlin-Gesellschaft 1 (1944), S. 16–20.

Weiss, Peter: Hölderlin. In: Ders.: Werke in 6 Bänden. Bd. 6. Frankfurt a. M. 1991, S. 109–260.

VIII. *»Was ist des Deutschen Vaterland?« Die Entstehung*
der deutschen Nationalmythologie

Ernst Moritz Arndt's Sämtliche Werke. Hg. von Heinrich Meisner. Leipzig 1894.

Arndt, Ernst Moritz: Ausgewählte Gedichte und Schriften. Hg. von Gustav Erdmann. Berlin (Ost) 1969.

Arndt, Ernst Moritz: Der Rhein, Deutschlands Strom, aber nicht Deutschlands Grenze. Neudruck der Leipziger Ausgabe von 1813. Düsseldorf 1893.

Bismarck, Otto von: Die gesammelten Werke. Friedrichsruher Ausgabe. Berlin 1926. Bd. 10.

Borchert, Jürgen: Hoffmann von Fallersleben. Ein deutsches Dichterschicksal. Berlin 1991.

Börne, Ludwig: Sämtliche Schriften. Neu bearb. u. hg. von Inge u. Peter Rippmann. Düsseldorf 1964.

Dann, Otto: Nation und Nationalismus in Deutschland 1770–1990. München 1993.

Dann, Otto: Nationalismus und sozialer Wandel in Deutschland 1806–1850. In: Ders. (Hg.): Nationalismus und sozialer Wandel. Hamburg 1978, S. 77–128.

Dörner, Andreas: Politischer Mythos und symbolische Politik. Sinnstiftung durch symbolische Formen am Beispiel des Hermannsmythos. Opladen 1995.

Düding, Dieter: Organisierter Nationalismus in Deutschland 1808–1847. Bedeutung und Funktion der Turner- und Sängervereine für die deutsche Nationalbewegung. München 1984.

Grillparzer, Franz: Sämtliche Werke. Ausgewählte Briefe, Gespräche, Berichte. Bd. 1. München 1960.

Johnston, Otto W.: Der deutsche Nationalmythos. Ursprung eines politischen Programms. Stuttgart 1990.

Kittler, Wolf: Die Geburt des Partisanen aus dem Geiste der Poesie. Heinrich von Kleist und die Strategie der Befreiungskriege. Freiburg i. Br. 1987.

Kittler, Wolf: Geharnischte Sonette. Friedrich Rückert als Dichter der Befreiungskriege. In: Wolfdietrich Fischer u. Rainer Gömmel (Hg.): Friedrich Rückert. Dichter und Sprachgelehrter in Erlangen. Neustadt a. d. Aisch 1990, S. 35–46.

Kleist, Heinrich von: Sämtliche Werke. Hg. von Helmut Sembdner. München 1964.

Lämmert, Eberhard: Preußische Politik und nationale Poesie. Ein Beitrag zur Geschichte der Befreiungskriege. In: Berlin zwischen 1798 und 1848. Facetten einer Epoche. Ausstellungskatalog der Akademie der Künste. Berlin 1981, S. 43–51.

Langewiesche, Dieter: Föderativer Nationalismus als Erbe der deutschen Reichsnation. Über Föderalismus und Zentralismus in der deutschen Nationalgeschichte (erscheint 1999).

Langewiesche, Dieter: Kulturelle Nationsbildung im Deutschland des 19. Jahrhunderts. In: Manfred Hettling u. Paul Nolte (Hg.): Nation und Gesellschaft in Deutschland. Historische Essays. München 1996, S. 46–64.

Langewiesche, Dieter: Reich, Nation und Staat in der jüngeren deutschen Geschichte. In: Historische Zeitschrift 254 (1992), S. 341–381.

Lindemann, Klaus: ›Deutsch Panier, das rauschend wallt.‹ Der Wald in Eichendorffs patriotischen Gedichten im Kontext der Lyrik der Befreiungskriege. In: Hans-Georg Pott (Hg.): Eichendorff und die Spätromantik. Paderborn 1985. ²1988, S. 91–131.

Münchow-Pohls, Bernd von: Zwischen Reform und Krieg. Untersuchungen zur Bewußtseinslage in Preußen 1809–1812. Göttingen 1987.

Nipperdey, Thomas: Deutsche Geschichte 1800–1866. Bürgerwelt und starker Staat. München 1985.

Novalis: Werke, Tagebücher und Briefe Friedrich von Hardenbergs. Hg. von Hans-Joachim Mähl u. Richard Samuel. Darmstadt 1978.

Richter, Burkhard: Hans Ferdinand Maßmann. Altdeutscher Patriotismus im 19. Jahrhundert. Berlin/New York 1992.

Schäfer, Karl Heinz: Ernst Moritz Arndt als politischer Publizist. Studien zu Publizistik, Pressepolitik und kollektivem Bewußtsein im frühen 19. Jahrhundert. Bonn 1974.

Schenkendorf, Max von: Gedichte. Hg., mit Einl. u. Anm. vers. von Edgar Groß. Berlin/Leipzig/Wien/Stuttgart o.J.

Schlegel, Friedrich: Gedichte. Berlin 1809.

Schulze, Hagen: Der Weg zum Nationalstaat. Die deutsche Nationalbewegung vom 18. Jahrhundert bis zur Reichsgründung. München 1992.

Vondung, Klaus: Die Apokalypse in Deutschland. München 1988.

Weber, Ernst: »Für Freiheit, Recht und Vaterland«. Zur Lyrik der Befreiungskriege als Medium politischer Meinungs- und Willensbildung. In: Helmut Scheuer (Hg.): Dichter und ihre Nation. Frankfurt 1993, S. 237–256.

Weber, Ernst: Lyrik der Befreiungskriege (1812–1815). Gesellschaftspolitische Meinungs- und Willensbildung durch Literatur. Stuttgart 1991.

Weber, Ernst: Zwischen Emanzipation und Disziplinierung. Zur meinungs- und willenspolitischen Funktion politischer Lyrik in Zeitungen der Befreiungskriege. In: Ulrich Herrmann (Hg.): Volk – Nation – Vaterland. Hamburg 1993.

Wiegels, Rainer/Winfried Woesler (Hg.): Arminius und die Varusschlacht. Geschichte – Mythos – Literatur. Paderborn, München/Wien/Zürich 1995.

Wülfing, Wolf/Karin Bruns/Rolf Parr: Historische Mythologie der Deutschen. 1798–1918. München 1991.

Zimmer, Hasko: Auf dem Altar des Vaterlandes. Religion und Patriotismus in der deutschen Kriegslyrik des 19. Jahrhunderts. Darmstadt 1971.

IX. *»Brause, du Freiheitssang.« Restauration und Vormärz*

Arndt, Ernst Moritz: Der Rhein, Deutschlands Strom, aber nicht Deutschlands Grenze. Neudruck der Leipziger Ausgabe vom Jahre 1813. Düsseldorf 1893.

Bayerdörfer, Hans-Peter: Fürstenpreis im Jahre 48. Heine und die Tradition der vaterländischen Panegyrik. In: Zeitschrift für deutsche Philologie 71 (1972). Sonderheft ›Heinrich Heine und seine Zeit‹, S. 163–205.

Berg, Stefanie Barbara: Heldenbilder und Gegensätze. Friedrich Barbarossa und Heinrich der Löwe im Urteil des 19. und 20. Jahrhunderts. Münster/Hamburg 1994.

Bertram, Ernst: Rheingenius und Génie du Rhin. Bonn 1922.

Bismarck, Otto von: Die gesammelten Werke. Friedrichsruher Ausgabe. Bd. 10. Berlin 1926.

Börne, Ludwig: Sämtliche Schriften. Hg. von Peter u. Inge Rippmann. Düsseldorf 1964.

Borst, Arno: »Barbarossas Erwachen – Zur Geschichte der deutschen Identität«. In: Odo Marquard u. Karlheinz Stierle (Hg.): Identität. Poetik und Hermeneutik VIII. München 1979, S. 17–60.

Dede, Klaus: Die mißbrauchte Hymne. Ein Plädoyer von Klaus Dede. Oldenburg 1989.

Deetjen, Werner: »Sie sollen ihn nicht haben!« Tatsachen und Stimmungen aus dem Jahre 1840. Eine Studie. Weimar 1920.

Denkler, Horst: Der deutsche Michel. Revolutionskomödien der Achtundvierziger. Stuttgart 1971.

Der Rhein. Eine Reise mit Geschichten, Gedichten und farbigen Fotografien. Hg. von Helmut J. Schneider. Frankfurt a. M./Leipzig 1997.

Dingelstedt, Franz: Lieder eines kosmopolitischen Nachtwächters. Hg. von Hans-Peter Bayerdörffer. Tübingen 1978.

Düsing, Dieter: Organisierter gesellschaftlicher Nationalismus in Deutschland (1808–1847). Bedeutung und Funktion der Turner- und Sängervereine für die deutsche Nationalbewegung. München 1984.

Enzensberger, Hans Magnus: Einzelheiten II. Frankfurt a. M. 1962.

Enzensberger, Hans Magnus: Politik und Verbrechen. Frankfurt a. M. 1974.

Farese, Giuseppe: Lyrik des Vormärz. In: Deutsche Literatur. Eine Sozialgeschichte. Hg. von Horst Albert Glaser. Bd. 6. Reinbek bei Hamburg 1980. S. 227–244 u. 340.

Fingerhut, Karlheinz: Deutschland und seine Wintermärchen. In: Praxis Deutsch. Zeitschrift für den Deutschunterricht 15 (1988), S. 59–68.

Flüeler, Niklaus: Der missbrauchte Rhein. Untersuchungen zu einem problematischen Thema der Geschichte deutsch-französischer Beziehungen. (Diss.) Luzern 1966.

Freiligrath, Ferdinand: Gedichte. Leipzig 1973.

Freiligraths Werke. Berlin u. a. o. J.

Freud, Sigmund: Totem und Tabu. Einige Übereinstimmungen im Seelenleben der Wilden und Neurotiker. Frankfurt a. M./Hamburg 1956.

Geibel, Emanuel: Gesammelte Werke. Stuttgart 1890.

Gervinus, Georg Gottfried: Shakespeare. Leipzig 1849.

Gössmann, Wilhelm u. Klaus-Hinrich Roth: Poetisierung – Politisierung. Deutschlandbilder in der Literatur bis 1848. Paderborn 1994

Goethe, Johann Wolfgang von: Gedenkausgabe der Werke, Briefe und Gespräche. Hg. von Ernst Beutler. Zürich 1950.

Grote, Bernd: Der deutsche Michel. Ein Beitrag zur publizistischen Bedeutung der Nationalfiguren. Dortmund 1967.

Hauffen, Adolf: Geschichte des deutschen Michel. Hg. Deutscher Verein zur Verbreitung gemeinnütziger Kenntnisse in Prag – II, 1918.

Hermand, Jost (Hg.): Der deutsche Vormärz. Stuttgart 1967.

Herwegh, Georg: Gedichte und Prosa. Hg. von Peter Hasubek. Stuttgart 1975.

Hinck, Walter: Die Wunde Deutschland. Heinrich Heines Dichtung im Widerstreit von Nationalidee, Judentum und Antisemitismus. Frankfurt a. M. 1990.

Jung, Carl Gustav: Wotan. In: Neue Schweizer Rundschau. Neue Folge III (1936), H. 11, S. 657–669.

Kampers, Franz: Die deutsche Kaiseridee in Prophetie und Sage. München 1896.

Langewiesche, Dieter: Europa zwischen Restauration und Revolution 1815–1849. München 1993.

Langewiesche, Dieter: Kulturelle Nationsbildung im Deutschland des 19. Jahrhunderts. In: Manfred Hettling u. Paul Nolte (Hg.): Nation und Gesellschaft in Deutschland. Historische Essays. München 1996, S. 46–64.

Maßmann, Hans Ferdinand: Kaiser Friedrich im Kiffhäuser. Vortrag, gehalten am Stiftungsfeste der Berlinischen Gesellschaft für deutsche Sprache (17. Januar 1850), Quedlinburg/Leipzig 1850.

Minder, Robert: Nochmals Lesebücher oder Wozu Literatur? In: Ders.: Wozu Literatur? Reden und Essays. Frankfurt a. M. 1971, S. 119–171.

Muschg, Walter: Deutschland ist Hamlet. In: Ders.: Studien zur tragischen Literaturgeschichte. Bern/München 1965, S. 205–227.

Nipperdey, Thomas: Deutsche Geschichte 1800–1866. Bürgerwelt und starker Staat. München 1985.

Pratz, Fritz: Neuere Ballade infolge älterer Sage. In: Rupert Hirschenauer/Albrecht Weger (Hg.): Wege zum Gedicht II. Interpretation von Balladen. München/Zürich 1968, S. 564–574.

Rademacher, Carl: Wodan – St. Michael – Der Deutsche Michel. Bd. 3: Volk und Kunst. Hg. von E. Lüthgen u. R. Stampfuß. Köln 1934.

Richter, Joachim R.: Hans Ferdinand Maßmann. Altdeutscher Patriotismus im 19. Jahrhundert. Berlin/New York 1992.

Riha, Karl: Der deutsche Michel. Zur Ausprägung einer nationalen Allegorie im 19. Jahrhundert. In: Klaus Herdnig/Gunter Otto (Hg.): Nervöse Auffassungsorgane des inneren und äußeren Lebens – Karikaturen. Gießen 1980, S. 186–205.

Rückert, Friedrich: Gedichte. Hg. von Walter Schmitz. Stuttgart 1988.

Ruge, Arnold: Politische Lyriker unserer Zeit. Leipzig 1847. Neuausgabe: Hildesheim 1976.

Sagarra, Eda: Der deutsche Michel. Gestalt und Wandel in Literatur und Ikonographie 1640–1984. In: Albrecht Schöne (Hg.): Kontroversen, alte und neue. Akten des VII. Internationalen Germanistenkongresses Göttingen 1985. Tübingen 1986. Bd. 9, S. 159–164.

Scholz, Joachim: Deutschland in der Lyrik des Vormärz. In: Gössmann, Wilhelm/Klaus-Hinrich Roth (Hg.): Die inszenierte Nation. Deutsche Festspiele 1813–1913. Mit ausgewählten Texten. Tübingen 1991.

Schreiner, Klaus: Die Staufer in Sage, Legende und Prophetie. In: Die Zeit der Staufer. Geschichte – Kunst – Kultur. Katalog der Ausstellung. Bd. III: Aufsätze. Württembergisches Landesmuseum Stuttgart. Stuttgart 1977, S. 249–262.

Schulze, Hagen: Der Weg zum Nationalstaat. Die deutsche Nationalbewegung vom 18. Jahrhundert bis zur Reichsgründung. München 1992.

Stimmen des Rheines. Ein Lesebuch für die Deutschen. Hg. von Friedrich Wolters u. Walter Elze. Breslau 1923.

Uhland: Werke. Hg. von Hartmut Fröschle u. Walter Scheffler. München 1980.

Veit-Brause, Irmline: Die deutsch-französische Krise von 1840. Studien zur deutschen Einheitsbewegung. (Diss.) Köln 1967.

Vischer, Friedrich Theodor: Shakespeare-Vorträge. Stuttgart 1899.

Weigand, Friedrich: Keine Ruhe im Kyffhäuser. In: Friedrich Weigand, Bodo M. Baumunk u. Thomas Brune: Keine Ruhe im Kyffhäuser. Das Nachleben der Staufer. Ein Lesebuch zur deutschen Geschichte. Stuttgart/Aalen 1978, S. 7–82.

Werner, Renate: »Und was er singt, ist wie die Weltgeschichte«. In: Helmut Scheuer (Hg.): Dichter und ihre Nation. Frankfurt a. M. 1993, S. 273–289.

Wolters, Friedrich/Walter Elze: Stimmen des Rheines. Ein Lesebuch für die Deutschen. Breslau 1923.

X. *»Hurra Germania« – »Germania, mir graut vor dir!«*
    Die Reichsgründung 1870/71

Alings, Reinhard: Monument und Nation. Das Bild vom Nationalstaat im Medium Denkmal – zum Verhältnis von Nation und Staat im deutschen Kaiserreich 1871–1918. Berlin 1996.

Bismarck, Otto von: Werke in Auswahl. Vierter Band. Die Reichsgründung. Zweiter Teil: 1866–1871. Hg. von Eberhard Scheler. Darmstadt 1968.

Böhme, Helmut: Deutschlands Weg zur Großmacht. Studien zum Verhältnis von Wirtschaft und Staat während der Reichsgründung 1848–81. Köln 1966.

Büchert, Herbert: Die Todesstrafe geschichtlich, religiös und rechtlich betrachtet. Berlin/Neuwied/Darmstadt 1956.

Delius, Friedrich Christian: Kerbholz. Gedichte. Reinbek bei Hamburg 1983.

Die Kriegspoesie der Jahre 1870–71, geordnet zu einer poetischen Geschichte in sechs Bänden. Hg. von E. Hensing, F. Metzger, Dr. Münch u. Dr. Schneider. Mannheim 1873/74.

Freiligrath, Ferdinand: Werke in sechs Teilen. Berlin u. a. o. J.

Geibel, Emanuel: Gesammelte Werke zu acht Bänden. Stuttgart 1888.

Herwegh, Georg: Werke in einem Band. Berlin/Weimar 1967.

Hinck, Walter: Epigonendichtung und Nationalidee. Zur Lyrik Emanuel Geibels. In: Zeitschrift für deutsche Philologie 85 (1966), S. 267–284.

Im Neuen Reich. 1871–1914. Bearb. von Helene Adolf. Leipzig 1932.

Kreuzer, Helmut: Die Jungfrau in Waffen. Hebbels ›Judith‹ und ihre Geschwister von Schiller bis Sartre. In: Vincent J. Günther, Helmut Koopmann, Peter Pütz u. Hans Joachim Schrimpf (Hg.): Untersuchungen zur Literatur als Geschichte. Festschrift für Benno von Wiese. Berlin 1973, S. 363–384

Langewiesche, Dieter: Kulturelle Nationsbildung im Deutschland des 19. Jahrhunderts. In: Manfred Hettling u. Paul Nolte (Hg.): Nation und Gesellschaft in Deutschland. Historische Essays. München 1996, S. 46–64.

Lieder zu Schutz und Trutz. Gaben deutscher Dichter aus der Zeit des Krieges in den Jahren 1870 und 1871 (Auswahl für Volk und Heer). Hg. von Franz Lipperheide. Berlin 1871.

Link, Jürgen/Wulf Wülfing (Hg.): Nationale Mythen und Symbole in der zweiten Hälfte des 19. Jahrhunderts. Strukturen und Funktionen von Konzepten nationaler Identität. Stuttgart 1991.

Menne-Haritz, Angelika: Einigkeit und Unité. Die Legitimation politischer Vorgänge mit lyrischen Mitteln in den deutschen und französischen Kriegsgedichten von 1870/71. Berlin 1980.

Menne-Haritz, Angelika: Germania: Die deutsche Nationalallegorie in den Kriegsgedichten von 1870/71. In: Carleton Germanic Papers 8 (1980), S. 47–63.

Minder, Robert: Nochmals Lesebücher oder Wozu Literatur? In: Ders.: Wozu Literatur? Reden und Essays. Frankfurt a. M. 1971, S. 119–171.

Mörike, Eduard: Sämtliche Werke. Hg. von Herbert G. Göpfert. München 1964.

Osborne, John: Hurra Germania! Patriotic Lyric, 1870. In: Ders.: Meyer or Fontane? German Literature after the Franco-Prussian War 1870/71. Bonn 1983, S. 13–28.

Pape, Walter: ›Hurra, Germania – mir graut vor dir‹. Hoffmann von Fallersleben, Freiligrath, Herwegh und die deutsche Einheit von 1870/71. In: Oxford German Studies 22 (1993/94), S. 134–167.

Scharf, Helmut: Zum Stolze der Nation. Deutsche Denkmäler des 19. Jahrhunderts. Dortmund 1983.

Schröder, Jürgen: Der ›Kämpfer‹ Lessing. Zur Geschichte einer Metapher im 19. Jahrhundert. In: Herbert G. Göpfert (Hg.): Das Bild Lessings in der Geschichte. Heidelberg 1981, S. 93–114.

Storm, Theodor: Briefe. Hg. von Peter Goldammer. Berlin/Weimar 1972.

Stürmer, Michael (Hg.): Das kaiserliche Deutschland. Politik und Gesellschaft 1870–1918. Düsseldorf 1970.

Stürmer, Michael: Die Reichsgründung. Deutscher Nationalstaat und europäisches Gleichgewicht im Zeitalter Bismarcks. Deutsche Geschichte der neuesten Zeit vom 19. Jahrhundert bis zur Gegenwart. Hg. von Martin Broszat, Wolfgang Benz u. Hermann Graml in Verbindung mit dem Institut für Zeitgeschichte München. München 1984.

Titzmann, Michael: die Konzeption der ›Germanen‹ in der deutschen Literatur des 19. Jahrhunderts. In: Jürgen Link u. Wulf Wülfing (Hg.): Nationale Mythen und Symbole in der zweiten Hälfte des 19. Jahrhunderts: Strukturen und Funktionen von Konzepten nationaler Identität. Stuttgart 1991, S. 120–145.

Traeger, Jörg: Der Weg nach Walhalla: Denkmallandschaft und Bildungsreise im 19. Jahrhundert. Regensburg 1987.

Treitschke, Heinrich von: Deutsche Geschichte im Neunzehnten Jahrhundert. 5. Theil: Bis zur Märzrevolution. Leipzig 1894.

Vischer, Friedrich Theodor: Vorträge. Für das deutsche Volk herausgegeben von Robert Vischer. Zweite Reihe: Shakespeare-Vorträge. Erster Band. Einleitung. Hamlet, Prinz von Dänemark. Stuttgart 1899.

Wagner, Richard: Was ist deutsch? (1865–1878). In: Ders.: Dichtungen und Schriften. Jubiläumsausgabe in zehn Bänden. Hg. von Dieter Borchmeyer. Bd. 10. Späte weltanschauliche Schriften, 1983, S. 84–103.

Wehler, Hans Ulrich: Das deutsche Kaiserreich 1871–1918. Göttingen 1973.

Wehler, Hans-Ulrich: Deutsche Gesellschaftsgeschichte. Bd. 3. München 1995.

Winterfeld, Karl: Vollständige Geschichte des deutsch-französischen Krieges von 1870 von seiner ersten Entstehung an, in zusammenhängender, übersichtlicher und populärer Darstellung nach den besten Quellen und unter Benutzung der amtlichen Berichte. Ein Gedenk- und Erinnerungsbuch für alle Zeitgenossen und Mitkämpfer. Berlin 1870.

Zimmer, Hasko: Auf dem Altar des Vaterlands. Religion und Patriotismus in der deutschen Kriegslyrik des 19. Jahrhunderts. Darmstadt 1971.

Dehmel, Richard: Der Heilige Krieg – Gedichte aus dem Beginn des Kampfes. Jena 1915.

Deutsche Dichtung im Weltkrieg. 1914–1918. Bearb. von Ernst Volkmann. Leipzig 1934.

Expressionismus. Manifeste und Dokumente zur deutschen Literatur 1910–1920. Mit Einleitungen und Kommentaren versehen von Thomas Anz und Michael Stark. Stuttgart 1982.

Falk, Walter: Der kollektive Traum vom Krieg. Epochale Strukturen der deutschen Literatur zwischen »Naturalismus« und »Expressionismus«. Heidelberg 1977.

Flex, Walter: Gesammelte Werke. München o.J.

Haarmann, Herbert: ›Wege ins Dritte Reich‹ – Vom Traditionalismus zur Unterdrückung: deutsche Literatur und Literaturpolitik von 1900 bis 1935. In: Loccumer Protokolle 11 (1983), S. 13–22.

James, Harold: A German Identity. London 1989.

Johann, Ernst (Hg.): Innenansichten eines Krieges. Deutsche Dokumente 1914–1918. München 1973.

Koester, Eckart: Literatur und Weltkriegsideologie. Positionen und Begründungszusammenhänge des publizistischen Engagements deutscher Schriftsteller im Ersten Weltkrieg. Kronberg 1977.

Korte, Hermann: Der Krieg in der Lyrik des Expressionismus. Bonn 1981.

Kraus, Karl: Schriften. Hg. von Christian Wagenknecht. Bd. 9: Gedichte. Frankfurt a. M. 1989.

Kurzke, Hermann: Kriegsbegeisterung und Pazifismus 1914. In: Literatur für Leser 1985. H. 2: Themenheft: Krieg und Frieden in der deutschen Literatur, S. 75–87.

Langbehn, Julius: Rembrandt als Erzieher. Leipzig 1890.

Lissauer, Ernst: Von der Sendung des Dichters. Jena 1922.

Lübbe, Hermann: Politische Philosophie in Deutschland. Studien zu ihrer Geschichte. München 1974.

Mann, Thomas: Politische Reden und Schriften 2. Frankfurt a. M. 1968.

Meyer, Conrad Ferdinand: Werke in zwei Bänden. Bd. 1. Stuttgart 1960.

Momber, Eckhardt: 's ist Krieg! 's ist Krieg! Versuch zur deutschen Literatur über den Krieg 1914–1933. Berlin 1981.

Mommsen, Wolfgang J.: Triebkräfte und Zielsetzungen des deutschen Imperialismus vor 1914. In: Klaus Bohnen u. a. (Hg.): Kultur und Gesellschaft in

Deutschland von der Reformation bis zur Gegenwart. Kopenhagen/München 1981, S. 98–129.

Mörike, Eduard: Sämtliche Werke. Darmstadt 61967.

Mühsam, Erich: Gedichte. Hg. von Günther Emig. Berlin 1983.

Philippi, Klaus-Peter: Volk des Zorns. Studien zur »poetischen Mobilmachung« in der deutschen Literatur am Beginn des Ersten Weltkriegs, ihren Voraussetzungen und Implikationen. München 1979.

Rürup, Reinhard: Der »Geist von 1914« in Deutschland. Kriegsbegeisterung und Ideologisierung des Krieges im Ersten Weltkrieg. In: Bernd Hüppauf (Hg.): Ansichten vom Krieg. Vergleichende Studien zum Ersten Weltkrieg in Literatur und Gesellschaft. Haustein 1984, S. 1–30.

Schröter, Klaus: Chauvinism and its tradition. German writers and the outbreak of the First World War. In: Germanic Review 43 (1968), S. 120–135.

Schröter, Klaus: Der deutsche Chauvinismus und seine Tradition. In: Ders.: Fünf Aufsätze zur Deutschen Literatur im 20. Jahrhundert. Mainz 1970, S. 7–46.

Sheppard, Richard W.: The Expressionist Cabaret (1911–1914): an analysis and documentation. In: Deutsche Vierteljahresschrift für Literaturwissenschaft und Geistesgeschichte 56 (1982), S. 431–446.

Sieburg, Friedrich: Es werde Deutschland. Frankfurt a. M. 1933.

Sombart, Werner: Händler und Helden. Patriotische Besinnungen von Werner Sombart. München 1915.

Vesper, Will: Vom großen Krieg 1914. München 1915.

Vondung, Klaus: Die Apokalypse in Deutschland. München 1988.

Wehler, Hans-Ulrich: Deutsche Gesellschaftsgeschichte. Bd. 3. München 1995.

XII. Die Spaltung der Nation. Deutschland-Gedichte der Weimarer Republik

Backes, Klaus: Hitler und die bildenden Künste. Kulturverständnis und Kunstpolitik im Dritten Reich. Köln 1988.

Benjamin, Walter: Gesammelte Schriften. Unt. Mitw. von Theodor W. Adorno u. Gershom Scholem hg. von Rolf Tiedemann u. Hermann Schweppenhäuser. Frankfurt a. M. 1972.

Bormann, Alexander von: Weimarer Republik. In: Walter Hinderer (Hg.): Geschichte der politischen Lyrik in Deutschland. Stuttgart 1978, S. 261–290.

Bormann, Alexander von: Kurt Tucholsky: Deutsches Lied 1923. In: Walter Hinck (Hg.): Geschichte im Gedicht. Texte und Interpretationen (Protestlied, Bänkelsang, Balladen, Chronik). Frankfurt a. M. 1979, S. 198–205.

Dörner, Andreas: Politischer Mythos und symbolische Politik. Sinnstiftung durch symbolische Formen am Beispiel des Hermannsmythos. Opladen 1995.

Frank, Manfred: Conditio moderna. Essays, Reden, Programm. Leipzig 1993.

Glasbrenner, Adolf: Unterrichtung der Nation. Ausgewählte Werke und Briefe in 3 Bänden. Köln 1981.

Goethe, Johann Wolfgang von: Gedenkausgabe der Werke, Briefe und Gespräche. Hg. von Ernst Beutler. Zürich 1950.

Kaes, Anton: Tucholsky und die Deutschen. Anmerkungen zu ›Deutschland, Deutschland über alles‹. In: Kurt Tucholsky. Text + Kritik 29. Hg. von Heinz Ludwig Arnold. München 1985, S. 12–23.

Kästner, Erich: Gesammelte Schriften für Erwachsene. Gedichte. Zürich 1969.

Körner, Theodor: Sämtliche Werke. Berlin 1876.

Meyer, Conrad Ferdinand: Sämtliche Werke. Bern 1963.

Mohler, Armin: Die Konservative Revolution in Deutschland 1918–1932. Darmstadt ³1989.

Scheuer, Helmut: »Bekenntnis zu Deutschland«? – Die Schriftsteller und die deutsche Nation in der Weimarer Republik. In: Gerd Langguth (Hg.): Die Intellektuellen und die nationale Frage. Frankfurt a. M./New York 1997, S. 125–146.

Tucholsky, Kurt: Gesammelte Werke. Reinbek bei Hamburg 1975.

Winckler, Lutz: Der Geist an der Macht? ›Kulturnation‹ und intellektueller Hegemonieanspruch. Manfred Gangl/Hélene Roussel (Hg.): Les Intellectuels et l'Etat sours la République de Weimar. Rennes 1993, S. 219–231.

Winckler, Lutz: Die Krise und die Intellektuellen. Klaus Mann zwischen ästhetischer Opposition und republikanischem Schriftstellerethos. In: Thomas Koebner/Gert Sautermeister/Sigrid Schneider (Hg.): Deutschland nach Hitler. Zukunftspläne im Exil und aus der Besatzungszeit 1939–1949. Opladen 1987, S. 49–61.

Winckler, Lutz: Kulturnation DDR – ein intellektueller Gründungsmythos. In: Argonautenschiff. Jahrbuch der Anna Seghers Gesellschaft Berlin und Mainz 1 (1992), S. 141–149.

XIII. »Deutschland, bleiche Mutter« – Exil-Gedichte

Becher, Johannes R.: Sämtliche Werke. Bd. 4: Gedichte. Berlin/Weimar 1966.

Brecht, Bertolt: Gesammelte Werke in 20 Bänden. Frankfurt a. M. 1967.

Brecht, Bertolt: Große kommentierte Berliner und Frankfurter Ausgabe. Hg. von Werner Hecht, Jan Knopf, Werner Mittenzwei u. Klaus-Detlef Müller. Berlin/Frankfurt a. M. 1988 ff.

Daim, Wilfried: Germanische Apokalypse. Vom Nibelungenlied bis zum Untergang des Dritten Reiches. In: FORVM, Januar/März 1984, S. 25–31.

Emmerich, Wolfgang/Susanne Heil (Hg.): Lyrik des Exils. Stuttgart 1985.

Fest, Joachim: Hitler. Eine Biographie. Frankfurt a. M./Berlin/Wien 1973.

Koebner, Thomas: Das ›andere‹ Deutschland. Zur Nationalcharakteristik im Exil. In: Manfred Briegel/Wolfgang Frühwald (Hg.): Die Erfahrung der Fremde. Kolloquium des Schwerpunktprogramms »Exilforschung« der Deutschen Forschungsgemeinschaft. Forschungsbericht. Weinheim/Basel/Cambridge/New York 1988, S. 217–238.

Mann, Klaus: Der Wendepunkt. Ein Lebensbericht. Frankfurt a. M. 1958.

Mayer, Hans: Der Turm von Babel. Frankfurt a. M. 1991.

Mennemeier, Franz Norbert: Bertolt Brechts Lyrik. Aspekte, Tendenzen. Düsseldorf 1982.

Münchhausen, Börries Freiherr von: Das dichterische Werk in zwei Bänden. Stuttgart 1953.

Schröder, Jürgen: Es knistert im Gebälk. Gottfried Benn – ein Exilant nach innen. In: Exilforschung 12: Aspekte der künstlerischen inneren Emigration 1933 bis 1945. Hg. von Claus-Dieter Krohn, Erwin Rotermund, Lutz Winckler u. Wulf Koepke. München 1994, S. 31–52.

XIV. »Der Tod ist ein Meister aus Deutschland«. Gedichte nach 1945

Bachmann, Ingeborg: Die gestundete Zeit. Frankfurt a. M. 1953.

Bachmann, Ingeborg: Werke. Hg. von Christine Koschel, Inge von Weidenbaum u. Clemens Münster. München/Zürich 1982.

Bachmann, Ingeborg: Wir müssen wahre Sätze finden. Gespräche und Interviews. München/Zürich 1991.

Bartsch, Kurt: Ingeborg Bachmann. Stuttgart ²1997.

Bartsch, Kurt: Weihnacht ist und Wotan reitet. Berlin ²1986.

Baumgart, Reinhard: Literatur für Zeitgenossen. Essays. Frankfurt a. M. 1966.

Becher, Johannes R.: Gesammelte Werke. Bd. 5: Gedichte. Berlin/Weimar 1967.

Bienek, Horst: Baracke Deutschland. In: Wer antwortet wem. Gedichte. Mit einem Nachwort von Tilman Urbach. München/Wien 1991, S. 14–22.

Biermann, Wolf: Preußischer Ikarus. Lieder, Balladen, Gedichte, Prosa. Köln 1978.

Biermann, Wolf: Affenfels und Barrikade. Gedichte. Lieder, Balladen. Köln 1986.

Biermann, Wolf: Alle Lieder. Köln 1991.

Biermann, Wolf: Klartexte im Getümmel. 13 Jahre im Westen. Von der Ausbürgerung bis zur November-Revolution. Hg. von Hannes Stein. Köln 1990.

Biermann, Wolf: Preußischer Ikarus. Balladen. Gedichte. Prosa. Köln 1978.

Buck, Theo: Muttersprache, Mördersprache. Celan-Studien I. Aachen 1993.

Celan, Paul: Gesammelte Werke. Bd. 3. Frankfurt a. M. 1983.

Chalfen, Israel: Paul Celan. Eine Biographie seiner Jugend. Frankfurt a. M. 1979.

Deiritz, Karl/Hannes Krauss (Hg.): Der deutsch-deutsche Literaturstreit oder »Freunde, es spricht sich schlecht mit gebundener Zunge«. Analysen und Materialien. Hamburg/Zürich 1991.

Deiritz, Karl/Hannes Krauss (Hg.): Verrat an der Kunst? Rückblicke auf die DDR-Literatur. Berlin 1993.

Die Stunde Null in der deutschen Literatur. Hg. von Jürgen Schröder u. a. Stuttgart 1995.

Diner, Dan (Hg.): Zivilisationsbruch. Denken nach Auschwitz. Frankfurt a. M. 1988.

Enzensberger, Hans Magnus: Deutschland, Deutschland, unter anderem. Frankfurt a. M. 1968.

Enzensberger, Hans Magnus: Einzelheiten. Frankfurt a. M. 1962.

Enzensberger, Hans Magnus: Gedichte. Die Entstehung eines Gedichts. Nachwort von Werner Weber. 1962, S. 47–52.

Forster, Leonard: »Todesfuge«: Paul Celan, Immanuel Weissglas and the Psalmist. In: German Life & Letters XXXIX (1985–86), S. 1–20.

Frank, Manfred: Conditio moderna. Essays, Reden, Programm. Leipzig 1993.

Grimm, Jacob u. Wilhelm: Deutsche Sagen. Hg. u. komm. von Heinz Rölleke. Ausgabe auf der Grundlage der ersten Auflage. Frankfurt a. M. 1994.

Haemickee, Dieter H.: One nation divisible, the divided Germany as a theme in the poetry of the German Democratic Republic. In: World literature today. A literary quarterly of the university of Oklahoma 55 (1981), S. 582–588.

Hermand Jost: »Bundesrepublik Deutschland«. In: Walter Hinderer (Hg.): Geschichte der politischen Lyrik in Deutschland. Stuttgart 1978.

Kolbe, Uwe: Renegatentermine. 30 Versuche, die eigene Erfahrung zu behaupten. Frankfurt a. M. 1998.

Kolbe, Uwe: Vaterlandkanal. Ein Fahrtenbuch. Frankfurt a. M. 1990.

Krolow, Karl: Auf Erden. Frühe Gedichte. Mit einem Nachwort von Karl Krolow. Frankfurt a. M. 1989.

Krolow, Karl: Heimsuchung. Berlin 1948.

Kügler, Hans: Struktur und Geschichte. Zum Problem des historischen Verstehens von Literatur im Unterricht: In: Zeitnahe Schularbeit. Monatsschrift für neuzeitliche Didaktik 25 (1972), S. 1–25.

Kügler, Hans: Grenzerfahrungen. Deutschlandbilder in der Lyrik der DDR. In: Praxis Deutsch. Zeitschrift für den Deutschunterricht. 15 (1988), S. 50–58.

Kügler, Hans: Deutschlandbilder – die Frage nach der nationalen Identität im Spiegel der deutschen Nachkriegsliteratur. In: Diskussion Deutsch 21 (1990), S. 392–411.

Kügler, Hans: Die andere Geschichte. Deutschlandgedichte in der Lyrik der Bundesrepublik. In: Praxis Deutsch. Zeitschrift für den Deutschunterricht 15 (1988), S. 42–48.

Kuentzel, Heinrich: Die deutsche Teilung in der Literatur der DDR. In: Jutta Kolkenbrock-Netz (Hg.): Wege der Literaturwissenschaft. Bonn 1985, S. 372–389.

Lamers, Karl (Hg.): Die deutsche Teilung im Spiegel der Literatur. Stuttgart 1978.

Lauffs, Manfred: Poesie, Politik und ein Professor. Über einen Aufsatz von Jost Hermand zur politischen Lyrik in der Bundesrepublik. In: Deutsche Vierteljahresschrift für Literaturwissenschaft und Geistesgeschichte 55 (1981), S. 495–509.

Mattenklott, Gert: Zur Darstellung der Shoa in der deutschen Nachkriegsliteratur. In: Jüdischer Almanach 1993 des Leo Baeck Instituts. Hg. von Jakob Hessing. Frankfurt a. M. 1992, S. 27–34.

Mennemeier, Franz Norbert u. Conrad Wiedemann (Hg.): Kulturnation statt politischer Nation? Akten des VII. Internationalen Germanisten-Kongresses Göttingen 1985. Tübingen 1986.

Mennemeier, Franz Norbert: Bertolt Brechts Lyrik. Aspekte, Tendenzen. Düsseldorf 1982.

Müller, Heiner: DEUTSCHLAND ORTLOS. ANMERKUNGEN ZU KLEIST. Rede anläßlich der Entgegennahme des Kleist-Preises. In: Kleist-Jahrbuch 1991, S. 13–16.

Müller, Heiner: Krieg ohne Schlacht. Leben in zwei Diktaturen. Köln 1992.

Neumann, Peter Horst: Zur Lyrik Paul Celans. Eine Einführung. Göttingen ²1990.

Peitsch, Helmut: Die problematische Entdeckung nationaler Identität. Westdeutsche Literatur zu Beginn der 80er Jahre. In: Diskussion Deutsch 18 (1987), S. 373–393.

Rudorf, Friedhelm: Poetologische Lyrik und politische Dichtung. Theorie und Probleme der modernen politischen Dichtung in der Reflexion poetologischer Gedichte von der Aufklärung bis zur Gegenwart. Bern/New York/Paris 1988.

Schalk, Axel: ›Oh Deutschland, bleiche Mutter!‹ Heines Enkel und Brechts Söhne und ein deutscher Mythos. In: Sprache im technischen Zeitalter 28 (1990), S. 145–172.

Schlendstedt, Dieter: Unentschiedener Streit. Zur Poesie und Poetik Hans Magnus Enzensbergers. In: Joachim Schickel (Hg.): Über Hans Magnus Enzensberger. Frankfurt a. M. 1970, S. 115–127.

Schlesak, Dieter: Wort als Widerstand. Paul Celans Herkunft. Schlüssel zu seinem Gedicht. In: Literaturmagazin 10: Vorbilder. Hg. von Jürgen Manthey. Reinbek bei Hamburg 1979, S. 79–102.

Schneider, Peter: Deutsche Ängste. Sieben Essays. Darmstadt 1988.

Stiehler, Heinrich: Die Zeit der Todesfuge / Zu den Anfängen Paul Celans. In: Akzente 19 (1972), S. 11–40.

Vaterland, Muttersprache. Deutsche Schriftsteller und ihr Staat seit 1945. Hg. von Klaus Wagenbach. Berlin 1979. Erweiterte Neuausgabe 1994.

Winckler, Lutz: Mein Deutschland findet sich in keinem Atlas. Darmstadt 1990.

Zeitgedichte. Deutsche politische Lyrik seit 1945. Hg. von Horst Bingel. München 1963.

Adorno, Theodor W.: Ästhetische Theorie. In: Ders.: Gesammelte Schriften. Frankfurt a. M. 1970. Bd. 7.

Angst vor Deutschland. Hg. von Ulrich Wickert. Hamburg 1990.

Berendse, Gerrit-Jan: »Ändern sich die Umstände, zeigen sich die Konstanten!«. Deutsche Lyrik in der »Wende« zum Regionalen. In: The Germanic Review LXVI (1991), S. 146–151.

Braese, Stephan: Deutschland – ein Krieg gegen das Erinnern. Zum Ende der Nachkriegszeit. In: Diskussion Deutsch 6 (1991), S. 222–224.

Braun, Volker: Bodenloser Satz. In: Ders.: Texte in zeitlicher Folge. Bd. 9. Halle 1992, S. 9–27.

Braun, Volker: Das ungezwungene Leben Kasts. Drei Berichte. Frankfurt a. M. 1972.

Braun, Volker: Die Zickzackbrücke. Ein Abreißkalender. Halle 1992.

Braun, Volker: Ist das unser Himmel? Ist das unsere Hölle? In: Sinn und Form 45 (1993), S. 166–169.

Braun, Volker: Wir befanden uns soweit wohl. Wir sind erst einmal am Ende. Äußerungen. Frankfurt a. M. 1998.

Bruyn, Günther de: Jubelschreie, Trauergesänge. Deutsche Befindlichkeiten. Frankfurt a. M. 1994.

Bubner, Rüdiger: Zwischenrufe. Aus den bewegten Jahren. Frankfurt a. M. 1993.

Dieckmann, Friedrich: Glockenläuten und offene Fragen. Berichte und Diagnosen aus einem anderen Deutschland. 1991.

Domdey, Horst: Volker Braun und die Sehnsucht nach der Großen Kommunion. Zum Demokratiekonzept der Reformsozialisten. In: Kommune. Forum für Politik, Ökonomie, Kultur. Nr. 7/1990, S. 67–68.

Erhart, Walter: Gedichte, 1989. Die deutsche Einheit und die Poesie. In: Walter Erhart/Dirk Niefanger (Hg.): Zwei Wendezeiten. Blicke auf die deutsche Literatur 1945 und 1989. Tübingen 1997, S. 141–165.

Fürnberg, Louis: Gesammelte Werke in sechs Bänden. Berlin/Weimar 1965.

Grenzfallgedichte. Eine deutsche Anthologie. Hg. von Anna Chiarloni u. Helga Pankoke. Berlin/Weimar 1991.

Habermas, Jürgen: Nachholende Revolution. Kleine politische Schriften VII. Frankfurt a. M. 1990.

Hanke, Irma: Experiment Deutschland oder: Das neue deutsche Nationalgefühl. In: Weimarer Beiträge 37 (1991), S. 55–70.

Henrich, Dieter: Eine Republik Deutschland. Frankfurt a. M. 1990.

Hölderlin, Friedrich: Sämtliche Werke. Frankfurter Ausgabe. Hg. von Dietrich E. Sattler. Bd. 5. Frankfurt a. M. 1984.

Marquardt, Hans-Jochen: Mit dem Kopf durch die Wende. Zu Volker Brauns Gedicht »Das Eigentum«. In: Acta Germanica 22 (1994), S. 115–130.

Morshäuser, Bodo: Hauptsache Deutsch. Frankfurt a. M. 1992.

Mueller, Harald: Deutschland, ein Fernsehmärchen. In: Theater heute. Jahrbuch 1990, S. 23f.

Reimann, Brigitte: Franziska Linkerhand. Berlin 51998.

Reimann, Brigitte: Ich bedaure nichts. Tagebücher 1955–1963. Berlin 1997.

Schalk, Axel: Coitus germaniae interruptus. Die deutsche Wiedervereinigung im Spiegel von Prosa und Dramatik. In: Weimarer Beiträge 39 (1993), S. 552–566.

Schlenstedt, Dieter: Ein Gedicht als Provokation. In: Neue deutsche Literatur 40 (1992), S. 134–145.

Schmid, Wilhelm: Was geht uns Deutschland an? Ein Essay. Frankfurt a. M. 1993.

Schneider, Peter: Extreme Mittellage. Eine Reise durch das deutsche Nationalgefühl. Reinbek bei Hamburg 1990.

Schuhmann, Klaus: Landeskunde im Gedicht. Zeitwandel und Zeitwende in der Lyrik Volker Brauns. In: Zeitschrift für Germanistik. Neue Folge III (1993), S. 134–145.

Wehdeking, Volker: Die deutsche Einheit und die Schriftsteller. Literarische Verarbeitung der Wende seit 1989. Stuttgart 1995.

Weiß, Christoph: »Sei du, Gesang, mein freundlich Asyl!« Vorläufiger Versuch, die Lektüre von Volker Brauns Gedicht »Das Eigentum« zu erschweren. In: Rainer Marx u. Christoph Weiß (Hg.): »Wir wissen ja nicht, was gilt«. Interpretationen zur deutschsprachigen Lyrik des 20. Jahrhunderts. St. Ingbert 1995, S. 151–161.

Wirsing, Sibylle: Im Todesjahr. In: Frankfurter Anthologie. Gedichte und Interpretationen. Hg. von Marcel Reich-Ranicki. Frankfurt a. M. 1992. Bd. 5, S. 264–266.

Wolf, Christa: Nachdenken über Deutschland. / Hans Mayer: Ein Deutscher auf Widerruf. Nachdenken über die deutsche Literatur. In: Neue deutsche Literatur 39 (1991), H. 2, S. 24–40.

XVIII Register

Register der besprochenen und erwähnten Gedichte

(Wenn das Gedicht vollständig zitiert wird, sind die Seitenzahlen fett gesetzt)

Namenregister